U0463939

宋人年譜叢刊

第二册

主編　吴洪澤　尹　波
主審　李文澤　刁忠民

四川大學出版社

全國高等學校古籍整理研究工作委員會規劃項目

全國古籍整理出版規劃項目

國家「211工程」重點學科項目

目録（第二册）

安定先生年譜

胡鳴盛 編

山東大學文史叢刊第一期

胡瑗（九九三—一〇五九），字翼之，泰州海陵（今江蘇泰州）人。以經術教授吳中，時人稱安定先生。景祐間以范仲淹薦，試秘書省校書郎。范經略陝西，辟爲丹州推官。以保寧節度推官教授湖州學，教授有法。召爲諸王宫教授，辭不行。爲太子中舍，以殿中丞致仕。皇祐中起爲光禄寺丞、國子監直講，遷大理寺丞。嘉祐初，擢太子中允、天章閣待制，以太常博士致仕。四年，卒于家，年六十七，謚文昭。

胡瑗與孫復、石介被稱爲「宋初三先生」。著有《周易口義》十二卷、《洪範口義》二卷、《皇祐新樂圖記》三卷等。《全宋詩》、《全宋文》録有其詩文。事蹟見歐陽修《胡先生墓表》（《歐陽文忠公集》卷二五）、《宋史》卷四三二本傳。

清袁應兆《祀事孔明·宋儒年表》中存有《胡安定年表》，但不繫事蹟。本譜爲近人胡鳴盛所編，取《墓誌》、《長編》、《宋史》、《宋元學案》及同時人年譜等中相關資料，詳加考訂而成。原載一九三四年版《山東大學文史叢刊》第一期，本書據以重新排校，並訂正了個別誤字。

安定先生姓胡氏，世居安定。遠祖詢，爲唐兵部尚書。曾祖韜，蜀陵州刺史，蜀平，歸京師，終衛尉卿。祖修己，泰州司寇參軍，卒葬海陵。父訥，博學，善屬文，呂夷簡嘗薦其備脩國史。官至寧海軍節度推官。卒，贈太子中允。母隨氏贈京兆縣太君。先生名瑗字翼之，生于泰州官舍，海陵乃先生故址，稱之爲安定先生者，溯其源也。據《宋史·儒林·胡瑗傳》，蔡襄《太常博士致仕胡君墓誌》、歐陽修《胡安定先生墓表》、《宋元學案·文昭胡安定先生瑗傳》並其附録、《蘇州府志·名宦·胡瑗傳》、《湖州府志·名宦·胡瑗傳》。

宋太宗淳化四年癸巳，先生一歲。

嗚盛案：蔡襄《太常博士致仕胡君墓誌》云：「嘉祐四年六月六日終於杭州，享年六十有七。」歐陽《墓表》與蔡《誌》同。嘉祐四年，溯至此年，即六十七年。

是年先生友人范仲淹年五歲。據《范文正公年譜》。

嗚盛案：范仲淹，字希文，吳縣人。生二歲而孤，母適長山朱氏，從其姓，名說。及長，乃辭母去，從戚同文學。舉祥符進士，官至參知政事，遷戶部侍郎、潁州刺史，卒贈兵部尚書，謚文正。

孫復年二歲。據《古今名人年譜》。

嗚盛案：孫復，字明復，平陽人。舉進士不第，退居泰山，習《春秋》，著《尊王發微》十二篇。范仲淹、富弼皆言復有經術，除秘書省校書郎、國子監直講，官至殿中丞卒。

淳化五年甲午，先生二歲。

太宗至道元年乙未，先生三歲。

是年正月戊申朔，詔改元。據《宋史·太宗本紀》。

至道二年丙申，先生四歲。

至道三年丁酉，先生五歲。

是年三月壬辰，太宗不視朝。癸巳，退班于萬歲殿，宣詔令皇太子恆即位。是日崩，年五十九，在位二十二年。羣臣上尊諡神功聖德文武皇帝，廟號太宗。據《宋史·太宗本紀》。

真宗咸平元年戊戌，先生六歲。

是年正月辛酉朔，詔改元。據《宋史·真宗本紀》。

咸平二年己亥，先生七歲。

是年，先生即善屬文。據《宋元學案》卷一。

咸平三年庚子，先生八歲。

咸平四年辛丑，先生九歲。

咸平五年壬寅，先生十歲。

咸平六年癸卯，先生十一歲。

真宗景德元年甲辰，先生十二歲。

是年正月丙戌朔，詔改元。據《宋史·真宗本紀》。

先生友人石介生。據《古今名人年譜》卷五、《續疑年録》卷二。

鳴盛案：石介，字守道，奉符人。篤學有志，樂善疾惡，遇事敢爲。舉天聖進士，歷鄆州、南京推官。丁憂，躬耕徂徠山下，以《易》教授。魯人稱徂徠先生。慶曆中，擢太子中允。撰《慶曆聖德詩》，人多指目，不自安，求出濮州，未赴任而卒。

景德二年乙巳，先生十三歲。

是年，先生已通五經，常以聖賢自期許。鄰父見而異之，謂其父曰：「此子乃偉器，非常兒也。」據《宋元學案》卷一。

景德三年丙午，先生十四歲。

景德四年丁未，先生十五歲。

是年，先生友人歐陽修生。據《歐陽文忠年譜》。

鳴盛案：歐陽修，字永叔，廬陵人，號醉翁，亦號六一居士。天聖八年舉進士甲科，官至參知政事，以太子少師致仕。卒謚文忠。著有《新唐書》、《新五代史》、《毛詩本義》、《集古錄》、《歸田錄》、《洛陽牡丹記》、《文忠集》、《試筆》、《居士集》、《六一詩話》、《六一詞》。

真宗大中祥符元年戊申，先生十六歲。

是年春正月戊辰，詔改元。據《宋史·真宗本紀》。

大中祥符二年己酉，先生十七歲。

是年，先生友人李覯生。據《李覯年譜》。

鳴盛案：李覯，字泰伯，南城人。舉茂材異等，親老，以教授自資。皇祐初，范仲淹薦爲試太學助教。嘉祐中，歷太學說書，卒。學者稱盱江先生。著有《明堂定制圖》、《周禮制太平論》、《平土書》、《禮論》、《退居類稿》、《皇祐續錄》等書。

大中祥符三年庚戌，先生十八歲。

大中祥符四年辛亥，先生十九歲。

大中祥符五年壬子，先生二十歲。

大中祥符六年癸丑，先生二十一歲。

是年，先生友人蔡襄生。

鳴盛按：蔡襄，字君謨，仙遊人。舉天聖八年進士，官至端明殿學士。移守杭州，卒，謚忠惠。歐陽修撰襄《墓誌》云：「公年十八，以農家子爲開封第一。」天聖八年溯至此年，適十八歲。

大中祥符七年甲寅，先生二十二歲。

大中祥符八年乙卯，先生二十三歲。

大中祥符九年丙辰，先生二十四歲。

真宗天禧元年丁巳，先生二十五歲。

是年正月辛丑朔，詔改元。據《宋史·真宗本紀》。

先生友人陳襄生。據《古今名人年譜》。

鳴盛按：陳襄，字述古，侯官人。舉慶曆進士，官至侍讀、判尚書都省，卒。涖官所至，務興學校，學者稱古靈先生。有《易義》、《中庸義》、《古靈集》行世。

天禧二年戊午，先生二十六歲。

天禧三年己未，先生二十七歲。

天禧四年庚申，先生二十八歲。

天禧五年辛酉，先生二十九歲。

真宗乾興元年壬戌，先生三十歲。

是年正月辛未朔，詔改元。據《宋史·真宗本紀》。

二月戊午，眞宗疾大漸，詔皇太子禎即位。尊皇后爲皇太后，權處分軍國事。是日，眞宗崩于延慶殿，年五十五，在位二十六年。據《宋史·真宗本紀》。

宋仁宗天聖元年癸亥，先生三十一歲。

是年正月丙寅朔，詔改元。據《宋史·仁宗本紀》。

天聖二年甲子，先生三十二歲。

天聖三年乙丑，先生三十三歲。

天聖四年丙寅，先生三十四歲。

天聖五年丁卯，先生三十五歲。

天聖六年戊辰，先生三十六歲。

天聖七年己巳，先生三十七歲。

鳴盛案：先生之曾孫滌記云：「侍講布衣時，與孫明復、石守道同讀書泰山，攻苦食淡，終夜不寢，一坐十年不歸。得家問，見上有平安二字，即投之澗中，不復展讀。」《山東通志·沂州古蹟類》云：「上書堂在泰山西麓，投書澗上，宋孫復、石介、胡瑗講學處。」孔貞瑄《泰山紀勝》云：「投書澗，繞院三賢書院東偏。胡安定十年不歸，得家問，見平安二字，輒投澗中。古人勵志精勤堅苦如此，其卓然表見於世非偶。」據以上諸說，是先生與孫明復、石守道在泰山共讀，事實確鑿，惜均未載其年月。石守道之年既少先生十二歲，以理推之，先生與守道等在泰山讀書，最早應在二十歲以上。與守道等在泰山分散，最遲亦應在守道成進士前。歐陽修《徂徠石先生墓誌》謂守道成進士年二十六歲，從先生十二歲數至此歲，即守道成進士之年，用特識於此。

天聖八年庚午，先生三十八歲。

天聖九年辛未，先生三十九歲。

仁宗明道元年壬申，先生四十歲。

是年十一月甲戌，以修內成，詔改元。

明道二年癸酉，先生四十一歲。

是年，莊獻明肅劉皇后崩，仁宗始親政。

十二月丁巳，詔明年改元。據《宋史·仁宗本紀》。

仁宗景祐元年甲戌，先生四十二歲。

是年，先生在吳，教授生徒。

鳴盛按：《宋元學案》謂先生以經術教授吳中，范仲淹愛而敬之，聘先生爲蘇州教授。仲淹聘先生爲蘇學教授，既在景祐二年，則景祐元年先生在吳授徒，確乎無疑矣。

景祐二年乙亥，先生四十三歲。

是年，范仲淹奏請立蘇州郡學。相其地形之勝，莫如南園，高木清流，交蔭環釃，乃割其巽隅以建學。是時學者纔二十餘人。或言其太廣，仲淹曰：「吾恐異日以爲小也。」延先生首當師席，英才雜遝，自遠而至。據《范文正公年譜》引朱長文《蘇州學記》。

按：先生弟子范純佑等之學行，已詳拙著《安定弟子輯傳》中，茲譜概不復贅。

夏四月庚午，詔天下有深達鐘律者，在所亟以名聞。仲淹薦先生通知古樂。詔遣詣闕，對崇政殿。先生至自草澤，當召對，例須先就閤門習儀。先生曰：「某事父則知事君之義，在鄉里則知朝廷之儀，何以習爲？」閤門奏，仁宗令就丹次習之，先生固辭，仁宗亦不之強。登對日，有司因先生倔強，皆謂山野之人，必定失儀，屬目視之，而先生拜舞之容，登降之節，藹然如素宦於朝者，大稱旨意。仁宗謂左右曰：「胡瑗進退周旋，舉合古禮。」據《宋史》、《續資治通鑑》、蔡襄《太常博士致仕胡君墓誌》、歐陽修《胡安定先生墓表》、先生之曾孫滌記、《范文正公年譜》、施彥執《北窗炙輠録》。

嗚盛案：《宋史·樂志》云：「景祐二年，詔天下有深達鐘律者，在所亟以名聞。於是蘇州范仲淹言胡瑗通知古樂，詔遣詣闕。」《范文正公年譜》云：「景祐二年十月，召還判國子監。時朝廷更定雅樂，詔求知音。公薦白衣胡瑗對崇政殿。」兩書所載，既各異辭。而《宋史》先生本傳，蔡襄譔先生《墓誌》，又未叙仲淹推薦先生爲何時何地。茲據《續資治通鑑》載景祐二年三月，以范仲淹爲禮部員外郎。《宋史·仁宗本紀》載景祐二年四月，詔天下有深達鐘律者，在所亟以名聞。則仲淹還京，實在仁宗下詔訪知古樂前。《范文正公年譜》之言，較爲可據。

景祐三年丙子，先生四十四歲。

是年七月，詔翰林學士丁度等取先生及鄧保信、阮逸等鐘律，定得失可否以聞。據《宋史·樂志》。

九月，阮逸言：「臣等所造鐘磬，皆本於馮元、宋祁。其分方定律，又出於胡瑗算術。」據《宋史·樂志》。

壬辰，以先生試校書郎。據《續通鑑》。

十月，丁度等言：「阮逸、胡瑗鐘律法黍尺，其一稱用上黨羊頭山秬黍中者，累廣求尺，制黃鐘之聲。臣等以其大黍百粒，累廣成尺。復將管內二百粒以黍廣爲分，再累至尺二。比逸等元尺，一短七黍，一短三黍。蓋逸等元尺並用一等大黍。其實管之黍大小不均，遂致差異。又其銅律管十二枚，臣等據楚衍等圍九方分之法，與逸等元尺及所實龠秬黍再累成尺者校之，又各不同。又所製銅稱二量，亦皆類此。臣等看詳其鐘磬各一架，雖合典故，而黍尺一差，難以定奪。」又言：「太祖皇帝嘗詔和峴等用景表尺典修金石。七十年間，薦之郊廟，稽合唐制，以示詒謀，則可且依景表舊尺，俟天下有妙達鐘律之學者，俾考正之，以從周漢之制。其阮逸、胡瑗、鄧保信並李照所用太府寺等尺，及阮逸狀進《周禮》度量法，其說疏舛，不可依用。」據《宋史·樂志》。

景祐四年丁丑，先生四十五歲。

是年，先生在蘇州郡學。

仁宗寶元元年戊寅，先生四十六歲。

是年，先生在蘇州郡學。據范仲淹《與李覯書》。與范仲淹書信往反甚密。據范仲淹與先生書。

嗚盛案：先生與仲淹書，已不得見。據仲淹與先生書云：「近改丹徒，併獲雅問，豈君之心不得棄而然耶？其念入朝以來，思報人主，言事太急，貶放非一。然僕觀《大過》之象，患守常經。九二以陽處陰，越位救時，則王室有棟隆之吉。九三以陽處陽，固位安時，則天下有棟撓之凶。非如《艮》止之時，思不出位者也。吾儒之職，去先王之經，則茫乎無從矣。又豈暇學人之巧，失其故步，但惟精惟一，死生以之。」又據仲淹與李覯書云：「今潤州初建郡學，可能屈節教授？又慮遠來難爲將家。蘇州掌學胡瑗秘閣校理見《明堂圖》，亦甚奉仰。或能挈家，必有經書，請先示音爲幸。」可知先生與仲淹書，亦皆討論學問根柢出處大節等事。

十一月庚戌，詔改元。據《宋史·仁宗本紀》。

寶元二年己卯，先生四十七歲。

是年，先生〔在〕蘇州郡學。

仁宗康定元年庚辰，先生四十八歲。

是年二月丙午，詔改元。據《宋史·仁宗本紀》。

秋七月，范仲淹爲陝西經略安撫副史，管

勾都部署司事，舉先生爲陝西丹州軍事推官。先生在丹州，實與帥府事，建議更陳法，治兵器，開廢地爲營田，募土人爲兵，給錢使自市勁馬，漸以代東兵之不任戰者。雖軍校蕃酋亭障廝役，以事見，輒飲之酒，訪被兵利害，以資帥府。府多武人，初謂先生徒能知古書耳。既觀先生所爲，不以異己，又翕然稱之。先生上書，請興武學，並進《武學規矩》一卷。其書略云：「頃歲吳育已建議興武學，但官非其人，不久而廢，今國子監直講內梅堯臣曾注《孫子》，大明深義。孫復而下，皆明經旨。臣任邊陲丹州推官，頗知武事。若使堯臣兼蒞武學，每日只講《論語》，使知忠孝仁義之道，講孫吳，使知制勝禦敵之術。於武臣子孫中，選有智略者二三百人教習之，則三十年之間，必有成效。臣已選《武學規矩》一卷進呈。」未幾，移密州觀察推官，丁父憂歸。據《宋史·胡瑗傳》，蔡襄《太常博士致仕胡君墓誌》，歐陽修《胡安定先生墓表》，朱子《名臣言行録》、《宋元學案·文昭胡安定先生瑗傳》、《續資治通鑑》、《范文正年譜補遺》。

嗚盛案：《宋史·仁宗本紀》寶元有二年，康定祇一年，《范文正公年譜》誤將寶元作一年，康定爲二年。故年譜所載國號年月，均與《宋史》不合。

李覯始會先生于錢塘。據《李直講先生年譜》。

仁宗慶曆元年辛巳，先生四十九歲。

是年，先生居父喪。

十一月丙寅，大赦，改元。據《宋史·仁宗本紀》。

慶曆二年壬午，先生五十歲。

是年，先生服闋。

先是寶元二年知湖州事滕宗諒表請於朝，建學於州。康定元年，敕書至，錫名州學。學成，重門廣殿，講堂書閣，皆相次。東西序分十八齋。入門而右，爲學官之室。入門而左，有齋舍之館。凡爲屋百二十楹。是年延先生主學，先生乃以保寧節度推官兼教授湖州州學。四方之士，雲集受業。時方尚詞賦，先生獨以《三禮》儀物，黜其於古無攷，而益其未見者，圖之講堂。於是人人得窺三代文物之懿。朝夕對之，皆若素習。學中又分經義、治事二齋，經義齋，擇疏通有器局者居之。治事齋，擇學者欲明治道者講之於其中，如治兵、治民、水利、算數之類，人各治一事，又兼一事。復立小學於東南隅，童子離經肄業者聚焉。先生既教人有法，科條纖細具備，以身先之，雖盛暑，必公服坐堂上，嚴師弟之禮。視諸生如其子弟，諸生亦愛信如其父兄。先生以學者只守一鄉，則滯於一曲，隘吝卑陋，必游四方，盡見人情物態，南北風俗，山川氣象，以廣其聞見，則有益於學者矣。一日，自吳興率弟子數人游關中。至潼關，路峻隘，捨車而步，既上至關門，與諸人坐門塾，少憩，回顧黃河抱潼關，委蛇洶湧，而太華、中條環擁其前，一覽數萬里，形勢雄張，慨然曰：「此可以言山川矣。學者其可不見之哉！」據《宋史·胡瑗傳》、蔡襄《太常博士致仕胡君墓誌》、歐陽修《胡安定先生墓表》、張方平《新建湖州學記》、《程氏遺書》、《呂氏家塾記》、王銍《默記》、劉一止《吳興郡學重繪三禮圖記》。

嗚盛案：滕宗諒，河南人，字子京。

舉大中祥符八年進士，累官至殿中丞，出知湖州、涇州。慶曆中，以范仲淹薦擢天章閣待制。坐事謫守岳州，遷知蘇州卒。

李覯自京師返里，途中寓書先生。據《李直講先生年譜》。

慶曆三年癸未，先生五十一歲。

是年，先生在湖州州學。

慶曆四年甲申，先生五十二歲。

是年，先生在湖州州學。

仁宗開天章閣，與大臣講天下事，始慨然詔州縣皆立學，於是建太學於京師。下湖州，取先生教授弟子之法，以爲太學法，著爲令。據《宋史·胡瑗傳》、歐陽修《胡安定先生墓表》、《資治通鑑輯覽》。

召先生爲諸王宮教授，以疾辭，不行。復改爲太子中舍，以殿中丞致仕。《宋史·胡瑗傳》。

編《學政條約》一卷成。

鳴盛案：先生之《學政條約》一卷，《湖州府志》雖已著錄，而未載其脫稿年月。此年仁宗既詔取先生在湖州教授弟子之法爲太學法，則《學政條約》編成自應在此年中。

鳴盛又案：先生之《景祐樂府奏議》一卷，今已佚。陳振孫《直齋書錄解題》曰：「《景祐樂府奏議》一卷，殿中丞致仕胡瑗翼之撰。」稱之爲殿中丞致仕者，大約奏議雖景祐時所撰，其編集成書，則在殿中丞致仕之後。

慶曆五年乙酉，先生五十三歲。

是年，先生在湖州州學。

七月，石介卒。據歐陽修《徂徠先生墓誌》。

慶曆六年丙戌，先生五十四歲。

是年，先生在湖州州學。吳興郡守宴郎簡、范說、張維、劉維慶、周守中、吳炎六老於南園，酒酣賦詩，先生爲序其事。據《齊東野語》。

李覯與先生書，討論文學。據《直講李先生年譜》。

鳴盛案：李覯與先生書，《直講李先生年譜》載入慶曆五年內。攷《直講文集》原書略云：「康定初錢塘別後二年，自京師歸，中途曾寓書，今又四年。」則李書應在此年，《直講年譜》誤矣。

先生長子志康成進士。據《如皋縣志》。

鳴盛案：《如皋縣志》卷十選舉類云：「胡志康，瑗長子，慶曆丙戌登賈黯榜，官杭州觀察推官。胡志寧，志康弟，同榜，授永州知州。」據此，志康、志寧爲同科。蔡襄撰先生《墓誌》云：「君有子三人，志康進士及第，志寧、志正皆力學。」據此，先生捐館之年，志寧尚未成進士。蔡襄與先生同時，其撰墓誌時，若志寧已成進士，當不至誤爲未成進士。《如皋縣志》所言，不足信也。

鳴盛又案：王安石有寄贈先生詩並序。序云：「孔孟去世遠矣，其聖且賢者，質諸書焉耳。翼之先生與予並世，非若孔孟之遠也。聞薦紳先生所稱述，又詳於書，不待見而後知其人也。歎慕之不足，故作是詩。」詩云：「先生天下豪傑魁，胸臆廣博天所開。文章事業望孔孟，不復睥睨蔡與崔。十年留滯東南州，飽足藜藿安蒿萊。獨鳴道德驚此民，民之聞者源源來。高冠

源來。高冠大帶滿門下，奮如百蟄乘春雷。惡人沮服善者起，昔時蹻跖今騫回。先生不試乃能爾，誠令得志如何哉。吾願聖帝營太平，補葺廊廟枝傾頽。披旒發纊廣耳目，照徹山谷多遺材。先收先生作梁棟，以次構架桷與榱。羣臣面向帝深拱，抑戴堂陛方崔嵬。」此詩《臨川集》未敘明作於何時，但本卷有《丙戌五月京師作》詩二首，則此詩與序，亦丙戌作品，故附載於此。

慶曆七年丁亥，先生五十五歲。

是年，先生在湖州州學。

慶曆八年戊子，先生五十六歲。

是年，先生在湖州州學。

十二月乙丑朔，仁宗以霖雨爲災，詔改元。據《宋史·仁宗本紀》。

仁宗皇祐元年己丑，先生五十七歲。

是年，先生在湖州州學。

皇祐二年庚寅，先生五十八歲。

是年秋九月，仁宗既閱雅樂，謂輔臣曰：「作樂崇德，薦之上帝，以配祖考。今將有事于明堂，然世鮮知音，其令太常竝加講求。」時言者以爲鎛鐘特磬與古大小未合，音律未協，詔太常禮樂官及脩制官鄧保信、阮逸、盧昭序別行鑄造。太常言先生素曉音律，乃驛召先生赴大樂所，同保信等依詳經典歷代制度，用上黨秬黍，制成律呂度量等法物。據《宋史·樂志》，李燾《通鑑長編》、《新樂圖記序》。

皇祐三年辛卯，先生五十九歲。

是年，以先生爲大理評事，兼太常寺主簿，固辭之。據李燾《通鑑長編》。

二月，仁宗詔兩制及禮官參稽典制，以定

國朝大樂名，中書門下詳加審閱以聞。初先生請太祖廟舞用干戚，太宗廟兼用干羽，眞宗廟用羽籥，以象三聖功德。然議者謂國朝七廟之舞，名雖不同，而干羽並用，又廟制與古異，于是止降詔定樂名而已。據《宋史·樂志》。

鳴盛案：丁寶書《安定言行錄》叙述此事，引《宋史·樂志》、《通鑑長編》作皇祐四年，茲檢《宋史·樂志》，則係皇祐三年。皇祐三年七月旣載有王堯臣等上議國朝樂名宜名大安一奏，又載有仁宗用諸郊廟告於神明曰大且安一詔，均可證明丁氏所引年月錯誤。

皇祐四年壬辰，先生六十歲。

是年五月，范仲淹卒。據《范文正公年譜》。

冬十月甲戌，以先生爲光祿寺丞、國子監直講，同議大樂。先生初爲直講，有旨專掌一學之政，遂推誠教育多士，甄別人物。故好尚經術者，好談兵者，好文藝者，好尚氣節者，皆使之以類羣居，相與講習。先生亦時召之，使論其學所爲定其理。或自出一義，使人人以對，爲可否之。或取當時政事，俾之折衷。每公私試罷，掌儀率諸生於肯善堂合雅樂歌詩，至夜乃散。諸齋亦自歌詩奏樂，琴瑟之聲徹于外，故人皆樂從，國學舍至不能容，取旁宮舍處之。弟子之衣服容止，往往相類，人遇之，雖不識，亦知爲先生弟子。據《宋史·胡瑗傳》、《通鑑長編》、《續資治通鑑》、《宋元學案·李廌傳》。

鳴盛案：朱晦菴作《程伊川先生年譜》云：「皇祐二年，年十八。上書闕下，勸仁宗以王道爲心，生靈爲念，黜世俗之論，期非常之功，且乞召對，面陳所學，不報。間游太學，時海陵胡翼之先生方主教導，嘗以《顏子所好何學》試諸生，得先生所試，大驚，即延見，處以學職。」攷伊川先生游太學作《顏子所好何學論》、《宋史·程頤傳》、《宋元學案·正公程伊川先生頤傳》，皆未書年月。據《伊川先生年譜》「時海陵胡翼之先生方主教導」一語，則伊川先生之游太學應在此年。

皇祐五年癸巳，先生六十一歲。

是年，先生鑄十二鐘成，大小輕重如一，其狀類鐸爲大環，鑄盤龍蹲熊辟邪其上，謂之旋蟲，而平擊之。據范鎮《東齋紀事》。

鳴盛按：《宋史·劉羲叟傳》云：「皇祐五年，日食心，時胡瑗鑄鐘弇而直，聲鬱而不發。又陝西鑄大錢。羲叟曰：『此所謂害金再興，與周景王同占，上將感心腹之疾。』其後果不豫。」夫鐘聲鬱而不發，大錢通行民間，與仁宗身體毫無關係，從何而知其將感心腹之疾，羲叟姑妄言之，偶爾而言中，史臣迷信其偶中之言，大書特書，載諸簡編，愚妄已覺可歎！而《宋史·樂志》至和二年又云：「潭州上瀏陽縣所得古鐘，送太常。初李照斥王朴樂音高，乃作新樂，下其聲。太常歌工病其太濁，歌不成聲，使賂鑄工，私減銅齊，而聲稍清，歌乃協。然照卒莫之辨。又朴所制編鐘皆側垂，照、瑗皆非之。及照將鑄鐘，給銅於鑄冶務，得古編鐘一，工人不敢毀，乃藏太常。鐘不知其何代所作，叩其聲，與朴夷則清聲合，而其形側垂，瑗後改鑄，正其紐，使下垂，扣之弇鬱而不揚，其鎛鐘又長甬而震掉，聲不和。著作佐郎劉羲叟謂人曰：『此與周景王無射鐘無異，上將有眩惑之疾。』嘉祐元年正月，帝御大慶殿受朝，前一夕殿廷設仗衛，既具而大雨雪，至壓宮架折，帝於禁中跣而告天，遂暴感風眩，人以羲叟之言爲驗云。」此段所叙，愚妄雖與本傳相同，然事實已不能符合。尤爲可怪者，《食貨志》下之叙錢幣也，又謂方大錢之行，有劉羲叟者語人曰：「是於周景王所鑄者無異，上其感心腹之疾乎？」已而果然。其所記載之事實理由，更爲大相矛盾。令人閱之，不禁噴飯。

先生等上《皇祐新樂圖記》。據影宋抄本《新樂圖記序》。

先生編《皇祐樂府奏議》一卷成。據《直齋書録解題》。

鳴盛案：先生等上《新樂圖記》，與先生編《皇祐樂府奏議》告竣，各家著録，均無年月。《郡齋讀書志》云：「《皇祐新樂圖記》三卷，胡瑗等撰。皇祐二年下詔曰：國初循用王朴樂，太祖患其聲高，令和峴減下一律，然猶未全。命瑗同阮逸等二十餘人再定。四年樂成，奏之，上御紫宸殿觀焉。」陳振孫《直齋書録解題》云：「《皇祐新樂圖記》三卷，屯田員外郎阮逸、光祿寺丞胡瑗撰，凡十二篇。」皇祐二年數起，經過四年，樂成之年，恰爲是年。《宋史·樂志》：是年九月，先生由光祿寺丞遷大理寺丞。《新樂圖記》稱先生爲光祿寺丞，則上《新樂圖記》，應在九月之前，先生等既已奏上

《新樂圖記》，則《樂府奏議》亦在此時編成，是用附載於此。

九月，仁宗御崇德殿，召近臣宗室臺諫省府推判官觀新殿，並新作晉鼓，以先生爲大理寺丞，阮逸、鄧保信、賈宣吉等均進官有差，因制鐘律成，特遷之。據《宋史·樂志》。

嗚盛案：《續資治通鑑》載遷官之人，無鄧保信、賈宣吉二人。

十二月，以先生等所著《皇祐新樂圖記》，頒之天下。據陳振孫《直齋書録解題》。

宋仁宗至和元年甲午，先生六十二歲。

是年四月朔庚辰，詔改元。據《宋史·仁宗本紀》。

至和二年乙未，先生六十三歲。

宋仁宗嘉祐元年丙申，先生六十四歲。

是年九月辛卯，詔改元。據《宋史·仁宗本紀》。

十二月，遷先生爲太子中允，充天章閣侍講。初，先生陳乞外任，趙抃上書曰：「臣竊見國子監直講胡瑗，文學德行，足爲人師。在太學誨導諸生，循循不倦，漸劘道藝，有益風化。去年，御史中丞孫抃曾奏舉瑗堪經筵任用，如聞已得指揮。今知瑗陳乞外任，若遂得請，恐非朝廷惜賢尊道，興學育才之意也。臣愚望陛下特賜聖旨，留瑗太學供職，或乞檢會前降指揮，用孫忭經筵之舉，庶可上補聖主聰明，下使善人知勸也。」仁宗故有是命。

先生侍講，講《易》專以損上益下、損下益上爲說。讀「乾元恆利貞」不避諱，仁宗與左右皆失色，先生徐曰：「臨文不諱。」仁宗之意遂解。其時歐陽修上書曰：「臣伏見新除國子監直講胡瑗充天章閣侍講，有以見聖恩奬崇儒學，褒勸經術之臣也。然臣等竊見國家自置太學，十數年間，生徒日盛，常至三四百人。自瑗勾管太學以來，諸學服其德行，遵守規矩，日聞講誦，進德修業，昨來國學、開封府并鏁廳進士得解人中，三百餘人是瑗所教。然則學業有成，非止生徒之幸，庠序之盛，亦自是朝廷美事。今瑗既升講筵，遂去太學，竊恐生徒無依，漸以分散。竊以學校之制，自昔難興，惟唐太宗時生員最多，史冊書之，以爲盛美。其後庠序廢壞，至於今日，始復興起，若一旦分散，誠可惜也。臣等欲聖慈特令胡瑗同勾當國子監，或事勾管太學，所貴生徒不至分散。伏候聖旨。」於是仁宗又以先生兼治太學。據《宋史·胡瑗傳》、《續資治通鑑》，蔡襄《太常博士致仕胡君墓誌》，歐陽修《奏議》第十四卷，歐陽修《胡安定先生墓表》。

是年，孫復卒。

嘉祐二年丁酉，先生六十五歲。

鳴盛案：《宋史·孫復傳》云：「復與胡瑗不合，在太學常相避。」黄百家駁之曰：先生之學實與孫明復開伊洛之先，且同學始終友善。其云先生在太學與孫明復避不相見，此邵氏《後錄》之謬，正與主癰疽寺人之談同也。百家此說，已極精確。且先生上書請興武學，亦曰「孫復而下，皆明經旨」，更足證明先生對於明復，推崇敬愛，始終罔替。《宋史》援引邵說，書於復傳，蓋亦惑於奇異，採抉失當，弗可據也。

嘉祐三年戊戌，先生六十六歲。

嘉祐四年己亥，先生六十七歲。

是年正月，先生病不能朝，仁宗遣中貴人就問安否。戊午，拜太常博士致仕，從其子志康杭州節度推官以就養。東歸之日，太學諸生與朝廷賢士大夫，祖餞東門外，路人嗟歎以爲榮。據《宋史·胡瑗傳》、歐陽修《胡安定先生墓表》。

六月六日，先生卒於杭州。及聞，詔謚文昭，賻其家，幷官其子一。據《宋史·胡瑗傳》、《永樂大典》卷四千八百四十引《宋會要》，參蔡襄《太常博士致仕胡君墓誌》、歐陽修《胡安定先生墓表》、《宋元學案·文昭安定先生瑗事略》、《闕里文獻攷·胡瑗傳》。

集賢校理錢公輔率太學諸生百餘人，即佛舍爲位哭，又自陳師喪，給假二日。《通鑑長編》。

明年十月，志康等葬先生於湖州何山之原。

端明殿學士蔡襄誌其墓。其後先生之少子又擕先生衣冠歸葬於泰州北。墓在今如皐縣境內。據蔡襄《太常博士致仕胡君墓誌》，參《如皐縣志》。

紹興八年三月，詔以先生曾孫滌補下州文學。據《永樂大典》卷四千八百四十引《宋會要》。

明嘉靖九年，從祀孔廟，稱先儒胡子。據《宋元學案》。

北宋奉使邈川唃廝囉政權使者劉渙事蹟編年

顧吉辰 編

《西藏研究》一九八八年一期

劉渙（九九七—一〇七七），字仲章，文質子。以父任爲將作監主簿，監并州倉。仁宗親政，擢爲右正言，黜通判磁州，尋知遼州。元昊建立西夏，對宋用兵，渙請往邈川聯繫吐蕃族大首領唃厮囉，使其出兵助戰，以牽制西夏。得其誓書與《西州地圖》以歸，遷陝西轉運使。歷知滄、吉、保、登、邢、恩、冀、涇、澶諸州，恩威並施，卓有政績。歷真定、定州路總管，遷鎮寧軍節度觀察留後。熙寧中，以工部尚書致仕。元豐元年卒，年八十一。事蹟見《宋史》卷三二四《劉文質傳》附傳。

劉渙在北宋與吐蕃的交往中，堪稱一位出色的外交家，爲漢藏人民的友好作出了貢獻。而《東都事略》、《宋史》對劉渙事蹟的記載却較爲簡略，因此，顧吉辰纂爲此譜，以補史傳之不足，對史書記載之誤，也有所訂正。本譜原刊於《西藏研究》，本書所收，略有改動。

公元一〇三九年，西夏元昊向宋政府提出稱帝的要求，這一行動給予宋朝統治者以巨大的刺激，立刻引起朝廷内外的强烈忿懣。宋仁宗作出了削奪元昊官爵，并用拒絶承認元昊稱帝和懸賞捕殺元昊的決定，極大地促成了西夏提前對宋用兵的重大舉措。就在元昊建立西夏王國後的數年之間，先後發生了三川口、好水川和定川寨三大戰役。其中三川口戰役失敗的消息傳到開封，曾一度造成人心震恐、手足無措的慌亂局面。爲了加强對西夏軍事力量的抵禦，宋政府一方面增募兵員，收括驢馬，修築城寨，選擇邊帥，積極備戰；另一方面遣使前往邈川聯繫吐蕃族大首領唃厮囉，賂贈大批金銀錦帛，授以官職，利用與西夏右厢鄰接的這一支唃厮囉的武裝力量，促其出兵助戰，以圖牽制西夏元昊。在北宋仁宗遣使邈川唃厮囉政權的幾位使者中，劉涣可稱得上是一位出色的外交家。他以自己的「才略」，尚氣不羈，監事無所避，然鋭于進取」的精神，成功地完成了促使唃厮囉出兵助戰以牽制西夏，恢復唃厮囉與宋通和的目的；而且他還作爲當時漢族人民與吐蕃族人民的友好使者，還撰寫并繪制了《西州地圖》和所經行程地理，獻給宋朝政府，密切了漢與吐蕃之間的文化思想的交流。對于這樣一位十一世紀中葉漢藏友好使者劉涣，《宋史》、《東都事略》等史籍雖然給他立傳載事，但語焉不詳，這對研究北宋藏事不能不是一件憾事。本人不揣學識淺陋，現就讀書所得，將劉涣一生事蹟，作一編年，不當之處，請讀者指正。

太宗至道三年，劉渙生。

字仲章，保州保塞人。祖父劉審琦，虎牢關使，從討李重進戰死。父劉文質，簡穆皇后從孫。幼從母入禁中，太宗授以左班殿直，遷西頭供奉官、寄班祗候。出爲兩浙走馬承受公事，擢西京左藏庫副使、嵩嵐軍使。賜金帶、名馬。遷知麟州，改麟府濁輪寨兵馬鈐轄，徙知慶州。李繼遷入侵，文質以私錢二百萬給軍，大破繼遷。徙涇州，充麟州、清遠軍都監，又破敵于枝子平。咸平中，清遠軍陷，坐逗撓奪官，雷州安置。久之，起爲太子率府率、杭州駐泊都監。封泰山，以內殿崇班爲青、齊、淄、濰州巡檢。徙秦州鈐轄。建小落門寨，親率士版築。天禧中，知代州，有政聲，再遷內園使、知邠州，數從曹瑋出戰，築堡障。復徙秦州鈐轄，領連州刺史，再知代州。天聖六年七月，卒，厚賻其家，官子渙、滬、濬三人。文質以簡穆親，又父死事，故前後賜予異于諸將。眞宗嘗問保塞之舊，文質上宣祖、太祖賜書五函。仁宗亦以書賜之。然性剛強，喜訐刺短長，于貴近無所避，故不大顯。

劉文質，《宋史》卷三二四有傳。

仁宗天聖六年，二十八歲。

以父任爲將作監主簿，監并州倉。

按：李燾《續資治通鑑長編》卷一〇六「仁宗天聖六年秋七月乙巳」條云：「內園使、連州刺史、知代州劉文質卒。詔厚賻其家，錄其三子：渙爲將作監主簿，滬爲三班奉職，濬爲借職。」脫脫《宋史》卷三二四《劉渙傳》亦云：「渙字仲章，以父任爲將作監主簿。」王稱《東都事略》卷六一《劉涣傳》亦云：「文質十六子，涣、滬有聞。涣字仲章，以父任爲將作監主簿。」嗣後，監并州倉，《宋史》、《東都事略》本傳，均載其事。

天聖九年，三十四歲。

以奉禮郎上書莊獻太后，請還政。

按：《長編》卷一一三「仁宗明道二年十一月戊寅」條云：「初，涣上疏莊獻太后，請還政，太后怒，議黥面配白州，屬太后疾革，宰相呂夷簡爲稽，故不即行。」李燾自注云：「《楊氏編年》于天聖九年六月載奉禮郎劉涣上疏太后請還政，不知何據。據涣傳，上疏時，涣實爲禮郎，賴呂夷簡及薛奎解太后，乃得免。然亦不載是何年月，但云太后聽政已十年。疑楊氏據十年語，因附天聖末。按夷簡傳云屬太后疾革，則涣上疏時必非天聖末矣，所稱六月，兹不可知，今止從夷簡新傳」。李燾辨證雖是，然《楊氏編年》據「太后聽政已十年」之語而考定，「因附天聖末」也合書法道理，今姑從之。《宋史》本傳云：「天聖中，章獻太后臨朝久，涣謂天子年加長，上書請還政。后震怒，將黥隸白州，呂夷簡、薛奎力諫得免。」《東都事略》本傳亦云：「天聖中，章獻明肅皇后同聽政，涣謂天子年加長，乃慨然上書請太后還政。章獻震怒，議黥面配白州，呂夷簡、薛奎力救之得免。」不云具體時間，只講「天聖中」。然涣以父任爲將作監主簿在天聖六年七月，監并州倉，必在天聖七、八年間，其任奉禮郎當在天聖末，上書太后請還政，也必在其間。

明道元年，三十五歲。

大理評事。

按：《宋史》、《東都事略》本傳，均不載其事。惟李燾《長編》卷一一三「仁宗明道二年十一月戊寅」條云：「大理評事劉涣爲左正言。」劉涣遷左正言是在二年十一月，則説明其任大理評事，應在明道元年。

明道二年，三十六歲。

左正言。

按：上引《長編》「大理評事劉涣爲左正言。……至是，涣以前疏自言，夷簡請褒擢，上既用涣，顧謂夷簡曰：『向者樞密院亟欲投竄，賴卿以免。』夷簡謝曰：『涣疏外敢言，大臣或及此，則太后必疑風旨自陛下，使母子不相安矣。』上喜，以夷簡爲忠。」《宋史》卷三一一《吕夷簡傳》云：「初，劉涣上疏請太后還政，太后怒，使投嶺外，屬太后疾革，夷簡請留之。至是，涣以前疏自言，帝擢涣右正言，顧謂夷簡：『向者樞密院亟欲投涣，賴卿以免。』夷簡謝，因曰：『涣由疏外故敢言，大臣或及此，則太后必疑風旨自陛下，使子母不相安矣。』帝以夷簡爲忠。」所載同《長編》。惟「帝擢涣右正言」，不作「左正言。」

十二月，仁宗親政，擢爲右正言。郭后廢，涣與孔道輔、范仲淹等伏闕爭之，皆罰金。

按：《長編》卷一一三「仁宗明道二年十二月乙卯」條云：「詔稱皇后以無子愿入道，特封爲凈妃、玉京冲妙仙師，賜名清悟，别居長寧宫。臺諫章疏果不得入，仲淹即與權御史中丞孔道輔率知諫院孫祖德、侍御史蔣堂、郭勸、楊偕、馬絳、殿中侍御史段少連、左正言宋郊、右正言劉渙詣垂拱殿門，伏奏皇后不當廢，愿賜對以盡其言。……丙辰旦，道輔等始至待漏院，詔道輔出知泰州，仲淹知睦州，祖德等各罰銅二十斤。」楊仲良《長編紀事本末》卷三三《廢皇后郭氏》、彭百川《太平治跡統類》卷一〇《慶曆朋黨》同。《東都事略》卷六一《劉渙傳》云：「章獻崩，擢渙爲右正言。郭后廢，渙與孔道輔、范仲淹等伏閤請對，坐贖金。」又，此處《長編》云劉渙爲右正言，宋郊爲左正言，不知何故，抑或此時劉渙由左正言改爲右正言。

景祐元年，三十七歲。

降殿中丞，通判磁州。

按：《長編》卷一一四「仁宗景祐元年三月癸未」條云：「降右正言劉渙爲殿中丞，通判磁州。渙前監倉幷州，既入爲諫官，乃以書遺營妓，走馬承受張丞震得其書繳奏之，故責。」《宋史》本傳亦云：「會河東走馬承受奏，渙頃官幷州與營妓游，黜通判磁州。」《東都事略》本傳同。劉渙于天聖七、八年間監幷州倉，事隔數年，受走馬承受彈劾揭發「與營妓游」事，而降殿中丞，通判磁州。然《宋史》、《東都事略》本傳俱不獲降爲殿中丞，恐失載，當補入。

康定元年，四十三歲。

遣屯田員外郎劉渙使邈川諭唃廝囉出兵討西夏。

按：《長編》詳載劉渙所經行地理。據是書卷一二八「仁宗康定元年八月癸卯」條云：「遣屯田員外郎劉渙使邈川諭唃廝囉出兵助討西賊，渙請行也。渙出古渭州，循木邦山至河州國門寺，絕河，逾廓州，抵青唐城。唃廝囉迎導供帳甚厚，介騎士爲先驅，引渙至庭，唃廝囉冠紫羅氈冠，服金綫花袍、黄金帶、絲履，平揖不拜，延坐勞問，稱『阿舅天子安否』。道舊事則數十二辰屬，曰兔年如此，馬年如此云。渙傳詔已，唃廝囉召酋豪大犒，約盡力無負，然終不能有大功也。」《宋史》卷四九二《吐蕃傳》亦載其事，云：「元昊既屢寇邊，仁宗召對魯經，欲再遣，經固辭，貶經爲左班殿直。募敢使者，屯田員外郎劉渙應詔。渙至，廝囉迎導供帳甚厚，介騎士爲先驅，引渙至庭。廝囉冠紫羅氈冠，服金綫花袍、黄金帶、絲履，平揖不拜，延坐勞問，稱『阿舅天子安否』。道舊事則數十二辰屬，曰兔年如此，馬年如此。渙傳詔，已而廝囉召酋豪大犒，約盡力無負，然終不能有大功。後累加恩兼保順河西節度使，洮涼兩州刺史，又加階勛檢校官、功臣、食邑，賜器幣鞍勒馬。」《宋會要輯稿·蕃夷》六之二，《太平治跡統類》卷一六、馬端臨《文獻通考》卷三三五《四裔考》同。

另，沈括《夢溪筆談》卷二五亦詳載北宋劉渙出使青唐羌唃廝囉政權一事，亦云：「趙元昊叛命，以兵遮廝囉，遂與中國絕。屯田員外郎劉渙獻議通唃廝囉，乃使渙出古渭州，循末邦山（按《長編》作「木邦山」）至河州國門寺，絕河，逾廓州，至青堂（按當作「青唐」）。見唃廝囉，授以爵命，自此復通。」沈括對劉渙經行地理頗詳，李燾《長編》全文抄錄之，可見其史料價值頗高。

魏泰《東軒筆錄》卷三云：「唐末西北蕃在者有回鶻、吐蕃，而吐蕃又分爲唃廝囉，始甚盛強，自祥符間，衄于三都谷，勢遂衰弱，視中國爲神明，惕息不敢動。異時，與回鶻皆遣使，自蘭州入鎮戎軍，以修朝貢。及元昊將叛，慮唃氏制其後，舉兵攻破萊州諸羌，南侵至馬銜山，築瓦川會，斷蘭州舊路，留兵鎮守。自此唃氏不能入貢，而回鶻亦退保西州，元昊遂叛命，久爲邊害。朝廷慮之，議者以爲唃氏尚在河、湟間，又與元昊世仇，倘遣使通諭朝廷之意，使西戎有後顧之憂，則邊備解矣。仁宗然之。寶元二年，遣屯田員外郎劉渙奉使，渙自古渭州抵青塘城，始與唃氏遇，渙爲述朝廷之意，因以邈川都統爵命授之，俾倚捅以攻元昊。廝囉謝恩大喜，請舉兵助中國討賊，自此元昊始病于牽制，而唃氏復中國通矣。」魏泰詳細叙述了劉渙奉使河湟吐蕃的原因，然劉渙奉使的時間「寶元二年」當爲康定元年八月。《宋史》、《東都事略》本傳俱云：「夏人叛，朝廷議遣使通河西唃氏，渙請行。間道走青唐，諭以恩信。唃氏大集庭帳，誓死扞邊，遣騎護出境。」禮遇甚厚。

劉渙奉使河湟唃廝囉政權，所帶仁宗詔令，今賴《宋大詔令集》保存，彌足珍貴，今據是書卷二三九《西蕃上·諭邈川首領唃廝囉詔》（自注爲康定元年二月庚□）云：

朕以昊賊猖獗，侵驚邊隅。卿累世稱藩，資忠效順，高牙巨節，保我西陲。憤兹醜羌，嘗議討伐。所宜早興師旅，往襲空城，乘彼未還，據其根本，父子竭力，殄滅凶渠。今也其時，機不可失。待詔到日，刷領手下軍馬，徑往賊界，同力剪除。如能成功，當授卿銀夏屬州節制，宜令腹心人以起發日，關報緣邊經略安撫司，以憑舉兵應援，仍賜對衣帶、絹二萬疋。

《宋會要·蕃夷》六之三亦載其詔，然欠詳，作康定二年二月五日，二年當是元年之誤，二月五日，則可補《宋大詔令集》自注康定元年二月庚□之缺。康定爲仁宗年號，僅一年。

慶曆元年，四十四歲。

渙還自青唐，得唃廝囉誓書及《西州地圖》以獻，直昭文館，爲秦隴路招安蕃落使。

夏四月庚辰，以唃廝囉進奉人蘭章家軍主策拉諾爾爲珍州刺史（《長編》卷一三一）。

壬午，劉渙直昭文館，爲秦隴路招安蕃落使。《長編》卷一三一「仁宗慶曆元年夏四月壬午」條云：「屯田員外郎劉渙直昭文館，爲秦隴路招安蕃落使。李燾注云：《會要》招安作招撫。渙還自青唐，得唃廝囉誓書及《西州地圖》以獻，故有是命。尋改爲陝西轉運副使，兼秦隴招安蕃落使，仍令渙詣策拉諾爾所告諭唃廝囉舉兵取西涼府。」

《宋史》、《東都事略》本傳均云：「得其誓書與《西州地圖》以獻。加直昭文館，遷陝西轉運使。」但不云爲秦隴招安蕃落使事，似失載，當以初入。

是年春，加唃廝囉河西節度使。見《宋史》卷十一《仁宗紀》。又，《宋大詔令集》卷二三九《西蕃上·唃廝囉保順河西等軍節度使制》云：

國家建德以錫其土封，進律以重其閫制。眷吾良制，寔殿外藩，能體懷柔之仁，素堅恭順之節。特頒丕制，申告群倫。西蕃邈川首領、保順軍節度、洮州管內觀察處置等使、金紫光祿大夫、檢校太尉、使持節洮州諸軍事、洮州刺史兼御史大夫、上柱國、武威郡開國公、食邑二千戶、食實封三百戶唃廝囉，志蘊沉雄，性資端亮，稟金方之勁氣，控榆谷之遐區，向膺授鉞之征，饗享苴茅之寵。護邈川之豪而恩信甚篤，制夏臺之猾而義勇弗回。擇茲涼土之雄，益以漢壇之拜，載惟異數，以勵壯猷。於戲！旗纛前驅，兼統二邦之旅；翰垣分寄，仍陪回履之封。其思令圖，勉稱明命。可特依前檢校太保，使持節洮州涼州刺史、兼御史大夫，充保順河西等軍節度、洮州涼州管內觀察處置押蕃落等使。

十分明顯，北宋政府對唃廝囉的評價是相當高的，他作爲當時河湟地區吐蕃的首領，其作用是巨大的。

慶曆三年，四十六歲。

知滄州，因刺一逃軍而降職。

按：《長編》卷一四二「仁宗慶曆三年八月癸亥」條云：「諫官余靖言：……又劉渙知滄州，刺一逃軍，轉運使以爲恣暴而降之。郭承祐罷鎮定部署，而固欲得鎮州，其偃蹇如此，而朝廷略不加罪。欲望威行而事舉，其可得乎？願陛下不以邊事爲略而審裁之。」此處雖載三年八月事，然劉渙知滄州，恐在二年。《宋史》、《東都事略》本傳，都不載知滄州時間和劉渙刺逃軍而降職事，僅云「由工部郎中知滄州」，似失書。

慶曆四年，四十七歲。

爲吉州刺史，知保州。

按：《長編》卷一五一「仁宗慶曆四年八月甲寅」條云：「工部郎中、直昭文館、知滄州劉渙爲吉州刺史、知保州。渙至逾月，雲翼軍士又謀反，居人惶急，渙以單騎至，械其首惡誅之，一軍帖然。」李燾注云：「此據渙傳，按雲翼軍叛，既誅之矣，渙至又復叛，不知果否。渙不逾年，亦徙登州。當考。渙知保州，乃此月癸丑。」《宋史》本傳云：「知保州。州自戍卒叛後，兵益驕。渙至，虎翼軍謀舉城叛，民大恐。渙單騎徐叩營，械首惡者歸，斬之，一軍帖服。」說明劉渙有才略，尚氣不羈，臨事無所避，然銳於進取。

慶曆五年，四十八歲。

知登州。

按：《長編》卷一五五「仁宗慶曆五年五月丁丑」條云：「徙知保州、吉州刺史劉渙知登州。登舊用刀魚船備海賊，後禁弛多盜，渙至，繕船備，仍多設方略，賊無敢入境者。手詔褒焉。」《宋史》本傳亦云：「徙登州，益治刀魚船備海寇，寇不敢犯，詔嘉獎之。」《東都事略》本傳同，然皆不獲知登州之時間。

慶曆六年，四十九歲。

以知登州、吉州刺史兼青州路都監。

按：《長編》卷一五八「仁宗慶曆六年五月壬辰」條云：「置青、鄆州路分都監，以知登州、吉州刺史劉渙兼青州路都監，內殿崇班竇舜卿爲鄆州路都監。時上封者言，京東武衛、宣毅軍皆土人，凶悍者衆，請選置青、鄆州路分都監各一員，以時訓練之」。《宋史》、《東都事略》本傳都失書此事。

慶曆七年至皇祐四年，五十歲至五十五歲。

歷知邢、恩、冀、涇、澶五州。

按：《宋史》本傳云：「歷知邢、恩、冀、涇、澶五州。恩承賊蹂踐後，渙經理繕葺有叙，兵民犯法，一切用重典，威令大振。……渙在澶，盡發公錢買之（按指購買耕牛）。明年，民無牛耕，價增十倍，渙復出所市牛，以元直與民，澶民賴不失業。」由此可見，劉渙在知州任上，頗有作爲，深受百姓喜愛。《東都事略》本傳同。關于劉渙之才略本領，《長編》卷一六六「仁宗皇祐元年二月辛巳」條云：「帝御便殿，訪近臣以備御之策，權三司使葉清臣上對曰：……詔問輔翊之能，方面之才，與夫帥領偏裨，當今孰可以任此者。臣以爲不患無人，患有人而不能用爾。今輔翊之臣，抱忠義之深者，莫如富弼；爲社稷之固者，莫如范仲淹；諳古今故事者，莫如夏竦；議論之敏者，莫如鄭戩；方面之才，嚴重有紀律者，莫如韓琦；臨大事能斷者，莫如田況；剛果無顧避者，莫如劉渙；宏遠有方略者，莫如孫沔。」葉清臣將劉渙跟當時名將重臣富弼、范仲淹、夏竦、鄭戩、韓琦、田況、孫沔等相提並論，足見劉渙當時的聲譽是非常之高的。

皇祐五年，五十六歲。

官秦鳳路部署。

按：三月丁巳，劉渙以秦鳳路部署領兵討青唐族羌。《長編》卷一七四「仁宗皇祐五年三月」條云：「古渭州距秦州三百里，經啞兒峽，邊臣屢欲城之，而朝廷艱於饋餉，不許。陝西轉運使范祥，既議解鹽通商，驟加擢用，狃於功利。張昪未至，祥權領州事，不謀於衆，遽請修築，未得報，輒自興役。蕃部驚擾，青唐族羌攻破廣吳嶺堡，圍啞兒峽寨，殺官軍千餘人。丁巳，詔秦鳳路部署劉涣領兵討之。仍詔祥專主饋餉，毋得預軍事。」李燾注云：「城古渭事，詳見七月己丑。」

三月壬戌，詔劉涣招撫古渭州蕃部，毋得深入輕戰。上引《長編》又云：「遣入内供奉官衛克懃體量古渭州蕃賊之衆寡。仍詔秦鳳經略使張昪、部署劉涣招撫之，毋得深入輕戰。」此事《宋史》等本傳不獲，且《宋史》本傳在「治平中」後，云劉涣「歷秦鳳……路總管」，亦誤，時序倒置。

閏七月庚辰，劉涣爲中軍捕討青唐吐蕃。據《長編》卷一七五「仁宗皇祐五年閏七月庚辰」條云：「秦鳳路經略安撫司言，古渭寨、啞兒峽、廣吳嶺諸蕃部數出擾邊，道路不通。尋令部署劉涣爲中軍，鈐轄劉溫潤、都監郭恩爲先鋒，知鎭戎軍郭逵爲策先鋒，都監吳賁、崔懿爲殿後，走馬承受周世昌隨中軍捕討之。涣得首二百四級，溫潤得五百六十五級，恩得九百二十五級，逵得四百五十九級，賁得二十八級，世昌得二十七級。」

閏七月辛巳，遷防禦使。上引《長編》載：「辛巳，涣自澤州團練使遷防禦使，溫潤自禮賓使領英州刺史，……其有功軍校繫轉員軍分遷一級，仍升一等；非轉員軍分遷一級。」

又，胡宿《文恭集》卷二六《賜新授憲州防禦使劉渙敕書》云：「汝以沈敏之才，得拊循之術，擢升軍御，董治戎昭。亦緣端始之辰，幷有效牽之貢，載懷勤叩，良用嘆嘉！」此處作「憲州防禦使」，與《長編》異。《宋史》、《東都事略》本傳，不載劉渙討伐古渭寨、啞兒峽、廣吳嶺諸蕃部事。

閏七月己丑，詔古渭寨修城卒權給保捷請受，仍以蕃官左班殿直訥餐蘭氈爲本地分巡檢，月俸錢五千，候一年能彈壓蕃部，即與除順州刺史。蘭氈世居古渭州，密邇夏境。夏人牧牛羊於境上，蘭氈掠取之，夏人怒，欲攻之，蘭氈懼力不敵，因獻其地，冀得戍兵以敵夏人。范祥欲立奇功，亟往城之。蘭氈先世跨有九谷，後寖衰，僅保三谷，餘悉爲他族所據。青唐族最強，據其鹽井，日獲利可市馬八匹。蘭氈白詳：「此本我地，亦乞漢家取之。」祥又多奪諸族地以招弓箭手，故青唐及諸族皆怒，舉兵叛。祥既坐責絀，張昇請棄古渭勿城。夏人復來言：「古渭州本我地，今朝廷置州於彼，違誓詔。」遣傅永制置糧草，專度其利害。永言：「今棄弗城，夏人必據其地，更爲秦州患。且已得而棄之，非所以強國威。按蘭氈父祖皆受漢官，其地非夏人所有明甚，但當更名古渭寨，不爲州，以應誓詔爾。」即召青唐等族酋，諭以「朝廷今築城，實爲汝諸族守衛，而汝叛何也？」皆言：「官奪我鹽井及地，我無以爲生。」永曰：「今不取汝鹽井及地，則如何？」衆皆喜，聽命，遂罷兵。永乃割其地四分之三以畀青唐等族，卒城古渭，始加蘭氈以爵秩。」以上事詳《長編》卷一七五「仁宗皇祐五年閏七月己丑」條，司馬光《涑水紀聞》所載同。

八月辛酉，詔秦鳳部署劉渙，每半年一巡古渭寨，以撫輯蕃部。事見上引《長編》。

十二月庚子，張方平代張昇知秦州。據《長編》卷一七五「仁宗皇祐五年十二月庚子」條云：「端明殿學士、兼龍圖閣學士、給事中張方平加翰林侍讀學士、知秦州，代張昇也。初，昇命部署劉渙討叛羌，渙逗留不進，昇奏以郭恩代之。恩既多所斬馘，渙疾恩出己上，遂紿奏恩所殺皆老稚爾。朝廷疑焉，故罷昇而遣方平往帥，亦徙渙涇原。方平力辭，曰：『渙與昇有階級，今互言而兩罷，帥不可爲也。』昇以故得不罷。尋命方平知渭州。」李燾注云：「昇傳云渙以得城之功不在己，故紿奏恩多殺老稚。按渙與恩俱進兵，恩獲級最多爾，是役也，渙實受賞，安得謂功不在己耶？蓋昇初以渙不時進擊，因奏乞用恩代渙，奏未報，而渙已與恩俱破賊矣。渙怨昇將使恩代己，且疾恩獲級多，遂誣奏恩，并及昇，故朝廷欲兩罷之也。昇徙青州則在此前，與此實兩事，本傳并兩事爲一，殊不可考，今參取方平墓志刪修。」此處李燾駁正《張昇傳》所記訛誤誠是。又，從上面《長編》所云「朝廷疑焉，故罷昇而遣方平往帥，亦徙渙涇原」之記載，則說明於皇祐五年十二月已徙「涇原」任部署了。《宋史》卷三二四《劉渙傳》云：「歷秦鳳、涇原……路總管」，亦是其佐證，不同的是「部署」當作「總管」。

至和元年，五十七歲。

知恩州。

按：《長編》卷一七八「仁宗至和二年二月乙卯」條云：「知諫院范鎮等言：『恩州自皇祐五年秋至去年冬，知州凡換七人，河北諸州，大率如此，欲望兵馬練習，固不可得，伏見雄州馬懷德、恩州劉渙、翼州王德恭，皆有材勇智慮，可責以辦治，乞令久任』。從之。」從范鎮奏言可知，劉渙至和元年當在知恩州任上。《宋史》本傳將劉渙知恩州，置於「治平中」之前，實誤。

至和二年至嘉祐五年，五十八歲至六十三歲。

歷任眞定、定州路總管，四遷至鎮寧軍留後。

按：《宋史》、《東都事略》本傳均云：「歷秦鳳、涇原、眞定、定州路總管，四遷至鎮寧軍節度觀察留後。」《長編》不獲其事。歐陽修《歐陽文忠公文集》卷八九《賜虔州觀察使定州路副都部署劉渙進奏謝恩馬詔》（自注云嘉祐五年六月十七日）云：「國家慎選材武，委之事權，優其寵榮，所以責效，厚其頒予，所以養廉。乃因物以達誠，見事上之惟格，省閱于再，嘆嘉不忘。」根據歐陽修注文，則清楚說明嘉祐五年六月，劉渙官定州路副都部署。在此之前，或嘉祐元年至四年，劉渙官虔州觀察使。《宋史》、《東都事略》本傳不載劉渙任虔州觀察使，則是明顯失書，當以《歐陽文忠公文集》補入。

嘉祐六年至神宗熙寧四年，六十四歲至七十四歲。

按：據《宋史》本傳記載，恐在知冀州和眞定路總管任上。

神宗熙寧四年五月前，劉渙再知涇州。

同年六月庚申，劉渙改知澶州。

據《長編》卷二二四「神宗熙寧四年六月庚申」條云：「涇原路經略使蔡挺言：『新知涇州劉渙先知此州日，貪殘不公，軍民怨苦，今聞渙再至，無不憂懼。伏望罷渙，更擇可者。』詔渙改知澶州。」

十二月乙卯，劉渙爲工部尚書致仕。

據《長編》卷二二八「神宗熙寧四年十二月乙卯」條云：「詔知澶州、鎮寧軍留後劉渙爲工部尚書致仕。渙頗有才智，尚氣放誕，遇事無所顧忌，銳於進取。既得謝，乃悔恨。及開拓熙河，討伐安南，渙幾八十矣，猶上書請自效，不報。」《宋史》本傳載同。

熙寧五年至元豐元年，七十五歲至八十一歲。

元豐元年八月乙卯，劉渙卒，年八十一。

《長編》卷二九一「神宗元豐元年八月乙卯」條云：「工部尚書致仕劉渙卒。」《宋史》卷三二四《劉渙傳》亦云「卒，年八十一。」

包拯年譜

齊濤 編

《安徽史學》一九八五年六期

包拯（九九九—一〇六二），字希仁，廬州合肥（今屬安徽）人。天聖五年進士，歷監和州税、知天長縣，徙知端州，遷殿中丞。慶曆三年，拜監察御史，除三司户部判官，出爲京東轉運使，徙陝西轉運使。入爲三司户部副使，知諫院。皇祐四年，除龍圖閣直學士，爲河北都轉運使。歷知瀛、揚、廬、池州、江寧府，嘉祐元年，召權知開封府，遷右司郎中。擢諫議大夫，權御史中丞。六年，權三司使，爲樞密副使。七年卒，年六十四，謚孝肅。

包拯立朝剛毅，論事無所避忌，貴戚權豪爲之斂手，京師俗語曰：「關節不到，有閻羅包老。」著有《奏議》十五卷，今存十卷，有明正統元年合肥方氏刊本、中華書局一九六三年排印本、黄山書社一九九八年楊國宜校點本。事蹟見曾鞏《包孝肅公拯墓誌》、《宋史》卷三一六本傳。

包拯年譜，有今人汴力編《包拯年表》（《河南大學學報》一九八五年一期），景北記撰《包拯奏議繫年考》（《中國史研究》一九八五年一期）及木田知生、孔繁敏撰《補正》（同上一九八七年一期）。本譜爲齊濤所編，據墓誌、史傳、文集考訂譜主生平事蹟，並加案語考證。原名《包公年譜》，載《安徽史學》一九八五年六期，本書所收，略有改動。

包拯，字希仁。廬州合肥人。楚申包胥之後。事見曾鞏《包孝肅公拯墓誌》（《名臣碑傳琬琰之集》下集卷六，以下簡稱《包拯墓誌》）、《宋史·包拯傳》、《通志》卷八之五。

曾祖母，追封榮陽郡太夫人；祖父士通，贈太子太傅；祖母宣氏，贈馮翊郡太夫人。

父令儀，太平興國八年進士，官至刑部侍郎，贈太保；母張氏，贈□陽郡太夫人。

世系如下：

曾祖—士通—令儀—拯｛繶、綬｝

（《包拯墓誌》、嘉慶《合肥縣志·選舉表上》）

宋真宗咸平二年，一歲。

《包拯墓誌》云：「〔嘉祐〕七年薨於位，年六十四。」由嘉祐七年（一〇六二）逆推六十四年，當生於本年。

咸平四年，三歲。

拯妻董氏生（《董氏墓誌》）。

天聖五年，二十八歲。

拯與文彥博「方業進士，相友甚厚」。

案：《文氏墓誌》云「蓬萊縣君文氏……河東節度使宋太師潞國公諱彥博之季女……天聖初，夫人王父贈太師尚書令兼中書令諱□與朝奉公王父贈太保諱令儀同官閣中。時潞國公與皇舅樞密副使孝肅公諱拯方業進士，相友甚厚。未幾，同登天聖五年甲科……而包氏、文氏仕契亦再世矣。」拯父與彥博父供職閣中之具體時間未得，故權擷拯與彥博「方業進士，相友甚厚」繫于本年下。

天聖六年，二十九歲。

正月，劉筠受命權知貢舉。拯少時即爲其所知（《續資治通鑑長編》卷一〇二，以下簡稱《續長編》；《包拯墓誌》；《宋史·包拯傳》，以下簡稱《宋史》本傳；宋《國史·包拯傳》，以下簡稱《國史》本傳）。

三月，拯參加御試，中甲科進士。文彥博同年（《包拯墓誌》、《續長編》卷一〇五、《文氏墓誌》）。

本年，拯拜八品京官，以大理評事知建昌縣。父母年高不欲遠行，辭不就，又受命監和州稅，父母亦不欲去，遂棄職家居，奉養雙親（《包拯墓誌》、《宋史》本傳、《包拯集·張田題辭》）。其後十年，拯居廬州鄉里（《包拯墓誌》、《宋史》本傳）。

天聖七年，三十歲。

八月，劉筠知廬州（《續長編》卷一〇六）。

明道元年，三十四歲。

母張氏卒，拯廬墓守喪。

案：《包拯墓誌》言拯歸鄉後「積數年，皇考妣繼以耆終。公居喪毀瘠甚，廬墓終制。□服除又二年，方調知揚州天長縣。」拯家居共十年，墓誌云服除二年方調任天長，以三年守喪之禮，可知其父母卒去之下限在本年，又據墓誌文義，父卒于母前，故本年條下只錄拯母卒，其父卒年，據墓誌「積數年」句當在天聖八年（一〇三〇年）以後，年月不詳。

景祐二年，三十七歲。

本年，拯服除，仍家居。

景祐四年，三十九歲。

拯在鄉鄰勸勉下出知揚州天長縣。初復仕，嘗有詩言其志云：「清心爲治本，直道是身謀。秀幹終成棟，精鋼不作鈎。倉充鼠雀喜，草盡狐兎悲。史冊有遺訓，無貽來者羞。」（《包拯墓誌》、《國史》本傳、張田《包拯集題辭》）

寶元二年，四十一歲。

拯在天長知縣任上。嘗斷「割牛舌」案。

案：《宋史·包拯傳》記其「知天長縣，有盜割人牛舌者，主來訴，拯曰『第歸殺而鬻之』，尋復有來告私殺牛者，拯曰『何爲割牛舌而又告之？』盜驚服。」《宋史·穆弼傳》則將此事記作穆弼所斷。此應爲一事而後人附會于包、穆二人之身。拯斷此案又見於《包拯墓誌》、《隆平集》本傳、《國史》本傳，《東都事略》本傳、《自警編》、《續長編》卷一四五，較爲可信。穆弼斷此案事未見諸他史，恐錯。

康定元年，四十二歲。

拯遷任大理寺丞知端州（《包拯墓誌》、康熙《肇慶府志》卷二二《事紀》）。

慶曆二年，四十四歲。

三月九日，拯與友人周湛、錢聿同游端州高要縣石室（康熙《肇慶府志》卷二一《金石》）。

拯在本州任內，廉潔奉法，一掃前任額外多徵貢硯之陋習，歲滿離任，不持一硯而歸（《包拯墓誌》、《五朝名臣言行録·包拯》、《宋史》本傳）。

慶曆三年，四十五歲。

三月，范仲淹、富弼、韓琦並爲執政，實

行改革，史稱「慶曆新政」。

九月，呂夷簡以太尉致仕。拯嘗爲其所舉。

案：《自警編》云：「呂許公聞包拯之才，欲見之，一日待漏院，見班次有包拯名，頗喜。及歸，又問知居同里巷，意以拯欲便於求見，無幾，報拯朝辭，乃就部注一知縣出，尤奇之。遂使人追還，遂薦對，除裏行，自此擢用。」《五朝名臣言行錄》引《卮史》亦記有此事。然此事與諸史多不合，拯爲裏行前即任州職，與「乃就部注一知縣出」不合；拯除裏行在本年十一月，諸史皆云王拱辰所薦，且呂氏二月已被罷爲司徒，與議軍國大事，九月致仕，與《自警編》等言夷簡薦拯爲裏行又不合，但此事錄於朱熹之《五朝名臣言行錄》、趙善璙之《自警編》，恐確有呂氏薦拯之舉，故今以「拯嘗爲其所舉」繫於夷簡致仕條下，庶幾無大謬矣。

拯先由端州徙任殿中丞，十一月，因王拱辰薦，改任監察御史裏行。未幾，遷監察御史（《包拯墓誌》、《續長編》卷一四五、《國史》本傳）。

十一月，上清宮失火。次月，拯上《請不修上清宮》折，主張對災變「勵精治道，謹修人事」，不應重興土木，耗費民力（《續長編》卷一四五、《包拯集》卷八）。

案：拯云：「臣伏見十一月初二日夜上清宮火。」不言何年而只言月日，可知作於當年，不直言其日而冠之以月，又可知非當月所作，故可定《請不修上清宮》作于本年十二月，《包拯集》署曰「知諫院時作」，誤。

慶曆四年，四十六歲。

八月五日，保州兵變，官軍久攻不下，派人誘降，遂破之，坑殺四百餘人。兵變未平前，包拯上有《論保州事》折，主張招降（《續長編》卷一五一、《包拯集》卷九）。

司勛郎中張可久，因包拯請重治其販私鹽罪，被貶爲保信節度副使。拯曾上《請重斷張可久》折（《續長編》卷一五二慶曆四年八月庚午條，《包拯集》卷四）。

十月，北宋與西夏交戰數年後議和。此前，拯上有《論昊賊事宜》、《論楊守素》等折，主張應稍緩與之議和，並反對與之進行青鹽貿易。未成（《續長編》卷一四九至卷一五二、《包拯集》卷九）。

本年，包拯還上有《請免陳州添折見錢》等折反對利用支移折變掊克百姓。

案：《包拯集》中未標此奏議年代，據文義，拯上此折時，任師中知陳州，且正當夏稅徵收之際，又據《續長編》卷一五五，任師中知陳州任至慶曆五年四月，而拯慶曆三年底方任職御史臺，唯慶曆四年夏可上此奏。

慶曆五年，四十七歲。

拯在監察御史任上。

三月，上折《請依舊考試奏蔭子弟》（《續長編》卷一五五、《包拯集》卷二）。

夏，拯送伴契丹使北歸。返朝後上言請及時收糴河北麥糧，以備邊貯，以寬國用。又上言《請止絶三番取索》（《包拯集》卷五《請止絶三番取索》、卷六《請出內庫錢帛往逐路糴糧草》）。

案：據拯慶曆七年所作《請出內庫錢帛往逐路糴糧草》云「臣前年夏送伴

使北回……」可知拯本年夏曾送契丹使臣北歸。又：《請止絕三番取索》云「臣昨奉敕送伴契丹人使」，故定本奏議作於送契丹使返朝後。

八月三日，拯與集賢校理張郯、何中立受詔考試開封府舉人。十一日，受命爲契丹正旦使，與契丹國母生辰使楊察、契丹主生辰使張堯佐出使契丹（《續長編》卷一五七、《包拯墓誌》）。

慶曆六年，四十八歲。

正月初四，契丹排筵款待拯等。其生辰館伴副使宥詰以雄州新開便門納燕京奸細事，拯等據理對答。

初五，拯等諸使離契丹，將啓程，再與契丹館伴論列雄州便門事，使之「但言極是，頗有愧色」。返至雄州，仔細詢問此事。及歸，上《奉使契丹辯雄州便門事狀》。主張對契丹之「體探事宜」應「更加慎重，免致泄漏」（《包拯集》卷九《奉使契丹辯雄州便門事狀》、《宋史》本傳、《國史》本傳）。

七月，馬軍副都指揮使許懷德上殿自乞爲留後，從之。拯上《奏許懷德上殿陳乞》折，反對此事，不果（《續長編》卷一五九、《包拯集》卷四）。

拯任監察御史至本月，任期內，論列時政、彈劾贓吏，言多激切忠直。上有《論契丹事宜》，主張「無恃其不來，恃吾之不可攻也」。又有《請復封駁》、《請支義倉米賑給百姓》等奏議（《包拯集》卷九、卷二、卷七，參見《宋史》本傳、《東都事略》本傳）。

案：《宋史·包拯傳》言拯任御史時「張堯佐除節度、宣撫兩使，右司諫張擇行、唐介與拯共論之」。檢諸史，堯佐皇祐二年方除節度等使，此處與諸史異，恐誤。

本月，拯以三司户部判官，出爲京東路轉運使。

案：此事《續長編》未記，《包拯墓誌》闕文不清。《宋史》本傳云「歷三司户部判官，出爲京東路轉運使」，《國史》本傳則云：「爲三司户部判官、賜五品服、出爲京東轉運使。」《東都事略》本傳略同。《續長編》卷一五九記本年七月包拯彈許懷德時仍稱其爲「監察御史」，可知任御史之下限至遲在七月。又，拯慶曆七年作《請出內庫錢帛往諸路糴糧草》云「臣去秋赴任京東日，竊見朝廷差仲簡、宋選、陳榮古往三路便糴」。據《續長編》卷一五九慶曆六年六月丙辰「命度支判官，侍御史仲簡往陝西和糴軍儲」，七月乙酉「遣主客員外郎宋選往河東，殿中丞陳榮古往河北路收糴軍儲」，拯言其赴任日見朝廷差此三人往三路，可知拯任京東當在七月。亦可知是由監察御史轉陞户部判官與京東路轉運使，未單獨任户部判官，故《宋史》本傳恐誤記。

慶曆七年，四十九歲。

拯任京東轉運使至本年四月。在本任日，嘗巡歷登、萊等州。多次上書請免登州家貧無力起冶之鐵冶户姜魯等十八户名籍，保明申奏除放本路州軍諸色吏人積年欠負官物錢帛等二萬貫石，皆未果（《包拯集》卷七《乞開落登州冶户姓名》、《領陝西漕日上殿》）。

案：《乞開落登州冶戶姓名》云「臣在本路日……親自巡歷到登州、萊州」，據《宋史·地理志》，登、萊屬京東路，故定上事乃拯任京東時所爲，本奏議爲拯離任京東後又請開落前所奏家貧冶戶名籍而作。

四月，拯改任工部員外郎、直集賢院、陝府西路轉運使，詔許朝覲，上《領陝西漕日上殿》。又請放免京東路諸色人等積欠之官物錢帛（《續長編》卷一五六、《包拯墓誌》、《包拯集》卷七）。

案：拯任陝西漕唯本年一次，故定《領陝西漕日上殿》作於此時。

拯之轉任，未求改章服，倏行至華陰，仁宗遣使持三品服贈之（《包拯墓誌》、《隆平集》本傳、《續長編》卷一五六）。

拯受任陝西之初，又上有《請出庫錢帛往逐路糴糧草》（《續長編》卷一五六、《包拯集》卷七）。

夏，江西路轉運使王逵移任荆湖北路。其任江西時，「苛政暴斂」、「不顧條制」，拯曾累次上章彈劾，終無結果。有《彈王逵》三章（《續長編》卷一六〇、《包拯集》卷六）。

案：《包拯集》卷六彈王逵一、二、四章均謂逵不當爲江西路轉運使，《彈王逵三》則謂逵不當授淮南轉運使。據《續長編》卷一六九，逵皇祐二年方任淮南路。恐拯集繫列有誤，第三章當在第四章之後。

慶曆八年，五十歲。

閏正月，文彥博拜相。

五月二日，拯由陝西改爲河北轉運使。未及上任，六月二十二日又除戶部副使

（《續長編》卷一六四慶曆八年六月乙丑條、《包拯墓誌》）。

十月，以范祥提點陝西路刑獄兼制置解鹽，主持變通舊有鹽法。「其法，舊禁鹽地一切通商，鹽入蜀者亦恣不問，罷並邊九州軍入中芻粟，第令入實錢以鹽償之……盡弛兵民輦運之役。」（《續長編》卷一六五慶曆八年十月丁亥條）

皇祐元年，五十一歲。

在戶部副使任上。

三月，契丹聚兵邊塞，仁宗令群臣上御邊策，包拯之言尤備，遂命往河北提舉計置糧草。拯上有《奉詔河北計置斛斗日上殿》，建議河北闕糧州軍兵馬移屯近處有糧州軍。又有《請支撥汴河糧綱運往河北》、《請移冀博深三州兵馬》、《請將邢洛州牧馬地給與人戶依舊耕佃（二章》）」等奏議。本月即詔「徙河北闕糧處士兵於南州軍。」六月，移莫州十指揮於眞定府，深州兩指揮於祁州，博州兩指揮於澶州。廣平二牧馬監所占邢、洺、趙三州民田亦盡以賦民（《續長編》卷一六六皇祐元年三月、六月條、《宋史》本傳、《東都事略》本傳、《包拯集》卷十、卷八、卷七）。

案：拯往河北提舉計置糧草僅此一次，故可定《奉詔河北計置斛斗上殿》爲此次受命時作。《請支撥汴河糧綱運往河北》言「臣奉敕差往河北提舉計置斛斗」，亦可定爲此次在河北所作。

又：《請移冀博深三州兵馬》有「（臣）奉聖旨，令計會河北四路安撫司並都轉運司密切相度……臣尋與逐路安撫司並都轉運司密切相度……」

等句，且所列移兵計劃（冀州十指揮往真定等地，博州兩指揮往澶州，深州兩指揮往□州）與本年六月實際移兵情況略合，因定本奏議亦作於此次河北之行。

又：《宋史》本傳云：「命拯往河北調發軍食，拯曰：『漳河沃壤，人不得耕，邢、洺、趙三州民田萬五千頃，率用牧馬，請悉以賦民。』從之。」《續長編》、《東都事略》本傳、《包拯墓誌》亦略同，故定《請將邢洺州牧馬地給予人戶依舊耕佃》二章作於此時。

四月，包拯受命與河北四路安撫司、轉運司合議省減冗官及選汰兵士事以報（《續長編》卷一六六皇祐元年四月庚午條）。

八月，從包拯之請，授劉筠族子景純爲將作監主簿，使之奉筠後。給還筠卒時官收之田廬（《續長編》卷一六七皇祐元年八月乙亥條、《宋史·劉筠傳》）。

十月，因范祥鹽法在朝引起爭議，拯被差往陝西議定鹽法利害。及入陝，沿路訪聞，體察民情，與本路轉運司、制置解鹽司同議，乞請仍依新法施行。拯離京前上《言陝西鹽法一》，在陝日上《言陝西鹽法二》，歸朝後又上《請除范祥陝西轉運副使》，皆力主范祥鹽法。但范祥鹽法仍被停止（《續長編》卷一六七皇祐元年十月壬戌條、《包拯墓誌》、《宋史》本傳、《國史》本傳、《宋史·食貨志》、《包拯集》卷八《言陝西鹽法二章》、卷三《請除范祥陝西轉運使》）。

案：據《續長編》卷一六七，拯受命即上《言陝西鹽法一》。本奏議中亦云「臣欲乞候到陝西相度」，可定作於赴陝西之前，《包拯集》標曰「知諫院時作」，恐誤。又：《言陝西鹽法二》云：「臣近奉敕差往陝西相度鹽法，自入陝西界，沿路訪聞，……臣今與本路轉運及制置解鹽司同議，且乞依新法施行。」據文義可知此在陝日作。《續長編》卷一六七謂此「還自陝西作」，恐不妥。

又據《續長編》卷一七一皇祐三年十二月條云：《請除范祥陝西轉運副使》乃「還自陝西」作，《包拯集》卷三《再舉范祥》亦云：「臣先自陝西相度鹽法歸，曾具札子，乞除提點刑獄祥權本路轉運副使。」故定本奏議作於拯還自陝西後。

拯在陝西日，侍御史何郯建言削減陝西冗兵，並請令拯「就近覆驗」，「審擇利害，然後施行」，得樞密使龐籍贊同。十二月，即詔陝西保捷兵「年五十以上及短弱不任役者，聽歸農」，「人皆歡呼反其家」（《續長編》卷一六七皇祐元年十月丙戌條、十二月壬戌條）。

在戶部副使任，拯又嘗上《請權罷陝西州軍科率》，奏罷原皆科取于民的秦隴斜谷務造船材木等（《宋史》本傳、《包拯集》卷七）。《請差災傷路分安撫》以爲「年凶則民饑，饑則盜起」，「今則民間之蓄盡爲軍儲矣，民失其賴，流亡日衆，故盜賊充斥」，請選派臣僚安撫賑貸之（《包拯集》卷七）。

皇祐二年，五十二歲。

年初，拯擢任天章閣待制、知諫院（《宋史》本傳、《國史》本傳、《東都事略》本傳、《隆平集》本傳）。

案：拯遷知諫院之時間，諸史皆不詳，唯《國史》本傳云：「皇祐二年，擢天章閣待制、知諫院。」《續長編》卷一七二皇祐四年三月條云「拯在諫院踰二年」，故今定拯本年初遷爲知諫院。

春，庶人冷清詐稱皇子被誅。拯參與審理此案，曾上有《論妖人冷清事》一章，請速從嚴斷決。

案：據《續長編》卷一六八皇祐二年四月戊辰條，冷清案三月內即結。《稽古錄》卷二〇亦云：「皇祐二年春，男子冷清詐稱皇子，伏誅。」然《皇宋十朝綱要》皇祐二年條云：四月戊辰「男子冷清詐稱皇子，伏誅」，恐誤。

五月，在包拯、吳奎建議下罷三番使臣。其前，接送契丹使節，皆自京中差三番使臣，沿途勒索騷擾，爲害甚大（《續長編》卷一六八皇祐二年五月丙申條）。

六月，判亳州、宣徽南院使、建武節度使郭承祐被劾，落宣徽南院使。八月，改爲許州部署。包拯又上《彈郭承祐》奏，請從重處置，不果（《續長編》卷一六八皇祐二年六月辛未條、卷一六九八月丁巳條、《包拯墓誌》、《包拯集》卷六《彈郭承祐》）。

本月，拯上有《請選内外計臣》二章，建言當此財用窘迫之際，尤宜精選三司使、轉運使等計臣。又彈三司使張堯佐庸庸無才，請更之（《續長編》皇祐二年六月丙子條，《包拯集》卷三本奏議）。

十月，王逵移任淮南轉運使，包拯與吳奎、陳旭多次上章論列其不當爲此重任，均不報。《包拯集》卷六彈王逵三、五、

六、七共四章即此時所作（《續長編》卷一六九皇祐二年十月庚子條，《包拯集》卷六）。

十一月，包拯與郭勸奉旨放天下欠負一千二百萬（《續長編》卷一六九皇祐二年十一月戊子條、《國史》本傳、《包拯墓誌》）。

閏十一月，張貴妃從父三司使張堯佐驟除宣徽、節度、景靈宮、群牧制置四使，臺諫官群起而言，包拯與王舉正、唐介、吳奎四人所言尤激。拯上有《彈張堯佐》（三）等奏議。未幾，仁宗罷堯佐宣徽、景靈宮二使（《續長編》卷一六九皇祐二年閏十一月己未條、《包拯墓誌》、《涑水紀聞》卷八、《宋史·張堯佐傳》、《却掃編》卷下、《包拯集》卷六、《琬琰集·唐介傳》）。

案：據《彈張堯佐》（三），本奏議爲反對堯佐同授四使而作，此時拯已爲知諫院，《包拯集》標「爲監察御史時作」，當誤。又：《過庭錄》亦記堯佐除節度使，諫官御史諫爭事，然其言與諸史多違，云「嘉祐中，嘗欲除張堯佐節度使」等等，今不取。

本年，拯以典祀明堂恩，遷兵部員外郎，仍知諫院。

案：此事諸史未記，唯其墓誌，在上述彈堯佐事之前記曰「典祀明堂恩，遷兵部員外郎。」據《春明退朝錄》卷下，仁宗本年始祀明堂，包拯此事當亦在本年。

皇祐三年，五十三歲。

在知諫院任上。

二月二十二日，包拯彈宰相宋庠「竊位素

餐」、無所建樹，乞罷免之（《包拯集》卷六《彈宋庠》）。

案：《彈宋庠》云：「（臣）昨於二十二日具劄子論列宋庠自再秉衡軸、首尾七年，殊無建明。」據《宋史》、《東都事略》、《隆平集》宋庠本傳及《宋史·仁宗本紀》，庠第二次爲執政始自慶曆五年，至皇祐三年正是「首尾七年」，故可定本奏議作於本年三月宋庠罷相前。

三月，包拯又與吳奎、陳旭彈劾宋庠，旋罷其相（《續長編》卷一七〇皇祐三年三月己未條）。

四月，吳奎上言請百官七十歲致仕。此前奎嘗與拯共論百官年七十以上者並應致仕。《包拯集》卷二有《論百官致仕》一奏。至是，與知制誥胡宿發生爭議，宿建言：「武吏察其任事與否，勿斷以年；文吏使其自陳而全其節。」本年七月，詔「外任少卿監以下年七十不任釐務者」，由中書等裁處，「待制以上能自引年則優加恩禮，不須用爲定制」（《續長編》卷一七〇皇祐三年四月甲申條、七月癸丑條，參見《東都事略·胡宿傳》及《宋史·仁宗本紀》）。

六月，包拯上疏《請錄用楊紘等》。以爲因慶曆新政而被貶斥的楊紘等人是「非辜被譴」，主張「復與甄擢」。未幾，楊紘升任湖南轉運使，王鼎提點河北路刑獄（《續長編》卷一七〇皇祐三年六月丁酉、《包拯集》卷三）。

七月，新任知澶州李昭亮辭請另職，改授知成德軍，拯與御史中丞王舉正共彈之。包拯上有《論李昭亮》二章，以爲應嚴申命令，仍遣李昭亮赴澶州就任。仁宗許之，詔「復任如故」（《續長編》卷一七〇皇祐三年七月乙亥條、《包拯集》卷六）。

案：據《包拯集》卷六《論李昭亮》，此二章皆彈昭亮新受命澶州遷延不去，又乞另職事，故定爲本月作。

八月，張堯佐再除宣徽南院使、判河陽。包拯上《彈張堯佐》二章，以爲若「復乞追奪，於朝廷事體亦未得當」，建言不許堯佐本院供職，「仍趨赴河陽任所」。吳奎、陳旭等亦主是言。唯殿中侍御史裏行唐介力劾張堯佐不當爲宣徽使，又彈宰相文彥博「陰結貴妃」，「顯用堯佐」，包拯、吳奎與之相連。仁宗怒，十月，罷文彥博相，降唐介爲春州別駕，吳奎出知密洲。包拯上《請留吳奎依舊供職》，云「唐介輕妄之詞，誣罔上聽。」仁宗未納其言，且語曰：「昨言奎、拯陰結文彥博，今觀此奏，非誣也。」拯因上章求外任（《求外任七》即作於此時），不果。堯佐繼爲宣徽使（《續長編》卷一七一皇祐三年八月條、十月條，《宋史·唐介傳》，《宋史·張堯佐傳》、《包拯集》卷六、卷十）。

案：據包拯《彈張堯佐》（一、二），此二章俱爲堯佐再除宣徽使而作。據《請留吳奎依舊供職》，此章爲吳奎遭唐介彈劾出知密州事而作。據《求外任》七，此章蓋拯《請留吳奎依舊供職》未見納而拯亦自請外任之作，故繫列如上。

又：《曲洧舊聞》卷一記有溫成皇后（張貴妃）爲其伯張堯佐求宣徽使事，

其中有仁宗言：「中丞向前說話，直唾我面，汝只管要宣徽使、宣徽使，汝豈不知包拯是御史中丞乎？」言包拯爲御史中丞，顯係謬記，今不取。

十月，復三番使臣，拯上《請免接送北使三番》折，極言其擾民之弊，請復罷之，不果（《續長編》卷一七一皇祐三年十月甲午條、《包拯集》卷七）。

翰林學士兼端明殿學士、翰林侍讀學士知制誥李淑爲包拯、吳奎所彈，落翰林學士。拯上有《彈李淑一》，謂淑不盡侍養之責，妄馳仕進，又作「周陵」詩以古諷今，作《呂夷簡墓誌》謂章獻太后與仁宗之際爲「鷄晨」，因請奪其翰林學士等職。俟淑落翰林學士職，拯又上《彈李淑二》再申前奏，請罷其禁職，移爲外任。

十一月李淑又落翰林侍讀學士（《續長編》卷一七一皇祐三年十月乙未條、《包拯集》卷六）。

案：據《彈李淑一》有請「落其（淑）翰林學士」句，可知作于李淑落翰林學士前。《彈李淑二》言「今聞只罷翰林學士」，可知作於淑初落翰林學士之時。又，二章皆言李淑「母年八十」，又可知作於同年，故繫列如上。《包拯集》卷六署《彈李淑一》曰「爲監察御史時作」，恐誤。

十一月，拯上疏《請救濟江淮饑民》，建言諸路長吏「如不用心救濟，以致流亡及結成群黨，即乞一例重行降黜」（《續長編》卷一七一皇祐三年十一月條、《包拯集》卷七）。

案：《包拯集》署本奏「爲監察御史

時作」，恐誤。

十二月，因包拯所薦，度支員外郎范祥除陝西路轉運副使。前此，仁宗詔三司，聽解鹽通商二年。本年秋冬，拯曾上折《再舉范祥》（《續長編》卷一七一皇祐三年十二月乙亥條、《包拯集》卷三）。

案：《再舉范祥》言及皇祐三年秋季事，云「今秋又大稔」，且奏議要旨乃薦祥任陝西轉運副使，故定爲本年秋冬作。

本年，拯長子包繶娶淮陽崔氏女。

案：《崔氏墓誌》云，其「年十有九，嫁爲樞密副使包孝肅公長子、太常寺太祝繶妻。」崔氏生于一〇三三年，故推得本年至包家。

皇祐四年，五十四歲。

正月，以劉兼濟知雄州。包拯兩次上奏論其「材庸識暗」，不當爲此職。有《請罷知雄州劉兼濟》奏議，不果（《續長編》卷一七二皇祐四年正月庚寅條、《包拯集》卷六）。

案：《請罷知雄州劉兼濟》云：「臣近以新差知雄州劉兼濟材庸識闇……乞選有材略武臣充任。」故繫此奏于劉兼濟受命雄州後。

本年初，拯嘗上《天章閣對策》，建言擇邊將，汰冗兵，儲糧草，有備無患。

案：據《天章閣對策》云，仁宗「紹祖宗大業以取重柄三十年于兹矣」，仁宗乾興元年二月即位，至本年正是三十年。又：拯本年三月丁未即出任河北漕，離開京師，因定本奏議作于今年初。

拯任知諫院至本年三月，其在諫院逾二年，

直言時事，論斥佞倖，多裨于時政，上有《七事》、《進魏鄭公三疏札子》、《乞不用贓吏》、《論取士》等多篇奏議。又因其言多不見納，累次上章求外任，《包拯集》卷十有《求外任》六章，爲此時作。

案：《求外任》共七章，第七章爲皇祐三年吳奎被貶時作（見前），另六章據奏議文義，皆言不堪勝任諫諍之職而求一外郡。故皆繫爲知諫院時作。

三月，拯受命爲龍圖閣直學士、河北都轉運使（《續長編》卷一七二皇祐四年三月丁未條、《包拯墓誌》）。

拯任河北都轉運使至七月。在本任上有《請那移河北兵馬事》（二章）、《再請那移河北兵馬及罷公用回易》、《乞河北添糴糧草》等奏議，再度請移兵南下就食，並積極儲備糧草（《包拯集》卷八、《包拯墓誌》）。

七月，徙爲高陽關路都部署、安撫使、知瀛州（《續長編》卷一七二皇祐四年三月條、《包拯墓誌》、《包拯集》卷九《進張田邊説狀（附敕）》）。

拯在本任，罷公錢貿易，免一路吏民補欠十餘萬。又力薦張田，上有《進張田邊説狀》（《續長編》卷一七二、《包拯墓誌》、《宋史》本傳、《包拯集》卷九）。

案：據《包拯集》卷九《進張田邊説狀》所附《敕張田》，拯爲「高陽關路部署兼安撫使知瀛州」時上本章，《包拯集》標曰「爲監察御史時作」，誤。

皇祐五年，五十五歲。

四月，范祥罷制置解鹽事，其鹽法亦弛（《續長編》卷一八七嘉祐三年七月條）。

本年，拯長子包繶亡，遺幼子文輔，拯以喪子乞便郡，得知揚州。旋又改廬州，遷刑部郎中（《宋史》本傳、《國史》本傳、《包拯墓誌》）。

案：《宋史》本傳、《國史》本傳、《包拯墓誌》皆言拯以喪子得知揚州，而未記其年月。據《崔氏墓誌》，繶妻崔氏皇祐三年嫁至包家，「二年而寡」，可知拯知揚州當在本年。康熙《揚州府志》卷一三云拯皇祐四年知揚州，誤（參見皇祐三年條）。

拯本年又曾上《請放高陽一路欠負》，請求繼續除放「未盡結絶」之欠負。

案：據本奏議云「臣昨任高陽關日……今又該南郊大赦」，可定此奏作于高陽關任後之南郊大赦前。又據《文獻通考》卷七二、七一，三歲一南郊，皇祐五年正是南郊之年，因定本奏議作于今年。

至和元年，五十六歲。

在廬州任上。

至和二年，五十七歲。

拯在廬州任至本年十二月。執法嚴峻，不避親舊，嘗有從舅犯法，亦撻之（《涑水紀聞》卷十、《皇朝類苑》卷二三、《五朝名臣言行録·包拯》）。

十二月一日，包拯因在陝西轉運使任上薦舉鳳翔監税盧士安不當，貶知池州、改授兵部員外郎（《續長編》卷一八一、《宋會要輯稿》職官黜降至和二年條）。

嘉祐元年，五十八歲。

七月二十二日，拯偕吳幾復等同游池州齊山。刻石志曰：「至和丙申歲七月二十二日，廬江包拯希仁，富水吳幾復照鄰、

琅琊王綽德師同游齊山寄隱巖。」（本年九月改元，故仍稱至和）（《安徽通志·金石志古物考稿·石刻摩崖·宋》）

拯任池州至八月。其爲治也，嚴而不刻，縮靡費以利民。然亦嘗網羅方物石菖蒲以貢（嘉靖《池州府志》卷六、《歐陽文忠集·賜知池州包拯進奉石菖蒲一銀合敕書》）。

八月，因殿中侍御史裏行吳中復、宰相文彥博保奏，拯復刑部郎中知江寧府（《續長編》卷一八三嘉祐元年八月癸丑條）。

十二月，由江寧遷爲右司郎中，權知開封府（《續長編》卷一八四嘉祐元年十二月壬子條、《包拯墓誌》）。

拯初爲開封即改舊制，令民可徑至庭前訴事，以避劣吏之欺詐（《包拯墓誌》、《夢溪筆談》卷一一、《隆平集》本傳）。

案：康熙《揚州府志·名宦》云拯知揚州時改此制，與諸史異，恐誤。

嘉祐二年，五十九歲。

在開封府任上。

六月，開封大水，拯力毁勢官園第，疏通惠民河。

案：《包拯墓誌》、《國史》本傳、《宋史》本傳皆備言此事而不繫年月，檢康熙《開封府志》卷三九《祥異》拯任開封期間，唯嘉祐二年六月大水成災，因定此事在本年本月。

嘉祐三年，六十歲。

拯知開封任至六月。其治開封，斷獄清明，執法嚴峻，童稚婦女亦知其名，貴戚宦官爲之斂手。然蒙受不明之事亦時有之。

案：搜羅拯任開封時事，得如下數則：《包拯墓誌》：「有訟貴臣逋物貨久不償者，公批狀，俾亟償。貴臣負□……□置對，貴臣窘甚，立償之。」「嘗有二人飲酒，一能，一不能飲，能飲者袖有金數兩，恐其醉而遺也，納諸不能飲者。□……□『無之』，金主訟之，詰問不服。公密遣吏持牒，爲匿金者自通取諸其家，家人謂事覺，即付金于吏。俄而，吏持金至，匿金者大驚，乃伏。」《卻掃編》卷中記：「包孝肅公之尹京也，初視事，吏抱文書以侍者盈庭，公徐令闔府門，令吏列坐陛下，校數之，以次進取所持案牒徧閱之。既閱，即遣出數十人，後或雜積年舊牘具言，詰問辭窮。蓋公素有嚴明之聲，吏用此以試，公悉峻治之，無所貸。」《瑣語》：「章惇……舉進士在京師館於郇公之第，報族父之妻爲父所掩，越牆而出，誤踐街中一嫗，爲嫗所訟。時包希仁知開封府，不復深探其獄，贖銅而已。」《宋人軼事彙編》引《獨醒雜志》：「包孝肅尹京，人莫敢犯。一月閭巷火作，救焚方亟。有無賴子相約乘度調公，亟走聲諾於前曰：『取水于甜水巷耶？苦水巷耶？』公忽省，亟命斬之。」《夢溪筆談》卷二二：「包孝肅尹京號爲明察，有編民犯法當杖脊。吏受賕與之約曰：『今見尹，必付我責狀，汝第呼號自辯，我與汝分此罪。汝決杖，我亦決杖。」既而，包引囚問畢，果付吏責狀，囚如吏言，分辯不已。吏大聲訶之曰：『但受脊杖出去，何用多言！』包謂其市權，捽吏于庭，杖之七十，特寬囚罪，止從杖坐以抑吏勢，不知乃爲所賣。」上條正文文義即據諸史本傳及上列各事提要而出。

六月，包拯爲右諫議大夫權御史中丞、領理檢使。歐陽修知開封府（《續長編》卷一八七嘉祐三年六月庚戌條、《包拯墓誌》）。

案：《包拯墓誌》云拯知開封「□□……□理檢使，……理檢例爲空名，及公□□……□」，闕文不清，他史皆未記此事。據《隆平集》卷一云「天聖中遂置理檢使，以御史中丞領之」，故言拯爲中丞後即領理檢使之職。

七月，包拯以御史中丞領轉運使、提點刑獄、考課院（《續長編》卷一八七嘉祐三年七月丁亥條）。

拯與三司使張方平請復以范祥制置解鹽，從之（《續長編》卷一八七嘉祐三年七月壬辰條）。

拯上言請留任因避嫌而求外郡之右正言吳及，從之（《宋會要輯稿》職官六三、《續長編》卷一八七）。

十月，從包拯之議，詔河北、陝西、河東等地權停回易（《續長編》卷一八八嘉祐三年十月甲辰條）。

十二月，拯爲寒食節假上言，請減一歲之假日（《續長編》卷一八八嘉祐三年十二月乙未條、《國史》本傳）。

本年，拯幼子包綬生。

案：《包綬墓誌》言其卒于崇寧四年，四十八歲，以此上溯可知生于本年。

又：包綬之生母孫氏爲拯正妻董氏陪嫁之媵，俟其有身孕，拯即遣歸母家，後拯長媳崔氏「艱關求訪」，取回包綬撫養之。《董氏墓誌》言其有二子曰包繶、曰包綬，實爲尊者諱也（據《宋史》本傳、《包拯墓誌》、《崔氏墓誌》、《包綬墓誌》）。

嘉祐四年，六十一歲。

拯任御史中丞至三月，其在本任，亢然介立，力抨曲邪，于制度時事亦多有建樹。上言條責諸路監司，御史府得自舉屬官，諫官御史不避兩府薦舉者，兩制得至執政私第等，皆施行之（《國史》本傳、《包拯墓誌》、《宋史》本傳）。

拯在本任日，數請建太子，上有《請建太子》奏，以至引起仁宗忌疑，詰曰「卿欲誰立?」拯自辨不已，方了此事（《國史》本傳、《宋史》本傳、《東都事略》本傳、《包拯集》卷一《請建太子》）。

拯在本任又嘗舉沈起爲監察御史（《宋史·沈起傳》）。

三月，張方平任三司使，包拯彈其「身主大計，乘勢賤買民宅」，尋罷其三司使，出知陳州。以宋祁代之。拯又與吳及等彈祁在益州日多游宴，且與其兄宋庠同在政府恐有不便，「累論不已」，遂罷宋祁三司使。歐陽修上《論包拯除三司使上書》，論拯涉「蹊田奪牛」之嫌，不當爲三司使。拯家居久之乃出（《續長編》卷一八九嘉祐四年三月丁亥條、己未條，《石林燕語》卷九，《宋史》本傳，《歐陽文忠集·論包拯除三司使上書》）。

七月，驍騎張玉認爲三司使包拯因給享將近，「愛惜賞給」，突入三司詬之，遭收捕杖殺（《續長編》卷一九〇嘉祐四年七月甲辰條、《皇宋十朝綱要·嘉祐四年》）。

拯以庇護克扣涇川軍士折支之三司吏，爲

胡宿彈劾（《續長編》卷一九〇嘉祐四年七月條、《自警編》、《宋史·胡宿傳》）。

九月，張田因包拯薦得知蘄州（《續長編》卷一九〇嘉祐四年九月甲午條）。

十月，仁宗大祫于太廟。此前，包拯嘗介入祫禮之爭議，與歐陽修、吳奎等爲一派（《通考》卷一〇二《祫禘》、《東齋記事·補遺》）。

嘉祐五年，六十二歲。

在權三司使任上。

四月，拯受命與呂居簡、吳中復等詳定均稅（《續長編》卷一九一嘉祐五年四月丙戌條、《皇宋十朝綱要·嘉祐五年》）。

五月，奏請留任唐州知州趙尙寬（《宋會要輯稿》食貨六一）。

十一月，從包拯之言，錄已故范祥孫范景爲郊社齋郎（《續長編》卷一九二嘉祐五年十一月戊子條）。

按：《宋會要輯稿》食貨二三之三九載拯奏，有云：「故陝西制置解鹽使范祥建議通陝西鹽法，行至十年，歲減榷貨務緡錢數百萬，其勞可錄也。」《會要》於皇祐元年十月下連書此奏，蓋誤。據《續長編》卷一九二嘉祐五年八月丁巳條載，范祥卒，以薛向代爲權陝西轉運使兼制置解鹽使。是范祥當卒於嘉祐五年，而拯奏明言「故陝西制置解鹽使范祥」，故此奏當從《長編》繫於嘉祐五年十一月。

嘉祐六年，六十三歲。

四月，拯爲給事中、三司使。未幾，又除樞密副使。拯在三司二年餘，嘗釐除諸管庫上供皆科率外郡之制，爲置和市以購之，開釋因逋欠官錢亡去吏人之妻子，又準冀州南宮知縣劉摯之請，以舊有比率之半折變稅錢爲絹，並上有《請免江淮兩浙折變》（四章）等奏議。每急吏寬民，功效稍現（《續長編》卷一九三嘉祐六年四月辛酉條、《宋史》本傳、《國史》本傳、《包拯墓誌》、《琬琰集·劉摯傳》、《包拯集》卷七）。

夫人董氏因拯遷樞密副使，封永康郡夫人（《董氏墓誌》）。

閏八月，詔包拯等進官一等，拯上表辭之（《續長編》卷一六五）。

嘉祐七年，六十四歲。

五月，拯在樞密副使任上。十三日，方視事，暴得疾。仁宗遣使賚藥，二十五日，卒。享年六十四歲。

案：《續長編》卷一九七、《宋史·仁宗紀》等俱言五月庚午（十四日）拯卒，唯《包拯墓誌》言五月辛未（二十五日）卒，今從墓誌。

包拯之卒也，仁宗親臨其第，輟視朝一日，謚孝肅（《國史》本傳、《包拯墓誌》）。

拯婿文效受命爲保信軍節度推官，護喪以歸。

八月，葬于合肥縣內（墓址在今合肥市東郊大興區雙圩村）。吳奎爲作誌（《包拯墓誌》、《董氏墓誌》）。

拯年少即以孝聞，及入仕途，不避權貴，不殉私情，不苟言笑，人謂「包拯笑比黃河淸」，「關節不到，有閻羅包老」。又痛惡苛刻贓濫，一生儉約爲事，嘗刊《家訓》曰：「後世子孫仕宦，有犯贓濫者，不得放歸本家，亡歿之後，不得葬于大塋之中，不從吾志，非吾子孫。」無論京職外任，皆以國事爲重，每上章論列。門人張田編其奏議爲《包拯集》十卷(《包拯墓誌》、《宋史》本傳、《國史》本傳、《能改齋漫録》卷一四、《吕氏家塾記》、《甲申雜記》卷二十)。

余靖年譜簡編

易行廣 編

據《余靖譜傳志略》增訂

余靖（一〇〇〇—一〇六四），字安道，韶州曲江（今廣東韶關）人。天聖二年進士，爲贛縣尉，知新建縣。再遷秘書丞，充集賢校理。景祐三年，以上疏論范仲淹謫官事，坐貶監筠州酒税，徙泰州。遷知英州。召還，爲集賢校理，同判太常禮院。慶曆五年，出使契丹，以用契丹語作詩，爲言者所劾，出知吉州，左遷將作少監，分司南京。皇祐三年，知虔州，丁父憂，去官家居。儂智高破嶺南州縣，于家中起爲秘書監、知潭州，改知桂州，爲廣南西路經略安撫使。儂智高平，以功遷給事中，再遷尚書工部侍郎。拜集賢院學士，知潭州，又徙青州，擢吏部侍郎。嘉祐五年，爲廣西體量安撫使，徙知廣州。英宗即位，拜工部尚書，代還，卒于道，年六十五，謚襄。

余靖自少博學强記，喜讀書，雖在兵間，手不釋卷。爲文初尚華侈，後棄華取實，爲有本之學，文章長于應變，詩亦簡煉有法度（宋周源《武溪集序》）。著有文集二十卷、奏議五卷、《三史刊誤》四十卷。今存《契丹官儀》一卷、《余襄公奏議》二卷、《武溪集》二十卷。事蹟參見歐陽修《余襄公神道碑銘》（《歐陽文忠公集》卷二三）、《宋史》卷三二〇本傳。

今人余國屏編有《余忠襄公年譜》（香港龍門書店一九六五年版）；又易行廣著有《余靖譜傳志略》（暨南大學出版社一九九三年版），本書所收《余靖年譜簡編》，即據《余靖譜傳志略》删節補訂而成。

宋真宗咸平三年庚子，一歲。

父余慶（九五八—一〇五一），時爲翁源主簿。韶州府城有祖居。

三月一日（甲午），余靖生。

關於余靖生日，衆説不一，主要説法有三：

一、一九三〇年湖南宜章雙溪洞石刻（在廣東樂昌梅花鄉）《余氏族譜》記述：「余襄公生於宋太祖雍熙元年甲申十一月十二日辰時。」

二、台山《風采月刊》第十九期刊文《余氏源流簡介》（作者文晴）則説：「余襄公生於宋眞宗咸平三年庚子九月初五日酉時。」

三、中國國家檔案館保存的一九〇七年石刻綫裝本《余氏族譜》記述：「襄公生於宋眞宗咸平三年庚子三月甲午酉時。」

據《宋史》、《韶州府志》等記載，余靖生年應爲公元一〇〇〇年。且筆者查閲《蘇安世詩文集》，蘇爲廣南西路轉運使時，與余共同戍守南疆。蘇在其《屯田手記》至和二年三月甲午日記曰：「帥司幕僚欲向帥祝壽，爲安道所止。」故可判定余靖爲公元一〇〇〇年農曆三月初一日（甲午）出生于韶州余氏祖宅（今韶關市北江區余相巷内）。

其母黄氏。余慶爲長子取名爲希古，行名自靖，字安道，號崇嵩，後改名靖，自號武溪。

親戚與士紳來賀，言此子在宋眞宗御崇政殿試禮部貢舉人之時出世，他日應試必高中。

咸平四年辛丑，二歲。

黄氏之弟黄正（九九二—一〇六〇，字仲通，曲江人）在府同住。余慶欲舉家遷翁源，黄氏不同意，弟澤亦勸阻。黄正在書塾攻讀，回家常伴外甥。希古牙學語時，即跟舅父學讀通俗古詩。

咸平五年壬寅，三歲。

希古二弟出世，慶爲次子取名爲希翊，行名自翔，字留剛。

咸平六年癸卯，四歲。

余慶帶長子於身邊。

翁源梅侯後裔梅鼎臣（九七八—一〇四八），以文學稱著鄉里，延請於縣庠任教。慶托鼎臣爲長子啓蒙。

景德元年甲辰，五歲。

余慶之長女出世。

梅鼎臣攜二歲的兒子佐於身邊，慶請梅家父子住進縣衙，希古與梅佐以兄弟相稱。

景德二年乙巳，六歲。

三月二十一日（甲寅），御試禮部貢舉人，梅鼎臣應試不第。

余慶爲朝鄉進士，陞知翁源縣。

鼎臣辭教回縣城之北三十里梅巖，隱居攻讀。慶送長子到凈源山耽石院，由住持釋慧周監讀。

年末，慶之次女出世。

景德三年丙午，七歲。

曲江名士王式（九七三—一〇三八）去年參加貢試不中，欲尋清静處攻讀，慶延請至耽石院指點長子讀書。式攜四歲之子陶來，與希古兄弟相稱伴讀。

慧周爲希古、陶講佛經故事和簡明經義。

景德四年丁未，八歲。

余慶帶次子希翊來耽石院，梅鼎臣亦帶兒子佐來探王式，慶勸梅父子住下。

希古兄弟與王陶、梅佐相處甚歡，讀書大有長進。梅鼎臣與王式亦切磋有伴，鑽研諸子百經，準備明年應試。

宋真宗大中祥符元年戊申，九歲。

四月初九（壬寅），由余慶舉薦，韶州上報，讓王式、梅鼎臣參加禮部貢舉人御試，又未及第。二人回眈石院更爲刻苦研讀，嚴加督促四個小字輩發奮讀書。

余慶第三子出世，取名希端，行名自正，字留存。

大中祥符二年己酉，十歲。

余慶改知海陽（今廣東潮安縣），仍留二子由王式、梅鼎臣執教。眈石院檀越巢公其生活費用，其子巢迪亦參加攻讀。

黃正時而來看望兩位外甥，並授以辭賦知識。黃正與王式、梅鼎臣結爲莫逆之交。

大中祥符三年庚戌，十一歲。

梅家有變故，梅氏父子回梅巖。王式父子與希古兄弟、巢迪仍在眈石院攻讀，不久，黃正亦加入。自此，翁源淨源山眈石院讀書堂愈加聞名。

大中祥符四年辛亥，十二歲。

王式因母喪歸家守孝。黃正帶外甥回韶州。

希古的三妹出世。希古、鄧戡向王式求教。

余慶陞潮州長史，因母喪解官歸家守制。

大中祥符五年壬子，十三歲。

黃正悉心教誨外甥，余慶亦時加指點。

余慶於韶州府城西郊成家山重修父母墓地。慶之父榮公墓由始興遷至此歸葬。

大中祥符六年癸丑，十四歲。

因潮州海湧受災，朝廷令余慶停喪起復。

余慶帶長子赴潮州。廣南東路轉運副使林從周（九五六—一〇二五）爲海陽人，時駐潮州，與慶時有來往，見希古一表人材，以次女許之，希古訂婚。

大中祥符七年甲寅，十五歲。

林從周致函杭州西湖孤山林逋，遣婿拜謁先生爲師，希古步行穿越閩境前往。經閩，奉父命曾去先祖原籍光澤、建州探望宗親。

適另一名士張伯端（九八四—一〇八二）亦在林逋處小住，遂同收希古爲弟子。

大中祥符八年乙卯，十六歲。

石介（一〇〇五—一〇四五）奉父命從山東來杭拜林逋爲師，時方十一歲，稱希古爲兄。蘇舜欽（一〇〇八—一〇四八）年方六歲，亦由其父送來由逋教授，稱希古、石介爲兄。三人同室相處，最爲要好。

西湖風光雖好，希古並不喜外遊。曾叔祖余袞後裔居錢塘，希古曾去探望。

大中祥符九年丙辰，十七歲。

林從周負責希古讀書費用，隨時派人向林逋奉上脩金。林逋授弟子以文學，張伯端授弟子以三教典籍及刑法、書算之術。

希古恨學之晚，如饑似渴地刻苦攻讀。

孫復（九九二—一〇五七）因貢試不中，隱居泰山講學，四方弟子從之甚衆。

宋真宗天禧元年丁巳，十八歲。

余慶以年邁乞請回韶州任職，獲準遷韶州府學正，偶爾到府庠講學，主要督導州縣辦學。

石介之父年邁多病，要介轉孫復處求學，以便照應。孫復派弟子祖無擇（一〇〇三—一〇八七）陪介回魯，希古遂與祖首次相識。

冬，希古始歸家，韶州知州許申（九五四—一〇四〇）贊希古好學。

天禧二年戊午，十九歲。

開春，林從周奉旨赴京述職，順路送次女到韶州府與希古完婚。

是春，希古分别拜訪王家、梅家父子。亦向舅父黄正彙報了赴杭求學收獲。

婚後，回杭州繼續求學。

天禧三年己未，二十歲。

陪師垂釣西湖，作五言古詩《觀釣》，林逋贊譽其詩清涼遒勁。

希古長子出世，取名伯莊，行名流光，字湯選。

天禧四年庚申，二十一歲。

奉師命，至江蘇吳縣藏書鄉天池山吳中書屋，從胡瑗（九九三—一〇五九）習學經義。適孫復亦帶石介、祖無擇來訪胡瑗，瑗喜邀孫復同講學。希古與石、祖又喜慶同窗。秋末，孫復攜徒回魯。

冬末，希古歸曲江。

天禧五年辛酉，二十二歲。

立春，回杭州孤山從學。

希古長女蘭卿出世。

宋真宗乾興元年壬戌，二十三歲。

二月二十五日（戊午），宋眞宗崩，年方十三歲的皇子趙禎（一〇一〇—一〇六三）繼位，皇太后權處分軍國事。林從周由屯田員外郎遷度支員外郎，在戶部得權貴書，輒投之火。

希古在孤山摩崖前遇龍興寺僧靈谷，靈谷爲之卜相，言其大貴，希古即興作七律《送靈谷山人工相》，自謙相貌平庸，大貴與否，後年參加殿試後方能定奪。

宋仁宗天聖元年癸亥，二十四歲。

暮春，希古告别老師返回韶州。

林從周出爲兩浙提點刑獄。

希古次男出世，取名仲荀，行名流傳，字師岷。

天聖二年甲子，二十五歲。

三月初四（丁酉），參加禮部貢舉人殿試。希古應試後遊京郊，賦五律《暮春》。希古御試撰判詞十首。

秋，希古次女蕙卿出世。

公佈皇榜，希古與黃正、梅鼎臣、王式（均為韶州舉人）以及石介、宋咸等進士及第。希古仕爲贛縣（今江西省屬）尉。

岳丈以年邁多病爲由獲準歸休海陽（今廣東潮州市）。

天聖三年乙丑，二十六歲。

曲江主簿王仝善得知希古授爲贛縣尉，鼓勵其參加制科試。希古到贛縣後，除處理政務，積極鑽研書判、制論。虔州（江西贛州市）通判毛應佺（九八七—一○三三）亦勉之，應允將助之與考。

五月三十日，岳丈林從周病逝，希古赴海陽奔喪數天即回贛縣。

天聖四年丙寅，二十七歲。

九月，改任江南東路湖口縣丞（今江西湖口），赴任途中賦五言古詩《山寺獨宿》。

希古三女梅卿出世。

毛應佺調任江州（今江西九江）通判。

天聖五年丁卯，二十八歲。

三月二十五日（戊申），梅佐、鄧戡、蘇舜欽預殿試，擢進士第，希古專柬賀之。

其岳丈、岳母合葬於海陽，家人來告，撰《宋故兩浙提點刑獄尙書度支員外郎林公墓碣》，由家人帶回。

天聖六年戊辰，二十九歲。

暮春，接孫復書柬與贈詩，得悉石介將妻子久安置於師處，戲以友人妻口氣塡

《南歌子》詞寄石介，又奉和五律《次韻孫明復見寄》。

希古四女蓮卿出世。

王仝善因助希古報考制舉科，被韶州知州革職，閑居處州（浙江麗水）；林逋病逝於孤山。這兩件事使希古悲憤不已，因林逋追謚和靖，遂改名爲靖，呈改名條陳由毛通判轉遞交吏部。

秋，改任宣州（今安徽宣州市）司理參軍。有五言古詩《松門守風》、《過大孤山》。

淮河災民南下流徙，余靖動員地方予以救濟安置，處置得當，湖口、宣州均無災民與當地民衆械鬥糾紛事件。

天聖七年己巳，三十歲。

宰相張士遜（九六四—一〇四九）罷爲刑部尚書、知江寧府，充江南東路安撫使，巡察宣州，對余靖賑災得力甚爲贊賞，支持他報考制舉科。薛長孺來探訪，賦五律《送薛秀才歸鄉》。

天聖八年庚午，三十一歲。

應制舉科試，得書判拔萃科第一，改知新建縣（今屬江西省）。

六月赴新任，作《新建縣西山記》，賦七律《西山》。

年末，收到秀才李覯（一〇〇九—一〇五九）所作《禮論》七篇及信函，閱後即行書函向知州舉薦。

赴江寧府（今南京市）考試途中於宣州作五律《送僧惠勤歸鄉》、五古《贈青林庵主》，分贈詩僧惠勤、惟己。

五女徵卿出世。

天聖九年辛未，三十二歲。

正月十四日，覆李覯秀才信。

弟希翊及第。

岳丈故交、原韶州知州、江南西路轉運使許申陪九華山隱士許亮山人來遊西山，賦五律《許申工部招九華許亮山人因有和贈》。

宋仁宗天聖十年明道元年**壬申，三十三歲**。

春夏間，於新建賦五言古詩《送林秀才南歸》、七律《送任秘丞知長興縣》。

秋，改知江陵府松滋縣（今湖北沙市西），赴任前歸家省親，曾應邀撰《廬山棲賢寶覺禪院石浴室記》、《韶州白雲山延壽禪院傳法記》和《韶州新修州衙記》。

十二月到任，與知江陵府胡旦唱和，有七律《和胡學士館中庭樹》。爲漢成帝時期湞陽（廣東英德）進士何丹墓題詩：「要知當日循良吏，留得松南墮淚碑。」

明道二年癸酉，三十四歲。

許申回京在刑部任職，向參知政事薛奎（九五二—一〇三四）舉薦余靖之才，暨呈余靖《撰修三史奏議》。

四月，仁宗始親政，召還宋綬（九九一—一〇四〇）、范仲淹（九六九—一〇五二），罷呂夷簡（九七九—一〇四四）等，以李迪（九七一—一〇四七）爲相。

七月，余靖遷秘書丞，掌管典籍，起草文書，忙於公務，甚少應酬。李柬之（九九五—一〇七三）爲館閣校勘，呂公綽（九七九—一〇五五）爲集賢校理，靖常請教焉。

進京前，靖應邀撰寫《楚州團練推官廳壁記》（知楚州蕭革與靖為同榜進士）、《宋故峽州軍事推官贈太常博士魏公墓誌並序》（峽州與松滋縣相鄰）。進京後，應侍御史高弁之請，撰《祭高待制太君》文。

宋仁宗景祐元年甲戌，三十五歲。

靖再陳請校勘史籍，被命爲校書郎，與王洙（九九七—一〇六八）並校《漢書》、《後漢書》。是時有五言古詩《詠史》、《讀車千秋傳》及《漢論》、《漢武不能稱宗論》。

右正言范仲淹因反對廢郭皇妃事，觸帝怒，被貶知睦州（浙江建德縣）。九月，靖呈《乞納后元禮稍緩其期》。十一月，帝冊曹氏爲后。

靖第三子出世，命名叔英，行名流俊，字邦彥。職方司事董賛（九九六—一〇六四）來賀，有七律《和董職方賀誕子詩》。

應右侍禁卞世長之請爲其父母歸葬興仁府，撰《宋故禮賓副使知邵州卞府君墓誌銘》。舍人卞楚材過府謝之。

年初，應越東節度推官毛洵之請，爲其父毛應佺作《宋故國子博士通判太平州毛君墓銘》，爲其兄毛溥作《滎陽毛君墓誌銘》。年末，又接毛溥之長子毛伯奮函告，其叔毛洵于十一月八日病故，靖哀極又爲撰《宋故鎭東軍節度推官毛君墓誌銘》。一年之中爲一門三人撰寫墓銘，實屬首例；而毛家專請靖爲之題銘，千里迢迢而求，蓋亦信賴之。

景祐二年乙亥，三十六歲。

集中精力校勘史書，奏陳《上校正漢書》，彙集《漢書刊誤》三十卷，與校正後的《漢書》、《後漢書》同刊印，靖因擢爲集賢校理，呈《謝帖職啓》。

繼續校勘《史記》，後彙集三史校勘成果，着手寫《三史勘誤》（後成書四十卷）。相繼撰有《堯舜非謚論》、《正瑞論》、《姚疇論》，充分闡明自己的史學觀點。

有酬贈之作，五律《送峽州推官》、七律《送楊學士益州路轉運》、《送凌屯田知和州》，爲王沿、楊日嚴、凌皓贈行。

景祐三年丙子，三十七歲。

春，同僚施昌言以屯田郎中知太平州（今安徽當涂縣），靖贈五律《送施屯田知太平州》。

夏初，呈校正《史記》與《三史勘誤》。擢天章閣待制。

是年三月，開始校定李照所奏樂議。

五月，范仲淹上《百官圖》，言者謂譏諷呂夷簡（正相），由是落職貶知饒州（今江西鄱陽縣）。靖越班呈《論范仲淹不當以言獲罪》奏疏，貶監筠州（今江西高安縣）酒稅。尹洙（一〇〇二—一〇四七）、歐陽修（一〇〇七—一〇七二）論救，亦同時被貶。館閣校勘蔡襄（一〇一二—一〇六七）作《四賢一不肖詩》稱贊仲淹、靖、洙、修，而獨譏諷司諫高若訥（九八二—一〇六七），京城士民爭相傳抄，刊書者刻印出售均獲厚利。夷簡怒，以仲淹朋黨誹謗朝堂論罪，下詔戒百官越職言事。

自此，余靖名聲大振朝野。其友石介聞靖貶，曾約靖到山西壽陽其岳丈家亭園小住敘舊。

九月，應興國軍知軍事王以道邀請，由長江入富水到永興縣（興國軍駐所在今湖北陽新縣），作《興國軍重修文宣王廟記》。

十月，應同榜進士洪州通判施元長（一〇〇二—一〇六七）之請，到洪州小住休憩。施兼領江南西路經略安撫使，靖暫緩到任。靖應邀作《洪州新置州學記》，並在府庠講述三史校正情況，頗受學正贊許。在洪州有七律《留題許國博申申堂》、《送鄧秘丞知德安縣》、《思壽陽寓居高氏園亭》。

同榜進士周堯卿（一〇〇二—一〇六七）知高安縣，靖監筠州酒稅後，周相迎敘舊。

景祐四年丁丑，三十八歲。

筠州荒僻，以產酒聞名。靖到任後，除恪守本職外，還協助堯卿整治街道，作《筠州新砌街記》。

去年，在集賢校理任期間，審樂律未了，至此始上《議李照所定樂》，轉呈有司。

同榜進士李之才（即李廷評）知福清縣（今屬福建省），路經筠州探靖，靖作五律《送李廷評知福清縣》。

長孫堯臣（長子伯莊房下，行名芳堯，字唐卿）出世，家人千里迢迢前來報喜。

宋仁宗景祐五年寶元元年**戊寅，三十九歲。**

弟希翊之子仲華（字景夏）、孫嗣隆（字文興，行名芳興，仲荀長子）相繼出生。

靖六女德卿出世。

正月，作《筠州洞山普利禪院傳法記》，鑿之於壁。

二月，轉官。因去年十二月京師及并、代、忻州皆地震，有官員勸仁宗「深自咎責」。大理評事蘇舜欽言：「修己以御人，洗心以鑒物，勤聽斷，舍燕安，放棄優諧近習之纖人，親剛明鯁直之良士，以思永圖。」范仲淹等皆得近徙，靖改監泰州（今屬江蘇省）酒稅。

赴泰州前，告假回曲江省視高堂。

單身獨宿於深山寺觀有感，賦《宿山觀》五律。

四月，應州官之請，寫《湞水館記》。

七月，王式病逝，靖爲作《宋故大理寺丞知梅州王君墓碣銘》。

十一月，應大理寺丞馮恢、殿中丞馮元兄弟之請，爲其母撰《宋故馮翊縣太君王夫人墓誌銘》。

十二月，應三司副使張存復、殿直曹元素之請，作《楚州鹽城南場公署壁記》。

泰州赴任途中，曾到湖州書院探望老師胡瑗。

宋仁宗寶元二年己卯，四十歲。

正月，應邀撰《韶州新修望京樓記》、《韶州光運寺重修證眞照寂大師塔銘》。

蘇舜欽以祠部郎中通判洪州，赴任途中，先到泰州探靖，靖作七律《送蘇祠部通判洪州》。

希昱長老亦由京來探靖，時有五律《送希昱上人永嘉覲親》。

聽朝野人士透露，當朝對范仲淹等人仍以「朋黨」論，加以排斥貶逐。靖遂以父母年事已高需歸家侍養爲名，呈《外任狀》，請求南還改任。兩浙轉運副使葉清臣欲挽留，靖回啓謝絶。

六月，得調知英州，呈《謝知英州狀》。

七月，南下。途經大庾嶺，作五律《雙松》。

家人北上，於南雄州（今廣東南雄縣）路途間與余靖相遇，告知黃太夫人病逝，遂星夜奔赴家中守喪。靖素孝母親，數天哀號悲痛不已。

秋，泰州友人來函問候，因庭院花落有觸哀思，作七律《落花》寄贈友人。

長子伯莊中舉，長女適郭師愈。

宋仁宗康定元年庚辰，四十一歲。

孫舜臣（伯莊次子，行名芳虞，字虞卿）出世。長子伯莊爲海陽縣主簿，舉家遷潮（今廣東潮安縣）。

應曲江縣主簿陳有方泣請，爲其父陳坦然撰《宋故殿中丞知梅州陳公墓碣》。

遵母遺言，代母到仁化深山寺院還願，有七言絶句《遊錦岩》、五律《遊水南寺》、《遊臨江寺》、《晚至松門僧舍懷寄李太祝》。在水南寺茶肆，品賞仁化白毛茶，譽之爲「茶圃一旗春」，此茶遂更負盛名。

同榜進士王子元從江西上饒來探靖，靖偕之出遊兼還願，有五言古詩《遊大峒山詩》及序記，五律《題白蓮庵》、《宿月華上方》、《會宿寶林道場》。

三司副使段少連（九八五—一〇四一）出知廣州，與靖同朝爲官，彼此景慕，約靖赴穗一遊。靖因上饒從事來訪，函告段明年成行。

是年，應約作《月華山花界寺傳法住持記》、《南華寺慈濟大師壽塔銘》、《韶州善化院記》。

宋仁宗康定二年慶曆元年**辛巳，四十二歲。**

次子仲荀中舉。弟希端之子仲菲（字景明）出世，次女適孫邵。

三月，轉官。

夏，往潮州拜謁岳丈林從周墓及看望長子一家，應沿途寺院之約爲作記。六月，經翁源，作《淨源山定慧禪院思長老壽塔銘》。上羅浮山，應邀撰《羅浮山延祥寺記》、《宮師陳相公（堯佐）留題羅浮山詩序》及七言絶句《五色雀》。

六、七月，抵惠州作《惠州開元寺記》、五律《留題澄虛亭》。到潮州，賦五律《荔香亭》，應邀撰《海潮圖序》。

秋，抵廣州，知州段少連於今年四月改知渭州，病逝於赴任途中，靖悲極寫《祭段待制文》。時知廣州方慎言（九八〇—一〇四二）亦相陪遙祭，聞者爲之淚下。應宋咸之請作《宋太傅左川雜撰序》。應邀作《廣州南海羅漢院記》。容州知州杜杞任滿回京述職，游羅漢院，杜、余二人相見甚歡，有五律《送容州杜秘丞》。

九月，應寶林禪院圓祐禪師之請，作《樂昌縣寶林禪院記》。

十月，應學正譚伯顧之請，爲作《惠州海豐縣新修文宣王廟記》。

十一月有五律《送海琳遊南海》。

十二月，應邀作《韶州曹溪寶林山南華禪寺重修法堂記》。

慶曆二年壬午，四十三歲。

其父余慶因妻喪獲準歸休。仲荀以任瀧水縣尉路遠不能照料家庭，請改近官，爲韶州長史。

孫禹臣（字夏卿，行名芳禹，伯莊第三子）、嗣昌（字文偉，行名芳偉，仲荀次子）出世。

伯莊調任惠陽縣主簿。

暮春，應邀到江西大庾縣，作《南安軍興福院慈氏觀音堂閣碑銘》。

三月，靖居喪期滿，調京復任集賢校理。

孫復爲國子監直講，富弼（一〇〇四—一〇八三）爲知制誥，晏殊（九九一—一〇五五）爲同平章事。

進京後，呈《論常平倉》、《三統論》、《論文彥博知秦州狀》。

作五言古詩《送溫陵莊君崇班赴長樂都尉》、七律《送舒太傅通判眉州》。

九月二十七日，接虞部府君之狀，爲作《宋贈大理寺丞朱府君墓誌銘》。

九月，天武四廂都指揮使、鎮戎軍副總管葛懷敏禦西夏之敵，陷重圍遇害，仁宗嗟悼良久，贈太尉，賜謚忠隱。十月，靖作《葛懷敏謚議》。

慶曆三年癸未，四十四歲。

同判太常禮院事，入春又爲右正言。時歐陽修、王素（一〇〇七—一〇七三）知諫院。蔡襄贈詩贊曰：「御筆親除三諫官，傳喧朝野競相歡，自古忠良得路難，必有謀猷裨帝右。世間萬事俱塵土，進取功名久遠看；當年流落丹心在，更加風采動朝端。」三人列名薦蔡襄，帝遂爲知諫院，是爲四直諫。

會呂夷簡罷相，章得象（九七八—一〇四八）、晏殊、賈昌朝（九九八—一〇六五）、韓琦（一〇〇八—一〇七五）、范仲淹、富弼同時執政，仁宗採用范仲淹《十事疏》，任用賢達，推行新政。靖更是竭盡全力，爲新政大造輿論，運用直諫手段，推進新政實施。

正月，呈《論皇子服罷開宴用樂》。西夏元昊上書媾和。

二月，呈《論元昊請和當令權在我》、《請定獻官冕服》諸疏。

三月，呈《禘郊論》、《請小祠獻官以祭服行事》、《論河北榷鹽》諸疏。

四月，召夏竦爲樞密使，韓琦、范仲淹爲樞密副使。靖呈《請毋使夏竦入見》，歐陽修、蔡襄亦交章論奏，彈劾竦在陝西畏懦不肯盡力，懷詐不忠，御史中丞王拱辰（一〇一二—一〇八五）亦力阻用竦。竦抵京，乃罷之，以杜衍（九七八—一〇五七）爲樞密使。事後，國子監直講石介大喜曰：「此盛事也，歌頌吾職，其可已乎？」遂作《慶曆聖德詩》，詩中斥夏竦爲大奸。靖謂介言過激，其師孫復聞之亦曰：「介禍於此矣。」仲淹對琦曰：「爲此鬼怪輩壞事也。」

五月，呈《請罷王球》，言球被疾不任事，不應以工部郎中知懷州。二十六日呈《乞寬租賦防盜賊》，建議朝廷懲治剿賊撫民不得力官吏，對連年戰亂或災害較重地區寬租賦免徭役。

六月初一，呈《乞嚴定捕賊賞罰奏》。

七月，呈《請考正祀典》、《請罷王舉之》。二十七日呈《請裁損待遇西使》。三十日，奏《論西賊侮玩朝廷》，建議朝廷不以錢物籠絡西夏，對西夏言詞狂妄，應嚴辭以待，勿傷國體。

八月三十日，呈《審裁邊事》，乞朝廷對戍邊官員的呈報當審議分明，勿盲目相信，對玩忽職守者要嚴懲不貸。

九月二十一日呈《論太白犯歲星》，分析天象，力勸仁宗「內宣慈愛，以敦九族；外選才良，以安百姓。與廊廟大臣，協忠慮善，無怠於政，則天下幸甚」。三十日，進呈《論贖刑》。

十月，進呈《論禦盜之策莫先安民》。仁宗命靖以右正言爲契丹國母正旦使，出使遼國。靖由白溝北行至上京見遼主。靖使遼回，彭任寄柬賀之，有《回賀彭舍人啓》。

十一月，呈《乞韓琦兼領大帥鎮秦州》、《乞侍從與聞邊事》奏章。

十二月，呈《論兩稅折納見錢》，奏論淮南、江浙、荆湖等路夏秋稅折錢納四百貫過重，應裁減其半，令納本色。仁宗采納其奏。

作贈酬詩：五古《送陳京廷評》、七律《送張如京知安肅軍》、《九日賞池會上酬五職方》。

潮州開元寺住持派人持函，千里迢迢來請靖撰《潮州開元寺重修大殿記》。

靖使遼時，抵西京道，得西京留守劉晞指引，復抵上京，與遼重臣禮部尚書劉四端、北宰相蕭奧只、樞密使蕭孝穆、知制誥劉六符接觸較多，了解契丹國情。

慶曆四年甲申，四十五歲。

判集賢院、禮院事，又判國子監，管勾太學及州縣立學之事。

正月初七，京城嚴寒，靖等請帝下詔三司減價出薪米救濟貧民。十二日，荆王元儼薨，靖撰有《祭荆王文》。二十八日，太常禮院上靖與呂公綽等新修《禮書》及《慶曆祀儀》（又稱《郊祀總儀》）。

二月初三，詔出奉宸庫銀三萬兩賑陝西饑民。月末，進呈《論詔限職田》疏，指出今所定職田多于舊數三倍，乃貪吏所爲，危害甚大。

三月初六，呈《論張堯佐不當與府界提點》疏，直斥任用皇親不當。仁宗閱奏議後云：「如物議不允，當更授一郡。」靖再上一疏，詞更切直。月末呈《論當今可行急務》，指出「寬民役，完國用，最其先也」，對「大臣公行賞罰，內擇百官，外擇將帥，沮蠻夷之氣，塞賊盜之原，寬民力，足國用，則天下久安之勢也」。

仁宗詔天下州縣立學，行科舉新法。

四月，靖與王拱辰、田況（一〇〇五—一〇六三）、王洙等言：「漢太學二百四十房，千八百室，生徒三萬人，唐學舍亦千二百間，今取才養士之法盛矣，而國子監才二百楹，制度狹小，不足以容。」帝下詔以錫慶院爲太學，置內舍生二百人。賜直講孫復五品服。及興太學，詔下湖州取胡瑗訓導之法，著爲令式。靖于初四日呈《乞平時蓄養賢俊》，建議皇上「敕諭兩府大臣，廣思博采天下賢才，以應萬務，無使臨事倉促，有乏才之嘆」。

是月初三呈《論狄青（一〇〇八—一〇五七）與劉滬爭水洛城事》。二十三日，又呈《再論狄青與劉滬爭水洛城事》，謂狄青不應以私忿扣押劉滬，以防兵變。

五月，擢知制誥，有《謝知制誥啓》。翰林學士吳奎（一〇一〇—一〇六七）、陝西制置使梁吉甫賀靖任知制誥，靖有回柬《回賀吳內翰啓》、《賀梁相公啓》。是月，又有《乞宣敕並送封駁司審省》，建議「門下封駁司乞差剛正公平大臣主判，庶其舉職無可畏避」。

二十二日起，兩次呈上《論蠻事》疏，力陳招撫之術，對知衡州陳執方、提刑邵錦濫殺來降之湘蠻，釀成餘黨復亂，主張追罪執方，方能招撫。仁宗采納。

二十九日，呈《乞罷修京城》疏。此外，還有《論馬政修之由人不在於地》等疏。

六月，西夏主元昊復遣使來上表，初五起靖接連兩陳《論元昊求和》，提出兩項外交策略：一是對元昊所求，不能盡許；二是可應其和，但要加強戍邊，以防再犯。

范仲淹以夏竦污陷富弼撰廢立詔書事恐懼，與弼請行邊。十九日，仁宗命范仲淹宣撫陝西、河東。二十日起，余靖四次進陳《論狄青不可獨當一路》奏章，謂使武將獨守渭州，恐敗邊事，况狄青私枷劉滬事「本應有過，當行責降」，今反而陞任，難於服衆。仁宗遂納其疏，命王素知渭州帥涇原，狄青仍領原職。

二十四日，開寶寺塔爲天火所焚，朝廷遣人鑿塔基，得舊瘞舍利，迎入內庭，送還本寺，令士庶瞻禮，欲復建塔。靖呈《乞罷迎開寶寺塔舍利》疏，以爲「彼一塔不能自衛，何福可及於民？」「梁武造數千塔，舍利嘗有光，臺城之敗，何能致福？其塔乞更不營造。」仁宗從之。此外，又三陳《論災異實由人事》，指出天下「災變屢見」，耗資祈神保祐，而對人爲造成災變不去勘察，則災害更甚，「望陛下必踐其言，必行其實，踐言行實之要，莫若專聽斷攬威權，號令信於人，恩澤於地下，則災消而和氣應矣」。

七月二十日，契丹遣使來告伐夏國，靖面陳帝不可許之。有七律《送蓋太博通判定州》。

八月上旬，契丹再遣使者耶律元衡報西征與求索之事，靖呈《論敵人求索不宜輕許》、《論契丹請絕元昊進貢事》等疏。初五，以右正言任國母正旦使，第二次使遼。靖到九十九泉（今內蒙古自治區中部）參加遼主壽典，用胡語作詩，遼主大悅。承遼官蕭韓嘉努、蕭奧只、劉四端等提供情況，得知遼官制官儀，回朝後，撰寫《契丹官儀》。廿八日，呈《論吳王宮誤封次孫事》。

九月，杜衍爲相。靖呈《論元昊所上誓書》，認爲朝廷應接納誓書，冊封夏主，使遼、夏交疑，無害於宋。有七律《送張屯田通判益州》。

十月十日，李覯來京求見陳其書，有回李覯書。二十日，桂陽蠻請降，授蠻酋三人奉職，湖南轉運使來京領受封賜，拜見靖，靖有七律《賀運使學士分散瑤人》。

十一月，三陳《乞移楊畋近邊差遣》，彈劾楊畋（一〇〇七—一〇六二）在湖南殺伐過多，乞朝廷移楊畋近邊差遣，移于他處，方利於招撫蠻衆。初八擬《議赦書條目》。十九日朝廷大赦。冬至，祀天地於圜丘，以禮官受差派，代表朝廷到地方主持祀典，作五律《享廟詩》。二十五日呈《乞罷天下學生員聽讀日限》，乞令「所有開封府及天下州軍建立州學處，立取情願聽讀，更不限以日數，所貴寒士營生務學，不失其所」，使不滿五百日的生員有機會取解應。

十二月二十日呈《論王翼賜五品服》疏。

是年，孫嗣光（行名芳耀，字文耀，仲荀第三子）出世，弟希翊以病解官歸休。

慶曆五年乙酉，四十六歲。

推行新政，群小咸怨，遂以朋黨亂世罪陷害新政主力。正月，范仲淹、富弼、杜衍皆罷。三月辛酉，韓琦罷相。余靖在朝獨力支撑，至五月亦貶逐，新政宣告失敗。

正月，李覯來函問訊，靖再作《致李覯簡柬》，並直呈《薦李覯狀》，李覯被薦入國子監，初爲助教，後爲說書，人稱直講先生。

十三日，契丹遣使告伐夏國還，西夏亦來獻俘，靖呈《論元昊獻契丹俘事》，乞朝廷卻俘，令其還遼。十七日，仁宗命靖以知制誥任賀國母正旦使，第三次使遼。抵中京，遼主允準與夏握手言和，商定三月換俘。

二月初六，邊報西夏與遼約和，尋復犯邊，請求朝廷派使干預。靖呈《奉使契丹時上言》，指出此乃元昊狡計，毋容置理。

靖受命代朝廷出外主持祭典，先後有五律二首：《禋郊》、《新息道中遇雪》詩。

是月呈《乞特令臣僚奏薦親屬不拘年甲》，「以廣賞延之典」，從之。

靖在朝承受各方壓力甚大，書《從政六箴》以自勉，「清公勤明和愼」六字總結其從政體驗之精萃，爲其畢生座右銘。積三次使遼之所輯，撰成《契丹官儀》，送朝廷存檔查閱。

三月，靖以賀國母正旦使身份至保德軍（今山西保德縣）長城以北新築受降城，參加西夏向遼交俘、遼向夏交所獲龍車戰馬等儀式，遼派劉晞、西夏派楊守素爲使前往參加，三國邊民圍觀甚衆。回途，西夏主元昊偕大臣如定等，迎靖於邊境，再表和好誠意。靖回朝有五律《塞上》記其事。

四月二十五日，呈《論有司禁鎖從讜》疏，從讜爲團練使，因氣憤毆打監門使臣，有司未按手續即行鎖禁。靖建議放還，有司不報，從讜在禁所自刎。

去年至今年五月，余靖任知制誥期間，草制誥九十六道。

五月中旬，御史王平等彈劾余靖習胡語，作胡語詩，有失使者體。五月十五日，詔余靖出知吉州（江西吉安），並即行赴任。余靖連上《免知制誥狀》、《免判銓狀》、《免知諫院狀》、《免史館修撰狀》。八月四日到吉州任，有《吉州謝上表》、《謝知吉州啓》。到任後，「勤詢疾苦，……削去苛横」，堅持親民善政。九月，應邀作《江州盧山重修崇勝禪院記》。十月，應端州梁揆之求爲其父梁顒作墓誌。靖與顒初上朝爲殿丞時有交往，作《宋故光禄寺丞梁君墓表》。

是年，石介卒，長子伯莊亦卒。第三女適宿州觀察支使周熊。

到吉州後，曾往歐陽修故里西陽宫（現江西永豐縣沙溪鎮）探望其親族。又曾前往祭掃毛洵父子三人之墓，以私餉撫卹其孤。

慶曆六年丙戌，四十七歲。

春，應知饒州張清河之請，作《饒州新建州學記》。聞蔡襄近故郡爲官，侍養高堂，即呈《乞外任狀》、《再乞外任狀》。暮春，聞杜鵑鳴叫，觸感而有五律《子規》。

夏，應海琳禪師持函之約，作《韶州開元寺新建浴室記》。初秋，應惠陽僧智清之求，爲作《袁州仰山齊長老壽塔銘》。應邀撰《循州新修白雲山普安寺記》、《曾大傅（公亮）臨川十二詩序》。

仲秋，御史茹孝標復職，以靖「少遊廣州，犯法受謗」罪名進讒，余靖左遷將作少監。時靖已積勞成疾，遂以病爲名求朝廷分司南京「解官侍養」，有《乞分司狀》。獲準後，又有《謝分司表》。其友王子元已陞信州別駕，聞靖病即行告假，到吉州陪靖南下。到曲江後，接敕誥，授光祿少卿依舊分司南京，韶州居住，呈《謝轉光祿少卿表》。

十月十六日，又接中書劄子，云奉聖旨令三司接續支與靖光祿少卿俸，呈《謝續支請受表》。有感於王子元患難之交，靖寫有五古《和王子元過大庾嶺》，七律《和王子元同歸曲江有感》、《和王子元中秋會飲》、《和王子元重陽日千秋寺會飲》諸詩。

冬，應知康州李定（仲求）函請，作《康州重修文宣王廟記》。

孫嗣恭（行名芳莊，字文莊，仲荀第四子）出世。

慶曆七年丁亥，四十八歲。

二弟、三弟經商，見兄長兩袖清風歸來，家庭人口多，于是在南門城外濱武江處建西園別墅，讓兄長一家居住。

三月，應知樂昌黃自元（子京）之請，與唐翼、譚允等遊仙人石室，作《同遊泐溪石室記》，刻石于室壁。

應海琳之請，撰《韶州月華禪師壽塔銘》。

殿中丞、知韶州潘鳳（一〇〇五—一〇七五，字伯恭）自去冬到任，因景慕余靖人品文采，時時來往，春秋間約其郊遊，作《湧泉亭記》、《韶亭記》。

五月，江秀才從吉州來探視，與同遊南華禪寺，臨別爲詩贈之，有五律《遊寶林精舍》、《送江秀才歸盧陵并序》。是月還有五律《寄鄧秀才求桃枝接頭》。

秋，廣南東路轉運使祖無擇來探好友，靖寫七律《謝祖太傅見訪西園》、七絕《答祖太傅借山居要術》。

時值重陽，知州潘鳳、曲江知縣邀祖無擇、

余靖同遊韶石山，祖無擇有《遊韶石》五律一首，靖作五言古風長篇，贊美韶石。

十月二十二日，接敕誥授靖以左神武大將軍、雅州（四川雅安市）刺史，靖呈《讓南班第一狀》，辭不就。

十一月十一日又接敕誥，改授壽州（今安徽壽縣）兵馬鈐轄，靖再呈《讓南班第二狀》，仍以父年事已高、本身抱病，力辭不就。

是年，第四女適章惇裕（後官至秘書郎）。

慶曆八年戊子，四十九歲。

春，應知潯州（今廣西桂平縣）杜應之函請，作《潯州新成州學記》。爲補植常青樹，有五言絕句《寄韶石長老求柏栽》。接淮南運使來函勸慰，有《答淮南轉運使段學士啓》。

夏秋間，與潘鳳知州唱和甚多，計有：五律《謝伯恭篆屏蟾硯》，七律《謝送篆文屏風因次來韻》、《謝伯恭重陽惠酒》、《再簡伯恭》，七言絕句《答伯恭招棋》。

秋，應好友祖無擇之請，撰《海州社稷壇記》，但因病未去海州。

在此期間，居住西園，種植花草樹木，並着手整理個人著述，彙編爲《武溪集》，子仲荀及其他孫子輩亦來幫忙謄抄。

是年，孫惠光（行名芳文，字映公，叔英長子）出世。

宋仁宗皇祐元年己丑，五十歲。

春，廣南東路提舉常平倉孫抗（九九八—一〇五七）駐韶州，新居落成，靖有《賀孫抗員外春晝端居》詩慶賀。

刑部郎中錢象先（九九二—一〇七三）來廣南東路察訪，經韶州探望，余靖以七律《和錢學士見謝新栽竹》酬之。

余靖對鄉居生活悠然自得，從其五律《山館》，七律《寄龔長老》、《和伯恭自造新茶》諸詩，可見一斑。

八月，應邀回翁源一行，作《翁源縣淨源山眈石院記》。

十一月二十八日，接敕誥授衛尉卿，有《謝轉衛尉卿表》。

十二月，內弟孫洧致函，約靖爲其兄億撰墓誌，成《宋故大理寺丞前知白州孫公墓表》。

皇祐二年庚寅，五十一歲。

春，與孫抗遊芙蓉山，有七律《謝孫抗員外惠酒》。宗親整理《余氏宗譜》，靖爲作《下邳余氏世譜序》。

五月，應邀撰《韶州新建永通監記》。

應桂林友人譚伯顧之請，作《書譚氏東齋》。

少時之師張伯端已爲道士，雲遊來韶州，後歸贛，有五律《送岳師歸贛川》。

同僚好友王子野卒，賦七律《哭王子野待制》。

秋冬間，賦有五言古詩《南齋新植牡丹初冬忽開數朵愛玩不已因而感詠呈知郡中舍》、七律《先賞牡丹寄提刑考功》、《又和提刑太保》。

十二月，應呂公綽（字仲祐，天聖中為館閣對讀，累遷至翰林侍讀）之邀作判詞。

是年，第五女適越州上虞縣主簿張元淳。

孫惠潮（行名芳廷，字映國，叔英次子）出世。

皇祐三年辛卯，五十二歲。

春，有七律《齋中芍藥與千葉御米花對發招伯恭飲》。

夏，《武溪集》繕鈔成冊。

秋，九月六日，奉敕誥以衛尉卿知虔州（今江西省贛州市），孫抗寄詩賀之，有七律《恩守贛上謝和叔見寄次韻》。孫抗亦接敕誥，調任廣南西路轉運副使。九月十日到任，呈《虔州謝上表》。友人李定（一〇〇六—一〇六六）以殿中丞差通判洪州，途經虔州探靖，李定以詞知著，靖遂塡《玉樓春》詞贈行，並應約爲其父李虛舟（九七〇—一〇五九）作《朝賢贈行詩總序》。

原虔州通判蕭固（九九九—一〇六一）移官湖南，贈留茉莉花栽，喜賦七律《酬蕭閣副惠茉莉花栽》。

十一月，以父喪，去官歸家守制。

皇祐四年壬辰，五十三歲。

春夏間，廣源州壯族首領儂智高叛，殺其叔儂存祿，據武勒、安德兩州，連陷邕、橫、梧、端等九州，大肆殺擄，前鋒直逼廣州，不斷有難民逃至韶州。靖與潘知州、趙知縣共商防禦保郡之計，並自募鄉兵，協助正兵防衛，有五律《登武江城樓懷楊叔武太保》之作。

六月二十日，朝廷命余靖停喪次，以秘書監知潭州（湖南長沙市），令韶州府特支賜錢三百貫文赴任，靖呈《乞不請支賜添支狀》。回虔州交任，由贛州桂源鎭西北行過湘，有五律《桂源曉別秦鈺河堤》、《桂源早行》。二十三日急行赴任，途中接劄子三道，改知桂州。

七月十六日，到桂州，充廣南西路兵馬都鈐轄，兼經略安撫使，知桂州，呈《桂州謝上表》。又令同提點廣東刑獄李樞與陳曙討智高，廣東轉運、鈐轄司發兵援之。

九月二十四日，命余靖提舉廣南兩路兵甲，經制賊盜事。

冬，儂智高兵圍廣州，靖率兩路兵馬前往救援。儂智高攻廣州五十六日不下，西折回邕州，沿途焚燒，片甲無存。靖領兵到廣州城下，又急行追至西境，屯兵於梧州。

皇祐五年癸巳，五十四歲。

是年，三子叔英中朝鄉進士，是榜年最幼。

朝廷任命狄青爲宣徽南院使，宣撫荆湖路，提舉廣南經制賊盜事，並詔鄜延、環慶、涇原路擇蕃兵廣鋭軍各五千人赴廣南行營，詔孫沔（九九六—一〇六六）、余靖輔助，合兵剿滅。

廣南西路鈐轄陳曙與叛軍戰於金城驛，兵敗，死二千餘人。狄青至賓州（今廣西賓陽縣），數曙敗軍之罪，併軍校數十人皆斬之。靖起拜曰：「曙之失律，亦靖節制之罪。」青曰：「舍人文臣，軍旅之責，非所任也。」釋不問，衆將士遂聽令，各自奮力爲戰。

正月二十五日，大敗儂智高兵于歸仁舖（今廣西南寧市東北），僞侍郎黄師宓及儂廷侯、儂志忠等斃命。初，儂智高以其母嫁特磨道蠻酋儂夏卿，以重金賄其兄儂夏誠，遂得逃入特磨道。靖有《代狄宣撫賀捷表》。

狄青率兵回朝。余靖遷給事中，留守桂州。有《免轉給事中狀》，並建議朝廷大赦廣南。

二月二十一日，曲赦廣南，「凡戰歿者，給櫘櫝護送還家，無主者葬祭之。賊所過州縣，免其田租一年，死事家科徭二年。

貢舉人免解至禮部，不預奏名者亦以名聞」。靖又連呈《乞解職行服狀》及《第二狀》，請復終喪守制，不許。

暮春，孫抗回京述職，靖爲作《孫工部詩集序》。

夏，作五古《酬黄都官舟次近垌見寄次韻》、七律《送黄秘校南劍州司法》。書《大宋平蠻碑》、《大宋平蠻京觀志並序》，鑿之郡壁。向朝廷呈《進平蠻記表》。

按：《平蠻碑》石刻至今猶存。今桂林市七星公園龍隱洞口還保存有狄青、孫沔、余靖的《平蠻三將題名碑》。

儂智高在其老巢特磨道（今廣西境内富寧、廣南、西林三縣所轄）築宫室，由其母、弟智光、子繼宗、繼封居之，自將兵五百及六妻六子出奔大理國。靖張榜募能獻策獲儂智高者。有孔目官楊元卿、進士石鑒等人應募獻計，靖一一問之。其中元卿招撫諸蠻六十族酋之計最善，石鑒欲招募諸垌壯丁訓練、厚利收買特磨道實力最强的垌酋黄守陵、儂夏誠，使之爲内應。靖盡皆準之，付諸實施。

五月，以狄青爲樞密使、孫沔爲樞密副使。命廣西都監蕭注（一〇一三—一〇七三）等加緊搜捕儂智高。御史梁蒨、狄青、孫沔等言靖功多而賞薄。六月，朝廷差韓殿侍特送敕誥，賜銀二百兩，遷工部侍郎，仍知桂州。靖有《免轉工部侍郎狀》，賜銀繳納桂州軍資庫。

申朝廷乞補廣南西路轉運使空缺，仁宗親擇蘇夢得（九九六—一〇五八，原名安世）從隴西以田曹副郎出充轉運使。臨行，隴西及京師官員贈詩送行。蘇到桂州，將贈詩彙編成集，靖爲撰《諸公送蘇屯田詩序》。
用楊元卿、石鑒計，發諸峒兵勇襲特磨洞，蕭注發官軍殿後聲援，以儂夏誠、黃守陵作內應，捕獲儂母儂阿儂及智高弟、子四人，儂夏卿逃脫，不知去向。
十月二十四日，收復特磨道。
十一月五日，派楊元卿、黃汾押送儂阿儂等四囚入京，進呈《賀生擒儂智高母表》，建議先不誅，以利招撫散逃餘部。汾自幕職遷大理寺丞，元卿除三班奉職，留京師料理儂阿儂。元卿等憤嘆曰：「我初獲智高母，余侍郎謂我等勿入京師，留此待官賞耳。我等皆曰智高殺我親戚近數十口，我願至京師，分此嫗一臠食之。豈知今日朝夕事之，若孝子之養母。執政者仍戒我云，汝毋得以私憤逼殺此嫗，設有不幸，我等當償其死邪！」有請戮儂阿儂者，仁宗怒曰：「余靖欲存之以此招智高，而卿專欲敗之耶？」群臣乃不敢言。由於不殺此四人，逃入大理的儂氏親兵紛紛歸降。
十一月，朝旨不許靖辭官誥，先後呈《謝轉給事中表》、《謝轉工部侍郎表》，賜物仍封存於桂州軍資庫，分文不取。
十二月，朝旨加封輕車都尉、始興郡開國侯、食邑五百戶，有《謝加勳封表》。

至和元年甲午，五十五歲。

正月十日，張貴妃薨，十四日追冊爲皇妃，謚溫成。下旬，有《慰溫成皇后張氏薨表》。
二月初七日，朝廷派內侍省內侍殿頭張昭壽到昭州（今廣西平樂縣）傳宣撫問，賜銀二百兩、絹二百匹、特賜翠毛細錦旋襴等冬服等，靖呈《謝傳宣撫問表》、

《乞不請中冬翠錦衣襖狀》、《回納詔賜冬服狀》、《謝賜絹狀》、《謝賜銀狀》，所有賜物、賜銀再次交桂州軍資庫返納。

陳執中（九九〇—一〇五九）爲相，尋下敕誥，命靖改知潭州。靖稟奏，言邊陲要事繁雜，乞留任桂州。時田況（一〇〇五—一〇六三）爲樞密副使，將此事直稟皇上，謂靖雖任滿，而桂州事關重大，南疆不安撫，再亂將不可收拾。朝廷頒送赦書，赦免從叛兵民，靖呈《賀曲赦表》、《賀德音表》。

四月，改天章閣待制劉元瑜知潭州，余靖留桂州處理善後事宜。

往各地巡察，對曾從儂智高而後歸附朝廷的黃守陵等三十六峒酋長，皆補團練副使官職，對已疏遠智高的六十族酋長皆厚賜之。對清廉官吏給予勉勵陞職，對旱情較重的地區，則發動士民引山溪灌田。在邕州，與同榜進士王初（九九九—一〇六五）相聚，有七律《謝邕倅王寺丞惠賜韓柳碑文》。

八月，始建桂州新城。

十一月，朝廷命靖主持邕州南郊享赦儀式。舉行儀式時，兵民雲集，越南李氏朝廷亦派使參加。當衆宣讀朝廷赦書，中外邊境臣民歡呼。先後有《賀南郊赦表》、《賀袷享赦表》，由特使帶回。

冬末，應廬山歸宗禪院之請，撰《廬山歸宗禪院妙圓大師塔銘》。

是年，孫惠應（行名芳聲，字映付，叔英第三子）出世。仲荀曾患重病，隱而不告。長孫堯臣中貢舉。

前因儂智高兵亂，戰禍所及，田園荒蕪，百業頹廢。余靖大力落實朝廷曲赦令，對兵焚嚴重地區，減免徭役賦稅；組織府城鐵作坊製作大批踏犁，以代牛耕；調占城國穀種，使荒田復耕；恢復邊境溪峒集市；組織屯兵自墾農牧。多方籌畫，民心始定。

至和二年乙未，五十六歲。

春，遣返廣南東路留剿兵馬。趙節推率韶州兵甲回，靖作五律《送曲江知縣趙節推》。

暮春，知杭州孫沔致函於靖，有《回賀孫學士啓》。

據蘇安世《屯田手記》，是年三月初一日，幕僚屬官欲爲靖祝壽，爲靖所止。

靖通報越南李氏朝廷，儂智高已理授首，叛亂已平。李朝聖宗德政因儂智高本交阯所屬，未能約束而致兵變，向宋廷請罪，靖予以安撫。

知邕州陶弼于州城望仙坡（今廣西南寧市城北）建三公亭，紀念平定叛亂有功的狄青、孫沔、余靖三人。

六月十二日，儂智高親屬四人在京伏誅（一説儂母病故，其餘儂弟及儂子二人誅），靖呈《賀誅儂智高母表》。

六月二十一日，使者至桂州宣敕，依前守工部侍郎，充集賢院學士，知桂州，賜銀絹物不許上納。靖呈《免充集賢學士表》、《謝再任桂州啓》，賜物仍繳納於軍資庫。

應衡山景德寺住持之請，撰《南嶽雲峰山景德寺記》。

是年六月，桂州新城建成。群牧判官王安石（一〇二一—一〇八五）爲作《余公桂州新城記》，年底刻鑿於壁。

是年大旱，靖視察旱傷州縣，體卹吏治民

情，再到桂西，有五律《留題龍潭》。

宋仁宗至和三年嘉祐元年**丙申，五十七歲。**

正月，朝廷派內侍省殿頭高居簡至桂州傳宣撫問，靖呈《謝傳宣撫表》。不久，又敕授戶部侍郎，有《免戶部侍郎狀》。辭謝不允，乃就，又呈《謝戶部侍郎表》。

三月，接敕誥不許辭讓集賢院學士，有《謝充集賢學士》表、啓。

到邕州金礦區、高州懷德錫場察訪，鼓勵恢復礦山開採。

是年，孫嗣京（行名芳叙，字文述，叔英第四子）出世。

嘉祐二年丁酉，五十八歲。

二子仲荀中進士，爲大理評事。

三月中旬，敕命靖以集賢學士、戶部侍郎知潭州。與桂州官員告別，賦五律《酬和蘇夢得運使》。卸任與到任，均不取地方一物，謝絕一切饋贈。二十三日到任，有《潭州謝上表》、《謝知潭州啓》。

三月初十日，狄青卒，家人遵遺囑遠道求靖撰墓銘，特爲作《宋故狄令公墓銘》。

兼充荆湖南路經略安撫使，常微服察訪州縣，查處不法官吏豪紳，吏治一新。

夏間，有七律《端午日事》、《端午日寄酒庶回都官》、《和邃卿張學士暑夕》諸詩。

驚聞好友孫抗卒，有《祭孫工部文》。

應同榜進士屯田員外郎、廣南西路轉運使蘇安世之請，爲其祖、父作墓誌銘。

孫舜臣（伯莊次子）貢舉人。

嘉祐三年戊戌，五十九歲。

孫嗣襄（行名芳頌，字文贊，叔英第五子）出世。幼女適歐陽修之侄歐陽高照。

十月十七日，改知青州（今山東益都），充京東東路安撫使。赴任途中到朐山縣，將《海州社稷壇記》交刻碑記。至青州，有《青州謝上表》、《謝知青州啓》。

到任不久，高麗國使臣康永齡來貢，遇風暴改于登州登岸，余靖親至登州迎接。

十二月，敕授加護國軍，食邑五百戶，有《謝加護國軍食邑表》。

嘉祐四年己亥，六十歲。

正月，接敕誥二道，轉吏部侍郎，靖呈《免轉吏部侍郎狀》，不許，又有《謝轉吏部侍郎表》。靖勤于政事，微服察訪，對曾經歷動亂地區，體卹有加。調解宋、遼鹽務糾紛，確保鹽稅收入正常。嘗登之罘山、嶗山，賦《冬月茹青臺子有感》、《應聖宮》等詩。

遼使入宋，繞道來青州，向余靖呈送遼國左林牙耶律庶成自著自書《四時逸樂賦》條幅，以及遼主特許的贈書《切脈要略》、《禮書》二套。余靖回贈自己編著的《三史刊誤》和自著自書《從政三箴》。

聞報舅父卒，撰《宋故屯田郎中黄府君碑》。

十月十五日，仁宗賜紫金魚袋。

十二月，應明悟禪師之請，作《東京左街永興華嚴禪院記》。

嘉祐五年庚子，六十一歲。

爲交阯寇邊事。仁宗曾派使到定州向老臣龐籍（九八八—一〇六三）咨詢，籍謂非靖重鎮廣南不能止其亂。三月上旬，龐籍回青州探視並與之禊飲，作七律二首贈之，其中有云：「當時不俟交符印，恨失嵐亭展讌壘。」暗喻朝廷過早令靖交卸廣南戍守大印之失。靖亦作《靖啓伏蒙觀文相公以靖忝承善政特寄嘉篇謹依嚴韻和酬》、《次韻奉和到塞下有懷青社之作》回贈，詩中自謙云「老朽無才」。

七月三十日，交阯與甲峒蠻合兵寇邊，殺五巡檢，邊關告急。仁宗命天章閣直學士張燾爲特使，持詔令靖依前守集賢學士、吏部侍郎、加護國軍、食邑五百戶，充廣南西路體量安撫使，權知欽州軍州事，統領荆湖路兵馬南下破敵。行軍途中作五言古詩《湖鄉檢旱入南路夜宿江寺對望郛郭》，反映他雖上了年紀，仍以國事爲重的心願。官軍壓境，交阯軍兵望風逃回本土。靖率兵紮營於欽州，傳交阯宰臣費嘉祐責問，費惶恐對曰：「種落犯邊罪當死，願歸取首惡以獻。」交阯新王日尊知余靖爲帥，大驚失色，當即親到邊關上表謝罪，並拘五首惡於欽州邊界當衆斬首。邊界諸峒酋長亦表示不再聽信謠言，從此安分守己，管好本峒。靖亦不責罪，南疆復平安無事，交阯遣侍使梅景先進貢方物。

在欽州，應廣南西路安撫都監知邕州肅注之請，爲其父蕭陟作《故蕭府君墓誌銘並序》。

仁宗聞交阯寇邊之亂不戰而平定，大喜，仍派張燾爲特使來祝捷。與余靖相會於桂州，靖有《和運使張學士惠詩》。張傳達仁宗口諭，擬令靖仍鎮守廣南，靖推辭年邁，仍知潭州爲宜。

余靖妻林氏，隨長房孫舜臣（伯莊二子）官始居興縣。十一月初四日，林氏病逝，靖聞報爲妻奔喪，葬於始興之原。

孫嗣立（行名芳樹，字文植，叔英第六子）出世。孫堯臣（伯莊長子）爲江西提舉。

孫禹臣（伯莊第三子）爲貢舉人。

嘉祐六年辛丑，六十二歲。

遣返荆湖路兵馬，爲妻奔喪，在韶州小住至年初，北返。仁宗連派使臣攔余靖於湖湘境，詔以尚書左丞，依前守集賢學士，知廣州，充廣南東路兵馬鈐轄經略安撫使。靖呈《乞免轉尚書左丞知廣州狀》，以「才術短淺，當此重寄，必致曠敗」爲由，要求改差知潭州，並返回青州候旨。繼而接仁宗六月十七日答詔，明諭：「以卿策慮無遺，忠義有素，文理足以綏衆，武備足以折衝，進居丞轄之重，付方面之寄，必能宣明威信，朕庶幾無南顧之憂矣」。余靖又有《乞免知廣州表》。後聖命難違，始南下任職，途中戲作七言絶句《馬當呼鷗不至偶成呈同行諸官》。

七月十八日到任，有《廣州謝上表》、《謝知廣州啓》。

二十七日又接敕誥，加上護軍，進開國公、食邑五百戶，賜銀二百兩，呈《謝加勳邑表》，賜銀則交廣州軍資庫封存上納。

是年，三子叔英以大理評事知潭州軍監，孫舜臣陞南雄州知州。孫嗣隆中第。

支持轉運使欒沂修建英州至韶州江崖棧道，整治礦場、鹽場。

是年，占城國遣使頓琶尼來廣州，向宋朝廷進貢方物，從所求賜其王施里律茶盤廡常楊溥白馬一匹。頓琶尼曾在廣州蕃學講學，留住一年，靖禮遇之。

嘉祐七年壬寅，六十三歲。

正月，駕部郎中、廣南東路轉運使欒沂赴京述職，靖爲作五律《送欒駕部》、七律《聞欒駕部度嶺因寄》。

蔡抗（一〇〇八—一〇六七）爲廣南東路

轉運使，其弟蔡挺（一○一四—一○七九）知南安軍（治所在江西省大庾縣）提舉虔州鹽兼江西提刑，兄弟商議修復梅關驛道事，靖大力支持，知照南雄州、韶州抽調人力財力開築驛道，方便南北驛運。

二月，廣州通判黃師道之父殿中丞黃珙卒，靖爲作《宋故殿中丞黃公墓表》。

待制田況來廣州，並攜宋咸《憂餘集》，求靖爲序。靖作《宋職方憂餘集序》，有五律《寄題田待制廣州西園》。

在廣州任上，余靖整頓吏治，嚴懲貪官；視察蕃坊，興辦蕃學，公平對待外商；呈請減免流民田賦，減番舶裝船稅，從而使被焚的農桑復甦，外國來經商的人日益增多，廣州市舶收入有大幅度增長，廣州市面繁榮。

大食國首領蒲沙乙來廣州進貢方物，于廣州蕃學講學，靖爲之迎送。

末孫嗣祖（行名芳襄，字文衍，叔英第七子）出世。孫嗣昌（仲荀次子）貢舉人。

到端州察訪，喜購墨硯一方。察訪途中，撰雜文《書去虎》，闡明「政昏且暴」，猛于虎害的道理。

嘉祐八年癸卯，六十四歲。

正月，應邀撰《廣州鳥龍山覺性禪院草堂記》。

三月初八日，仁宗駕崩。靖呈五律挽詩兩首。

四月初九日，英宗即位，賜百官一等。十九日敕授靖工部尚書、知廣州，有《謝轉工部尚書表》、《謝轉工部尚書啓》。

夏，至州縣察訪立學情況。

九月，作《雷州修新郡學記》。經端州、高

州到雷州，購得角雕圖章。

同榜進士、職方員外郎宋咸（一〇〇一—一〇六六）來廣州，靖與之遊越秀山，有《寄題宋職方翠樓》詩、《宋職方補注周易後序》。

十月，承天監寺僧松思上門求題記，喜作《廬山承天歸宗禪寺重修寺記》。

是年，有高僧智緣遊方至廣州，爲靖把脈，云近體無恙，終官秦亭有凶兆。衆謂秦亭在陝甘，靖遂畏西行。

宋英宗治平元年甲辰，六十五歲。

正月初四，改元。

至本路各州縣察訪，曾到海陽祭拜其岳丈林從周、長子伯莊墓。

三月，盧士宏繼任知廣州。余靖卸任後回韶州小住，途經英州，作七絕《重遊英州碧落洞》。

六月十九日，敕授工部尚書，充集賢院學士，加柱國、始興郡開國公、食邑二千六百戶、食實封二百戶。靖回京述職。

返京途中，偶染風寒。時仲荀知循州（今廣東龍川縣），聞訊告假，陪父北上。

登大庾嶺，喜見蔡氏兄弟重修梅嶺關新貌，應關吏之請，欣然賦七律《三亭》詩三首。

至虔州，登州城樓，回憶昔時在桂源與友人分別，有七絕《感舊》。

溯贛江而上，至洪州，與同榜進士好友知洪州施元長歡敘。撰《廬山歸宗禪院妙圓大師塔銘》，此乃絕筆之作。

六月三十日，沿江抵江寧府（今江蘇南京市），病重不起，卒於秦淮亭。

仲荀赴京報喪。三司使蔡襄言靖以工部尚書代還卒，爲國事盡瘁，應予厚賜賻。

英宗聞訊惻然，詔輟朝一日，賻以粟帛，特贈刑部尚書，謚曰襄。歐陽修爲撰《襄公余靖神道碑》。七月二十二日，歸葬於曲江成家山之原。韶州、廣州知州主祭，諸禪寺住持長老前來設醮。

其後裔將韶州府城南祖宅改建爲余襄公祠，奉祀爲一世祖，代代奉祀之。後世在韶州府城建有名宦坊，供奉張九齡、余靖。另設鄉賢祠，供奉歷代二十三位名賢，余靖位列第九。明弘治十年又建成風采樓，進士翰林院檢討陳獻章爲題匾額，并撰《韶州風采樓記》，至今尚存。

此外，在廣州城内建有八賢祠，余靖像供奉于其中；在英德縣城建有名宦祠，崇祀四十三人，其中余靖位列第九；在新會、台山、開平等僑鄉，均建有風采樓、風采堂、風采中學等。近世以來，台山辦有《風采月刊》雜誌，在海外如美國、加拿大等國還建有風采堂、武溪公所、襄公祠等，均爲余氏宗親爲紀念余靖而創設。

尹洙年譜

祝尚書　編

據《宋代文化研究》第七輯增訂

尹洙（一〇〇一—一〇四七），字師魯，河南（今河南洛陽）人。天聖二年進士，授絳州正平縣主簿，歷邵武軍判官，知光澤、伊陽縣，召爲館閣校勘，遷太子中允。景祐三年，上書自願與范仲淹同貶，謫監郢州商税，徙唐州酒税。丁父憂，服除，知河南長水縣。西夏戰事起，大將葛懷敏辟爲陝西經略判官。慶曆元年，諸將敗于好水川，以洙擅自發兵，降濠州通判，徙秦州。歷知涇、渭、慶、潞州。坐以公使錢爲部將償債，貶監均州酒税。七年卒，年四十七。

尹洙繼柳開之後，與穆修倡導韓、柳古文，又得歐陽修協力相助，于是文風一變，韓琦稱宋代文章「逾唐漢而躡三代者，公之功爲最多」（《尹公墓表》）。范仲淹謂「其文謹嚴，辭約而理精，章奏疏議，大見風采」（《河南集序》）。其學長于《春秋》，又喜論兵，《叙燕》、《息戍》、《兵制》數篇，言宋朝軍制之弊甚切，可與西漢賈誼相上下（《習學記言序目》卷四八）。著有《河南集》二十七卷，今存明抄本、嘉慶十三年刊本、《四庫全書》本等。《全宋詞》、《全宋詩》、《全宋文》均收有其作品。事蹟見歐陽修《尹師魯墓誌銘》（《歐陽文忠公集》卷二八）、《宋史》卷二九五本傳。

尹洙年譜，據謝巍《中國歷代人物年譜考録》，有王德毅所撰稿本，惜未見刊載。此譜爲祝尚書編，原載《宋代文化研究》第七輯，此次重刊，有所訂正。

尹洙，字師魯，宋河南（今河南洛陽）人。

歐陽修《尹師魯墓誌銘》：「師魯河南人，姓尹氏，諱洙。」又韓琦《尹公（洙）墓表》：「公諱洙，字師魯，其先太原人。……刑部（其祖文化）葬其父河南，今爲河南人。」

祖文化，官至都官郎中。父仲宣（九六七—一○三七），終虞部員外郎，母張氏。

韓琦《尹公墓表》：「曾祖誼，以道晦，亂世不仕。祖文化，始以材行興其家，官至都官郎中，贈刑部侍郎。父仲宣，舉明經，累長郡邑，廉恕明決，所至以循吏稱，終虞部員外郎，以公（尹洙）貴，贈工部郎中。」又據歐陽修《尹公（仲宣）墓誌銘》，仲宣「妻張氏，壽安縣君」。

宋太宗至道二年丙申

兄尹源生。

歐陽修《太常博士尹君（源）墓誌銘》：「以慶曆五年三月十四日卒於官，……享年五十。」逆推之當生於是年。

宋真宗咸平四年辛丑

尹洙生。

韓琦《尹公墓表》：「（卒），時年四十七，慶曆七年四月十日也。」逆推之，當生於是年。其下猶有湘、沖、淑、沂、泳諸弟。

宋仁宗天聖元年癸亥，二十三歲。

從穆修學《春秋》，爲古文。

范仲淹《河南集序》：「洛陽尹師魯，少有高識，不逐時輩，與穆伯長遊，力爲古文。」其師事穆修年代，韓琦《墓表》謂在天聖初，曰：「天聖初，公獨與穆參軍伯長矯時所向，力以古文爲主。」

作《河南府請解投贄南北正統論》。

《南北正統論》見《河南先生文集》卷三（四部叢刊本，下同。然該本文字脱誤太甚，以下引文，徑依《全宋文》校改）。洙明年第進士，其請解當在今年。

天聖二年甲子，二十四歲。

登進士第，授絳州正平縣主簿。

韓琦《尹公墓表》：「公幼聰敏喜學，無所不通，尤長於《春秋》。……天聖二年登進士第，授絳州正平縣主簿。」

歷河南府戶曹參軍、邵武軍判官。

見歐陽修《墓誌銘》、韓琦《墓表》。授職時間不詳。

天聖八年庚午，三十歲。

授安德軍節度推官、知邵武軍光澤縣事。

其舉拔萃科前爲光澤令，見下引《宋會要輯稿補編》。授職時間不詳，蓋由邵武軍判官改任。

兄尹源登進士第。

歐陽修《太常博士尹君墓誌銘》：「天聖八年，舉進士及第，爲奉禮郎。」

舉書判拔萃科，授武勝軍節度掌書記、知伊陽縣。

歐陽修《尹師魯墓誌銘》：「舉書判拔萃，遷山南東道掌書記、知伊陽縣。」《宋史》卷二九五本傳同。《續資治通鑑長編》（以下簡稱《長編》）卷一〇九：天聖八年六月乙巳，「御崇政殿試書判拔萃科及武舉人。戊申，……（以）安德節度推官河南尹洙爲武勝軍節度掌書記、知河陽縣。」則尹洙登拔萃科後，授掌書記節鎮記載不同，且有知伊陽、河陽兩說。據《元豐九域志》卷一，伊陽爲河南府屬縣，河陽乃孟州屬縣及州治所在地。按《宋會要輯稿補編》：天聖八年「六月二十三日，帝御崇政殿試應書判拔萃選人，……安德軍節度推官、知邵武軍光澤縣事尹洙入第五等，循一資，就地知縣」。尹洙登制科後別無仍回邵武軍任職之記載，則所謂「就地知縣」，「就地」之「地」當指其故鄉河南府，應即指知伊陽縣。故兩説之中，《墓誌銘》疑是，《長編》蓋誤。

天聖九年辛未，三十一歲。

正月，錢惟演判河南府，辟爲僚屬。

《長編》卷一一〇：天聖九年春正月辛未，「改新判陳州錢惟演判河南府」。《湘山野録》卷中稱「錢思公（惟演）鎮洛，所辟僚屬盡一時俊彦」，其下所列「俊彦」中有尹洙。歐陽修《墓誌銘》在書王曙薦尹洙爲館職之前，皆爲知伊陽縣。然《邵氏聞見録》卷八曰：「天聖、明道中，錢文僖公自樞密留守西都，謝希深爲通判，歐陽永叔爲推官，尹師魯爲掌書記，梅聖俞爲主簿。」則似尹洙嘗入錢幕爲掌書記。然此事墓誌銘、墓表及史傳皆不載，不詳何故。

明道元年壬申，三十二歲。

九月，與歐陽修、謝絳等遊嵩山，官洛陽。梅堯臣有詩。

《歐陽文忠公文集》附録卷五謝絳《遊嵩山寄梅殿丞書》：「遣告嵩嶽，太常移文合用讀祝、捧幣二員，府以歐陽永叔、楊子聰分攝。會尹師魯、王幾道至自緱氏，……今幸其便，又二三子可以爲山水遊侣。……十二日晝漏未盡十刻出建春門，宿十八里河。翌日，過緱氏，閲遊嵩詩碑。……師魯體最溢，最先到，永叔最少最疲。……是夕宿頂上，……五人者相與岸幘褫帶，環坐滿飲，賦詩談道，間以謔劇，灑然不知形骸之累、利欲之萌爲何物也。……十六日晨發，……馬上粗若疲厭，則有師魯語怪，永叔、子聰歌俚調，幾道吹洞簫，往往一笑絕倒，豈知道路之短長也。」歸，錢惟演遣人至香山慰勞。《邵氏聞見錄》卷八：「謝希深、歐陽永叔官洛陽時，同遊嵩山。自潁陽歸，暮抵龍門香山，雪作，登石樓望都城，各有所懷。忽於煙靄中有策馬渡伊水來者，既至，乃錢相遣廚傳歌妓至。」梅堯臣未偕遊，接謝絳書後作詩記其事，題爲《希深惠書言與師魯永叔子聰幾道遊嵩因誦而韻之》。傳說遊山時尹洙有「扼吭」之事，或云乃小說杜撰。《清波雜志》卷九《群遊嵩山二說》，其第二說曰：「一小說名《默記》，內一條云：尹師魯性高而褊。在洛中與歐、梅諸公同遊嵩山，師魯曰：『遊山須是帶得胡餅爐來，方是遊山。』諸公咸謂遊山貴眞率，豈有此理。諸公群起而攻之，師魯知前言之謬，而不能勝諸公，遂引手扼吭，諸公爭救之，乃免（按：見今本《默記》卷下）。煇見前輩云：一時失言，有所不免；若曰愧而扼吭，無是理也。著《默記》者亦不當書此。」遊嵩山事，《雜誌》此條第一說原注：「時明道元年九月也。」

明道二年癸酉，尹洙三十三歲。

仍官洛陽。

九月，錢惟演落平章事，貶漢東，王曙代之爲西京留守（《長編》卷一一三及卷一一四末原按）。

十月，尹洙作《王公（利）墓誌銘》。

按《墓誌銘》（本集卷一三）稱王利天聖四年八月卒，明道二年十月二十九日葬。以下數事，皆在知伊陽年間，確切年月不詳：

一、撰《臨轅記》，謝絳、歐陽修服其簡古。《湘山野錄》卷中：「錢思公（惟演）鎮洛，所辟僚屬盡一時俊彥。時河南以陪都之要，驛舍常闕，公大創一館，榜曰臨轅。既成，命謝希深（絳）、尹師魯、歐陽公三人者各撰一記，曰：『奉諸君三日期，後日攀請水榭小飲，希示及。』三子相掎角以成其文，文就，出之相較。希深之文僅五百字，歐公之文五百餘字，獨師魯止用三百八十餘字而成，語簡事備，復典重有法。歐、謝二公縮袖曰：『止以師魯之作納丞相可也，吾二人者當匿之。』丞相果召，獨師魯獻文，二公辭以他事。思公曰：『何見忽之深，已礱三石奉候。』不得已俱納之。然歐公終未伏在師魯之下，獨載酒往之，通夕講摩。師魯曰：『大抵文字所忌者，格弱字冗。諸君文格誠高，然少未至者，格弱字冗爾。』」《邵氏聞見錄》卷八所載稍異。三文皆久佚。

二、與歐陽修同校《韓昌黎集》。歐陽修《記舊本韓文後》：「舉進士及第，官於洛陽，而尹師魯之徒皆在，遂相與作爲古文，因出所藏《昌黎集》而補綴之，求人家所有舊本而校定之。」按方崧卿《韓集舉正》稱「歐、尹二學士修正六百八十一字」，蓋即當時二人所校本。

三、作《叙燕》、《息戍》等文。

韓琦《墓表》：「知河南府伊陽縣。時天下無事，政闕不講，以言兵者爲妄人。公乃著《叙燕》、《息戍》等十數篇，以斥時弊。」

景祐元年甲戌，三十四歲。

王曙拜樞密使。正月，王曾代爲西京留守（見《長編》卷一一四末原按）。五月，党項羌人趙元昊侵擾西邊州府。

九月，以王曙先前之薦爲館閣校勘。

韓琦《墓表》：「公乃著《叙燕》、《息戍》等十數篇，以斥時弊。時人服其有經世之才。文康王公（曙）知而薦之，召試，充館閣校勘，遷太子中允。」又《長編》卷一一四：景祐元年閏六月，「錢惟演留守西京，（歐陽）修及尹洙爲官屬，皆有時名。……惟演去，（王）曙至，……薦修及洙，置之館閣。」原注：「是年九月，洙初除館閣校勘，蓋曙先薦之也。」

十一月，作《謝公（濤）行狀》。

《行狀》（本集卷一二）末署：「景祐元年十一月日，山南東道節度掌書記、朝奉郎、試大理評事兼察院御史、充館閣校勘尹某狀。」

景祐二年乙亥，三十五歲。

作《王公（曙）神道碑銘》。

按《碑銘》（本集卷一一）稱王曙卒於景祐元年秋八月，即以其年十月葬；「公既葬二年，虞部君（曙長子益恭）泣謂某曰：『……子故吏，當次之，將刻石以示後世。』」則應作於是年，何月不詳。

景祐三年丙子，三十六歲。

五月，作《乞坐范天章貶狀》。

天章閣待制、權知開封府范仲淹針對時弊上《百官圖》，斥宰相呂夷簡，被指爲「薦引朋黨」，貶饒州。歐陽修致書切責諫官高若訥，貶峽州夷陵令。余靖亦貶。尹洙上狀乞同貶，略曰：「朝奉郎、守太子中允、充館閣校勘、騎都尉臣尹某。右，臣伏睹朝堂榜示，范仲淹落天章閣待制，知饒州，敕辭內有『自結朋黨，妄有引薦』之言。……臣與仲淹，義分既厚，縱不被薦論，猶當從坐；况如衆論，臣則負罪實深。雖然國恩寬貸，無所指名；臣內省于心，有靦面目。……願從降黜，以昭明憲。」

是月乙未，貶監郢州酒稅。

歐陽修《墓誌銘》：「師魯上書，……貶監郢州酒稅。」韓琦《墓表》同。又《長編》卷一一八：景祐三年五月乙未，「貶太子中允、館閣校勘尹洙爲崇信軍節度掌書記、監郢州酒稅。先洙上言（按即上引《乞坐范天章貶狀》），宰相怒，遂逐之。」

蔡襄作《四賢一不肖詩》，以尹洙爲「四賢」之一（其他三賢為范仲淹、余靖、歐陽修）。

蔡襄《四賢一不肖詩·尹師魯》略曰：「……章章節義尹師魯，飭躬佩道爲華榮。希文被罪激人怒，君獨欣慕如平生。抗書轂下自論劾，惟善與惡宜彙征。刖官竄逐雖適楚，一語不挂《離騷》經。當年亦有大臣逐，朋邪隱縮無主名。希文果若事姦險，何此吉士同其聲？高譚本欲悟人主，豈獨區區交友情！」

景祐四年丁丑，三十七歲。

在郢州貶所。新年，歐陽修致書問訊，幷

評其所撰部份《十國志》稿「大好」。書見《歐陽文忠公集》卷六七，其中有「條兹新年」、「夷陵雖小縣」等語。按《邵氏聞見錄》卷一五曰：「本朝古文，柳開仲塗、穆修伯長首爲之唱，尹洙師魯兄弟繼其後。歐陽文忠公早工偶儷之文，故試於國學、南省，皆爲天下第一；既擢甲科，官河南，始得師魯，乃出韓退之文學之，公之自叙云爾。蓋公與師魯於文雖不同，公爲古文則居師魯後也。如《五代史》，公嘗與師魯約分撰，故公謫夷陵日，貽師魯書云：『開正以來始似無事，始舊更前歲所作《十國志》，蓋是進本，務要卷多，今若便爲正史，盡合删削，存其大者。細小之事雖有可紀，非干大體，自可存之小說，不足以累正史。數日檢舊本，因盡删去矣，十亦去其三四。師魯所撰，在京師時不曾細看，路中細讀，乃大好。師魯素以史筆自負，果然，《河東》一傳大妙。修本所取法於此傳，亦有繁簡未中者，願師魯删之，則盡善也。正史更不分五史，通爲紀傳。今欲將梁紀幷漢、周，修且自撰，以唐、晉師魯爲之，如前歲之議。……』（引者按：此即新年所致書中語）其後師魯死，無子。今歐陽公《五代史》頒之學官，盛行於世，内果有師魯之文乎？抑歐陽公盡爲之也？歐陽公誌師魯墓，論其文曰『簡而有法』。公曰：『在孔子六經中，惟《春秋》可當。』則歐陽於師魯不薄矣。崇寧間，改修《神宗正史》，《歐陽公傳》乃云：『同時有尹洙者，亦爲古文。然洙之才不足以望修』云。蓋史官皆晚學小生，不知前輩文字淵源自有次第也。」

移監唐州酒稅。

歐陽修《墓誌銘》：「貶監郢州酒稅，又徙唐州。」按其父仲宣是年三月知郢州（見下），據宋代職官回避法，父子不可能同任一地，故尹洙徙官當在是年三月之前。

作《劉公（燁）墓表》。

按《墓表》（本集卷一三）稱墓主劉燁「天聖七年四月薨於蒲。後三年，其子（劉）几葬公河南伊汭鄉尹樊里。又五年，几以著作佐郎宰方城，告於故吏尹某」云云，推之當在是年。又據《元豐九域志》卷一，方城縣屬唐州。則《墓表》當作于抵唐州後、是年三月丁父憂稍前。

三月，丁父憂。

歐陽修《尹公（仲宣）墓誌銘》：「最後知郢州。至州之三日，晨起衣冠，得疾，及寢而卒，實景祐四年三月七日也。年七十一。」

景祐五年戊寅，三十八歲。

丁父憂。正月，作《陳君（賡）墓誌銘》。

《墓誌銘》（本集卷一四）謂陳賡明道二年七月卒，景祐五年正月二十三日葬。

又作《李氏墓誌銘》。

李氏，陳貫妻。《墓誌銘》（見同上）稱景祐五年正月庚申葬。

四月，作《故天水尹府君（節）墓誌銘》。

《墓誌銘》（同上卷一五）稱尹節諸子於景祐五年四月三十日葬之。

春夏間，作《伊闕縣築堤記》。

按《伊闕縣築堤記》（本集卷四）略曰：「寶元元年春，伊闕築堤於縣之東，……

凡三十日堤成」，云云。《記》蓋應知縣事張承範之請而作，當在是年春夏間。

十月，趙元昊反宋自立，稱「大夏皇帝」，改元延祚。宋以夏竦知永興軍、范雍知延州以禦之。尹洙作《李公（允及）行狀》。

按《行狀》（本集卷一二）末署：「景祐五年十月日，責授崇信軍節度掌書記、朝奉郎、試大理評事兼監察御史、前監唐州酒稅尹某狀。」

十一月，作其弟尹湘墓誌銘。

《墓誌銘》（同上卷一四）謂湘天聖五年五月卒，景祐五年十一月二十八日葬。

又作《祭僕射王沂公文》（本集卷一七）。

據宋祁《王文正公（曾）墓誌銘》，王曾卒于是年仲冬丙午。

十二月，作《趙公（稹）墓誌銘》。

《墓誌銘》（本集卷一三）稱趙稹卒於是年十一月一日，「自初薨，凡三十九日而葬」。

寶元二年己卯，三十九歲。

丁父憂。正月，作《故夫人黃氏墓誌銘》。

《墓誌銘》（本集卷一五）謂寶元二年正月六日葬。

又作《送丘齋郎》。

按《送丘齋郎》（本集卷五），丘氏名（或字）仲謀，蓋赴舉賢良科。末署「寶元二年上元夕，洙謹序」。

二月，作《王氏墓誌銘》。

王氏，陳安石妻。《墓誌銘》（本集卷一四）稱寶元元年五月卒，明年二月二十二日葬。

六月，服除，知長水縣。

歐陽修《墓誌銘》：「遭父喪，服除，復

得太子中允、知河南縣。」韓琦《墓表》：「服除，復得太子中允、知河南府長水縣。」又《長編》卷一二三：寶元二年六月，「崇信軍掌書記、監郢州（按：當為「唐州」，丁憂前已徙）酒稅尹洙爲太子中允、知長水縣。」按河南縣即洛陽，爲河南府治所，長水縣乃河南府屬縣，雖相距不遠而非一地。疑《墓誌銘》偶誤。

九月，作《侯君（詠）墓誌銘》。

《墓誌銘》（本集卷一五）稱侯詠以明道二年八月終于任所，寶元二年九月丙午葬。

十月，作《張公（顯忠）墓誌銘》。

《墓誌銘》（本集卷一四）謂顯忠天聖九年十一月終於家，寶元二年十月二十七日葬。

又作《耿公（克從）墓誌銘》。

《墓誌銘》（同上卷一五）謂耿克從天禧五年終于福州官署，其子耿傅于寶元二年十月二十七日葬之。

又作《皮公（子良）墓誌銘》。

《墓誌銘》（同上）稱皮子良大中祥符七年正月卒，寶元二年十月二十七日葬。

十一月，作《祭謝舍人（絳）文》。

據歐陽修《謝公（絳）墓誌銘》，謝絳以是年十一月己酉卒于官。

又作《書禹廟碑陰》。

按《書禹廟碑陰》（本集卷四）末署「寶元二年十一月二十日記」。

是年猶作有《題楊少師書後》、《謝君（昌言）墓誌銘》，何月不詳。

按《題楊少師書後》（本集卷四）末署「寶元二年月日」。又謝昌言伯姊，即尹洙之大母。《墓誌銘》（本集卷一四）稱昌言於景祐元年三月終於家，寶元二年某月日葬。

又《陳公（貫）墓誌銘》，蓋作於是年末。按《墓誌銘》（本集卷一四）謂陳貫「寶元二年十一月二日終於家」，後又稱「其年二月二十二日，嗣子奉公之喪，葬於河陽太平鄉北閣里，永安君祔焉。」據文意，「其年二月」當誤，疑爲「其年十二月」之脫。

康定元年庚辰，四十歲。

正月，西夏軍陷金明寨，圍延州，宋兵大敗，劉平、石元孫二將被俘。

三月，范仲淹復天章閣待制，知永興軍。知滁州葛懷敏除涇原路副都總管、知涇州，辟尹洙爲權簽書涇原、秦鳳路經略安撫司判官事。

《長編》卷一二六：康定元年三月癸酉，「太子中允、知長水縣尹洙權簽書涇原、秦鳳經略安撫司判官事，從葛懷敏之辟也。」

五月，上《乞便殿延對兩府大臣議邊事劄子》。

《劄子》（本集卷一九）末署「康定元年五月日，朝奉郎、守太子中允、新差權簽書涇原、秦鳳兩路經略安撫判官公事、騎都尉臣尹洙劄子」。

六月，鄭戩等議尹洙所上論兵事諸疏。

《長編》卷一二七：康定元年六月甲申，「太子中允、權簽書涇原、秦鳳經略安撫判官尹洙數上疏論兵事，請便殿召二府大臣議邊事（今按：此劄子五月上，見上），及《講求開寶以前用兵故實》（按：見本集卷一九），《特出睿斷以重邊計》（同上）。又請減併柵壘（按即《乞減省寨柵》，見同上），召募土兵（即《乞募土兵》，同上），省騎士、增步卒（按即《乞省柵寨騎兵》，同上），幷請鬻爵爲士兵葺營房，及所給物費，……（按即《乞鬻民爵以給募兵之用》，見同上。以上諸文，當皆作于是年六月之前）。下三司使鄭戩與翰林學士丁度、知制誥葉清臣參議以聞。戩等奏曰：『……洙之計策，未見所長。』其議遂寢。」

十一月丁卯，所薦狄青授涇州都監。

《長編》卷一二九：康定元年十一月丁卯，「鄜延路部署司指揮：右班殿直狄青爲右侍禁、閤門祗候、涇州都監。……尹洙爲經略判官，青以指使見，洙與談兵，善之，薦於副使韓琦、范仲淹，曰：『此良將材也。』二人一見奇之，待遇甚厚。」

十二月，與韓琦馳驛至京決攻、守二策。己亥，入對崇政殿。

韓琦《墓表》：「乃畫攻守二策，余與公詣闕奏之，唯上所擇。詔取攻策。」又《長編》卷一二九：「初，晁宗慤等至永興議邊事，夏竦等合奏今兵與將尙未習練，但當持重自保，俟其侵軼，則乘便掩殺，大軍蓋未可輕舉。及劉承忠敗，上復以手詔問師期，竦等乃畫攻守二策，遣副使韓琦、判官尹洙馳驛至京師求決於上。己亥，入對崇政殿。先有詔琦遷禮部郎中，洙加集賢校理，琦言臣以大計不俟召赴闕，若僥倖進秩，將不容於清議，辭不拜。」

赴邊，梅堯臣作詩歌頌其文韜武略。

梅堯臣《聞尹師魯赴涇州幕》略曰：「胡騎犯邊來，漢兵皆死戰。昨聞衛將軍，賢俊多所薦。知君慮不淺，求對未央殿。天子喜有言，軺車因召見。籌畫當冕旒，袍魚賜銀茜。曰臣豈身謀，而邀陛下睠。青衫出二崤，白馬如飛電。關山冒風露，兒女泣霜霰。軍客壯士多，劍藝匹夫衒。賈誼非俗儒，慎無輕寡變。」據詩意，當在此次入對赴邊之後。

康定二年辛巳，四十一歲。

正月丙子至延州，與范仲淹謀出兵，留兩旬。朝廷許范仲淹之請，鄜延路暫不出兵。

《長編》卷一三一：慶曆元年二月辛巳，夏竦言：「昨韓琦、尹洙赴闕與兩府大臣議用攻策，繇涇原、鄜延兩路進討，……而（范）仲淹所議未同。臣尋令尹洙往延州與仲淹再議，而固執前奏，未肯出師。」尹洙《奏爲乞令環慶路與涇原路相應廣發兵馬牽制賊勢事》（本集卷二）：「臣近準都部署司牒，令臣赴延州與范仲淹同共計置行軍次第，尋於正月六日到延州。」又《奏爲近差赴鄜延路行營其兵馬移撥往環慶路事》（同上）：「臣尋於正月二十六日到延州，見范某計議軍需。……至二十九日夜，保安軍狀報，前塞門寨主高延德自西賊處來，乞通和，尋已具事狀申奏。」則上文「正月六日到延州」，疑爲「正月二十六日」之誤。

二月，韓琦派大將任福、桑懌大舉攻西夏，兵敗好水川（今寧夏隆德西），任福等戰死。

尹洙《憫忠》（本集卷三）原注述兵敗經

過道：「經略副使韓公（琦）行邊，二月己丑至高平，邏報賊逼懷遠城。公盡發鎮戎軍先募勇士總萬一千人，俾行營部署任福盡統諸將，合力以制之。于是都監桑懌爲先鋒，鈐轄朱觀繼之，武英又次之，任福居後。其夕宿三川，賊已退懷遠東南去。翌日，諸將由懷遠躡其後，兩路巡檢常鼎、劉肅與賊戰於張家堡南，斬首數百。……其夕，任福、桑懌爲一軍屯好水川，與賊接壘；朱觀、武英爲一軍，屯籠落山，隔山相去五里，猶遣信相通，期以明日會兵川上，不使賊得逸去。是時昊賊自將兵十餘萬衆，營於川口。」「癸巳，任福、桑懌逐賊，循好水川西去，未至羊牧隆城五里，與賊大軍遇。（桑）懌馳犯其鋒，賊益兵，自辰至午，軍潰，懌與劉肅俱戰沒。任福一子在陣，亦死。福中數箭，小校劉進勸福自免，福曰：『吾爲大將，軍敗何以苟生？一死足以報國。』遂死之。」按任福敗績事，可詳參《長編》卷一三一。其後西夏軍陷豐州（今陝西府谷以北），掠麟、府（治今陝西府谷），張亢、狄青等力戰挫之。

二十一日（或次日），到慶州計置。得知任福敗績，赴永興見夏竦陳述經過。

《奏爲已發赴環慶路計置行軍次第乞朝廷特降指揮》（本集卷二〇）曰：「臣已於二月十五日起離延州，赴環慶路計置次第。」又同卷《奏爲到慶州聞賊馬寇涇原路牒劉政同起發赴鎮戎軍策應事》：「今月二十二日到慶州，據經略使韓某差來指使李貴稱，今月十九日，賊馬再來侵擾劉磻寨。」又《奏爲金湯一帶族帳可取狀》：「臣昨在延州，……尋于二十一日到慶州，得知山外敗衄，……臣遂徑來鎮戎軍。今來鎮戎軍事宜稍息，見發赴永興軍，候見夏某，子細陳述上件事機。」

夏竦尋劾奏尹洙擅發兵，降通判濠州。

《長編》卷一三一：「始，朝廷既從陝西都部署司所上攻策，經略安撫判官尹洙以正月丙子至延州，與范仲淹謀出兵。越三日，仲淹徐言已得旨，聽兵勿出。洙留延州幾兩旬，仲淹堅持不可。辛丑，洙還至慶州，乃知任福敗績，賊侵劉磻堡未退。……夏竦尋劾奏洙擅發兵，降通判濠州。」

作《憫忠》、《辨誣》二文。

《長編》卷一三一：「或言（任）福之敗由（耿）傅督戰太急，福等既違節度，雖死不足與。而福隨軍孔目吏彭忠得傅戒福書，共白（韓）琦，琦即奏之，尹洙爲作《憫忠》、《辨誣》二篇。」又蔡襄《寄尹師魯書》：「近聞師魯著《辨誣》、《憫忠》二文，其《辨誣》一篇，爲（耿）傅發也。雖未得其書以觀，而推迹其名之所謂，從可知已。或曰：『師魯於耿傅，同事西鄙，相得甚厚，不應作文以辨，蓋類夫私與者。』襄對曰：『誠而無私，君子之志也；以嫌爲避，硜硜者之爲也。誠而無私也者，不以親疏置於其間，惟其公而已矣。以其相得之厚，嫌而避之，反乃私也。且疏者不知，而知者不言，則死者之志於何而明哉！』或者遂解。師魯居憂河南時，襄爲留守從事，始識耿君，其爲人材智勇敢，固已推重；若夫道義，則交漸劘之。今者惟義之恤，而死焉不避，襄以是自疚於知耿君之爲未至也。嗟乎，體節殊處，適以招毀。甚哉，世人莫肯樹夫善也！……頃見師魯爲耿君作其先君墓銘，其祖蓋亦死國者。」《宋史》卷二九五《尹洙傳》述事之始末頗詳，曰：「時詔問攻守之計，（夏）竦具二策，令（韓）琦與洙詣闕奏之。帝取攻策，以洙爲集賢校理。洙遂趨延州謀出兵，而仲淹持不可。還至慶州，會任福敗于好水川，因發慶州部將劉政鋭卒數千，趨鎮戎軍赴救。未至，賊引去。夏竦奏洙擅發兵，降通判濠州。當時言者謂福之敗，由參軍耿傅督戰太急。後得傅書，乃戒福使持重，毋輕進。洙以傅文吏，無軍責而死于行陣，又爲時所誣，遂作《憫忠》、《辨誣》二篇。」

四月，上書呂夷簡，分析任福兵敗事及備邊之策。

按《上呂相公第二書》（本集卷六）首稱「四月日，朝奉郎、太子中允、充集賢校理、新差通判濠州軍州事、賜緋魚袋尹某」，又稱「今以佐幕無狀，被命南去」云云，知作於是年四月。

八月，作《左君墓誌銘》。

按《墓誌銘》（本集卷一五）謂左某康定二年八月日葬。

又作《衛君（景山）墓表》。

《墓表》（本集卷一三）稱衛景山康定二年六月三日以疾卒，卒後五十七日葬。葬後，「洛中士人告於予曰：『衛先生葬，宜有文以誌其墓。』」則約作於是年八月或稍後。

十一月，作《王君（汲）墓碣銘》。

《墓碣銘》（同上）稱王汲康定元年三月卒於官，二年十一月葬。王汲之女爲洙長子尹朴婦。

十二月，作《李公（渭）墓誌銘》。

《墓誌銘》（同上卷一五）謂李渭康定二年四月一日終于官，即以其年十二月十八日葬。

慶曆二年壬午，四十二歲。

是年葛懷敏于定川塞（今寧夏固原西北）戰歿。

以韓琦奏，改知秦州。

歐陽修《墓誌銘》：「（通判濠州）久之，韓公奏，得通判秦州。」

四月，作《何君墓誌銘》。

按《墓誌銘》（本集卷一五）稱何某以康定二年六月六日終于家，明年四月某日葬。

又作《論命令恩寵賜與三事疏》。

按本集卷一八載此疏，題下原注：「慶曆二年至隴州上。」首云：「四月日，朝奉郎、守太子中允、集賢校理、新差通判秦州軍州事、上騎都尉、賜緋魚袋臣尹洙，昧死再拜上疏皇帝陛下。」以下論命令、恩寵、賜與三事。

八月，作《秦州新築東西城記》。

《秦州新築東西城記》（本集卷四）末曰：「城之四月，某得以州事佐公（韓琦），故詳其實而書之。……慶曆二年八月十五日記。」

閏九月壬午，以四月所上疏授直集賢院。

《長編》卷一三七：（閏九月）壬午，「太子中允、集賢校理、通判秦州尹洙直集賢院。洙上奏曰（按即《論命令恩寵賜與三事疏》，略）。」

慶曆三年癸未，四十三歲。

西夏以久戰疲困，與宋議和。呂夷簡罷相，次年死。韓琦、范仲淹召入爲樞密副使，杜衍爲樞密使。范尋參知政事，歐陽修等爲諫官，大力革除時弊，史稱「慶曆新政」。

正月，爲太常丞、知涇州。

《長編》卷一三九：慶曆三年正月戊寅，「太子中允、直集賢院、通判秦州尹洙爲太常丞、知涇州。」

七月甲戌，移知渭州，八月到任。

《長編》卷一四二：慶曆三年七月甲戌，「以太常丞、直集賢院、知涇州尹洙爲右司諫、知渭州，兼管勾涇原路安撫都部署司事。」又《分析公使錢狀》（本集卷二五）：「洙于慶曆三年八月到（渭州）任。九月後，便値西界事宜緊切，洙與主兵官員逐日隄備，略無暫暇。」

十月，上書雪狄青之誣。

《長編》卷一四四：慶曆三年十月，知渭州尹洙言：「臣竊見自來武臣將所賜公使錢諸雜使用，便同己物。其狄青於公用錢物，即無毫分私用。……」（按：即本集卷二一《論雪部署狄青回易公使錢狀》）

又作《上陝西都轉運孫待制（沔）書》。

《書》（本集卷八）首稱「十月二十七日，朝奉郎、行右司諫、直集賢院、知渭州兼管勾涇原路經略安撫部署司公事」云云。按洙明年五月移知慶州，則當作於今年十月。

作《論城水洛利害表》。

本集卷一八《論城水洛利害表》，題下原注：「知渭州時。」按《長編》卷一四五載韓琦是年十二月八日奏疏，論修水洛城「頗爲未便」，且云「如朝廷未以爲然，乞選差親信中使至涇原秦鳳路，詢問文彦博、尹洙、狄青等，即知修水洛城於今便也未便」。則尹洙表當作於是年冬或次年初。

慶曆四年甲申，四十四歲。

三月，范仲淹上言乞召尹洙遷職。

《長編》卷一四七：慶曆四年三月，「范仲淹言：『臣竊見尹洙才業操行，搢紳所推。由臺閣進用，便可直入兩制；若邊城驟遷，則有未便。……乞召尹洙赴闕，令條奏邊事，觀其陳述可采，即與改職，卻令馳往邊上，亦未爲晚。……』洙竟不召，亦不遷。」

春，子朴、侄植以疫卒于渭州。

張景憲《尹景仁墓誌銘》（光緒《宜陽縣志》卷一六）：「尹君名植，字景仁，河南人。曾祖文化，尚書都官郎中；祖仲宣，尚書虞部員外郎；父源，太常博士。……未冠，同從弟朴遊西學，與諸生月校藝業，兄弟更居第一，由是聲名藉甚。當是時，景仁之父博士及其季父洙，皆以文章有盛名，景仁兄弟又秀出流輩，見者皆曰尹氏世有人，莫不愛慕之。慶曆三年，隨其父官慶州；次年春之渭州省其季父，遇疫與弟朴同病，又同日以卒，年二十五。遠近聞者，無不悲惜焉。娶陳氏，生一子，後二年亦亡，遂無嗣。」

以子姪喪作書答歐陽修、韓琦。

按《答諫官歐陽舍人論城水洛書》（本集卷九），稱中男喪于襄城道中，幼子三歲，三月喪于渭，長子又逝云云。又

《答樞密韓諫議書》（同上卷一〇），亦謂韓存慰子侄喪。兩書當皆作於是年春、夏間。

三月，派狄青赴水洛城逮捕劉滬、董士廉，鄭戩于是上言朝廷。從此陷入水洛城是非紛爭之中，并貽後來貶死之禍。

《長編》卷一四七：慶曆四年三月甲戌，因韓琦等以修水洛城不便，而鄭戩又固請終役；戩知永興軍，又極言城水洛之便，且命劉滬、董士廉督役如故。知渭州尹洙等相繼論列城水洛有害無益，議者紛紛不決，朝廷遂命鹽鐵副使、戶部員外郎魚周詢等前往行視。魚周詢等未至，尹洙召劉、董罷役，不從；怒，命狄青領兵巡邊，欲以違節制斬之，狄青械二人送德順軍獄（水洛城事，詳參《長編》卷一四五至一五〇各卷）。

五月己巳，徙知慶州。

《長編》卷一四九：慶曆四年五月己巳，「徙知慶州孫沔知渭州，尹洙知慶州，用歐陽修之議也。」按歐陽修議見《歐陽文忠公文集》卷一〇五《再論水洛城事乞保全劉滬劄子》，略曰：「朝廷必知水洛爲利而不欲廢之，非滬守之不可。然滬與狄青、尹洙已立同異，難使共了此事。臣謂必不得已，寧移尹洙，不可移滬。」

六月，夏竦誣富弼等謀廢立，諸人懼，范仲淹出爲陝西、河東路宣撫使，富弼爲河北宣撫使，歐陽修爲河北都轉運使。夏竦徙亳州。

癸卯，尹洙以爭城水洛事移知晉州。

歐陽修《墓誌銘》：「坐城水洛與邊臣異議，徙知晉州。」又《長編》卷一五〇：慶曆四年六月癸卯，「改新知渭州孫沔復知慶州，新知慶州尹洙知晉州。」

知晉州尚須待闕，因作《乞與鄭戩下御史臺照對水洛城事狀》。

按《狀》（本集卷二一）略曰：「臣切見自來諫官、御史應授差遣，少有于諸路待闕者。臣到慶州未十日，因孫沔陳乞疾患，不赴涇原路，卻還舊任，就移臣知晉州；其潘師且在晉州已一年餘九個月，卻令臣待闕，事體之間，深有可疑。」以下申辨鄭戩所奏水洛城事不實，「欲乞令臣暫乘遞馬赴闕面奏事狀，及乞將鄭戩等所奏臣事降下，許臣分析。」末署「慶曆四年六月日，朝奉郎、行右司諫、直集賢院、新差知晉州軍州事、上騎都尉、賜緋魚袋、借紫臣尹洙伏奏」。

八月，知晉州尹洙爲起居舍人、直龍圖閣、知潞州。

《長編》卷一五一：慶曆四年八月癸卯，「右正言、直集賢院、知晉州尹洙爲起居舍人、直龍圖閣、知潞州。舊制：諫官、御史補外無待闕者。洙自慶移晉，會前守未滿歲，有旨令洙待闕，洙心疑鄭戩譖己，因奏乞與戩俱下御史獄辨水洛城事，且言戩交結走馬承受麥知微，於是遷秩改命，而所乞竟不從。」

十一月，在潞州上《論朋黨疏》。

按《疏》（本集卷一八）曰：「去年朝廷擢歐陽修、余靖、蔡襄、孫甫相次爲諫官，臣知數子之賢且久，一旦樂見其用，又慶陛下得賢而用之，所慮者用之而不能終爾。……屬聞歐陽修領使河北，臣以邊任之重，故不復以內外爲疑。今又聞蔡襄出知福州，未審襄以親自請，爲以過斥？……則襄之不當出明矣。……

如其恩遇已移，則臣負朋黨之責矣。」趙汝愚編《國朝諸臣奏議》卷七六收此文，注曰：「慶曆四年十一月上，時知潞州。初，呂夷簡罷相，夏竦受樞密使，復奪之，代以杜衍，同時進用富弼、韓琦、范仲淹在二府，歐陽修等爲諫官，石介作《慶曆聖德詩》，言進賢退姦之不易，姦蓋斥夏竦也。竦銜之，而仲淹等皆修素所厚善，修言事略不以形迹顧避，竦因與其黨造黨論，目衍、仲淹及修爲黨人，修乃作《朋黨論》上之。」事詳《長編》卷一五三。

爲營救蘇舜欽等，上《論朝政宜務大體》。

按本集卷一八載此文，原注：「爲進奏院飲會事。」略曰：「十一月日，朝奉郎、起居舍人、直龍圖閣、知潞州軍州事、輕車都尉、賜緋魚袋、借紫臣尹洙昧死再拜，上疏皇帝陛下：……臣聞詔獄所治，類多善士，因醉飽之失，發曖昧之罪，臣竊以爲過矣。」按蘇舜欽監進奏院，是年秋援例賣舊紙賽神，被誣自盜。十一月獄具，減死一等科斷，除名爲民。

十二月，作《張公弁墓誌銘》。

按《墓誌銘》（本集卷一六）稱慶曆四年十二月葬。

《進貞觀十二事表》作於知潞州時。

《表》（本集卷一八）略曰：「朝奉郎、起居舍人、直龍圖閣、知潞州軍州事、輕車都尉、賜緋魚袋、借紫臣尹洙，……賤臣區區，獨以爲政教威賞，未臻乎貞觀之治，輒取唐史官吳兢所錄貞觀時事切于今者，得十二事以獻。」此事不詳年月，姑附於此。

慶曆五年乙酉，四十五歲。

正月，范仲淹以「朋黨」罷參政，出知邠州。富弼、杜衍、韓琦、歐陽修亦罷，分別出知鄆、兗、揚、滁，「慶曆新政」失敗。

尹洙知潞州。二月，作《韓公（國華）墓誌銘》。

按：國華乃韓琦之父。《墓誌銘》（本集卷一六）稱國華大中祥符四年三月卒，慶曆五年二月日，韓琦葬其父母。

又作《韓公（琚）墓誌銘》。琚乃韓琦之三兄，康定元年夏卒。慶曆五年二月二十二日，韓琦將其喪與父母喪同時葬。

三月，兄尹源卒。

歐陽修《太常博士尹君（源）墓誌銘》：「知懷州，以慶曆五年三月十四日卒於官，……享年五十。」源與洙以文章齊名，時稱「二尹」。著有《尹子漸集》六卷、《幕中集》十六卷，皆久佚。

因范仲淹、韓琦等去朝，董士廉復訟水洛城事。盛夏，洙以公使錢事入獄。

韓琦《墓表》：「當范公之在二府也，余安道（靖）、歐陽永叔輩并爲諫官，天下屬望，諸公日竭忠獻納，不避權貴。……暨諸公相繼罷去，向天下目之爲賢者，執政指之爲黨，皆欲因事斥逐之。士廉者即詣闕上書，以水洛事訟公，且誣公在渭有盜贓。」又尹洙《答福州蔡正言書》（本集卷一〇）曰：「家兄沒兩月，某卒得罪。使其尚存，聞某就獄，其亦憂而成疾矣。」又《答環慶路施待制書》（同上卷一一）：「及某盛夏就獄，閣下相視有不忍之色。」又見《答江休復學士書》（同上）等。以假公使錢爲部將償債事貶崇信軍節度副使。

韓琦《墓表》：「（董士廉訟公），制使承風指，按驗百端，不能得一毫以汙公。有部將孫用者，出於軍校，嘗自京取民息錢，至官貧不能償，公與狄公惜其材，乃分假公使錢俾償其民，而月取其俸償於官。逮按問，而錢先已輸官矣。坐此貶公崇信軍節度副使。」尹洙《答江休復學士書》：「盛夏就獄，窮治百端，卒無毫髮自潤之污，遂得在外聽旨。只用不合貸與部將錢，以赦不改正催收，徒流三千里，私罪當追二官，遂有漢東之命。」又《長編》卷一五六：「洙前在渭州，有部將孫用者由軍校補邊，自京師貸息錢，到官亡以償。洙惜其才可用，恐以犯法罷去，嘗假公使錢爲償之，又以公使錢不足，假軍資錢回易充用。及董士廉詣闕訟洙欺隱官錢，詔洙分析，而監察御史李京又言韓琦因處置邊機不當，罷樞密副使，琦過實自洙始，請并責洙。洙復奏章與京辨，執政不悅，遣殿中侍御史劉湜往渭州鞫之，洙竟坐貸公使錢與孫用及私貸，該甲申德音，當追兩官勒停，特有是命。湜頗傅致重法，蓋希執政意也。」則尹洙之貶，實有當時激烈的政治鬬爭背景，與蘇舜欽事後先略同。按《元豐九域志》卷一：隨州，漢東郡，崇信軍節度，治隨縣（今屬湖北）。

七月，作《王公（世隆）墓誌銘》。

《墓誌銘》（本集卷一六）謂王世隆于慶曆二年二月卒，慶曆五年七月二十五日葬。

作書與孫甫。

按《與孫之翰司諫書》（本集卷一〇）稱「到隨當別作書」，則在抵隨之前。

過汝陰作《退說》。到隨作《上鄧州范資政（仲淹）啓》、《送浮圖迴光序》等。

《退說》（本集卷三）稱「今年貶官漢東，道汝復館焉」。又《上鄧州范資政啓》（同上卷一〇）謂「今明公鎮鄧，鄧距隨不遠」云云。又《送浮圖迴光序》（同上卷五）曰：「予謫隨之一月，光師來相過。」

梅堯臣寄以詩。

梅堯臣《使者自隨州來知尹師魯寓止僧舍語其處物景甚詳因作詩以寄焉》曰：「驛使話漢東，故人遷謫處。所居雖非居，有樹即嘉樹。……夜堂蛇結蟠，晝戶鵲噪聚。著書今未成，愛靜已得趣。予欲訪其人，炎蒸未能去。」

十月，作《盧公（察）墓誌銘》。

《墓誌銘》（本集卷一六）稱盧察寶元二年八月卒于官，慶曆五年十月辛酉葬。

又作《王先生（沿）述》。

按《述》（本集卷一三）稱王沿「慶曆四年十一月某日終於蒲，葬用明年十月某日云」，而其首曰「先生葬有日，次子豫狀先生行事來告曰」云云，則當作於是年十月之前不久，姑附于此。

十二月，作《李公（垂）墓誌銘》。

《墓誌銘》（本集卷一七）謂李垂慶曆五年八月二十三日終于寧州官舍，以其年十二月庚申葬。

慶曆六年丙戌，四十六歲。

在隨州貶所。八月，作《岳州學記》

按《岳州學記》（本集卷四），爲滕宗諒作，末署「慶曆六年八月日記」。宗諒嘗領邠寧、環慶之兵，以在涇州「枉費公用錢」事被劾，貶知虢州，徙岳州。

十二月，徙監均州酒稅。

范仲淹《與韓魏公書》謂尹洙至均州「僅百餘日」，遂「舁疾來鄧」治病，至五日而沒，實慶曆七年四月十日（詳下引）。以此推之，則其徙均州當在是年底。按《元豐九域志》卷一：均州，武當郡，治武當縣（今湖北均縣北）。

慶曆七年丁亥，四十七歲。

在均州貶所。作《送供奉曹測一首》。

按文（本集卷五）曰：「予遷武當之一月，曹君護淮陽戍兵來抵郡下，一日見過，盡出淮陽送行詩示予，且以詩爲請」，云云。蓋作于是年初。

二月，作《張公（宗誨）墓誌銘》。

《墓誌銘》（本集卷一七）謂張宗誨慶曆五年閏五月一日卒，慶曆七年二月某日葬。

又作《張公（子皋）墓誌銘》。

《墓誌銘》（見同上）謂張子皋康定元年七月二日卒，將以七年二月某日葬。

徙均州時已得疾，至四月六日病重，舁至南陽求醫，十日卒。

歐陽修《墓誌銘》：「徙監均州酒稅。得疾，無醫藥，舁至南陽求醫。疾革，隱几而坐，顧稚子在前，無甚憐之色，與賓客言，終不及其私。享年四十有六以卒。」韓琦《墓表》略同，謂「怡然隱几而卒，時年四十七，慶曆七年四月十日也」。享年四十六、七之異，乃計法不同。以古人通行算法，當爲四十七歲。

又范仲淹《與韓魏公書》，詳記其由病至卒之經過：「師魯去赴均州時，已覺疾作。至均，寢食或進或退，僅百餘日。得提刑司文字，舁疾來鄧，以存沒見託，至五日而啓手足。苦痛，苦痛！至終不亂，初相見時，卻且着灸，不談後事。疾勢漸危，遂中夜詣驛看他，告伊云：『足下平生節行用心，待與韓公、歐陽公各做文字，垂于不朽。』他舉手叩頭。又告伊云：『待與諸公分俸贍家，不令失所。』他又舉手云：『渭州有二兒子。』即就枕，更不他語。來日與趙學士看他，云：『夜來示諭，并記得，已相別矣。』顧家人則云：『我自了當，不復管汝。』略無憂戚。又兩日，猶能扶行，忽索灌漱訖，憑案而化。衆人無不悲泣，無不欽服其明也。……初九日夜四更有事，十日晚殯于西禪，送終之禮甚備，官員舉人無不至者。家且寄此，候秋涼歸洛。已去安州之翰（按：孫甫字）處作行狀，待送永叔作墓誌（某不敢作，恐知他當年事不備故也。卻待作文集序，此中士人多收得他文字）。明公可與他作墓表也。看他永訣時，實無不足意。今錄衆人祭文挽詩上呈。草草。」他如《涑水紀聞》卷一〇、《夢溪筆談》卷二〇等均有類似記載。《筆談》云：「知道者苟未至脫然，隨其所得淺深，皆有效驗。尹師魯自直龍圖閣謫官，過梁下，與一佛者談，師魯自言以靜退爲樂。其人曰：『此猶有所繫，不若進退兩忘。』師魯頓若有所得，自爲文以記其說。後移鄧州，是時范文正公守南陽。少日，師魯忽手書與文正別，仍囑以後事。文正極訝之，時方饌客，掌書記朱炎在坐，炎老人好佛學，文正以師魯書示炎曰：『師魯遷謫失意，遂至乖理，殊可怪也。宜往見之，爲致意開譬之，無使成疾。』炎即詣尹，而師魯已沐浴衣冠而坐，見炎來道文正意，乃笑曰：『何希文猶以生人見待？洙死矣。』與炎談論頃時，遂隱几而卒。炎急使人馳報文正，文正至，哭之甚哀。師魯忽舉頭曰：『早已與公別，安用復來？』文正驚問所以，師魯笑曰：『死生常理也，希文豈不達此。』又問其後事。尹曰：『此在公耳。』乃揖希文，復逝。俄頃，又舉頭顧希文曰：『亦無鬼神，亦無恐怖。』言訖，遂長往。師魯所養至此，可謂有力矣，尚未能脱有無之見，何也？得非進退兩忘猶存於胸中歟。」

妻張氏。子、女凡九人，存一男四女。韓琦《墓表》：「娶張氏，鹿邑縣君。……子男四人：長曰朴，……其二未名，俱早世；其幼曰構，今方十歲。女五人：長適虞部員外郎張景憲，次繼適張氏，次適太常寺太祝謝景平，次二人未嫁。」

卒後，生前友好紛紛作祭文、哀詩，對其保邊之功、尤其是古文成就評價甚高。范仲淹《祭尹師魯舍人文》曰：「維慶曆七年四月十一日，具位某謹致祭于故龍圖舍人師魯之靈。嗚呼！天生師魯，有益當世。爲學之初，時文方麗。子師何人，獨有古意。韓柳宗經，班馬序事。衆莫子知，子特弗移。是非乃定，英俊乃隨。聖朝之文，與唐等夷。繄子之功，多士所推。……」

又韓琦《祭龍圖尹公師魯文》：「首倡古文，三代是追。學者翕從，聖道乃夷。名重天下，無人不知。」

又歐陽修《祭尹師魯文》：「惟聖與賢，雖埋不沒。尤於文章，焯若星日。子之所爲，後世師法。雖嗣子尚幼，未足以付予；而世人藏之，庶可無於墜失。」

富弼作《哭尹舍人詞并序》：「始君作文，世重淫麗。諸家舛殊，大道破碎。漫漶費詞，不立根柢。……君於厥時，了不爲意。獨倡古道，以救其敝。時俊化之，識文之詣。今則亡矣，使斯文不能救其源而極其致，吾是以哭之。始君爲學，遭世乖離。掠取章句，屬爲文詞。經有仁義，曾非所治。史有褒貶，亦弗以思。君顧而歎，嫉時之爲。鈎抉六籍，潛心以稽。上下百世，指掌而窺。功不苟進，習無匪彝。今則亡矣，使所學不能信於人而用於時，吾是以哭之。」

梅堯臣作《哭尹師魯》詩曰：「謫死古來有，無如君甚冤。文章不世用，器業欲誰論。」

蘇舜欽亦作有《哭師魯》詩。

平生雖文章爲時輩推許，然不作詩，有詞。

《邵氏聞見後錄》卷一九：「尹師魯、歐陽永叔、梅聖俞善，師魯於文，永叔所敬也；永叔與聖俞唱酬傾一時，師魯獨無詩，永叔不議也。……師魯之於詩，以爲不足作邪，抑不能邪？」又《東原錄》曰：「劉仲芳上曹瑋《水調歌頭》第三句云：『六郡酒泉。』蘇子美亦有此曲，則云：『魚龍隱處。』尹師魯和之，亦云：『吳王去後。』其平仄與蘇同而音與劉異。」按歐陽修《近體樂府》卷三錄

《蘭畹集》之《水調歌頭》，第三句爲「吳王去後」，《全宋詞》以爲誤收而改屬尹洙。

家貧，以故人賻得歸喪洛陽。

歐陽修《墓誌銘》：「家無餘資，客其喪於南陽不能歸。平生故人無遠邇皆往賻之，然後妻子得以其柩歸洛陽，以某年某月某日葬於先塋之次。」按《邵氏聞見錄》卷一六曰：「皇祐初，洛陽南資福院有僧錄義琛者，素出入尹師魯門下。師魯自平涼帥謫崇信軍節度副使、均州監酒，過洛，義琛見之曰：『欲邀龍圖略至院中，可乎？』師魯從之。義琛曰：『鄉里門徒數人欲一望見龍圖。』有頃，諸人出，一喏而去，皆洛中大豪。義琛已密約，貸錢爲師魯買洛城南宮南村負郭美田三十頃。師魯初不知，後義琛復以歲所得地利償諸人。至師魯卒，喪歸洛，義琛哭於柩前，納其券於師魯家。師魯素貧，子孫賴此以生。」稱「皇祐初」云云，時尹洙已卒，何有院中「一喏而去」之事哉！邵氏所記蓋傳聞之詞，不足信。

孫甫爲作行狀，歐陽修作墓誌銘。

范仲淹《與韓魏公書》：「某再拜。伏蒙特賜手教，以之翰所撰師魯行狀未精，更須修改，然後送永叔作誌。……然始以之翰知師魯最深，又少與之遊，盡見其行事，故衆謂之翰宜書其善狀。及觀尹材所辨，亦不可忽，故錄之於後，庶幾明公與永叔詳之，自可增損。今明公欲之翰修定而後作誌，已致書之翰，必更盡心。衆謂之翰醇儒，本無他腸，但思之未精，筆力未至爾。明公以爲如何?幸恕而寬之。」歐陽修作墓誌銘後，蓋姪尹材等又有異議，歐陽修爲作《論尹師魯墓誌》駁辨之，末曰：「師魯之《誌》，用意特深而語簡，蓋爲師魯文簡而意深。……因謂死者有知，必受此文，所以慰吾亡友爾，豈恤小子輩哉！」

范仲淹輯其文爲《河南先生集》二十七卷，并作序。

范仲淹《河南集序》：「所爲文章，亦未嘗編次，有先傳於人者，索而類之，成二十七卷，亦足以見其志矣，故序之。」按二十七卷本今存。宋代所傳另一本，亦二十七卷，其中有判詞二卷，另有單行《書判》一卷（俱見《直齋書録解題》卷一七），皆久佚。

皇祐五年癸巳

夫人張氏卒。

韓琦《墓表》：「娶張氏，……後公七年而亡。」

至和元年甲午

十二月，與夫人之喪俱葬於緱氏縣某地，韓琦爲作《墓表》。

韓琦《墓表》：「至和元年十二月日，（尹洙弟）沂、（姪）材舉公、夫人之喪，葬於緱氏縣某鄉之某原，從吉卜也。」又曰：「范公（仲淹）嘗以書謂余曰：『世之知師魯者莫如公，余以爲其集序矣，墓有表，請公文以信後世。』余應之曰：『余實知師魯者，又得其進斥本末爲最詳，其敢以辭！』」韓琦在《墓表》中再次肯定尹洙對北宋古文運動的傑出貢獻，可謂蓋棺定論：「文章自唐衰，歷五代日淪淺俗，寖以大敝。本朝柳公仲塗始以古道發明之，後卒不能振。天聖初，公獨與穆參軍伯長矯時所尙，力以古文爲主。次得歐陽永叔以雄詞鼓動之，於是後學大悟，文風一變，使我宋之文章，將踰唐、漢而躡三代者，公之功爲最多。」

長子朴之喪亦同時葬。

韓琦《故河南尹君（朴）墓誌銘》（《安陽集》卷四七）：「處厚（朴字）娶王氏，再娶宗氏，一男曰（涣）〔煥〕，一女尙幼。處厚將從師魯之喪葬于緱氏也，其從弟材來告曰……。」

嘉祐元年丙申

十月，追復尹洙官。

《長編》卷一八四：嘉祐元年十月戊辰，「追復尹洙爲起居舍人、直龍圖閣，……樞密使韓琦爲之請也。」

歐陽修、韓琦等爲尹構請官。

歐陽修《乞與尹構一官狀》：「臣等伏見故起居舍人、直龍圖閣尹洙，文學議論，爲當世所稱；忠義剛正，有古人之節。……今洙孤幼幷在西京，家道屢空，衣食不給。洙止一男構，年方十餘歲，惸然無依，實可嗟惻。伏見將來祫享大禮，在近群臣皆得奏蔭子孫。伏望聖慈錄洙遺忠，憫洙不幸，特賜其子一官，庶霑寸祿，以免饑寒。」據范純仁爲尹構所作《墓誌銘》（見下引），特恩補太廟齋郎。

又《邵氏聞見錄》卷九：「尹師魯以貶死，有子朴，方襁褓。既長，韓魏公（琦）請於朝，命官。魏公判北京，薦爲幕屬，教育之如子弟。」

宋神宗熙寧八年乙卯

三月，尹源長子林卒。林次子焞，紹興初爲崇政殿說書兼侍講，著有《和靖集》。

尹材《尹次山墓誌銘》（光緒《宜陽縣志》卷一六）：「君諱林，字次山，予世父源之元子。……年二十九，由仲父洙廕補郊社齋郎。……四遷尚書虞部員外郎。……熙寧八年三月丙午，以疾卒于家，享年五十有九。……生子二人：長煒，今始七歲；次焞（一〇七一—一一四二），五歲。」

六月，尹構卒。

范純仁《尹判官墓誌銘》：「君諱尹氏，諱構（按：「構」原作「高廟諱」），字嗣復，師魯第三子也。……慶曆七年，先君文正公（仲淹）守南陽，時予侍行，師魯自鄖鄉輿疾而來，託先公以後事，予得省疾于卧內。見嬰兒扶床，方二三歲，眉宇秀爽，師魯指謂予曰：『此吾兒也。』……」初以翰林諸公薦名臣之後，特恩補太廟齋郎，韓魏公奏爲相州安陽縣主簿。魏公鎮大名，復辟監倉草場。秩滿，調泗州觀察判官，未行，以熙寧八年六月十四日卒于許昌之長葛縣，享年三十有一。……娶李氏，予舅氏司農少卿諱禹卿之女也，生一子照。」

宛陵先生年譜

（元）張師曾 編

吴洪澤校點

清初鈔本二梅公年譜卷二

梅堯臣（一〇〇二—一〇六〇），字聖俞，宣州宣城（今屬安徽）人。宣城古名宛陵，故又稱宛陵先生。以詩知名，天聖末以叔父梅詢蔭補河南主簿，歷知建德、襄城縣，監湖州鹽稅。慶曆間爲許昌簽書判官，晏殊辟爲鎮安軍節度判官。皇祐三年召試學士院，賜同進士出身，改太常博士。四年監永濟倉。至和三年，以薦補國子監直講，進《唐載》二十六卷，預修《唐書》。終都官員外郎，嘉祐五年卒，年五十九。

堯臣在北宋詩文革新中功不可没，劉克莊稱：「本朝詩惟宛陵爲開山祖師。宛陵出，然后桑濮之淫哇稍息，風雅之氣脉復續，其功不在歐（陽修）、尹（洙）下。」（《後村詩話》前集卷二）其詩歌理論和具體創作，均對後世影響較大。著有《梅氏詩評》、《續金針詩格》等詩論，其詩文曾經謝景初、歐陽修編集，宋明以來屢有刊刻，傳本甚多，近人朱東潤著有《梅堯臣集編年校注》。事蹟見歐陽修《梅聖俞墓誌銘》（《歐陽文忠公集》卷三三）、《宋史》卷四四三本傳。

本譜爲元人張師曾所編，明萬曆年間梅一科取與梅詢年譜合刊爲《二梅公年譜》，收入《四庫存目叢書》，清道光年間又曾附《宛陵先生集》刊行。近人夏敬觀編有《梅宛陵年譜》（《梅堯臣詩選注》附，民國二十九年排印本）、今人劉守宜編有《梅堯臣詩之研究及其年譜》，可參看。

宛陵先生年譜序

宛陵梅先生以道德文學發而爲詩，變晚唐卑陋之習，啓盛宋和平之音，有功於斯文甚大。歐陽文忠公知之最深，既題其詩稿，又序其集，又序其所注《孫子》，又銘其墓而哀之以文。蓋文忠公之知先生，猶子房謂沛公爲殆天授者，是豈容贊一辭哉。然昔之君子以言語文字爲天下後世所貴重者，必其出處語默之際，無或少悖於理，而後能垂世而行遠，此年譜之所爲作也。張君師曾叔輿世爲宛陵人，著《宛陵先生年譜》，余得而讀之，愛其詞約而事備，論覈而理明，其多以歐陽子之書爲據依，已爲得書之體。至於辨魏泰、邵博之厚誣，使先生可作，亦自喜後之人爲能知己者，且尤有補於世教也。抑又考之，宋嘉祐二年詔脩取士法，務求平澹典要之文。文忠公知貢舉，而先生爲試官，於是得人之盛，若眉山蘇氏、南豐曾氏、横渠張氏、河南程氏皆出乎其間，不惟文章復乎古作，而道學之傳，上承孔孟。然則謂爲文忠公與先生之功，非耶？吾鄉周丞相定著《文忠公年譜》，學者賴之。此書當與之並行，宛陵文獻於是足徵矣。叔輿以余誦習歐陽子之書，屬叙而刻之。不獲辭謝，爲識卷末云。至元二年丁丑八月既望，廬陵劉性序。

編宛陵先生年譜引

宋御史虛谷方萬里評宛陵先生詩爲宋室詩人第一，今攷其出處端静，蹈履高淳，及乃父兄師友傳授淵源，又非魏、晋、隋、唐詩人所能並也。設其詩文不工，猶當敬愛信之。况潛珠藴玉，在昔賢實有定論邪。僕生也晚，幸與先生同里，仰瞻切切，恒以不得親炙爲恨。雖然，於文獻足徵，猶得爲聞其風者也。輒敢採摭集傳，訪咨故老，手録其年譜一帙，以遺後之懷賢君子，與厥家之紹業仍孫云。時至元元年三月之吉，里人張師曾書。

宛陵先生年譜家世

郡後學張師曾述

惟梅氏之先，世遠而譜不明。在殷紂時，有封梅伯者，以國爲氏，後遂泯泯。至漢將軍鋗、南昌尉福始克振於時。又久而宋有詢，用大臣顯真宗朝，於先生爲叔父。及慶曆、嘉祐中，天下之言詩者，以先生爲宗，梅氏遂稱著姓矣。今頗次其家世如左：

遠 五代時爲宣城掾，因家焉 —— 超 —— 邈 贈刑部侍郎

- 讓 字克讓，太子中舍致仕于家，贈職方郎中。娶束氏，封仙游縣太君；又娶張氏，封清河縣太君
  - 堯臣 字聖俞，是爲宛陵先生。修《唐書》，官至尚書都官
    - 增 以父修《唐書》恩受閩清縣尉
    - 墀
    - 坰
    - 龜兒 以父夢道士授黃龜而生，故名。後名坦，官秘書少監
  - 正臣 字聖得，嘗爲南陵宰。官至朝議大夫
  - 彥臣 字聖良
  - 禹臣 字聖恭，官至太常寺丞
  - 純臣 詩中作良臣
- 詢 字昌言，陳克家榜進士及第。至右諫議大夫，改翰林侍讀學士、給事中、知審官院
  - 鼎臣 字公度，天聖二年宋郊榜進士，官至殿中丞，遷翰林侍講學士
  - 寶臣 領鄉薦，未仕，卒。即詩中字公異者
  - 得臣 字公夢，官至殿中丞。子宰，嘉祐二年章衡榜進士。孫成和，紹興二年張九成榜進士
  - 輔臣 字公弼，官將作監丞
  - 清臣 字公譽，官至衛尉寺丞。後遷尚書司門郎中

宋真宗咸平五年壬寅

先生以是歲生。居宛陵、雙溪之間，地勢夷衍，即謝宣城所謂「平楚正蒼然」者也。先生有手植鴨腳子樹，參天百尺，蔭地數畝。曩猶及見之，後有伐爲杏梁者，君子惜焉。先生曾寄鴨腳子都下親友詩云：「後園有佳果，遠贈當鯉魚。」正謂此也。劉原父題先生所居云：「浚都足賢臣，梁園多長者。風流先慷慨，慕意先儒雅。子懷無遠近，子語抱瀟灑。何不大其門，稍令容駟馬。」今其地爲郡學，學之南，諸孫猶居焉。

六年癸卯

景德元年甲辰

二年乙巳

三年丙午

四年丁未

祥符元年戊申

二年己酉

三年庚戌

四年辛亥，先生十歲。

《宛陵集序》云：幼習於詩，自爲童子，出語已驚其長老。

劉貢父《詩話》云：梅聖俞幼戲謝師直詩云：「古錦裁詩句，斑衣戲坐隅。木奴今正熟，肯效陸郎無。」師直小字錦衣奴，至十歲，讀之方悟。

五年壬子

六年癸丑

七年甲寅

八年乙卯

九年丙辰，先生十五歲。

慶曆四年，歸自湖州。《登疊嶂樓》詩云：「伊我去閭里，爾來三十秋。」即謂此年也。

蓋先生蚤歲侍從父給事公宦游四方，累舉進士，蔭補齋郎，因而歷仕，故云然。

天禧元年丁巳

二年戊午

三年己未

四年庚申

五年辛酉，先生二十歲。

《序》云：既長，學乎六經仁義之說。其爲文章，簡古純粹，不求苟悦於世，世之人徒知其詩而已。

東坡《與陳傳道書》云：知傳道日課一詩，甚善。此技雖高材非甚習不能工，梅聖俞法也。

苕溪漁隱云：聖俞日課一詩，寒暑未嘗易。聖俞詩名滿世，身試做多之效爾。

仁宗乾興元年壬戌

天聖元年癸亥

二年甲子

三年乙丑

四年丙寅

五年丁卯，先生二十六歲。

娶謝氏夫人，迺太子賓客濤之女，知制誥絳之妹也。年二十，歸于梅氏。《墓誌》云：希深父子爲時聞人，而世顯榮。謝氏生于盛族，然治其家有常法。其飲食器皿雖不及豐侈，而必精以旨；其衣無故新，而澣濯縫紉必潔以完；所至官舍雖庳陋，而庭宇灑掃必肅以嚴；其平居語言容止，必怡以和。用夫恩封南陽縣君。二子，曰增、曰墀。第四子龜兒生，歐陽文忠公作《洗兒歌》賀云：「月暈五色如虹霓，深山猛虎夜生兒。虎兒可愛光陸離，開眼已有百步威。詩翁雖老神骨秀，想見嬌嬰目與眉。木星之精爲紫氣，照山生玉水生犀。兒翁不比他人翁，三十年名天下知。才高位下衆所惜，天與此兒聊慰之。翁家洗兒倍常喜，不惜金錢散閭里。宛陵他日見高門，車馬煌煌梅氏子。」范文正公次韻云：「遙望瑞氣縈彩霓，上天誕降麒麟兒。麟兒瑞物等長離鳳也，不事蒼鷹乳虎威。聖俞次第五兒育，此兒良擬馬白眉。眉宇秀整頭角聳，容光一脈通天犀。今朝抱洗蘭盆中，英物試啼蚤占知。世家學業有源委，聖俞才學家得之。我朝文盛殊堪喜，才學楊梅動帝里。此兒而家千里駒，當復見奇於天子。」富鄭公云：「都人引領望雲霓，誰識慶雲兆此兒。此兒初與母腹離，視有神光動有威。蓋是聖俞家積善，天齎英物令揚眉。不然何以夢羽士，親授黃龜價倍犀。製棚釁彩洗三朝，報我同官諸友知。盤羅玉果列香案，夙供我輩來賀之。雲擁高軒過來喜，笑達宛陵舊闕里。此兒李賀眞後身，但愧我輩非韓子。」公和答云：「夜夢有人衣帔蜺，水邊授我黃龜兒。生男前一夕，夢道士贈龜一枚。仰看星宿正離離，玉魁東指生斗威。明朝我婦忽在蓐，乃生男子實秀眉。自磨丹砂調白蜜，辟惡辟邪無寶犀。我慚暮年又舉息，不可不令朋友知。開封大尹憐最厚，持酒作歌來賀之。晝盆香水洗且喜，老駒未必能千里。盧仝一生常困窮，亦有添丁是其子。」

六年戊辰

七年己巳

八年庚午

先生由齋郎改桐城主簿，至明年官河南，始與歐陽永叔諸名卿定交。《宛陵集》又起于此時，其事頗與歐集互見。故自河南以前，從仕歲月所賦篇詠，不可詳考云。

九年辛未，先生三十歲。

爲河南主簿。

《邵氏聞見録》云：天聖、明道中，錢文僖公自樞密留守西都，謝希深爲通判，歐陽永叔爲推官，尹師魯爲掌書記，梅聖俞爲主簿，皆天下之士。

又歐公在洛時，賦《七交篇》，謂張推官堯夫、尹書記師魯、楊戶曹子聰、梅主簿聖俞、張判官太素、王秀才幾道，與歐公爲七人。其詠先生詩云：「聖俞翹楚才，迺是東南秀。玉山高岑岑，映我覺形陋。《離騷》喻香草，詩人識鳥獸。城中爭擁鼻，欲學不能就。平日禮文賢，寧久滯奔走。」交友之情，于此可見矣。

魏泰《東軒筆録》云：錢文僖公惟演生貴家，而文雅樂善，出于天性。晚年以使相留守西京，官屬皆一時文士，遊宴吟詠，未嘗不同。洛下多水竹奇花，凡園囿之勝，無不到者。後歐公哭先生詩云「昔逢詩老伊水頭」，又云「三十年間如轉轂」，正謂是年也。

有《陪錢相公遊嵩山七章》并《留守相公新創雙桂樓》、《太尉公池亭宴會》、《和謝希深會聖宮》、《遊龍門過寶應精舍》、《午橋石瀨中得雙鱖魚》、《陪希深遊大字院》、《同希深昆仲遊龍門香山》[一]、《趙韓王故宅》、《與諸友普明院納涼》、《同永叔遊近郊》諸詩。

今按：唐之詩由元和、長慶以降，氣格寖衰，流而爲晚唐，變而爲西崑。先生承其靡麗雕刻之餘，遂大振頹風，獨追古作。此王文康二百年之嘆所以興也。嗚呼！詩至于先生，文至于歐陽，一時復古，世稱爲歐、梅，有以哉。

明道元年壬申

二月，陪太尉錢相公遊嵩山，有《緱山子晉祠》、《少林寺》、《少姨廟》、《天封觀》、《會善寺》、《啓母石》、《轘轅道》諸詩。

是秋，調河陽主簿。既之官，以吏事來洛陽，歐公送以序云：至寶潛乎山川之幽，而能先群物以貴于世者，負其有異而已。故珠潛乎泥，玉潛乎璞，不與夫蜃蛤珉石混而棄者，其先膺美澤之氣，輝然特見于外也。士固有潛乎卑位，而與夫庸庸之流俯仰上下，然卒不混者，其文章才美之光氣，亦有輝然而特見者矣。然求珠者必之乎海，求玉者必之乎藍田，求賢士者必之乎通邑大都，據其會，就其名，而釋其精焉爾。洛陽天子之西都，距京師不數驛，搢紳仕宦雜然而處，其亦珠玉之淵海歟。予方據是而擇之，獨得于梅君聖俞，其所謂輝然特見而精者耶。聖俞志高而行潔，氣秀而色和，嶄然獨出于衆人中。初爲河南主簿，以親嫌移佐河陽。常喜與洛之士游，故因吏事而至于此。余嘗與之徜徉于嵩洛之下，每得絕崖倒壑、深林古宇，則必相與吟哦其間，始則懽然以相得，終則暢然覺乎薰蒸浸漬之爲羞也，故久而不厭。既而以吏事訖言歸，余且惜其去，又想夫潛乎下邑，混于庸庸，然所謂能先群物而貴于世者，特其異而已，則光氣之輝然者，豈能掩之哉。

先生自爲《詩序》云：余將北歸河陽，友人歐陽永叔與二三君具觴豆，選勝絕，欲極一時之懽以爲別，於是得普明精廬，釃酒竹林間。是時秋初分，得「高樹早涼歸」爲韻，賦詩五絕。

九月，通判謝希深被詔奉御祝封香遣告嵩嶽，因與歐陽永叔、楊子聰、尹師魯、王幾道遊嵩山，見峭壁有「神清之洞」四字。希深於是貽書先生，述其游覽之勝。先生因取其書意，誦而韻之。希深又以書答之云：「忽得五百言詩，觀遊之美，如指諸掌，則知足下於雅頌爲深，吾徒將不足遊其藩，況敢與奧阼也。」當時先生之詩爲諸公所推如此。

先是，先生夢與永叔遊嵩，避雨于峻極院，賦詩云：「風雨幽林靜，雲烟古寺深。」俄而有自洛來者，言永叔諸公陪希深祠嶽，因足成夢中之詩。蓋其交友契合，故精神感通如此云。

二年癸酉

是秋，先生除德興令，因歸宛陵。歐公貽書云：陳秀才來自河橋，喜聆動靜，甚慰。又知公府已發薦章，聖俞在洛時，常言親老南方，思一歸侍，今應獲素志，亦朋友之共榮也。然作宰江浙，山水秀麗，益爲康樂詩助，誰與敵哉。

又聞先生除德興，戲書云：君家小謝城，爲客洛陽里。綠髮方少年，青衫喜爲吏。重湖亂山綠，歸夢寄千里。洛浦見秋鴻，江南老芳芷。自言北地禽，能感南人耳。京國本繁華，馳逐多英軌。爭歌白雪曲，取酒兩城市。朝逢油壁車，暮陪青驄尾。歲月倏何忘，行樂方未已。忽爾聞簡書，翻然浩歸思。江山故園近，風物饒陽美。楚岫烟中黃，吳蓴波上紫。還鄉問里邑，上堂多慶喜。離別古所難，更畏秋風起。」

先生《歸途初見淮山》詩云：「遊宦久去國，扁舟今始還。朝來汴口望，喜見淮上山。」又《旌義港阻風》云：「侵辰下長淮，忽値秋風惡。」自是至長蘆江入金陵，於采石懷古。至宛陵，有《遊響山》諸詩。

景祐元年甲戌

先生在德興。蓋去冬已之官，故《蕪湖口留别弟信臣》詩云：「少也遠辭親，俱爲異鄉客。昨日偶同歸，今朝復南適。南適畏簡書，叨玆六百石。」觀此，則留宛陵非久也。

永叔答先生書云：「販傘船至，得書甚慰。僕來京師已及歲矣，未與足下别時，每相見惟道無聊，賴憶洛中爲感况爾。南北一異，雖欝欝復誰道耶？足下素善南方，今居之，樂否？比比得書，甚略，不能究所懷。訝久不作詩，亦疑情興頓損也。」今以先生詩集考之，於德興絶不見所作，此歐公所以訝爾。

二年乙亥

是春，先生以德興令知建德縣。先是縣廨護以藩籬，不營版築，吏得戶率爲私。先生始作新牆，有詩。又有《春陰》、《春晴對月》、《五日登北山望競渡》、《姑蘇謝學士寄木蘭堂官醞》、《九月見梅花》、《荅陳五進士遺山水枕屏》諸詩。

三年丙子，先生三十五歲。

是年立春在元日，有詩。

時天章閣待制范仲淹權尹京邑，以直道自進。每因奏事，必陳時政得失，大忤宰相意。五月，斥守饒州。司諫高若訥不敢言，歐陽永叔貽書責之，若訥以其書聞，坐貶峽州夷陵令。余安道、尹師魯繼上書直仲淹，復被逐，當時天下以四賢稱之。先生有《寄饒州范待制》、《聞歐陽永叔謫夷陵》、《聞尹師魯謫富水》及《四禽言》諸詩。

按：《于役志》：歐陽公之謫，以八月癸丑過蕪湖，甲寅乘風晝夜行，丙辰已至江州。先生遂不果見。後歐公移乾德，先生寄詩云：「始謫夷陵日，當居建德年。一書冤逐客，四詠繼稱賢。自謂臨江徼，相逢莫我先。安知貪桂席，不肯暫迴船。」謂此時也。

四年丁丑

范仲淹徙潤州，約先生遊廬山，以事不往，作詩謝之。仲淹過池陽，於其坐中賦河豚，筆力雄贍，遂爲古今絶唱。又有《和綺翁遊齊山寺》諸詩。

寶元元年戊寅

是春，先生解建德宰。徐元輿邀至峰山溪上同遊，以詩留别李君而歸。未幾赴京，與馬秘書約同行，遂離蕪湖，至觀頭橋，有《寄建德徐元輿》云：「才子方爲邑，千峰對縣門。」則知與先生交承者元輿也。

是夏至汴中，廟子灣有白龍憑險爲波潮以驚異上下，作辭以遺之。

九月至都下，有《對雪寄永叔師魯》、《和劉敞秀才》諸詩。

十一月，天子朝饗太廟，先生上《祫禮頌聖德詩》，賜以獎諭：「勅梅堯臣：省所進祫享詩事具悉。爾學優而粹，行懿而淳，以詩自名，爲衆所服。矧乃詠祖宗之功德，述禮樂之聲容。宜被朱絃，以薦淸廟。載披來獻，深用歎嘉。故茲獎諭，想宜知悉。」

二年己卯

歐公與書云：「今春得子聰書，知已在京。尋得所示書，伏承榮改京秩。聖俞久滯州縣，今而泰矣。下交忻慰，何可勝言。不知聖俞美任何處？」又云：「見邸報有襄城之命，當與謝公偕行耳。」

先生自叙云：己卯三月，紫微謝公守南陽，時余得知汝州襄城縣，而未及代期，遂從謝公以行。

五月，永叔自乾德謁告來會，留旬日而還。有《南陽謝公祈雨》、《紫微坐中賦岐笠山》、《送永叔歸乾德》、《寄歐陽永叔四十韻》諸詩。

九月方之官，有《送劉子思宰巫山》、《襄城對雪》、《挽南陽謝紫微》諸詩。

是冬，歐公自南陽至襄城，先生郊迓，訪及謝公，相與流涕焉。後歐公書云：「見與謝家書甚詳，云買洪氏莊與卜葬市屋業，又云減俸爲助，此特聖俞患于力弱，不能厚報知己而然。恐於謝氏無益，而於聖俞有損爾。幸思之也。洪氏莊極佳，不須聖俞竭囊橐。此固親朋好事，然幸其自可以辦爾。望聖俞謁力幹之。祭文、輓詩極佳。

康定元年庚辰

是歲七月，汝水暴至，溢岸。先生親率縣徒以土塞郭門，居者知其勢危，皆結庵于木末。作詩自咎，詔民三丁籍一，立校與長，號弓箭手，用備不虞。上下愁怨，天爾霪霪，作《田家語》。再點弓兵，老幼俱集。大雨甚寒，道死者百餘人，作《汝墳貧女》詩，又有《卧羊山》、《昆陽城》、《老牛陂》、《葉公廟》、《和李君讀余注孫子》諸詩。

歐公書云：「《孫書註說》，日夕渴見，已經奏御，敢借示否？」後歐公作先生注《孫子》序，其略云：「世所傳孫武十三篇，多用曹公、杜牧、陳皞注，號《三家孫子》。吾友聖俞常評武之書曰：『此戰國相傾之說也。三代王者之師，司馬九代之法，武不及也。』然亦愛其文略而意深，其行師用兵，料敵制勝，亦皆有法，而注者汩之，乃自爲注。吾知此書當與三家並傳，而後世取其說者，往往于吾聖俞多焉。」

又呂原明記：胡先生瑗在仁宗朝，嘗上書請興武學，其略曰：「頃歲吳育已建議興武學，但官非其人，不久而廢。今國子監直講梅堯臣曾注《孫子》，大明深義。孫復以下，皆明經旨。臣曾任邊陲，頗知武事。若使堯臣等兼蒞武學，每日只講《論語》，使知仁義忠孝之道；講孫、吳，使知制勝禦敵之術。于武臣子孫中，選有智略者三二百人教習之，則一二十年之間，必有成效。臣已撰成《武學規矩》一卷進呈。」時議難之。

慶曆元年辛巳，先生四十歲。

六月，從父翰林侍讀學士給事公卒于許州。先生遂解襄城宰。頃之，往鄧州葬謝希深。未幾得官吳興，秋晚南還。

歐公贈詩云：「洛陽舊友一時散，十年會合無二三。吾交豪俊天下選，誰得衆美如君兼。詩工鑱刻露天骨，將論縱橫輕玉鈐。遺編最愛孫武說，往往曹杜蒙夷芟。嗟余貧賤不敢薦，四十白髮猶青衫。吳興太守詩亦好，往和玉琯如英咸。」

先生《醉別永叔》云：「到君官舍欲取別，君惜我去頻增嘻。江湖秋老鱖鱸美，歸奉甘旨誠其宜。」

道經壽春，爲宋廣平賦《望仙亭》詩。過揚州，宋諫議庠遺白鵝，作詩謝之。次瓜洲，值海汐初落，因借小舟遊金山寺。僧乞詩，又有《瓜洲對雪》、《金山芷芝二僧攜茗見訪》諸詩。

二年壬午

《歲日旅泊家人爲壽》詩云：「舟中逢獻歲，風雨送餘寒。孺人相慶拜，共坐列杯盤。」

至京口，裴如晦、刁純臣二君雨中來訪，相與唱和，又有《甘露寺》、《舟中對雪》諸詩。自是發丹陽，《寄徐元輿》云：「別君忽五年，相望非一日。」謂解建德宰時也。

三月，監湖州鹽稅。時胡宿爲太守，遺先生牡丹，以詩謝之。自此與武平數相唱酬。又《冬雷》詩云：「我今來江南，歲曆惟建午。」《和陶元之聽月上人彈離騷》云：「粵敦牂之陽月兮，客鼓琴吾與聽。」皆謂此年也。

三年癸未

是春，先生之兄公度以先生嘗語洛中花品，而吳興之人不敢以花爲言，值風雨經時，花期又過，有云「去年三月來吳中，欲擬看花無與從。今年二月花偏蚤，發作無節雨與風。前日清明要尋賞，謂夸洛陽多不容」是也。

武平解官湖州，述其作新塘、建輿梁之美以送之，又和其《別後見寄》詩。自武平之出，先生之詩，和者寡矣。

四年甲申

先生賦牡丹云：「洛陽牡丹名品多，自謂天下無能過。及來江南花亦好，絳紫淺紅如舞娥。」所以解去春之嘲耳。又云：「明年更開余已去，風雨摧殘可奈何。」又《惜春》云：「此身不及深溪水，隨得殘紅出武陵。」則有賦歸之意矣。

四月，解官歸宛陵，有《早夏陪知府登叠嶂樓》詩云「新篁未掃籜」，又云「春餘衆芳歇」，謂初夏也。

未久，赴京師，至邵伯堰，王君玉邀先生同餞王仲儀赴渭州經略，於席上賦詩送之，句甚雄傑。

七月七日，次高郵三溝，謝夫人没于舟中。先生悼亡詩云：「結髮爲夫婦，于今十七年。」

八月，過睢陽，謁雙廟，迺至汴都。蔡君謨以右正言出知福州，送以《古劍篇》。蘇子美坐鬻故紙賽神得罪，賦《雜興》寓意。

又按：謝夫人没後，歐公爲墓誌，其略曰：慶曆四年秋，予友宛陵梅聖俞來自吳興，出其哭內之詩而悲曰：「吾妻謝氏亡矣！」丐我以銘而葬焉，且曰：「吾窮於世久矣，其出而幸與賢士大夫遊而樂，入則見吾妻之怡怡而忘其憂，使吾不以富貴貧賤累其心者，抑吾妻之助也。吾嘗與士大夫語，謝氏多從戶屏竊聽之，間則能盡商(確)〔榷〕其人才能賢否及時事之得失，皆有調理。吾官吳興，或自外醉而歸，必問曰：『今日孰與飲而樂乎？』聞其賢者也則悅，否則嘆曰：『君所交皆一時賢雋，豈其屈己下之耶？惟以道德焉。故合者尤寡。今與是人飲而懽耶？』是歲南方旱，仰見飛蝗而嘆曰：『今西兵未解，天下重

困，盜賊暴起于江淮，而天旱且蝗如此！我爲婦人，死而得君葬我，幸矣！』其所以能安居貧而不困者，其性識明而知道理，多此類。嗚呼！其生也迫吾之貧，而沒也又無以厚焉，謂惟文字可以著其不朽。且其平生尤知文章爲可貴，沒而得此，庶幾以慰其魂，且塞予悲。此吾所以請銘於子之勤也。」若此，予忍不銘？夫人享年三十七，二男一女。梅氏世葬宛陵，以貧不能歸也，葬于潤州之某原。今先生墓塋中有三塚，世傳謝、刁二夫人祔，豈又自潤而遷歟？

五年乙酉

歐公寄先生詩云：「憶君去年來自越，値我傳車催去闕。是時新秋蟹正肥，恨不一醉與君別。」又云：「到今年來三十九，怕見新花修白髮。」

是歲簽署許州忠武軍節度判官。自序云：「乙酉六月二十一日，予應辟許昌，京師內外之親，則有刁氏昆弟、蔡氏子，友人則胥平叔、宋中道、裴如晦，各攜殽酒送我於王氏之園，盡懽而去。」又云：「延平任君適，往者登進士科，入許幕。後二年，予被太原公辟，與君爲代。」有《答裴如晦送序意》、《開封阻淺》、《六月二十九日夢登河漢》、《日蝕》、《通判桃花廳送內弟》、《滁州謝判官》諸詩。

六年丙戌，先生四十五歲。

是歲暫入京，寓安上門外，與裴如晦、胥平叔輩相見。時刁經臣將歸南徐，許先生尋謝夫人葬地。親朋以先生兒女幼穉，共勉娶刁氏爲夫人。有《新婚》詩。迴許。時晏元獻守汝陰，先生見之。將行，公置酒潁河上，因言：「古人一句中全用平聲，製字穩帖，如『柘桑知天風』是也。恨未見仄字詩。」先生既引舟，遂作五仄體寄公。《五月三十二日晝寢夢妻謝氏》、《和資政侍郎湖亭雜詠》、《桐花》、《啼鳥》諸詩。

今按：《宣城志》錢醇老文云：刁氏，金陵人，父渭，都官員外郎，逾笄歸聖俞。聖俞所與遊皆世偉人，歐陽公與朝之士大夫至門無虛日。刁氏視鼎爨，調滋味，以稱其君子之心。聖俞過諸公飲，已夜乃歸，刁氏迎俟屏間恐不及。聖俞卒，哭三日，水漿不入口。過飲食，誦佛書，領諸孤廬墓側，以終其喪。隨其子增官閩清，及其夫遠日，輒蔬食如居喪之初，逾月諸子泣諫乃止。初封渤海縣君，改恩平縣君。二男，曰垌，曰龜兒。

《歸田錄》云：聖俞以詩知名，三十年終不得一館職。晚年受勑修《唐書》，語其妻刁氏曰：「吾之修書，可謂猢猻入布袋矣。」刁氏對曰：「君之仕宦，何異鮎魚上竹竿。」聞者皆以爲善對。

七年丁亥

是歲歐公於滁州作豐樂亭，致書云：「因飲滁水甚甘，問之，有一土泉在城東數百步許，遂往訪之。乃一山谷中，山勢一面高峰，三面竹嶺回抱。泉上舊有佳木一二十株，乃天生一好景也。遂引其泉爲石池，甚清甘，作亭其上，號豐樂，亭亦宏麗。又於州東五里許菱溪上，有二怪石，乃馮延魯家舊物，因移在亭前。廣陵韓公聞之，以細芍藥十株見遺，亦植於其側。其他花竹，不可勝紀。已作一記，未曾刻石。亦有詩託王仲儀寄去，告乞一篇留亭中，因便望宗及。」其《寄題豐樂亭》詩，爲此而作也。

又有《寄題蘇子美滄浪亭》、《與道損仲文子華陪泛西湖》諸詩。先生又自叙云：「九月十六日，自許昌解官，迴至京師，胥平叔、宋中道迓於郊外，有云：『今日至國門，二子來迎我。』」在京有《送王宗說寺丞歸南京》、《對雪憶往歲》、《西湖訪林逋》等詩。

八年戊子

先生爲國子博士，賜緋魚。有云：「磋跎四十七，腰間始懸魚。茜袍雖可貴，髮短齒已疏。」是時蓋欲以君賜榮親，且以刁氏歸覲，遂買舟南還。刁景純期於水門再別，先生以風雨不克往，遂行。有《夜泊虹縣同施景仁太博河上納涼書事》，又與景仁詠泗州普照王寺古檜。舟次山陽，與王宗說寺丞相見。寶應道中，賦詩甚衆。

五月，過高郵三溝，有云：「甲申七月七，未明至三溝。先妻南陽君，奄化向行舟。戊子夏再過，感昔涕交流。」時歐公守維（陽）〔揚〕，留宿進道堂論文。又詠永叔文石硯屏。別去，過長蘆，至金陵懷古。早發慈姥磯，詠望夫石。又過褐山磯，入港，至宛陵，《謁昭亭廟》有云：「眷予來故鄉，潔齋陳奠斝。」先生父中舍君墓誌云：「堯臣來歸，朱衣象笏侍君傍，鄉人不榮其子而榮其父。」正謂此時也。

初，先生嘗許佐陳州晏相公幕，未幾復行，與親舊別昭亭潭上，有云「吾與丞相約，安得不顧期」是也。舟次姑孰江口，知刁景純歸，邀與相見。至揚州，復與歐公會晤。時近中秋，邀許發運與先生翫月，且云：「仍約多爲詩準備，共防梅老敵難當。」歐公既命來嵩寫其眞，又令畫先生像相對，其交情之厚如此。自是別去，宿邵伯埭。

八月二十二日，又迴過三溝，爲之惆悵。次淮陽韓信廟，賦《哀王孫》。自濠梁過荆塗二山。

九（日）〔月〕，次壽州，有云：「登臨不學孟參軍，帽墜山風費嘲紙。」又自匀陵入潁州。

十月，簽署陳州鎭安軍節度判官。有於晏相公花園小飲及諸唱和詩。

皇祐元年己丑

先生丁中舍君憂，歸宛陵。

歐公《墓誌》云：「故太子中舍致仕梅君諱讓，字克讓，世爲宣城人。常以文學仕進，君獨不肯仕，其弟詢勉之，君曰：『士之仕也，進而取榮祿易，欲行其志而無愧於心者難。吾豈不欲仕哉？居其官不得行其志，食其祿而有媿於其心者，吾不爲也。今吾居父母之邦，事長老以恭，接朋友以信，守吾墳墓，安吾里閭，以老死而無恨，此吾志也。』其弟後貴顯，必欲官之，君堅不肯，乃奏任君大理評（寺）〔事〕，致仕於家。有子六人：曰堯臣、曰正臣、曰彥臣、曰禹臣、曰純臣，其一早卒，其三子皆仕宦。而堯臣有名當世，今爲國子博士，累以郊祀恩，進君爲太子中舍。堯臣等皆以君年高，願留養，君不許，曰：『此非吾意也。』顧其二子曰：『勉爾朝夕，以輔吾老。』顧其三子曰：『勉爾名譽，以爲吾榮。居者養吾體，仕者養吾志，可也。』」君享年九十有一，康強無恙，以皇祐元年正月朔卒於家。」今墓在宛陵之南十里松林之原。而先生之弟正臣嘗爲南陵宰，其時先生以詩送云「新買紫騮馬，言歸清弋江」是也。

是歲有《記歲》詩云：「買臣四十八，猶苦行負薪。我免以樵給，貧居年與均。」《八月十五夜有懷》云：「緬懷去年秋，是夜客廣陵。今來宛溪上，聊以故歲徵。」又《冬至感懷》云：「御哀想慈顔，感物哀不平。」皆宣城所作也。

二年庚寅

先是，歐公有卜居清潁之志，屢形於賦詠。至是約先生買田於潁，而後來居潁之時，宜不能久也。蓋先生官於四方，沒于京師，而又歸葬於宣城，故其子孫之在潁者不可復考矣。

是歲有《寄題歐公蒙泉亭》云：「吾年將五十，尚未暇讀《易》。」與諸弟及李少府訪廣教寺文鑒師，因尋古石盆寺，其旁裴休井存焉，賦詩紀其事。又《十月二十一日得許昌晏相公書》云：「哀憂向二年，朋舊誰與書。敢忘大丞相，尺書傳我廬。」又得餘干李尉書，録示唐人《于越亭》詩，因以寄題。今墨迹藏于梅氏。

三年辛卯，先生五十歲。

是春先生服除，《聽若訥上人彈琴》云：「祥哀已逾月，遇子彈鳴琴。」《留別乾明寺僧》云：「自余卹哀歸，不與人事接。兩至此飯僧，華宇何曄曄。今我將還朝，方丈一登躡。」《別施八評事》云：「三歲守廬次，兩迴來澗邊。」《拜壠經田家》云：「今我還朝固不遠，紫宸已夢瞻珠旒。」將行，《賽昭亭祠喜雨》云：「莫言春作遲，但念寒灘阻。願乘溪流深，滂沛隨徹俎。」二月十三日，《發昭亭》又云：「我無農畝勤，千里事行役。寄謝昭亭神，果不吝深澤。」《荅達觀禪師贈別》云：「今年輒五十，所向唯直誠。近因喪已除，偶得存餘生。强欲活妻子，勉焉事徂征。」

五月至京師，《與王正仲飲》云：「我來自楚君自吴，相與泛波御舳艫。」時大臣屢荐先生宜在館閣，仁宗曰：「能賦『一見天顏萬人喜，卻迴宫路樂聲長』者乎？」召試學士院。

九月庚申，賜同進士出身，仍改太常博士。胡武平以詩贈先生，且序其事云：「聖俞太博與張、陸二學士同召試於禁林。翊日，二君帖校理之職，聖俞登俊造之科，議者有不得升道山之恨。聖俞恬然獨喜所得，因占長句以廣美意：賦就甘泉客薦雄，獨攀詵桂向秋風。抽毫同豫三英坐，换骨裁爭一轉功。瞥見靈鼇居水下，恍聞僊犬在雲中。嫦娥應有憐才意，惟許時人到月宫。」因是歲十月，御史唐介貶英州别駕。

後九年，先生卒。小人魏泰作《書竄》及《碧雲騢》，詆一時名臣，託名先生以行于世。今附載本末於此。

魏泰《東軒筆録》云：張堯佐姪女有寵於仁宗，驟遷宣徽、節度、景靈、郡牧四使。唐介上疏，引國忠爲（貳）〔戒〕，奪堯佐宣徽、景靈兩使。未幾，堯佐復除宣徽使，知河陽，介獨爭之。仁宗曰：「差除自是中書。」介遂極言文彦博以燈籠錦媚貴妃而致位宰相，今又以宣徽結堯佐，請逐彥博而相富弼。仁宗大怒，貶介英州別駕。當是時，聖俞作《書竄》詩。始聖俞作此詩，不敢示人。及歐文忠公編其集時，有避嫌，又削去之，是以人少知者，故今盡錄焉。

邵博《聞見後錄》云：碧雲霞，廏馬也，以其吻肉色碧如霞片，故號云。其中詆范文正公微時嘗結中書吏人范仲尹，因以破家。文正既貴，略不收恤。王銍性之不伏，跋《仲尹墓誌》曰：「近時襄陽魏泰者，場屋不得志，喜僞作他人著書，如《志怪集》、《括異志》、《倦遊錄》，盡假名武人張師正。又不能自抑，出其姓名，作《東軒筆錄》，皆用私喜怒誣衊前人。最後作《碧雲霞》，假名梅聖俞，毀及范文正，而天下駭然矣。特聖俞子孫不耀，故挾之借重以欺世。今錄楊闢所作《范仲尹墓誌》，庶幾知泰亂是非之實至此也。則其他泰所厚誣者，皆迎刃而解，可盡信哉！」予以爲不然，如著燈籠錦事，則又與《書竄》詩合，故疑實出於聖俞也。

今按：《宛陵集·書竄》下舊註云：魏泰作《碧雲霞》，託名聖俞。《東軒筆錄》全載此詩，有「聖俞不敢示人，歐公編集削去」之語，則知亦泰作無疑。今復見於此，後人誤入耳。石林《避暑錄話》亦嘗深辨其僞，而邵博必欲奉合二者，以爲皆先生所作，是助魏泰爲姦也。余嘗讀博之書，凡昔人詆斥孟子者悉錄之無遺，則其疾賢誣善又甚於泰矣，宜其所言如此。

四年壬辰

先生《監永濟倉》有云：「神武立四極，收兵銷衆豪。輸糧來萬國，積庾下千艘。」又云：「曾非雀與鼠，何彼太倉爲。予年過五十，庾寢冰生肌。」《七月十六日赴庾直》亦云「何似長征人，沙塵聽刁斗」是也。

是歲有《觀何君寶楊之美畫》、《任太博歸省西都》、《張學士知洪州》、《邵郎中知潭州》、《李審言遺酒》、《江鄰幾避暑》、《采茨》諸詩。

五年癸巳

是歲歐公貽書云：「閒中不曾作文字，秖整頓了《五代史》，成（七）十四卷，不敢多令人知。深思吾兄一看，如何可得極有義類，須要好人商量。此書不可使俗人見，不可使好人不見。」其雅重先生若此。

有《垂拱殿起居》、《聞南捷》、《京師逢賣梅花》、《江鄰幾邀觀三館書畫》諸詩。

是秋，先生之母張氏沒于京師。按先生墓誌云「母曰僊游縣太君束氏，又云清河縣太君張氏」。然則張氏者先生之繼母也。是時中舍君沒已五年，先生既爲長子，後七年而亦卒，其爲繼母明矣。但束氏之沒與葬，蓋在先生官河南之前，故於詩無所考。而先生事繼母至孝，有云：「身許就遠祥，况復奉阿彌。」又云：「予生五十二，再解官居憂。」

賴李廷老、劉原父諸君賻贈經營甚至，裴如晦爲墓誌，楊元明篆蓋。於是買舟護喪歸宛陵，具見於《寧陵阻風雨》之詩。途中又有《新霜感》、《雪中發江寧浦》、《至釆石阻風宿大信口泊昭亭山下》諸詩。《寧陵》詩云：「小子雖不令，長養恩曷酬。」爲繼母可見。

至和元年甲午

張氏太君之墓，在今宛陵城南之栢山。其地始名雙羊山，所謂「風雪雙羊路」是也。先生詩序云：「去臘隱靜山，僧寄榧樹子十四本、栢樹子十四本，種於新墳。」有云：「榧栢移皆活，風霜不變青。」又云：「東邊夾路少，更致倘能令。」後隱靜懷賢師自攜栢栽二十餘本，種（與）〔于〕會慶堂。堂即今之僧寺中也，故《新開墳路》詩云：「欲爲蘭若處，松栢屬吾家。」蓋居僧以守塋域，後遂爲寺。栢山之名，實原於此。又嘗種碧映山紅於新墳，亦有詩。今先生之墓又在其傍，昔人題詩云：「白雲憐有母，芳草瘞何孫。」言栢山梅氏之墓非一所也。

是歲有《十六日會靈火》、《夢與蔡紫微同食櫻桃》、《萬松亭虎窺泉》、《與正仲屯田遊廣教寺》、《九日陪馬殿院會疊嶂樓》、《馬御史酒闌一夕而西因以寄之》，有《莫打鴨》、《送郭公（公）〔功〕甫還青山》諸詩。

二年乙未

是秋，先生母張氏服闋，赴京。《和丁元珍見寄》云「我從江南來，挂席江上正」，又云「道路何邅迴，季秋越孟春」是也。有《留別李君錫學士》諸詩。

嘉祐元年丙申，先生五十五歲。

是春，淮上遇風。杜挺之先至洪澤，遣人來迎，遂宿洪澤。會泗守朱表臣，同遊樊氏園，行至七里灣，表臣送芍藥及櫻桃。阻淺，王平甫來飲。與劉原父相遇，酬唱至京。《謝永叔內翰》詩云：「昨朝喜我都門入，高車臨岸進舟蓬。自茲連雨泥沒脛，未得謁帝明光宮。」

尋除國子監直講。翰林學士趙槩及歐陽修十餘人列言於朝曰：「臣等忝列通班，無裨聖治，知士不薦，咎在蔽賢。伏見太常博士梅堯臣，性淳行方，樂道守節，辭學優贍，經術通明，長於歌詩，得風雅之正。雖知名當時，而不能自達。切見國學直講[二]，見闕二員，堯臣年資，皆應選格，望依孫復例，以補直講之員。必能論述經言，教導學者，使與國子諸生歌詠聖化于庠序，以副朝廷育材之美。」故有是命。

說者謂歐文忠公與先生交友三十年，雖深服其詩，曾不力爲薦引，使窮老不振，爲後世所疑。余觀文忠嘗云「嗟予身賤不敢薦」，又云「晚被選擢，濫官朝廷，薦子學舍，吟哦六經」，正謂此年也。其可見者如此。

是歲有《和永叔感興五首》、《送石昌言使匈奴》、《和中道觀車駕朝謁景靈宮》，賦《閣門水》、《朝堂宿齋》[三]、《當世家觀畫》、《永叔白兔》、《桃花源》諸詩。

二年丁酉

是歲歐陽永叔與韓子華、王禹玉、范景仁、梅公儀同知禮部貢舉，辟先生爲參詳官。時永叔疾時文之詭異，銳意欲有以救之。適先生得蘇子瞻《刑賞忠厚之至論》，愛之，亟以視永叔。永叔大喜，欲以冠多士。疑門下曾子固所爲，乃寘第二。

後子瞻謝先生書云：軾七八歲時，始知讀書，聞今天下有歐陽公者，其爲人如古孟軻、韓愈之徒。而又有梅公者從之游，而與之上下其議論。其後益壯，始能讀其文辭，想見其爲人，意其飄然脫去世俗之樂，而自樂其樂也。今年春，天下之士群至於禮部，執事與歐陽公實親試之。誠不自意，獲在第二。既而聞之人，執事愛其文，以爲有孟軻之風，而歐陽公亦以其能不爲世俗之文而取焉。向之十餘年間，聞其名而不得見者，一朝爲知己。執事名滿天下，而位不過五品。其容色溫然而不怒，其文章寬厚淳樸而無怨言，此必有所樂乎斯道也。軾願聞焉。

先生以書示永叔，答之云：「讀蘇軾書，不覺汗出。快哉快哉！老夫當避路，放他出一頭地。吾徒爲天下所慕，如軾所言，奈何動輒踰月不相見？軾所言樂，乃修所得深者耳，不意後生達斯理也。」子瞻由是始有名矣。

有《禮部唱和》及《送曾子固蘇軾》、《七月九日大雨寄永叔》、《哭孫明復》、《挽程文簡公》諸詩。

《晁氏客語》云：梅聖俞作試官日，登望有春色，題於壁云：「不上樓來經幾日，滿城多少柳絲黃。」惟歐公一見賞之，以爲非聖俞不能。

先生既日課一詩，凡若此類，必散逸多矣。

三年戊戌

是歲，歐公與韓忠獻書云：「竊見國子監直講梅某，以文行知名。以梅之名而公之樂善，宜不待修言固已知之久矣。中外士大夫之議，皆願公薦之館閣。梅得出公之門，一美事也；公之薦梅，一美事也；朝廷得此舉，一美事也。修不敢以一言而讓三美，故言之雖公而不敢浼，公賜擇焉。」

冬，祫于太廟，御史中丞韓絳言：天子且

親祠，當更制樂章以薦祖考，惟梅某爲宜。不報。

有《元日閤門拜表遇雪呈永叔》、《王樂道立春早朝》、《錢君倚日本刀》、《月蝕》、《送李君錫使契丹吊慰》、《送朱純臣使契丹奠祭》、《送次道學士知太平州》、《送江陰僉判晁太祝》、《送楚屯田知扶溝》、《送王郎中知江陰》諸詩。

四年己亥

先生同修《唐書》。《次韻王景彝喜予赴修書》云：「荏苒十五載，探討日已精。如何力引我，我本學專經。」

宋敏求《春明退朝録》云：慶曆五年夏，命四判館、二修撰刊修，又命編修官六人，將卒業而梅聖俞入局，修方鎮、百官表。嘉祐五年六月書成，聖俞先一月餘卒，詔官其一子。於是長子增授閬清尉，後奉繼母刁氏之官。

是歲有《歲旦呈永叔》、《送韓玉汝知洋州》、《門人歐陽秀才還江西》、《答來上人》、《春日即事》、《和范景仁殿中雜題》諸詩。

五年庚子，先生五十九歲。

累官至尚書都官員外郎。

按：《墓誌》云：「嘉祐五年四月乙亥，聖俞得疾，卧城東汴陽坊。明日，朝之賢士大夫往問疾者，騶呼屬路不絶。城東之人，市者廢，行者不得往來，咸驚顧相語曰：『玆坊所居大臣誰耶？何致客之多也！』居八日癸未，聖俞卒。於是賢士大夫吊哭如前日益多，而其尤親且舊者，相與聚而謀其後事。自丞相以下，皆有以賻卹其家。粤六月甲申，其孤增載其柩南歸。以明年正月丁丑，葬于宣城。」

今墓在城南栢山，章友直篆墓表。山東有寺，以奉灑掃。

嘉祐六年，歐公賦《感二子》詩云：「黃河一千年一清，岐山鳳鳥不再鳴。自從蘇梅二子死，天地寂然收雷聲。」蘇謂舜欽也。

王荆公哭先生詩云：「《詩》行於世先《春秋》，國風變衰始《栢舟》。文辭感激多所憂，律呂尚可諧鳴球。先王澤竭士已偷，紛紛作者始可羞。其聲與節急以浮，眞人當天施再流。篤生梅公應時求，誦歌文武功業優，經奇緯麗散九州。衆皆少鋭老則不，翁獨辛苦不能休。惜無來者人名遒，貴人憐公靑兩眸，吹噓可使高岑樓。坐令隱約不見收，空能乞錢助饋餾，疑此有物司諸幽。棲棲孔孟葬魯鄒，後始卓落稱軻丘。聖賢與命相盾矛，勢欲強達仍無由。詩人况又多窮愁，李杜亦不爲公侯。公窺窮厄以身投，坎坷坐老當誰尤。嗟吁豈即非善謀，虎豹雖死皮終留。飄然再喪下陰溝，粉書軸幅懸無旒。高堂萬里哀白頭，東望使我商聲謳。」

司馬溫公亦有詩云：「我得聖俞詩，於身亦何有？名字紀文編，他年知不朽。我得聖俞詩，於身果何如？留爲子孫寶，勝有千金珠。」

後慶元丁巳，南郡滕珂彦可爲宣城丞，嘗訪栢山，感今懷昔，慷慨賦詩。其一曰：「百年詩老卧空山，猶憶當時語帶酸。（嬴）〔羸〕得兒童喚夫子，可憐名位秖都官。手編新史唐文備，骨立殘碑漢籀漫。落日牛羊上丘壠，草埋翁仲獨峨冠。」其二曰：「宛陵城南栢山寺，行到西廂見舊祠。人物欲觀嘉祐老，銘文空有醉翁辭。銀章粉墨誰舒卷，金薤琳琅自陸離。每見河豚起春岸，永懷風致細哦詩。」

至嘉定己巳，南城周伯熊教授宛陵。明年始率在學之士，於暮春之初致祭于墓，乃繪像更祠。又明年復祭如初，於是刻石紀蹟。其言曰：自此遂爲故事，庶幾古之所謂鄉先生歿而祭于社者。

余聞之長老，由周君以來，祀事遂盛。太守躬率其屬，與教官、諸生及梅氏諸孫，至墓下祝奠興拜，既事，相與觴詠題名而退。當時名卿大夫懷賢起敬如此。丞相文公天祥尤深致其意，祭文有云：「大江西東，實倡古文。西則歐陽，東則先生。上追韓孟，下啓蘇曾。先生在天，斯文有靈。僕生也晚，實在歐鄉。天子有命，來守公邦。感時改火，爰薦苾芳。」詩云：「蒼蒼宛水陽，鬱鬱都官墳。喬松拱道周，緣塋茁芳蓀。古時北邙嘆，白楊邈游魂。大雅獨不墜，脩名照乾坤。再拜墳上土，躧履揖諸孫。握手慨以慷，而有（典）〔興〕刑存。渥洼生騏騮，荆山產璵璠。悠哉清渭流，眷言保其源。」實咸淳庚午也。

又通判翁逢龍詩云：「樵牧指空墳，荒山老栢根。白雲鄰有母，青草瘞何孫。身受一窮厄，詩清千古魂。年年三月墓，鄉社酹芳樽。」

邑丞尹煥詩云：「開闢宋文章，歐梅日月光。詩魂香何在，傴骨朽猶香。野寺花仍發，空山栢自蒼。《禽言》至今苦，亦自嘆凄涼。」

教授趙與鄉詩云：「陰廊鍾鼓晝沉沉，苔把殘碑寸寸深。桑落杏花三月路，荻芽楊絮九原心。宛陵風景多非昔，夫子詩名直到今。回首故山霜露感，夕陽馬上一沾襟。」

增教曾士倬詩云：「南豊曾出公門下，今日親陪過宛祠。二百年來無此作，四千里外亦相師。邦人能說梅家譜，天下（事）〔爭〕傳春雪詩。況有文忠題品在，無窮生意發孫枝。」

如邦人周紫芝、郡守劉朔齋、教授文天祐，暨元朝右丞燕公楠、承旨閻復、憲使盧摯、祭酒鄧文原、御史王德淵諸鉅公皆有題詠。

先君敏中父亦嘗爲郡學祭文云：「惟先生詩人之名，著於天下；夫子之名，美於鄉邦。」斯名也豈直以詩而已哉！自洙泗而下，得之者幾何人，而先生得之，必有以也。歐陽氏謂「學乎六經仁義之說，其爲文章，簡古純粹，不求苟悅於世，世之人徒知其詩而已」。嗚呼！玆其所以爲夫子歟？然則先生之名既不獨以詩而大，先生之詩亦豈待後人贊美而傳？姑載其一二，以見夫高山仰止之思云。

承務郎松江府判官八世孫奕芳校正

八世孫致和繕寫

〔一〕香山：原作「香出」，據《梅堯臣集編年箋注》卷一原詩改。

〔二〕國學：原作「國家」，據《歐陽文忠公集》卷一一〇改。

〔三〕宿齋：《梅堯臣集編年箋注》卷二六作「齋宿」。

宛陵先生文集拾遺

手書《題于越亭》、《送君石秘校》二章，諸名公賞鑒不一。《讀會慶堂記》，愛親之心，惻怛獨至，養盛神完，宜若至今存也。不肖一科識。

得餘干李尉録示唐人于越亭詩因以寄題

餘水之干越之鄙，築基相對琵琶尾。琵琶日日有秋聲，雁過洞庭風入葦。南斗戛湖波不起，長刀剡峰碧耳耳。姱娥夜出在寒谿。青銅瑩磨光幾里。朝因吳客愊蒲輕，滿紙如蠶書可喜。

送君石秘校尉河內

古縣太行下，老槐三四株。以言新作吏，不似舊爲儒。黄綬心猶壯，青雲志豈無。漢朝吾遠祖，不道此宫粗。

雙羊山會慶堂記

余以附城之地勢勝，神靈所棲，故建閣曰寶章，以嚴帝書；爲堂曰會慶，以安吾先君先叔畫像。有僧澄展，願歲時奉香火。澄展，先叔於其有恩。雖然，抑之不欲背本，堂之前許其置佛，俾報恩奉佛兩得焉。况吾之親域在其右，欲因以固護。初，余一發意，吾鄉孝子義士咸助以資。噫，愛人之愛親者知其有親也，不愛人之愛親者知其不有親也。不有其親，則孟子所謂慕少艾、慕妻子、慕君者歟？余老矣，慕親而不可得見，見墳傍之草樹不敢慢，常若吾親仿佛在其下，唯恐令傷一草樹，切切焉不忍去。欲常居此，則業爲王官；欲致爲臣，又無以自給。僧能專事，藉以守之。守之必精潔其宇，無令棄俗趣而樂處之，余之存心者此耳。堂之經畫，始終由吾里人張景崇。景崇力爲之者，愛吾有其心，以吾貧不能自爲也。衆人亦由景崇，然後從而愛之。愛他人之愛親者，於其親可知矣。吾不得不書以示後人，知吾鄉之多禮義，又書其姓於石陰。至和二年八月初吉，宛陵梅堯臣記。

附録

宛陵先生詩集序

余聞世謂詩人少達而多窮，夫豈然哉？蓋世所傳詩者，多出於古窮人之辭也。凡士之藴其所有而不得施於世者，多喜自放於山巔水涯之外。見蟲魚、草木、風雲、鳥獸之狀類，往往探其奇怪。內有憂思感憤之鬱積，其興於怨刺，以道羈臣、寡婦之所嘆，而寫人情之難言，蓋愈窮則愈工。然則非詩之能窮人，殆窮者而後工也。余友梅聖俞少以蔭補爲吏，累舉進士，輒抑於有司，困於州縣凡十餘年。年今五十，猶從辟書，爲人之佐，鬱其所蓄，不得奮見於事業。其家宛陵，幼習於詩，自爲童子，出語已驚其長老。既長，學乎六經仁義之説，其爲文章，簡古純粹，不求苟悦於世，世之人徒知其詩而已。然時無賢愚，語詩者必求之聖俞。聖俞亦自以其不得志者，樂於詩而發之。故其平生所作，於詩尤多。世既知之矣，而未有薦於上者。昔王文康公嘗見而歎曰：「二百年無此作矣！」雖知之深，亦不果薦也。若使其幸得用於朝廷，作爲雅頌，以歌詠大宋之功德，薦之清廟，而追商、周、魯《頌》之作者，豈不偉歟！奈何使其老不得志，而爲窮者之詩，乃徒發於蟲魚物類、羈愁感嘆之言！世徒知其工，不（和）〔知〕其窮之久而將老也，可不惜哉！聖俞詩既多，不自收拾。其妻之兄子謝景初懼其多而易失也，取其自洛陽至於吳興以來所作，次爲六十卷。余嘗嗜聖俞詩，而患不能盡得之，遽喜謝氏之能類次也，輒序而藏之。其後十五年，聖俞以疾卒於京師。余既哭而銘之，因索於其家，得其遺藁千餘篇，并所藏掇其尤者六百七十七篇，爲一十卷。嗚呼！吾於聖俞詩，論之詳矣，故不復云。慶曆六年三月，右正言、知制誥、知滁州事廬陵歐陽脩叙。

注孫子序

世所傳《孫武》十三篇，多用曹公、杜牧、陳皞注，號《三家孫子》。余頃與撰四庫書目，所見《孫子》注者尤多。武之書本於兵，兵之術非一，而以不窮爲奇，宜其說者之多也。凡人之用智有短長，其施設各異，故或膠其說於偏見，然無出所謂三家者。三家之（法）〔注〕，皞最後，其說時時攻牧之短。牧亦慨然最喜論兵，欲試而不得者，其學能通春秋、戰國時事，甚博而詳。然前世言善用兵稱曹公，嘗與董、呂、諸袁角其力而勝之，遂與吳、蜀分漢而王。傳言魏之諸將出兵千里，〔公〕每坐計勝敗，（投）〔授〕以成算，諸將用之十不失一，一有違者，兵輒敗北，故魏世用兵，悉以《新書》從事，其精於兵也如此。牧謂曹公於注《孫子》尤略，蓋惜其所得，自爲一書。是曹公悉得武之術也。然武嘗以其書干吳王闔閭，闔閭用之，西破楚，北服齊、晉而伯諸侯。夫使武自用其書，止於強伯。及曹公用之，然亦終不能滅吳、蜀，豈武之術盡於此乎，抑用之不極其能也？後之學者徒見其書，又各牽於己見，是以注者雖多而少當也。獨吾友聖俞不然，嘗評武之書曰：「此戰國相傾之說也。三代王者之師，司馬九代之法，武不及也。」然亦愛其文略而意深，其行師用兵、料敵制勝亦皆有法，其言甚有次第，而注者汩之，或失其意。乃自爲注，凡膠於偏見者皆抉去，傳以己意而發之，然後武之說不汩而明。吾知此書當與三家並傳，而後世取其說者，往往於吾聖俞多焉。聖俞爲人謹質溫恭，衣冠進趣，眇然儒者也。後世之視其書者，與太史公疑張子房爲壯夫何異？廬陵歐陽脩譔。

上梅直講書

門人翰林學士承旨左朝奉郎知制誥兼侍讀蘇軾譔

每讀《詩》至《鴟鴞》，讀《書》至《君奭》，常切悲周公之不遇。及見孔子厄於陳、蔡之間，而絃歌之聲不絕，顔淵、仲由之徒相與答問。夫子曰：「匪兕匪虎，率彼曠野，吾道非邪，又何爲至此？」顔淵曰：「夫子之道至大，故天下莫能容。雖然，不容何病，不容然後見君子。」夫子油然而笑曰：「回，使爾多財，吾爲爾宰。」夫天下雖不能容，而其徒自足以相樂如此。乃今知周公之富貴，有不如夫子之貧賤。夫以召公之賢，以管、蔡之親而不知其心，則周公誰與樂其富貴。而夫子之所與共貧賤者，皆天下之賢才，則亦足以樂乎此矣。軾七八歲時，始知讀書，聞今天下有歐陽公者，其爲人如古孟軻、韓愈之徒。而又有梅公者從之游，而與之上下其議論。其後益壯，始能讀其文詞，想見其爲人，意其飄然脫去世俗之樂而自樂其樂也。方學對偶聲律之文，求升斗之祿，自度無以進見於諸公之間。來京師逾年，未嘗窺其門。今年春，天下之士群至於禮部，執事與歐陽公實親試之。誠不自意，獲在第二。而聞之人，執事愛其文，以爲有古孟軻之風。而歐陽公亦以其能不爲世俗之文也而取焉，是以在此。非左右爲之先容，非親舊爲之請屬，而向之十餘年間，聞其名而不得見者，一朝爲知己。退而思之，人不可以苟富貴，亦不可以徒貧賤。有大賢焉而爲其徒，則亦足恃矣。苟其（鐃）〔僥〕一時之幸，從車騎數十人，使閭巷小民聚觀而贊歎之，亦何以易此樂也。《傳》曰：「不怨天，不尤人。」蓋優哉游哉，可以卒歲。執事名滿天下，而位不過五品。其容色溫然而不怒，其文章寬厚敦樸而無怨言，此必有所樂乎斯道也。軾願與聞焉。

題宛陵書院

程敏政新安人，大學士

自從刪述來，詩道幾更變。騷些無遺聲，漢魏起郡彥。謝鮑及宋沈，入眼已葱蒨。頹波日東馳，李杜出而殿。當時多渾成，豈必事精鍊。云胡倡唐音，趨者若郵傳。坐令詩道衰，花月動相眩。千載宛陵翁，惟我獨歆羨。翁辭最古雅，翁才亦豈（擅）〔贍〕。一代吟壇中，張主力不倦。遂使天地間，留此中興卷。如何近代子，落落寡稱善。紛紜較唐宋，甄取失良賤。無乃久浸淫，曾靡得眞見。渺渺歲將夕，南來宛陵縣。頓首升公堂，松竹猶眷眷。感慨撫陳跡，江水一再奠。我心夙景仰，我學誠襪線。上想三百篇，斯境復誰薦。

重刊宛陵集序

余被命來守宛陵，視事之翌日，有客謂余曰：「郡學請鏤版印書，公留意否乎？」乃問其目，曰：「梅聖俞詩集，自遭兵火，殘編斷簡，靡有全者，幸郡教官有善本。」余樂聞而應之，曰：昔龐參爲漢陽太守，郡人任棠有奇節，參到先候之。棠不與言，但以薤一本、水一盂置戶屏前，抱兒伏於戶下。參思其微旨，曰水欲吾清，拔薤欲吾擊強宗，抱兒當戶欲吾開門恤孤。率而行之，漢陽大治。余叨此邦之初，學官諸生以學校爲言，今客又以聖俞梅公詩集爲言，客其吾之任棠也與！聖俞公以詩聞於當世，實此邦之前哲，客其欲余先庠序之教，而借梅文以爲諭。余固淺陋，雖不足以發揚幽光，敢不率行，或庶幾乎如漢陽之治也。乃命學官董其事。鏤版既成，請序於余，余豈敢辭？聖俞公之詩簡古純粹，華而不綺，淸而不癯，涵泳於仁義之流，出入於詩書之府。而其工，歐陽文忠公已序於集首，此不復道，姑叙鏤版之由云爾。紹興十年上元日，檢校少傅、保信軍節度使、知宣州軍州事兼管內勸農營田使、新安郡開國公、食邑五千二百戶、食實封二千一百戶汪伯彥後序。

題宛陵集後

右宋都官員外郎宣城梅堯臣聖俞《宛陵集》六十卷，今宣城太守袁旭廷輔所重刻也。何爲刻之？表先賢以儀後進者，太守職也。始宣城郡政久弛，袁君至，殫志竭慮，薙姦滌穢，期歲之間，橫民以戢，良民以妥，修舉學政，爰興教化，表章先賢，風勵多士。於是修都官之墳，率學諸生行展謁之禮，而詢求其文，蓋郡人莫或知者。及訪都官之後，始得此編，遂刻以傳。聖俞當仁宗朝，與韓、范、富、歐諸公游。聖俞詩名特盛於時，最初王文康公曙覽之，歎曰：「二百年無此作矣！」而見知歐公尤深，相與尤密，時有擬歐、梅於韓、孟者，非宣城山川靈秀之所鍾歟？今天下學士君子皆知聖俞爲宣之傑出，顧宣之人有不能知，此袁君之心所不容已也。聖俞平生所著，又有《唐載》二十六卷、《詩小傳》二十卷、注《孫子》十三篇，又嘗編修《唐書》，此亦後來宣之人所當知也，因併及之。正統己未冬十一月乙巳朔，光禄大夫、少師、兵部尚書兼華蓋殿大學士廬陵楊士奇題。

改作梅聖俞祠亭記

宛陵先生梅聖俞，宣之先賢之尤者也。先賢不可得而見，得見其象者斯可矣。余治宣之明年，政舉仕優，欲得表章先賢以勵後進，爲學政倡，求不負爲守臣職也。仰思間，適梅氏子孫以事見，因訪其所以，始知先生有祠亭在栢山，依於其隴北。明日肅楮幣往瞥，見亭柱如槎，四壁斗立，而中存斑剝之畫像者三。俯拾莽中敗木主，視鏤曰先考太子中舍、贈職方郎中梅公諱讓，曰先仲父、行給事中、正奉大夫梅公諱詢。此二座者，蓋先生存日，爲奉先思孝而立歟？其一識爲先生之遺像。既視行展謁禮甫畢，且詣墓而式之，仍環視其址，慨然嘆其荒涼，莫有表者，何由歆動後進而宣教化耶？震孫決爲經營於改作，模繪舊像於中，以使若家之子孫有烝嘗之所，若邦之士類有景仰之標，兩用其極，庶無鰥吾之職云。時大宋寶祐甲寅秋九月十有三日，渤海劉震孫記。

重修會慶堂記

栢山有會慶堂，爲吾梅先生奉其父叔之祠也，故中室置二畫像在後。先生歿，其家人亦奉其神而合祀于堂。蓋堂作于至和二年，時仁皇之御極也。今天下所奉，已更咸淳之五朔，顧於甲子計過三匝矣。爲風雨所穿漏，其棟宇生菌者殆半於此，所幸未盡傾乎，奚可以昭事先生者。先生生我大宋全盛之際，有大德，垂大名，而不得大用，至於死而制廟血食曾弗與，僅偃然祔歆麥飯於其父叔之祠，而其祠又若此，是可哀也已。天祥自志學時，切慕先生之大名，恨不得一見其象者可以崇之矣。今幸叨守先生之鄉土，既得弔於墓下，又常拜於祠中，夙願諧也。不有表崇而作興之，是近誣先生之神。爲是不恤清議，亟折官中之冗屋，易其堂而更新之。意猶有未足，仍捐俸買材木，築大門於外，而中翼以兩廊，以處其子孫之族燕族食者。凡此非直爲美觀也，不如是不足以稱先生奉先之心於地下，不如是不足以白予表崇之誠於今日。既成，刻石於堂，書以告諸後之人，當有嗣焉（孝）〔者〕。

咸淳五年三月朔，知寧國軍府事廬陵文天祥記。

復梅氏會慶堂記　　范吉天台人，郡守

堂故宛陵梅先生所創，用以妥其父太子中舍公暨叔父翰林侍讀學士公畫像也。僧有素德學士公曰澄展者，請廬其偏而司守奉。先生以其絕俗慕義，必克專事，遂委之，且聽像其教于堂左，以弗違其志。其地舊名雙羊山，密切郡城，據形勝之最，而其二親束氏、張氏墓亦在焉，先生親親篤孝之心深且切矣。堂創於宋至和間，侵尋歲月，人非世改，事往言堙，附寄者反見宗，而先生家舊物亦告朔之牲同去矣。噫嘻惜哉！幸有三先生兄弟父子間聞望昭晰，在人耳目。至宋季文山先生爲吾道振墜，追想夙聲，尋索舊址，復作斯堂，而故事一新，人心翕然交會。胡元渾夏，而後俗鄙風漓，趨向貿貿，而其地又漸奪於佛者流。行道相指，策問騎遊以遨者，皆惟曰栢山寺也，堂之名遂泯矣。荏苒百餘年，至國朝正統間，郡守袁公旭嘗事修舉，而堂終不復。予以弘治改元承乏守此，早夜究心，志在搜訪古今賢人君子，捋表暴之，使郡之人皆知所瞻仰而自奮焉。首得宛陵梅先生、相國吳履齋之文章德業，卓卓乎照耀千古，誠可以模範後學而振作志士者。乃詢其崇祠之所，而宛陵之裔孫淑捧其家譜以進。讀先生《會慶堂記》文，然後又知先生愛親之念，至誠惻怛，而一時人心鼓舞向慕，先生亦且自慶得人心之同。然詎謂數有奇偶，時有明晦，而或振或湮，不可常者有如此。於是載摭郡志，詢諸故老，言皆如之。遂之栢山，覈故地，復作會慶堂，題其門，加「梅氏」二字，於中舍、學士二公之次加附先生。又擇隙地，構一小亭，榜之曰景梅，以舒予企仰之意。而二公之生氣尚凜凜射人，宛陵先生篤孝之念感激乎人心之同然者如此。且予固譾（溥）〔薄〕無似，不能步驟遐躅萬一，尚惟郡之士庶聞風興起，將嚮慕有歸，造詣有則，而他歧不能爲之惑矣。既訖工，淑請記諸石，以昭示永遠，庶他日湮汨之患可免焉，遂不辭而爲之書。淑在諸生，循循有造，曰緒曰愼曰賁皆可進，而其父兄宗族厖眉皓首，衣冠縉紳彬彬乎不下數百指，梅氏之澤亦可謂遠且盛哉。若三先生之茂才盛德，有文忠歐陽公雄文在，是爲記。

復景梅亭記

亭故在城薰化門外西南一里許雙羊山下，郡守天台范公栢軒創于大明弘治庚戌，以宋尚書都官梅先生聖俞會慶堂墓域所在，創斯亭寄所仰也。歲久傾圮，太守黄州楊公鳳以屬之通判莆陽林公康，嘆曰：亭與墓祠蔽於佛宇僧寮，若不相屬。然過者知有寺而已，不知寺爲梅守墓而設也。遺墜不振，何以別正妄興廢之宜？爲是亟捐俸買木石往營之，作亭一區下，楹棟強半，翼以扶攔，四向軒豁，丹堊甃蓋，煥然一新。仍揭范公景梅亭區於楣，築甬辟以節觀者，浚舊溝引水相映帶，架石梁以便涉，芟剔蔽虧，通道亭西，磬折而南，祠亭始相聯屬。繚以周垣，爲門三座，使有鍵鑰。閟伷間邃，埃壒不到，誠足妥靈而竭虔也。工迄，嘗一往謁，畢禮，坐亭下，于時春和景明，山水澄瑩，草樹秀發，魚鳥翔鳴，烟雲幻化，四時景象殊無盡藏，一偉觀也。林公玆亭之建，始於丁丑四月，落成於戊寅正月，相之者今守蘄州俞公志、貳守建寧魏公浚、通判貴州安公忠孝、推官晉賢萬公潮、知縣堂邑溫公萃也。表墓有碑，歐陽文忠公脩；堂廢復建，文山先生天祥、樂安袁公旭；而復堂有記，范栢軒吉、通判新昌何公宇也。梅先生文章道德照耀今昔，諸公相繼有此修舉，景先哲，激後進，諸公不在其官之崇卑也。非梅先生之賢，則諸公無此舉；非諸公之賢，視皆鞠爲荒田野草，亦或不暇計也。若又不能葺護而復撓蝕焉，非斯人所可與同群者矣。因併記之，以示勸。

梅公亭記

吳師道

士君子游宦之邦，去之數百年，人猶想其夙烈而不忘，至於崇表而章顯之，是雖好德之心，然其所以使人至此而爲末俗之勸者豈小哉。池之建德，故宋尙書都官員外郎國子直講梅公聖俞景祐間爲知縣事，集中詩幾百篇，皆在是邑作，而當時風物宦况之大略可考見也。後人嘗於郎官舍西偏爲梅公堂以祀之，旣廢而前令柴夢規重建於縣圃之北。世易事更，復改縣後之半山亭爲梅公亭，以識其舊，未幾亦化爲荒墟。師道之來也，按行遺址，見大礎在茆草中，蕘兒牧豎躑躅其上，老樹三數株，錯立蒼然，爲之躊躇太息。自是營構之念，往來於懷。越明年始克就緒，爲屋三間，復扁其號，限以周垣，鍵以外（扃）〔扃〕，飛簷虛檻，高亢疏明，旣與邑人慰其景仰之思，而溪山屋室，環繞映帶，又得登臨之美以相樂也。當宋之初，文體卑陋，公倡古澹之作，一變其習。歐陽子以一世巨人，而盛推尊之，若己弗及，又以仁厚樂易、溫恭謹質稱其人。一時諸公交口論薦。雖仕不大顯，而文學行義足以儀當時而表後世。矧建德肇邑，自唐令長凡幾何人，而公名獨稱之至今，是豈可以勢力致哉！使凡吏於此者登公之亭，誦公之詩，思公之所樹立以自勵，則斯邑之民將被其賜於無窮，不然，皆公之罪人也。師道於公無能爲，雖然，不可謂無志於自勵者。斯亭之作，既自爲之經營，而衆來致（以）〔助〕，乃命邑人陶起東董其事，不以煩民，庶幾可久。尙告來者，嗣有葺焉，其或遷吾之爲，漫不顧省，任其圮壞泯滅，亦獨何心哉！亭成當至元三年丁丑之歲十二月己亥，明年某月日記。

示梅氏子孫　　范吉

四百年來會慶堂，是誰敎占作僧房？我今湍爲斯文傷，梅氏兒孫看永昌。

題景梅亭

雨餘醉倚景梅亭，楚楚雙羊山更青。一曲樵歌何處起，時暘時雨又豊登。

和　　前人

景梅亭上一登臨，竹外幽禽遞好音。一代豪華稱自昔，百年祠宇復于今。池涵曲檻驚游鯉，樹擁巡簷失遠林。自是先生詩派盛，彬彬才子總能吟。

和　　吳宗周

拱木蕭森屬寵臨，人賢曠世値知音。文章嘉祐傳來古，祠宇皇明復自今。奕葉蒸嘗歸子姓，歲時香火托禪林。應將企仰山高意，寄與池亭共越吟。

和　　徐珊

逕擁雙羊試一臨，喜陪皀蓋聽餘音。祠隨亭合還恢古，名逐詩高直到今。魚破碧流分密藻，鳥歌青嶂隔深林。堯臣已去英雄遠，四百年來有此吟。

和　　曹瓚

皀蓋翩翩遠賁臨，池亭幽處駐車音。烟收雨霽昭天日，水秀山明亘古今。幾隊遊魚依浄藻，數聲啼鳥隔芳林。都官已去詩名在，景仰高風一慨吟。

和　　梅淑

文山去後更誰臨，始見朱藩車馬音。會慶堂新恢自古，景梅亭創扁於今。百年詩老棲僧寺，一代文豪振士林。我幸追隨慙不肖，分嚴貂尾續孤吟。

聖俞墓誌銘　　歐陽脩

嘉祐五年，京師大疫，四月乙亥，聖俞得疾，卧城東汴陽坊。明日，朝之賢士大夫往問疾者，騶呼屬路不絕。城東之人，市者廢，行者不得往來，咸驚顧相語曰：「兹坊所居大人誰耶，何致客之多也。」居八日癸未，聖俞卒。於是賢士大夫又走弔哭如前日益多，而其尤親且舊者，相與聚而謀其後事，自丞相以下，皆有以賻卹其家。粤六月甲申，其孤增載其柩南歸，以明年正月丁丑，葬於宣城雙羊山。聖俞，字也，其名堯臣，姓梅氏，宣州宣城人也。自其家世頗能詩，而從父詢以仕顯。至聖俞，遂以詩聞，自武夫、貴戚、童兒、野叟皆能道其名字，雖妄愚人不能知詩義者，直曰此世所貴也，吾能得之，用以自矜。故求者日踵門，而聖俞詩遂行天下。其所喜爲淸麗閒肆平澹，久則涵演深遠，間亦琢剝以出怪巧，然氣完力餘，益老以勁。其應于人者多，故辭非一體。至於他文章，皆可喜，非如唐諸子號詩人者僻固而狹陋也。聖俞爲人仁厚樂易，未嘗忤於物，至其窮愁感憤，有所罵譏笑謔，一發於詩，然用以爲驩而不怨懟，可謂君子者也。初在河南，王文康公見其文，歎曰：「二百年無此作矣。」其後大臣屢薦宜在館閣，嘗一召試，賜進士出身，餘輒不報。嘉祐元年，翰林學士趙槩等十餘人列言於朝曰：「梅堯臣經行修明，願得留與國子諸生講論道德，作爲雅頌，以歌詠聖化。」乃得國子監直講。三年冬，祫於太廟，御史中丞韓絳言天子且親祠，當更制樂章以薦祖考，惟梅堯臣爲宜，亦不報。聖俞初以從父蔭補太廟齋郎，歷桐城、河南、河陽三縣主簿，以德興縣令知建德縣。又知襄城縣，監湖州鹽稅，簽署忠武、鎮安兩軍節度判官，監永濟倉，國子監直講，累官至尚書都官員外郎。嘗奏其所撰《唐載》二十六卷，多補正舊史闕謬。乃命編修《唐書》，書成，未奏而卒，享年五十有九。曾祖諱超，祖諱邈，皆不仕。父諱讓，太子中舍致仕，贈職方郎中。母曰仙遊縣太君束氏，又曰清河縣太君張氏。初娶謝氏，封南陽縣君；再娶刁氏，封渤海縣君，改恩平縣君。子男五人：曰增，曰墀，曰坰，曰龜兒，一早卒。女二人，長適太廟齋郎薛通，次尚幼。聖俞學長於《毛氏詩》，爲《小傳》二十卷，其文集四十卷，注《孫子》十三篇。余嘗論其詩曰：「世謂詩人少達而多窮，蓋非詩能窮人，殆窮者而後工也。」聖俞以爲知言。銘曰：不戚其窮，不困其鳴。不躓於艱，不履於傾。養其和平，以發厥聲。震越渾鍠，衆聽以驚。以揚其清，以播其英。以成其名，以告諸冥。

感二子　　前人

黄河一千年一清，岐山鳳鳥不再鳴。自從蘇梅二子死，天地寂然收雷聲。百蟲(杯)(坏)戶不啓蟄，萬木逢春不發萌。豈無百鳥解言語，喧啾終日無人聽。二子精思極搜抉，天地鬼神無遁情。及其放筆騁豪俊，筆下萬物生光榮。古人謂此覷天巧，命短疑爲天公憎。昔時李杜爭横行，麒麟鳳凰世所驚。二物非能致太平，須待太平然後生。開元天寶物盛極，自此中原没戰爭。英雄白骨化黄土，富貴何止浮雲輕。惟有文章爛日星，氣凌山岳常崢嶸。賢愚自古皆共盡，突兀空留後世名。蘇謂舜欽也。

哀宛陵先生詩　　前人

昔逢詩老伊水頭，青山白馬渡伊流。灘聲八節響石樓，坐中辭氣凌清秋。一飲百杯不言休，酒酣思逸語更遒。河南丞相稱賢侯，後車日載梅與鄒。我年最少力方優，明珠白璧相報投。詩成希深擁鼻謳，師魯卷舌藏戈矛。三十年間如轉眸，屈指（千）〔十〕九歸山丘，凋零所餘身百憂。晚登王墀侍珠旒，詩老虀鹽太學愁。乖離會合謂無由，此會天幸非人謀。頷鬚已白齒根浮，子年加我貌則不。歡猶可強閒屢偷，不覺歲月成淹留。文章落筆動九州，釜甑過午無饋餾。良時易失不早收，篋櫝瓦礫遺琳璆。薦賢轉石古所尤，此事有職非吾羞。命也難知理莫求，名聲赫赫掩諸幽。翩然素旐歸一舟，送子有淚流如溝。

祭墓文　文天祥廬陵人，郡守

視我廬陵，夫子歐陽，彰韓瘴昆，孕蘇育黃。公於其間，以詩名世，葩韓搴芳，育蘇挹袂。故醉翁於公之德則曰衣冠儒者也，於公之詩則曰英華而雅也。翁既與韓而始終，公亦與翁而上下。公仕於何，如鮎上竹。生遇昭陵，官同鄭谷。使詩遂窮人，則三百篇之作者，將其身之俱不叔。咸淳六年庚午三月。

弔宋都官聖俞墓　王勤武邑人，郡守

遭時蔭補位都官，窮困方成藻句寬。精力上追脣雅易，苦心下變楚騷難。古墳寂寞風烟淡，英氣孤高草木寒。遺德千年應不泯，歐陽銘刻燦琅玕。

又

野烟衰草栢山菴，荒塚濕濕玉一函。還有文章射牛斗，更無詩話對瞿曇。高名已得生前慕，遺稿尤令死後談。叨守宛陵慙我陋，懷賢走吊到禪龕。

賀復會慶堂　曹瓚

祠堂復舊賴賢侯，肯許山僧久占幽。梅氏蒸嘗還得所，都官才行本難儔。隴頭松栢風霜古，階前芝蘭雨露稠。天佑斯文知有在，雲仍俱可繼弓裘。

弔梅宛陵　王鑑之山陰人，提學、御史

老梅鐵骨閟幽馨，尙有餘香襲敬亭。愛酒從人呼靖節，送窮無計遣奴星。生因學杜形先瘦，死去逢歐眼倍青。擊破玄堂呼不應，都官何處駕雲軿。

栢山吊宋都官梅聖俞先生。拙作一首，用刊亭所，仍書畀其家，以備修譜系所采云

齋居曾讀宛陵詩，（謦）〔謦〕欬如聞大雅時。薦疏不逢仁廟用，明珠還有醉翁知。寥寥三代此機杼，噂噂晚唐多路歧。我亦健吟愛冲澹，栢山風物益凄其。弘治癸亥歲春二月上浣，巡按、監察御史羅山石門居士劉淮東之稿。

讀宛陵詩集　吳宗周

偉矣梅夫子，豐標與世殊。才名比韓孟，事業友歐蘇。瑞世呈麟鳳，輝淵炫寶珠。醉翁辭尙在，千載照寰區。

公餘閱宛陵集偶成　杜範

詩法將誰踵四詩，杜陵宜也宛陵宜。兩家古淡兼醇雅，作者還當遵守之。

弔梅都官墓　前人

盛宋風流有聖俞，歐公愛重勝明珠。卷中戚里稱三謝，門下英才榜二蘇。史學兵籌皆所具，文章道德果何孤。雙羊山下都官碣，弔祭恭傾酒一壺。

題宛陵集後　方回

二百年來無此作，王文康以好音償。寶元有詔專推奬，嘉定無由類中傷。秘苑刊傳銅印板，外夷織

佩錦弓囊。顧瞻古道誰容與，李杜陶韋足抵當。

閱景梅亭諸作喜賦　　董傑涇縣人，都御史

才美無驕吝，䮳䮳可入聖。吾鄉顧有誰？梅聖俞堪敬。當宋全盛時，所交皆名勝。非徒文學優，兼有高德行。千古夫子名，昭如日月並。偉哉范栢軒，景仰勞方寸。既爲復崇祠，貞珉勒無璺。再開水上亭，脱嚴神仙境。楣扁題景梅，賦詩乘藻興。諸公唱和繁，韶護雲咸併。事豈由偶然，生窮死達命。斯人久云亡，鍊骨山中殯。老我拙無文，詩牌羞上釘。

謁墓詩　　張經里人，侍郎

歐公去已久，誰爲栢山愁？白髮詩千首，蒼烟土一丘。諸孫時拜掃，過客獨遲留。寂寞僧窗晚，春溪水自流。

又　　盧摯按察副使

一上高齋憶謝公，雲間江樹有無中。詩家政有都官宅，腸斷荒山落葉風。

又　　靳汝弼真定人，憲司經歷

宋有梅夫子，靈鳳朝陽鳴。文章炳星日，當時照東京。歐陽期並轡，朋輩俱名卿。事業何顯著，滿腹儲太平。思之不得見，但恨遲我生。陵谷變遷後，薄宦來宣城。儒素藹鄉里，雲仍亦賢英。幸因休澣日，下焉拜荒塋。栢山得其高，雙溪得其淸。二者能永久，延公千古名。

又　　劉瑀寧國路經歷

昔聞夫子名，今始拜其墓。栢山寺古碑斷横，三尺荒墳儼如故。稻溝流水聲且哀，老樹號風悲更怒。詩僊已去二百載，壞垣空走貍與兎。嗚呼再奠一杯酒，潸然回首西山暮。

又　阮麟翁寧國路同知

嘉祐微言絕，重經二百年。殘詩留斷石，荒壠入平田。山鶴夜應怨，河豚春又鮮。邦人說天子，寒食寺門前。

祭宛陵先生文　朝散大夫、顯謨閣待制、知寧國軍府事兼管內勸農營田使王遂

惟宋文章，曰歐與蘇。有梅夫子，歐蘇之徒。在漢去誕，於唐棄訣。八百餘年，掃去朽枯。如斲元氣，變化百殊。慶曆之盛，上跨周虞。顛倒奔走，溢浚之都。空餘翰墨，一世楷模。相厥寒泉，在彼坤隅。文氣貫天，落日平蕪。遂生雖晚，此意中孚。肅肅官僚，陳其啜餔。斯人遠矣，不可叫呼。文猶未墜，其在茲乎。淳祐二年壬寅。

又　劉震孫

嗚呼！名位之不可兼得也久矣。然得位者榮身一時，得名者流芳千載。以公之文學行義，雖仕不稱德，而自嘉祐至今，踰二百年矣，天下之言詩人者必曰聖俞，國人之誦所尊敬者必曰宛陵先生。是則天之所以厚公者，固在此而不在彼也。震孫少嘗竊誦公之詩，今幸守公之邦，式公之墓，悲其亭之久廢，而烝嘗無所，乃即故址而改作焉。表以石刻，繚以垣牆，而封植其宰木。迨茲考成，乃率僚寀，釃酒一酹，庶幾懷賢尚德之意。精爽如在，尚歆顧之。

題于越亭送君石秘校二詩後　閻復

南昌一尉老西都，文采風流接聖俞。詩好見稱歐永叔，書工不減蔡君謨。洞庭鴈過風生葦，于越峰青門戛湖。細讀粉箋當日詠，終篇無字不驪珠。

又　張斯立

宛陵梅夫子，才名冠當世。歐蘇與並驅，時稱天下士。哲人去已久，手澤見英氣。可慕不可攀，悠悠千古意。行義魯臧孫，流芒垂後裔。今遇叔章君，箕裘元不墜。　貢奎里人，學士

又　張伯淳

詩還二百年來作，身死三千里外官。知己若論歐永叔，退之猶自媿郊寒。

又

聖俞先生宣城裏，經行修明教冑子。不特詩名滿世間，紀載精詳繼前史。當時晦叔誦其文，曰二百年未有此。先生泰山北斗然，管窺蠡測難爲言。我從聞孫見手澤，定知家學有根源。繭紙可腐石可泐，世美自有不朽存。

又　劉必大

先生文章在青史，先生勳名揭白日。誰謂二百有餘年，得見兩詩親翰筆。花箋松煤色尚鮮，元祐偉人如再出。名器時來或可求，家寶世傳難可必。叔章持此上天朝，橫斗高風低少室。

又　王士熙

宛水留荒宅，空山老栢株。詩名唐正體，經法漢先儒。賢裔今重見，高風古亦無。郎官爲直講，遺說辯精粗。

又　汪澤民里人，禮部尚書

宋代文章梅與歐，薦賢何不致公侯。宛陵詩老名千載，嘉祐郎官閟一丘。調寫心聲諧寶瑟，書存手

澤粲銀鈎。曾經于越琵琶尾，愁絶西風鴈過秋。

跋前二詩　　荀宗道

拜觀宛陵梅先生手書《寄題于越亭》、《送君石秘校尉河内》之作，詩律謹嚴，楷法莊重，蓋天稟仁厚樂易，發見於心聲心畫，自有不能掩者。歐陽公謂氣完力餘，益老以勁，斯二章足以當之矣。

又　　宋渤

前輩文章，字畫無不楷謹精密者，正若平生大節。余嘗見昌黎韓公福先寺下題名、歐陽文忠公《集古跋尾》、司馬文正公《日曆》、東坡《論語解》、《易説》，皆起草時册子，雖旁注細書，一一端正可讀。至圈改行間，悉可見其先後用意處。今觀梅屯田公自書詩兩章，校其同時諸人，若一軌轍。又用筆作方闊，法李西臺、蔡端明然。

又　　陳儼

宛陵公去世二百餘年，今觀遺墨二詩，猶旦暮過之也。或以爲平淡，或以爲枯槁，惟具眼能識之。惟公生而卒以詩窮死，然世愈遠而愈增重，雖與日月爭光可也。視當時烜赫者溘然泯默，不復知爲何人，相去蓋有間矣。亦可謂一世之屈，百世之信者歟！寥寥遺響，子其嗣之。

又　　李倜

樊宗師苦心琢句，非韓公不能見知於世。梅都官之於歐陽公亦然，何異世而同軌也耶？仍孫奕芳持公《于越亭》并《送君石秘校》二詩出示，亦可想見其風度矣。咨藏之勿墜。

又　　元明善

梅宛陵負一代詩名，歐陽公吃吃推重，想當日課一首，用心亦苦矣。妙墨二紙，髣髴得其勁氣，愈信歐公爲知人。

又　張與材

聖俞詩名爲歐、蘇所重，後之人不容復議矣。獨翰墨見於世者少，其八世孫叔章能寶藏之。今觀其筆意瀟散，有高人逸士風度，此豈汲汲於聲利者。心畫正爾，豈特坐詩窮耶！

又　龔璛

去浮靡之習，超然於崑體極弊之際；存古淡之道，卓然於諸大家未起之先。此所以爲梅都官詩也。當聲名文物之盛，有歐公爲之依歸。而歐公收拾人才，識拔於科舉之外者，於先生與老泉，可謂不遺餘力矣。雅道相與，輝映千古，猶計官資而曰不遇，是孰爲有遇乎！尙論其世，誦其詩，讀其書，必知其人者，始足以語此。宛陵先生之鄉，子孫在焉。叔章暇日出示眞蹟，使人歆慕無已。按，尙書屯田員外郎當是階官，後遷都官耳，即元豐官制改後朝奉郎也。國子監直講乃是職事官，宋初已置，常選通經有實行者爲之，宜歐陽以爲公薦也。書局編修，亦公辟云。

跋會慶堂記後　汪澤民

宛陵梅先生爲文以記會慶堂，其奉先思孝如存之誠至矣。歲久石泐，嗣孫致遠、致和、寔等具碑請余重書，刻置堂上。噫！繼自今歲時禴烝，百世一日，則梅氏子孫之職，釋子能固護棐栢如澄展之心，則各盡其道矣。尙勗之謹之。

重刻二先公年譜跋

寰宇内所藉以定國是、宣性靈者，功與言也。古以德列爲三不朽。如古所謂總之準於德耳，不則一歸於澌盡泯滅而已。吾先曰許昌公，而其兄子曰宛陵公，踵起宋代。粤稽昌言，試崇仁殿，真宗奇其材，守靈州，請以身往，何壯也！脱如厥議，咸和、景德，屹然其安，豈至元昊輩能一二窺耶！運移宋祚，雖文靖無所施矣。王文康有「二百年無此作」之嘆，夫亦感於大雅不復，聖俞公爲所知矣。嘉祐間，詔修取士法，而眉山蘇、南豐曾諸賢皆出於門，其有裨於斯道甚大。問其秩，猶靳崇膴也何與？雖然，四百年間，論宋事者，云靈州之議當以輔臣爲是，諤諤生氣，至今若存；歌清廟明堂者，有深遠古澹之思，而弗之逮。則功言要於其當，不可易矣，後人其猶覲乎憲憲也哉！子曰：「雖百世可知也。」二譜爲里人陳、張兩先生所述。兩先生里之達而望者，其不阿所好也審矣，宜與史傳信也。不穀視先世足羞，今兹譜鏤殘缺，而顧自忍於佚焉，非矣。向有請於觀所周師氏，矜其愚可之，校以再梓。二公當時有祠附城南里許，世世修治，文獻具徵。癸酉春，郡守滕越峰王公令荆守沖、姜公懷賢表哲助俸繕圮，寺田仍給僧人掌之，以奉祠事，蓋亦不失已往意耳。祠之者正以足風後學也，而譜之所紀是已。沿襲云久，一時並新，謂其先公有以不朽而存者非耶？夫卷次一二，以緣分也。刻必合帙，以繫時也。有附録者，誌碑稱思諸類也。昔者趙無恤懷藏簡子所貽而重於普，矧斯爲先公精神履歷之實，貽厥宏遠，光昭之責，宜有在矣。一科踰越若是，抑惟有不容諉者，又冀以興嗣歲乎爾，敢幾無恤哉。萬曆甲戌秋八月吉，不肖二十世孫一科頓首百拜譔。

石徂徠年譜

許毓峰 編

責善半月刊第二卷第二十期

石介（一〇〇五—一〇四五），字守道，一字公操，兗州奉符（今山東泰安東南）人。嘗講學徂徠山下，學者稱徂徠先生。天聖八年進士，歷鄆州觀察推官、南京留守推官，遷嘉州軍事判官，召爲國子監直講，拜太子中允、直集賢院。時宋仁宗推行慶曆新政，進用韓琦、范仲淹、富弼等，他喜而作《慶曆聖德頌》詩，出爲濮州通判，未赴任，卒於家，年四十一。後夏竦借事誣石介詐死，奏請發棺驗尸，其事雖經杜衍等保奏得免，但累及妻子，二十年後方得昭雪。

石介嘗從學孫復，博通經術，極力倡導古文，尊崇韓愈，推崇柳開、孫復，抨擊佛、老，指斥西崑體詩「淫巧侈麗，浮華纂組」，在北宋文壇産生了巨大影響。著有《徂徠集》二十卷，有清康熙四十九年徐肇顯刻本、康熙五十五年燕山石氏刻本、光緒十一年刊濰縣張次陶藏影宋本、《四庫全書》本等。事跡見歐陽修《徂徠石先生墓誌銘》（《歐陽文忠公集》卷三四）、《東都事略》卷一一三、《宋史》卷四三二本傳。

本譜爲近人許毓峰編，所據資料較豐，歷述譜主行實、詩文著述與同時人交遊，時有考證，較爲簡明。本譜初刊於一九四二年《責善半月刊》，此次收録，略有調整。

徂徠先生姓石氏，名介，字守道，兖州奉符人也。徂徠魯東山，而先生非隱者也，其仕嘗位於朝矣（《墓誌銘》）。進士及第，歷鄆州、南京推官。後御史臺辟爲主簿，未至，以論赦書不當求五代及諸僞國後罷。代父官於蜀，丁父母憂，耕徂徠山下。入爲國子監直講，學者從之甚衆，太學由此益盛。後又入爲太子中允直集賢院（《宋史》本傳與《學案》）。先生學篤志大，雖在畎畝，不忘天下之憂，其遇事發憤，作爲文章，極陳古今治亂成敗，以指切當世賢愚善惡，是是非非，無所諱忌。嘗曰：「吾道固如是，吾勇過孟軻矣。」（《墓誌銘》）以排斥佛老，誅貶姦邪爲己任（《燕談録》）。其亦晚歲受禍之所由也。宋世學術之盛，實以胡安定、孫泰山與先生爲之先河。宋朝理學，雖至伊洛而精，實自三先生而始，故朱晦庵有「伊川不敢忘先生」之語（《學案》）。魯人不稱先生官，而稱先生德，以爲徂徠魯之望，先生魯人之所尊，故因其所居山以配其德也（《墓誌銘》）。

宋真宗景德二年乙巳

先生生於兖州奉符，父丙，月日不詳（據《墓誌》與《學案》均謂慶曆五年七月卒，年四十一）。

同時有關之學者：范仲淹（字希文）十（五）〔七〕歲，端拱二年生。孫復（字明復）十四歲，淳化（四）〔三〕年生。胡瑗（字翼之）十三歲，淳化四年生。

胡瑗十三歲已通五經，即以聖賢自期（《宋元學案》卷一）。

宋真宗大中祥符七年甲寅，先生十歲。

先生喪母，其《上徐州張刑部書》云：「介生十年失母氏之愛。」（《徂徠集》）是年，范仲淹在南都學舍（《范仲淹年譜》）。呂誨（字獻可）生。

宋仁宗天聖五年丁卯，先生二十三歲。

是年范仲淹教授於睢陽學舍，訓督學者，皆有風度，四方從學者甚衆。孫復於是年謁仲淹於睢陽學舍，仲淹贈以千文（《范仲淹年譜》）。是年范純仁（字堯夫）生，呂大防（字微仲）生。

宋仁宗天聖六年戊辰，先生二十四歲。

孫復復謁范仲淹於睢陽學舍，仲淹又贈千錢，因問何爲汲汲於道路，孫復戚然動色曰：「母老無以爲養，若日得百錢，則甘旨足矣。」於是仲淹補孫復爲學職，並授以《春秋》，而孫復篤學不舍晝夜。明年，仲淹去睢陽，孫復亦北歸。後十年間，孫復即在泰山下以《春秋》教授學者（《范仲淹年譜》）。

案：仲淹於今年十二月即被晏殊薦，爲祕閣校理。

宋仁宗天聖七年己巳，先生二十五歲。

先生爲舉子時，寓學於南都，其固窮苦學，世無比者。王瀆聞先生勤約，因會客以盤餐遺之，先生謝曰：「甘脆者，亦介之願也，但日饗之則可，若止得一餐，則明日何以繼乎？朝餐膏粱，暮厭䵉糲，人之常情也，介所不敢當賜。」便以食還。王沓重之（《宋朝事實類苑》引《倦游雜録》）。

案：此事未定在何年。惟知在進士及第前，故繫於此。

宋仁宗天聖八年庚午，先生二十六歲。

先生舉進士甲科，爲鄆州觀察推官（《墓誌銘》）。

案：先生《與奉符知縣書》，引馬永伯語云：「吾治君邑，吾聞君賢，且與君爲天聖八年同門生。」（《徂徠集》）

是年歐陽修亦成進士。

宋仁宗明道元年壬申，先生二十八歲。

先生爲鄆州觀察推官、將（士）［仕］郎、祕書省校書郎（《上范青州書》）。是年范諷知青州（《續通鑑》三九）。

案：先生《上范青州書》略曰「新臨朐縣令將行，其子介竊躍而喜曰」云云（《徂徠集》），知是年先生父爲臨朐縣令。

是年程顥（字伯淳，號明道）生，范純粹（字德孺）生〔二〕。

宋仁宗明道二年癸酉，先生二十九歲。

先生爲鄆州觀察推官、將仕郎、秘書省校書郎（據《上范中丞書》）。四月，范諷召爲右諫議大夫，兼御史中丞（《續通鑑》三九）。

五月九日，先生《上范中丞書》曰：「淫靡蠹人文，佛老害政教，興作廢農時，土木耗民財，其待吾天子、吾相國、吾中丞而教乎？」（《徂徠集》）〔註一〕

又有《上郭殿院書》（《徂徠集》）〔註二〕。

先生與士建中相識於鄆州。

案：先生《與裴員外書》云：「往年官在汶上，始得士熙道。」故知先生與士建中相識，當在此一二年內。士建中字熙道，鄆州人也，孫泰山講學，熙道同時而起（《宋元學案》卷六）。

先生對士熙道甚爲推重，其於十月《上蔡副樞書》曰：「竊見鄆州鄉貢進士士建中，其人孜孜於此者二十年矣。其道則周公孔子之道也，其文則柳（開）〔仲〕塗、張晦之之文也。其行則古君子之行也。」「其文十篇，皆化成之文也。若夫言帝王之道，則有《道論》；明性命之理，稱仁德之貴，則有《顔壽論》；根善惡之本，窮慶殃之自，則有《善惡必有餘論》；大聖人之言，辨註者之誤，則有《畏聖人之言論》；舉五常之本，究禍福之謂，則有《原福》上下篇；明鬼神之理，存教化之大，則有《原鬼論》；守正背邪，遺近趨遠，則有《隨時解》；達聖人之時，廣夫子之道，則有《夫子得時辨》；擇賢養善，察姦除惡，則有《莠辨》。今皆獻之，此其小者也。」（《徂徠集》）

先生《又上范思遠書》曰：「建中有《秋賦》，所投文十篇、論一首、上李屯田書一首，凡十一篇，僅數萬言，今封去，試熟讀之，從可知矣。」（《徂徠集》）〔註三〕

先生《上趙先生書》中亦曰：「今之爲文，其主者不過句讀妍巧對偶的當而已」，「於教化仁義禮樂刑政，則缺然無仿佛者。」「先生如果欲有爲，則請先生爲吏部。介願率士建中之徒爲李翺、李觀，先生唱於上，介等和於下。」（《徂徠集》）

是年程頤（字正叔，號伊川）生。

【考證】〔註一〕先生《上范中丞書》：「介生二十九年，在貧賤寒餒中，胸臆鬱鬱不得舒散。」（《徂徠集》）又按《續通鑑》：今年四月「天章閣待制范諷爲右諫議大夫，權御史中丞。」（《續通鑑》卷三九）據此知先生《上范中丞書》在今年。

〔註二〕先生《上郭殿院書》謂：「今年四月一日，皇帝始親決萬機。」案：仁宗於今年四日「始親政，裁抑僥倖，中外大悅」（《宋史》卷十），故知先生所上書在今年。

〔註三〕先生《上范思遠書》內云：「屯田李員外一見（熙道）稱服，謂之絕論。李亦有引拔天下英賢之心，輔翼國家太平之道，已於今月二十九日狀其實奏上。」又《上蔡副樞書》云：「昨本州李屯田若蒙曾狀其實聞上。」故知該書亦係此時所上。

宋仁宗景祐元年甲戌，先生三十歲。

先生爲南京留守推官（據《續通鑑》卷三九）。

是年春先生與孫復（字明復）相識於南都。

案：先生《與裴員外書》云：「往年官在汶上，始得士熙道。今春來南都，又逢孫明復，韓孟茲遂生矣。」（《徂徠集》）

是時先生已著名山左，對孫復執弟子禮師事之，稱爲富春先生（《宋元學案》卷二）。

孫復所推重者，士建中第一，先生其次也。曾賜先生詩曰：「攘臂欲爲萬丈戈，力與熙道攻浮僞。」（《宋元學案》卷六）

案：此二語，本係孫復贈先生之詩（見先生《上孫先生書》），而《學案》卷二乃引作先生語，誤矣。

先生《上孫先生書》曰：「先生（孫復）與熙道爲元帥，介與至之、明遠被甲執銳，摧堅陣，破強敵。」又謂：「吾年纔三十，吾心已不動，誰謂石介剛，過於

孟軻勇，此誠敢自許也。」（《徂徠集》）

是時孫復年已逾四十，尙未娶妻，故先生於書內曰：「嘗與熙道說先生逾四十未有室嗣，先大夫之遺體可不念也。」「明遠（張洞）來，論之相對泣下，非先生之事也，朋友門人之罪也。因思得與數君子同力成先生一日事矣。」「然後爲先生築室於泰山徂徠間，以周公孔子之道而自樂焉。」（《徂徠集》）

先生又撰《新濟記》（《徂徠集》）。

五月，歐陽修由洛返京師，與先生第一書，責先生自許太高，詆時太過，書法太怪，《書》曰：「自許太高，詆時太過，其論若未深究其源者。」「君貺家有足下手作書一通，及有《二像記》石本。始見之，駭然不可識，徐而視定，辨其點畫，乃可漸通。吁，何怪之甚也！既而持以問人曰：『是不能乎書者耶？』曰：『非不能也。』『書之法當爾耶？』曰：『非也。』『古有之乎？』曰：『無。』『今有之乎？』亦曰：『無也。』『然則何謂而若是？』曰：『特欲與世異而已。』」「修聞君子之於學是而已，不聞爲畏也。」（《歐陽文忠集》卷六六）

先生《答歐陽永叔書》曰：「自幼學書，迨於弱冠，至於壯，積二十年矣，……訖無所成，僕常深病之。」「然永叔謂我特異於人以取高，似不知我也。」「僕之書，實不能也，因永叔言，僕更學之。」（《徂徠集》）

案：《書史要義》稱先生擅翰，是先生固非不能書者。其答歐陽修特其謙遜，其後夏竦使女奴陰習先生書，知先生書必甚怪，殆特有體貌也。

八月，王曾爲吏部尙書、同平章事、樞密使，先生贈曾書曰：「宮庭傳言，漸有失德，自七八月來，所聞又甚，倡優婦人，朋淫宮內，飲樂無時，聖體因時有不豫，斯不得不爲慮也。」「相公昔作元台，今冠樞府，社稷安危，皆繫於相公，當此之時，宜即以此爲諫。」（《續通鑑》三九）

是年范仲淹出守睦州，九月復知蘇州。《與孫復書》曰：「足下未嘗游浙，或能枉駕與吳中講經籍，教育人材，是亦先生之爲政，買山之圖，其在中矣？」（《范仲淹年譜》）

【考證】歐陽修與先生第一書云：「前歲於洛陽得在鄆州時所寄書，卒然不能即報，遂以及今。」據《歐陽修年譜》，歐陽修乃於明道二年三月去洛，於今年五月返京師，故與先生之第一書，疑應在今年。

宋仁宗景祐二年乙亥，先生三十〔一〕歲。

十二月，御史臺辟爲主簿，未至，先生上書論赦書不當求五代及諸僞國後，忤意，罷不召（據《續通鑑》卷四十）。

時杜衍爲御史中丞，歐陽修貽書杜衍曰：「介爲人剛果，有氣節，力學，喜辯是非，眞好義之士也。始執事舉其材，議者咸曰知人之明，今聞其罷，皆謂赦乃天子已行之令，非疏賤當有說，以此罪介曰當罷。修獨以爲不然。……主簿於臺中非言事之官，然大抵居臺中者，必以正直剛明不畏避稱職。今介足未履臺門之閾，而已因言事見罷，眞可謂正直剛明不畏避矣。度介之才，不止爲主簿，直可任御史也。是執事有知人之明，而

介不負執事之知矣。」（歐陽修《上杜中丞論舉官書》）

先生《與董秀才書》曰：「富春明復先生潛心堯、舜、禹、湯、文、武、周公、孔子三十年矣，其心盡究堯、舜、禹、湯、文、武、周公、孔子之用，而深通孔子之心，其道高於天下，而窮於一身，其文出於千古，而否於當時，其行齊乎古人，而輕於衆俗，年四十有四，而兩鬢盡白。」「今既走泗上，又走京師，躬負其王考母暨先君先大夫之骨，將葬於泰山徂徠之閒，而貧無以具棺槨，足下豐於財，又富於義，而卒成先生之葬，然後知足下好賢服道心實篤。」（《徂徠集》）

案：孫復今年四十四歲。

是年范仲淹在蘇州奏請立郡學，請胡瑗爲教授（《范仲淹年譜》），仲淹諸子皆從學焉（《宋元學案》卷一）。

【考證】據《續通鑑》卷四十、及歐陽修《上杜中丞論舉官書》，先生辟爲主簿未至見罷，乃今年事無疑。先生傳內亦謂：「進士及第，歷鄆州、南京推官，篤學有志，……遇事奮然敢爲。御史臺辟爲主簿，未至，以論赦書不當求五代及諸僞國後罷。」（《宋史》四三三）案此，先生辟爲主簿，應在鄆州、南京推官以後。然《續通鑑》卷三十八又謂天聖八年二月戊子「詔五代官三品以上告身存者子孫依蔭律叙蔭，仍須得保官三人，御史臺主簿兗州石介上疏以爲不可，坐罷」。考先生於天聖八年三月始舉進士甲科，爲鄆州觀察推官，辟爲主簿絕非天聖八年事。《續通鑑》前後記載重複。

宋仁宗景祐三年丙子，先生三十二歲。

五月，歐陽修降爲峽州夷陵縣令，沿汴淮而行。丁未，次南京，次日，先生邀曹州觀察推官蔣安石等，與歐陽修小飲於河亭，修因疾不飲，衆皆醉以歸（《歐陽文忠集》卷一二五《（於）〔于〕役志》）。

九月，先生代父丙遠官爲嘉州軍事判官（據先生《上徐州張刑部書》）。

是年范仲淹知饒州。蘇軾（子瞻）生。

宋仁宗景祐四年丁丑，先生三十三歲。

先生母卒，乃由嘉〔州〕返里。

案：先生《上徐州張刑部書》曰：「去年請於吏部，得蜀嘉州一官，以免大人之行。抵嘉僅月，母氏訃至，……今解官來，大人故不得免其行矣。」又曰：「生十年失母氏之愛，繼以兩母。」知先生三母。

四月，先生居睢陽（據《鄆城縣新堤記》）。

五月一日先〔生〕撰《宋〔生〕城縣夫子廟記》（《徂徠集》）。

六月，先生仍居睢陽。一日，撰《鄆城新堤記》曰：「夏四月，余卧睢陽公舍，鄆城縣令劉君準遣使致書」，「願得文爲記」（《徂徠集》）。

六月二日，先生撰《柘城縣巡檢廨署記》曰：「予吏睢陽，韋君以新署成，乞文爲記。」（《徂徠集》）

是年范仲淹知潤州。朱光庭（字公掞）生。

宋仁宗寶元元年戊寅，先生三十四歲。

先生作《三朝聖政錄》，將上，一日求質於韓琦，琦指數事：其一，太祖惑一宮鬟，視朝晏，羣臣有言，太祖寤，伺其酣寢刺殺之。琦曰：「此豈可爲萬世法？己溺之，乃惡其溺之，彼何罪？使其後有變，將不勝其殺矣。」遂去之。先生服其清識（《宋名臣言行録》後卷一）。

先生又撰《三朝聖政録序》略曰：「苟能斟酌祖宗垂憲，效而行之，可謂詔盡美矣，又盡善矣。」（《徂徠集》）

是年范仲淹在潤州，與李覯書曰：「今潤州初建郡學，可能屈節教授？」又與胡瑗書曰：「近改丹徒，並獲雅問，豈君之心不易改棄而然耶？」（《范仲淹年譜》）

十一月，改知越州。司馬光成進士。

【考證】《聖政録序》云「今天下太平八十年」，又云「臣生三十四，目不識干戈之事，耳不聞金革之聲」。案：宋開國至寶元二年始爲八十年，而今年僅七十九年，恐先生歲數可靠，而謂「八十年者」，乃係云整數耳。

宋仁宗寶元二年己卯，先生三十五歲。

三月，先生父丙卒（據先生《上王狀元書》）。

十二月，孔道輔貶鄆州，行至韋城，發病卒（《宋史》二九七《孔道輔傳》）。先生撰《祭孔中丞文》（文收《宋文鑑》卷一三三，今《徂徠集》佚未録）。

是年范仲淹在越州。蘇轍（子由）生。

【考證】先生《上王狀元書》曰：「石氏自周、漢以來，至於吾宋之八十一年，百餘祀。」案「八十一年」即康定元年，然該書内又曰：「先人三十年營之，迄於今年之八月，志未就，而先人沒，當將終之時，制淚忍死執介手以命於介且曰：『汝不能成若翁之志，吾不瞑矣。』故介自受命以來，十有七月矣。」案此，知先生父喪當在今年三月也。

宋仁宗康定元年庚辰，先生三十六歲。

先生在喪戚中，垢面跣足，躬耕徂徠之下，葬五世未葬者七十喪（《墓誌銘》）。以《易》教授於家，魯人稱之曰徂徠先生（《宋史》四三二先生傳）。

先生《上王狀元書》曰：「石氏自周、漢以來，至於吾宋之八十一年，百餘祀。自高祖以降，至於六世孫，七十喪或未改葬。此直可以謂之憂患矣，是用今年八月先人之吉歲嘉月也，以圖襄事。」「石氏自高曾以來以農名，家居東附徂徠，西依汶，有故田三百（略）〔畝〕，附徂徠者磽确，種不入，依汶者雖肥墳，閱歲汶溢爲害。逢歲大有，困不滿三百石，食常不足，賴先人祿賜，介又幸有秩，姑逃於凍餒之患。先人沒，祿賜絕，介服喪，秩亦闕，專以田三百畝衣食夫五十之口。去年平原出水、蝗爲災，三百畝之田，不饜水則飫蝗，死者固不可忘，生者又不可不養。先人三十年營所葬之資，已爲五十口衣食之用，今茲大事，當用五十萬，不干於有道，終不克葬。」「執事能以代公郭氏河東（柳氏）仁義，拔介之窮，而成介之葬，執事之施，固不求報，而介德執事也，當如何焉。」（《徂徠集》）

案：王狀元即王拱辰，字君貺，開封咸平人。

七月十八日，先生撰《泰山書院記》，將孫復比之文中子與韓吏部，略曰：「文中子、吏部，皆以其道授弟子，復傳之於書，其書大行，其道大耀。先生亦以其道授弟子，既授之弟子，亦將傳之於書，將使其書大行，其道大耀，乃於泰山之陽起學舍構堂，聚先聖之書滿屋，與羣弟子而居之。」「今先生游從之貴者，故王沂公、蔡貳卿、李泰州、孔中丞，今李丞相、范經略、明子京、張安道、士熙道、祖擇之，門人之高第者石介、劉牧、姜潛、張洞、李緼，足以相望於千百年之間矣。」（《徂徠集》）

九月，先生《上杜副樞書》曰：「今公職筦樞機，位亞台宰，可以舉賢矣，可以去不肖矣，天下之賢者進矣，不肖者退矣。」「公爲天子柄輔，親在宥密，位足以行道，行道足以及天下被萬物非少也。」（《徂徠集》）

先生復上杜副樞書曰：「抱堯、舜、孔、孟之道，伊尹、周、召之志，老於蓬蒿，比爲不獲甚矣。噫，難其人哉！泰山孫明復先生其人也。」「先生三退於禮部，一黜於崇政，知其道不與時合，不敢復進，乃築室泰山之陽，聚徒著書（著有《春秋尊王發微》十二篇），閒以自適。」「先生宜左右天子，發舒其事業，流福澤於四海，樹功名於無窮，棲於山阿，豈其宜也！」（《徂徠（年）集》）

案：文云先生（孫復）年四十七。考孫復四十七歲時，乃寶元元年。然據《宋史》與《續通鑑》，杜衍於寶元元年并未在朝，更未爲樞密副使，至今年始爲樞密副使（《宋史》卷十），而該書開首曰「樞密侍郎閣下」，又曰「伏惟閣下之心，伊尹之心也，有伊尹之心，得伊尹之位，豈容海內有不獲者矣」，如以此書爲寶元元年杜衍未執政時所上，豈應云「得伊尹之位」，又豈應云「豈容海內有不獲者矣」？疑此書爲今年所上，恐「七」字爲「九」字之誤。

先生又《與祖擇之書》曰：「先生（孫復）四十九歲，病卧山阿，衣弗充，食弗給，日抱《春秋》、《周易》讀誦，探伏羲、文王、周公、孔子之心，上無斗升祿以養妻子，〔中〕無賢諸侯名卿賢相以相慰薦，下無一夫之田、五畝之桑以供伏臘，可謂窮矣。」又曰：「先生之窮，窮於身，而不窮於道，烏得謂之窮乎？」（《徂徠集》）

是時先生教授於家，濮人李植（成伯）與張續（禹功）師先生爲門人高弟（《澠水燕談録》卷四）。

先生《贈張續禹功》曰：「今讀禹功文，矛戟寒相依。寶光千里高，飛出破屋裏。龍音萬丈長，拔出重澈底。雷霆皆藏身，日星或失次。」（文收《宋文鑑》十六，今《徂徠集》佚未録〔三〕）

案：先生《贈張續禹功》又謂：「禹功氣奔壯，今方二十二。前去吾之年，猶有十四歲。今讀禹功文，魂魄已驚悸。更加十四年，世應絶儔類。」案此，知該文乃先生三十六歲時所作也。

是年范仲淹爲陝西都轉運使，七月與韓琦並爲陝西經略安撫副使，同管勾都部署司事，薦舉孫復爲陝西經略安撫司勾當公事（《續通鑑》四二）。

宋仁宗慶曆元年辛巳，先生三十七歲。

先生仍居徂徠山下。先生《送張續李常序》中有「〔直〕以身（直）冒予之禍，來山中而助予」語。

五月二日，先生《送張績李常序》曰：「孔子之大道爲異端侵害，不容於世實三千年，諸公能維而持之，不能排而去之。維之持之，道不絕矣，不去其害，道終病矣。予乃奮獨力直斥其人而攻之，我寡彼徒衆，反攻予者，日以千數，視予之肉，虎（磨）〔動〕吻而狼磨牙。」又曰：「予今年三十七，而髮半白，然心益壯，而氣不衰。」（《徂徠集》）

七月，祖擇之罷濟南將歸，自歷山南走三百里，至泰山徂徠別孫復與先生，舉觴賦詩，五日而後去。先生《送祖擇之序》曰：「古之君子，辭官職而遺寵祿，趨鼎鑊而就鈇鉞，非以官職寵祿爲（夏）〔憂〕，而鼎鑊鈇鉞爲樂也，道適當然也。」（《徂徠集》）

十月初九日，先生又撰《宣化軍新橋記》曰：「聖人之於天下之道，有作焉，有因焉，有變焉，未有初也故作，未有制也故因，制失故變，變者救其失也。董仲舒曰：『道者萬世無弊。』非無弊也，得救之之道也。」（《徂徠集》）

是年范仲淹知耀州，五月徙知慶州，十月管勾環慶路部署司事兼知慶州，爲左司郎中。

宋仁宗慶曆二年壬午，先生三十八歲。

先生入爲國子監直講（《墓誌銘》）〔註二〕。先生自官南京，後居徂徠，常以經術教授，入爲國子監直講，益以師道自居，學者從之甚衆（《墓誌銘》）。先生爲文有氣，嘗患文章之弊，佛老爲蠹，嘗著《怪說》及《中國論》，力排佛老與楊億，於是新進學者，不敢爲楊劉體，亦不談佛老（《行實》）。

先生欲薦孫復於朝，故撰《明隱篇》曰：「孫明復先生學周公、孔子之道而明之者也。周、孔之道，非獨善一身，而兼利天下者也。」「古之賢人有隱者，皆避亂世而隱者也，彼所謂隱者，有匠夫之志，守硜硜之節者之所爲也，聖人之所不與也。」「若先生者，有賢人之志，遭堯舜之盛，未得進用，姑盤桓山谷以待時者也，非隱者也。」（《徂徠集》）

先生在太學，四方諸生來學者數千人，何羣（字通夫）亦自蜀至。方講官會諸生講，先生曰：「生等知何羣乎？羣日思爲仁義而已，不知饑寒之切己也。」衆皆注仰之，乃推以爲學長（《宋元學案》卷二）。

案：確實年代不可考，約在此二年內。

十一月，孫復爲國子監直講（《宋史》卷十一）〔註二〕。

【考證】〔註一〕先生《墓誌銘》云：「服除，召入國子監直講。」又云：「直講歲餘，杜祁公（衍）薦之天子，拜太子中允。今丞相韓公（琦）又薦之直集賢院」。案：先生父卒於寶元二年，慶曆元年即服除矣。又案：先生於慶曆三年四月已爲太子中允（據《長編紀事本末》卷三八），故先生入爲國子監直講應在今年。

〔註二〕《宋史》卷十一謂：慶曆二年十一月甲申「以泰山處士孫復爲國子監直講」。《續通鑑》亦謂慶曆二年十一月甲申以泰山處士孫復爲試校書郎、國子監直講。范仲淹、富弼皆言復有經術，宜在朝廷，故召用之（《續通鑑》四五）。《宋史》卷四三二《孫復傳》未載年月，然歐陽修《孫明復先生墓誌銘》謂：「介爲學官，語於朝曰：『先生非隱者也，欲仕而未得其方也。』慶曆二年，樞密副使范仲淹、資政殿學士富弼，言其道德經術，宜在朝廷，召拜校書郎、國子監直講。」（《歐陽文忠全集》卷二十七）考范仲淹至慶曆三年四月始爲樞密副使（據《宋史》卷十一），富弼至慶曆三年三月始爲資政殿學士（據《續通鑑》卷四五），其在慶曆二年四月，富弼使契丹，七月再使契丹（據《宋史》十一）。十月，（淹仲范）（范仲淹）爲鄜延路經略安撫使（《范仲淹年譜》），富弼爲翰林學士（據《續通鑑》四四），並未爲樞密副使與資政殿學士事，今既曰慶曆二年，又豈能曰「樞密副使范仲淹、資政殿學士富弼，言其道德經術宜在朝廷」也？如非孫復充國子監直講爲慶曆三年，即歐陽修對范仲淹與富弼之官職誤矣。今暫依《宋史》。

宋仁宗慶曆三年癸未，先生三十九歲。

先生爲太子中允，國子監直講，杜衍所薦也（據《通鑑長編紀事本末》卷三八、《墓誌銘》）。

四月，呂夷簡罷，章得象自平章事加工部尚書、昭文館大學士，以晏殊爲平章事兼樞密使，賈昌朝參知政事，韓琦、范仲淹、富弼爲樞密副使（《宋史》卷一一一《宰輔表》）。歐陽修、王素、余靖、蔡襄並爲諫官，夏竦既拜復奪之，以杜衍代，先生大喜曰：「此盛事，歌頌乃吾職，其可已乎？」（《續通鑑》四五）

乃上《慶曆聖德詩》曰：「舉擢俊良，掃除妖魃。衆賢之進，如茅斯拔。大姦之去，如距斯脫。上依輔弼，同予調燮。下賴諫諍，維予紀法。左右正人，無有邪孽。予望太平，日不踰浹。」「恭己南面，退姦進賢。知賢不易，非明弗得。去邪惟艱，惟斷乃克。明則不貳，斷則不惑。既明且斷，惟皇帝之德。」以詩褒貶大臣，分别邪正，累數百言（《宋史》四三二先生傳）。衆賢指范等，大姦指竦也（《宋元學案》卷二）。詩出，孫復曰：「介禍始於此矣。」（《續通鑑》四五）其後姦人作奇禍者，乃詩所斥故也。

案：《范仲淹年譜》謂先生《慶曆聖德詩》乃正月所作，誤也矣。

是時范仲淹與韓琦自陝來朝，道中得先生詩，仲淹拊股謂琦曰：「爲此鬼怪輩壞了。」琦曰：「天下事不可如此，如此必壞。」（《宋名臣言行録》）

六月，范仲淹爲參知政事（《宋史》謂八月丁未，今從《長編》）。歐、余、王、蔡爲諫官，四人力引先生爲諫官，仲淹獨曰：「介剛正天下所聞，使爲諫官，必以難行之事，責人君以必行。」遂罷（《宋名臣言行録》前卷七）。

九月，滕宗諒因枉費公用錢被劾（《續通鑑》四六）。一日孫甫嘗家居，先生過之，孫問先生適何許來，先生言方過富公，問：「富公何爲？」先生曰：「富公言滕宗諒守慶州，用公使錢坐法，杜公則欲致宗諒重法，不然則衍不能在此，范公則欲薄其罪，曰不然則仲淹請去。富公欲抵宗諒重法，則懼違范公，欲薄其罪，則懼違杜公，患是不知所決。」甫曰：「守道以爲如何？」先生曰：「介亦竊患之。」甫嘆曰：「法者，人主之操柄，今富公患重罪宗諒則違范公，薄其罪則違杜公，是不知有法而未常意在人主也。守道平生好議論，亦安得此言乎？」（《宋名臣言行録》前卷九引《南豐雜識》）

先生遊仲淹門下，范純仁從先生游（《宋史》三一四《范純仁傳》）。

案：范純仁字堯夫，生於天聖五年，今年十七歲，仲淹之仲子也。

【考證】《范純仁傳》曰：「仲淹門下名賢士，如胡瑗、孫復、石介、李覯之徒，純仁皆與從游。」（《宋史》卷三一四）樓攻媿《范忠宣公文集序》曰：「以泰山孫明復、徂徠石守道、盱江李泰伯三先生師友之。」（《攻媿集》卷五一）《學案》卷二亦謂先生「列文正公門下可也」。案先生從遊范仲淹之機會有二：一爲天聖五、六兩年仲淹教授睢陽時，一爲慶曆三、四兩年仲淹入朝執政時。他如天聖七年，先生尚未舉進士，仲淹在朝爲秘閣校理（據《范仲淹年譜》）。八年、九年至明道元年，先生在鄆州，仲淹同判陳州（《續通鑑》三八）。明道二年先生官於鄆州，仲淹赴闕爲右司諫（《續通鑑》三九）。景祐元年先生官南京，仲淹出守睦、蘇、明各州（《續通鑑》三九）。二年先生辟爲主簿，未至罷，仲淹仍在蘇州。三年先生曾入蜀，仲淹知饒州（《續通鑑》四十）。四年，仲淹知潤州（《續通鑑》四一）。寶元元年仍在潤州，二年徙知越州（《續通鑑》四一)。康定元年三月仲淹爲陝西都轉運使，七月爲陝西經略安撫使(《續通鑑》四二)。慶曆元年四月仲淹知耀州，五月徙知慶州(《續通鑑》四三)。在此時期，先生均家居。慶曆二年，先生爲國子監直講，仲淹爲陝西經略安撫兼沿邊招討使(《范仲淹年譜》)。三年先生爲太子中允，仲淹爲樞密副使(《宋史》十一)，後又除參知政事。四年三月，先生直集賢院，十月通判濮州。仲淹六月宣撫陝西、河東，八月領刑法事(《宋史》十一)。五年七月先生卒，仲淹於正月即出知邠州矣(《宋史》二一一)。案此，知先生與仲淹除天聖五、六兩年，及慶曆三、四兩年外，別無相晤機會。然考天聖五年先生尚未舉進士，范純仁始生，不能從遊，可斷言矣。更案：慶曆四年及五年，夏竦之所以加禍先生，「以石介曾被仲淹等所薦引，故欲深成石介之惡，以污忠義之臣」(《通鑑長編紀事本末》三七)。案此，故知先生遊仲淹門下，范純仁從先生遊，當在慶曆三、四兩年間也。《學案》卷三謂：「范純仁第進士，調知武進縣。以遠親不赴，易長葛，又辭，(特)〔時〕胡安定瑗，與孫泰山復、石徂徠介、李盱江覯，皆客文正門，先生從之學。」案《純仁傳》「皇祐元年成進士」，徂徠先生已於慶曆五年卒矣，何能從之學？《純仁傳》謂「仲淹門下多賢士」，「純仁皆與從遊」者，非專指第進士後從游也，而《學案》謂純仁第進士後從之學者誤矣。

宋仁宗慶曆四年甲申，先生四十歲。

二月，夏竦僞作先生爲富弼撰廢立詔（《通鑑紀事本末》卷三七）。先是，先生奏記於弼，責以伊、周之事，夏竦因事傾弼等，乃使女奴陰習先生書，久之習成，遂改「伊周」爲「伊霍」，而僞作先生爲弼撰廢立詔草（《續通鑑》四六）。

三月，先生直集賢院兼國子監直講，韓琦薦也（《續通鑑》四六）。

六月，先生爲富弼撰廢立詔事本係夏竦僞作，然飛語上聞，帝雖不信，而仲淹與弼恐懼，不敢自來於朝，皆請出，適有邊奏，仲淹固請行，乃使宣撫陝西、河東（《續通鑑》四六）。

十月，先生通判濮州。人多指目先生，先生遂求出（《續通鑑》四七）。《學案》謂「先生不自安，求出，判濮州，未赴，卒於家」。

是年賜直講、大理評事孫復五品服（《宋史》十一），並詔孫復爲邇英殿說書，楊安國言其講說多異先儒，乃罷之（《續通鑑》四六）。

是年范仲淹、歐陽修等八人奏請復古勸學，於是詔州縣皆立學，建太學於京師，而有司請下湖州取胡瑗之法以爲太學法（《歐陽文忠全集》卷二五《胡先生墓表》）。

宋仁宗慶曆五年乙酉，先生四十一歲。

先生於七月（日期不詳）以疾卒於家（《墓誌銘》）。

歐陽修哭先生以詩曰：「當子病方革，謗辭正（勝）（騰）喧。衆人皆欲殺，聖主保獨全。以埋猶不信，僅免斲其棺。」（《澠水燕談録》卷三）以謂待彼謗欲熄，然後先生之道明矣。

先生既歿，妻子凍餒不自勝，韓琦、富弼分俸買田以活之（《墓誌》）。

先生因作《慶曆聖德詩》斥夏竦之姦，故夏竦銜先生甚（《宋史》四三二），會徐狂人孔直溫謀叛，搜其家得先生書，竦欲因以報復，且欲中傷富弼與杜衍等，因言先生不死，弼陰使入契丹謀發兵，弼爲內應。時有詔下兗，核先生死虛實，知州杜衍會官屬（績）〔議〕之，衆莫敢對，掌書記龔鼎臣獨曰：「介平生直諒，寧有是耶？願以闔族保其必死。」衍竦然，探懷中舊稿示之曰：「老夫既保介矣，君年少，見義必爲，安可量哉！」仍羈管先生妻子於他州（《通鑑長編紀事本末》卷三七）。

後至慶曆七年，呂居簡提點京東刑獄，時竦仍言於上曰：「介未（常）〔嘗〕死，北走鄰國矣。」乃遣中使發棺驗之。居簡謂曰：「萬一介果死，則朝廷爲無故發人之墓，奈何！」中使曰：「於君何如？」居簡曰：「介死，當時必有內外親族及門生會葬，問之可也。」中使乃令結狀保證以聞，先生事乃白（《通鑑長編紀事本末》三七、《宋史》二六五《呂蒙正傳》）。於慶曆七年六月，先生妻子始得還（《長編紀事本末》三七）。先生死後二十年，其家始克葬先生於奉符（《宋人軼事彙編》引《續夷堅志》曰：「石守道墓在奉符。」〔三〕）

先生子師訥，與先生門人（美）〔姜〕潛、杜默、徐遁等，往告歐陽修曰：「可以發先生之光矣。」歐陽修爲先生撰《墓誌銘》。

先生有《徂徠集》行於世。歐陽修《讀徂徠集》曰：「存之警後世，若鑑照妖魔。」(《歐陽文忠全集》)元祐中，執政薦先生之直，遂詔官先生子。

〔一〕范純粹生於慶曆六年(一〇四六)，范純禮生於明道元年(一〇三一)，此或誤繫純禮生年於純粹名下。

〔二〕原撰者誤，是詩收入四庫本《徂徠集》卷二，「千里」作「千丈」，「重澈」作「重淵」。

〔三〕原文見《續夷堅志》卷一，云：「徂徠石守道墓在奉符。太和中墓崩，諸孫具棺葬骸骨。」

富弼年譜

曹清華 編

富弼（一〇〇四—一〇八三），字彦國，河南（今河南洛陽）人。自少刻苦爲學，天聖八年中茂才異等科，歷知長水縣，簽書河陽，通判絳州、鄆州。西夏戰事起，上疏陳八事，召爲開封府推官，除右正言、知制誥，糾察在京刑獄。慶曆三年，擢樞密副使，兼翰林院侍讀學士，與杜衍、范仲淹等同主慶曆新政。四年，出知鄆州，歷知青、鄭、蔡州、河陽。至和二年，判并州，兼河東路經略安撫使，拜同中書門下平章事。英宗即位，拜樞密使、同中書門下平章事，與王安石新政不合，出判河南府，改判亳州。熙寧四年，以韓國公致仕。元豐六年卒，年八十，贈太尉、鄭國公，謚文忠。

富弼喜讀書，其文以「辯而不華，質而不俚」（《郡齋讀書志》卷一九）見稱，詩亦平易自然。著有《富文忠公集》二十七卷、《富文忠公札子》十六卷等，今存《富鄭公集》一卷，收入《兩宋名賢小集》。《全宋詩》卷二六五、《全宋文》卷五九九至六一〇分收其詩文。事蹟見韓維《富文忠公墓誌銘》（《南陽集》卷二九）、范純仁《富鄭公行狀》（《范忠宣集》卷一七）、《宋史》卷三一三本傳。

富弼年譜，據周必大《李文簡公神道碑銘》記載，李燾嘗編爲三卷，未見傳本。本譜爲新編，在廣泛搜討宋代文獻的基礎上，又參考了《全宋詩》、《全宋文》、《中華大典》的相關成果而撰成，援據充分，論述詳密。在收入本書時，對原稿引録的大量常見資料，有所删節。

富弼，原名富皋，字彥國，號昆臺眞人。又歷封鄭、韓、祁國公，故人稱鄭國公、韓國公、祁國公。死後賜謚文忠。

《宋朝事實類苑》卷四九《占相醫藥·擇婿》：「（晏元獻）即取富皋爲婿。皋後改名，即丞相鄭國富公弼也。」

《六帖補》卷六《人物品題》「昆臺眞人」，注曰「富鄭公自稱」。又見《紺珠集》卷一一。

按：《清波雜志》卷二作「富韓公昆侖眞人」，誤。

據范純仁《富公行狀》（下簡稱《行狀》）載，富氏之先，出於周大夫富辰之後。五代時，富璘自齊徙居於汴。富處謙始遷於洛，爲河南人。高祖富璘，後唐京兆少尹。曾祖富處謙，故內黄令，贈太師、中書令兼尙書令、鄧國公。曾祖母劉氏，贈魯國太夫人。祖父富令荀，故商州馬步使，贈太師、中書令兼尙書令、韓國公。祖母趙氏，贈韓國太夫人。父富言，字應之。咸平三年（一〇〇〇）登進士丙科。終都官員外郎，贈太師、中書令兼尙書令、秦國公。母韓氏，封秦國太夫人。

富弼《富秦公言墓誌銘》謂言生六男三女：某長，爽、翱、收、請、奕次之。某登茂才異等科，守將作監丞。餘并讀書爲進士，而請不幸早世。三女：長適殿中丞柏孝隆，中適登封尉潘允迪，幼許昭武軍節度推官田況。

宋真宗景德元年甲辰

正月一日，富弼生。

《南陽集》卷二九《富文忠公墓誌銘》（以下簡稱《墓誌銘》）：「元豐六年（一

○八三）閏六月丙申（二十二日），司徒韓國公致仕富公薨於京西里第之正寢，享年八十。」逆推之，則當生於是年。富弼《乞罷樞密使奏》：「兼爲臣年命見在一倒射運中，據術者云，是甲辰年正月生，目下大運到壬申，壬來射甲，事屬不順，故謂之倒射。」《伊川擊壤集》卷九附富弼《歲在癸丑年始七十正旦日書事》詩云：「人生七十古來稀，今日愚年已及期。」據此，則其生日爲正月一日。

《行狀》：「初，秦國太夫人夢有天赦，旌幡鶴雁，降盈其家，覺而生公。」

景德四年丁未，四歲。

才數歲，方戲於庭，忽大雷震，同戲兒皆奔走，富弼獨神意自若，人以此異之（《行狀》）。

按：此事無確切年月，姑繫於此。

大中祥符三年庚戌，七歲。

在書院習讀。

《宋宰輔編年錄》卷三：「蒙正客富言令其幼子在書院習讀，蒙正見其子，驚曰：『此兒他日名位與吾相似，而勳業遠過吾！』言之子即富弼也。」按此亦無確切年月，以明年呂蒙正卒，姑繫於此。《宋史》卷二六五《呂蒙正傳》：「富言者，蒙正客也。一日白曰：『兒子十許歲，欲令入書院，事廷評、太祝。』蒙正許之。及見，驚曰：『此兒他日名位與吾相似，而勳業遠過於吾。』令與諸子同學，供給甚厚。言之子，即弼也。後弼兩入相，亦以司徒致仕。」按：大中祥符四年（一〇一一）蒙正卒，弼方八歲，「十許歲」恐誤。

大中祥符九年丙辰，十三歲。

是年，第三妹生。

《范太史集》卷三九《永嘉郡夫人富氏墓誌銘》：「元祐二年（一〇八七）正月庚辰（二十七日）薨於西都之第，年七十二。」逆推之，則當生於是年。

天禧四年庚申，十七歲。

讀書於天宮寺三學院。篤學，有大志。

《行狀》：「少篤學自刻，寓於僧舍，不就寢榻。冬夜以冰雪沃面，鄰居僧有持苦行者，猶服公之勤。」

《邵氏聞見錄》卷一九：「富公未第時，家於水北上陽門外，讀書於水南天宮寺三學院。院有行者名宗顥，嘗給事公左右。……熙寧間，宗顥尚無恙，伯溫嘗就其院讀書，宗顥每以富公爲舉子事相勉，曰：『公夜枕圓枕，庶睡不能久。欲有所思，冬以冰雪，夏以冷水沃面。其勤苦如此。』」

歎王欽若儀仗之盛。

《邵氏聞見錄》卷一七：「王冀公欽若以使相尹洛，振車騎入城，士民聚觀。富韓公方爲舉子，與士人魏叔平、段希元、一張姓者同觀於上東門里福先寺三門上。門高，富公魁偉，三人者挽之以登，見其旌節導從之盛。富公歎曰：『王公亦舉子耶！』三人者曰：『君何歎，安知吾輩異日不爾也？』」

乾興元年壬戌，十九歲。

正月，改元乾興。父富言以天子御觀闕覃慶，加太常寺博士（《富秦公言墓誌銘》）。

二月，眞宗卒。仁宗即位，大赦天下。富言遷屯田員外郎，坐榷貨務吏盜取帑物，出監海陵酒稅，弼隨父至海陵（今江蘇泰州）。

《富秦公言墓誌銘》：「今上即阼，遷屯田員外郎。歸朝，以浚儀先域陵敝，欲經治之，求監都下軍糧局。時榷務盜取帑物，以文印姦漏爲累，例出管海陵酤。」

《輿地紀勝》卷四十《古蹟》：「富弼讀書堂：富公侍其父徵商於此。」

仁宗天聖元年癸亥，二十歲。

在海陵，始識范仲淹。仲淹時監泰州西溪鎮鹽倉（《皇朝文鑑》卷一三九富弼《范純佑墓誌銘》）。

樓鑰《范文正公年譜》：「公在西溪上言寇準被誣事，除興化令。時富鄭公弱冠來謁，公識其遠大，力敎戒而激勸之，故其祭文略云：『某昔初冠，識公海陵。顧我譽我，謂必有成。……』」

《輿地紀勝》卷四十《古蹟》：海陵「富弼讀書堂」，弼曾讀書於此，與胡瑗、周孟陽相友善。海陵人築「五賢堂」，祠張綸、范仲淹、富弼、胡瑗、王覿。

天聖二年甲子，二十一歲。

十一月十三日，南郊祀，大赦。父富言以郊恩移徙隰川（今山西隰縣），中途有泥陽（今屬陝西）之命，就加都官（《富秦公言墓誌銘》）。

在睢陽習學，與嵇穎遊，約爲近年事。

《樂全集》卷四十《嵇公行狀》：「睢陽庠序率先於天下，四方之士集焉，公以鄉行爲諸生領袖，士自遠至，必先刺謁公，蒙一顧許與者，猶公卿之重。當是時，公名望甚盛，今資政殿學士范公、富公幷講習在學，顧與公游。」

天聖五年丁卯，二十四歲。

至京師，遇穆修。應禮部試，未中。

《邵氏聞見錄》卷九：「富韓公初遊場屋，穆修伯長謂之曰：『進士不足以盡子之才，當以大科名世。』公果禮部試下。」又《東都事略》卷一一三：「修老而益貧，家有唐韓、柳集，鏤板鬻於京師。有儒生數輩輒取閱，修謂曰：『先輩能讀得一篇，當以一秩爲贈。』自是經年無售者。」弼遇穆修當在此年前後。

天聖七年己巳，二十六歲。

閏二月二十三日，詔復置制舉。弼時西歸，范仲淹遣人追之，勸試制科。

《行狀》：「時仁宗再復制科，先文正公謂公曰：『子之才非常流，宜應是詔。』」《邵氏聞見錄》卷九：「時太師公（富言）官耀州，公（按：富弼）西歸，次陝。范文正公尹開封，遣人追公曰：『有旨以大科取士，可亟還。』公復上京師，見文正，辭以未嘗爲此學。文正曰：『已同諸公薦君矣。又爲君闢一室，皆大科文字，正可往就館。』」

按：據《長編》卷一〇六，仲淹時爲祕閣校理，《邵氏聞見錄》云「范文正公尹開封」，誤。仲淹尹開封在景祐二年（一〇三五）十二月，參該年是條。

范仲淹薦之於王曾。晏殊許妻以女。

《范純佑墓誌銘》：「未幾公遊文館，僕再舉進士來京師，又見之，公益厚我。」《行狀》：「後應舉京師，我先君文正公方居文館，見公而奇之，與語終日，曰：『眞王佐才也！』自此深愛重之，親懷其文以見丞相王沂公、御史中丞晏元獻公洎諸近侍，曰：『此人天下之奇才也，願舉於朝而用之。』晏公世號知人，遂以女妻之。」

按：宋人筆記記此事有出入，參《二晏年譜》天聖七年條。《元獻遺文·答中丞兄家書》：「二娘子已商量與應茂才異等秀才富弼爲親，極有行止文藝。」知許妻弼者乃殊次女。

十一月，范仲淹出爲河中府通判（《長編》卷一〇八）。

應制舉，上策論。富弼等十人詞理皆優，仁宗命覈校之。

《長編》卷一〇八天聖七年十二月：「庚寅（初六日），以知制誥李仲容判禮部。故事，茂才異等、高蹈丘園、沈淪草澤三科所上策論，先委吏部考覈以聞，乃得召試。時直史館康孝基判禮部，定富弼等十人詞理皆優，上意其品藻未精，故改命仲容，而以孝基爲同判，仍取弼等策論覈校之。」按：《宋會要輯稿》選舉十之十八作「四日」。

天聖八年庚午，二十七歲。

晏殊知貢舉。歐陽修（永叔）、田況（元均）、蔡襄（君謨）、石介同登科（《歐陽修年譜》、《徂徠石先生文集》卷四《予與元均永叔君謨同年登科永叔尋入館閣元均今制策高第君謨復磨礪元均事業獨予駑下因寄君謨》詩）。

在京師，與歐陽修相往來。五月，歐陽修授將仕郎，試祕書省校書郎，充西京留守推官。

《默記》：「歐陽公爲西京留守推官，富鄭公猶爲舉子，每與公往來。是時胥夫人乳媼年老不睡，善爲冷淘，鄭公嗜之，每晨起戒廚具冷淘，則鄭公必來。公怪而問之，乳媼云：『我老不睡，每夜聞遠宅甲馬聲，則富秀才明日必至，以此驗之，若如常夜，則必不來。』歐公知富公必貴。」

按：《歐陽修年譜》載制詞云：「來年二月滿闕，候見任官月限滿日，即得赴任。」則歐陽修赴任乃在次年二月後，時富弼已中制科，簽書河陽，不得云「猶爲舉子」。姑附是事於此。

六月，召試制科。

《宋會要輯稿》選舉十之十八：「十六日，命翰林學士盛度、龍圖閣待制韓億就秘閣考試制科。度等上何詠、富弼論各六首：《兩儀生四象》、《刑罰何以任治》、《治世軍禮同》、《邦國育材之道如何》、《九儀之命正邦國》、《拱璧駟馬何以不如進此道論》。」

七月二十六日，以茂才異等中第，授將作監丞、知河南府長水縣。

《長編》卷一〇九：「丙子（二十五日），御崇政殿，策試賢良方正能直言極諫太常博士成都何詠、茂才異等富弼。詠、弼所對策幷入第四等。丁丑（二十六日），以……弼爲將作監丞，知長水縣。」又《宋會要輯稿》選舉一〇之二〇謂「弼入第四次等」。富弼《叙述前後辭免恩命以辯讒謗奏》：「臣於仁宗天聖末，初忝名第。」奏見熙寧元年十一月條。

九月，用丞相李迪辟，簽書河陽（今河南孟州市）節度判官廳公事（《行狀》等）。

是年，父富言知萬州（今重慶萬縣），弼弟奭隨行。

《富奏公言墓誌銘》：「先君嘗貳泥陽，天聖八年就移知萬州。著令，川陝官不得以族行，因盡室寓於洛，惟以一子從萬。」以下云父卒，「仲弟爽以跋歷險遠，不能全以歸，用浮屠法火化矣。」知「一子」即弟富爽。

天聖九年辛未，二十八歲。

正月二十三日，錢惟演改判河南府，時年七十。

三月，歐陽修至西京，補留守推官。時弼任河陽簽判，與歐陽修、梅堯臣（聖俞）、尹洙（師魯）等游。

《長編》卷一一四：「錢惟演留守西京，修及尹洙爲官屬，皆有時名，惟演待之甚厚。修等游飲無節。」歐陽修與尹洙、梅堯臣等，在錢惟演周圍形成洛陽文人集團，爲北宋詩文革新開其端。歐陽修景祐元年（一〇三四）所作《書懷感事寄梅聖俞》詩（《歐陽修全集》卷五二），對錢惟演、謝絳、尹洙、尹源、富弼、王復（幾道）、楊愈（子聰）、張先（子野）、次公（疑為孫長卿）、梅堯臣及他自己（達老）共十一位人物作了簡潔生動的刻畫，成爲這個文人集團的一幅形象縮影。詩中言富弼云：「彥國善飲酒，百盞顏未丹。」梅堯臣也有《寄河陽簽判富彥國》詩。

娶夫人晏氏。

《邵氏聞見錄》卷一八：「伯溫除喪，往拜公。……公曰：『……吾年二十八登科方娶。嘗白先公先夫人，未第決不娶，弟妹當先嫁娶之。故田氏妹先嫁元均也。』」

按：據《富秦公言墓誌銘》：「三女，長適殿中丞柏孝隆，中適登封尉潘允迪，幼許昭武軍節度推官田況。」則此處「嫁」實指許親，後景祐元年（一〇三四）方嫁之。

《墓誌銘》：「公之配曰周國夫人，晏氏元獻公之女也。賢靜有法度，公以爲『眞吾匹』。」

《珍席放談．下》：「富文忠、楊隱甫（察），皆晏元獻婿也。公在二府日，二人已升貴仕。富每詣謁，則書室中會話竟日，家膳而去。楊或來見，坐堂上置酒，從容出姬侍奏絃管按歌舞以相娛樂。人以是知公之待二婿之重輕也。二婿之功名年位，亦自不相倫矣。」

按：此條無確切年月，然此事當在其父卒之前。

九月，父富言卒於萬州，年六十三。二十四日聞訃，由汝（今河南臨汝）、唐（今唐河）至襄陽（今湖北襄樊市），落西山路以及歸州（今湖北秭歸）赴喪（《富秦公言墓誌銘》）。

十一月，奉護父骨灰歸洛陽。

《富秦公言墓誌銘》：「以十一月十四日卒哭，奉護歸洛，藁窆於上陽佛舍。」

明道元年壬申，二十九歲。

居父憂。梅堯臣自河南縣主簿改赴河陽縣主簿任，與歐陽修等餞別（梅堯臣《新秋普明院竹林小飲詩序》）。

十一月十六日，葬父於洛陽縣北張村之夾馬原（《富秦公言墓誌銘》）。

明道二年癸酉，三十歲。

居父憂。

四月，范仲淹爲右司諫（《長編》卷一一二）。

十一月，應人之請，作《燕堂記》。

乾隆《河南府志》卷八四富弼記曰：

「佐著作樂君宰福昌，築室署下，走使問名於余，且揭地圖以來謁辭爲志。」按：樂君名字待考。

十二月二十三日，仁宗廢皇后郭氏，范仲淹等議后不當廢；二十四日，詔仲淹出知睦州（今浙江境內）。時富弼已除喪，至京師，上《論廢嫡后逐諫臣表》，不報（《行狀》、《表》見《長編》卷一一三）。

是年，梅堯臣有《憶洛中舊居寄永叔兼簡師魯彥國》詩。

景祐元年甲戌，三十一歲。

除通判絳州（今山西新絳）。梅堯臣送別，并賦《彥國通判絳州》詩。時堯臣赴開封應進士試不第，以德興縣令知建德縣事（《梅堯臣集編年校注》卷四）。

夏末，歸洛陽。秋，歐陽修寄書來，略云：「彥國自西歸，於今已踰月，無由一致書。蓋相別後患一大疽，爲苦久之，不暇求西人行者。然亦時時有客自西來，獨怪彥國了無一書。……洛陽去京爲僻遠，孰與絳之去京師也……秋暑差盛，千萬自愛。」

是年，奏論閱將、募兵、救荒、弭寇等事，不納。

《行狀》：「時天下久安，四方弛武備。因東南歲凶，民多失職，或散爲盜賊，公因上章言四事：一曰閱將，謂宜立武學、設科目，教養選求將帥之才，及不當禁孫、吳之書。二曰聚兵，謂詔凶荒之郡，置營募兵，收其壯健，不止免爲盜賊，兼可訓練以爲四方之備。三曰救農，謂以流民棄地召饑者，貸以種食，而耕爲屯田，上可以資倉儲，下可以賑窮乏。四曰弭寇，謂宜增邑尉、弓手之數，明其賞罰，以捕小盜；省巡檢之冗員，明其兵力，以防大寇。」

按：弼寶元二年（一〇三九）奏論西夏八事曰：「景祐元年嘗進文數軸，內《閱將》一篇，頗叙其事。……不見省納，棄爲空文。」《閱將》即《論武舉武學奏》，見《宋名臣奏議》卷八二。餘三篇已佚。

第三妹適田況，時年十九。田況時爲楚州團練判官（許聞淵《宋田樞密使況年譜》）。

《永嘉郡夫人富氏墓誌銘》：「秦公與太夫人皆奇愛夫人，慎擇可妻者，素器重宣簡公，遂以夫人歸田氏，生十九年矣。」

景祐二年乙亥，三十二歲。

在絳州。

二月，撰《陳見素墓誌銘》，已佚（《長編》卷一三四）。

三月，范仲淹爲禮部員外郎、天章閣待制。

十二月十三日，仲淹爲吏部員外郎、權知開封府。

《長編》卷一一六李燾注：「仲淹自外驟居侍從，必有故，史無其說，或緣富弼上疏也，今表而出之。」按：弼疏即《論廢嫡后逐諫臣表》。參本譜明道二年（一〇三三）十二月二十三日條。

景祐三年丙子，三十三歲。

五月九日，范仲淹貶知饒州（《長編》卷一一八）。

在絳州守居園池內建嵩巫亭，增廣觀德堂。

《山西通志》卷六〇《古迹》：「嵩巫亭：在守居園池內，宋富鄭公弼建。有詩云：『平地煙霄此半分，繡楣丹檻照清汾。風簾暮捲秋空碧，剩見西山數嶺雲。』」

按：此詩爲歐陽修所作，見《歐陽修全集》卷五六《寄題嵩巫亭》，又見《全宋詩》卷三〇一。但《全宋詩》卷二六五富弼名下又載此詩，《宋詩紀事補遺》卷八亦以此詩歸屬富弼，當誤。

《山西通志》同上卷：「觀德堂：在州治內，宋富鄭公弼增而廣之。大觀二年重葺。」

絳州民建富弼祠。

《欽定大清一統志》卷一一八《絳州·祠廟》：「富弼祠，在州治內。《通志》：富公以將作監丞通判絳州，士民懷之，故立祠。」按：祠不知始建於何時，姑附於此。

景祐四年丁丑，三十四歲。

回京師。四月五日，召試館職，仁宗特命試以策論，後遂爲故事（《叙述前後辭免恩命以辯讒謗奏》、《宋會要輯稿》選舉三二之七）。

《避暑錄話》卷上：「祖宗故事，進士廷試第一人及制科一任回，必入館，然須用人薦，且試而後除。進士聲律固其習，而制科亦多由進士，故皆試詩賦一篇，唯富鄭公以茂才異等起布衣，未嘗歷進士。既召試，乃以不能爲詩賦懇辭，詔試策論各一，自是遂爲故事。」

五月，授太子中允、直集賢院（《宋會要輯稿》選舉三一之三〇）。

從王曾辟，通判鄆州（今山東東平）。

《長編》卷一二〇載，是年四月二十二日，王曾罷相判鄆州。《國朝二百家名賢文粹》卷一二七有《鄆州使廳題名記》：

「景祐丁丑歲夏六月，僕射沂公辭相位，以資政殿大學士來此。」知六月王曾到任所。

《安陽集編年箋注》附錄五《韓魏公遺事》：「公言：富公爲鄆倅，沂公作安撫使。一日，謂富公即日當某位。富不敢當，沂公曰：『然。進則易，退則難。』」

在鄆州識張奎。時張奎居母喪中（《張樞密奎墓志銘》）。

《長編》卷一一四：「（景祐元年三月）殿中侍御史張奎母病，奎輒刺股肉和藥以進，母遂愈。丁丑（十七日），賜奎綿帛羊酒。及母死，奎廬於墓，自負土植柏，人服其孝。」

仁宗寶元元年戊寅，三十五歲。

在鄆州。撰《鄆州使廳題名記》（《國朝二百家名賢文粹》卷一二七）。

十一月，王曾卒，年六十一。贈侍中，謚文正。弼撰《王文正公曾行狀》（《名臣碑傳琬琰集》中集卷四四）。

《詩話總龜》前集卷三六引《古今詩話》：「富鄭公早年嘗夢青州王相公以後事相托，公曰：『相公德被生民，當延遐壽，何遽及此？』後二年，罷相，知鄆州，辟鄭公爲倅。到任月餘，有大星隕於宅園。家人怪之，相告曰：『後月當見。』果至後月薨，鄭公爲治喪事，故鄭公挽詞曰『道德被生民』，與當年夢中符契。」

《松窗百說》：「本朝韓魏公（琦）、富鄭公，功德兼隆，超越漢、唐之士，而受性不同。韓公寬大通質，於唐無所取，於本朝獨曰：『吾所師仰者，沂公一人而已。』富公明鋭精嚴，欽慕沂公，至死不衰。此因二公而後沂公可知矣。」

十二月，趙元昊僭立夏國，侵宋邊地（《長編》卷一二二）。

寶元二年己卯，三十六歲。

在鄆州。

九月，奏論西夏八事（《宋名臣奏議》卷一三一）。

《行狀》：「寶元元年，趙元昊反河西，僭大號，遣使致書，且求割地，邀金帛。時事起倉卒，朝廷施設用人，或失折衝制勝之術。公上疏陳八事：一曰宜先斬其使，則可以示國威、折姦謀。二曰閲兵四方，馳使煩數，非所以示威重、安民心。三曰兵興財用至廣，宜佐以內府金帛，不宜專責外計，必將侵刻人民，傷蠹國本。四曰宜重賞戰功，以勸死士。五曰不宜以節旄王爵購募首惡，殆非示武明罰之道，徒可取輕夷狄。六曰勿用夏守贇充樞密使，以輕兵本、妨賢路。七曰備邊乏人，宜選擇群臣，不限品格，各舉其類，以收才能。八曰每遣邊臣，請先賜對，觀其敷奏，以察人才，撫以德音，俾竭死力。書奏，中外服其切中時務。」

蘇軾《富鄭公神道碑》（《蘇文忠公全集》卷一八，以下簡稱《神道碑》）：「議者以爲有宰相氣。」

閏十二月二十三日，召爲開封府推官，知諫院（《行狀》）。

仁宗康定元年庚辰，三十七歲。

正月，論正旦日蝕請罷宴，不納（《宋名臣奏議》卷九二）。

《行狀》：「康定元年歲旦日食，公上言請罷其日錫宴，以答天譴。雖戎使在館，亦宜徹樂，就賜飲食。朝廷不從，公曰：『萬一北虜行之，則貽朝廷羞矣。』後使虜者還，云虜中果於此日罷宴，中外服公遠識。」

嘗言魏昭昞、鄭守忠、高化不可用，不報。（《神道碑》）。

《長編》卷一二六李燾注：「按：守忠爲殿前副帥，化爲馬軍副帥，乃景祐四年（一〇三七）閏四月，弼此時未知諫院。今年十二月守忠罷殿前副帥，除安遠節度、知徐州；化自馬軍副帥代守忠爲殿前副帥，又與碑不合。因昭昞知同州，并附見，更須考詳。」

二月二日，責宋庠嚴守備於潼關之請（《長編》卷一二六）。

四日，奏乞罷內侍王守忠鈐轄之任，不納（《長編》卷一二六）。

《行狀》：「入內都知王守忠除陝西兵馬都鈐轄，公上言曰：『有唐之衰，始疑將帥，遂以內臣監軍，取敗非一。今命守忠爲都鈐轄，乃監軍之任也。臣恐兵權遂移，邊將無功，請罷遣。』朝廷從之。」

按：《長編》卷一二六李燾注：「《神道碑》及《實錄》附傳并云詔罷守忠不遣。按：守忠以二月受命赴陝西，五月乃至陝西罷赴闕，碑傳皆誤矣。」

奏乞令宰相兼樞密使（《宋名臣奏議》卷四六），從之。十二日，令中書同議樞密院事（《長編》卷一二六、卷一三七）。

十五日，建言厚賞西夏首領吹同乞砂、吹同山乞，從之（《長編》卷一二六）。

《行狀》：「西夏大首領吹同乞砂、吹同山乞各稱僞將相，來降朝廷，補乞砂以奉職，山乞以借職，置於荆湖間。公上言曰：『二人向化而來，宜厚加賞勞，探訪賊情。今乃置之遠郡，俾被羈縻之苦。矧其親屬，必已夷滅，使有悔順之痛，將何以招懷來者？請召還優待，以佐滅賊之計。』」

二十一日，改元康定。從弼言，除越職言事之禁，許中外臣庶上封章議朝政得失（《行狀》等）。

奏乞詔陝西等路奏舉才武（《宋名臣奏議》卷八二），從之。三月二十四日，詔諸路薦舉才任將帥者（《長編》卷一二六）。

同日，以三司使晏殊、知河南府宋綬并知樞密院事（《長編》卷一二六）。吏部員外郎、知越州范仲淹復天章閣待制、知永興軍，尋改陝西都轉運使（《范文正公年譜》）。

用富弼言，詔中書別置廳與樞密院議邊事（《行狀》）。

《長編》卷一二六李燾注：「此據墓碑，不得其時，附見（二）〔三〕月末。」

四月，爲劉平辨誣，彈劾中官盧守勤、黄德和。

《神道碑》：「元昊寇鄜延，殺二萬人，破金明，擒李士斌，延帥范雍、鈐轄盧守勤閉門不救，中貴人黄德和引兵先走，劉平、石元孫戰死，而雍、守勤歸罪於通判計用章、都監李康伯，皆竄嶺南。德和誣奏平降賊，詔以兵圍守其家。公言：『平自環慶引兵來援，以姦臣不救，故敗，竟罵賊不食而死，宜卹其家。守勤、德和皆中官，怙勢誣人，冀以自免，宜竟其獄。』樞密院奏方用兵，獄不可遂。公言：『大臣附下罔上，獄不可不竟。』時守勤男昭序爲御藥，公奏乞罷之，德和竟坐腰斬。」

嘗責執政禁民赴闕告急（《長編》卷一二六）。

爲鹽鐵判官（《長編》卷一二七）。

八月十三日，充賀契丹主正旦使。十月，入辭便殿，奏乞東南諸郡募兵以防寇盜，不報（《行狀》、《宋名臣奏議》卷一二二）。

《長編》卷一二八：「因歷舉隋、唐巨盜以證其言，執政謂弼不當引聖朝比隋、唐昏亂之時，遂寢其奏。」

十一月，言浙東軍士鄂鄰事。

《長編》卷一二九：「浙東軍士鄂鄰等殺巡檢使張懷信，聚兵剽劫湖南、福建、廣南諸州縣，逃入海。」李燾注：「《稽古錄》載其事于九月，不知何據，今從弼奏議。」弼奏議已佚。

仁宗慶曆元年辛巳，三十八歲。

五月，改右正言、知制誥，糾察在京刑獄，賜三品服（《行狀》）。本傳及《東都事略》卷六八皆云「慶曆二年」，恐誤）。

九月，繳還劉從德妻遂國夫人詞頭（《龍川別志》卷下）。

《長編》卷一三三：「中書舍人繳還詞頭，蓋自弼始也。」李燾注：「弼繳還詞頭，罷遂國之封，此據《別志》，不得其時。按：弼《青州謝中使賜茶藥劄子》云『知制誥兩曾繳還詞頭，及糾察刑獄，舉堂吏詐作戒諜』。然則繳還詞頭當在糾察刑獄以前也。……兩曾繳還詞頭，此一事，不知其一又何事也。」

按：弼《青州謝中使賜茶藥劄子》已佚。

糾堂吏僧諜之獄，差同判太常寺兼禮儀事（《行狀》）。

是年，奏乞革科舉之法，令牧守監司舉士（《宋名臣奏議》卷八十），有曰「且以陛下臨御以來計之，積二十年所得，不減三千餘人，其間確然爲名公巨賢者無幾」，仁宗於乾興元年（一〇二二）臨御，歷二十年即慶曆元年（一〇四一），故繫於此。

梅堯臣寄《汴水斗減舟不能進因寄彦國舍人》詩。是年堯臣在開封受命監湖州鹽稅，秋後南下，在潤州度歲（《梅堯臣集編年校注》卷一一）。

慶曆二年壬午，三十九歲。

正月二十四日，契丹遣使索地。二十七日，爲接伴使（《叙述前後辭免恩命以辯讒謗奏》）。

《長編》卷一三七：「先是，呂夷簡當國，人莫敢抗。弼既數論事侵之，及堂吏以僞署度僧牒誅，夷簡益恨，因薦弼使契丹，……欲因事罪之。」

按：《石林燕語》卷九謂呂夷簡薦弼聘虜，晏殊在樞府，亦從而薦之，不以爲嫌。恐誤。參《二晏年譜》慶曆二年四月條。

二月二日，發京師。至雄州（今河北雄縣）接伴遼使（《神道碑》等）。

五日，奏論省試有三長，殿試有三短（《長編》卷一三五）。

《燕翼詒謀錄》卷四：「慶曆二年，富弼乞罷殿試，止令尚書禮部奏名次第唱名，蓋以廷試惟用詩賦，士子多僥幸故也。王堯臣、梁適皆狀元及第，以爲譏己。正月辛巳，方從弼之請，癸未，遽從堯臣、適之請，復舊制。」按：「正月」誤。

三月二十八日，授禮部員外郎、樞密直學士，辭不受（《叙述前後辭免恩命以辯讒謗奏》）。

四月七日，爲回謝契丹國信使，西上閤門使符惟忠副之，報其請地事（《行狀》、《宋會要輯稿》職官五一之一）。歐陽修上書，引顔眞卿使李希烈事留弼，不報（《長編》卷一三七）。

一女卒（《行狀》）。

五月十一日，至武強，請以恩州團練使張茂實代符惟忠，從之（《長編》卷一三六）。

六月，至穆丹河，劉六符館之。論割地必不可（《行狀》）。

《梅磵詩話》卷上：「華陰員資深《三蓮詩話》云：或傳富鄭公奉使遼國，虜使者云：『蚤登雞子之峰，危如累卵。』答曰：『夜宿丈人之館，安若泰山。』又曰：『酒如線，因針乃見。』富答曰：『餅如月，遇食則缺。』」

七月十七日，仁宗追用弼議，以宰相兼權樞密使。

《長編》卷一三七慶曆二年七月：「戊午（十七日），右僕射、兼門下侍郎、平章事呂夷簡判樞密院，戶部侍郎、平章事章得象兼樞密使，樞密使晏殊同平章事。初，富弼建議宰相兼樞密使，上曰：『軍國之務，當悉歸中書，樞密非古官。』然未欲遽廢，故止令中書同議樞密院事。及張方平請廢樞密院，上乃追用弼議，特降制命夷簡判院事，而得象兼使，殊加同平章事，爲使如故。」（參本譜康定元年二月十二日）。按：張方平七月一日，上《論請通中書樞密院事奏》，見《長編》卷一三七。

使契丹回。辭吏部郎中、樞密直學士（《行狀》等）。

二十二日，再使契丹。以詔書辭與口傳者異，面責呂夷簡、晏殊。

《神道碑》：「再聘，受書及口傳之詞於政府，既行次樂壽（今河北獻縣），謂其副（按：張茂實）曰：『吾爲使者而不見國書，萬一書詞與口傳者異，則吾事敗矣。』發書視之，果不同。乃馳還都，以晡入見，宿學士院一夕，易書而行。」

《邵氏聞見錄》卷九：「公馳還，見仁宗具論之。公曰：『政府故爲此，欲置臣於死地。臣死不足惜，奈國命何？』仁宗召宰相呂夷簡面問之，夷簡從容袖其書曰：『恐是誤，當令改定。』富公益辨論不平，仁宗問樞密使晏殊曰：『如何？』殊曰：『夷簡決不肯爲此，眞恐誤耳。』富公怒曰：『晏殊姦邪，黨呂夷簡以欺陛下。』富公，晏公之婿也，富公忠直如此。」

子紹庭生（《行狀》）。

富紹庭（一〇四二—一一〇九），字德先。性靖重，能守家法。歷宗正丞、通判絳州。徽宗立，除提舉河北西路常平，辭曰：「先臣以不行青苗被罪，臣不敢爲此官。」徽宗嘉之，擢祠部員外郎。事見《宋史》卷三一三《富弼傳》附及《東都事略》卷六八。

八月二十四日，至契丹。

《長編》卷一三七：「富弼、張茂實以八月乙未（二十四日）至契丹清泉淀金氈館，持國書二、誓書三以語館伴耶律仁先、劉六符，仁先、六符問所以然者，弼曰：『婣事合則以婣事盟，能令夏國復歸款，則歲入金帛增二十萬，否則十萬。國書所以有二，誓書所以有三也。』」

二十五日，見遼主。宋增歲幣與契丹議和（《神道碑》）。

《遼史》卷一九《興宗紀》：「（重熙十一年）八月丙申（二十五日），宋復遣富弼、張茂實奉書來聘，乞增歲幣銀絹，以書答之。……是時，富弼爲上言，大意謂遼與宋和，坐獲歲幣，則利在國家，臣下無與；與宋交兵，則利在臣下，害在國家。上感其言，和好始定。」

九月二日，契丹遣使來議「獻」、「納」字。五日，弼還至雄州，爲接伴使。二十五日，至都。朝廷從晏殊議，許稱「納」字，弼不預。

《日知錄》卷二六：「《宋史·富弼傳》言：使契丹，爭『獻』『納』二字，聲色俱厲。契丹主知不可奪，乃曰：『吾當自遣人議之。』復使劉六符來，弼歸奏曰：『臣以死拒之，彼氣折矣，可勿許也。』朝廷竟以『納』字與之。《遼史·興宗紀》亦云：『感富弼之言，和議始定。』而《劉六符傳》則曰：宋遣使，增歲幣以易十縣。六符與耶律仁先使宋，定進貢名，宋難之。六符曰：『本朝兵強將勇，人人願從事于宋，若恣其俘獲，以飽所欲，與進貢字孰多？況大兵駐燕，萬一南進，何以禦之？顧小節，忘大患，悔將何及？』宋乃從之，歲幣稱貢。《耶律仁先傳》亦同。二史并脫脫監修，而不同如此。」

上《使北語錄》。

按：此書已佚，諸書所引，或稱《使北語錄》，或云《奉使錄》、《奉使別錄》、《入國語錄》、《行程錄》、《奉使語錄》，不一而足。

弼慶曆三年四月上《不可待西使太過奏》：「臣今記得上項一節甚明，伏乞朝廷檢會臣再奉使過日別錄照對，方見的實。」

《元城語錄》卷下：「先生曰：……嘗記東坡自言：少年時與其父并弟同讀鄭公《使北語錄》，至於說大遼國主云：『用兵則士馬物故，國家受其害，爵賞日加，人臣享其利，故凡北朝之臣勸用兵者，乃自爲計，非爲北朝計。』虜主明知利害所在，故不用兵，三人皆嘆其言，以爲明白而切中機事。」《清波雜志》卷一亦載此，文略同。

《平園續稿》卷八《跋司馬文正公手鈔富文忠公使北錄》：「司馬文正公於廣記備言，不啻饑渴之嗜飲食，況國家重事乎？富文忠《使北語錄》首尾萬有餘字，手自鈔錄，他人安能爲此？」

《遂初堂書目》本朝故事類有《富公奉使錄》、《富公奉使別錄》。

《郡齋讀書志》卷七：「《富公語錄》一卷。右皇朝富弼使虜時所撰。」

《讀書附志》卷上地理類：「《富文忠入國語錄》一卷。右富弼慶曆二年，以右正言知制誥，爲回謝契丹國信使西上，……所說機宜事件，具載錄中。」

《直齋書錄解題》卷七：「《奉使別錄》一卷。丞相河南富弼彥國撰。慶曆使契丹，歸爲語錄以進，機宜事節則具於此錄。又一本有兩朝往來書附於末。」

《宋史》卷二〇三《藝文志二》：「富弼《奉使語錄》二卷，又《奉使別錄》一卷。」

《祕書省續編到四庫闕書目》卷一傳記類有《富韓公十國語錄》一卷，「十」當「入」之誤。

《契丹國志》卷二四《富鄭公行程錄》，實爲大中祥符九年薛映、張士遜所上《語錄》之文，題名富弼撰，實誤。參該書二三六頁注。

閏九月十日，辭吏部郎中、樞密直學士。

《避暑錄話》卷三：「呂許公初薦富韓公使虜，晏元獻爲樞密使，富公不以嫌辭，晏公不以親避，愛憎議論之際，無秋毫窺其間者，其直道自信不疑，誠難能也。及使還，連除資政殿學士，富公始以死辭不拜，雖義固當然，其志亦有在矣。」

按：「資政殿學士」疑非，當以樞密直學士爲是。

十月六日，遷翰林學士，不拜（《敘述前後辭免恩命以辯讒謗奏》）。

《長編》卷一三八：「敵既復修和好，有忌弼功高，妄指他事譖弼奉使不了，乞斬於都市者，上雖不聽，而弼深畏恐，故每遷官輒力辭云。」讒者蓋指王拱辰。

《東軒筆錄》卷九：「王拱辰言於上曰：『富弼亦何功之有？但能添金帛之數，厚夷狄而弊中國耳。』」《邵氏聞見錄》卷九記載同。

十一月十五日，從范仲淹、富弼薦，以孫復爲試校書郎、國子監直講（《長編》卷一三八，《宋會要輯稿》選舉三四之三六在「十三日」）。

慶曆三年癸未，四十歲。

三月二十二日，除右諫議大夫、樞密副使。上章累辭，不拜。時足膝瘡腫，居家養疾（《皇朝文鑑》卷四五《辭樞密副使狀》）。

二十七日，改資政殿學士兼翰林侍讀學士（《長編》卷一四〇）。

四月二日，奏論不可待西使太過（《長編》卷一四〇）。

《行狀》：「元昊遣六宅使賀從勗書稱『男兀卒曩霄上父皇帝』，公上言曰：『處事心當在初。嚮聞西路待其使過厚，通判就驛置酒，及入見，賜與亦多，又聽稱其僞官，此適足長其驕慢無厭之心也。今若許以不臣，則契丹尚臣屬之，必曰：彼既與南朝爲敵國，則天下獨我之尊。因此妄有邀求，如何可拒？』由是朝廷卻其使，卒令稱臣。」

按：據《長編》卷一三九，正月二十四日，元昊遣使請和。時元昊與契丹有釁，故請和。

四月七日，韓琦、范仲淹并爲樞密副使。弼奏乞令韓琦、范仲淹更任內外事（《長編》卷一四〇）。

二十七日，詔新除資政殿學士富弼依本班立位（《宋會要輯稿》儀制三之二十）。

是月，石介作《慶曆聖德詩》。

《神道碑》：「時晏殊爲相，范仲淹爲參知政事，杜衍爲樞密使，韓琦與公副之，歐陽修、余靖、王素、蔡襄爲諫官，皆天下之望。魯人石介作《慶曆聖德詩》，歷頌羣臣，皆得其實。曰：『維仲淹弼，一夔一契。』天下不以爲過。」

《儒林公議》卷上：「范仲淹、富弼初被

卷一五〇）。

上《河北守禦十三策》，乞出守郡，不從（《神道碑》、《宋名臣奏議》卷一三五）。《梁谿集》卷四六《論守禦劄子》：「臣伏見仁祖時，富弼所上守禦二策，審地形，觀事機，分兵控扼要害之地，左右出入，縱橫應援，曲盡其妙。」

奏乞令宗室幹當在京諸司（《宋名臣奏議》卷三二）。七月十九日，仁宗始用弼議，擇宗室之有才者補外官（《行狀》）。

八月五日，爲河北宣撫使。會保州軍亂，命經制其事（《長編》卷一五〇。《宋會要輯稿》職官四一之一八繫於「六日」）。《敘述前後辭免恩命以辯讒謗奏》：「然自此讒言愈起，日甚一日，其所讒者，盡是竊弄威權，惑亂朝廷，謂臣欲謀廢立。以至使其黨學臣等三兩人所書字體，僞寫作臣等往復簡帖，商量廢立之事，又別使人繳進，此所以取仁宗必信之謀也。臣其時恐懼，如坐燃薪之上，自亦不敢安於其位。……臣即因保州軍亂，乃堅乞得河北宣撫。」按：《長編》卷一五一李燾注：「按：保州兵亂乃八月初五日，朝廷于初九日始知，富弼使河北實初五日受命，此時朝廷未知保州兵亂也。弼使河北但欲修飭邊備，未行而保州亂作，朝廷就委弼措置。弼緣此遂行，實非始謀也。其後弼有《辨讒謗劄子》，卻云因保州亂堅乞得河北宣撫，蓋小誤。然事適同日，不妨便文。而范純仁《行狀》、蘇軾《神道碑》及朱墨史附傳并云弼因保州賊平乞出，則誤甚矣。」讒弼者當指夏竦。保州兵亂，乃保州巡檢司雲翼卒擁都監韋貴據城起事。

奏論契丹不寇河東，謂契丹異日之禍，必在河朔（《長編》卷一五一）。

十五日，薦劉牧掌隨行機密文字，從之（《長編》卷一五一）。

二十五日，詔富弼促行，節制保州城下諸道兵。

《長編》卷一五一：「甲寅（二十五日），朝議以諸道兵集保州城下，未有統領，因詔宣撫使富弼促行，往節制之。」

二十九日，奏論元昊所上誓書（《長編》卷一五一），謂朝廷應接納誓書，且示以必和之意，使其盡力與契丹相持。若契丹與元昊自相殺伐，兩有所損，此則朝廷之福。元昊所上誓書見《長編》卷一五二。

九月，張昷之貶知虢州。

《長編》卷一五二：「壬戌（初四日），河北都轉運按察使、工部郎中、天章閣待制張昷之落職知虢州，降轉運按察使。……初昷之聞保州亂，自魏馳至城下，召諸將部分攻城，使人謂（楊）懷敏曰：『不即來，當以軍法從事。』既至就坐，又以兵自衛，昷之曰：『諸軍方集，獨敢以兵隨左右，豈欲反邪！』因叱去衛者。故懷敏深恨昷之，嘗密奏殺昷之則賊降矣。會富弼力爲昷之辯，上意解，猶坐前事落職。」同卷李燾注：「富弼《乞免責降河北監司奏議》在第五卷。」此奏已佚。

是月，《祖宗故事》成。撰《太祖太宗眞宗故事序》（《群書考索前集》卷一七）。

《絜齋集》卷六《策問祖宗家法》：「慶曆中，樞臣富弼作爲《寶訓》一書，而三朝制度紀綱之法，燦然畢具，誠我國家之舊章成憲也。」

按：《宋史》卷二〇三《藝文志》二著録有「《三朝太平寶訓》二十卷」，即此書。《祖宗故事》，亦稱《太平故事》。此書稱爲《三朝太平寶訓》，蓋始于《中興館閣書目》誤載。據陳振孫《直齋書録解題》卷五載：「《三朝政要》二十卷。宰相河南富弼彦國撰。慶曆三年，弼爲樞副，上言選官置局，以三朝典故分門類聚，編成一書，以爲模範。命王洙、余靖、孫甫、歐陽修同共編纂，四年書成，名《太平故事》，凡九十六門，每事之後各釋其意。至紹興八年，右朝議大夫吕源得舊印本，刊正增廣，名《政要釋明策備》上之於朝。《館閣書目》指《政要》爲《寶訓》，非也。」《宋史·藝文志》另著録王洙《祖宗故事》二十卷，亦即此書，屬重録。據《長編》卷一一一，明道元年（一〇三二）二月癸卯（初二日），監修國史吕夷簡上《三朝寶訓》三十卷。

慶曆五年乙酉，四十二歲。

弼爲河北宣撫使。

弘治《保定志》卷一六《寓賢》：「富弼爲河北諸州宣撫使，巡行郡邑，鎮撫軍民，和輯士卒。河北經略，富公之功居多。」

正月，奏乞速令張子奭使契丹行封册之恩，從之（《行狀》）。

《長編》卷一五三李燾注：「弼奏云『去年十二月中知子奭已進發，近卻有指揮緣路止住』，則此奏當是慶曆五年正月。」

弼欲誅保州降卒，歐陽修止之。

《長編》卷一五一：「降卒二千餘人悉分隸諸州，宣撫使富弼恐復生變，與都轉運使歐陽修相遇于內黄（今屬河南），夜半屏人謀欲使諸州同日誅之，修曰：『禍莫大于殺已降，況脅從乎？既非朝命，諸州有一不從，爲變不細。』弼悟，乃止。」按《歐陽修年譜》：「是春，眞定帥田況移秦州，公權府事者三月。」正月二十八日弼改知鄆州，則二公相遇內黄即在是月二十八日前。

二十八日，錢明逸誣弼挾朋黨以亂朝綱，出爲京東西路安撫使、知鄆州；范仲淹爲知邠州兼陝西四路緣邊安撫使，朝政漸變。

《長編》卷一五四：「仲淹、弼既出使，讒者益甚，兩人在朝所施爲亦稍沮止，獨杜衍左右之，上頗惑焉。……於是弼自河北還，將及國門，右正言錢明逸希得象等意，言弼更張綱紀，紛擾國經，凡所推薦，多挾朋黨，心所愛者盡意主張，不附己者力加排斥，傾朝共畏，與仲淹同。……明逸疏奏，即降詔罷仲淹、弼。」

二十九日，杜衍罷相，授行尙書左丞知兗州（《宋宰輔編年録》卷五）。

是月，奏論河北七事（《宋名臣奏議》卷一三五）。

二月四日，罷富弼、范仲淹等所建磨勘保任之法（《長編》卷一五四）。

歐陽修、韓琦分別上疏，論弼等不當罷，不報。

《歐陽修全集》卷一〇七《論兩制以上罷舉轉運使副省府推判官等狀》略曰：

「臣昨見富弼自至河北，緣山傍海，經畫勤勞，河北人皆云自來未有大臣如此。其經畫所得，事亦不少。歸至國門，臨入而黜，使河北官吏軍民見其盡忠而不知其罪狀。小人貪務希合，不爲朝廷惜事體，凡事攻擊，至今未已。」此奏《長編》卷一五四繫於二月。韓琦《乞以北事委富弼奏》（《安陽集編年箋注》附録一），云弼等罷政事在「二十九日」。《長編》卷四一一：「范純仁退而上疏曰：『……昔先臣與韓琦、富弼蒙仁皇同時用爲執政，三人各舉所知，引用忠良，有匪人之不得進者，遂構造謗語指爲朋黨，先臣與韓琦、富弼皆得補外，所用之人類遭貶逐。當時造謗之人皆欣快相賀曰：且得一網打盡。此事未遠，衆人猶知。』」

詔科舉舊條，皆先朝所定，宜一切如故，罷弼等前所改定者（《長編》卷一五五）。

奏乞採訪京東狂謀之事（《宋名臣奏議》卷一四四）。

十月九日，罷范仲淹、富弼等所建諸路轉運使帶按察之名（《長編》卷一五七）。

二十八日，罷宰臣兼樞密使（《長編》卷一五七）。

夏竦言弼陰使石介入契丹謀起兵，欲傾弼。十一月十日，詔下兗州核介死虛實。

《叙述前後辭免恩命以辯讒謗奏》：「相次，會臣一相識秘閣校理石介病死於兗州，又有人讒臣怨望朝廷，石介詐死，卻是富某密使入北敵，結連起兵，富某欲以安撫司一路兵應之，則朝廷危。即日遂罷臣安撫使。」

《長編》卷一五七：「辛卯（初十日），

詔提點京東路刑獄司體量太子中允直集賢院石介存亡以聞。先是，介受命通判濮州，歸其家待次，是歲七月病卒。夏竦銜介甚，且欲傾富弼，會徐州狂人孔直溫謀叛，搜其家得介書，竦因言介實不死，弼陰使入契丹謀起兵，弼爲內應，執政入其言，故有是命。」李燾注：「按：初十日有詔體量石介存亡，後四日乃罷弼安撫使，弼稱即日，蓋乘筆快于事，不能無少差爾。」

十四日，富弼、范仲淹罷安撫使。仲淹改知鄧州（《長編》卷一五七）。

慶曆六年丙戌，四十三歲。

弼在鄆州，得山東人心。

《長編》卷一五七：「帝嘗遣中使按視山東盜起。還奏盜不足慮，而言：『兖州杜衍、鄆州富弼，山東尤尊愛之，此爲可憂。』帝欲徙二人于淮南，（吴）育曰：『盜誠無足慮，然小人乘時以傾大臣，非國家之福。』議遂格。」

歐陽修在滁州，自號醉翁。弼有《寄歐陽公》、《寄題醉翁亭》詩。

前詩云：「滁州太守文章公，謫官來此稱醉翁。醉翁醉道不醉酒，陶然豈有遷客容。公年四十號翁早，有德亦與耆年同。意古直出茫昧始，氣豪一吐閶闔風。」見《耆舊續聞》卷一〇。後詩見《輿地紀勝》卷四二，云：「偏州地狹民事簡，醉翁自放山水中。琅琊倚天色蒼翠，遜泉落石聲玲瓏。」

弼欲辟時舜舉，舜舉辭（《樂全集》卷三九《將仕郎揚州司法參軍時府君墓誌銘》）。

慶曆七年丁亥，四十四歲。

弼在鄆州。

正月，杜衍以太子少師致仕。衍在睢陽建五老堂，時人繪五老圖。富弼有《睢陽五老圖》詩。

嘉靖《歸德志》卷一《遺迹》：歸德府有五老堂，在「舊城內，應天書院東。宋太子少師杜衍與禮部侍郎王渙、司農卿畢世長、兵部郎中朱貫、駕部郎中馮平，俱年八十餘致仕，居鄉里，用唐白樂天香山九老故事，作五老堂，賦詩唱酬，時人形於繪像。」

按：據《歐陽修全集》卷三一《太子太師致仕杜祁公墓誌銘》，杜衍致仕時年方七十，嘉祐二年卒，年八十，則建五老堂當爲慶曆七年至嘉祐二年間事。弼詩作年不詳，姑附見於此。

夏竦再因石介事讒富弼。

《叙述前後辭免恩命以辯讒謗奏》：「讒者自知北兵無驗，又別讒臣，云北敵結連不起，富某卻遣石介往登、萊州（今山東蓬萊、掖縣），結連金坑無賴凶惡數萬人，欲舉兵爲辭。朝廷以至累遣本路監司相度，擬發石介墓以觀其死之虚的。兼當時所遣之官，至今猶有在者，所造終無成而罷。」

《長編》卷一六〇：「中使持詔至奉符，提點刑獄呂居簡曰：『今破冢發棺而介實死，則將奈何？且喪葬非一家所能辦也，必須衆乃濟。若人召問之，苟無異說，即令結罪保證，如此亦可應詔矣。』中使曰：『善。』及還奏，上意果釋。」

五月八日，弼爲京東路安撫使、知青州。韓琦爲京西路安撫使、知鄆州（《長編》卷一六〇）。

弼過許昌，省范純佑（《宋史》卷三一四

《范仲淹傳》附《范純佑傳》）。

是年，子紹京生。

《范太史集》卷三八《供備庫副使富君墓誌銘》：「君諱紹京，字世昌，河南人。司徒韓國公贈太尉之第二子。」

尹洙卒，作《哭尹舍人詞》（《皇朝文鑑》卷一三二）。

慶曆八年戊子，四十五歲。

三月十八日，以平齊州兵叛有功，除禮部侍郎，辭不受。

《敘述前後辭免恩命以辯讒謗奏》：「不久，齊州（今山東濟南）兩營禁兵謀叛，欲應貝州（今河北清河境）城下。有隔路密來告臣，且云竊發有日。其時適會一中使張從訓來青州幹當，臣以事急，遂權牒本官及密牒齊州，尋皆捕獲推究，斬配百人。朝廷又以爲勞，再授臣禮部侍郎。臣復用前懇，累上章不拜。」

《長編》卷一六六李燾注：「弼《墓誌》、《神道碑》、朱墨史附傳并云弼先以救災加禮侍，辭不受，又以捕齊兵再加禮侍，亦不受。考其事蹟，蓋顛倒也。先加禮侍在去年三月，乃捕齊兵，後加禮侍則救災之故，蓋河北大水。《實錄》：去年六月河決商胡，民流當夏秋間，若春時河北固未嘗有大水也。今悉正之。」

六月六日，河決澶州（今河南濮陽附近）商胡埽，河北流民奔走青州。有《擘畫屋舍安泊流民事指揮》，安居流民，不至暴露失所（《救荒活民書》卷三）。

十月，有《曉示流民許令諸般採取營運事指揮》（《救荒活民書》卷三）。

十二月，有《支散流民斛斗畫一指揮》（《救荒活民書》卷三）、《與執政乞斛斗濟民書》（《侯鯖録》卷八）。

是年，奏乞撥河北逃田爲屯田（《宋名臣奏議》卷一〇五）。

題石雲門山。

富紹榮《雲門山題名》云：「大觀二年戊子六月十二日，朝奉郎富紹榮緣宗室財用事至青社，因過石子澗，來雲門山。讀伯父文忠公慶曆八年題石，今已六十一年，感念徘徊。向晚之昌樂。」（見北京圖書館藏拓片·各地五二〇二）。

仁宗皇祐元年己丑，四十六歲。

二月八日，以安撫流民功，再除禮部侍郎，固辭不受（《敘述前後辭免恩命以辯讒謗奏》）。

《神道碑》：「前此救災者，皆聚民城郭中，煮粥食之，饑民聚爲疾疫，及相蹈藉死，或待次數日不食，得粥皆僵僕，名爲救之而實殺之。自公立法，簡便周至，天下傳以爲法，至于今，不知所活者幾千萬人矣。」

《宋史》卷一八九《兵志》三：「皇祐中，河北水災，農民流入京東三十餘萬，安撫使富弼募以爲兵，拔其尤壯者得九指揮，教以武技，雖廩以廂兵，而得禁兵之用，且無驕横難制之患。」

七月十一日，加資政殿大學士（《長編》卷一六七）。

是年，應韓琦之請，作《定州閱古堂》詩（見《皇朝文鑑》卷一二）。

按：歐陽修《韓公閱古堂》詩（《歐陽修全集》卷四）題下注「皇祐元年」，姑從之。據《長編》卷一六四，韓琦慶曆八年（一〇四八）四月二十三日知定州。

皇祐二年庚寅，四十七歲。

在青州，上《宣問救濟流民事劄子》。

劄子見《救荒活民書》卷三，謂活京東流民四五十萬人，廣招兵徒一萬人。且曰：「似此直養活至去年五月終麥熟，仍各給與一去路糧而遣歸。」

在青州，薦舉趙滋再任京東東路都巡檢（《長編》卷一七五）。

爲劉槩築室以居之（據《澠水燕談録》卷四）。

《嵩山文集》卷一七《韓文忠富公奏議集序》：「公之知人薦士有至將相者矣，晚於青州得一老儒生劉槩，薦於朝，則歎息欣喜，若平生未嘗得士者。」

在州南瀑布側建亭，人稱富相亭。

《齊乘》卷四《古迹》：「富相亭，府南瀑布澗側，富文忠公知青州所建。歐公《游石子澗》詩謂富相公創亭。

弼在青州，有善政，青州民爲建富公祠。

《欽定大清一統志》卷一三五《青州府·祠廟》：「富公祠，在府城西門外。明嘉靖間改建，祀宋富弼。」按：祠建於何時，已難確考，姑附於此。

九月二十七日，大享天地於明堂，大赦。以明堂恩，拜禮部侍郎（《行狀》）。

十一月，徙知鄭州（今屬河南），范仲淹繼之守青州（《行狀》）。

《咸淳臨安志》卷四六《秩官》：「十一月辛酉，仲淹自杭知青州。」

范仲淹《與韓魏公書》云：「某上巳日（三月初三）方至青社，繼富公之後，庶事有倫，守之弗墜。但歲饑物貴，河朔流民尚在村落，因須救濟。」

皇祐三年辛卯，四十八歲。

移蔡州（今河南汝南縣）。有詩寄韓琦。琦評價甚高，并回詩。

是年歐陽修與韓琦書云：「富公移蔡，亦便親而請也，恐卻以親疾難於移動。」知此年富弼移蔡州。

韓琦詩見《安陽集編年箋注》卷一《覽資政富公新詩》、《謝資政富公再以近詩見寄》。《箋注》以琦詩作於皇祐三年。前詩云：「公今得淮康，大廈輟隆棟。」淮康即蔡州，於景祐二年十月己丑升爲淮康軍。

七月，孫沔（元規）知徐州（《長編》卷一七〇），弼有《與孫元規大資帖》（《聖宋五百家播芳大全文粹》卷五三）。

皇祐四年壬辰，四十九歲。

正月，題范仲淹手書《伯夷頌》墨蹟。

《趙氏鐵網珊瑚》卷二題：「夷清韓頌古皆無，更得高平小楷書。舊相嘉篇題卷後，蘇家能事復何如？壬申歲正月才翁按察，富弼題。」《六藝之一錄》卷四〇四《宋范文正公書伯夷頌》題作「壬辰歲」，當是。

五月二十日，范仲淹卒於徐州，年六十四。撰《祭范文正公文》、《范文正公仲淹墓誌銘》（見《范文正公褒賢集》卷一）。

皇祐五年癸巳，五十歲。

閏七月，撰《張樞密奎墓誌銘》（《名臣碑傳琬琰集》中集卷一〇）。

在蔡州，嘗薦魯有開，以爲有古循吏風（《明一統志》卷三一《汝寧府·名宦》）。

八月，加觀文殿學士、知河陽（《長編》卷一七五）。以二府舊臣，遷戶部侍郎。韓琦有賀詩（《安陽集編年箋注》卷七《賀觀文富公遷職》）。

在河陽，禮重陳襄、杜常。《古靈集》卷二五附葉祖洽撰《先生行狀》：「皇祐三年（一〇五一）改著作佐郎，知孟州河陽縣。會司徒富公亦自鄆移鎮河陽。公常以自負所學，不見知於當世名卿，及得富公，從之甚嘉。富一見公亦厚遇之。二人相得以道義，故有所爲，無不以公言爲聽，燕遊登臨，必與之偕，吟詠樽俎，更和迭倡。」按：云弼「自鄆移鎮河陽」，誤。《宋史》卷三三〇《杜常傳》：「杜常字正甫，衛州（今河南汲縣）人。中進士第，調河陽司法參軍事，富弼禮重之。」陳襄有《與富觀文書》，論興農田水利，除透槽之害（《古靈集》卷一五）。辟張子諒爲河陽通判（《梅堯臣集編年校注》卷二三《送河陽通判張寺丞》）。

仁宗至和元年甲午，五十一歲。

二月，孫沔知杭州。有與沔帖（《聖宋五百家播芳大全文粹》卷五三）。

與歐陽修書信往來，言及修所撰范仲淹神道碑事。《邵氏聞見後錄》卷二一：「先是，富公自歐陽公平章，其書略曰：『大都作文字，其間有干着說善惡，可以爲勸戒者，必當明白其詞，善惡煥然，使爲惡者稍知戒，爲善者稍知勸，是亦文章之用也。……向作希文墓誌，蓋用此法，但恨有其意而無其詞，亦自謂希文之善稍彰，姦人之惡稍暴矣。』」歐陽修《與澠池徐宰（無黨）六通》之四（題下注曰「至和二年」）云：「諭及富公言《范文正公神道碑》事，當時在潁，已共詳定，如此爲允。述呂公事，於范公見德量包宇宙，忠義先國家。於呂公事各紀實，則萬世取信。非如兩仇相訟，各過其實，使後世不信，以爲偏辭也。大抵某之碑，無情之語平；富之誌，嫉惡之心勝。」（《歐陽修全集》卷一五〇）

按：據《宋歐陽文忠公修年譜》：皇祐四年（一〇五二）三月，修因母喪歸潁州。至和元年（一〇五四）五月，服除，赴闕；是年，撰《資政殿學士戶部侍郎文正范公神道碑銘》（《歐陽修全集》卷二一）。歐陽修《與蔡交書》（《歐陽修全集》卷一五〇，題下注曰「皇祐五年」）云：「范公襄事，修以孤苦哀困中杜門郊外，殊不知端息，情禮都闕。但得淮西寄到誌銘，豈任感涕。」則知弼與修書信往來當在皇祐五年至至和元年五月間，姑繫於此。

至和二年乙未，五十二歲。

正月，與劉沆書。

《平園續稿》卷九《跋劉氏後隆堂詩》：「今某藏富文忠公與公（劉沆）手書云：『每辱勉以盡瘁鎭靜，有所植立。其如五年無補，雖強自勉，恐終負教誨。北望恩館，神爽飛越。』富公書辭如此，公之進薦可知。」

《益公題跋》卷一一《題富鄭公與劉丞相沆書》：「廬陵劉公至和二年實在相位，富文忠公書蓋是歲正月，公方以觀文守河陽，三月即拜宣徽使判幷州，六月遂與劉公並位。當時謂公素厚文忠，力破朋黨之說，致仁祖信任不疑。合觀書詞，信而有徵。偶非親筆，但書名耳。」按：

「三月」爲「二月」之誤，見下。

二月十七日，除宣徽南院使、判并州（今山西太原）、兼河東路經略安撫使。十八日，知并州、武康軍節度使韓琦徙知相州（今河南安陽）（《長編》卷一七八）。

在并州，與韓琦交代公務；别後以詩相酬答。

《安陽集編年箋注》卷二《離并州至晉祠次韻答宣徽富公》云：「十年一面數日别，行行不忍移歸軿。剛腸出淚收還注，感公知己難違去。」按：二公於慶曆五年（一〇四五）同時罷任，至至和二年（一〇五五）於并州，分手正十年。又《途次答宣徽富公書意》：「爲别信宿來，書日慰愚懦。張瑟久不調，易調猶未斷。」富弼書已佚。

辟韓維任河東幕府（《宋史》卷三一五《韓維傳》）。

議募弓箭手居代州（今山西代縣）、寧化軍（今山西静樂北）空地。得戶四千，墾地九千六百頃（《長編》卷一七八、《宋史》卷一九〇《兵志》四）。

以劉沆薦，六月十一日，拜同中書門下平章事、集賢殿大學士，與文彥博并命。宣制之日，士大夫相慶於朝（《行狀》）。

《平園續稿》卷二十《廬陵縣學三忠堂記》：「雖然，此邦非無宰相，如劉沆冲之在朝嘗力薦文忠，留寘翰苑，又引富文忠公弼共政。」

《行狀》云：「北虜使至，多問公所在及安否，如愛父兄。至公爲宰相，王德用爲樞密使，謂館伴者曰：『南朝用二公，何得人之盛耶？』」《長編》卷一八四李燾注：「德用本傳云：德用自鄭州復爲樞密使，明年富弼相，會契丹使耶律防至，德用與之射玉津園，防曰：『天子以公典樞密而用富公爲相，可謂得人矣。』帝聞之喜，賜御弓一矢五十。按：防乃至和二年乾元節使者，四月己亥（十一日）入見，丁未（十九日）辭，而召富弼入相實六月丙申（十一日），防安得留京師至此時云云，必誤。……范純仁作富弼《行狀》亦有是言，本傳蓋因之。」

七月，有與孫沔帖（《聖宋五百家播芳大全文粹》卷五三）。

百官郊迎文彥博、富弼（《長編》卷一八〇）。

八月十七日，李覯《寄上富相公書》，議東南儂智高之亂，并寄所作《長江賦》一本（《直講李先生文集》卷二八）。

富弼入相，歐陽修爲翰林學士，張昪權御史中丞，士大夫謂三得人（《長編》卷一八〇）。

舉薦高政，本月二十三日，除寧化東陽、西陽川至天池東西巡檢使（《長編》卷一八〇、《宋會要輯稿》職官四八之一二八）。

以文學政事薦陳襄（《古靈集》卷二五《先生行狀》）。

十一月十五日，薦張安世爲閤門祗候、麟府并舊豐州緣邊同巡檢，專管勾屈野、河西北界（《長編》卷一八一）。

十二月四日，修六塔河。歐陽修上疏請罷六塔之役，富弼不省（《長編》卷一八一、《宋史》卷九一《河渠志》）。

立一舉三十年推恩之法。《邵氏聞見錄》卷九：「至和間，富公當國，立一舉三十年推恩之法。蓋公與河南進士段希元、魏昇平同場屋相善，公作相，不欲私之，故立爲天下之制。二人俱該此恩，希元官至太子中舍，致仕，轉殿中丞；昇平官至大理寺丞。此法至今行之。」按：同書卷一七「魏昇平」作「魏叔平」。

《宋會要輯稿》選舉八之二九：「嘉定十六年（一二二三）四月二十七日，臣僚言：至和間，富弼奏請一舉三十年推恩之法，欲使久困場屋差足自慰，景迫桑榆者聊以自娛，至今行之，恩至渥矣。」

仁宗嘉祐元年丙申，五十三歲。

正月，仁宗不豫。弼與文彥博乞留內殿，內外帖然。禱於太廟（《行狀》、《宋會要輯稿》禮一四之三七、《長編》卷一八二）。

與文彥博、劉沆等議立皇嗣事，因仁宗康復，中輟。

《行狀》：「公又以仁宗春秋漸高，國本未立，遂與昭文文潞公、集賢劉公沆、參知政事王文安公同議，擇宗室之賢者，建立儲貳。王公素聞英宗賢聖，遂共以其名上之，仁宗曰：『朕志已定，卿等勿復疑也。』諸公喜而退。」

《長編》卷一八二：「上始得疾不能視朝，中外憂恐，宰相文彥博、劉沆、富弼勸帝早立嗣，上可之。……乃定議乞立宗實爲嗣，及具藁未及進而上疾有瘳，其事中輟。」

五月三日，詔以九月於大慶殿行恭謝禮，充鹵簿使（《宋會要輯稿》禮二八之八三）。

夏，歐陽修向富弼薦蘇洵（《歐陽修全集》

卷一四四《與富文忠公六通》之二)。

九月十一日，攝事於太廟(《長編》卷一八四)。

二十八日，奏論西蕃首領子孫弟姪承襲職名事(《長編》卷一八四)。

是月，蘇洵有《上富丞相書》(《嘉祐集箋註》卷一一、《蘇詩總案》卷一)。

欲招邵雍，雍謝以詩二首。雍時居洛陽。《邵氏聞見錄》卷一八：「康節先公與富文忠公早相知。文忠初入相，謂門下士田棐大卿曰：『爲我問邵堯夫，可出，當以官職起之；不即命爲先生處士，以遂隱居之志。』田大卿爲康節言，康節不答，以詩二章謝之曰：『相招多謝不相遺，將爲胸中有所施。若進豈能禁吏意，既閑安用更名爲？願同巢許稱臣日，甘老唐虞比屋時。滿眼清賢在朝列，病夫無以繫安危。』又云：『欲遂終焉老閑計，未知天意果如何？幾重軒冕酬身貴，得此雲山到眼多。好景未嘗無興咏，壯心都已入消磨。鵷鴻自有江湖樂，安用區區設網羅。』」詩又見《伊川擊壤集》卷二。

《伊洛淵源錄》卷五《邵雍行狀略》：「年三十餘，來游于洛，以爲洛邑天下之中，可以觀四方之士，乃定居焉。……洛人爲買宅，丞相富公爲買園以居之。」《伊川擊壤集》卷一一《老去吟》：「行年六十有三歲，二十五年居洛陽。」知雍始居洛陽在皇祐元年(一〇四九)，時年三十八。

嘉祐二年丁酉，五十四歲。

正月六日，歐陽修知貢舉，文體爲之一變。《長編》卷一八五：「先是進士益相習于奇僻，鉤章棘句，寖失渾淳。修深疾之，遂痛加裁抑，仍嚴禁挾書者。及試牓出，時所推譽，皆不在選。」

是年，蘇軾進士及第，弼待以國士禮（《蘇軾文集》卷一〇《范文正公文集叙》）。

八月八日，詔富弼等詳定《編敕》（《續資治通鑑》卷五七、《宋史》卷一二《仁宗本紀》）。

十月，薦陳襄試祕閣校理（《古靈集》卷二五附《薦陳襄召試館職狀》）。

《宋會要輯稿》選舉三一之三四：「七日，學士院試秘書丞，陳襄賦詩三下，詔充秘閣校理。」

十一月，極稱張方平所上《論京師軍儲事奏》（《長編》卷一八三、《樂全集》卷二三）。

十二月六日，改貢舉法。

《長編》卷一八六：嘉祐二年十二月「戊申（初六日）詔：『自今間歲貢舉，進士、諸科，悉解舊額之半。……又別置明經科，……舊置説書舉，今罷之。其不還鄉里而寓戶他州以應選者，嚴其法。每秋試，自縣令、佐察行義，保任之，上於州，州長、貳復審查得實，然後上本道使者類試。』」

嘉祐三年戊戌，五十五歲。

六月七日，加禮部尚書、昭文館大學士；韓琦拜集賢相，田況爲樞密使。九日，詔依新官立位（《長編》卷一八七）。

范純仁《田況神道碑》：「迨公爲樞密使，而文忠公實爲上相，同時道行，位冠百僚，搢紳不以爲二公榮，而相賀以爲天下福也。」

《容齋隨筆·五筆》卷三：「嘉祐中，富

韓公爲宰相，歐陽公在翰林，包孝肅公爲御史中丞，胡翼之侍講在太學，皆極天下之望。一時士大夫相語曰：『富公眞宰相，歐陽永叔眞翰林學士，包老眞中丞，胡公眞先生。』遂有四眞之目。」

七日，文彥博罷爲河陽三城節度使、同平章事、判河南府。因彥博遊嵩山，弼贈遊山器一副，彥博有謝詩（《潞公文集》卷四）。

《三朝名臣言行錄》卷二《丞相韓國富文忠公》：「公素喜潞公，昔同朝，更拜其母，每勸其早退。」

力言弛茶禁，以疏利源、寬民力。九月五日，命置局議之（《長編》卷一八八）。

十月二十七日，提點江南東路刑獄王安石爲度支判官。安石上萬言書，極陳當世之務（《臨川先生文集》卷三九）。

十一月，裁省冗費。

《長編》卷一八八：「初，樞密副使張昪請罷民間科率及營造不急之務，其諸場庫務物之闕供者，令所在以官錢收市之。于是置省減司於三司，自是多所裁損云。」

是年，有與韓琦帖。

《六藝之一錄》卷三三七《富文忠公十二帖》：「其第一帖公爲昭文相時所遺，當是嘉祐三年。……帖所稱集賢相公，則魏郡韓忠獻王也。」此帖已佚。

與韓琦編修《刑房斷例》。

《長編》卷三九一：「（元祐元年十一月）戊午（初四日），……中書省言：『《刑房斷例》，嘉祐中宰臣富弼、韓琦編修，今二十餘年。』」

奏賜僧宗顥紫方袍。

《邵氏聞見錄》卷一九：「富公未第時，家於水北上陽門外，讀書於水南天宮寺三學院。院有行者名宗顥，嘗給事公左右。及公作相，顥已爲僧，用公奏賜紫方袍，號寶月大師。」

嘉祐四年己亥，五十六歲。

二月四日，詔弛茶禁。

《長編》卷一八九：「初，所遣官既議弛禁，因以三司歲課均賦茶戶，凡爲緡錢六十八萬有奇，使歲輸縣官，比輸茶時，其出幾倍。朝廷難之，爲損其半，歲輸緡錢三十三萬八千有奇，謂之租錢，與諸路本錢悉儲以待邊糴。自是唯臘茶禁如舊，餘茶肆行天下矣。」

五月，張田貽書弼，責其舉措失當。弼從其請。

《長編》卷一九〇：「三司使包拯薦（張）田攝其屬，執政難之。田乃貽富弼書，數其過失五事曰：『公負天下重望數十年，今爲元宰，而舉措如此，甚可惜也。』拯由是得請。」李燾注：「五月甲辰（十一日），田權發遣度支判官。」

六月七日，請加尊號。表五上，不許（《宋會要輯稿》禮四九之十七）。

八月，汪輔之以制科試入等而罷之，貽書誚弼。

《長編》卷一九〇：「乙亥（十三日），御崇政殿策試應才識兼茂明於體用科明州觀察推官陳舜俞、賢良方正直言極諫旌德縣尉錢藻、汪輔之。舜俞、藻所對策并入第四等，授舜俞著作佐郎、簽書忠正軍節度判官事，藻試校書郎、無爲軍判官，輔之亦入等。監察御史裏行沈起言其無行，罷之。輔之躁忿，因以書誚讓富弼曰：『公爲宰相，但奉臺諫風旨而已，天下何賴焉！』弼不能答。」

奏乞親行祫饗大禮（《宋名臣奏議》卷八七）。

九月一日，仁宗親製祫饗舞名，詔弼等撰《大祚》至《采茨》曲詞十八（《長編》卷一九〇）。

十月十二日，爲祫饗大禮使（《長編》卷一九〇）。

詔天下舉遺逸，欲召邵雍。雍辭（《邵氏聞見録》卷一八）。

以薦張孜事遭韓絳彈劾。以母老求退，不許。

《宋史》卷三二四《張孜傳》：「（孜）復召爲馬軍副都指揮使。御史中丞韓絳又言：『孜不當典兵，而宰相富弼薦引之，請黜弼。』弼引咎求罷政事。諫官御史皆言進擬不自弼。絳家居待罪。」

《長編》卷一九〇：「宰相富弼自給享禮成，以母老累章求退，上不許，仍斷來章。弼又上劄子，一留中，一封還。又稱疾卧家，上遣中使召出之，乃復視事。」

是年，陳襄有《與富丞相書》，乞一閒曹，以遂著書之志（《古靈集》卷一五）。

嘉祐五年庚子，五十七歲。

三月，議新定茶法，謂「須略整齊可矣」（《長編》卷一九一）。

五月二十二日，王安石召爲三司度支判官。安石有《上富相公書》，求爲州郡長吏（《臨川先生文集》卷七四）。

六月十八日，遣官分行天下，訪寬恤民力事（《長編》卷一九一）。

是年，有跋閻立本《十三帝圖》（《平津館

鑒藏書畫記》)。

《文忠集》卷一五《題閻立本列帝圖》：「右閻立本畫列帝圖，凡十三人。……自富韓公而下皆有題識，往往缺落破碎。」按：富弼又嘗題蘭亭帖。《蘭亭續考》卷一《題唐人臨本蘭亭帖》：「富沙袁說友敬誦蘇、富諸鉅公題跋，注想典刑，如生乎其時也。輒冒不韙，書歲月於下方。」

朝旨許蘇軾應制科，軾上富弼書。

《蘇軾文集》卷四八《上富丞相書》末云：「翰林歐陽公不知其不肖，使與於制舉之末，而發其猖狂之論。是以眅進說於左右，以爲明公必能容之。所進策論五十篇，貧不能盡寫，而致其半。觀其大略，幸甚。」

蘇轍亦上書弼，稱「西蜀之人，行年二十有二」(《欒城集》卷二二《上昭文富丞相書》)。

嘉祐六年辛丑，五十八歲。

弼奏舉天下遺材，詔邵雍、常秩授將作監主簿，皆不起(《龍學文集》卷末《龍學始末》)。

《邵氏聞見錄》卷一八：「文忠奏天下尙有遺才，乞再令舉，詔從之。王拱辰尙書尹洛，乃以康節應詔。潁川薦常秩，皆先除試將作監主簿，不理選限。文忠招康節而不欲私，故以天下爲請。……然康節與常秩皆不起。是時富公已丁太夫人憂去位矣。」

蘇頌乞外補。爲奏陳，頌差知潁州，約爲此時事(《曲阜集》卷三《贈司空蘇公墓誌銘》)。

三月五日，母秦國太夫人卒。蘇頌有挽辭

（《蘇魏公文集》卷一四）。

十六日，以母喪去位，歸洛陽（《神道碑》）。

《攻媿集》卷七八《跋汪季路所藏書畫·富鄭公帖》：「國初襲前代之舊，士夫隔品致敬，則端拜。自文忠公爲相，一切罷之。潞公嘗云宰相事體都被富鄭公壞了。」

十七日，以富弼母喪罷春宴。

《長編》卷一九三：「時同知禮院晏成裕言：『君臣之義，哀樂所同，請罷春燕，以表優卹大臣之意。』上亟從其言。」按《行狀》、《墓誌銘》在「五年」，誤。

《歸田錄》：「國朝宰相最年少者惟王溥，罷相時父母皆在，人以爲榮。今富丞相入相時年五十二，太夫人在堂康強。後三年太夫人薨，有司議贈恤之典，云無見任宰相丁憂例。是歲三月十七日春宴，百司已具。前一夕有旨，富某母喪在殯，特罷宴。」

按：弼至和二年（一〇五五）入相，年五十二；至是年，年已五十八，「後三年」誤。

二十五日，以富弼母喪，特罷大宴，賜賞花之會（《宋會要輯稿》禮四五之三九）。

六月二十三日，詔起復爲禮部尚書、平章事、昭文館大學士、監修國史。辭不拜，上《辭起復表》（見《皇朝文鑑》卷六四），從之。

《敘述前後辭免恩命以辯讒謗奏》：「在中書爲首相，丁母憂歸西京持服，仁宗五遣中貴人及御藥院使臣詔臣起復。臣每次瀝懇拜章，願滿三年之制，終免起復之行。」

《長編》卷一九三：「或言弼初與韓琦同在二府，左提右挈，圖致太平，天下謂之『韓、富』。既又同爲宰相，琦性果斷，弼性審謹。琦質直，語或涉俗，……又嘗言及宰相起復故事，琦曰：『此非朝廷盛典也。』於是弼力辭起復，且言：『臣在中書，蓋嘗與韓琦論此。今琦處嫌疑之地，必不肯爲臣盡誠敷奏，願陛下勿復詢問，斷自宸慮，許臣終喪。』琦見之不樂，自是二人稍有間云。」李燾注：「此據司馬氏《記聞錄》及蘇氏《別志》，又參取弼所上劄子，然謂弼與琦自此稍有隙，恐未必爾。」

奏論張述不合升獎、言求嗣不可過急（《長編》卷一九三）。

閏八月二十五日，詔給富弼月俸之半，弼固辭不受（《資治通鑑後編》卷六九）。

是年，有與蔡襄《修建墳院帖》。時蔡襄權三司使（《三希堂法帖》第八册）。

嘉祐七年壬寅，五十九歲。

居母喪。歐陽修寄書慰節哀（《歐陽修全集》卷一四四《與富文忠公六通》之三）。

周必大《題六一先生慰富文忠公書稿》：「右歐陽公書稿，必是與富文忠公者。富公嘉祐六年三月丁憂，歐公方爲副樞，是年閏八月遷參政，至明年正月則入東府，恰半年，與書詞正相應。或疑京洛密邇，何爲經歲方遣慰疏。蓋仁宗本虛首相起富公，公懇辭甚力，閏月方許終喪。韓忠獻公遂拜昭文，而歐公亦遞遷，又數月然後發此書爾。」（《文忠集》卷一五）

八月五日，立宗實爲皇子。九日，賜名曙。

《聞見近錄》：「至和中，仁宗寢疾。時相富文忠密通意光獻立後，而慈聖意在英宗，……潞公爲首相，與富公議協，密諭王文忠爲詔草，常懷之以待非常。久之，仁宗疾有瘳，潞公服喪去位，富文忠乃召韓忠獻爲樞密使，且密告之，欲共圖其事。富文忠尋亦憂去，忠獻乃立英宗爲皇子。富文忠聞之，不懌，以謂事固定，待有變而立可也。萬一有疑阻，則豈復得其人也。韓、富由是構隙。」

在洛陽，嘗以佛事尼惠普（《長編》卷二三一引《林希野史》）。

嘉祐八年癸卯，六十歲。

居母喪。

三月二十九日，仁宗崩，年五十四。四月一日，皇子曙即位，是爲英宗。皇太后曹氏權垂簾聽政。九日，賜富弼仁宗遺物（《長編》卷一九八）。

有與韓琦二帖。

《六藝之一錄》卷三三七《富文忠公十二帖》：「其第二帖公服闋時所遺，當是嘉祐八年。公自嘉祐六年三月以母憂去位，至此服除。其年三月辛未，昭陵升遐，故帖中有『甫畢家禍，又遭國卹』之語。而第三帖謂罪逆不死已及除禫，要當與第二帖同時也。」此二帖已佚。

五月十七日，既除喪，授樞密使、禮部尚書、同平章事，辭（《長編》卷一九八）。

歐陽修、蘇頌寄書賀新命（《歐陽修全集》卷一四四《與富文忠公六通》之四、《蘇魏公文集》卷四九《賀樞密相公》）。

秋，以屢辭新命未得請，述與歐陽修；修有回書（《歐陽修全集》卷一四四《與富文忠公六通》之五)。

八月，王安石喪母，奉柩回江寧。以書慰勉，且賜物助安石喪祭。(《臨川先生文集》卷七六《上富相公書》)

十一月，應韓琦之請，撰其父韓國華神道碑銘(銘見《金石萃編》卷一三五)。

何喬新《跋韓國華神道碑》曰：「富公以勛業名世，其文章不多見。今觀此碑，敘事質而不俚，贍而不穢，殆非稚筆所及。蓋宋之諸君崇尚儒雅，公卿百執事率用文學之士，故士大夫爭自淬礪於問學，在當時雖不以文名，其文亦自有以過人，如富公是也。」

是年，范純佑卒，撰《范純佑墓誌銘》(銘見《皇朝文鑑》卷一三九)。

按：《墓誌》曰純佑「年四十九」，誤。范純仁《宋將仕郎將作監主簿天成公傳》：「凡病十九年，卒，年四十。」注曰：「史作四十九。按富弼墓誌：公年二十二暴得疾，凡病十九年而卒，則年止四十也。」純佑傳見《范忠宣集補編》。

薦李柬之學行，李復舊職，兼侍讀。

《宋史》卷三一〇《李迪傳》附《李柬之傳》：「英宗即位，富弼薦其學行，復舊職，兼侍讀。」《長編》卷二〇二謂治平元年(一〇六四)九月二十六日，詔免龍圖閣直學士兼侍讀李柬之進讀，「以其自陳有疾，求致仕也。」則富弼薦李柬之在本年至明年九月間，姑繫於此。

英宗治平元年甲辰，六十一歲。

五月十三日，皇太后出手書還政。弼以不預太后撤簾，不懌。

《長編》卷二〇一：「嘉祐初，琦與富弼

同相，或中書有疑事，往往私與樞密院謀之。自弼使樞密，非得旨令兩府合議者，琦未嘗詢於弼也，弼頗不懌。及太后還政，遽撤東殿簾帷。弼大驚，謂人曰：『弼備位輔佐，他事固不敢預聞，此事韓公獨不能與弼共之耶？』或以咎琦，琦曰：『此事當時出太后意，安可顯言於衆？』弼自是怨琦益深。」李燾注：「富弼怨韓琦事，據司馬氏《記聞》。邵氏《見聞錄》稱富弼謂韓公『欲致弼於族滅之地』，恐弼初無此言也。」《安陽集編年箋注》附錄三《韓魏公家傳》卷五：「光獻對中書泣訴英宗疾中語言起居之狀，繼而樞密對，語亦如前。富公退而謂公曰：『適聞得簾下所說否？弼則不忍聞。』蓋富意以太后之言爲然，而歸咎於英宗。及公力勸太后徹簾，不敢令富公預聞。其後中書已得光獻旨還政，樞密院猶未知也，迨手書出，富公愕然，因此不悅。」

十六日，議積弊當以漸釐改（《長編》卷二〇一）。

閏五月三日，遷戶部尚書，面辭者三。六日，上疏辭定策遷官奏，勸英宗盡事親之道，不報（《東都事略》卷六八）。

後連上章，辭定策遷官，并諫英宗盡事親之道（《長編》卷二〇一）。詔不允辭官，遷戶部尚書。强至有賀狀（《祠部集》卷一七《樞密富相公加戶部尚書狀》）。

《長編》卷二〇一：「奏至六、七上，乃優詔答焉。弼復奏曰：『但聞陛下於仁宗祭祀、皇太后孝養略有加於前，則臣唱一爲十，傳達於士大夫，使展轉宣布於天下，以慰天下爲人父母者之心，且以廣吾君至孝之德於外，遂成孝治之朝也。』」

十三日，與英宗論用人之道（《長編》卷二〇一）。

奏任守忠當斬。

《長編》卷二三一引《林希野史》：「任守忠以離間得罪，弼即勸上急誅之以謝太后，廢居蘄州。其後兩宮復驩，弼之力居多。」據《長編》卷二〇二：是年八月二十三日，以宣政使、入內都知、安靜軍留後任守忠爲保信節度副使，蘄州安置。

《邵氏聞見後錄》卷二一：「英宗初臨御，韓魏公爲相，富鄭公爲樞密相。一日，韓公進擬數官者策立有勞，當遷官。富公曰：『先帝以神器付陛下，此輩何功可書？』韓公有愧色。後韓公帥長安，爲范堯夫言其事，曰：『琦便怕它富相公也。』」

有與韓琦書啓，議復武舉。九月五日，復武舉。

《六藝之一錄》卷三三七《富文忠公十二帖》：「其第六帖公在宥府時所遺，亦當是治平元年。武舉之罷在皇祐元年十月己未，五年八月乙丑（二十九日），雖擢秘閣舊經試者五十一人用之，而其制猶未復，至是方議舉行。故帖中有『武舉文字，始托西廳侍郎』等言。是年九月丁卯（初五日）卒詔行之也。」

冬，以足疾在告。上章乞補外郡，不許。

《長編》卷二〇五：「（治平二年五月）甲申（二十五日），……弼自去冬以足疾卧家，至是章二十餘上乞補外郡，終不許。」

是年，有與韓琦二帖。

《六藝之一錄》卷三三七《富文忠公十二帖》：「其第四帖與第五帖，公爲樞密使時所遺，當是治平元年。公既除母喪，即召入西樞。帖中所稱昭文相公，亦是魏王無疑。」此二帖已佚。

治平二年乙巳，六十二歲。

英宗再賜富弼仁宗遺留器物若干，弼力辭不受。

《宋會要輯稿》禮六二之九一：「英宗初即位，賜大臣永昭陵遺留器物，已拜賜，又例外獨賜鄭公如干，鄭公力辭，東朝遣小黄門諭云：『此微物，不足辭。』雖家人亦以爲不害大體，屢辭恐違中旨，公曰：『此固微物，要是例外也。大臣例外受賜不辭，若人主例外作事，何以上之？』竟辭不受。」

四月，英宗詔議崇奉濮安懿王典禮。廷臣爭論紛紜。司馬光、王珪等謂「爲人後者爲之子，不得顧私親」，當稱皇伯。歐陽修以爲自古無稱生父爲伯之理，中書奏應稱皇考，被曹太后詰責。治平三年，太后手詔，尊濮王爲皇、三夫人爲后，英宗稱之爲親。英宗下詔接受稱親之禮，不受尊爲皇、后之旨。仍稱濮王（《長編》卷二〇五、二〇六、二〇七）。

《邵氏聞見錄》卷三：「歐陽公爲參政，首議追尊濮安懿王，富公曰：『歐陽公讀書知禮法，所以爲此舉者，忘仁宗，累主上，欺韓公耳。』」

奏乞罷樞密使，請解機務，出守一郡。

《宋名臣奏議》卷七五奏略曰：「臣妻妾晏氏，於今月九日，入内澆奠仁宗皇帝及奉慰皇帝、皇太后，伏蒙聖慈，宣赴御座前，問臣所患次第，……又問臣因甚不只在京將息，須乞出外。伏緣臣在假半年以上，已是大段多時，又相度得所患全無減退，向去朝參，卒未有期，久占重位，密院闕人幹當，事體不便，臣心不自安，所以乞一閑郡養疾，所貴不妨朝廷別差人密院供職。」

五月，以疾在告，呂誨乞擇人進擢樞貳。

二十五日，以宰相韓琦、曾公亮權兼樞密院公事（《長編》卷二〇五）。

六月，呂大防上英宗論優待大臣以禮，不必過爲虛飾，議富弼上章請解機務事（《宋名臣奏議》卷一四）。

夏末，與歐陽修書。修回書（弼書已佚，歐陽修回書見《歐陽修全集》卷一四四）。

七月五日，爲鎮海節度使、同平章事、判河陽，封祁國公。初除僕射及使相，八上章，乞以本官出守，不從。又乞罷使相或僕射一官，詔許罷僕射（《宋大詔令集》卷一八八《富弼授鎮海軍節度使賜本鎮敕書》）。

《叙述前後辭免恩命以辯讒謗奏》：「英宗朝，臣作樞密使，以足疾假滿，求解樞職，凡二十餘章，始遂所請，乃除授右僕射、使相、判河陽。臣以恩澤太厚，又上八章，方只減罷僕射，而使相依舊。」

《長編》卷二〇五李燾注：「案《宋史》稱判揚州、進封鄭國公亦即此時。」見本傳：「拜鎮海軍節度使、同中書門下平章事、判揚州，封祁國公，進封鄭」。「揚州」應爲「河陽」之誤。

據《宋史》卷一四《神宗本紀》：治平

四年（一〇六七）正月十九日，富弼改武寧軍節度使，進封鄭國公。本傳叙述不明，致誤。

將行，上言乞英宗辨讒謗（《長編》卷二〇五）。

潛心參禪。與張文蔚（隱之）書，論僧俗之别（《叢林盛事》卷上《與張隱之書》）。

王拱辰有書啓賀弼出鎮河陽（《祠部集》卷二七《代王尚書賀富相公出鎮河陽書》）。

王安石有《上富相公書》（《臨川先生文集》卷七六）。

治平三年丙午，六十三歲。

在河陽。

《明一統志》卷二八《懷慶府·名宦》：「富弼，以宰相三判河陽郡，人喜之如見父母。」

八月，邵雍輯其詩爲《伊川擊壤集》，富弼覽其集，作《弼觀罷走筆書後卷》詩。《邵氏聞見録》卷一八：「又題康節《擊壤詩集》云：『黎民於變是堯時，便字堯夫德可知。更覽新詩名擊壤，先生全道略無遺。』其知康節如此。」詩見《伊川擊壤集》卷二十《首尾吟》附。

十二月二十二日，立皇子潁王頊爲皇太子。頊嘗聞富弼裨補兩宮事，心甚賢之（《長編》卷二三一引《林希野史》）。

祖無擇寄詩，弼有《答鄭州祖龍圖見寄原韻》。

據《龍學始末》：（治平二年）七月，無擇進龍圖閣學士，知開封府，其後出知鄭、杭二州。《乾道臨安志》卷三《牧守》：治平四年（一〇六七）十月丁未（初二日），知鄭州祖無擇知杭州。則無擇知鄭州在治平三年至四年十月間，賦詩姑繫於此。

治平四年丁未，六十四歲。

在河陽。

正月八日，英宗崩，年三十六。太子頊即位，是爲神宗，時年二十（《長編》卷二〇九）。

十九日，改武寧軍節度使，進封鄭國公（《行狀》）。

六月，趙抃知諫院。有與抃帖。

《蘇文忠公全集》卷一七《趙清獻公神道碑》：「神宗即位，召知諫院。……居三月，擢右諫議大夫，參知政事。」據《宋宰輔編年錄校補》卷七：是年九月二十六日趙抃參知政事。上溯三月，當是六月知諫院。

《方舟集》卷一三《跋富公帖》：「富曾再入相，而清獻參大政，此帖蓋自尹蜀日除諫院，以蜀政之美爲異時鼎軸張本。然介甫執政，晦叔入爲言官，諸公者皆去矣。」富弼帖已佚。

八月，上神宗疏論採聽既多當辨君子小人（《宋名臣奏議》卷一四）。

累上表乞罷使相。九月十六日，詔以尚書左僕射、觀文殿大學士、集禧觀使赴闕，富弼以足疾固辭，又奏論除拜大臣當密（《行狀》、《宋名臣奏議》卷一四）。

九月二十三日，王安石爲翰林學士。富弼嘗薦王安石。

《豫章文集》卷七：「初，富弼嘗薦王安石爲翰林學士，（韓）琦不聽，弼曰：『若安石經術才行，乃不用耶？』」

十月二日，以尚書左僕射、觀文殿大學士、集禧觀使復判河陽（《行狀》）。

九日，司馬光初進讀所編《通志》，神宗賜名《資治通鑑》，並親製序，令候書成寫入，又賜潁邸舊書二千四百二卷（《長編》卷三五〇）。

《邵氏聞見後錄》卷九：「司馬文正初作《歷代論》，至論曹操則曰：『是奪之於盜手，非取之於漢室也。』富文忠疑之，問於康節，以爲非是。予家尚藏康節答文忠書副本，當時或以告文正，今《通鑑》魏語下無此論。」

神宗熙寧元年戊申，六十五歲。

二月九日，判汝州，且詔入覲（《行狀》、《宋會要輯稿》禮四七之五）。

用陳侗爲從事（《永樂大典》卷三一四五《故朝奉大夫權知陝州軍州事陳君墓誌銘》）。

四月一日，入覲，言治道。再辭集禧觀使。

《叙述前後辭免恩命以辯讒謗奏》：「又蒙兩次授臣集禧觀使，欲令且在左右。陛下此意，於臣尤爲優絶。臣以久病及事體未便，瀝懇辭免，皆蒙矜允，各許歸藩。」

《東都事略》卷六八：「以足疾，許肩輿至殿門，神宗特爲御内東門小殿見之，令男紹隆入扶，且命毋拜。坐語從容，至日昃。問以治道，弼對曰：『人君好惡，不可令人窺測其意，陛下當如天之鑒人，隨人善惡，然後誅賞從之，則功罪得其實矣。』神宗又問以邊事，弼曰：『陛下即位之始，當布德行惠，願二十年口不言兵。』神宗又問爲治所先，弼曰：『阜安宇内爲先。』」

四日，詔翰林學士王安石越次入對（《宋史》卷一四《神宗本紀》）。

至洛陽，幼子紹隆卒，求假養疾（《長編》卷二三一）。乞致仕，不允（《臨川先生文集》卷四七《賜判汝州富弼乞假養疾詔》、《賜判汝州富弼乞致仕不允詔》）。

《晦庵集》卷八十四《跋富文忠公與洛尹帖》：「熙寧元年，公自河陽被召入京，以病請汝而歸。過洛，少留連，遭三喪。」按：其一即喪子紹隆，另兩喪待考。

在汝州，遭一喪（待考）。乞赴安州（今湖北安陸）避災養疾。有與李中師第一帖。

《晦庵集》卷八四《跋富文忠公與洛尹帖》：「熙寧元年，……赴汝後又一遭喪。是時李以天章閣待制知河南府，營奉應天會聖兩神殿。故此一帖自言附庸悲惱，而贊李二役畢工者爲第一。」

神宗遣太醫來治足疾（《叙述前後辭免恩命以辯讒謗奏》）。與李中師第二帖云及此事。

《晦庵集》卷八四《跋富文忠公與洛尹帖》：「公既至汝，神廟遣中貴人馮宗道挾太醫陳易簡來治足疾，故此一帖言中璫太醫者爲第二。」

是年六月，河決棗強縣（今河北枣强東）；八月，詔京東、西路存恤河北流民。富弼在汝州安撫河北流民（《論河北流民奏》）。

黃庭堅於是春進士及第，調汝州葉縣（今河南葉縣西南）尉。九月到任，因赴任遲到，富弼拘之（《朱子語類》卷一二九）。

《山谷外集》卷一史容注《還家呈伯氏》詩：「山谷嘗云：『思親，初到汝州，時鎮相富公以予到官逾期下吏。』」

《宋稗類鈔》卷六載富弼初見山谷云：「富鄭公初甚欲見黃山谷，及一見，便不喜。語人曰，將謂黃某如何？原來只是分寧一茶客。」

十一月，以南郊禮畢受賜（《臨川先生文集》卷四七《賜判汝州富弼辭免南郊禮畢支賜詔》）。

有與韓琦書。

《六藝之一錄》卷三三七《富文忠公十二帖》：「其第七帖當是熙寧元年初判汝州時所遣。四五月間，河朔大水，民皆流離。南郊禮畢，兩府臣僚故事當有恩賜，宰臣因災而奏止之。公念念不忘民，故帖中亦有河朔水潦爲患之云也。」

十二月，召赴闕。以疾辭，上《叙述前後辭免恩命以辯讒謗奏》（《續資治通鑑》卷六六、《宋名臣奏議》卷七五）。

神宗不允辭，且賜茶藥（《行狀》）。與李中師第三帖。

《臨川先生文集》卷四八《批答富弼》略曰：「矧卿正直不回，姦邪素忌，小人所異，君子所同。是以在外十年，而左右之譽弗及；處躬一德，而搢紳之望愈隆。」當是此時事。「在外十年」，蓋指慶曆五年（一〇四五）弼以資政殿學士出知鄆州，至至和二年（一〇五五）入爲同平章事，其間正十年。

《晦庵集》卷八四《跋富文忠公與洛尹帖》：「移囚不知何事。馮來，恐亦即宗道也。故此帖爲第三。」馮宗道來，即爲諭旨與賜茶藥事。

熙寧二年己酉，六十六歲。

正月，以觀使召還京師（《行狀》、《宋宰輔編年錄》卷七一）。有與李中師第四帖。

《晦庵集》卷八四《跋富文忠公與洛尹帖》：「明年，被召入相。故此一帖云詔使到郡，即交州事辦行而東者爲第四。」

上疏論河北流民，乞給流民以閑田，使獲生養（《宋名臣奏議》卷一〇六）。

奏略曰：「臣昨在汝州，竊聞河北流民來許、汝、唐、鄧州界逐熟者甚多。……臣其時以急於赴召，不及再有奏陳。」則此奏當是離汝赴京後所上。《山谷外集》史容注《流民嘆》詩：「按《實錄》，熙寧二年正月，判汝州富弼言『唐、鄧、襄、汝，地廣不耕，河北流民至者日衆。若盡給以閑田，使獲生養，實兩得其便』云云。」史容注似指《論河北流民奏》，今從之。

二月二日，加門下侍郎、同平章事、昭文館大學士、監修國史。時以病在告（《行狀》等）。

陳舜俞有賀啓（《都官集》卷一一）。舜俞時知山陰縣。

《長編》卷二一二：「（熙寧三年六月）丙子（十七日），降屯田員外郎知山陰縣陳舜俞監南康軍鹽酒稅，坐違詔旨不散常平錢自劾也。」知是年舜俞知山陰縣。

三日，以王安石參知政事（《宋史》卷一四《神宗本紀》）。

議訂殺傷法，富弼因在告，不預（《宋史》卷二〇一《刑法志三》）。

二十七日，奏論災變非天數（《宋名臣奏議》卷四二）。

《神道碑》：「公既至，未見。有於上前言災異皆天數非人事得失所致者。公聞之，歎曰：『人君所畏惟天，若不畏天，何事不可爲者。去亂亡無幾矣。此必姦臣欲進邪說，故先導上以無所畏，使輔拂諫諍之臣，無所復施其力，此治亂之機也。吾不可以不速救。』即上書數千言，雜引《春秋》、《洪範》及古今傳記，人情物理，以明其決不然者。」「於上前言」者，當指王安石。

同日，陳升之、王安石創置三司條例，議行新法（《宋史》卷一四《神宗本紀》）。乞辨邪正劄子當上於此時（《宋名臣奏議》卷一五）。

范純仁上奏，論富弼久謝病不出，頗有微詞（《范忠宣公奏議》卷上）。時純仁直集賢院、同修起居注。

《艇齋詩話》：「東坡《起伏龍行》，蓋諷富韓公也。韓公熙寧初入相，時荆公用事，韓公多稱疾在告，故范忠宣在諫路，嘗以書責之。東坡《起伏龍行》即與忠宣之意同。其間如云『滿腹雷霆暗不吐』，又云『赤龍白虎戰明日，有時徑須煩一怒』，意欲韓公與荆公爭辨也。」

三月，始入見（《續資治通鑑》卷六六）。

二十一日，再論災變。

《宋會要輯稿》瑞異三之三六：「二十一日，富弼又言：『今天地變動，人情不安，時運艱厄如此。譬如常人，身有小變動，尚以占其禍災，況於三才皆不順理，此豈小變？陛下當以至誠惻怛應之。地道宜靜，至於動，則非其常，應之亦宜以靜而已。』」

四月一日，上《請終喪復樂表》。表五上，乃從之（《宋會要輯稿》禮三五之十二）。

二日，富弼等復上神宗奉元憲道文武仁孝尊號，神宗又不允（《宋會要輯稿》禮四九之二〇）。又奏論久旱乞罷聽樂上壽

（《宋名臣奏議》卷九二），從之。《行狀》：「是時群臣上尊號及聽樂，上以久旱，皆不受。而群臣猶堅聽樂之請，公上言：『故事，有災變皆撤樂，恐陛下以同天節契丹使者與群臣皆當上壽，故未止其奏。臣以爲陛下聖政惟新，四海屬目，正宜彰盛德以示夷狄，願并上壽罷之，益足見陛下嚴恭寅畏之美也。』上從之。即日而雨。」

十二日，以旱上表待罪，詔不允（《宋史》卷一四《神宗本紀》）。

十四日，有論誕日罷燕雨澤之應二奏，神宗親書答詔（《宋名臣奏議》卷九二、《神道碑》、本傳）。

六月八日，論京西弓手非便。

《長編》卷二一六：熙寧三年（一〇七〇）十月二十八日，詔京東、西、淮南、兩浙、江南、荆湖、福建等路添差弓手竝放罷。李燾注：「二年六月八日富弼、曾公亮不肯，即罷。」《宋史》卷一九二《兵志六》：「時有欲以義勇代正兵者，曾公亮以爲置義勇、弓手，漸可以省正兵。安石曰：『誠然，第今江淮置新弓手，適足以傷農。』富弼亦論京西弓手非便。安石曰：『揆文教，奮武衛，先王所以待遠邇者固不同。今處置江淮與三邊，事當有異。』」據此，則《長編》卷二一六李燾謂曾公亮不肯，恐誤。

七月十七日，立淮、浙、江、湖六路均輸法（《宋史》卷一四《神宗本紀》）。

九月四日，行青苗法（《宋史紀事本末》卷八）。

富弼爲相，擢用韓維、陳襄。

《長編》卷二二三引《林希野史》：「初，

上欲相弼，公亮陰使言者間上意。吳充嘗曰：『陛下患琦用人立黨，故欲用弼，以其無私耶？』上曰：『吾聞弼公直無私，故用之。』充曰：『不然。弼用私又甚於琦。其所厚善者韓維、陳襄，他日必先引此二人，即臣言可驗。』上默然。公亮聞之，果急勸弼擢用維、襄，於是充復進曰：『臣向言如何？』上意於是疑弼，每奏事，上多顧安石語，及所稟奏，無不從，每至巳午間猶未罷。弼不任久立，白上退俟於殿廬中，乃決爲去計，後多在告。」李燾注：「（韓）維五月以龍直修玉牒，六月判銓，八月內翰，九月開封（陳）襄八月自修注、諫院改知雜，九月判銓，候知制誥有闕，召試，襄固辭。」

以王安石專權，多託病不出。時朝廷有「生老病死苦」之語。

《宋會要輯稿》職官七七之四三：「先是，富公以介甫得君專恣，常稱疾不入，旬日一入見，三日復謁告，如是數矣，遂不復預政事，求退章數十上，稱病家居，宣出上殿復歸卧，又出上殿，於是押入中書不視事，復歸。」

《邵氏聞見錄》卷一三：「熙寧中，朝廷有『生老病死苦』之語：時王荆公改新法，日爲生事；曾魯公以年老依違其間；富、韓二公稱病不出；唐參政與荆公爭按問欲理直不勝，疽發背死；趙淸獻唯聲苦。」按：據《宋宰輔編年錄校補》卷七：是年四月十一日，唐介卒，贈禮部尚書，謚質肅。

奏論王安石結黨專權，並求退。

《揮麈餘話》卷一載疏云：「如安石者，

學強辯勝，年壯氣豪，論議方鄙於古人，措置肯諧於僚黨？……拖紳朝序者，非安石之黨則指爲俗吏；圜冠校學者，異安石之學則笑爲迂儒。嘆古人之不生，恨斯文之將喪。臣竊觀安石平居之間，則口筆丘、旦；有爲之際，則身心管、商。至乃忽故事於祖宗，肆巧譏於中外，喜怒惟我，進退其人。待聖主爲可欺，視同僚爲不物。……臣非不能秉筆華衮之前，而正其非；覆身青蒲之上，而排其失。重念陛下方當淵默堯舜，中和禹湯，同天德之尙闕，待人臣之有體。徒高唇吻，莫補聰明。且區區晉都，尙有相先之下佐；況赫赫昭代，豈有不和之大臣！」

十月三日，罷相，判河南。強至有《賀富相公判西京書》（《祠部集》卷三一）。八日，改判亳州（今安徽亳州）。

《司馬光日記校注·日錄》卷一：「富公辭洛請亳，辛丑（初八日），帖麻從判亳州。」

《宋宰輔編年錄》卷七：「上不得已許之。以弼欲西京養疾，乃命判河南。制下六日，而乞改亳州。於是令帖麻改正，從弼請也。」

按：《行狀》：「八月，以疾辭位，除判河南府，復得請判亳州，移武寧軍節度使、同中書門下平章事。」「八月」恐爲「十月」之誤。《宋大詔令集》卷六八《富弼罷相除武寧軍節度判亳州制》，注曰「熙寧二年十月丙申（初三日）」；《長編紀事本末》卷六三：「十月丙申，開府儀同三司、行左僕射、門下侍郎平章事富弼罷爲武寧軍節度使、同平章事、判亳州。」《宋史》卷一四《神宗本紀》略同，俱省去判河南事，不如《日錄》精確，今不從。

是年，作《呂文穆公蒙正神道碑》。

《名臣碑傳琬琰集》上集卷一五碑云：「大中祥符四年四月十九日，遂不起，年六十六。五年十月二十七日，葬於河南府洛陽縣金石鄉奉先里。後五十七年，其子居簡始議琢碑於墓次，請文於里人富某。」五年（一〇一二）後推五十七年，即是年。

熙寧三年庚戌，六十七歲。

在亳州，深居養疾。嘗以片言只語處郡事，莫不盡其理（《澠水燕談録》卷二）。

三月，迎修顒館於州治，咨以心法；四月初，顒去。有答修顒書。

《武林梵志》卷八：「富鄭公弼，……熙寧三年以使相鎮亳州，迎至潁州華嚴禪院證悟禪師修顒，諮決心法。……相聚幾一月，以慈悲方便之力，令有悟處。會結夏逼日，四月初遽且歸潁。」《答顒公書》見《羅湖野錄》卷一。

十二月，李中師知河南府。與李中師第五帖。

《晦庵集》卷八四《跋富文忠公與洛尹帖》：「三年，李（中師）自權三司使進龍直，再尹洛。故此帖致賀，始稱龍圖給事者爲第五。」

按：《長編》卷二一八：「丁丑（二十一日），天章閣待制李師中爲龍圖閣直學士、知河南府。」據《長編》卷二一六，是年十月己卯（二十二日），前知秦州右司郎中、天章閣待制李師中已落天章閣待制，降授度支郎中，知舒州。據《忠肅集》卷一二《右司郎中李公（按：師中）墓誌銘》，師中幷未知河南府。《河南通志》卷二〇《職官一》謂神宗朝「李中師，開封人，知河南」。則此李師中應爲李中師。《長編》李中師、李師中有混淆。除上條外，再舉例：卷二一〇熙寧三年四月丁丑條載：「初命李師中權知開封，既而以中師不允人望，罷之。」此應李中師爲是；卷二六三熙寧八年閏四月載：「龍圖閣直學士、給事中李師中卒。」據《李公墓誌銘》，師中卒於元豐元年（一〇七八）四月，則此當爲李中師。

是年，諫用兵西夏（《長編》卷二一八）。

李燾注：「四年二月五日，弼已爲趙濟所劾，六月二十一日罷使相，此劄子首云：『臣自去冬十一月乞罷使相，三詔不允。』去冬蓋指二年，則此劄子必三年事，但所稱王師之捷不審是何處，今臆度附司馬光疏後，韓絳既出師，其初亦必屢以捷聞，但《實錄》不詳耳。」據《長編》卷二一一，是年五月，宋夏邊釁起。

熙寧四年辛亥，六十八歲。

二月五日，趙濟劾富弼沮革新法。詔懲官吏之阻撓青苗法者。

《神道碑》：「時方行青苗息錢法。公以謂此法行則財聚於上，人散於下，且富民不願請，願請者皆貧民，後不可復得，故持之不行。而提舉常平倉趙濟劾公以大臣格新法，法行當自貴近者始，若置而不問，無以令天下。」

四月十二日，鄧綰乞付有司究治富弼亳州

青苗獄事（《長編》卷二二二）。

論亳州青苗獄，乞獨降責（《長編》卷二二二）。

二十三日，賜太子右贊善大夫吳安度進士出身。富弼曾奏乞再詳定吳安度所試三題（《宋會要輯稿》選舉四之一六、《長編》卷二二二）。

《文獻通考》卷三一選舉四：「熙寧四年，太子左贊善大夫吳安度試舍人院已入等，有司以安度所試《綠竹》詩背王芻古說，而直以爲竹，遂黜不取。富弼言《史記》敘載淇園之竹正衛產也，安度語有據，遂賜進士出身。」

二十七日，詔許富弼西京養疾。

《長編》卷二二三李燾注：「弼四上章乞罷使相，據劄子，許給假就西京養疾，《實錄》在五月十八日，誤也，今從《會要》及《王安石日錄》。」按：《宋史》卷一五《神宗本紀》及《續資治通鑑》卷六八均在「壬寅（十八日）」，亦誤。

在亳州，嘗託吳處厚訪荷澤諸禪師像，兩人以偈應答（《青箱雜記》卷一〇）。

強至嘗來書問候（《祠部集》卷三一《問候亳州判府富相公書》）。

六月二十一日，富弼歸洛，詔令落使相，以左僕射判汝州，原西京養疾指揮不行，弼續有申奏（《長編》卷二二四）。

與李中師第六帖。

《晦庵集》卷八四《跋富文忠公與洛尹帖》：「四年，公在亳州坐不散青苗，罷歸洛。未至，改判汝州。故此一帖言近赴小邑，勝於窮坐里閭，且感君相厚恩，而恨不得時奉談笑者爲第六。」

八月二十六日，張方平判南京御史臺。富

弼過南京，見方平，語及王安石。《宋史》卷三一八《張方平傳》：「守宋都日，富弼自亳移汝，過見之曰：『人固難知也。』方平曰：『謂王安石乎？亦豈難知者！方平頃知皇祐貢舉，或稱其文學，辟以考校。既入院，凡院中之事，皆欲紛更。方平惡其人，檄使出，自是未嘗與語也。』弼有愧色，蓋弼素亦善安石云。」

九月十七日，詔許富弼西京養疾（《神道碑》）。

與李中師第七帖。

《晦庵集》卷八四《跋富文忠公與洛尹帖》：「公至汝，不久即請歸洛。故此一帖言擇日就第者爲第七。」

其後，汝州民思弼，建鄭公堂，刻弼詩於石。

正德《汝州志》卷二《古迹》：「鄭公堂，宋富弼嘗封鄭公，兩偃藩於汝，民思之。後守爲建此堂，刻公詩於石，有『已嘆朱輪無善狀，更慚華構是虛聲』之句。堂廢。」按：堂建於何時，「後守」謂誰，俟考，姑附於是。

築第洛陽。

《洛陽名園記·富鄭公園》：「洛陽園池多因隋唐之舊，獨富鄭公園最爲近闢，而景物最勝。」

《邵氏聞見録》卷一九：「公致政，築大第於至德坊，與天宫寺相邇。」

《明一統志》卷二九《河南府·古迹》：「富弼宅，在府城南一十里，宅西有園，弼自汝州得請歸洛時所築。」

有與韓琦書。

《六藝之一録》卷三三七《富文忠公十二

帖》：「其第八帖當是熙寧四年冬歸洛時所遺。公以不行青苗之法，爲提舉官趙濟、侍御史鄧綰所奏，六月甲戌落使相，以左僕射再出判汝州，七月赴郡，十月中引疾還家，故帖中有『赴汝海治事』及『歸洛養疾』之語也。」

是年冬，富弼請老（《行狀》）。

知陳州陳襄上《謝富相公啓》（《古靈集》卷一七、《古靈先生年譜》）。

是年，有與文彥博帖。

《六藝之一錄》卷三三七《富文忠公十二帖》：「第九帖當是與潞公。時荆國王文公方得君，羣小翕然附和，最憚公之剛直，欲陰中之，故帖中有『足疾七年，又積憂畏，心氣不寧』之歎。潞公素敬愛公，思欲薦起之，故帖中又有『曲蒙推假，恐懼無地』之懇也。」按：富弼與文彥博書簡，均已佚。

熙寧五年壬子，六十九歲。

三月十八日，授司空、同平章事、武寧節度使致仕，進封韓國公。謝恩命（《宋會要輯稿》職官七七之五四）。

《邵氏聞見錄》卷九：「朝廷故例：前宰相以使相致仕者給全俸。富公以司徒使相致仕，居洛，自三公俸一百二十千外，皆不受。」

韓琦有賀致仕書（《祠部集》卷三一《代魏公賀富相公致仕書》）。

是月，有與洛陽尹李中師第八帖。

《晦庵集》卷八四《跋富文忠公與洛尹帖》：「既而告老，遂以司空使相致仕。故此一帖答其封示單報者爲第八。」朱熹跋云：「凡十三帖，其歲月先後可考者如此，其餘似亦皆是在洛時往還者。蓋李之事公不爲不謹，而公之遇李亦不爲不厚矣。」按：此十三帖皆佚。李中師事富弼則未如朱熹跋語，見本年後條。

閏七月二十三日，歐陽修卒。年六十六（《故觀文殿學士太子少師致仕贈太子太師歐陽公墓誌銘》）。

八月，蘇軾與范祖禹簡，語及富弼。《蘇軾文集》卷五六與祖禹第二簡云：「頻得潞公手筆，皆詳悉精好。富公必時見之，聞其似四十許人，信否？君實固甚清。安得此數公無恙，差慰人意。」時軾在試院中，祖禹佐司馬光編修《資治通鑑》。據司馬光《劉道原十國紀年序》：是年正月，光奏遷書局於洛陽，祖禹從之。

李中師籍弼戶，使出免役錢與富民等。其事約在此時。

《晦庵集》卷八四《跋富文忠公與洛尹帖》：「而其後李因奉行免役之令，乃籍公戶，使出泉同於編甿，以媚用事者。小人觀時徇勢，反覆異態，何世無之？覽此卷者，可爲發一大笑也。」

《宋史》卷三三一《李中師傳》：「初，神宗嘗對宰相稱其治狀，富弼曰：『陛下何從知之？』帝默然。中師銜弼沮己，及再至，弼已老，乃籍其戶，令出免役錢與富民等。」

在洛陽，與邵雍時相往來。有《謝邵堯夫見訪》、《堯夫先生示秋霽登石閣之句病中聊以短章戲答》等詩。

《邵氏聞見錄》卷一八：「康節先公與富韓公有舊，……康節一日過之，公作詩云：『先生自衛客西畿，樂道安閑絕世機。再命初筵終不起，獨甘窮巷寂無依。

貫穿百代嘗探古，吟詠千篇亦造微。珍重相知忽相訪，醉和風雨夜深歸。』康節和曰：『道堂閒話儘多時，塵外盃觴不浪飛。初上小車人已靜，醉和風雨夜深歸。』」

十月二十四日，初見雪，登白雲臺，賦詩與邵雍唱和（弼詩與雍和詩均見《伊川擊壤集》卷九）。雍詩有云：「壬子初逢雪，未多仍卻晴。」知是年作。

《伊川擊壤集》卷九《贈富公》：「天下繫休戚，世間誰擬倫。三朝爲宰相，四水作閑人。照破萬古事，收歸一點眞。不知緣底事，見我卻慇懃。」

經趙抃書信指引，漸近佛學。見修顒，執弟子禮。

《五燈會元》卷一六：「趙清獻公抃居士，字悅道，年四十餘，擯去聲色，繫心宗教。……富鄭公初於宗門，未有所趣，公勉之書曰：『伏惟執事，富貴如是之極，道德如是之盛，福壽康寧如是之備，退休閑逸如是之高，其所未甚留意者，如來一大事因緣而已。能專誠求所證悟，則他日爲門下賀也。』」

又：「丞相富弼居士，字彥國，由清獻公警勵之後，不舍晝夜，力進此道。聞顒禪師主投子，法席冠淮甸，往質所疑。會顒爲衆登座，見其顧視如象王回施。公微有得，因執弟子禮，趨函丈，命侍者請爲入室。顒見即曰：『相公已入來，富弼猶在外。』公聞汗流浹背，即大悟。……後奏署顒師號。顒上堂謝語，有曰：『彼一期之悞我，亦將錯而就錯。』公作偈贊曰：『萬木千花欲向榮，臥龍猶未出滄溟。彤雲彩霧呈嘉瑞，依舊南山一色青。』」

《邵氏聞見錄》卷一八：「一日薄暮，司馬溫公見康節曰：『明日僧（顒修）（修顒）開堂說法，富公、呂晦叔（公著）欲偕往聽之。晦叔貪佛已不可勸，富公果往，於理未便。某後進，不敢言，先生曷止之？』康節曰：『恨聞之晚矣。』明日，公果往。後康節因見公，謂公曰：『聞上欲用裴晉公禮起公。』公笑曰：『先生以謂某衰病能起否？』康節曰：『固也。或人言上命公，公不起，一僧開堂公乃出，無乃不可乎？』公驚曰：『我未之思也。』」

嘗寄頌、書與杭州淨慈圓照禪師（《武林梵志》卷八）。

《咸淳臨安志》卷七〇：「淨慈圓照禪師，字無詰，本姓管。熙寧初，丞相鄭國富公得法於師之門人修顒，推尊師承，由是聞譽日廣。」

與僧宗顒相往來（《邵氏聞見録》卷一九）。

呂大臨上書弼，責其爲佛氏之學，勸弼以道自任，振起壞俗。弼謝之（書見《國朝二百家名賢文粹》卷八二）。

《日知錄》卷一三《士大夫晚年之學》謂弼「以達尊大老而受後生之箴規，良不易得也。」

建還政堂、天光臺（《明一統志》卷二九《河南府·宮室》）。

熙寧六年癸丑，七十歲。

正月一日，作《歲在癸丑年始七十正旦日書事》四絕，邵雍有和作（《伊川擊壤集》卷九）。又以新詩二十首示邵雍，雍有謝詩，又作《弼承索近詩復貺佳句輒次元韻奉和詩以語志不必更及乎詩也伏惟一覽而已》(《伊川擊壤集》卷九)。邵雍《謝富相公見示新詩一軸》云：「更出新詩二十首，其間字字敵陽春。」又云：「文章天下稱公器，詩在文章更不疏。」

二月二十八日，韓琦判相州。弼有賀書。

《不繫舟漁集》卷一四《富鄭公手帖跋》：「前史著富鄭公以不與策立英宗與韓魏公絕，《聞見錄》亦載鄭公爲樞密相，怪魏公不關報撤簾事，因力辭執政，遂出判河陽，自此與魏公絕。每歲生日，魏公常遣使致書幣，鄭公但答以老病無書。今觀此帖，乃鄭公賀魏公手書也。自云『向捧答教』，則知前此又有書矣。書中辭意勤懇，出於至誠，且曰『終爲蒼生再起，亦天下之心也』，可見其慕望之重。然則所爲鄭公與魏公絕者豈其言乎？……韓、富皆一代偉人，言行爲世楷則，若使富以私憾絕韓，至不通書問，豈不爲盛德累哉！」

熙寧七年甲寅，七十一歲。

四月十九日，王安石罷相，出知江寧府。呂惠卿爲右諫議大夫、參知政事。

《邵氏聞見錄》卷一八：「公雖剛勇，遇事詳審，不萬全不發，康節因戲之。公一日有憂色，康節問之，公曰：『先生度某之憂安在？』康節曰：『豈以王安石罷相，呂惠卿參知政事，惠卿凶暴過安石乎？』公曰：『然。』康節曰：『公無憂。安石、惠卿本以勢利合，惠卿、安石勢利相敵，將自爲仇矣，不暇害他人也。』未幾，惠卿果叛安石，凡可以害安石者，無所不至。公謂康節曰：『先生識慮絕人遠矣。』

夏，陳襄與富弼啓。

《古靈集》卷一七《與富相公啓》：「孟夏漸熱，……伏念拜違門下忽已十年，雖中間相公再秉洪鈞，出於陶鑄，又以憲官拘制，無由進謁。既而叨恩從請，出居輔郡。時相公請還印綬，方欲致賀，以通卑誠，無何被命旨，奔過東下。洎至官所，日爲多事汩沒，曾無少暇，以是啓問之闕，幾三年矣。」

按：自治平二年（一〇六五）弼出判河陽，至熙寧七年（一〇七四），實九年，曰「十年」蓋取整數。又熙寧四年（一〇七一）陳襄有《謝富相公啓》，至此啓，相隔正三年。故繫於此。

十月八日，神宗賜弼等手詔，詢代北事宜（《宋大詔令集》卷二一三《北敵議地界泛使再至咨訪韓琦富弼文彦博曾公亮詔》）。

熙寧八年乙卯，七十二歲。

二月十一日，王安石復相（《宋史》卷二一一《宰輔表》）。

三月，答詔問北邊事宜（《長編》卷二六二）。

《神道碑》：「公雖居家，而朝廷有大利害，知無不言。……契丹來爭河東地界，上手詔問公。公言：『熙河諸郡，皆不足守，而河東地界，決不可許。』」按：弼《答詔論彗星奏》云：「臣近於三月中，仰答聖問，略曾引及。」即指此奏。

十月七日，彗出軫；十日，詔臣僚直言。

二十九日，富弼有《答詔論彗星奏》及《手劄子》（《宋史全文》卷一二上）。

熙寧九年丙辰，七十三歲。

四月，上《論時政疏》（《長編》卷二七六）。

《神道碑》：「公雖居家，而朝廷有大利害，知無不言。交趾叛，詔郭逵等討之。公言：『海嶠嶮遠，不可以責其必進，願詔逵等擇利進退，以全王師。』」「其爲宰相及判河陽，最後請老居家，凡三上章，皆言：『天子無職事，惟辨君子小人而進退之，此天子之職也。君子與小人並處，其勢必不勝，君子不勝，則奉身而退，樂道無悶，小人不勝，則交結構扇，千岐萬轍，必勝而後已。小人復勝，必遂肆毒於善良，無所不爲，求天下不亂，不可得也。』」按：「三上章」指《論時政疏》、《論辨正邪奏》（熙寧二年二月）、《上神宗論採聽既多當辨君子小人奏》（治平四年八月）三章。

六月，因安南用師，乞詔諸道以寬民爲務（《行狀》、《長編》卷二七六）。

十月二十三日，王安石還歸江寧（《宋史》卷二一一《宰輔表》）。

是年，陳襄致書問候（《古靈集》卷八《與富相公書》）。

熙寧十年丁巳，七十四歲。

七月五日，邵雍卒，年六十七。贈祕書省著作郎。

《邵氏聞見錄》卷一八：「康節疾病，公（按：富弼）日遣其子偕醫者來饋藥物不絕。康節捐館，公賻贈之，遺禮甚厚。」

十一月，陪位南郊祀（《宋大詔令集》卷一二二）。

神宗元豐元年戊午，七十五歲。

四月二十二日，虢國公宗諤封豫章郡王。

范祖禹嘗代富弼回宗諤書（《范太史集》

卷三四《代富公回豫章郡王狀》。回書時間不詳，姑附於此。

九月十四日，呂公著知樞密院事。寓書慶賀。

《三朝名臣言行錄》卷八之一《丞相申國呂正獻公（公著）》：「時富韓公、司馬溫公皆在洛。聞公登樞，富公寓書爲慶曰：『公之名德聞於天下，然嘗以直道迕執政，士大夫未敢遽望登進，忽報拜命，出於事外，人甚驚喜。此得於輿論，非敢佞也。』」

與祖無擇、文彥博、司馬光等爲眞率會。

《龍學文集》卷末《龍學始末》：「是時公年六十，不幸值安石專政，司馬君實堅辭求出，公慨然乞分司，提舉西京御史臺。與文潞公、富韓公、司馬溫公數君子爲眞率會，洛中謂之九老。」《龍學文集》卷四《聚爲九老自詠》：「科名高壓玉堦前，歷任公卿四十年。」據《龍學始末》，寶元元年（一〇三八）祖無擇進士及第，「歷四十年」當爲熙寧末至元豐初，姑繫於此。九老待考。

元豐二年己未，七十六歲。

十月二十日，太皇太后崩，年六十四。范祖禹代作《慰太皇太后梓宮發引表》（《范太史集》卷八）。

程頤有《上富鄭公書》，言仁宗陵墓之弊，乞弼上言太皇太后合祔昭陵，以得改之。答以簡，且賜酒食。頤又有《答富公小簡》（《二程集·河南程氏文集》卷九）。弼文已佚。

元豐三年庚申，七十七歲。

三月十一日，陳襄卒，年六十四。贈給事中（《先生墓誌銘》）。

託程頤上疏神宗皇帝，論永昭陵（《河南程氏文集》卷五《代富弼上神宗皇帝論永昭陵疏》）。

按：是年三月十日，太皇太后葬永昭陵，則此疏當在三月前後上。

邵伯溫除父喪，來拜。伯溫自此出入門下（《邵氏聞見録》卷一八）。

九月二十七日，改官制，授開府儀同三司（《行狀》）。

閏九月二十六日，以定策之功進司徒，拜子紹京爲閤門祗候（《神道碑》等）。

元豐四年辛酉，七十八歲。

在洛陽，深居罕出。

《行狀》：「退居西都十餘年，深居罕出。嘗之老子祠，乘小轎，過天津橋，市人喜公之出，隨而觀之。至徽安門，市爲之空，其得民心也如此。」

元豐五年壬戌，七十九歲。

正月十日，與文彦博、司馬光等爲「洛陽耆英會」，凡十二人，聚於弼之第，置酒相樂，圖形妙覺僧舍，賦詩吟咏。十二人爲：富弼，字彦國，年七十九；文彦博，字寬夫，年七十七；席汝言，字君從，年七十七；王尚恭，字安之，年七十六；趙丙，字南正，年七十五；劉几，字伯壽，年七十五；馮行己，字肅之，年七十五；楚建中，字正叔，年七十三；王慎言，字不疑，年七十二；張問，字昌言，年七十；張燾，字景元，年七十；司馬光，字君實，年六十四（《司馬公文集》卷六五《洛陽耆英會序》）。

《宋會要輯稿》職官七七之五二：「時宣徽使王拱辰留守北京，貽書潞公，願預其會，年七十一。獨司馬溫公年未七十，文公素重其人，用唐九老狄兼謩故事請入會，溫公辭以晚進，不敢班文、富二公之後。文公不從，令鄭奐自幕後傳溫公像，又之北京傳王公像，於是預其會者凡十三人。文公以地主，攜妓樂就富公宅作第一會，至富公會送羊酒不出，餘皆次爲會。洛陽多名園古刹，有水竹林亭之勝，諸老鬚眉皓白，衣冠其偉，每宴集，人隨觀之。」

蘇頌有《次韻司徒富公耆年會詩》、《和富公十二人中第二人絕句》（《蘇魏公文集》卷五、卷一一）。

元豐六年癸亥，八十歲。

書座屏云「守口如瓶，防意如城」。

《晁氏客語》：「劉器之云：富鄭公年八十，書座屏云『守口如瓶，防意如城』。」

奏論治亂之要，以爲君子小人爲治亂之本（《宋名臣奏議》卷一一五）。

《東都事略》卷六八：「元豐六年，弼年八十，懷不能已，又上疏論治亂不出於用諛佞讜直二端而已。今諛佞者競進，讜直者多處外，忠義之士仰室竊歎天下之敝，陛下不得知而更張之，恐禍亂將至，並煩聖慮亦無及矣。」

本傳：「帝雖不盡用，而眷禮不衰，嘗因安石有所建明，卻之曰：『富弼手疏稱老臣無所告訴，但仰屋竊歎者，即當至矣。』其敬之如此。」

《邵氏聞見後錄》卷二四：「弼在洛陽多以手疏論天下大利害，皆大臣之所不敢言者。」

是春，條陳時政之失以待上問，封之以付子紹庭。

五月，大星殞於所居還政堂下。登天光臺，

焚香再拜（《行狀》、《三朝名臣言行録》卷二《丞相韓國富文忠公》）。

《明一統志》卷二九《河南府·宮室》：「天光臺，在府城內。宋富弼歸老時所築。元豐三年有星隕，弼升臺焚香再拜，知其將終。」「三年」誤。

閏六月二十二日，卒，年八十。贈太尉，謚文忠。子紹庭上遺奏。

《神道碑》：「六年閏六月丙申（二十二日），薨于洛陽私第之正寢，享年八十。」按：本傳云「六年八月，薨」，誤。

《墓誌銘》云「且贈太尉、鄭國公，謚曰文忠」。

《類編皇朝大事記講義·富弼遺表》：元豐六年閏六月，富弼薨。《遺表》言：「選輔弼議論之臣，貪寵患失、柔從順媚之徒，豈可立而使之！」又言：「天下之大，非智力可周，誠意可通也，若夫要道則在陛下聖心之所存，與所用君子小人之辨耳。」《遺表》見《歷代名臣奏議》卷三八。

《長編》卷三三六：「及卒，司馬光、范純仁來弔哭，紹庭以告曰：『此殆遺表也。』光、純仁曰：『當即具奏，勿復啓。』莫知其所言。後乃得其藁。」李燾注：「此疏稱去年及來春，恐是元豐五年冬間所爲，又稱夏麥，則必是六年春間也。」

按：《宋史》卷三三七《范鎮傳》：「富弼致仕居洛，素嚴毅，杜門罕與人接，待祖禹獨厚；疾篤，召授以密疏，大抵論安石誤國及新法之害，言極憤切。弼薨，人皆以爲不可奏，祖禹卒上之。」此說恐誤。富弼碑銘等資料已明言遺表由子紹庭上，據《司馬文正公行狀》：元豐五年，光忽得疾，自疑當中風，乃預作遺表，大略言王安石誤國及新法之害，親書緘封置臥內，且死當以授所善范純仁、范祖禹，使上之。疑《宋史》將司馬光之事與富弼相混。

其卒也，四方震悼。神宗爲輟朝，出祭文，遣使設祭。

《神道碑》：上聞訃震悼，爲輟視朝，內出祭文，遣使致奠所，以賻卹其家者甚厚。贈太尉，謚曰文忠。

《邵氏聞見後錄》卷二四：「弼之薨，神宗躬制祭文，有曰：『言人所難，議定大策，謀施廊廟，澤被四方，他人莫得而預也。』」

文彥博、程顥、范純仁有祭文、哀詞；程頤有唁弼書。

文彥博《太尉韓國文忠富公哀詞》有云：「去年春作耆英會，一坐簪紳仰典刑，今日共嗟天不憖，惟瞻英範在丹青。」（《潞公文集》卷八）

程顥《祭富韓公文》：「惟公年彌高而志愈厲，身久退而誠益堅。惟是愛君憂國之道，極晝夜之拳拳。迨乎瞑目之旦，屬纊之前，萬物已莫累乎心胸，而朝廷之念獨有進乎。……顥愚不肖，辱公禮遇，顧相期於義理，非見私於趨附。公薨於洛，賤居在汝，官守有制，欲往無路。斂不望棺，葬不臨墓，引領西風，悲慟何數！」（《河南程氏文集》卷四）

七月二十三日，子紹京以疾卒，年三十七。

范純仁《供備庫副使富君墓誌銘》：「君諱紹京，字世昌，河南人。司徒、韓國公、贈太尉之第二子。……六年閏六月，韓公薨，君纍然執喪，其七月丙寅，以疾卒，年三十有七。」

是月，范純仁作富弼《行狀》（《范忠宣公集》卷一七）。

十一月十九日，與子紹京同葬于河南府河南縣金谷鄉南張里。

《墓誌銘》：「周國夫人與其孤遂以公薨之年冬十一月庚申（十九日），奉公之柩葬於河南府河南縣金谷鄉南張里，從秦國公之兆也。」

按：《行狀》云：「其孤朝奉將以元豐六年十月甲子，葬公於河南府河南縣金谷鄉南張里秦國公之墓次。」「十月甲子」誤。

著有文集八十卷及表奏等。

《神道碑》：「其爲文章，辯而不華，質而不俚。有《文集》八十卷，《天聖應詔集》十一卷，《諫垣集》二卷，《制草》五卷，《奏議》十三卷，《表章》三十卷，《河北安邊策》一卷，《奉使錄》四卷，《青州振濟策》三卷。

《墓誌銘》：「有文集八十卷，藏於家。」

子三人：紹庭、紹京、紹隆。女四人。孫男三人，孫女三人。

《行狀》：「夫人晏氏，封周國夫人。子三人：長曰紹庭，朝奉郎，少有才行；次曰紹京，供備庫副使，後公一月而卒；次曰紹隆，光祿寺丞，早卒。女四人：長適觀文殿大學士、知眞定府馮京，早亡，追封某郡夫人；次爲之繼室，封某郡夫人；次適宣德郎范大琮；次適霍丘縣令范大珪。孫男三人：長曰直方，守秘書省校書郎；次曰直清，守將作監主簿；次曰直亮，假承務郎。孫女三人：長適試將作監主簿張倩，次未嫁，次尚幼。」

按：弼長孫、紹京長子直方，《供備庫副使富君墓誌銘》作定方。《神道碑》云紹京「後公十月卒」，「十月」當爲「一月」之誤。《東都事略》卷六八云「子紹庭、紹京、紹隆。紹京，供備庫副使；紹隆，光祿寺丞，皆先弼卒」，誤。紹隆卒於熙寧元年，紹京後弼一月卒。

廬陵歐陽文忠公年譜

（宋）胡柯 編
吴洪澤 校點

《四部叢刊》本《歐陽文忠公集》卷首附

歐陽修（一〇〇七—一〇七二），字永叔，號醉翁，晚號六一居士，吉州永豐（今屬江西）人。天聖八年進士，補西京留守推官，召試學士院，爲館閣校勘，景祐三年爲范仲淹被貶事貽書責高若訥，坐貶峽州夷陵令。歷知乾德縣，通判滑州。慶曆間除知諫院、知制誥、河北都轉運按察使，以新政失敗，降知滁州，歷知揚州、潁州、應天府，至和元年入京修《唐書》，遷翰林學士，進禮部侍郎，兼翰林侍讀學士，爲樞密副使。嘉祐六年擢參知政事。英宗朝歷户部、吏部侍郎，出知亳州。神宗朝知青州、蔡州，以不協新法，致仕，居潁州。熙寧五年卒，年六十六，贈太子太師，謚文忠。事蹟見韓琦《歐陽公墓志銘》（《安陽集》卷五〇）、蘇轍《歐陽文忠公神道碑》（《欒城後集》卷二三）、《宋史》卷三一九本傳。

歐陽修是北宋詩文革新運動的領袖，唐宋八大家之一。在文論及散文、詩詞創作上，均成就卓著，影響深遠。其在經學、史學、金石學等方面也有顯著成就。著述甚豐，撰有《唐書》紀十卷、志五十卷、表十五卷；自著《五代史》七十四卷、《易童子問》三卷、《詩本義》十四卷、《居士集》五十卷等，南宋紹熙年間，周必大等編爲《歐陽文忠公集》一百五十三卷、附録五卷，遂爲定本，歷代刊刻不斷。

歐陽修年譜，在宋即有胡柯、薛齊誼、孫謙益、曾三異、李㬎、周必大、吕祖謙等所編多種，今僅存胡譜。清以後人所編，復有八九種之多（見《中國歷代人物年譜考録》、《中國年譜辭典》）。本譜爲胡柯所編，附集刊行，版本甚多，兹據《四部叢刊》影印本整理。

真宗景德四年丁未

是歲皇考鄭國公觀爲綿州軍事推官。六月二十一日寅時，公生。

大中祥符元年戊申

大中祥符二年己酉

大中祥符三年庚戌

是歲鄭公終於泰州軍事判官。公叔父曄時任隨州推官，因卜居焉。公母夫人鄭氏年方二十九，攜公往依之，遂家於隨。貧無資，以荻畫地，教公書字。稍長，多誦古人篇章，使學爲詩。叔父後歷閬州推官、江陵府掌書記，仕至二千石，終都官員外郎。

大中祥符四年辛亥

是歲葬鄭公于吉州吉水縣瀧岡。其後至和元年，析吉水縣之報恩鎮置永豐縣，遂隸永豐。

大中祥符五年壬子

大中祥符六年癸丑

大中祥符七年甲寅

大中祥符八年乙卯

大中祥符九年丙辰，公年十歲。

在隨，家益貧，借書抄誦。州南大姓李氏子好學，公多遊其家，於故書中得唐韓昌黎文六卷，乞以歸，讀而愛之。爲詩賦，下筆如成人，都官曰：「奇童也！它日必有重名。」

天禧元年丁巳

天禧二年戊午

天禧三年己未

天禧四年庚申

天禧五年辛酉

乾興元年壬戌

二月，仁宗即位。

天聖元年癸亥

是歲，公應舉隨州，試《左氏失之誣論》，其略云：「石言于晉，神降于莘，內蛇鬭而外蛇傷[一]，新鬼大而故鬼小。」人已傳誦，坐賦逸官韻黜。

天聖二年甲子

天聖三年乙丑

天聖四年丙寅，公年二十。

自隨州薦名禮部。

天聖五年丁卯

是春試部不中。

天聖六年戊辰

是歲，公攜文謁胥學士偃於漢陽，胥公大奇之，留置門下。冬，攜公泛江如京師。

天聖七年己巳

是春，公從胥公在京師，試國子監爲第一，補廣文館生。秋，赴國學解試，又第一。

天聖八年庚午

正月，試禮部，翰林學士晏公殊知貢舉，公復爲第一。

三月，御試崇政殿，公甲科第十四名。

五月，授將仕郎，試祕書省校書郎，充西京留守推官。

【制詞】前鄉貢進士歐陽某，右可特授將仕郎、試祕書省校書郎、充西京留守推官。替仲簡來年二月滿闕，候見任官月限滿日，即得赴任。敕前鄉貢進士邵景先等：咸以鄉舉，踐于貢闈，屬親校於藝文，俾各升於科級。特假讎書之秩，式增結綬之榮。郡縣佐僚，各分其任。宜思勗勵，無曠乃官，可依前件。知制誥陳從易行。

天聖九年辛未

三月，公至西京。錢文僖公惟演爲留守，幕府多名士。與尹洙師魯、梅堯臣聖俞尤善，日爲古文歌詩，遂以文章名冠天下。初，胥公許以女妻公，是歲親迎于東武。

明道元年壬申

是春及秋，兩遊嵩嶽，秋蓋從通判謝絳奉御香告廟也。禮畢，同遊五人皆見峭壁大書「神清之洞」。詳見附録後謝希深《與梅聖俞書》。公又嘗行縣，視旱蝗。

明道二年癸酉

正月，以吏事如京師，因省叔父于漢東。

三月，還洛。夫人胥氏卒，時生子未踰月。

九月，莊獻劉后、莊懿李后祔葬定陵。公至鞏縣陪祭。

十二月，進階承奉郎。

景祐元年甲戌

三月，西京秩滿，歸襄城。

五月，如京師。會前留守王文康公曙入樞府，薦召試學士院。

閏六月乙酉，授宣德郎，試大理評事，兼監察御史，充鎮南軍節度掌書記，館閣校勘。

【制詞】敕前西京留守推官、承奉郎、試秘書省校書郎歐陽某：辭擅菁英，性推醇茂。早登名於仕版，遂從辟於賓筵。而楙學逾惇，參籌有裕。眷吾樞近，嘗以薦論，逮課試之爰來，固辯麗之可獎。宜預屬書之列，仍遷管記之資。往服清階，善持素履。可特授宣德郎、試大理評事、兼監察御史、充鎮南軍節度掌書記、館閣校勘。李淑行。

三館祕閣所藏書多脱謬，七月甲辰，詔委官編定，倣開元四部，著爲《總目》，公預焉。

是歲，再娶諫議大夫楊公大雅女。

景祐二年乙亥

是歲七月，公同產妹之夫張龜正死于襄城，謁告視之。

九月，夫人楊氏卒。

景祐三年丙子，公年三十。

是歲，天章閣待制、權知開封府范仲淹言事忤宰相，落職知饒州。公切責司諫高若訥，若訥以其書聞。五月戊戌，降爲峽州夷陵縣令。

【制詞】敕鎮南軍節度掌書記、宣德郎、試大理評事兼監察御史、館閣校勘歐陽某：夙以藝文，擢參讎校，固當宿業，以荷育才。近者范仲淹樹黨背公，鼓讒疑衆，自干典憲，爰示降懲。爾託附有初，詆欺罔畏，妄形書牘，移責諫臣，咨陳訕上之言，顯露朋姦之迹，致其奏述，備見狂邪。合置嚴科，用警媮俗。尙軫包荒之念，秖從貶秩之文。往字吾民，無重前悔。可降授守峽州夷陵縣令，替劉光裔今年七月成資闕，散官如故。仍放謝辭。柳植行。

公自京師沿汴絕淮泝江，奉母夫人赴貶所。

十月至夷陵。

景祐四年丁丑

三月，謁告至許昌，娶薛簡肅公奎女。

是夏，叔父都官卒。

九月，還夷陵。

十二月壬辰，移光化軍乾德縣令。

【制詞】敕宣德郎、守峽州夷陵縣令歐陽某：以懿辭決科，以敏智從事，荐承俊選，參校祕文。偶弗愼於言階，乃自貽於官譴。遽沿遐牒，亦既逾年，宜遷通邑之良，且寄字人之劇。余方甄錄，爾尙勉勤。可特授守光化軍乾德縣令，替張宗尹來年三月成資闕，散官如故。仍放謝辭。王堯臣行。

寶元元年戊寅十一月改元

三月，赴乾德。是歲，胥夫人所生子夭。

寶元二年己卯

二月，知制誥謝希深絳出守鄧州，梅聖俞將宰襄城，與希深偕行。五月，公謁告往會，留旬日而返。

六月甲申，復舊官，權武成軍節度判官廳公事。

【制詞】降授宣德郎、守光化軍乾德縣令歐陽某：右，可特授試大理評事兼監察御史，充鎮南軍節度掌書記，權武成軍節度判官廳公事，替節度推官趙咸寧來年二月滿闕，散官如故。仍放謝辭。敕前降授崇信軍節度掌書記、監郢州酒稅務、朝奉郎、試大理評事兼監察御史尹洙等：嚮者咸以儒才，籍于文館，旋坐朋游之累，自罹降謫之科。載軫淹沉，特推甄叙。或朝閨復秩，分寄於縣章；或府幕參謀，差冠於賓序。往虔予命，彌愼爾爲。可依前件。王舉正行。

康定元年庚辰二月改元

是春，赴滑州。時范文正公起爲陝西經略招討安撫使，辟公掌書記，辭不就。

六月辛亥，召還，復充館閣校勘，仍修《崇文總目》。

十月，轉太子中允。

【制詞】敕鎮南軍節度掌書記、宣德郎、試大理評事兼監察御史、充館閣校勘歐陽某：朕意尙儒雅，博考辭藝，使優游並進，以光我太平之業，恩亦厚矣。爾往參典校，屬以事譴，會從薦引，復叙官榮。方思技拭而用，寧限陞遷之次？

宮坊美秩，冊府清塗，嘉乃雋才，尚勗來譽。可特授守太子中允，依舊館閣校勘，散官如故。聶冠卿行。

癸巳，同修禮書。

是歲，子發生。

慶曆元年辛巳

五月庚戌，權同知太常禮院，以見修《崇文總目》辭，許之。

八月乙酉，許州對公事回，依舊供職。曾孫建世編年，載此未詳。

十一月丙寅，祀南郊，攝太常博士，引終獻。十二月，加騎都尉。

【制詞】敕：夫三靈之交，莫盛乎大旅；四海以職，畢奉於嚴禋。還御端闈，均慶綿宇。矧待時髦之地，素清儒館之游，宜被徽章，以甄英綴。宣德郎、守太子中允、充館閣校勘歐陽某，雅材毓秀，吉履敦方。副妙簡於石渠，紬祕文於天祿。列於俊藪，光是珍群。屬此推恩，遞增勳級。益厲夙秉，庸對寵嘉。可加騎都尉，餘如故。吴育行。

己丑，《崇文總目》成，改集賢校理。

慶曆二年壬午

正月丁巳，考試別頭舉人。

三月丙辰，御試進士《應天以實不以文賦》。公擬進一首，賜敕書獎諭。

四月丙子，復差同知禮院。契丹遣使泛求關南地。宰相呂夷簡薦富弼報聘，人皆危之。公上書引顔眞卿使李希烈事，乞留富弼，不報。

五月，復應詔上書，極陳弊事。

八月請外，九月，通判滑州，十月上。

慶曆三年癸未

是歲，仁宗廣言路，修政事，人多薦公宜

爲臺諫。三月召還，癸巳，轉太常丞，知諫院。

【制詞】宣德郎、守太子中允、充集賢校理、騎都尉歐陽某，右，可特授守太常丞，依舊充集賢校理、知諫院事，散官、勳如故。敕：國家廣闢言路，崇設諫垣，擇方嚴之藎臣，登諍議之清列。責任尤重，眷懷亦深。向非練達民彝，精詳國體，利權不能易所守，貴勢無以搖其心，則安可劭厥清芬，補予闕政？以爾朝奉郎、侍御史、判三司都理欠司、輕車都尉、賜緋魚袋魚周詢等風猷鯁亮，器範沖深，並繇博古之文，皆擢烝髦之選。清心涖局，交負幹才；議事飛章，第揚風采。僉詢朝論，亟簡朕心，宜進官聯，往參諫列。爾其勤乃節行，厲于忠誠。姑務謦諤諤之辭，敷陳而亡撓；豈宜持庸庸之計，畏避以自安！勉膺寵光，式遲明效。可依前件。孫抃行。

四月，至京。

九月戊辰，賜緋衣銀魚。己巳，同詳定國朝勳臣名次。丙戌，同修《三朝典故》。

十月戊申，擢同修起居注。

十二月己亥，召試知制誥，公辭。辛丑，有旨不試，直以右正言知制誥，仍供諫職。

【制詞】敕：夫出納朕命，裁成典誥，號令風采，布爲法度，所以炳煥皇業，羽儀近著，匪我俊乂，曷膺是選。宣德郎、守太常丞、充集賢校理、同修起居注、知諫院事、騎都尉、賜緋魚袋歐陽某，高才敏識，照於當世，特立不倚，拔乎其倫，秉心粹中，履道夷坦，學探系象之表，文窮述作之源。而自抱槧書林，簪筆螭陛，詞皆體遠，慮不及私，俾之代言，必能復古。用進七人之列，遂參四禁之嚴。豈惟序陞，斷自余志，其於發揮藻潤之業，坦明深厚之體，皆汝素蘊，不煩訓詞。可特授右正言、知制誥，依舊修起居注、知諫院事，散官、勳、賜如故。李宥行。

丁未，同詳定編敕。是月立春，祭西太一宮，爲獻官，尋例賜紫章服。

慶曆四年甲申

三月庚午，兼判登聞檢院。

四月乙未，押伴契丹賀生辰人使御筵於都亭驛。己亥，命公使河東計度廢麟州及盜鑄鐵錢并礬課虧額利害。

七月，還京師。

八月甲午，保州軍叛，契丹聲言討西夏。癸卯，除公龍圖閣直學士、河北都轉運按察使。

【制詞】宣德郎、行右正言、知制誥、騎都尉、賜紫金魚袋歐陽某。右，可特授依前行右正言，充龍圖閣直學士、河北諸州水陸計度都轉運按察使，兼西路營田、都大制置屯田、本路勸農使，替張昷之，散官、勳、賜如故。敕朝奉郎、守尚書禮部郎中、知制誥、知兗州、輕車都尉、賜紫金魚袋梁適等：四方有事，才者當爲國家馳騖矣。自夏人之不賓於廷，而王師外戍，天下共其勞。夫侍從近列，得無同我此憂者歟？爾等并以才名器略，爲時英俊。凡予所以擢爾清切之禁，延閣憲臺，蓋備艱虞以爲用也。三城西路之津會，中山北道之吭喉，河朔委輸，事任尤重；靈昌河上至于平陽，皆方面之要害，朝廷所屬意處也。各遷近職，于蕃于宣，王室之勤，以慰予望。可依前件。張方平行。

九月，《三朝典故》成書，以公嘗預編纂，賜詔獎諭。

十一月，南郊恩進階朝散大夫，封信都縣開國子，食邑五百戶。

【制詞】敕：三年而郊，所以答天地，尊祖考，懷柔於百神，福惠於庶邦，使生生之類罔不滋殖，則吾左右近著，宜乎首被凱澤者矣。以爾河北都轉運按察使、龍圖閣直學士、宣德郎、行右正言、騎都尉、賜紫金魚袋歐陽某，學有師法，言無畏避，輟辭翰於西掖，董賦輿於北道。而能計國用，詳邊謀，擿吏姦，舒民困，才識參用，搢紳所推。今嚴禋成，百禮具，有司其申講舊典，導宣明命，峻之階品，增之封邑，以均禧祉，以對勳藎，以永朝家之休。可特授朝散大夫，依前行右正言、充龍圖閣直學士、河北都轉運按察使，特封信都縣開國子、食邑五百戶，勳、賜如故，仍放朝謝。孫抃行。

慶曆五年乙酉

是春，眞定帥田況移秦州，公權府事者三月。時二府杜正獻、范文正、韓忠獻、富文忠公以黨論相繼去，公上書辨之。小人素已憾公，會公孤甥張氏犯法，諫官錢明逸因以財產事及公，下開封鞫治。府尹楊日嚴觀望傅會，上命戶部判官蘇安世、入內供奉官王昭明監勘，得無他。八月甲戌，猶落龍圖閣直學士，罷都轉運按察使，降知制誥，知滁州。

【制詞】敕：夫賞不遺功，罰不阿近，有邦之彝典也。河北都轉運按察使、龍圖閣直學士、朝散大夫、行右正言、騎都尉、信都縣開國子、食邑五百户、賜紫金魚袋歐陽某，博學通贍，衆所見稱，言事感激，朕嘗寵用。而乃不能淑慎以遠罪辜。知出非己族，而鞠於私門；知女有室歸，而納之群從。嚮以訟起晟家之獄，語連張氏之貲，券既弗明，辨無所驗。朕以其久參近侍，免致深文，止除延閣之名，還序右垣之次。仍歸漕節，往布郡條。體予寬恩，思釋前吝。可落龍圖閣直學士，特授依前行右正言、知制誥，散官、勳、封、賜如故。仍就差知滁州軍州兼管勾勸農使，替趙良規，及放謝辭。楊察行。

十月甲戌至郡。是歲子奕生。

慶曆六年丙戌，公年四十。

自號醉翁。

慶曆七年丁亥

十二月，以南郊恩，加上騎都尉，進封開國伯，加食邑三百户。

【制詞】敕：朕禮天事神，以祈生民之佑；尊祖親考，以席鴻基之隆。爰罄齋明，仰膺顧諟，乃眷近侍，宜均恩典。朝散大夫、行右正言、知制誥、騎都尉、信都縣開國子、食邑五百户、賜紫金魚袋歐陽某，詞藻敏麗，風韻俊豪。參列諫垣，蔚有敢言之節；褒陞詞禁，茂昭華國之文。委任素煩，安靜攸處。屬修大祀，俾洽蕃休，特疏勳爵之儀，並厚邑封之數。中外之寄，待遇無殊，深體柬求，勉敦業履。可特授依前行右正言、知制誥，加上騎都尉，進封開國伯、食邑三百户，散官、賜如故，仍放朝謝。

嵇穎行。

是歲，子棐生。

慶曆八年戊子

閏正月乙卯，轉起居舍人，依舊知制誥，徙知揚州。

【制詞】敕：勤求治道，優延近著。粵惟詞禁之彥，久布外邦之政，特推渥洽，蓋示眷懷。朝散大夫、行右正言、知制誥、知滁州、上騎都尉、信都縣開國伯、食邑八百戶、賜紫金魚袋歐陽某，智慮淹通，文藻敏麗。善談當世之務，旋登近侍之班。向直內閣之嚴，實分北道之寄。爰司方郡，屢易周星。軫予意而良深，俾官儀而敘進。記言動者，良史之筆，授之以清階；督淮海者，廣陵之區，委之以會府。仍司雅誥，尚遠法垣。當欽待遇之榮，益務端莊之節，遲聞美績，用對寵靈。可特授行起居舍人、知制誥、知揚州軍州事兼管內堤堰橋道勸農使，替張奎。散官、勳、封、賜如故，仍放謝辭。趁穎行。

二月庚寅，至郡。

皇祐元年己丑

正月丙午，移知穎州。二月丙子，至郡。樂西湖之勝，將卜居焉。

四月丙戌，轉禮部郎中。

【制詞】敕：群臣有常以善道益吾者，今雖在外，吾不忘也。事任有期，既未得即還左右，且進升其官秩，亦足表待遇之意焉。朝散大夫、行起居舍人、知制誥、知穎州、上騎都尉、信都縣開國伯、食邑八百戶、賜紫金魚袋歐陽某，頃用文詞登朝，居諫諍之任，屢以謇諤之言陳闕失。朝奉郎、尚書工部員外郎、直龍圖閣、知亳州、上騎都尉、賜紫金魚袋王洙，往由經藝入侍，備顧問之職，嘗以博洽之學裨見聞。間緣薄疵，並領外寄。嚴助守藩，久去承明之直；望之懷闕，應有本朝之思。吾嘉才猷，寔用矜爾，爰各遷於品秩，俾仍頒於教條。行將召生，無曰留滯。《詩》曰：「心乎愛矣，遐不謂矣。」其務淑慎，體兹睠懷。修可特授尚書禮部郎中、依前知制誥、知潁州，散官、勳、封、賜如故，仍放朝謝。洙可特授尚書刑部員外郎、依前直龍圖閣、知許州軍州兼管内堤堰橋道勸農事及管勾開治溝洫河道事，替宋祁，散官、勳、賜如故，仍放謝辭。李絢行。

八月辛未，復龍圖閣直學士。

【制詞】敕：思文先朝，游心往籍，因層構之建，設近職之華，所以寵名儒、訪治道。我圖俊舊之望，時惟鯁亮之姿，差進禁聯，胥協公議。翰林侍讀學士、朝散大夫、右諫議大夫、知揚州、騎都尉、岐山縣開國子、食邑五百户、賜紫金魚袋楊察，精明博洽，端粹正方。擢在禁林，復典謨而歸厚；寘之憲席，處論議而不阿。朝散大夫、尚書禮部郎中、知制誥、知潁州、上騎都尉、信都縣開國伯、食邑八百户、賜紫金魚袋歐陽某，識遠才長，文高行潔。篤於信道，不讀非聖之書；忠於本朝，屢條當世之務。並膺左右之選，歷宣内外之勞。峻節弗渝，公議彌勝。用進祕圖之拜，且光舊物之還，旌乃名臣，敷于茂典。爾身在外，朕心弗忘，嘉迺來忠，勿懲前事。察可特授依前右諫議大夫、充翰林侍讀學士、兼龍圖閣學士，依舊知揚州，散官、勳、封、賜如故，仍放朝謝。修可特授依前尚書禮部郎中、充龍圖閣直學士，依舊知潁州，散官、勳、封、賜如故，仍放朝謝。胡宿行。

是歲，子辯生。

皇祐二年庚寅

七月丙戌，改知應天府兼南京留守司事。己酉，至府。

十月己未，明堂覃恩轉吏部郎中，加輕車都尉。

【制詞】敕：朕聞王者尊其考，欲以配天，緣考之意，故推而上於祖。朕奉若斯義，乃以季秋之選，肇禋于大寢，禮備法物，樂和八音，三后上帝，亦既顧饗，六服群辟，罔不蒙氣。眷言祕近之列，方殿股肱之郡，天地之福，其可不均。以爾樞密直學士、朝散大夫、右諫議大夫、上騎都尉、京兆郡開國侯、食邑一千戶、賜紫金魚袋田況，懷誠秉彝，博見彊志。以爾龍圖閣直學士、朝散大夫、尚書禮部郎中、上騎都尉、信都縣開國伯、食邑八百戶、賜紫金魚袋歐陽某，議論據古，忠正無私。並爲當世之宗，精究百家之術。施之政事，罔干譽而從欲；立於朝廷，不阿尊而事貴。風勸全蜀，潤流京師。古者因禘以發爵祿，所以尊廟而貴命，況合宮之事哉。左省瑣闈之嚴，中臺宰屬之重，懋爾述職，推吾新書，往哉生生，承此褒愛。況可特授給事中，依前充樞密直學士，加輕車都尉，散官、封、賜如故，仍放朝謝。修可特授尚書吏部郎中，依前充龍圖閣直學士，加輕車都尉，散官、封、賜如故，仍放朝謝。呂口行。

是歲，約梅聖俞買田於潁。

皇祐三年辛卯

皇祐四年壬辰

三月壬戌，丁母夫人憂，歸潁州。

四月，起復舊官，公固辭，八月許之。

皇祐五年癸巳

八月，自潁州護母喪歸葬吉州之瀧岡，胥、楊二夫人祔焉。

是冬，復至潁。

至和元年甲午三月改元

五月，服闋，除舊官職，赴闕。

【制詞】敕：人臣之大節，曰忠與孝，然處之者或過不及。故先王設禮以爲之制，喪者不呼其門，盡爲子之志也；外除而從政，即爲臣之道也。前龍圖閣直學士、朝散大夫、尚書吏部郎中、輕車都尉信都縣開國伯、食邑八百戶、賜紫金魚袋歐陽某，以文章直亮，擢居近侍，以才略器幹，屢更劇任。自罹家難，歸伏閭里。今祥禫甫畢，賁然斯來。文昌清曹，淵圖祕職，皆爾舊秩，往服新命。唯是移孝資忠之義，爾其楙哉！可特授尚書吏部郎中，充龍圖閣直學士，散官、勳、封、賜如故。蔡襄行。

六月癸巳，朝京師，乞郡，不許。

七月甲戌，權判流內銓。會小人詐爲公奏請汰內侍，其徒怨怒，以胡宗堯不當改官事中公。戊子，出知同州。判吏部南曹吳充爲公辨明，不報。知諫院范鎮一再極言，而參知政事劉沆方提舉修《唐書》，亦乞留公修書。八月丙午，沆拜相，戊申，詔公修《唐書》。

九月辛酉，遷翰林學士。

【制詞】敕：帝王之制，坦然明白，發號

出令，一日萬微。其代予言，必資才哲。龍圖閣直學士、朝散大夫、尚書吏部郎中、輕車都尉、信都縣開國伯、食邑八百戶、賜紫金魚袋歐陽某，言忠信，行篤恭，文參典謨，心固金石。頃在諫列，以直誠盡規，彌縫袞闕；遷登禁省，以深詔大冊，振起國風。出按朔垂，罷守列郡。免喪還次，即蘄外補。朕嘉其難進易退，有賢者之節，又文學舊老，宜居禁中。是用延登玉堂，典司翰墨。僉謀四及，咸曰得人。當使炳焉之風，弗獨漢邇三代也。可特授依前尚書吏部郎中、知制誥，充翰林學士，散官、勳、封、賜如故。王洙行。

壬寅，兼史館修撰。

【制詞】敕：古者左史記動，右史記言，得失形於一朝，榮辱見於千載。今而墨筆操牘，總二職之美者，不在吾儒雅之臣乎？翰林學士、朝散大夫、尚書吏部郎中、知制誥、刊修《唐書》、輕車都尉、信都縣開國伯、食邑八百戶、賜紫金魚袋歐陽某，學槩道眞，文得天粹。凜然風節，足爲世範；休有議論，實惟王體。更中外之衆務，在夷險而一心。益知汝賢，擢司內命。豈特屬文章以煩爾，蓋將咨謀慮以弼予。復此兼榮，亦非貳事。夫一家之法，傳信於方來；萬世有辭，垂裕於不朽。尚賴良直，以永休明。往服茂恩，奚假多訓。可特授依前尚書吏部郎中、知制誥、充史館修撰，仍舊翰林學士、刊修《唐書》，散官、勳、封、賜如故。韓絳行。

又差勾當三班院。

十月乙巳，朝饗景靈宮天興殿，攝侍中，

捧盤取水。

十二月庚戌，臘饗孝惠、孝章、淑德、章懷皇后廟，攝太尉行事。

至和二年乙未

三月，同孫抃考試諸司寺監人吏。

六月己丑，上書論宰相陳執中，已而乞外，改翰林侍讀學士、集賢殿修撰，出知蔡州。侍御史趙抃、知制誥劉敞上疏留公。

七月戊午，復領舊職。

八月辛丑，假右諫議大夫，充賀契丹登位國信使。

十二月庚戌，宿虜界松山。

嘉祐元年丙申，九月改元**公年五十**。

二月甲辰，使還，進《北使語錄》。

閏三月丁亥，判太常寺，兼禮儀事。

孟夏薦饗，攝太尉行事。

五月癸未，知通進銀臺司兼門下封駮事。

乙未，免勾當三班院。

六月甲子，奉敕祈晴醴泉觀。

八月壬戌，知益州張方平除三司使。甲子，詔公權發遣三司公事，以俟其至，而命李淑代知銀臺司。乙亥，車駕詣景靈宮朝拜天興殿，充贊導禮儀使。又朝謁眞宗及章懿神御殿，攝太常卿。

九月辛卯，大慶殿行恭謝禮，爲贊引太常卿。禮成，加上輕車都尉，進封樂安郡開國侯，加食邑五百戶。

【制詞】敕：施厚而報豐，維人之常；誠至而禮簡，事天之宜。朕承先烈之丕基，祗畏勤紹，弗敢荒寧。亶勞維疚，於昭降康，四海萬靈，莫不底豫。念所以報，必竭其誠。乃即太寢之嚴，躬尙質之享，欽翼虔共，陶匏以薦，合祛大神，示格於祖考。明靈降監，休應顯孚，膺受福鼇，均自近始。翰林學士、朝散大夫、尚書吏部郎中、知制誥、充史館修撰、判太常寺兼禮儀事、輕車都尉、信都縣開國伯、食邑八百戶、賜紫金魚袋歐陽某，文字復於古雅，正道邁於倫類。辨論堅確，救時爲心。在涅不淄，湜湜自信。倚其演潤，故置諸內署；藉其才識，故付之史筆；賴其謀用，故試之大計。沛有餘地，左右咸宜。熙事思成，相儀克允。峻其勳等，埤厥賦封。尚體予衷，以孚邦家於休。可特授依前尚書吏部郎中、知制誥、史館修撰、充翰林學士，加上輕車都尉，進封樂安郡開國侯，食邑五百戶，散官、勳、賜如故，差遣依舊。吴奎行。

十二月，被差押伴契丹賀正旦人使御筵於都亭驛。

嘉祐二年丁酉

正月癸未，權知禮部貢舉，賜御書「文儒」二字。乙巳，磨勘轉右諫議大夫。

【制詞】敕：禁密之重，朝廷所優，率從四歲之常，俾進兩官之次。示異等於疏品，表殊恩於邇臣。推意之明，在予則至；顯忠之報，惟汝爲深。授受之間，善美良盡。翰林學士、朝散大夫、尚書吏部郎中、知制誥、充史館修撰、判太常寺兼禮儀事、上輕車都尉、樂安郡開國侯、食邑一千三百戶、賜紫金魚袋歐陽某，風誼醇篤，謀猷浚明。憂天下之心，物議許其懇到；徇國家之急，朕志知其勇爲。矧夫統體之文，綽有雅健之氣。特立於世，能同於人。姑用歲勞，升爲諫長。未厭搢紳之望，徒收翰墨之長，亦爲顯承，當益章大。可特授右諫議大夫，依前知制誥、史館修撰，充翰林學士，散官、勳、封、賜如故，差遣依舊。仍放朝謝。吴奎行。

三月癸卯，爲狄青發哀苑中，攝太常卿。

六月丙寅，福康公主進封兖國公主。

七月壬午，命公攝禮部侍郎，以印授册使。乙未，兼判尚書禮部。

九月己卯，兼判祕閣、祕書省。

十一月辛巳，權判史館。丙申，權知審刑院，候胡宿回，依舊。

十二月辛亥，權判三班院。癸亥，權奉安明德、元德、章穆三后御容於啓聖院，車駕行酌獻禮，充禮儀使。是月被差押伴契丹賀正旦人使御筵於都亭驛。

嘉祐三年戊戌

正月壬午，上幸興國寺及啓聖院，朝謁太祖、太宗神御，攝太常卿。

二月癸卯，契丹遣使告其國母哀，差公館伴。

三月辛未，兼侍讀學士，以員多固辭不拜。癸未，充宗正寺同修玉牒官。甲午，同陳旭考試在京百司等人。

六月庚戌，加龍圖閣學士，權知開封府。

【制詞】敕：「京邑翼翼，四方是則」，《商頌》之明訓也。朕念夫神皋奥區，大衆所聚，俗有五方之異，吏有百司之繁。貴近豪弁，輕犯法禁，迫蹙則已苛細，寬縱則有放紛。尹正之才，不止乎決事無留、當官有守而已。維其明智足以照物，厚重足以鎮浮，先事以銷其萌牙，臨文以破其機械，俾夫下國，有以依放，則庶幾乎古之治矣。翰林學士、朝散大夫、右諫議大夫、知制誥、充史館修撰、充宗正寺修玉牒官、刊修《唐書》、判太常寺兼禮儀事、兼判尚書禮部、兼判祕閣祕書省、上輕車都尉、樂安郡開國侯、食邑一千三百戶、賜紫金魚袋歐陽某，道德仁義，固其深蘊；文學政事，矧乃兼長。老於詞禁之中，未愜搢紳之望。今詳試以煩劇，命允釐於浩穰，寵以延閣之拜，優以京輔之授。爾其念古訓而用乂，毋曰時異，稍艱乎施設也。可特授依前右諫議大夫、知制誥、史館修撰、充翰林學士、兼龍圖閣學士、權知開封府、兼畿內勸農使、仍舊刊修《唐書》、兼判祕閣祕書省，散官、勳、封、賜如故。吴奎行。

嘉祐四年己亥

二月戊辰，免開封，轉給事中，同提舉在京諸司庫務。

【制詞】敕：漢制，給事中日上朝謁，平尚書奏事。近世所職雖異，而其親近左右爲最要密，非得端士，不以付焉。以爾翰林學士兼龍圖閣學士、朝散大夫、右諫議大夫、知制誥、充史館修撰、刊修《唐書》、兼判祕閣祕書省、上輕車都尉、樂安郡開國侯、食邑一千三百戶、賜紫金魚袋歐陽某，性資純良，識用明果，直道自奮，至忠不回。向自禁林，尹正京邑，摧抑權幸，崇獎善良，獄訟簡飭，幾至無事。方此眷賴，以圖靖嘉，而迺屢形奏封，求請便郡。朕惟亮正之益不可使遠外，而煩劇之任宜有以均勞，延登瑣闈，以備顧問。爾其祗服，體朕意焉。可特授給事中，依前知制誥、史館修撰、充翰林學士、兼龍圖閣學士，提舉在京諸司庫務，仍舊刊修《唐書》、兼判祕閣祕書省，散官、封、賜如故。

是月，充御試進士詳定官，賜御書「善經」二字。

四月丁卯，奏告今冬太廟親行祫饗之禮。癸酉，孟夏薦饗，並攝太尉行事。丙子，兼充群牧使。

六月甲申，刪定《景祐廣樂記》。

九月丁酉，奉敕祈晴相國寺。

十月壬申，車駕朝饗景靈宮。癸酉，祫饗太廟，並攝侍中行事。丁丑，加護軍，食實封二百戶。

【制詞】敕：王道之最盛者莫如宗廟，宗廟之至重者莫如大祫。朕祗率舊禮，親執祀事，神人以和，祖考來格，此皆辟公卿士肅雍顯相之效也。福祉之流，朕安敢專？翰林學士、兼龍圖閣學士、朝散大夫、給事中、知制誥、充史館修撰、刊修《唐書》、兼判祕閣祕書省、兼充群牧使、上輕車都尉、樂安郡開國侯、食邑一千三百戶、賜紫金魚袋歐陽某，清識紘議，搢紳之表，醇文懿行，名世之選。此所以增朝廷之光，參瑚璉之器。《詩》不云乎：「左右奉璋，髦士攸宜。」夫熙事休成，惠澤廣被，則賢者宜先矣。叙升書勳之籍，眞食加田之賦。於以均七廟之慶，慰萬夫之望，其庶幾乎。可特授依前給事中、知制誥、史館修撰、充翰林學士兼龍圖閣學士，加護軍，食實封二百戶，散官、封、賜、差遣如故。

劉敞行。

嘉祐五年庚子

四月丁卯，孟夏薦饗太廟，攝太尉行事。

七月戊戌，上新修《唐書》二百五十卷。庚子，推賞轉禮部侍郎。

【制詞】敕：古之爲國者法後王，爲其近

於己，制度文物可觀故也。唐有天下且三百年，明君賢臣相與經營扶持之，其盛德顯功，美政善謀，固已多矣。而史官非其人，記述失序，使興壞成敗之迹，晦而不章，朕甚恨之，故擇廷臣，筆削舊書，勒成一家。翰林學士、兼龍圖閣學士、朝散大夫、給事中、知制誥、充史館修撰、刊修《唐書》、兼判祕閣祕書省、兼充群牧使、護軍、樂安郡開國侯、食邑一千三百戶、食實封二百戶、賜紫金魚袋歐陽某，端明殿學士、兼翰林侍讀學士、龍圖閣學士、朝請大夫、守尚書吏部侍郎、充集賢殿修撰、知鄭州、上柱國、常山郡開國公、食邑二千三百戶、食實封六百戶、賜紫金魚袋宋祁，創立統紀，裁成大體。朝散大夫、尚書禮部郎中、知制誥、充集賢殿修撰、糾察在京刑獄、兼權判尚書工部、充宗正寺修玉牒官、騎都尉、高平縣開國男、食邑三百戶、賜紫金魚袋范鎮，朝奉郎、守尚書刑部郎中、知制誥、同勾當三班院、上輕車都尉、賜紫金魚袋王疇，三司度支判官、朝奉郎、太常博士、充集賢校理、編修《唐書》官、上騎都尉、賜緋魚袋宋敏求，網羅遺逸，厥協異同。凡十有七年，大典乃立，閎富精覈，度越諸子矣。朕將據古鑒今，以立時治，爲朕得法，其勞不可忘也。皆遷秩一等，布其書天下，使學者咸睹焉。修可特授守尚書禮部侍郎，依前知制誥、史館修撰，充翰林學士，散官、差遣、勳、封、食實封，賜如故。祁可特授守尚書左丞，依前集賢殿修撰，充端明殿學士、兼翰林侍讀學士、龍圖閣學士，散官、差遣、勳、封、食實封、賜如故，仍放朝謝。鎮可特授尚書吏部郎中，依前知制誥，充集賢殿修撰，散官、差遣、勳、封、賜如故。疇可特授守尚書右司郎中，依前知制誥，散官、勳、賜、差遣如故。敏求可特授尚書工部員外郎，依前集賢校理，充三司度支判官，散官、勳、賜如故。劉敞行。

九月丁亥，兼翰林侍讀學士。

【制詞】敕：夫堯舜稱治之至，莫重於稽古，蓋順考前緯，以施有政。故其聖功大烈，後世無以逾焉。朕睎風於既往，求理於當（之）〔世〕。留神典册，用資聰明。務延道德之老，以爲勸講之益。進讀左右，尤任賢碩。翰林學士兼龍圖閣學士、朝散大夫、守尚書禮部侍郎、知制誥、充史館修撰、判秘閣秘書省、兼充群牧使、護軍、樂安郡開國侯、食邑一千三百戶、食實封一百戶〔二〕、賜紫金魚袋歐陽某，業履夷直，懷負忠亮。雄辭奧學，高視前哲，讜議精識，推爲國器。方且擢處禁近，以襄大猷，登預經閣，庶幾自輔。夫維善言古，必驗於今，援史傳經，爾其無讓。可特授依前守尚書禮部侍郎、知制誥、史館修撰，充翰林學士兼侍讀學士，散官、差遣、勳、封、食實封、賜如故。王疇行。

十月庚午下元節，車駕朝拜景靈宮天興殿，朝謁眞宗及章懿太后神御殿，攝侍中。

十一月辛丑，拜樞密副使，加食邑五百戶、食實封二百戶。

【制詞】敕：夫《詩》美吉甫，以有文武，故賢特之士，無施不可。朕惟天下之重，兵本之寄，委於廊廟之臣，責其講畫之用，則待遇之意，付畀之際，敢不慎乎！苟非材英，豈易圖任！翰林學士兼侍讀學士、朝散大夫、守尙書禮部侍郎、知制誥、充史館修撰、護軍、樂安郡開國侯、食邑一千三百戶、食實封二百戶、賜紫金魚袋歐陽某，學通古今之宜，性符履道之直，議論明正，懷負高爽。久居禁近之從，屢更中外之事，選所踐試，悉著聲實。今樞筦之地，籌勝是經，擢貳大猷，適竚休績。惟公忠可以成務，惟寅亮可以就功，往其愼哉，無廢朕命！可特授依前守尙書禮部侍郎，充樞密副使，加食邑五百戶、食實封二百戶，散官、勳、賜如故。王疇行。

甲寅，同修樞密院《時政記》。

十二月，被差押伴契丹賀正旦人使御筵於都亭驛。

嘉祐六年辛丑

三月戊申，侍上幸後苑，賞花華景亭，釣魚涵曦亭，遂宴太清樓。

閏八月辛丑，轉戶部侍郎、參知政事，進封開國公，加食邑五百戶、食實封二百戶。公辭轉官，許之。

【制詞】敕：夫萬務之理，命令之出，謀謨於堂上，風行於天下，使來者可觀而與言無譏者，非吾二三相輔乎？本兵之所，號爲樞機；布政之方，寔繫原柢。更踐大府，參持衡柄，向匪全德，疇副毗倚？樞密副使、朝散大夫、守尙書禮部侍郎、護軍、樂安郡開國侯、食邑一千八百戶、食實封四百戶、賜紫金魚袋歐陽某，識鑒明遠，才猷通劭，議論貫前儒之學，文章擅獨步之名。遍歷清華，迭居中外，自居重任，已試異能。忠言不私，直道無屈，是用易地，且俾遷官。讓節逾高，誠心可諒。若夫禮樂未具，制度未立，基業未固，賦用未節，昔人有作，後世奚艱？俾我有宋之治，如三代盛時者，亦惟吾相輔而已。力行王道，今也其時，無謂吾不能行，其同心以濟，勉之哉！可特授依前守尚書禮部侍郎、參知政事，進封開國公，加食邑五百户、食實封二百户，散官、勳、賜如故。張壞行。

九月庚申，同修中書《時政記》。

十二月丙戌，臘享太廟，攝太尉行事。

嘉祐七年壬寅

正月己酉朔，大慶殿朝賀，攝侍中，承旨宣制。

三月乙卯，祈雨南郊，攝太尉行事。辛酉，提舉三館祕閣寫校書籍、同譯經潤文。

四月壬午，上《嘉祐編敕》。

七月庚戌，差充明堂鹵簿使。

九月戊申，文德殿奏請致齋，攝侍中，奏中嚴外辦。己酉，朝饗景靈宮。庚戌，朝饗太廟，並攝司徒。辛亥，大饗明堂。己未，進階正奉大夫，加柱國，仍賜推忠佐理功臣。

【制詞】敕：合宮大饗，明靈居歆；報告神釐，蒙所勞矣。一二相事之老，宜均乃休。朝散大夫、守尚書禮部侍郎、參知政事、護軍、樂安郡開國公、食邑二千三百户、食實封六百户、賜紫金魚袋歐陽某，文章瑞時，議辯華國，進陪大政，時欲倚平。會資闊儀，贊成孝志，撤俎而命，宜先近班，功號崇階，副之勳等。往膺異數，是惟典常。可特授正奉大夫，依前尚書禮部侍郎、參知政事，加柱國，仍賜推忠佐理功臣，封、食、實封、賜如故。張瓌行。

十二月丙申，上幸龍圖、天章閣，召輔臣至待制、三司副使以上、臺諫官、皇子、宗室、駙馬都尉、管軍觀三聖御書。又幸寶文閣親飛白書，分賜群臣。公得雙幅大書「歲」字，下有御押，加以御寶，王珪夾題八字云「嘉祐御札，賜歐陽修」，仍於絹尾書「翰林學士臣王珪奉聖旨題賜名」。又出御製《觀書》詩一首，令群臣屬和，公和篇在《外集》。遂宴群玉殿。庚子，再召近臣及三館臣僚赴天章閣，觀三朝瑞物、太宗、眞宗御集。次赴寶文閣，觀御飛白書，賜公花牋字。復燕群玉殿。後數日，公以狀進詩謝。狀在《四六集》，詩在《居士集》。

按：兩宴皆有賜書，而《實錄》及范蜀公《東齋記事》止載丙申有賜。當時王歧公親奉詔爲序，亦不及庚子再賜。而《實錄》及序又不及館職預召，惟《東齋記事》言之。公記陸子履家藏飛白字，明言「群玉殿所賜，時子履任集賢校理」，與《東齋記事》合。但不知是日公得何字，其爲金花牋則無疑。然陳無己《六一堂圖書》詩乃云「黃絹兩大字」，又何也？韓忠獻公謝詩云「鸞拂宮綃舞」，胡文恭公亦有《謝御飛白扇子》詩，得非預坐者衆，所賜或不同耶？《實錄》二十三日丙申，二十七日庚子，而歧公序乃作戊申、壬子，不應差誤如此，殆傳寫訛耳。歧公《再觀書》詩「黃金塗紙看揮毫」，又司馬溫公《涑水記聞》亦載兩賜飛白。

是月，差押伴契丹賀正旦人使御筵於都亭

驛。

嘉祐八年癸卯

二月乙亥，奉敕充沈貴妃冊禮使。不及行禮。

四月壬申，英宗即位。甲戌，奉敕書「大行皇帝哀冊謚寶」。甲申，覃恩轉戶部侍郎，進階金紫光祿大夫，加食邑五百戶、實封二百戶，仍賜推忠協謀佐理功臣。

【制詞】敕：朕受命先帝，傳畀大寶。始初踐阼，居士民之上，與二三丞輔，講求天下之理，恩意之及，宜先老成。推忠佐理功臣、正奉大夫、尚書禮部侍郎、參知政事、柱國、樂安郡開國公、食邑二千三百戶、食實封六百戶、賜紫金魚袋歐陽某，氣清神深，學足以飾經治。推忠佐理功臣、正奉大夫、尚書禮部侍郎、參知政事、柱國、天水郡開國公、食邑二千五百戶、食實封六百戶、賜紫金魚袋趙槩，性和識遠，言足以濟成謀。皆杞梓良材，廟堂重器，久弼亮於大本，方倚平於至公。尚書地官，機政所出，往踐厥服，思所以致君堯舜之任，無俾專美於前人，朕所望焉。修可特授金紫光祿大夫、行尚書戶部侍郎，依前參知政事，加食邑五百戶、食實封二百戶，仍賜推忠協謀佐理功臣，勳、封如故。槩可特授金紫光祿大夫、行尚書戶部侍郎，依前參知政事，加食邑五百戶，食實封二百戶，仍賜推忠協謀佐理功臣，勳、封如故。張瓌行。

乙酉，奉敕篆受命寶，其文曰「皇帝恭膺天命之寶」。

五月戊辰，爲皇帝祈福於南郊，攝太尉行事。

七月戊申，押伴契丹祭弔人御筵於都亭驛。

八月癸巳，奉敕篆大行皇帝謚寶，其文曰「神文聖武明孝皇帝之寶」。

十月乙酉，增修太廟成，命告七室。

十二月庚午，押伴契丹賀正旦人使御筵於都亭驛。

治平元年甲辰

四月甲午，奉敕祈雨社稷。

五月戊辰，特轉吏部侍郎。

【制詞】敕：先皇帝遺大投艱於朕躬，俾守宗廟，期年于兹。惟是一二政事之臣，輔朕不逮，以底於治。嘉乃勞止，是用疇庸。推忠協謀佐理功臣、金紫光祿大夫、行尚書戶部侍郎、參知政事、柱國、樂安郡開國公、食邑二千八百戶、食實封八百戶歐陽某，精識照於古今，高名起於日月。文之以禮樂，濟之以公忠。頃在先朝，預聞大政，逮予嗣訓之始，繄爾定策之先，屬哀毀之過差，感疾疹之甚重，醫禱備至，誠懇堪嘉。苟非寵錫之頒，曷見仰成之懿？宜峻天臺之秩，庸昭國棟之隆。褒德懋公，於是乎在。爾其夙夜茂勉，左右弼諧，用乂我王家。爾亦有無窮之聞，豈不休哉？可特授行尚書吏部侍郎，依前參知政事，功臣、散官、勳、封、食實封如故。祖無擇行。

八月辛丑，奉敕祈晴太社。

十二月壬子，差押伴契丹賀正旦人使御筵於都亭驛。

治平二年乙巳

是春上表乞外，不允。四月辛丑，景靈宮奉安仁宗御容。車駕行酌獻之禮，攝侍中。

八月，以大雨水再乞避位，不允。

九月辛酉，提舉編纂太常禮書百卷成，詔名《太常因革禮》，賜銀絹。

十一月庚午，車駕朝饗景靈宫。辛未，饗太廟。壬申，祀南郊，攝司空行事，進階光祿大夫，加上柱國，食邑五百户。

【制詞】敕：朕薦鬯清廟，懷祖宗之威神；升煙紫壇，致天地之明察。靈心顧享，熙事休成。臨端闈而肆霈中區，奉徽號而推尊文母。眷言賦政之重，宜首均釐之隆。推忠協謀佐理功臣、金紫光祿大夫、行尚書吏部侍郎、參知政事、柱國、樂安郡開國公、食邑二千八百户、食實封八百户歐陽某，道合誠明，學窮元本。被遇仁考，歇休禁塗。以經緯之文施於典冊，以直亮之節顯於巖廊。荐更四近之聯，采暢萬機之會。邦禋肇講，朝務益繁。備公袞之華章，承祭除之盛禮。乃順神福，以甄爾勞。進文散之崇階，衍釆田之多邑，仍推勳級，庸異弼臣。顧褒嘉而載優，當圖報而毋廢。我有明命，其懋承之。可特授光祿大夫、依前行尚書吏部侍郎、參知政事、加上柱國、食邑五百户，功臣、封、食實封如故。宋敏求行。

治平三年丙午，公年六十。

三月三日，賜上巳宴。時初頒《明天曆》，適值丁巳。是月以言者指濮議爲邪説，力求去，不允。

七月癸酉，薦饗太廟，攝太尉行事。

十二月癸未，奉敕篆皇帝尊號寶，其文曰「體乾膺曆文武廣孝皇帝之寶」。乙巳，押伴契丹賀正旦人使御筵於都亭驛。

治平四年丁未

正月丁巳，神宗即位。戊辰，覃恩轉尚書

左丞，進階特進，加食邑五百戶、食實封二百戶，仍賜推忠協謀同德佐理功臣。

【制詞】敕：在昔成王，有審訓以屬於六卿；惟我先帝，命沖人寔託於四輔。眷言涖阼之始，宜首懋官之恩。推忠協謀佐理功臣、光祿大夫、行尚書吏部侍郎、參知政事、上柱國、樂安郡開國公、食邑三千三百戶、食實封八百戶歐陽某，鯁亮發中，誠明瀑外。文蔚典謨之體，學通治亂之原。弼翼兩朝，燮熙萬務。肆朕纂服，載深仰成。爰升肅於臺機，示疇庸於臺佐。衍封增幹，賜號進階。祗式舊章，併推異數，噫！荷祖宗之垂佑，既嗣無疆之休；賴臣鄰而協恭，方求小毖之助。益宣賢業，茂對寵徽。可特授特進、行尚書左丞，依前參知政事，加食邑五百戶、食實封二百戶，仍賜推忠協謀同德佐理功臣，勳、封如故。宋敏求行。

二月，第三子棐登進士第。

是月，御史彭思永、蔣之奇以飛語汙公。上察其誣，斥之。公力求去。

三月壬申，除觀文殿學士，轉刑部尚書，知亳州，改賜推誠保德崇仁翊戴功臣。

【制詞】敕：朕惟國之大臣，毗倚於內，猶同體之股肱，凌雲之羽翼，莫之重也。至於辭隆自潔，則必徇其雅志而尊顯之，蓋所以均其勞逸也。方朕守文之初，而一德舊老，以病自乞，章數上矣。其可留以佐我，而崇進退之節乎？推忠協謀同德佐理功臣、特進、行尚書左丞、參知政事、上柱國、樂安郡開國公、食邑三千八百戶、食實封一千戶歐陽某，學通本元，邦之讜直，名重當世，士林師法。繇樞機之柄任，贊廊廟之全謨，兩受仍几之託，益堅事上之誠。踐更三朝，出入八載。需頭瀝懇，守麾是蘄。雖詔批不可，而其請愈確。是用進職書殿，增秩秋官，授符於价藩，分憂於閫寄，褒渥備矣。《書》不云乎：「雖爾身在外，乃心罔不在王室。」勉勤所報，詎假予訓？可特授行刑部尚書、充觀文殿學士、知亳州軍州事兼管內河堤勸農使及管勾開治溝洫河道事，仍改賜推誠保德崇仁翊戴功臣，散官、勳、封、食實封如故。呂夏卿行。

閏三月辛巳，宣簽書駐泊公事，陛辭，乞便道過潁少留，許之。

五月甲辰至亳，六月戊申視事。

熙寧元年戊申

是歲，連上表乞致仕，不允。

八月乙巳，轉兵部尚書，改知青州，充京東東路安撫使。

【制詞】敕：朕惟北海，九州之古郡，而東人之都也。近世兩府出入，爲均逸之地，非耆德峻望，不爲倚毗。推誠保德崇仁翊戴功臣、觀文殿學士、特進、刑部尚書、知亳州、上柱國、樂安郡開國公、食邑三千八百戶、食實封一千戶歐陽某，以文學自進，以器能自任，早領樞務，旋參大政。奏封屢上，誠請益堅，俾守藩方，已逾歲律。乃進夏官之秩，往臨海岱之區。一道兵農，惠綏是賴。肅予近服，無假訓言。可特授行兵部尚書、依前充觀文殿學士、知青州軍州事兼管內勸農使、充京東東路安撫使，功臣、散官、勳、封、食實封如故，仍放謝辭。李大臨行。

九月丙申，至青。

十一月丁亥，郊祀恩加食邑五百戶、食實封二百戶。

【制詞】敕：朕嗣位之初，祗見上帝祖考，九州四海，莫不來祭。惟二三元老，雖爾身在外，乃心罔不在王室，推恩行爵，必先及之。推誠保德崇仁翊戴功臣、觀文殿學士、特進、行兵部尚書、上柱國、樂安郡開國公、食邑三千八百戶、食實封一千戶歐陽某，文章宿望，左右三朝，艱難之時，寔賴其力，進退之節，不累於位，股肱近鎮，玉帛勤王，玆朕所以推神休而疏朝寵也。乃眷舊德，奚煩訓辭。可特授依前行兵部尚書、充觀文殿學士，加食邑五百戶、食實封二百戶。功臣、散官、勳、封如故。吴充行。

是歲，築第於潁。

熙寧二年己酉

三月，內侍王延慶便道傳宣撫問，仍賜香藥一銀合，又遞賜新校定《前漢書》，以公嘗預刊定也。

冬，乞壽州，便私計，不允。

熙寧三年庚戌

四月壬申，除檢校太保、宣徽南院使、判太原府、河東路經略安撫監牧使兼幷、代、澤、潞、麟、府、嵐、石路兵馬都總管。

【制詞】敕：國家規恢畜邊，幷建帥領。惟河汾之一道，搤獫狁之三陲，爰咨袞路之賢，往付幷門之筦，仍遷近府，用壯奧藩。具官某，道德文章，爲時矜式，謀猷忠亮，預政累朝。自獲解於臺司，已再更於郡寄。委遠時柄，爾雖樂於燕安；尊任賢能，朕豈忘於寤寐。眷言大鹵，方擇守臣，俾從表海之邦，就改近胡之鎮。班通四貴，所以褒寵於舊勳；節制諸戎，所以倚成於外閫。惟爾同寅之德，體予注意之隆。亟即新州，毋辭遠略。可特授檢校太保、宣徽南院使、判太原府、河東路經略安撫使兼并、代、澤、潞、麟、府、嵐、石路兵馬都總管，功臣、散官、勳、封如故。蘇頌行。

公堅辭不受。

七月辛卯，改知蔡州，九月甲寅，至蔡。

是歲，更號六一居士。

熙寧四年辛亥

公在蔡，累章告老。六月甲子，以觀文殿學士、太子少師致仕。

【制詞】敕：朕惟左右輔弼之臣，以道德自任者，其去就進退，莫不有義與命；而朝廷優寵遇待，不使之蚤告老以去者，非獨朕之恩典爲然，亦先王之禮意故也。以爾推誠保德崇仁翊戴功臣、觀文殿學士、特進、行兵部尚書、上柱國、樂安郡開國公、食邑四千三百戶、食實封一千二百戶歐陽某，文章學問，遠足以知先王；德義謀猷，近足以宜當世。陟降秘近，踐揚茲多。嚮繇樞庭，參決大政，乃能熙天之命，克勤王家，均休外藩。年德方茂，而乃安於義命，以禮請去，至於勤懇，雖朕之睠遇有加，亦終不能易爾志。重以先帝顧命，輔朕眇躬，勳勞問望，顧可以無報稱哉！是用度越常典，以榮爾歸。俾進東宮之師，仍兼祕殿之職，尙惟率身善俗，以助成王德，惟良顯哉！可特授太子少師，依前充觀文殿學士致仕，功臣、散官、勳、封、食實封如故，仍放朝謝。張琥行。

七月，歸潁。

八月，將祀明堂，詔赴闕陪位。公上章乞免，從之。禮成，賜衣帶器幣牲餼。

熙寧五年壬子

閏七月庚午，公薨，年六十六。

八月丁亥，贈太子太師。

【制詞】敕：大臣還官告老，以高秩尊爵歸第，固朝廷所禮異也。矧嘗參弼大政，有兩朝定策援立之勳，德甚盛而弗居，年未至而辭位。遽茲長逝，宜厚追褒。故推誠保德崇仁翊戴功臣、觀文殿學士、特進、太子少師致仕、上柱國、樂安郡開國公、食邑四千三百戶、食實封一千二百戶歐陽某，以文章革浮靡之風，以道德鎮流競之俗，挺節強毅而不撓，當官明辯而莫奪。三世寵榮，一德端亮。朕方將圖任舊老，疇咨肅乂，而雅志沖邈，必期退休，未閱數歲，章踰十上。在大義難盡其力，茲勤請所以不違，謂其脫去人間之累，當饗期頤之壽。天遽殲奪，曾靡憖遺。覽奏之日，爲之不能臨朝。儲坊六傅，師惟長首，舉以爲贈，用紓予哀。尙其有知，享此嘉命。可特贈太子太師。王益柔行。

熙寧七年八月，謚文忠。謚議見附錄。

熙寧八年九月乙酉，葬開封府新鄭旌賢鄉。

元豐三年十二月，以子升朝遇大禮贈太尉。

【制詞】敕：朕齋明以祀，得歆于神，維顯及幽，並受多祉。奉議郎、輕車都尉、賜緋魚袋歐陽發父皇任觀文殿學士、太子少師致仕、贈太子太師某，以高文典策，冠絕譽髦；以重德令名，進參機要。踐更事任，奮發猷爲，諒直公忠，簡於朕志。逝日逾遠，賢聲不忘，垂裕後昆，序朝通籍。丁時慶賚，愍錫有加。尙其營魂，膺此明命。可特贈太尉。王安禮行。

元豐八年十一月，贈太師，追封康國公。

紹聖三年五月，追封兗國公。

【制詞】敕：宗祀之澤，充塞穹壤。國之故老，褒叙有章。朝請郎、充秘閣校理、輕車都尉、賜緋魚袋歐陽棐，弟通直郎、飛騎尉辯，故父、任觀文殿學士、太子少師致仕、贈太子太師、追封康國公某，名世之才，出應期運，明於輔弼事業，而以風節始終。餘慶嗣人，追命成國，亶惟不沒，尙克享兹。可特贈太師，追封兗國公。中書舍人盛陶行。

崇寧三年追封秦國公，政和三年追封楚國公。皆以子棐遇郊恩。

〔一〕内蛇鬬而外蛇傷：《歐陽修全集》卷一五五作「外蛇鬬而内蛇傷」。

〔二〕一百户：本年前一制詞已云「食實封二百户」，疑誤。

文忠公年譜不一，惟桐川薛齊誼、廬陵孫謙益、曾三異三家爲詳。雖用舊例，每歲列其著述，考文力之先後，然篇章不容盡載，次序寧免疑混。如公曾孫建世以告敕宣劄爲編年，尚多差互，況餘人乎。今參稽衆譜，傍採史籍，而取正於公之文。凡《居士集》、《外集》各於目録題所撰歲月，而闕其不可知者。奏議表章之類，則隨篇注之，定爲文集一百五十三卷。《居士集》五十卷，公所定也，故寘于首。《外集》二十五卷次之，《易童子問》三卷、《詩本義》別行於世。《外制集》三卷、《内制集》八卷、表奏書啓四六集七卷、奏議十八卷、雜著述十九卷、《集古録跋尾》十卷又次之，書簡十卷終焉。考公行狀，惟闕《歸榮集》一卷，往往散在外集，更俟博求。別有附録五卷，紀公德業。此譜專叙出處，詞簡而事粗備，覽者當自得之。慶元二年二月十五日，郡人登仕郎胡柯謹記。

歐陽修年譜

劉德清 編

據《歐陽修傳·歐陽修紀年》刪訂

譜主歐陽修（一〇〇七—一〇七二）事跡，見前譜簡介。

宋人所撰歐陽修年譜，大多散佚，惟胡柯所編者流傳較廣。其後清歐陽衡曾訂正《胡譜》，嘉慶二十四年刊入《廬陵歐陽文忠公全集》；華孳亨有《增訂歐陽文忠公年譜》一卷，刊入《昭代叢書》；楊希閔《歐陽文忠公年譜》一卷，有《豫章先賢九家年譜》本、《十五家年譜》本；《清史稿·藝文志》著録朱文藻所編《增訂歐陽文忠公年譜》，不見傳本。今人蔡世明所著《歐陽修的生平與學術》（文史哲出版社一九八〇年）、楊忠《歐陽修》（中華書局一九八三年）、汪淳《韓歐詩文比較研究》（臺北文史哲出版社一九八九年）等均附有《歐陽修年表》，較簡明；林逸撰有《宋歐陽文忠公修年譜》（《新編中國名人年譜集成》第九輯），嚴杰有《歐陽修年譜》（南京出版社一九九八年），較翔實。

本譜爲劉德清所編，原載《歐陽修傳》下編《歐陽修紀年》（哈爾濱出版社一九九五年）。本書所收，爲作者訂補節編本。本譜徵引考覈，汲收了各家年譜之長，訂正了胡柯等《年譜》的一些錯誤，有較大參考價值。

一 家世

歐陽修（一〇〇七—一〇七二）字永叔，號醉翁，晚號六一居士。先世冀州渤海（今河北南皮）人，唐歐陽琮、歐陽萬，家于吉州廬陵郡（今江西吉安）。祖父歐陽偃自廬陵縣歐桂里移居吉水縣沙溪鎮。宋仁宗至和元年，分吉水縣置永豐縣，沙溪分屬永豐。自稱廬陵人，實爲吉州永豐人。

四部叢刊本《歐陽文忠公集》卷七一「石本」《歐陽氏譜圖序》（以下簡稱《歐集》或僅注篇名卷次）：「歐陽氏之先，本出于夏禹之苗裔。……當漢之初，有仕爲涿郡太守者，子孫遂居于北。……渤海之顯者，曰（歐陽）建，字堅石，所謂渤海赫赫歐陽堅石者是也。建遇趙王（司馬）倫之亂，見殺。其兄子（歐陽）質，以其族南奔，居于長沙。其七世孫曰景達，仕于齊，不顯。至其孫頠，頠子紇，仕于陳；紇子詢，詢子通，仕于唐，四世有聞，遂顯。自通三世生琮，爲吉州刺史，子孫因家于吉州。自琮八世生萬，又爲吉州安福令。其後世，或居安福，或居廬陵，或居吉水，而修之皇祖，始居沙溪。至和二年，分吉水置永豐縣，而沙溪分屬永豐。今譜雖著廬陵，而實爲吉州永豐人也。」按：建置永豐縣時間，王存《元豐九域志》卷六《江南西路·吉州廬陵郡》：「至和元年，以吉水縣報恩鎮置永豐縣。」歐陽忞《輿地廣記》卷二五、王象之《輿地紀勝》卷三一、胡柯《廬陵歐陽文忠公年譜》（以下簡稱《胡譜》）皆以爲在至和元年。

《歐集》恐誤。

《先君墓表》（卷六二）：「歐陽氏自爲吉州吉水人，至予修，十有五世矣。沙溪，吾世之家且葬也。」

廬陵歐陽氏始祖歐陽琮、歐陽萬事蹟，或訛誤，或闕如，皆屬不詳。

歐陽琮。

《歐陽氏譜圖》（卷七一）：「吉州府君諱琮，葬袁州之萍鄉，而子孫始家于吉州。當唐之末，黃巢攻陷州縣，府君率州人捍賊，鄉里賴以保全，至今人稱其德。」

歐陽守道《書歐陽氏族譜》（《巽齋文集》卷一九）：「刺史（歐陽琮）爲率更（歐陽詢）四世孫，率更父子仕唐初，而四世孫乃捍黃巢之亂，是爲當僖宗之世。唐有天下，至此已二百六十餘年之久。唐帝且十有六傳，而吾家才四世也。推官（歐陽郴）爲刺史十四世孫，既曰刺史捍巢賊，而推官仍仕南唐，南唐有國，始終不過四五十年，上去廣明（唐僖宗年號）之亂近，何四五十年之近，而吾家已十四世也？」

周密《譜牒難考》（《齊東野語》卷一一）：「歐公著族譜，號爲精密。其言詢生通，自通三世生琮，爲吉州刺史，當唐末黃巢陷州縣，率州民捍賊，鄉里賴以保全，琮以下譜亡。自琮八世生萬，爲安福令，公爲安福九世孫。以是考之，詢在唐初，至黃巢時，幾三百年，僅得五世。琮在唐末，至宋仁宗才百四五十年，乃爲十六世，恐無是理。」

歐陽萬。

《歐陽氏譜圖》（卷七一）：「安福府君諱萬，事蹟闕。」

歐陽漸等《歐陽六宗通譜目錄》（民國二十三年石印本）：「自渤海一世至三十七世萬，唐僖宗乾符時爲安福縣令，因家于安福之東鄉義歷，稱安福府君。」按：歐陽氏八世孫萬于唐僖宗乾符年間爲安福縣令，當可信。《歐陽氏譜圖》似將歐陽萬事蹟誤載于歐陽琮名下。歐陽萬墓在今江西省安福縣城南歐金村。

自高祖以下，事蹟稍有記，位皆不顯。

高祖歐陽託、高祖母王氏。

《歐陽氏譜圖》（卷七一）：「處士諱託，字達明，隱德不仕，鄉里稱之。凡民有爭，決之官府者，後多復訴訟；有從處士平其曲直者，遂不復爭。夫人王氏。」生三子：郢、郴、邦。

曾祖歐陽郴、曾祖母劉氏。

《歐陽氏譜圖》（卷七一）：「令公府君諱郴，字可封，仕南唐，爲武昌令吉州軍事衙推官，至檢校右散騎常侍，兼御史大夫。性至孝，兄弟相友愛。……享年九十有四，葬歐桂里橫溪保之燕湖。夫人劉氏。」生八子：俊、伸、儀、伾、信、偃、佺、倣。

祖父歐陽偃、祖母李氏。

《歐陽氏譜圖》（卷七一）：「令公府君諱偃，少以文學著稱南唐，耻從進士舉，乃詣文理院上書，獻其所爲文十餘萬言。召試，爲南京街院判官。享年三十八，葬吉水之回陂。夫人李氏。」生三子：觀、旦、曄。按：歐陽修四歲喪父，而《瀧岡阡表》稱其父「享年五十九」，可知歐陽修爲父五十六歲所生。《瀧岡阡表》又稱其父「少孤力學」。由此可知，祖父偃棄世，距離歐陽修出生，時隔四、五十年之遙。

父歐陽觀，享年五十九。

《瀧岡阡表》（卷二五）：「先公少孤力學，咸平三年進士及第，爲道州判官，泗、綿二州推官，又爲泰州判官，享年五十有九，葬沙溪之瀧岡。」

龍袞《江南野録·歐陽觀傳》（王明清《揮麈後録》卷六《歐陽觀行狀異同》引文）：「歐陽觀，本廬陵人，家世冠冕。一祖兄弟，自江南至今，凡擢進士第者六、七人。觀少有辭學，應數舉，屢階魁薦。咸平三年登第，授道州軍州推官。考滿，以前官遷于泗州，當淮汴之口，天下舟航漕運鱗萃之所。因運使至，觀傲睨不即見，郡守設食，召之不赴，因爲所彈奏殆于職務，遂移西渠州，迨成資而卒于任所。觀有目疾，不能遠視，苟矚讀行句，去牘不遠寸。其爲人義行頗腆，先出其婦，有子隨母所育。及登科，其子詣之，待以庶人，常致之于外，寒燠之服，每苦于單弊，而親信僕隸，至死曾不得侍宴語。然其骨殖，卒賴其子而收葬焉。」

母鄭氏，享年七十二。

《瀧岡阡表》（卷二五）：「修不幸，生四歲而孤。太夫人守節自誓，居窮，自力于衣食，以長以教，俾至于成人。……太夫人姓鄭氏，考諱德儀，世爲江南名族。……修爲龍圖閣直學士、尚書吏部郎中，留守南京，太夫人以疾終于官舍，享年七十有二。」

異母兄歐陽昞。

《歐陽氏譜圖》（卷七一）：「觀生二子：昞、修。」

李心傳《舊聞證誤》卷二：「表（《瀧岡阡表》）中雖不見出婦事，然以《志》考之，觀年五十九卒官，而鄭夫人年二十九，必非元配。蓋觀已出婦，其子固難言之。歐陽公撰《族譜》云：觀二子。昞當是前婦之子，所謂卒賴以葬者也。文忠後任昞之子嗣立爲廬陵尉，見《焚黄祭文》。又文忠貶滁州，《謝上表》云：『同母之親，唯存一妹。』足見昞爲前母之子無疑。」

《游儵亭記》（卷六三）：「吾兄晦叔爲人慷慨，喜義勇而有大志，能讀前史，識其盛衰之迹。聽其言，豁如也。困于位卑，無所用以老，然其胸中亦已壯矣。」署景祐五年四月二日。按：歐陽修時年三十二歲，兄昞已是「無所用以老」，兄弟間年齡相差當在二十歲以上。

有一妹。

《滁州謝上表》（卷九〇）：「臣生而孤苦，少則賤貧，同母之親，惟存一妹。」

有同母兄一人，早卒。

孔平仲《孔氏談苑》卷三：「永叔嘗自言，上有一兄，未晬而卒。」

有子四人，另五男三女，早卒。

吴充《歐陽公行狀》（《歐集》附録卷一）：「男八人、女三人。長女師，蚤卒。次發，光祿寺丞；次女蚤卒；次奕，光祿寺丞；次棐，大理評事；次某，蚤卒；次辯，光祿寺丞；次三男，皆蚤卒；次女封樂壽縣君，蚤卒。」

按：蘇轍《歐陽文忠公夫人薛氏墓誌銘》（《欒城集》卷二五）亦同。此八男三女，均爲薛氏所出。另有胥氏所生子，亦早卒，未統計在數。

孫男六人、孫女七人。

蘇轍《歐陽文忠公神道碑》（《欒城後集》卷二三）：「孫男六人：愻，故臨邑縣尉；憲，通仕郎；恕，奉議郎；愬，故宣議郎；愿、懋，皆將士郎。孫女七人，皆適士族。」按：據張耒《歐陽伯和墓誌》（《張右史文集》卷五九），發有一子，名憲。據畢仲游《歐陽叔弼傳》（《西臺集》卷六），棐有一子，名愿。據樓鑰《靜退居士文集序》（《攻媿集》卷五二），懋爲辯子。又據蘇轍《歐陽文忠公夫人薛氏墓誌銘》（《欒城集》卷二五），孫女七人，一尚幼，六人分別出嫁蘇京、元耆弼、范祖朴、王微、王景文和蘇迨。其中嫁范、王氏三人早卒。

二　紀年録

宋真宗景德四年丁未，一歲。

六月二十一日寅時，歐陽修生于綿州（今四川綿陽）。時父觀爲綿州軍事推官。

《胡譜》景德四年：「是歲，皇考鄭國公觀爲綿州軍事推官。六月二十一日寅時，公生。」按：爲省篇幅，下文直接引用《胡譜》，句末加注括號說明。

《七賢畫序》（卷六五）：「某不幸，少孤。先人爲綿州軍事推官時，某始生。」

唐庚《六一堂詩·序》（《唐子西集·眉山詩集》卷二）：「綿州司戶廨舍，舊爲推官廳。近歲陵井譚望勉翁爲參軍，葺一室于廳事之東偏，號曰『六一堂』。予聞而嘉之，爲賦此篇。」

楊萬里《擬題綿州推官廳六一堂》（《誠齋

集》卷一七）：「《唐子西集》載謝固爲綿州推官，推官之廨，歐陽公生焉。謝作六一堂，求子西賦詩云：『即彼生處所，館之與周旋』。」

《曲洧舊聞》卷三：「歐公父爲綿州司戶參軍，公生于司戶之官舍。後人于官舍蓋六一堂，蜀中文士多賦詩。」

《清波雜志》卷八：「歐陽文忠公父鄭公任綿州推官日生文忠，後有謝固者，居是官，于治所之左葺一堂，號六一……『謝固』一爲『譚望』。子西自有兩說。」

大中祥符元年戊申，二歲。

大中祥符二年己酉，三歲。

大中祥符三年庚戌，四歲。

父觀調任泰州（今屬江蘇）軍事判官。

雍正《揚州府志》卷二六《名宦》：「歐陽觀，廬陵人，由綿州軍事推官于大中祥符三年移監泰州軍事判官。」

三月二十四日，歐陽觀卒于任所，年五十九。

王明清《揮麈後錄》卷六引呂溱撰歐陽觀墓誌：「大中祥符三年三月二十四日終于官。」

叔父曄時任隨州（今湖北隨縣）推官，因卜居焉。母鄭氏年方三十，攜兒女往依之，遂家于隨州（據《胡譜》）。

《瀧岡阡表》卷二五：「自先公之亡二十年，……又十有二年，……又十年，……太夫人以疾終于官舍，享年七十有二。」按：據此推算，鄭氏時年三十歲。《胡譜》云「年方二十九」，誤。

《尚書都官員外郎歐陽公墓誌銘》（卷二七）：「修不幸幼孤，依于叔父而長焉。」

《李秀才東園亭記》（卷六三）：「予少以

江南就食居之，能道其風土。……隨雖陋，非予鄉，然予之長也，豈能忘情于隨哉！」

鄭氏守節居窮，畫荻教子。

韓琦《歐陽公墓誌銘》（《安陽集》卷五〇）：「公四歲而孤，母韓國太夫人鄭氏，守志不奪。家雖貧，力自營贍，教公爲學。」

歐陽發等《先公事蹟》（《歐集》附録卷五，以下簡稱《事蹟》）：「先公四歲而孤，家貧無資，太夫人以荻畫地，教以書字，多誦古人篇章，使學以爲詩。」

叔父曄亦教歐陽修讀書者。

《祭叔父文》（卷四九）：「修哭不及喪，而葬不臨穴。孩童孤艱，哺養提挈。昊天之報，于義何缺？唯其報者，庶幾大節。」

程大昌《續演繁露》卷六：「歐陽曄，文忠之叔也，乃教文忠讀書者。」

大中祥符四年辛亥，五歲。

本年，葬父觀于吉州吉水縣沙溪鎮瀧岡。

《胡譜》大中祥符四年：「是歲，葬鄭公于吉州吉水縣瀧岡。」句下注：「其後至和元年，析吉水縣之報恩鎮置永豐縣，遂隸永豐。」

大中祥符五年壬子，六歲。

大中祥符六年癸丑，七歲。

大中祥符七年甲寅，八歲。

本年，與李堯輔等交遊。

《李秀才東園亭記》（卷六三）：「予爲童子，與李氏諸兒戲其家，……公佐引予登亭上，周尋童子時所見，……問其游兒，則有子如予童子之歲矣，相與逆數昔時，則于今七閏矣。」署明道二年十月十二日。

按：時歐、李交遊已「七閏」。十九年置七閏。據此上溯，歐、李交遊始于本年。又，堯輔，原文注「一作彥輔，字公佐。」宋庠《元憲集》卷五《李公佐歸漢東》注曰：「予之妹婿。」梅堯臣《宛陵先生集》卷二三《送襄陵李令彥輔》題下注：「李，宋丞相妹婿，永叔少居隨州，常往其家。」

大中祥符八年乙卯，九歲。

大中祥符九年丙辰，十歲。

居隨州，家益貧，借書抄誦（據《胡譜》）。

《事蹟》：「及其稍長，而家無書讀，就閭里士人家借而讀之，或因而抄錄，抄錄未畢，而已能誦其書，以至晝夜忘寢食，唯讀書是務。」

天資聰穎，習作詩賦文字，下筆已如成人。

《事蹟》：「自幼所作詩賦文字，下筆已如成人。兵部府君（叔曄）閱之，謂韓國太夫人（母鄭氏）曰：『嫂無以家貧子幼爲念。此奇兒也，不惟起家以大吾門，他日必名重當世。』」

多誦晚唐鄭谷、周朴、宋初九僧詩歌。

《詩話》（卷一二八）：「鄭谷詩名盛于唐末。……其詩極有意思，亦多佳句，……余爲兒時猶誦之。」又云：「如周朴者，……其名重當時如此，而今不復傳矣。余少時猶見其集。」「國朝浮圖，以詩名于世者九人，故時有集，號《九僧詩》。余少時聞人多稱，……亦略記其詩。」

于李堯輔家得《昌黎先生文集》六卷，乞以歸，讀而愛之（據《胡譜》）。

黃震《歐公年譜》（《黃氏日鈔》卷六

一）：「年十歲，借書李氏，得昌黎文于敝簏中，乞得之，力學焉。」又云：「歐陽公起十歲孤童，得文公遺文六卷于李氏敝簏，酷好而疾趨之，能使古文粲然復興。」

按：歐獲李氏舊本韓文，一曰十五六歲。葉濤《重修實錄》本傳（朱本）：「時韓愈文，人尚未知讀也。修始年十五六，于鄰家壁間破簏中得本，學之。」今采胡柯、黃震之説，存葉説備考。

習虞世南碑帖以學書法。

《集古錄跋尾·唐孔子廟堂碑》（卷一三八）：「孔子廟堂碑，虞世南撰并書。余爲童兒時，嘗得此碑以學書。」

結識黃注。

《黃夢升墓誌銘》（卷二八）：「予少家隨，夢升以其兄茂宗官于隨，予爲童子，立諸兄側，見夢升年十七八，眉目明秀，善飲酒説笑。予雖幼，心已獨奇夢升。」

按：本年黃注十八歲，歐、黃結交當在本年。

天禧元年丁巳，十一歲。

本年，歐陽修胥氏夫人、薛氏夫人生。

天禧二年戊午，十二歲。

本年，歐陽修楊氏夫人生。

天禧三年己未，十三歲。

天禧四年庚申，十四歲。

天禧五年辛酉，十五歲。

乾興元年壬戌，十六歲。

天聖元年癸亥，十七歲。

秋，應隨州鄉試，試《左氏失之誣論》，名句爲人傳誦。坐賦逸官韻，被黜（據《胡譜》）。

魏泰《東軒筆錄》卷一二：「歐陽文忠公年十七，隨州取解，以落官韻而不收。天聖已後，文章多尚四六。是時隨州試《左氏失之誣論》，文忠論之，條列左氏之誣甚悉，其句有『石言于宋，神降于莘。外蛇鬥而內蛇傷，新鬼大而故鬼小』。雖被黜落，而奇警之句，大傳于時。」

下第歸家，復取《昌黎先生文集》讀之，以爲當盡力于斯文。

《記舊本韓文後》（卷七三）：「年十有七，試于州，爲有司所黜。因取所藏韓氏之文復閱之，則喟然嘆曰：『學者當至于是而止爾！』因怪時人之不道，而顧己亦未暇學，徒時時獨念于予心，以謂方從進士干祿以養親，苟得祿矣，當盡力于斯文，以償其素志。」

天聖二年甲子，十八歲。

天聖三年乙丑，十九歲。

天聖四年丙寅，二十歲。

秋，隨州州試得解，薦名禮部（據《胡譜》）。

冬，赴汴京，道出湖陽（今河南唐河西南），獲讀東漢樊安碑。

《集古錄跋尾·後漢樊常侍碑》（卷一三六）：「余少家漢東，天聖四年舉進士，赴尚書禮部，道出湖陽，見此碑立道左。」

途經鄧州（今河南鄧縣），見東漢「天祿」、「辟邪」字。

《集古錄跋尾·後漢天祿辟邪字》（卷一三六）：「漢天祿辟邪四字，在宗資墓前石獸膊上。……余自天聖中舉進士，往來穰、鄧間，見之道側。」

與應山縣連庶、連庠兄弟交遊。

《宋史·隱逸傳》：「庶始與弟庠在鄉里，時宋郊兄弟、歐陽修皆依之。」又據歐陽修熙寧年間《答連職方庶》（卷一五一）：「場屋之遊，四十年之舊。」歐天聖元年試于州，天聖六年離隨州，鄉里場屋之遊，當在此四、五年間，姑繫于此。

天聖五年丁卯，二十一歲。

春，試禮部不中（據《胡譜》）。

《與荆南樂秀才書》（卷四七）：「僕少從進士舉于有司，學爲詩賦，以備程試，凡三舉而得第。」

于京師識謝絳、王舉正、黄鑒。

《跋觀文王尚書（舉正）書》（卷七三）：「天聖中，公與謝絳希深、黄鑒唐卿修國史，余爲進士，初至京師，因希深始識公。」

春末，乘舟南歸，有《舟中望京邑》（卷五五）詩。

道出潤州（今江蘇鎮江），有《題金山寺》、《甘露寺》（卷五五）等詩。

經江州（今江西九江），賦《琵琶亭上作》（卷五五）。

天聖六年戊辰，二十二歲。

攜文至漢陽，謁知軍胥偃。胥公大奇之，留置門下（據《胡譜》）。

《胥氏夫人墓誌銘》（卷六二）：「修年二十餘，以其所爲文見胥公于漢陽。公一見而奇之，曰：『子當有名于世。』因留置門下。」按：《歐集》卷九五有《上胥學士偃啓》，并附《胥學士答啓》。

《與刁景純學士書》（卷六八）：「某自束髮爲學，初未有一人知者，及首登門，便被憐獎，開端誘道，勤勤不已，至其粗若有成而後止。雖其後遊于諸公，而獲齒多士，雖有知者，皆莫之先也。」刁約，字景純，胥偃内兄，與歐交厚。

冬，胥偃攜歐陽修泛江往京師（據《胡譜》）。

途經揚州，稱慕杜衍「愛民」政治。

《與杜正獻公世昌》其二（卷一四五）：「憶爲進士時，從故胥公自南還。舟次郡下，遊里市中，但見郡人稱頌太守之政，愛之如父母。……是時天聖六年冬也。」

至京師，胥偃爲之揄揚。

《胥氏夫人墓誌銘》（卷六二）：「（胥公與之偕至京師，爲之稱譽于諸公之間。」

結識蘇舜欽、蘇舜元、穆修、尹洙等，欽慕其倡作古歌詩雜文。

《蘇氏文集序》（卷四一）：「天聖之間，予舉進士于有司。……子美獨與其兄才翁及穆參軍伯長，作爲古歌詩雜文，時人頗共非笑之，而子美不顧也。」蘇舜欽《哭師魯》（《蘇舜欽集》卷四）：「今年師魯死，予方旅長洲。……已逾二十年，迹遠心甚稠。」按：尹洙逝于慶曆七年，距蘇、尹、穆、歐結識「已逾二十年」。據此推算，初交當在本年前後，姑繫于此。

天聖七年己巳，二十三歲。

春，歐陽修試國子監爲第一，補廣文館生（據《胡譜》）。

周必大《跋歐陽文忠公誨學帖》（《益公題跋》卷一）：「歐陽文忠公年二十三，以《玉不琢不成器賦》魁國子監。」

秋，赴國學解試，再獲第一。

《歐集》卷七四有《國學試人主之尊如堂

賦》、《詔重修太學詩》，卷七五有《國學試策三首》，胡柯均繫于本年，當爲此次應試于國學時作。

歐有《謝國學解元啓》（卷九五）。

結識詩人謝伯初。

《謝氏詩序》（卷四二）：「天聖七年，予始遊京師，得吾友謝景山。」按：歐陽修《詩話》：「閩人有謝伯初者，字景山，當天聖、景祐間，以詩知名。」

結識石延年、釋秘演、釋惟儼。

《釋秘演詩集序》（卷四一）：「予少以進士遊京師，……得吾亡友石曼卿。……浮屠秘演者，與曼卿交最久，……一時賢士，皆愿從其遊，予亦時至其室。」歐因石延年（曼卿）而識惟儼，亦當在本年前後，參見《釋惟儼文集序》（卷四一）。

天聖八年庚午，二十四歲。

正月，試禮部，晏殊知貢舉，歐復爲第一（據《胡譜》）。

《宋會要輯稿》選舉一（以下簡稱《會要》）：「天聖八年正月十二日，以資政殿學士晏殊權知貢舉，御史中丞王隨、知制誥徐奭、張觀權同知貢舉，合格奏名進士歐陽修已下四百一人。」

三月十一日，御試崇政殿。歐陽修爲是榜甲科第十四名（據《胡譜》）。

《會要》選舉七：「（天聖）八年三月十一日，帝（仁宗）御崇政殿試禮部奏名進士。」

葉夢得《石林燕語》卷九：「故事，南省奏名第一，殿試唱過三名不及，則必越衆抗聲自陳，雖考校在後，必得升等。吳春卿、歐陽文忠皆由是得升一甲。」

撰《謝進士及第啓》、《代王狀元謝及第啓》（卷九五）。

五月，授將仕郎、試秘書省校書郎、充西京（今河南洛陽）留守推官（據《胡譜》）。

作《送方希則序》（卷六四）、《答李秀才啓》（卷九五），慰勉落第舉人方希則、李天錫。

投書拜謁史館檢討李淑。

《上李學士啓二首》其一（卷九六）文末原按：「公天聖八年登科，淑已爲史館檢討，尋遷直集賢院，于公爲先進。逮景祐三年，公貶夷陵，淑在翰林，以書附遞問《五代史》。公巽辭答之，則初第或曾投啓。」

途經管城（今河南鄭州），結識陳經。

《送陳子履赴絳州翼城序》（卷六四）：「予昔過鄭，遇子履于管城。」按：陳經，字子履，本姓陸。《歐集》卷六四末編者校語：「子履乃陳經也，後歸本姓爲陸，故公集或曰陳、曰陸。」李燾《續資治通鑒長編》（以下簡稱《長編》）卷一三四慶曆元年十二月庚寅條注：「陳經，本姓陸，其母再嫁陳見素，因冒陳姓。見素卒，經服喪既除，乃還本姓。……見素卒于景祐二年二月。」

天聖九年辛未，二十五歲。

三月，至洛陽，爲留守推官。西京留守府多名士（據《胡譜》）。

《河南府司錄張君墓表》（卷二四）：「天聖、明道之間，錢文僖公守河南。公（錢惟演），王家子，特以文學仕至貴顯，所至多招集文士，而河南吏屬，適皆當世賢材知名士，故其幕府號爲天下之盛。」

始至伊闕，結識梅堯臣，共遊香山。

《書懷感事寄梅聖俞》（卷五二）：「逢君伊水畔，一見已開顏。不暇謁大尹，相攜步香山。」梅堯臣《過口得雙鱖懷永叔》（《宛陵先生集》卷一二）：「春風午橋上，始迎歐陽公。……于茲十九載，存沒復西東。」按：梅詩作于皇祐元年，回憶十九年前始見歐陽修之景況，與歐詩內容相合。

是春，作《伐樹記》（卷六三），述其初入仕途，欲有作爲的思想。

廣交幕府文士，漫遊洛邑山水。

《送徐生之澠池》（卷五）：「我昔初官便伊洛，當時意氣猶驕矜。主人樂士喜文學，幕府最盛多交朋。」

《謝觀文王尚書惠西京牡丹》（卷七）：「憶昔進士初登科，始事相公沿吏牒。河南官屬盡賢俊，洛城池御相連接。我時年才二十餘，每到花開如蛺蝶。」

有《七交》詩。

《七交七首·自叙》（卷五一）：「余本漫浪者，茲亦漫爲官。……賴有洛中俊，日許相躋攀。……平時罷軍檄，文酒聊相歡。」

王闢之《澠水燕談錄》卷四：「天聖末，歐陽文忠公……爲西京留守推官，府尹錢思公、通判謝希深皆當世偉人，待公優異。公與尹洙（師魯）、梅堯臣（聖俞）、楊子聰、張太素、張汝士（堯夫）、王復（幾道）爲七友，以文章道義相切劘。率嘗賦詩飲酒，間以談戲，相得尤樂。凡洛中山水園庭、塔廟佳處，莫不遊覽。」

六月，與諸君遊大字院，有避暑之詠。

《遊大字院記》（卷六三）：「六月之庚，……與諸君子有普明後園之遊，……與諸君子有避暑之詠。」

《普明院避暑》（卷六三），原刊本繫于景祐元年，誤。歐景祐元年夏已離洛。據張耒《明道雜志》載：「余遊洛陽大字院，見歐公、謝希深、尹師魯、梅聖俞等避暑唱和詩碑。」又，梅堯臣《宛陵先生集》卷一《與諸友普明院亭納涼分題》，詩境與歐作相近，當同爲避暑唱和詩。朱東潤繫梅詩于天聖九年，今從之。

是夏，賦《臨江仙》詞（卷一三三）。

錢愐《錢氏私志》：「歐陽文忠任河南推官，親一妓。時先文僖（錢惟演）罷政爲西京留守，梅聖俞、謝希深、尹師魯同在幕下。……一日宴于後園，客集，歐與此妓不至，移時方來。在坐相視以目，公責妓曰：『未至何也？』妓云：『中暑往涼堂睡著，失金釵，猶未見。』公曰：『若得歐推官一詞，當爲償汝。』歐即席云……坐皆稱善，遂命妓滿酌賞歐，而令公庫償釵，戒歐公當少戢。」

本年，歐肆力文字，與尹洙等倡作古文。

《四朝國史·歐陽修本傳》（《歐集》附録卷四）：「調西京推官，留守錢惟演器其材，不攖以吏事，修以故益得盡力于學。」《記韓本舊文後》（卷七三）：「舉進士及第，官于洛陽，而尹師魯之徒皆在，遂相與作爲古文。」《會要》選舉六：嘉定十三年九月二十八日胡衛言：「皇朝承五季陵夷之後，士氣卑弱，二三聖人作而新之。……自後歐陽修、尹洙專以古文相尚，天下競爲模楷，于是風一變，遂跨于唐矣。」

有學子王尚恭、王尚喆等受業請學。

《太子中舍王君（汲）墓誌銘》（卷二九）：「天聖、明道之間，予爲西京留守推官，時王君寓家河南，其二子始習業國子學，日從諸生請學于予，較其藝，常爲諸生先。」

邵伯溫《邵氏聞見錄》卷八：「有知名進士十人，遊希深、永叔之門，王復、王尚恭爲稱首。」

孫祖德召爲殿中侍御史，爲作《送孫屯田序》（卷六四）。

《宋史·孫祖德傳》：錢惟演留守西京，孫「以屯田員外郎通判西京留守司，……入爲殿中侍御史。」按：序文原無繫年，文中有云：「始以尚書郎來貳洛政，未逾年，則復乘兩馬之傳東之，將冠惠文以肅臺憲。」又梅堯臣詩《孫屯田召爲御史》，朱東潤繫于本年，今從之。

與胥偃之女結婚。

《胡譜》天聖九年：「初，胥公許以女妻公。是歲，親迎于東武。」

《胥氏夫人墓誌銘》（卷六二）：「天聖八年，修以廣文館生舉中甲科。又明年，胥公遂妻以女。」

明道元年壬申，二十六歲。

三月，與梅堯臣、楊子聰首遊嵩山，有《嵩山十二首》（卷五一）詩。

《集古錄跋尾·唐韓覃幽林思》（卷一三九）：「余在洛陽，凡再登嵩岳。其始往也，與梅聖俞、楊子聰俱。」

是春，黃鑒卒。有《弔黃學士三首》（卷一〇）詩。

《長編》卷一一五景祐元年八月追記：

「太常博士、直集賢院黃鑒嘗同修《三朝寶訓》，書垂就而死。」按：《三朝寶訓》上于本年二月癸卯（二日），黃鑒或卒于今年初，姑繫于此。

與楊子聰、張谷、陳經遊龍門，有《遊龍門分題十五首》（卷一）詩。

《送陳經秀才序》（卷六四）：「修爲從事、子聰參軍、應之主縣簿、秀才陳生旅遊，皆卑且閑者。因相與期于茲夜宿西峰，步月松林間，登山上方，路窮而返。明日，上香山石樓，聽八節灘，晚泛舟，傍山足夷猶而下，賦詩飲酒，暮已歸。」

六月，預錢惟演池亭宴會，有《錢相中伏日池亭宴會分韻》（卷五六）詩。

是夏，河南府重修官署，撰《河南府重修使院記》（卷六三）。又，官署西偏建「非非堂」，作《非非堂記》（卷六三），自表「寧訕無諂」、「是是非非」的處世原則。

七月，于普明寺竹林餞梅堯臣北歸河陽，有《初秋普明寺竹林小飲餞梅聖俞分韻得亭皐木葉下五首》（卷五一）詩。

梅堯臣《新秋普明院竹林小飲詩序》（《宛陵先生集》卷二）：「余將北歸河陽，友人歐陽永叔與二三君具觴豆，選勝絶，欲極一日之歡以爲別，于是得普明精廬，釃酒竹林間。……命取紙寫普賢佳句，置坐上，各探一句，字字爲韻，以志茲會之美。……頃刻，衆詩皆就，乃索大白，盡醉而去。明日，第其篇請余爲序云。」《送梅聖俞歸河陽序》（卷六四）：「聖俞因吏事而至于此。余嘗與之徜徉于嵩洛之下，……既而，以吏事訖言歸。」按：梅堯臣避親嫌已于去年秋調任河陽縣主簿。

八月，有《和八月十五日齋宮對月》（卷五五）詩。

二十八日，內廷八殿被焚，爲修葺大內，濫伐洛陽竹林。作《戕竹記》（卷六三）諷之。

九月十二日，隨謝絳等進香，代讀祝，再遊嵩山，至十八日回。

謝絳《遊嵩山寄梅殿丞書》（《歐集》附録卷五）：「近有使者東來，付僕詔書，幷御祝封香，遣告嵩嶽。太常移文，合用讀祝、捧幣二員。府以歐陽永叔、楊子聰分攝。會尹師魯、王幾道至自緱氏，……皆喜見顏色，不戒而赴。十二日晝漏未盡十刻，出建春門，宿十八里河。」按：再遊嵩山之行踪，謝絳此書備載。

是秋，忙于供辦汴京內廷修葺材料。

《與梅聖俞》其一（卷一四九）：「東都興造，日有須求，倉卒供辦，未嘗暫休息。」

秋冬之交，受命行縣，視旱蝗（據《胡譜》）。有《被牒行縣因書所見呈僚友》（卷一〇）。詩

本年，錢惟演于府第建雙桂樓、臨轅館。歐有《雙桂樓》（卷五六）詩。又作《臨轅館記》。

文瑩《湘山野録》卷中：「錢思公鎮洛，大創一館，榜曰臨轅。既成，命謝希深、尹師魯、歐陽公三人者各撰一記，曰：『奉諸君三日期，後日攀請水榭小飲，希示及。』三子相掎角以成其文。夕就，出之相較，希深之文僅五百字，歐公之文五百餘字，獨師魯止用三百八十餘字而

成，語簡事備，復典重有法。……然歐公終未伏在師魯之下，獨載酒往之，通夕講摩。師魯曰：『大抵文字所忌者，格弱字冗。諸君文格誠高，然少未至者，格弱字冗爾。』永叔奮然持此說，別作一記，更減師魯文廿字而成之，尤完粹有法。師魯謂人曰：『歐九眞一日千里也！』」按：歐陽修《臨轅館記》已佚。

幕府諸君子仿「香山九老」，謔稱「八老」。歐本號「逸老」，自請更爲「達老」。

《與梅聖俞》其三（卷一四九）：「前承以『逸』名之，自量素行少岸檢，直欲使當此稱。然伏內思平日脱冠散髮，傲卧笑談，乃是交情已照，外遺形骸而然爾。諸君便以輕逸待我，故不能無言；今若以才辯不窘爲逸，又不足以當之也。……必欲不遺，『達』字敢不聞命。」

《書懷感事寄梅聖俞》（卷五二）：「惟予號達老，醉必如張顛。」

作《紅鸚鵡賦》（卷五三），於謝絳、梅堯臣二賦外另立新説。

明道二年癸酉，二十七歲。

正月，以吏事往京師，因省叔于漢東（據《胡譜》）。

《早春南征寄洛中諸友》（卷五六）：「楚色窮千里，行人何苦賒。……東風一樽酒，新歲獨思家。」按：此詩作于離汴京南下隨州之際。

重遊隨州城南李氏東園。

《李秀才東園亭記》（卷六三）：「已而去客漢沔，遊京師，久而乃歸，復行城南。公佐引予登亭上，周尋童子時所見。」署明道二年十月十二日。按：前此歐未曾歸隨州，重遊東園，當在此行。

三月，在歸程中，作《花山寒食》（卷五六）。

月末，返抵洛陽。

《南征回京至界上驛先呈城中諸友》（卷一〇）：「春歸伊水綠，花晚洛橋閑。」《寄謝晏尚書二絶》（卷五六）：「送盡殘春始到家。」

至家，胥氏夫人卒，年十七，時生子未逾月（據《胡譜》）。

《胥氏夫人墓誌銘》（卷六二）：「後二年三月，胥氏女生子未逾月，以疾卒，享年十有七。……當胥氏之卒也，先生時爲留守推官，實明道二年也。」

歐有悼亡詩《綠竹堂獨飲》（卷五一），又有悼亡賦《述夢賦》（卷五八）。

周必大《山谷書六一先生古賦》（《益公題跋》卷六）：「《六一居士集》共五賦，山谷寫其三。……《外集》別有四賦，惟取《述夢》，蓋因悼亡，辭意俱妙，類李太白耶。」

四月十八日，范仲淹召爲右司諫，有《上范司諫書》（卷六六），勉勵幷切責之。

《長編》卷一一二明道二年四月癸丑（十八日）：「通判陳州、太常博士、秘閣校理范仲淹赴闕。」又《宋史·范仲淹傳》：「太后崩，召爲右司諫。」

八月九日，張汝士卒。尹洙、歐陽修合撰《河南府司錄張君墓誌銘》（卷六二），復作《河南府司錄張君汝士墓表》（卷二四）。

九月四日，錢惟演移鎮漢東，王曙繼任西京留守。王曙服膺歐陽修斷事，而批評其「多遊」。

《事蹟》：「王文康公知西京，先公爲留

守推官。一日，當都廳勘事，有一兵士自役所逃歸。文康問公曰：『勘兵士何爲未斷？』公曰：『合送本處行遣。』文康曰：『似此，某作官處斷過甚多，推官新作官，不須疑。』公曰：『若相公直斷，雖斬亦可。有司則不敢奉行。』一夜，文康夜召，問軍人未斷否。公曰：『未』。文康曰：『幾至誤事。』明日，遂送所屬處。」

周煇《清波雜志》卷九：「思公（錢惟演）既貶漢東，王文康公晦叔爲代。一日，訝幕客多遊，責曰：『君等自比寇萊公何如，萊公尚坐奢縱取禍。』衆不敢對。歐公取手板起立曰：『以某論之，萊公之禍不在杯酒，在老不知退爾。』四座偉之。是時文康年已高，爲之動。」

十月五日，莊獻劉后、莊懿李后祔葬永定陵。至鞏縣陪祭（據《胡譜》）。

《長編》卷一一三明道二年十月丁酉（五日）：「祔葬莊獻明肅皇太后、莊懿皇太后于永定陵。」《胡譜》繫于九月，恐誤。

有《鞏縣初見黃河》（卷五一）詩。

祭後赴汴京，有紀行詩《代書寄尹十一兄楊十六王三》（卷五一）。

按：此詩叙寫自洛陽至開封的旅途經行。尹十一、楊十六、王三分別爲尹洙、楊子聰、王復。

回歸途中，有《鞏縣陪祭獻懿二后回孝義橋道中作》（卷一〇）詩。

二十六日，王曙升任樞密使。離洛之際，許薦歐陽修試館職。

《事蹟》：「王文康（曙）自西京召歸，謂公曰：『今來有例，合舉館職，當奉舉。』」

十二月，進階承奉郎（據《胡譜》）。

錢惟演離洛陽南下隨州就職，有《留守相公移鎮漢東》（卷五六）詩，《書懷感事寄梅聖俞》（卷五二）：「詔書走東下，丞相忽南遷。送之伊水頭，相顧泪潸潸。臘月相公去。」按：據末句可知時在十二月。

《上隨州錢相公》（卷九五）書，寄慰隨州錢惟演。

是冬，王顧判官離洛，有詩送行。

《送王公慥判官》（卷五六）：「久客倦京國，言歸歲已冬。」

楊子聰參軍任滿，調吏部，爲作《送楊子聰戶曹序》（卷六四）。

謝絳任滿，遷開封府判，有《送謝學士歸闕》（卷一〇）詩。

梅堯臣赴京應試，有《別聖俞》（卷五）詩。

《書懷感事寄梅聖俞》（卷五二）：「臘月相公去，君隨赴春官。送君白馬寺，獨入東上門。故府誰同在，新年獨未還。當時作此語，聞者已依然。」按：「故府」二句爲送別謝絳詩句，可知梅堯臣離洛在謝絳之後。

本年，河中秀才張棐來謁，歐兩致書簡，《與張秀才第二書》（卷六六），循循誘掖。

妹夫張龜正葬其父，爲作《檢校司農少卿致仕張公墓誌銘》（卷六二）。

爲張谷作《張應之字序》（卷六四）。

景祐元年甲戌，二十八歲。

正月二十六日，歐陽穎卒，爲作《尚書職方郎中分司南京歐陽公墓誌銘》（卷六一）。

二月，聞梅堯臣省試落第，有詩慰勉，爲鳴不平。

《贈梅聖俞》（卷五六）：「黄鵠刷金衣，自言能遠飛。……徘徊且垂翼，會有秋風時。」題下原注：「時聞敗舉。」

《與謝舍人絳》其一（卷一五〇）：「省榜至，獨遺聖俞，豈勝嗟惋！……聖俞失此虚名，雖不害爲才士，奈何平昔幷遊之間，有以處下者，今反得之。睹此，何由不痛恨！」

按：胡柯繫此書于寶元元年。朱東潤《梅堯臣集編年校注》卷四《任適尉烏程》詩，引近人夏敬觀注幷加補注，認爲作于本年，今從之。

西京秩滿，歸襄城（今屬河南）（據《胡譜》）。此行有《罷官西京回寄河南張主簿》、《寄西京張法曹》、《離彭婆值雨投臨汝驛回寄張九屯田司録》（卷一〇）、《罷官後初還襄城弊居述懷十韻回寄洛中舊僚》（卷五二）詩。

五月，往京師（據《胡譜》）。

至許州（今河南許昌），獲西京留守王曾來書。有《答西京王相公書》（卷六六）。

王曙薦歐陽修任館職，召試學士院（據《胡譜》）。

投書宰相呂夷簡、李迪。

《投時相書》（卷六六）：「今幸以文字試于有司，因自顧其身時偶三者之幸也，不能默然以自羞，謹以所業雜文五軸贄閤人，以俟進退之命焉。」

閏六月二十八日，授宣德郎、試大理評事兼監察御史，充鎮南軍節度掌書記、館閣校勘（據《胡譜》）。

與杜衍結識，受賞識。

《跋杜祁公書》（卷七三）：「公當景祐中，爲御史中丞。時余以鎮南軍掌書記爲館閣校勘，始登公門，遂見知奬。」梅堯臣賦《聚蚊》詩，歐于初秋作《和聖俞聚蚊》（卷五二）。

七月十七日，預修《崇文總目》。

《胡譜》景祐元年：「三館、秘閣所藏書多脱謬。七月甲辰（十七日），詔委官編定，仿開元四部，著爲總目。公預焉。」

按：《長編》卷一一四景祐元年閏六月：「辛酉（四日），命翰林學士張觀、知制誥李淑、宋祁編三館、秘閣書籍。仍命判館閣盛度、章得象、石中立、李仲容復視之。」歐入仕不久，地位不高，未能列名其中。今存《歐集》載三十篇《崇文總目叙釋》，可知歐實爲此書主要編纂者之一。

是秋，聞梅堯臣授德興縣令，有贈詩。

《聞梅二授德興令戲書》（卷七七）：「楚柚烟中黄，吳蒓波上紫。……離別古所難，更畏秋風起。」按：梅堯臣實以德興縣令出知建德縣，屬江南東路池州。《歐集》卷三三《梅聖俞墓誌銘》云：「聖俞……以德興縣令知建德縣。」

十月，謝絳擬出使契丹，賦《送謝希深學士北使》（卷一〇）詩贈行。詩當作于初冬，《長編》卷一一五景祐元年八月壬申（十五日）：「度支判官、兵部員外郎、直集賢院謝絳爲契丹生辰使。」同年冬十月癸未（二十七日），「楊偕爲契丹生辰使，謝絳以父疾辭也。」《歐集》卷二六《尚書兵部員外郎知制誥謝公墓誌銘》亦載：「景祐元年，丁父憂。」謝絳在朋友餞行後因父病未能成行。

十二月，致書范仲淹，慰勉其以言事久貶。

《與范希文書》（卷六七）：「去歲在洛陽，聞以言事出睦州，及來京師，又知移常州，尋復得蘇州。遷延南方，歲且終矣。」按：由末句可知時在此月。

此月，續娶諫議大夫楊大雅之女。

《楊氏夫人墓誌銘》（卷六二）：「楊公已沒，修始娶其女。……方其歸也，修爲鎮南軍掌書記、館閣校勘。……歸之十月，以疾卒，享年十有八，實景祐二年九月也。」按：自景祐二年九月，逆數之十月，可知續娶楊氏在此月。

本年，《洛陽牡丹記》定稿。

《洛陽牡丹圖》（卷二）：「我昔所記數十種，于今十年半忘之。」按：胡柯繫詩于慶曆二年。「于今十年」，即指明道二年，當爲始著時間。《洛陽牡丹記》原文有云：「又明年，以留守推官歲滿解去」，故胡柯繫于本年，當爲完稿時間。

丁寶臣授峽州軍事判官，有《送丁元珍峽州判官》（卷一〇）詩。

劉沆出知衡州，有《送劉學士知衡州》（卷五二）詩。

王尚恭兄弟赴官，有《送王尚恭隰州幕》、《送王尚喆三原尉》（卷一〇）詩。

廖倚落第南歸，有《送廖八下第歸衡山》（卷一〇）詩。

梅堯臣《宛陵先生集》卷三有《廖秀才歸衡山縣》詩，朱東潤繫于本年。此廖八、廖秀才，當與歐天聖年間結識，明道二年爲作《送廖倚歸衡山序》者爲同一人。

景祐二年乙亥，二十九歲。

二月，蘇舜欽赴長安奔喪，途經開封，謁

歐陽修。

蘇舜欽《和韓三諤歐陽九之作》（《蘇舜欽集》卷二）：「予方居憂艱，胸懷積瘡刺。……城南訪永叔，共可豁蒙蔽。」按：據蘇舜欽《先公墓誌銘》，父蘇耆本年正月十三日病逝于陝西轉運使任所。舜欽時任亳州蒙城知縣，去官奔喪，經行汴京，與韓絳同訪歐陽修，當在二月間。

是春，陳經出爲絳州翼城縣令，歐作贈序，勉其穩健爲政。

《送陳子履赴絳州翼城序》（卷六四）：「予友河南富彥國（弼）常與予語于此。今彥國在絳而子履往焉。」按：胡柯繫于皇祐二年，「皇祐」當爲「景祐」之訛。文中作者追述與陳經「六歲而四見之」過程，其中「明年春，西拜其親于洛陽而後行」，即爲本年。又據《宋史·富弼傳》，景祐二年富弼「通判絳州」，與本文相合。可確認序文作于今年春。

五月，致書梅堯臣，言京師生活「窘迫」。

《與梅聖俞》其六（卷一四九）：「僕來京師，已及歲矣。……京師侍親，窘衣食、欲飲酒，錢不可得，悶甚。……校勘者非好官，但士子得之，假以營進爾。」按：由首句及「校勘」句，可知作于本月。胡柯繫于明道二年，誤。

七月，妹夫張龜正卒于襄城，歐告假往視（據《胡譜》）。其後，妹攜張氏孤女來依。

《送張屯田歸洛歌》（卷五二）：「今年七月妹喪夫，稚兒孀女啼呱呱。」

韓琦《歐陽公墓誌銘》（《安陽集》卷五〇）：「公有妹適張龜正。龜正亡，無子，妹攜前室所生孤女以歸。」

九月，楊氏夫人卒，年十八（據《胡譜》）。

《送張屯田歸洛歌》（卷五二）：「季秋九月予喪婦，十月厭厭成病軀。」《楊氏夫人墓誌銘》（卷六二）：「（楊氏）以疾卒，享年十有八，實景祐二年九月也。」

是秋，致書石介，論其文章偏激及書法怪異。

《與石推官第一書》（卷六六）有語「修來京師已一歲也」，又《第二書》稱首次致書「時僕有妹居襄城，喪其夫，匍匐將往視之，故不能盡其所以云者而略陳焉。」可知作于是秋。其後，石介有《答歐陽永叔書》（《徂徠石先生文集》卷一五），歐又爲作《與石推官第二書》。朱弁《曲洧舊聞》卷九載此事本末。

十二月二十三日，貽書責杜衍，爲石介鳴不平。

《上杜中丞論舉官書》（卷四七）：「執事始舉介曰能，朝廷信而將用之；及以爲不能，則亦曰不能，是執事自信猶不果，若遂言它事，何敢望天子之取信于執事哉！」按：本年二月，御史中丞杜衍薦舉石介爲御史臺主簿。十一月，仁宗郊祀圜丘，下詔大赦，錄用五代及諸國後嗣。石介尚未就職，上書反對，因此惹怒仁宗，棄而不召。歐致書責備杜衍。《長編》卷一一七景祐二年十二月癸酉（二三日）載歐此書，并云：「衍卒不能用。」

此月，桑懌訪歐陽修，有奏稿示之。

《桑懌傳》（卷六五）：「會交阯獠叛，……因命懌往，盡手殺之，還，乃授閤門祗候。……（桑懌）將讓其賞歸己上者，以奏稿示予。」按：《長編》卷一一七景祐二年十二月甲子，「左侍禁桑懌爲閤門祇候，賞平蠻獠之功也。」

本年校書之暇，與尹洙合撰《十國志》。

《與尹師魯書》其二（卷六七）：「前歲所作《十國志》，蓋是進本，務要卷多，今若便爲正史，盡宜刪削，存其大要。」按：此書作于景祐四年正月，書中「前歲」，即指本年。歐、尹合著《十國志》，初擬進奏，後因同遭貶官而中輟，遂刪削爲正史。刪存的《十國志》史文，當爲《五代史·十國世家》初稿。

自號「無僊子」，刪正、注釋《黄庭經》。

《刪正黄庭經序》（卷六五）：「無僊子者，不知爲何人也，無姓名，無爵里，世莫得而名之。其自號爲無僊子者，以警世人之學僊者也。」按：《刪正黄庭經》不見後人著錄，當已佚，其遺意可從本序及《集古錄跋尾》卷一〇《黄庭經》四跋中窺知一二。

景祐三年丙子，三十歲。

正月，胥偃數糾范仲淹獄事，歐由此與胥偃有嫌隙。

《長編》卷一一八景祐三年正月己酉（三〇日）：「糾察刑獄胥偃言：權知開封府范仲淹判異阿朱刑名不當，乞下法寺詳定。……初，偃愛歐陽修有文名，置門下，妻以女。及偃數糾仲淹立異不循法，修乃善仲淹，因與偃有隙。」附注有云：「偃糾仲淹，史不得其時。《會要》在此月十三日，今附見。史稱數糾，此但其一爾。」

二月二十四日，新進士王聖紀赴任，歐作《送王聖紀赴扶風主簿序》（卷六五）。

上書論時弊，主張「興農」革弊。《原弊》（卷五九）文中有「景德罷兵三十三歲矣」之語，指真宗景德元年簽訂「澶淵之盟」。據此推算，本文作于今年作者貶謫夷陵之前。胡柯繫于康定元年，恐誤。

五月二十一日，歐因范仲淹、余靖、尹洙被謫降一事，作《與高司諫書》（卷六七），責左司諫高若訥，被貶爲夷陵（今湖北宜昌）縣令（據《胡譜》）。按：蔡襄作《四賢一不肖》詩咏其事，王闢之《澠水燕談錄》卷二詳載此事本末。

受臺院官吏催逼，決計水路赴夷陵。《與尹師魯書》其一（卷六七）：「臨行，臺吏催苛百端，不比催師魯人長者有禮，使人惶迫不知所爲。……始謀陸赴夷陵，以大暑，又無馬，乃作此行。沿汴絕淮，泛大江，凡五千里，用一百一十程，才至荆南。」途中有《題張損之學士蘭皋亭》（卷五六）、《泗州先春亭記》（卷三九）、《初出真州泛大江作》（卷一〇）、《江行贈雁》（卷一〇）、《琵琶亭》（卷五六）、《晚泊岳州》（卷五二）等詩文。作《于役志》（卷一二五），備載此五月二十五日至九月十七日行程。

九月下旬，留滯江陵（今屬湖北）十餘日，參拜荆湖北路轉運使。《與尹師魯書》其一（卷六七）：「昨日因轉運作庭趨，始覺身是縣令矣。」

拜謁呂諲祠堂，獲唐人碑刻。《集古錄跋尾·唐呂諲表》（卷一四〇）：「呂諲表，元結撰，顧戒奢八分書。景祐三年，余謫夷陵，過荆南，謁呂公祠堂，見此碑立廡下。……惜其文翰，遂得斯本。」

致書尹洙，喟嘆世風因循苟且，自表見義勇爲之志。

《與尹師魯書》其一（卷六七）中有云「昨日因參轉運」、「秋寒矣，千萬保重」等語，當作于留滯江陵日。

遇黃注，悲其仕途坎坷。

《黃夢升墓誌銘》（卷二八）：「復調江陵府公安主簿。時予謫夷陵令，遇之于江陵。夢升憔悴，初不可識，久而握手噓唏，相飲以酒，夜醉起舞，歌呼大噱。予益悲夢升志雖衰，而少時意氣尚在。」

有荆南樂秀才登門問學。

《與荆南樂秀才書》（卷四七）：「前者舟行往來，屢辱見過，又辱以所業一編，先之啓事，及門而贄。」按：書簡作于次年。

十月十七日，讀李翺《復性書》，憂傷時局，感懷國事。

《讀李翺文》（卷七三）：「嗚呼，在位而不肯自憂，又禁他人使皆不得憂，可嘆也夫！」署景祐三年十月十七日。

舟行夷陵境，作《黃楊樹子賦》（卷一五）以自況。

過虎牙灘（今湖北宜昌東南），見江山險峻，有《初至虎牙灘見江山類龍門》（卷五六）詩。

二十六日，抵達峽州夷陵縣。

《與尹師魯書》其二（卷六七）：「自荆州得吾兄書後，尋便西上，十月二十六日到縣。」

知州朱慶基與歐陽修有舊交，爲建「至喜堂」，歐既至而喜。

《夷陵縣至喜堂記》（卷三九）：「朱公于

某有舊，且哀其以罪而來，爲至縣舍，擇其廳事之東以作斯堂，度爲疏潔高明，而日居之以休其心。」按：峽州知州朱公，據《嘉慶一統志》卷三五〇《宜昌府志》爲朱慶基。黃庭堅《山谷集》卷三〇《跋歐陽公紅梨花詩》，謂「通判西京留守事朱叔庠」，文瑩《玉壺野史》卷三以爲是「江陵內翰」朱昂之子朱正基。今依方志，另兩說姑存待考。

觀陳年公案，感嘆吏治腐敗，立誓謹于政事。

吳曾《能改齋漫錄》卷一三載張芸叟轉述歐陽修語：「吾昔貶官夷陵，……無以遺日，因取架閣陳年公案，反復觀之。見其枉直乖錯，不可勝數。以無爲有，以枉爲直，違法徇情，滅親害義，無所不有。且以夷陵荒遠偏小尚如此，天下固可知矣。當時仰天誓心，自爾遇事，不敢忽也。」

政事之暇，與判官丁寶臣、推官朱處仁詩酒漫遊。

《龍興寺小飲呈表臣元珍》（卷一一）：「平日相從樂會文，博梟壺馬占朋分。罰籌多似昆陽矢，酒令嚴于細柳營。」

《集古錄跋尾·唐神女廟詩》（卷一四一）：「余貶夷陵令時，嘗泛舟黃牛峽，至其祠下。又飲蝦蟆碚水，覽其江山巉絕窮僻。」

十二月，觀賞夷陵雪景。

《霽後看雪走筆呈元珍判官二首》其二（卷五六）：「山城歲暮驚時節，已作春風料峭寒。」

與處士何參交往。

《夷陵歲暮書事呈元珍表臣》（卷一一）：

「荊楚先賢多勝迹，不辭攜酒問鄰翁。」《新營小齋鑿地爐輒成五言三十七韻》（卷五二）：「西鄰有高士，坎坷卧蓬蓽。鶴髮善高談，鮐背便炙熨。……無言兩忘形，相對或終日。」據王象之《輿地紀勝》卷七三載：「何參，夷陵人，居縣西篤學坊，以博學孝義著，不求聞達，人稱曰處士。歐陽公宰夷陵，與之講論，深加愛重。」

是冬，作《謝朱推官啓》（卷九五）。

景祐四年丁丑，三十一歲。

二月，有《戲答元珍》（卷一一）、《千葉紅梨花》（卷一一）詩。

田晝秀才行經夷陵，歐陪遊數日。臨行，有《代贈田文初》（卷五二）詩，并作《送田晝秀才寧親萬州序》（卷四二）。

三月，致書尹洙，商議合撰《五代史》。

《與尹師魯書》其二（卷六七）：「開正以來，始似無事，治舊史。……吾等棄于時，聊欲因此粗伸其心，少希後世之名。」按：原繫景祐三年，誤。書中有云「倏茲新年，已三月矣」，由此可知作于此月。

此月，告假往許昌，續娶資政殿學士薛奎第四女爲妻（據《胡譜》）。

《祭薛尚書文》（卷四九）：「公于此時，欲以女歸。……其後三年，卒追前言。」蘇轍《歐陽文忠公夫人薛氏墓誌銘》（《欒城集》卷二五）：「初，簡肅見文忠公，愿以夫人歸焉，未及而薨。及文忠公貶夷陵令，金城（金城夫人，薛奎之妻）以簡肅之志，嫁夫人于許州。」

赴許昌途中，經荊門軍（今湖北荊門），會彭乘，遊惠泉。

《惠泉亭詩》（卷五二）：「春巖雨過春流長，置酒來聽山溜響。」題下注：「一本序云：『某啓：伏睹知軍丈丈新理惠泉，謹爲拙詩十六句，伏惟采覽。』」據《輿地紀勝》卷七八荆湖北路荆門軍《官吏》門載，彭乘景祐三年知荆門軍。「知軍丈丈」當指彭乘。

經葉縣（今屬河南），有《行次葉縣》（卷五二）詩。

是春，貽書荆南樂秀才，論及文道關係。

《與樂秀才第一書》（卷六九），原繫景祐三年，誤。書中有語：「自冬涉春，陰泄不止。」可知作于是春。《居士集》本年又有《與荆南樂秀才書》，云「辱再書，再而未答」，此書似寫成後幷未寄發。

四月九日，叔父曄卒于隨州，年七十九。七年後葬于應城，歐爲作祭文《祭叔父文》（卷四九）、《尚書都官員外郎歐陽公墓誌銘》（卷二七）。

是夏，獲謝伯初來書及近著詩文，有《答謝景山遺古瓦硯歌》、《古瓦硯》（卷五二）詩。

《與謝景山書》（卷六八）：「昨送馬人還，得所示書，幷《古瓦硯歌》一軸，近著詩文又三軸，不勝欣喜。……夏熱，千萬自愛。」

八月一日，爲謝伯初妹謝希孟作《謝氏詩序》（卷四二）。

九月，攜薛夫人返夷陵（據《胡譜》）。

蘇轍《歐陽文忠公夫人薛氏墓誌銘》（《欒城集》卷二五）：「金城以簡肅之志，嫁夫人于許州。不數日，從公南遷。」

返途取道唐州（今河南唐河）、枝江（今屬湖北），有《將至淮安馬上早行學謝靈運體六韻》、《自枝江山行至平陸驛五言二十四韻》（卷五二）、《望州坡》（卷一〇）等詩。

陸游《入蜀記》（《渭南文集》卷四七）：「歐陽文忠公有《枝江山行五言二十四韻》，蓋文忠赴夷陵時，自此陸行至峽州，故其《望州坡》詩云：『崎嶇幾日山行倦，卻喜坡頭見峽州。』」按：歐陽修貶夷陵走水路，唯一的陸路進峽州是此行。胡柯繫《望州坡》于景祐三年，恐誤，改繫于此。

十月，作《新營小齋鑿地爐輒成五言三十七韻》（卷五二），云「墐戶畏初寒，開爐代溫律」，可知作于初冬。

十二月二十五日，移光化軍乾德（今湖北光化）縣令（據《胡譜》）。

《長編》卷一二〇景祐四年十二月壬辰（二十五日）：「徙……夷陵縣令歐陽修爲光化縣令，上諭執政令移近地故也。」

本年，作《峽州至喜亭記》（卷三九），頌朱慶基善政。

賦《夷陵九咏》（卷一一），咏山川名勝。

撰《易或問》三篇，排《繫辭》，首倡疑經惑傳風氣。

《易或問》（卷一八）：「或問：『《繫辭》果非聖人之作，前世之大儒君子不論何也？』曰：『何止乎《繫辭》？……事固有出于謬妄之說，其初也，大儒君子以世莫之信，置之不論。及其傳之久也，後世反以謂更大儒君子而不非，是實不誣矣，由是曲學之士溺焉者多矣。』」

《試筆·繫辭說》（卷一三〇）：「予謂

《繫辭》非聖人之作，初若可駭。余謂此論，迨今二十五年矣，稍稍以余言爲然也。」按：《試筆》作于嘉祐年間，排《繫辭》已二十五年，逆數之，與胡柯繫年大抵相合。

撰《春秋論》上、中、下三篇及《春秋或問》（卷一八），主張經學研究舍傳而從經。

撰《泰誓論》（卷一八），本諸人情，質疑《尚書·泰誓》舊說。

寶元元年戊寅，三十二歲。

二月，安化蠻擄掠宜、融二州，賦《南獠》（卷五三）詩。

三月，赴乾德上任（據《胡譜》）。

四月二日，舟行途中，爲家兄歐陽昞作《游儵亭記》（卷六三）。

途經襄陽（今屬湖北），登臨峴山。

《集古錄跋尾·唐獨孤府君碑》（卷一三九）：「余自夷陵徙乾德令，嘗登峴山，讀此碑。」

秋，致書王洙，請教古碑文字。

《與王源叔問古碑字書》（卷六八）：「源叔好古博學，知名今世，必識此字，或能究見其人本末事蹟，悉以條示。」按：書中有「漸寒」等語，知時爲秋季。

冬，致書梅堯臣，言謹慎政事。

《與梅聖俞》其七（卷一四九）：「冬寒，希保愛不宣。……某自作令，每日區區，不敢似西都時放縱。」

本年，《五代史》書稿粗有成。

《答李淑內翰書》（卷六八）：「問及五代紀傳，……爾來三年，陸走三千，水行萬里，勤職補過，營私養親。偷其暇時，不敢自廢，收拾綴輯，粗若有成。」

于縣境内外尋訪收集古碑刻。《集古録跋尾·後漢玄儒婁先生碑》（卷一三六）：「景祐中，余自夷陵貶所再遷乾德令，按圖求碑，而（婁）壽有墓在谷城界中，余率縣學生親拜其墓，見此碑在墓側，遂據圖經，遷碑還縣，立于敕書樓下。」

又《晉南鄉太守頌》（卷一三七）：「余貶乾德縣令時，得此碑。」

胥夫人所生子，六歲而夭（據《胡譜》）。

寶元二年己卯，三十三歲。

二月，張先卒，年四十八。次年三月葬，歐爲作《張子野墓誌銘》（卷二七）。

是春，有《題光化張氏園亭》（卷五六）詩。

五月，告假往會謝絳、梅堯臣。出示《易》、《詩經》研究著述（據《胡譜》）。

《與梅聖俞》其八（卷一四九）：「前者見邸報，有襄城之命，乃知當與謝公偕行。……爲别五六歲，貶徙三年，水陸走一萬二千里，乃于此處得見故人，所以不避百餘里，勞君子而坐邀也。」又其九「昨夏中，雖喜會于清風，然猶未盡區區之懷。」

梅堯臣《代書寄歐陽永叔四十韻》（《宛陵先生集》卷六）：「問傳輕何學，言詩詆鄭箋。飄流信窮厄，探討愈精專。」

按：「問傳輕何學」，當指《繫辭説》、《易或問》等著述，次句當指《詩本義》、《詩解》等著述。

六月二十五日，起復舊官，權武成軍節度判官廳公事。

《長編》卷一二三寶元二年六月：「甲申（二十五日），……乾德縣令歐陽修爲鎮南掌書記，權武成軍判官。」

七月，奉母寓居南陽，待舊官任滿往赴滑州（今河南滑縣）（據《胡譜》）。

《與梅聖俞》其九（卷一四九）：「承九月一日就道……某自解官，觸事不快，至今幾五十日，未能脫去，豈其屯蹇未極邪？……南陽之居，依賢主人，實佳事。但恨聖俞不在爾。」按：自九月初逆數五十日，可知歐至南陽，時在七月中旬。

八月，胥偃卒，年五十七，有書哀悼。

《與刁景純學士書》（卷六八）：「近自罷乾德，遂居南陽，始見謝舍人，知文丈內翰凶訃，聞問驚怛，不能已已。……某之愚誠，所守如此，然雖胥公，亦未必諒某此心也。」按：參見天聖六年初有關記事。

十一月二十二日，謝絳卒于鄧州，年四十六。次年春二月，歐赴滑州任前夕，臨柩祭奠，籌措喪葬事宜，有《祭謝希深文》（卷四九）、《謝公挽詞三首》（卷一一），并撰《尚書兵部員外郎知制誥謝公墓誌銘》（卷二六）。

《與梅聖俞》其十一（卷一四九）：「某行必爲帶錢去，葬地已就此營卜。」

是冬，暫赴襄城（據《胡譜》）。有《初冬歸襄城弊居》（卷五六）、《送琴僧知白》、《聽平戎操》（卷五三）諸詩。

薛直孺卒，年二十四，有《薛質夫祭文》（卷四九），又爲作《薛質夫墓誌銘》（卷二八）。

康定元年庚辰，三十四歲。

春，有《與陳員外書》（卷六八）。

啓程赴武成軍節度判官任（據《胡譜》）。

《祭謝希深文》（卷四九）：「滑人來迎，修馬當北，而不即去者，以公而彷徨。」

四月二十五日，黄注卒于南陽，年四十二。後五年葬，爲作墓誌銘。

《黄夢升墓誌銘》（卷二八）：「夢升諱注，以寶元二年四月二十五卒，享年四十有二。」按：黄注逝辰及年壽與墓誌叙事相互矛盾。高步瀛《唐宋文舉要》箋注以爲「二年當作三年」，寶元三年二月丙午改元康定，今從之。

五月二十六日，范仲淹爲陝西經略安撫副使，舉歐陽修爲經略府掌書記。

《長編》卷一二七康定元年五月：「己卯（二十六日），以陝西都轉運使、吏部員外郎、天章閣待制范仲淹爲龍圖直學士，并爲陝西經略安撫副使，同管勾都部署司事。」

范仲淹《舉歐陽修充經略掌書記狀》（《范文正集》卷一八）：「臣訪于士大夫，皆言非歐陽修不可，文學才識，爲衆所伏。……其人見權滑州節度判官，伏望聖慈，特差充經略安撫司掌書記。」

仍修《崇文總目》。

六月二十八日，召還京師，復任館閣校勘，修爲館閣校勘。

《長編》卷一二七康定元年六月：「辛亥（二十八日），復權武成軍節度判官歐陽修爲館閣校勘。」

梅堯臣《聞永叔復館因以寄賀》（《宛陵先生集》卷七）。

七月，有《答陝西安撫使范龍圖辭辟命書》（卷四七）。

《事蹟》：「先公既坐范公遠貶數年，復得滑州職官。會范公復起經略陝西，辟公掌箋奏，朝廷從之。……公獨嘆曰：

『吾初論范公事，豈以爲己利哉？同其退不同其進可也。』」《與梅聖俞》其十二（卷一四九）：「安撫見辟不行，……直以見召掌箋奏，遂不去矣。」按：此書所言，當爲辭命之眞原因。

八月一日，至京師就職。

《與梅聖俞》其十二（卷一四九）：「八月一日至京師。」

是秋，梅堯臣解襄城知縣，改監湖州酒稅，有《病中聞梅二南歸》（卷五三）詩贈別。

十月，轉官太子中允（據《胡譜》）。

十一日，同修禮書。

《長編》卷一二九康定元年十月：「癸巳（十一日），命館閣校勘刁約、歐陽修同修禮書。」按：據《長編》卷一二〇景祐四年三月戊戌（二十五日），吳育請修禮書。卷一四六慶曆四年正月癸卯太常禮院上新修《太常新禮》四十卷、《慶曆祀儀》六十二卷，歐陽修不預編修之名，看來其預修禮書時間不長。

十二月二十二日，宋綬卒于參知政事任，年五十。有《宋宣獻公挽詞三首》（卷一〇）。

二十四日，有《通進司上書》（卷四五），言「通漕運」、「盡地利」、「權商賈」等禦敵三術。

是冬，作《冬夕小齋聯句寄梅聖俞》（卷五四）。

本年，撰寫《正統論》七首（卷五九），後于晚年删成《正統論》三首（卷一六），規範「正統」定義，創「絕統說」，標志封建「正統論」臻于成熟。

撰《縱囚論》（卷一八），主張爲政本于人情。

撰《怪竹辯》（卷一八），非議占卜扶乩。

撰《答吳充秀才書》（卷四七），論文道關係。

撰《答祖擇之書》（卷六八），論「師經」重道。

長子發（字伯和）生（據《胡譜》）。

慶曆元年辛巳，三十五歲。

二月四日，石延年卒于京師，年四十八。有《哭曼卿》（卷一）詩，《石曼卿墓表》（卷二四）。晚年又作《祭石曼卿文》（卷五〇）。

十六日，與宋祁、李淑、王舉正、王洙、刁約、楊儀宴集東園，有《與李獻臣宋子京春集東園得節字》（卷五二）詩。宋祁《春集東園詩序》（《景文集》卷五）：「春集東園者，端明學士獻臣李君、翰林伯中王君、天章侍講原叔王君、館閣校勘景純刁君、永叔歐陽君、子莊楊君暨予。仲月既望之宴所賦是集，有三勝焉。……康定紀元之次年序。」

是春，胡宿赴湖州知州任，有《送胡學士知湖州》（卷一）詩。

五月二日，權同知太常禮院。以修《崇文總目》爲由辭不就，許之（據《胡譜》）。

此月，孫沔薦歐陽修可任諫官。《長編》卷一三二慶曆元年五月甲子（十六日）：「沔罷左正言，爲工部員外郎、提點兩浙路刑獄。」前此，「薦田況、歐陽修、張方平、曾公亮、蔡襄、王素可任諫官自代。」

八月八日，許州對公事回，依舊供職（據《胡譜》）。《胡譜》附注云：「曾孫建世

《編年》載此，不詳。」

是秋，薛仲孺扶父喪歸葬絳州，有《與薛少卿公期》其三（卷一五二）慰唁。

按：書中有「秋寒」語，可知作于深秋。胡柯繫于「康定元年」，誤。歐陽修爲薛仲孺之父薛塾撰寫《内殿崇班薛君墓誌銘》，記載薛塾卒于本年六月十五日，十二月歸葬絳州正平。

梅堯臣自許州回京，赴監湖州酒稅。有《聖俞會飲》（卷一），梅有《醉中留別永叔子履》（《宛陵先生集》卷八）。

十月，母病，訪求民醫。

《與梅聖俞》其十九（卷一四九）：「吾兄與問當看有不繫官醫人，或秀才、處士之類善醫者，得一人垂報，待差人賫書帛去請他，幸爲博訪之。」

十一月二十日，大赦，改元。祀南郊，攝太常博士，引終獻（據《胡譜》）。

十二月一日，加騎都尉（據《胡譜》）。

《長編》卷一三四慶曆元年：「十二月丙子朔，加恩百官。」

十四日，上新修《崇文總目》六十卷，改集賢校理。

《長編》卷一三四慶曆元年十二月己丑（十四日）：「翰林學士王堯臣等上新修《崇文總目》六十卷。」

歐陽修《上執政謝館職啓》（卷九五）題下注：「康定二年十二月，因《崇文總目》成書，自館閣校勘遷集賢校理。」

是冬，赴晏殊賞雪酒宴，作《晏太尉西園賀雪歌》（卷五三）詩，晏不悅。

魏泰《東軒筆錄》卷一一：「慶曆中，西師未解，晏元獻公殊爲樞密使，會大雪，歐陽文忠公與陸學士經同往候之，遂置酒于西園。歐陽公即席賦《晏太尉西園賀雪歌》，其斷章曰：『主人與國共休戚，不唯喜悅將豐登。須憐鐵甲冷徹骨，四十餘萬屯邊兵。』晏深不平之，嘗語人曰：『昔日韓愈亦能作詩詞，每赴裴度會，但云：園林窮勝事，鐘鼓樂清時。卻不曾如此作鬧。』」按：《歐集》卷五六另有《和晏尚書對雪招飲》詩，繫于本年，當作于同時。據《東軒筆錄》佚文（見《永樂大典》卷一八二二二）云：「歐陽文忠素與晏公無它，但自即席賦雪詩後，稍稍相失。」

本年，曾鞏入京師，遊太學，謁歐陽修，歐有《上歐陽學士第一書》，并獻雜文時務策兩編。歐愛賞之，以得人爲喜。《送楊闢秀才》（卷二）：「吾奇曾生者，始得之太學。初謂獨軒然，百鳥而一鶚。」

林希《曾鞏墓誌》（《曾鞏集》附録一）：「始冠遊太學，歐陽公一見其文而奇之。」

按：曾鞏入太學謁歐陽修的時間，自云在本年。《曾鞏集》卷四一《王君俞哀辭》：「慶曆元年，予入太學。」

杜默自石介處學成歸來，拜謁歐陽修，有《贈杜默》（卷一）詩，針砭其詩。

按：胡柯繫于康定元年，誤。石介《三豪詩送杜默師雄》有句「曼卿苦汩沒，老死殿中丞」，可知作于今年二月石延年逝後，歐詩又在其後，故繫于此。

慶曆二年壬午，三十六歲。

正月十八日，爲「別頭試」考官。

《會要》選舉一九：慶曆二年正月「十八日，以直集賢院知諫院張方平、集賢校理歐陽修考試知舉官親戚舉人。」按：

《胡譜》繫此事于「正月丁巳（十二日）」，稍異《會要》。

作《武成王廟問進士策二首》、《問進士策三首》（卷四八），質疑《周禮》、《中庸》。

蘇頌、王珪別試中舉。顔中其《蘇頌年表》（《蘇魏公文集》附録）：「慶曆二年「春，聶冠卿權知貢舉，歐陽修爲同考官，父亦爲同考官。子容（蘇頌）再試，以親嫌爲別頭試第一，遂中舉。」《歸田録》（卷一二七）：「禹玉（王珪），余爲校理時武成王廟所解進士也。」按：《蔡寬夫詩話》（胡仔《苕溪漁隱叢話後集》卷二一引）亦載其事。

三月十三日，殿試進士《應天以實不以文》賦，進擬試賦一首（卷七四），仁宗賜敕書奬諭（據《胡譜》）。《事蹟》：「慶曆三年（應作二年）御試進士，以《應天以實不以文》爲賦題。公爲擬試賦一道以進，指陳當世闕失，言甚切至。」

十九日，張唐民、黎錞落第歸鄉，作《送張唐民歸青州序》（卷四二）、《送黎生下第還蜀》（卷一）詩。蘇軾《東坡志林》卷一：「吾故人黎錞，字希聲。治《春秋》有家法，歐陽文忠公喜之。」按：歐詩稱黎生「自云喜三傳，力欲探微幽」，此黎生當爲黎錞。曾鞏落第南歸，爲作《送曾鞏秀才序》（卷四二），感嘆考試方法之不合理，呼籲科舉改革。

四月三日，復差同知禮院（據《胡譜》）。七日，宰相呂夷簡薦富弼出使契丹，人皆危之，歐上書乞留富弼，不報。《長編》卷一三七慶曆二年閏九月庚辰（十日）：「先是，吕夷簡當國，人莫敢抗，（富）弼既數論事侵之，……夷簡益恨，因薦弼使契丹，變易國書，欲因事罪之。館閣校勘歐陽修上書，引顔眞卿使李希烈事留之。不報。」

五月十二日，仁宗詔三館臣僚上書言事。有《準詔言事上書》（卷四六），言「三弊五事」，力主革弊興利。《長編》卷一三六慶曆二年五月甲寅（十二日）：「詔三館臣僚上封事及聽對。」

是夏，蘇舜欽離開封，聚族旅居山陽守母喪。蘇有《出京後舟中有作寄仲文韓二兄弟永叔歐陽九和叔杜二》（《蘇舜欽集》卷二），有《答蘇子美離京見寄》（卷五三）詩贈答。按：蘇舜欽扶母喪還京，船行淮水，作《淮上喜雨聯句》，有云：「江淮經歲旱，春暮忽然雨。」抵京當在春末夏初，立秋已在山陽。

七月，有《立秋有感寄蘇子美》（卷五三）詩。

八月八日，作《御書閣記》（卷三九）。

此月，請求外任（據《胡譜》）。《與梅聖俞》其十二（卷一四九）：「某于此，幸老幼無恙，但尤貧，不可住京師。非久，亦卻求外補。」

九月，除通判滑州（今河南滑縣）（據《胡譜》）。《神宗實録》本傳（《歐集》附録卷三）：「以貧求補外，得通判滑州。」

閏九月，至滑州。《與王待制質》（卷一五〇）：「自去年閏月來東郡。」按：此書作于次年春，今年閏在九月。《胡譜》云「十月至」，當誤。

徐無黨隨客滑州。

《和對雪憶梅花》（卷五三）：「徐生隨我客此郡，冰霜旅舍逢新年。」又次年有《歸雁亭》詩：「荒蹊臘雪春尚埋，我初獨與徐生來。」

十二月十二日，治「畫舫齋」，自爲《畫舫齋記》（卷三九）。

二十八日，僧秘演將遊東南，爲作《釋秘演詩集序》（卷四一）。

本年，撰《本論》三篇（卷五九）。上篇論治國之本，中、下篇論勝佛之本。作《爲君難論》上、下篇（卷一七），論帝王用人、聽言之難，倡言事之風。

知陳州宋祁還朝爲知制誥，薦歐陽修自代（《景文集》卷三〇《授知制誥舉歐陽修自代狀》）。

呂夏卿授端州高要尉，歐有《送呂夏卿》（卷一）詩。

王陶初仕岳陽，作《送王陶序》（卷四二），勉其謹慎爲政。題下原注「一作《剛説送王先輩之岳陽》」。

范鎮《王尚書陶墓誌銘》（《琬琰集删存》卷二）：「（王陶）慶曆二年選舉進士甲科，調岳州軍事判官。」

慶曆三年癸未，三十七歲。

正月，過鐵槍寺，修整王彥章畫像，爲作《王彥章畫像記》（卷三九）。遊歸雁亭，有《歸雁亭》（卷五三）、《滑州歸雁亭》（卷五六）詩。

三月，朝廷增諫員，擢歐陽修爲諫官。

《長編》卷一五二慶曆四年庚午記事：「（晏）殊初入相，擢歐陽修等爲諫官。」

蘇轍《歐陽文忠公神道碑》（《欒城後集》

卷二三）詳載其事。

二十六日，由滑州召還，遷太常丞、知諫院（《長編》卷一四〇）。

四月，至京任職（據《胡譜》）。感激恩遇，力盡言責。

《答徐無黨第二書》（卷六八）：「修今歲還京師，職在言責，值天下多事，常日夕汲汲，爲明天子求人間利病。」

首次論事，上《論按察官吏劄子》（卷九七），暫未從。

《長編》卷一四一追載此劄子，并云：「朝廷重于特遣使，未即行也。」

《再論按察官吏狀》（卷九七）：「臣初忝諫官，于第一次上殿日，首曾建言：方今天下凋殘，公私困急，全由官吏冗濫者多。乞朝廷選差按察使，糾舉年老、病患、贓污、不材四色之人，以行澄汰。仍具陳按察之法，條目甚詳。」

八日，歐陽修等論罷夏竦，改任杜衍爲樞密使。

《長編》卷三七一載王巖叟奏疏云：「慶曆三年三月二十一日，除夏竦爲樞密使。四月八日，用御史中丞王拱辰、諫官歐陽修等十一疏，追竦樞密使敕。」按：陳邦瞻《宋史紀事本末》卷二九詳載其事。

十三日，蔡襄知諫院，歐等薦之。

石介《慶曆聖德頌·序》（《徂徠石先生文集》卷一）：「四月……十三日敕，又除（蔡）襄爲諫官。」

司馬光《涑水紀聞》卷四：「慶曆初，永叔、安道、王素俱除諫官。君謨以詩賀曰……三人以其詩薦于上，尋亦除諫官。」按：蔡詩載《端明集》卷四，題爲《喜歐陽永叔余安道王仲儀除諫官》。

歐等力薦石介爲諫官，未果。

魏泰《東軒筆錄》卷一三：「慶曆中，余靖、歐陽修、蔡襄、王素爲諫官，時謂之『四諫』。四人力引石介，執政欲從之。時范公爲參知政事，獨曰：『介剛正，天下所聞，然性亦好異，使爲諫官，必以難行之事，責人君以必行。少拂其意，則引裾折檻，叩頭流血，無所不爲。主上富春秋，無失德，朝廷政事亦自修舉，安用如此諫官也！』諸公伏其言而罷。」

二十三日，上《論乞不受呂紹寧所進羨餘錢劄子》（卷九九）。

《長編》卷一四〇慶曆三年四月：「庚申（二十三日）……紹寧至淮南，亟上羨錢十萬。諫官歐陽修請卻所上錢，并治紹寧欺罔之罪，以戒奸吏刻剝。」

五月三日，上《論凌景陽三人不宜與館職奏狀》（卷九七）。從之。

《長編》卷一四一慶曆三年五月己巳（三日）：「諫官王素、歐陽修言（凌）景陽給婚非類，（夏）有章嘗坐贓，而（魏）廷堅亦有逾濫之罪，故皆罷之。」

二十九日，上《論韓琦范仲淹乞賜召對事劄子》（卷九七）。

六月十八日，上《再論王倫事宜劄子》（卷九八），謂國家素無禦備而官吏賞罰不行，致使盜賊漸多（《長編》卷一四一）。後又上《論河北守備事宜劄子》（卷九八）。

《長編》卷一四一慶曆三年五月末載歐此疏并附注曰：「修疏云『使秋風漸勁』，或恐是六月末、七月初。然七月一日王克基已自定州改滄州，……修疏稱王克基在定州，則必非七月初。或是六月間也。」今從其說。

是夏，京師流傳無名詩，詆毁三司使王堯臣，上《論禁止無名子傷毁近臣狀》（卷九七），從之。歐狀末附注：「敕出賞錢、官爵購捉。是時，上欲更改朝政，小人不便，造作言語動搖。及敕榜出，自此遂絶。」按：《長編》卷一四〇慶曆三年四月己未（二十二日）：王堯臣權三司使。

七月三日，上《論蘇紳姦邪不宜侍從劄子》（卷九八），紳黜知外任。

按：《長編》卷一四二慶曆三年七月：「戊辰（三日），翰林學士、禮部郎中、知制誥、史館修撰蘇紳爲龍圖閣學士、知河陽。」附載歐此疏，并云：「紳由是黜」。

十一日，王舉正罷參知政事，從歐等所請。《長編》卷一四二慶曆三年七月丙子（十一日）：「諫官歐陽修、余靖、蔡襄咸言舉正懦默不任職，樞密副使范仲淹有宰輔才，不宜局在兵府，愿罷舉正，以仲淹代之。舉正亦自求罷，上從其請。」按：《歐集》卷九八有《論王舉正范仲淹等劄子》。

十三日，上《論郭承祐不可將兵狀》（卷九九），從之。《長編》卷一四二慶曆三年七月戊寅（十三日）載歐此疏，附注：「《實録》云修奏入，不報。據八月癸亥余靖所言，則承祐已罷鎮定部署，九月甲戌又改知相州，非不報也。」

二十日，西夏國主元昊遣使者呂你如定等至宋都議和。歐有《論乞廷議元昊通和事狀》（卷九九）。

《長編》卷一四二慶曆三年七月乙酉（二十日）載歐此疏，附注：「此疏《實錄》繫之七月甲午。甲午，二十九日也。按《實錄》已于此月庚寅載修請以班行待西使。庚寅，二十五日也。考其文意，集議疏當在前，班行待西使疏當在後。今移此，繫之乙酉日。」

二十五日，上《論元昊來人不可令朝臣管伴劄子》（卷九九）、《論元昊來人請不賜御筵劄子》（卷九七）。未從。

《長編》卷一四二慶曆三年七月庚寅（二十五日）載此二疏，并云：「修雖有此意，然朝廷竟不從也。」

二十六日，奏免李昭遘知陝州。

《長編》卷一四二慶曆三年七月：「辛卯（二十六日），祠部員外郎、集賢校理李昭遘爲直史館、知陝州，歐陽修言陝爲關中要地，昭遘無治劇之才，不宜遣。乃以提點陝西刑獄、祠部郎中王君白爲直史館、知陝州。」

二十八日，上《論西賊議和利害狀》、《論元昊不可稱吾祖劄子》（卷九九，又見《長編》卷一四二）。

八月三日，詳定《編敕》。歐奏免詳定官杜曾。

《長編》卷一四二慶曆三年八月：「《天聖編敕》既施行，……丁酉（三日），復命官删定。翰林學士吳育、侍御使知雜事魚周詢、權判大理寺杜曾、知諫院王素、歐陽修并爲詳定官，宰臣晏殊、參知政事賈昌朝提舉。既而修言（杜）曾嘗盜父妾生子，遂出知曹州，皇恐暴卒。」按：《胡譜》載歐陽修「同詳定

《編敕》」于本年十二月丁未（十四日），姑存備考。

是月中旬以後，連上《論孫抃不可使契丹劄子》（卷九九）。未從（《長編》卷一四二）。

十七日，上《論盜賊事宜劄子》（卷一〇〇，又見《長編》卷一四二）。

十九日，上《論范仲淹宣慰陝西劄子》、《論乞不遣張子奭使元昊劄子》（卷九九），均不從（《長編》卷一四二）。

二十八日，以歐等累章劾奏，急于求和的翰林侍讀學士楊偕黜知外郡。

《長編》卷一四二慶曆三年八月壬戌（二十八日）：「時元昊乞和而不稱臣，偕以謂連年出師，國力日蹙，宜權許之，徐圖誅滅之計。諫官王素、歐陽修、蔡襄累章劾奏：『偕職爲從官，不思爲國討賊，而助元昊不臣之請，罪當誅。陛下未忍加戮，請出之，不宜留處京師。』帝以章示偕，偕不自安，故求外補。未至越州，改杭州。」

九月四日，受仁宗獎諭，賜緋衣銀魚五品服。

《長編》卷一四三慶曆三年九月戊辰（四日）：「賜知諫院王素三品服，余靖、歐陽修、蔡襄五品服，面諭之曰：『卿等皆朕所自擇，數論事無所避，故有是賜。』」歐上《諫院謝賜章服表》（卷九〇）。

呂夷簡致仕，有《論呂夷簡劄子》、《論呂夷簡僕人受官劄子》、《論止絕呂夷簡暗入文字劄子》（卷一〇〇）。按：《長編》卷一四三載呂夷簡太尉致仕，附有歐陽修三疏。

五日，同詳定朝廷勛臣名次。

《長編》卷一四三慶曆三年九月：「己巳（五日），命天章閣侍講、史館檢討王洙，集賢校理、同知諫院歐陽修同詳定國朝勛臣名次，用元年赦書將錄其後也。」

按：王應麟《玉海》卷一三五繫此事于十一月二十八日。

十二日，上《論李淑奸邪劄子》、《再論李淑劄子》（卷一〇〇）。不從。

二十二日，同修《三朝典故》。

《長編》卷一四三慶曆三年九月丙戌（二十二日）：「命史館檢討王洙、集賢校理余靖、秘閣校理孫甫、集賢校理歐陽修同修《祖宗故事》。」

按：《祖宗故事》即《三朝典故》，參看下年九月二十八日記事。

二十九日，上奏《論禦賊四事劄子》（卷一〇一）。

又上《再論按察官吏狀》（卷九七）。《長編》卷一四三載此疏于慶曆三年九月末。次年初，仁宗詔令中書省、樞密院聚議多日，遴選各路按察使，州縣吏治一時有所澄清。

十月三日，上《論李昭亮不可將兵劄子》（卷一〇一）、《論軍中求將劄子》（卷九八，又見《長編》卷一四四）。

十日，上《論乞主張范仲淹富弼等行事劄子》（卷一〇一，又見《長編》卷一四四）。

十三日，上《論方田均稅劄子》（卷一〇三），乞召郭諮、孫琳二人，推廣千步方田法，施于上蔡縣，後因難而罷。

《長編》卷一四四慶曆三年十月丁未（十三日）：「歐陽修即言（郭）諮與（孫）

琳方田法，簡而易行，願召二人者。三司亦以爲然，且請于亳、壽、汝、蔡四州擇尤不均者均之。于是遣諮與琳先往蔡州，首括上蔡一縣，得田二萬六千九百三十餘頃，均其賦于民。既而諮言州縣多逃田，未可盡括，朝廷亦重勞人，遂罷。」

十四日，擢同修起居注（據《胡譜》）。乞改修注制度，從之。

《會要》職官二：「慶曆中，歐陽修爲起居注，常論其失云：自古人君不自閱史。今撰述既成，必錄本進呈，則事有諱避，史官雖欲書而不敢也。乞自今起居注更不進本。仁宗從之。」又「國朝故事：天子坐朝，則記注官立于御坐之後。歐陽修以謂起居者當視人君言色舉動而書，若立于後，則無以盡見，乃徙立于御坐之前。至修罷職，修注者乃復立于後。」

此月，因燕度查勘滕宗諒、狄青超支公用錢株連甚廣，歐連章乞請愛惜邊將，有《論燕度勘滕宗諒事張皇太過劄子》（卷一〇二，又見《長編》卷一四四）。

十一月七日，臺官缺人待補。歐連上《論臺官不當限資考劄子》（卷一〇一）。《長編》卷一四五載歐二疏于本月辛未（七日），附注：「王拱辰舉李京、包拯，或因修疏也。」

中旬，連上《論光化軍叛兵家口不可赦劄子》（卷一〇三）、《論江淮官吏劄子》（卷一〇二）、《論韓綱棄城乞依法劄子》（卷一〇三）等。

十九日，上《論舉館閣之職劄子》（卷一〇一），請革館閣冗濫。

二十七日，請上殿臣僚退朝稍留殿門，俟

修注官記錄帝語，從之（《長編》卷一四五）。

又上《論西賊議和請以五問詰大臣狀》（卷一〇二，又見《長編》卷一四五）。

十二月六日，召試知制誥（據《胡譜》）。歐有《辭召試知制誥劄子》及《狀》（卷九〇）。

八日，有旨不試，直以右正言知制誥，仍供諫職（據《胡譜》）。上《辭直除知制誥狀》（卷九〇）。《會要》職官三：「故事：入西閣，皆中書召試制誥三篇。二篇各二百字，一篇百字。惟周翰不召試而授焉。其後薛映、梁鼎、楊億、陳堯佐、歐陽修亦如此例。」

十四日，詔同詳定《慶曆編敕》（據《胡譜》）。

《外制集序》（卷七九）：「予方與修《祖宗故事》，又修起居注，又修《編敕》，日與同舍論議治文書。」按：《慶曆編敕》，《宋史·藝文志》著錄十二卷，僅云賈昌朝撰。此書早已佚失。

立春日，祭西太乙宫。歐爲獻官，尋例賜紫章服（據《胡譜》）。

此月，歐上《論澧州瑞木乞不宣示外廷劄子》（卷一〇三），從之。《長編》卷一四五慶曆三年十二月末：「是月，澧州獻瑞木，有文曰『太平之道』。」轉載歐此疏後，云：「詔諸祥瑞不許進獻，聽申禮部知。」并附注：「此詔據《會要》，初不與修相關，今附見，或因修建言，乃下詔也。」

仁宗寵嬪張美人生皇女，恩賞過度。歐上

《論美人張氏恩寵宜加裁損劄子》（卷一〇三）。按：疏中有語「大雪苦寒」，可知事在臘月。

本年，與楊闢交于京師，有《送楊闢秀才》（卷二）詩。

石介門生張續、李常登門謁見，歐愛賞其文，自慚不能薦。《讀張李二生文贈石先生》（卷二）：「先生二十年東魯，能使魯人皆好學，其間張續與李常，剖琢珉石得天璞。……予慚職諫未能薦，有酒且慰先生酌。」

僧惠勤歸餘杭，有《送惠勤歸餘杭》（卷二）詩。

慶曆四年甲申，三十八歲。

正月十二日，荆王趙元儼卒，年六十。歐陽修《論葬荆王劄子》（卷一〇四）力主儉葬，從之。

《事蹟》：「皇叔燕王薨，議者以國用不足，請待豐年而葬。先公乞減費而葬，以爲不肯薄葬，留之以待侈葬，徒成王之惡名；使四夷聞天子皇叔薨無錢出葬，遂輕中國。有旨，減節浮費而葬。」

二月二日，上《論張子奭恩賞太頻劄子》（卷一〇四，又見《長編》卷一四六）。

七日，上《論乞與元昊約不攻唃廝囉劄子》（卷一〇四，又見《長編》卷一四六）。

九日，上《論體量官吏酷虐劄子》（卷一〇二）。

《長編》卷一四六慶曆四年二月：「壬寅（九日），知光化軍、水部員外郎韓綱除名，英州編管。」下附歐此疏，并注：「修等上言，不得其時，因韓綱被罪附見。」胡柯繫此疏于慶曆三年，姑存待考。

上《論京西官吏非人乞黜按察使陳泊等劄子》及《再論陳泊等劄子》(卷一〇一，又見《長編》卷一四六)。

二十一日，上《論罷四路都部署劄子》(卷九七)。

《長編》卷一四六慶曆四年二月甲寅(二十一日)，「以陝西四路都部署……鄭戩爲永興軍都部署、知永興軍。」并載歐此疏，附注：「據歐陽修諫疏，則初移戩知永興，尚兼四路，後乃改命，必緣修此疏。」

三月八日，兼判登聞檢院(據《胡譜》)。

十二日，上《再論湖南蠻賊宜早招降劄子》及《論湖南蠻賊可招不可殺劄子》(卷一〇五，又見《長編》卷一四七)。

參與詳定科舉新法，有《詳定貢舉條狀》(卷一〇四)。

《長編》卷一四七慶曆四年三月甲戌(十二日)：「范仲淹等意欲復古勸學，數言興學校，本行實。詔近臣議。于是翰林學士宋祁，御史中丞王拱辰，知制誥張方平、歐陽修，殿中侍御史梅摯，天章閣侍講曾公亮、王洙，右正言孫甫，監察御史劉湜等合奏。」

十三日，詔令天下州縣皆立學。歐陽修撰《頒貢舉條制敕》(卷七九)。

四月四日，押伴契丹賀生辰人使御筵于都亭驛(據《胡譜》)。

六日，《論水洛城事宜乞保全劉滬等劄子》(卷一〇五，又見《長編》卷一四八)。

七日，因内侍藍元震劾奏范、歐等結「朋黨」營私。歐撰《朋黨論》辯之。

《長編》卷一四八慶曆四年四月戊戌(七日)：「初，呂夷簡罷相，夏竦授樞密使，復奪之，代以杜衍。……竦因與其黨造爲黨論，目衍、仲淹及修爲黨人。修乃作《朋黨論》上之」。

八日，出使河東，計度廢麟州及盜鑄鐵錢幷礬課虧額利害（據《胡譜》）。

周必大《歐集·河東奉使奏草後跋》：「按《仁宗實錄》，慶曆四年四月己亥（八日），……乃命右正言、知制誥、知諫院事歐陽修往河東，與轉運司同計置沿邊糧草。初，本路轉運使張奎鑄鐵錢于晉州，民多盜鑄；而知幷州楊偕請徙麟州于合河津；又晉州礬課歲虧，幷下修計度之。」

過洛陽，憑吊謝絳、錢惟演遺迹，有《再至西都》、《過錢文僖公白蓮莊》（卷一一）詩。

十九日，上《論陳留橋事乞黜御史王礪劄子》和《論王礪中傷善人乞行黜責劄子》（卷一〇五），黜監察御史王礪。

《會要》職官六四：「（慶曆四年四月）十九日，監察御史王礪降太常博士、通判鄧州。礪既奏論陳留移橋事，而諫官歐陽修言其陰徇朋黨，挾私彈事，故黜之。」《長編》卷一四八繫于四月己酉（十八日）。

此月，考察晉、絳、慈、隰州（今山西臨汾、新絳、吉縣、隰縣）等地，有《免晉絳等州人戶遠請蠶鹽牒》（卷一一五）等。

考察潞州（今山西長治），上《相度幷縣牒》（卷一一五），請撤幷三縣。

五月八日，徙知慶州孔沔知渭州，知渭州尹洙知慶州，用歐之議（《長編》卷一四九）。

十六日，奏《論麟州事宜劄子》（卷一一五），謂麟州不可廢移。

此月，考察忻州（今山西忻縣）、代州（今山西代縣）。有《倚閣忻代州和糴米奏狀》（卷一一五）。

六月，上疏《論西北事宜劄子》（卷一一五），以爲朝廷當「料敵制謀，養威持重」。

視察保德軍（今山西保德）。

《乞罷刈白草劄子》（卷一一六）：「臣昨六月中旬內至保德軍。」

疏請《乞放麟州百姓沽酒劄子》（卷一一六）。

七月初，離汾州（今山西汾陽）。

《乞罷刈白草劄子》（卷一一六）：「臣昨七月初，離汾州。」

有絳州（今山西新絳）之行，作《登絳州富公嵩巫亭示同行者》、《絳守居園池》（卷二）詩。

于絳州得鄭玄《詩譜》殘本。

《詩譜補亡後序》（卷四一）：「鄭氏《詩譜》最詳，求之久矣，不可得。……慶曆四年奉使河東，至于絳州，偶得焉，其文有注而不見名氏，然首尾殘缺。」

回經河北西路，有《論永寧軍捉獲作過兵士劄子》（卷一一六）。

取道水谷口（今河北完縣西北），有《水谷夜行寄子美聖俞》（卷二）詩。

《詩話》（卷一二八）：「聖俞、子美齊名于一時，而二家詩體特異：子美筆力豪俊，以超邁橫絶爲奇；聖俞覃思精微，以深遠閑淡爲意。各極其長，雖善論者不能優劣也。余嘗于《水谷夜行》詩略道其一二。」按：詩中有句「我來夏云初，素節今已屈」，可知作于初秋。

月底，回抵汴京（據《胡譜》）。

周必大《河東奉使奏草後跋》（卷一一六附）：「（歐）公《乞罷刈白草劄子》云『七月初離汾州』，又《水谷夜行》詩『我來夏云初，素節今已屈』，殆是月末至闕。」

回京後，有《論礬務利害狀》（卷一一五）、《乞罷鐵錢劄子》（卷一一五）、《請耕禁地劄子》（卷一一六）。

《長編》卷一五四慶曆五年二月甲寅（二十七日）：「初，歐陽修奉使河東還，言：河東之患，在盡禁緣邊之地不許人耕。」可知此疏作于奉使河東回京之後。又據《長編》卷一七八至和二年二月丙午記事，韓琦重申歐陽修奏議，開耕禁地，「得戶四千，墾地九千六百頃。」可見十餘年後，歐此奏議才付諸實施。

上《乞免浮客及下等人戶差科劄子》（卷一一六），請減免河東貧民下戶差役雜稅，受尹洙贊嘆。

尹洙《答河北都轉運歐陽永叔龍圖書》（《河南先生文集》卷一〇）：「見河東使還所奏罷下等科率一事，不謂留意文業，乃得詳盡至是。……見永叔所作奏記，把玩駭嘆者累日。」

八月六日，建言宋朝廷于契丹、西夏之戰中持中立態度。

《長編》卷一五一慶曆四年八月乙未（六日）：丁度、歐陽修等進言：「臣等竊謂契丹、元昊相攻，虛實不可知，……莫若以大義而兩存之。……如此，則于西人無陡絕之曲，于北鄙無結怨之端，從容得中，不失大義。」

十四日，授龍圖閣直學士、河北都轉運按察使（據《胡譜》）。

韓琦《歐陽公墓誌銘》（《安陽集》卷五〇）：「四年秋，北虜盛兵雲州，聲言西討，朝廷疑其有謀，議選文武材臣，密爲經畫。二府請輟公以往，即以公爲龍圖閣直學士、河北都轉運使。」

諫官奏留歐陽修，晏殊不許。

《長編》卷一五一慶曆四年八月癸卯（十四日）：「右正言、知制誥歐陽修爲龍圖閣直學士、河北都轉運按察使。……諫官蔡襄、孫甫奏留修，不許。」按：蔡襄《端明集》卷二六載《乞留歐陽修劄子》二道。《長編》卷一五二慶曆四年九月庚午（十二日）：「（晏）殊初入相，擢歐陽修等爲諫官，既而苦其論事煩數，或面折之。及修出爲河北都轉運使，諫官奏留修，不許。」

受命之後，上《論臺官上言按察使狀》（卷一〇七），乞仁宗收回指責各路按察使之詔令。

《長編》卷一五一慶曆四年八月：「乙卯（二十六日），上謂輔臣曰：『如聞諸路轉運、按察、提點刑獄司，發摘所部官吏細過，務爲苛刻，使下無所措手足，可降敕約束之。』……朝廷既降敕約束諸路按察使，備載臺官所上之言。」故歐上此狀。

陛辭之日，仁宗勉其言事。

《事蹟》：出爲河北轉運使，及陛辭之日，仁宗面諭曰：『不久當還，無爲久居計。有事但言來，無以中外爲限。』

臨行，上《乞許同商量保州事劄子》（卷一一七），許過問保州軍事。

《與集賢杜相公書》（卷六九）：「某才薄力劣，不足以備急緩之用，若止于調發輸餉，此俗吏之所能爲，故自請愿與田（況）、李（昭亮）共議兵事。」

有《舉官劄子》（卷一一七），推薦五人出任河北路官員。

九月四日，王果降知密州。歐上疏保舉王果（卷一一七），未從。

七日，李昭亮爲淮康軍留後、知定州。歐嘗有《奏李昭亮私取叛兵子女》（卷一一七），未從。

十八日，歐上《論討蠻賊任人不一劄子》（卷一〇五），不從（《長編》卷一五二）。

二十八日，《三朝典故》成書。歐因參與編纂，仁宗特賜獎諭（據《胡譜》）。有《謝獎諭編次三朝故事表》（卷九〇）。

按：《三朝典故》即《三朝政錄》，又稱《三朝故事》、《祖宗故事》。晁公武《郡齋讀書志》卷二上《三朝政錄》題下云：「右皇朝富弼上言乞選官置局，將三朝典故編成書。即命王洙、余靖、孫甫、歐陽修分別事類，成九十六門。」原書久佚，江少虞《皇朝事實類苑》有徵引。

此月，歷上《乞不詰問劉渙斬人》、《奏洺州盜賊事》、《五保牒》（卷一一七）。

十月三日，陳堯佐卒，年八十二，爲作《陳公神道碑銘》（卷二〇）。

六日，詔送逋逃歸宋的契丹宣徽使劉三嘏回境。歐《論劉三嘏事狀》（卷一〇七）曾請留不遣，未從。

《長編》卷一五二慶曆四年十月甲午（六日）：「詔河北緣邊安撫司械送契丹駙馬都尉劉三嘏至汲州。……先是，輔臣議厚館三叚，以詰契丹陰事，諫官歐陽修亦請留三叚。帝以問杜衍，衍曰：『中國主忠信，若自違誓約，納亡叛，則不直在我。且三叚爲契丹近親，而逋逃來歸，其謀身若此，尚足與謀國乎！納之何益？不如還之。』乃還三叚。」

十一月七日，蘇舜欽以進奏院祀神宴會遭誣陷，除名，蘇致書自辯，歐感嘆不能相救。

費袞《梁谿漫志》卷八：「蘇子美奏邸之獄，……其得罷時，歐公按察河北，子美貽書自辯于公，詞極憤激，而集中不載。歐陽公書其後云：『子美可哀，吾恨不能爲之言。』蓋公已自諫省出矣。」

十二日，仁宗指責「朋黨」說。尹洙上疏替歐辯說。

尹洙《論朋黨疏》（《河南先生文集》卷一）：「臣愛修等之賢，故惜其去朝廷而不盡其才。如陛下待修等未易于初，則臣有稱道賢者之美；如其恩遇已移，則臣負朋黨之責矣。」

二十四日，因南郊禮，進階朝散大夫，封信都縣開國子，食邑五百戶（據《胡譜》）。

是年冬，爲吉州（今江西吉安）郡學撰《吉州學記》（卷三九）。

《與李吉州寬啓附別紙》（卷九六）：「鄉郡多幸，得賢侯爲立學舍。蒙索鄙文，竊喜載名廡下，遂不敢辭。」按：此書作于次年冬初到滁州日。《吉州學記》文云：「其年十月，吉州之學成。」說明《學記》當于今年十月後撰稿，次年冬季交付刻石。

慶曆五年乙酉，三十九歲。

正月，權知成德軍事，爲時三個月（據《胡譜》）。

《長編》卷一五三慶曆四年十二月甲辰（十七日）：「徙知成德軍、龍圖閣直學士、起居舍人田况知秦州。」據歐陽修今春《寄秦州田元均》詩「莫忘鎮陽遺愛在，北潭桃李正氛氲」，可知田况（字元均）初春已赴秦州。

此月，勸阻富弼殺戮保州降兵。

《事蹟》：「保州叛兵既降，其脅從者二千餘人，分隸河北諸州。富鄭公爲宣撫使，恐其復生變，欲委諸州同日誅之。方作文書，會先公權知鎮府，遇富公于內黃，富公夜半屏人，密以告公。公曰：『禍莫大于殺降。昨保州叛卒，朝廷許以不死招之，今已戮之矣。此二千人本以脅從故得不死，奈何一旦無辜就戮。且無朝旨，若諸郡不肯從命，事既參差，則必生事，是趣其爲亂也。且某至鎮州，必不從命。』富鄭公遂止。」按：《長編》卷一五一繫此事于慶曆四年八月甲寅（二十五日），恐誤。據此記事，歐勸阻富弼殺戮保州降兵，時在受命權知成德軍事之後、本月二十八日富弼貶知鄆州之前。

于河北境內，多方集錄前代碑帖銘文。

《與蔡君謨求書集古錄序書》（卷六九）：「曩在河朔，不能自閑，嘗集錄前世金石之遺文。自三代以來古文奇字，莫不皆有。……蓋自慶曆乙酉，逮嘉祐壬寅，十有八年而得千卷。」

二月六日，連上《乞罷郭承祐知邢州》、《再奏郭承祐》（卷一一七），徙承祐爲河陽部署（《長編》卷一五四）。

二十八日，朝廷廢去兩制以上官保舉轉運使副、省府推判官等，歐上《論兩制以上罷舉轉運使副省府推判官等狀》（卷一○七），持異議，不報（《長編》卷一五四）。

三月十四日，尹源卒于知懷州任，年五十，爲作《祭尹子漸文》（卷四九）、《太常博士尹君墓誌銘》（卷三一）。

十八日，遊鎮陽（今河北正定）潭園，有《後潭遊船見岸上看者有感》（卷五六）詩，題下原注：「河朔之俗，不知嬉遊。大名與眞定以三月十八日爲行樂之日，其俗頗盛。」

二十一日，手編知制誥時所草制敕一百五十餘篇，成《外制集》。

《外制集序》（卷四三）：「明年秋，予出爲河北轉運使。又明年春，權知成德軍

事，事少閒，發向所作制草而閱之，雖不能盡載明天子之意，于其所述，百得一二，足以章示後世。……三月二十一日序。」

此月，上《論杜衍范仲淹等罷政事狀》（卷一○七），辯朋黨之誣，不報（《長編》卷一五五）。

四月，回京師探望病中母、妻。

《與尹師魯書》其五（卷六七）：「修一春在外，四月中還家，則母病妻皆卧在床。」

五月，致書杜衍（卷一四五），自愧不能爲之辯讒。

閏五月二十八日，再請以轉運使過問邊事，從之。

《長編》卷一五六慶曆五年閏五月癸丑（二十八日）：「河北都轉運按察使歐陽

修言，請自今許令本司與聞邊事，從之。」《歐集》卷一一八有《乞預聞邊事》及《再奏》疏。

上《論契丹侵地界狀》（卷一一八）。

《長編》卷一五六慶曆五年閏五月癸丑（二十八日）載此疏，并附注：「修疏不得其時，因修請與邊事附此。」

此月，上劉羲叟所注《天官書》及所著《洪範災異論》，有《舉劉羲叟劄子》、《繳進劉羲叟春秋災異奏狀》（卷一一六），并薦特旨召試。

六月，長女歐陽師夭亡，有哭詩《白髮喪女師作》（卷二）、《哭女師》（卷五八）。

梅堯臣《開封古城阻淺聞永叔喪女》（《宛陵先生集》卷二五）：「去年我喪子與妻，君聞我悲嘗俯眉，今年我聞若喪女，野岸孤坐還增思。」按：同卷有《乙酉六月二十一日予應辟許昌京師內外之親則有刁氏昆弟蔡氏子予之二季友人則胥平叔宋中道裴如晦各攜肴酒送我于王氏之園盡歡而去明日予作詩以寄焉》詩，可知梅堯臣出汴京，由水路赴許昌，在六月二十一日。因汴河水淺，船行暫受阻，時聞歐喪女，當在六月末。

是夏，視河功，馬墜傷足。

《與尹師魯書》其五（卷六七）：「往德博視河功，比還，馬墜傷足。」

七月，石介卒，年四十一。二十一年後，爲作《徂徠石先生墓誌銘》（卷三四）。

八月二十一日，因「張甥案」，落龍圖閣直學士，罷都轉運按察使，以知制誥出知滁州（《長編》卷一五七）。

《乞辨明蔣之奇言事劄子》（卷九三）：「適會臣有一妹夫張龜正前妻女，嫁臣一疏族不同居侄晟，于守官處與人犯姦。是時錢明逸爲諫官，遂言臣侵欺本人財物，與之有私。既蒙朝廷置獄窮勘，并無實狀，事得辯明。而當時執政之臣，惡臣者衆，其陰私事雖已辯明，猶用財物不明，降臣知滁州。」

在「張甥案」中，趙槩、張方平曾爲歐陽修辯。《涑水紀聞》卷三、《張公行狀》（《樂全集》附録）、王安石《蘇君墓誌銘》（《臨川先生文集》卷九二）、《默記》卷下各載其詳。

曾鞏致書歐陽修、蔡襄，對新政失敗及二公不幸，深感憤切。

曾鞏《上歐蔡書》（載《聖宋文選》）：「二公相次出，兩府亦更改，而怨忌毁罵讒構之患，一日俱發，翕翕萬狀，至于乘女子之隙，造非常之謗，而欲加之天下之大賢，不顧四方人議論，不畏天地鬼神之臨己，公然欺誣，駭天下之耳目，令人感憤痛切，廢食與寢，不知所爲。噫！二公之不幸，實疾首蹙額之民之不幸也！」

深秋，自河北由水路赴滁州。有《自河北貶滁州初入汴河聞雁》（卷一一）詩。

十月二十二日，至郡，有《滁州謝上表》（卷九〇）。

此月，上《賀章獻明肅章懿二皇后祔廟表》、《賀祔廟禮畢進奉銀五百兩狀》（卷九〇）。

此月，歐屢至琅琊山庶子泉李陽冰石篆處，拓本寄梅、蘇，乞詩刻石。

《石篆詩并序》（卷五三）：「州之西南有琅琊山。……又陽冰別篆十餘字，尤奇于銘文，世罕傳焉。……思予嘗愛其文而不及者，梅聖俞、蘇子美也。因爲詩一首，幷封題墨本以寄二君，乞詩刻于石。」按：梅堯臣作《歐陽永叔寄琅琊山李陽冰篆十八字幷永叔詩一首欲予繼作因成十四韻奉答》，見《宛陵先生集》卷二六；蘇舜欽作《和永叔琅琊山庶子泉陽冰石篆詩》，見《蘇舜欽集》卷四。

作豐年詩《永陽大雪》（卷二）。

十二月，前任趙良規調遷京西提刑，有《走筆答原甫提刑學士》（卷五七），編者卷末校記云：「慶曆五年冬，公守滁州，而前政趙良規帶秘閣校理移京西提刑，即其人也。」《宋史·趙良規傳》：趙良規，字元甫，「知泰、滁二州，歷京西、陝西路提點刑獄。」

有《與韓忠獻王稚圭》其二（卷一四四）、《與曾宣靖公明仲》（卷一四五）。

本年，有書戒蘇舜欽作詩。

蘇舜欽《和永叔琅琊山庶子泉陽冰石篆詩》（《蘇舜欽集》卷四）句下原注：「永叔近以書戒予作詩。」

次子奕（字仲純）生（據《胡譜》）。

慶曆六年丙戌，四十歲。

正月，章岷寄贈詩文新作，有復書。

《與章伯鎭》其二（卷一四七）：「承此新春，福履休裕。詩文新作，金石交奏。」

撰《遊琅琊山》（卷三）詩。

邀蘇舜欽來滁書詩刻石。

《與梅聖俞》其十五（卷一四九）：「《琅琊泉石篆詩》只候子美詩來。已招子美自來，書而刻之。遊山六咏等，即欲更立一石，不惜早寄也。」按：蘇舜欽慶曆五年秋，應李絢之請，有潤州之行。是否抵滁，待考。

瞻仰琅琊山王禹偁祠，有《書王元之畫像側》（卷一一）詩。

阮閱《詩話總龜》卷一二引劉斧《摭遺》：「歐陽文忠公守滁，見王元之《謝上表》云『諸縣豐登，絕少公事；全家飽暖，共荷君恩』。因成詩曰：『諸縣豐登少公事，全家飽暖荷君恩。』」

有《春寒郊李長吉體》（卷五三）、《春日獨居》（卷五六）詩。

三月，有《啼鳥》（卷三）詩，抒寫孤寂憤激情緒。

是春，曾鞏因病耽誤科試，歐致書慰勉（卷一五〇《與曾舍人》其二）。

狀元賈黯致書歐陽修。歐有《回賈狀元啓》（卷九五）。

六月，于豐山幽谷發現甘泉，建「豐樂亭」，自爲《豐樂亭記》（卷三九）。

按：《與蔣聖俞》其十六（卷一四九）、呂本中《紫薇雜記》詳載獲幽谷甘泉本末。

又于豐樂亭東築醒心亭，次年囑曾鞏作記。

曾鞏《醒心亭記》（《曾鞏集》卷一七）：「滁州之西南，泉水之涯，歐陽公作州之二年，構亭曰豐樂，自爲記以見其名之意。既又直豐樂之東幾百步，得山之高，構亭曰醒心，使鞏記之。」

應曾鞏之請，爲其祖父曾致堯撰《曾公神道碑》（卷二一）。

自號醉翁，作《醉翁亭記》（卷三九），并有《題滁州醉翁亭》（卷五三）詩。

朱弁《曲洧舊聞》卷三：「《醉翁亭記》初成，天下莫不傳誦，家至戶到，當時爲之紙貴。宋子京（祁）得其本，讀之數過曰『只目爲《醉翁亭賦》，有何不可！』」

是秋，移徙菱溪奇石于豐樂亭畔，供滁人觀賞。有《菱溪大石》（卷三）詩、《菱溪石記》（卷四〇）。

《與梅聖俞》其十六（卷一四九）：「州東五里許菱溪上，有二怪石，乃馮延魯家舊物，因移在亭前。」

有同年進士將赴閬州通判任，歐賦《臨江仙》詞（卷一三三）送之。

文瑩《湘山野錄》卷上：「歐陽公頃謫滁州，一同年將赴閬倅，因訪之，即席爲一曲以送。」按：詞中「十年歧路」，當指景祐三年貶夷陵至本年，爲時正好十年。由「孤山寒日」、「紅樹遠連霞」等句，知時爲秋季。

十月，治滁期年，政寬民安。

十二月，魏廣千里來滁，有《送滎陽魏主簿》（卷四）詩。

按：歐、魏當爲初次面識，由「窮冬」句知時在歲暮。

此月，作《與韓忠獻王稚圭》其六（卷一四四），介紹滁州張推官謁見韓琦。

是冬，應滕宗諒之請，作《偃虹堤記》（卷六三），云：「有自岳陽至者，以滕侯之書、洞庭之圖來，告曰：『願有所記。』」

按：歐去秋受命作記，完稿付刻，當在今冬。歐本年《與章伯鎮》云：「冬冷，千萬保重。《偃虹堤記》，滕侯牽強，不意敢煩餘暇，特與揮翰，荒惡之文，假飾傳久，感愧，感愧！」可知碑刻由章岷書寫。

王得臣《麈史》卷中《碑碣》：「岳陽西瀕大江，夏秋洞庭水平，望與天接，而州步無艤舟之所，人甚病之。慶曆間滕子京謫守是邦，嘗欲起巨堤以捍怒濤，使爲弭楫之便，先名曰偃虹堤。求文于歐陽永叔，故述堤之利詳且博矣，碑刻傳于世甚多。治平末予宰巴陵，訪是堤，郡人曰：『滕子京未及作而去』。」

按：王得臣于滕子京知岳州後二十年訪尋偃虹堤而不獲見，所言當可信。據范仲淹《范文正公集》卷一三《天章閣待制滕君墓誌銘》，滕知蘇州，未逾月卒。又《蘇舜欽集》卷一五《祭滕子京文》，署慶曆七年二月二日。滕子京當于冬末春初離岳州，隨即病逝于蘇州任所，是亦可證王得臣所言可信。

胡瑗門人章生自吳興來滁求教。東歸時，歐有《送章生東歸》（卷二）勉勵之。

謝景初編次梅詩成十卷，歐爲作《梅聖俞詩集序》（卷四二），倡「詩窮而後工」說。

按：胡柯繫于「慶曆六年」，當爲序文最初寫作時間。十五年後，梅堯臣病逝，歐重輯梅遺稿成十五卷，改寫本序文。

滁州酒宴，有通判杜彬琵琶助興。

葉夢得《避暑錄話》卷上：「歐陽文忠在滁州，通判杜彬善彈琵琶。公每飲酒，必使彬爲之，往往酒行遂無算，故有詩云：『坐中醉客誰最賢，杜彬琵琶皮作弦』。」按：陳師道《後山詩話》詳載此事。

慶曆七年丁亥，四十一歲。

正月，有《與晏元獻公同叔書》其一（卷一四五），引薦魏廣。

三月，有《豐樂亭游春三首》（卷一一）詩。

是春，命謝縝判官于幽谷雜植花卉，有《謝判官幽谷種花》（卷一一）詩。蔡絛《西清詩話》：「歐公守滁陽，築醒心、醉翁兩亭于琅琊幽谷，且命幕客謝某者雜植花卉其間。謝以狀問名品，公即書紙尾云：『淺深紅白宜相間，先後仍須次第栽。我欲四時攜酒去，莫教一日不花開。』其清放如此。」

按：「幕客謝某」，趙令時《侯鯖錄》卷一作「幕中謝判官」。梅堯臣《宛陵先生集》卷二六有《方在許昌幕內弟滁州謝判官有書邀余詩送近聞歐陽永叔移守此郡爲我寄聲也》，卷三一又有《酌別謝通微判官兼懷歐陽永叔》二首，由此可知謝判官，字通微，爲謝絳堂弟、梅堯臣內弟。又據曾鞏《元豐類稿》卷一四《謝司理字序》，可知謝通微名縝。

有《畫眉鳥》（卷一一）詩，抒寫脫離朝廷、寄情山林之逍遙自在。

四月九日，賦詩《四月九日幽谷見緋桃盛開》（卷三）。

十日，尹洙卒于南陽，年四十七。次年，撰《祭尹師魯文》（卷四九），《尹師魯墓誌銘》（卷二八）。

五月二十三日，皇叔趙德文卒，作《慰申王薨表》（卷九〇）。

六月，石介險遭斫棺之厄，歐有《重讀徂徠集》（卷三）詩。

八月中旬，曾鞏奉父進京途中，赴滁州，盤桓二十日。邀王安石來滁，未果。曾鞏《與王介甫第一書》（《曾鞏集》卷一六）：「鞏至金陵後，自宣化渡江來滁上，見歐陽先生，住且二十日。……歐公甚欲一見足下，能作一來計否？」按：曾鞏于滁作《醒心亭記》，署慶曆七年八月十五日。王安石是年春調知鄞縣，忙于興水利、貸穀于民，未能來滁。

歐將王安石文章輯入《文林》。曾鞏《與王介甫第一書》（《曾鞏集》卷一六）：「歐公悉見足下之文，愛嘆誦寫，不勝其勤。……又嘗編《文林》者，悉時人之文佳者，此文與足下文多編入矣。」吳子良《荆溪林下偶談》卷三：「歐公凡遇後進投卷可采者，悉錄之爲一冊，名曰《文林》。」

九月，有《賀文參政彥博啓》（卷九五）。

是秋，徐無黨、徐無逸千里來滁。臨歸，有《懷嵩樓晚飲示徐無黨無逸》（卷三）

詩。

有《秋懷二首寄聖俞》（卷三）、《拒霜花》（卷三）詩。

十月，有《希眞堂東手种菊花十月始開》（卷三）詩。

十二月，因南郊祀，升遷，撰《拜赦》（卷四）詩、《謝加上騎都尉進封開國伯加食邑三百戶表》（卷九〇）。

本年，楊寘南下劍浦任縣尉。歐爲作《送楊寘序》（卷四二）。

歐受蘇舜欽之請，賦《滄浪亭》詩。

三子棐（字叔弼）生（據《胡譜》）。

慶曆八年戊子，四十二歲。

閏正月一日，明鎬、文彥博攻克貝州，王則起事失敗。歐有《賀平貝州表》（卷九〇）。

九日，文彥博爲宰相。有《賀文相公拜相

啓》（卷九五）。

十六日，轉起居舍人，依舊知制誥，徙知揚州（據《胡譜》）。

二月，離滁赴任，有《别滁》（卷一一）詩。

二十二日，至揚州，有《揚州謝上表》（卷九〇）。

五月，有《與韓忠獻稚圭》書（卷一四五）。韓琦慶曆五年三月出知揚州，至此已二年有餘。

承續韓琦遺業，平山堂、美泉亭、無雙亭相繼竣工。

《與韓忠獻王稚圭》其八（卷一四四）：「平山堂占勝蜀岡，江南諸山，一目千里，以至大明井、瓊花二亭。此三者，拾公之遺，以繼盛美爾。」句下原注：「大明井曰美泉亭，瓊花曰無雙亭。」

葉夢得《避暑錄話》卷上：「歐陽文忠公在揚州作平山堂，壯麗爲淮南第一。每暑時，輒凌晨攜客往遊，遣人走邵伯取荷花千餘朵，以畫盆分插百許盆，與客相間，遇酒行，即遣妓取一花傳客，以次摘其葉，盡處則飲酒。往往侵夜載月而歸。」

梅堯臣攜新婦刁氏歸宣城，途經揚州，與歐通宵夜話，言及《易》學、史學、政治與文學。

梅堯臣《永叔進道堂夜話》（《宛陵先生集》卷三三）：「與公話平生，事不一毫及。初探《易》之奧，大衍遺五十，乾坤露根源，君臣排角立。言史書星瑞，亂止由不戢，鉅惡參大美，微顯豈相襲。陳疏見公忠，曾無與明執，文章包元氣，天地得噓吸。……未竟天已白，左右如啓蟄。」

八月上旬，梅堯臣由宣城赴陳州判官任，再經揚州，被歐留飲。有《招許主客》（卷一一）詩。

許主客，即許元，字元春，時以主客郎中出任江淮兩浙荆湖發運使。梅堯臣《宛陵先生集》卷三三有《依韻和歐陽永叔中秋邀許發運》詩。

十五日，待月值雨，有《中秋不見月問客》、《酬王君玉中秋待月值雨》（卷五七）詩。

此月，請畫師來嵩爲梅堯臣畫像。

梅堯臣《畫眞來嵩》（《宛陵先生集》卷三三）：「廣陵太守歐陽公，令爾畫我憔悴容。」

梅堯臣北去，歐有《別後奉寄聖俞二十五兄》（卷四）詩。

張方平出知滁州，歐有詩寄贈。

張方平《酬歐陽舍人寄題醉翁亭詩》（《樂全集》卷四）：「知君多醉此，歸鞍屢突兀。醉中遺形骸，題名亦信筆。」

按：歐詩《寄題醉翁亭》已佚。據《長編》卷一六五慶曆八年八月丁丑（十一日）：翰林學士、兼端明殿學士、右諫議大夫、知制誥、史館修撰張方平落職知滁州，故繫于此月。

十二月二十七日，爲許元作《海陵許氏南園記》（卷四〇）。

此月，蘇舜欽卒于蘇州，年四十一，歐有《祭蘇子美文》（卷四九）。後八年，又爲作《湖州長史蘇君墓誌銘》（卷三一）。

是冬，行內視之術，損傷雙目，釀成宿疾。

《與王文恪公樂道》其一（卷一四七）：「某近以上熱太盛，有見教云水火未濟，當行內視之術。行未逾月，雙眼注痛如割，不惟書字艱難，遇物亦不能正視，但恐由此遂爲廢人。」按：書末有「深寒保重」語，知時在隆冬。嘉祐三年，歐陽修《與王郎中》云「某病目十年」，溯數其初患眼病時間，正在此時。

本年，序《月石硯屏歌序》（卷六五）。

歐去年有《紫石屏歌》，一作《月石硯屏歌寄蘇子美》，與本序同寫一事。《蘇舜欽集》卷五《永叔石月屏圖》、梅堯臣《宛陵先生集》卷三三《咏歐陽永叔文石硯屏二首》，同爲歐詩唱和作。

于揚州，作《大明水記》（卷六三）。

韓琦于定州寄贈《唐蔡有鄰盧舍那珉像碑》（卷一三九《金石録跋尾》）。

按：《長編》卷一六四慶曆八年四月辛卯：「資政殿學士，給事中韓琦知定州。」可知韓爲歐獲碑本，在今年夏季以後。

慶曆以後，歐文擅名天下。

葉夢得《避暑録話》卷上：「慶曆後，歐陽修以文章擅天下，世莫敢有抗衡者。」

皇祐元年己丑，四十三歲。

正月十三日，歐自請移知潁州（今安徽阜陽）（據《胡譜》）。

赴潁途中，于渦口（今安徽懷遠縣東北）會晤自陳州回宣城奔父喪之梅堯臣。

梅堯臣《渦口得雙鱖魚懷永叔》（《宛陵先生集》卷一二）：「我今淮上去，……公乎廣陵來，值我號蒼穹。何爲號蒼穹？失怙哀無窮。」按：據歐陽修《太子中舍梅君墓誌銘》，梅堯臣父梅讓「皇祐元年正月朔卒于家。」梅堯臣同月解職回籍奔喪。

經行壽州（今安徽鳳臺），有《行次壽州寄內》（卷五六）詩。按：詩原繫慶曆八年，誤。去年自滁州遷揚州，不需經行壽州，當爲今年自揚赴潁途中所作。

二月十三日，至潁州（據《胡譜》）。

《潁州謝上表》（卷九〇）：「臣已于三月十三日赴上訖者。」「三月」恐爲「二月」之訛。歐同年《與韓忠獻王稚圭》其八有云：「仲春初旬，已趨官所。」與《胡譜》合。

三月，宋敏修探親抵潁。臨別，有《送秘書丞宋君歸太學序》（卷四三）。按：王珪《華陽集》卷二七及蔡襄《蔡忠惠集》卷一〇均有《秘書丞宋敏修可太常博士制》。此「官太學」的「秘書丞宋君」當爲宋綬次子宋敏修。

是春，向陳州知州晏殊寄書致意。

《與晏相公殊書》（卷九六）：「春暄。……修伏念曩者相公始掌貢舉，修以進士而被選掄；及當鈞衡，又以諫官而蒙獎擢。出門館不爲不舊，受恩知不謂不深。」按：邵博《邵氏聞見後錄》卷一五記晏殊得書後，「對賓客口占數語，授書史作報」。

樂潁州民物水土，有卜居之意（據《胡譜》）。

《思潁詩後序》（卷四四）：「皇祐元年春，予自廣陵得請來潁，愛其民淳訟簡而物產美，土厚水甘而風氣和，于時慨然已有終焉之意也。」

患眼疾，作詩《眼有黑花戲書自遣》（卷五四）。

乾德舊友歐世英來訪，有《秀才歐世英惠

然見訪于其還也聊以贈之》（卷一二）詩，有《聖無憂》（卷一三三）詞。

與通判呂公著爲講學之友。

《宋史·呂公著傳》：「呂公著……通判潁州，郡守歐陽修與爲講學之友。」按：無名氏《南窗紀談》亦載歐與呂公著在潁州「日相從講學爲事，情好款密」。

與焦千之、常秩、劉敞、王回等交遊。

黃宗羲《宋元學案》卷四：「焦千之，字伯強，潁州焦陂人也。從歐陽公學，稱上弟。」《長編》卷二二二附注引林希《野史》：「常秩，潁州人。皇祐中，歐陽修爲州，劉敞、王回在郡，日與之遊，聞常秩居里巷，有節行，間與之宴集，由此知名。」

四月，初遊西湖，有《西湖戲作示同遊者》（卷一二）、《初至潁州西湖種瑞蓮黃楊寄淮南轉運呂度支發運許主客》（卷一一）等詩。後詩云：「柳絮已將春去遠，海棠應恨我來遲。」

按：關于此詩本末，趙令畤《侯鯖錄》卷一云：「歐公閑居汝陰時，一妓甚潁，文忠歌詞盡記之，筵上戲約，他年當來作守。後數年，公自維揚果移汝陰，其人已不復見矣。視事之明日，飲同官湖上，種黃楊樹子，有詩留題擷芳亭云：『柳絮已將春色去，海棠應恨我來遲』。後三十年東坡作守，見詩笑曰：『杜牧之綠樹成蔭之句耶』！」事蹟未可全信，姑錄以備考。

二十四日，轉禮部郎中（據《胡譜》）。有《謝轉禮部郎中表》（卷九〇）。

此月，與張器判官泛舟，有《酬張器判官泛溪》（卷一二）。

按：梅堯臣《宛陵先生集》卷三八詩《送張著作器宰蘄水》，朱東潤繫于皇祐三年。歐《與張職方》其二：「方知已授蘄春，且居潁上。」可知張器後爲蘄水縣令。

是夏，潁州新造三橋，歐命名爲「宜遠」、「飛蓋」、「望佳」，并有《三橋詩》（卷一一）。

六月十四日，有賞月詩《飛蓋橋玩月》（卷四）。

胡仔《苕溪漁隱叢話·後集》卷二三：「歐公作詩，蓋欲自出胸臆，不肯蹈襲前人，亦其才高，故不見牽強之迹耳，如《六月十四夜飛蓋橋玩月》。」

八月十一日，復龍圖閣直學士（據《胡譜》）。有《謝復龍圖閣直學士表》（卷九〇）。

十一月，鄭戩卒于知并州任，年六十二。歐有《祭鄭宣徽文》（卷四九）。

本年，謝縝兩度來訪，歐有《思二亭送光祿謝寺丞歸滁陽》（卷五四）、《送謝中舍二首》（卷一二）詩。

按：謝中舍即滁州判官、光祿寺丞謝縝，同年調遷餘姚知縣，官轉太子中舍。故《送謝中舍》詩輯入宋《會稽掇英總集》卷一〇，題作《送謝縝知餘姚》。

作《論尹師魯墓誌》（卷七三），自述墓誌寫作原則。

撰《堂中畫像探題得杜子美》（卷五四）、《獲麟贈姚闢先輩》（卷四）詩。

韓琦知定州，有《韓公閱古堂》（卷四）詩。

王顧知永州，有《永州萬石亭》（卷四）詩寄贈。

四子辯（字季默）生（據《胡譜》）。

皇祐二年庚寅，四十四歲。

正月七日，作《人日聚星堂燕集探韻得豐字》（卷四）詩。

朱弁《風月堂詩話》卷上：「歐公居潁上，申公呂誨叔作太守（誤，應爲通判），聚星堂燕集，賦詩分韻。公得松字，申公得雪字，劉原父得風字，魏廣得春字，焦千之得石字，王回得酒字，徐無逸得寒字。又賦室中物，公得鸚鵡螺杯，申公得瘿壺，劉原父得張越琴，魏廣得澄心堂紙，焦千之得金星研，王回得方竹杖，徐無逸得月硯屏風。又賦席間果，公得橄欖，申公得紅焦子，劉原父得溫柑，魏廣得鳳栖，焦千之得金桔，王回得荔枝，徐無逸得楊梅。又賦壁間畫像，公得杜甫，申公得李文饒，劉原父得韓退之，魏廣得謝安石，焦千之得諸葛孔明，王回得李白，徐無逸得魏鄭公。詩編成一集，流行于世，當時四方能文之士及館閣諸公，皆以不與此會爲恨。」按：歐陽修《橄欖》、《鸚鵡螺》存《歐集》卷四，原無繫年。《堂中畫像探題得杜子美》繫于上年。

降小雪，會飲聚星堂，賦《雪》（卷五四）詩，創「禁體物語」新詩體。

胡仔《苕溪漁隱叢話·前集》卷二九：「六一居士守汝陰日，因雪會客賦詩。……其後，東坡居士出守汝陰，禱雨張龍公祠，得小雪，與客會飲聚星堂，忽憶歐陽文忠公作守時，雪中約客賦詩，禁體物語，于艱難中特出奇麗，爾來四十餘年，莫有繼者。僕以老門生繼公後，雖不足追配先生，而賓客之美，殆不減當時。公之二子（棐、辯），又適在郡，故輒舉前令，各賦一篇。詩曰：……。自二公賦詩之後，未有繼之者，豈非難措筆乎！」按：後世詩壇有「禁體」詩，殆爲歐陽修所創。

五月，久旱喜雨，有《喜雨》（卷四）詩。

是夏，獲劉敞來書，針砭《五代史》稿本缺失，有《答原父》（卷五）詩。按：劉敞《公是集》卷九有《觀永叔五代史》，歐所答當爲此詩。《宋史·劉敞傳》：「歐陽修每于書有疑，折簡來問，對其使揮筆答之，不停手，修服其博。」時劉在開封任大理院評事。

器重潁州推官張洞。

周必大《跋歐陽文忠公與張洞書》（《益公題跋》卷四）：「右歐陽文忠公與張洞手書五幅。洞，字仲通，開封人。晁無咎《鷄肋集》有傳，任潁州推官，文忠實爲守，甚重之。」

焦千之隨呂公著離潁赴京，歐有《送焦千之秀才》（卷四）詩。

按：胡柯繫于皇祐元年，恐誤，據詩意，焦、呂同行。《長編》卷一六八皇祐二年六月辛巳（二十六日）：「屯田員外郎呂公著同判吏部南曹。」焦當隨往京師教呂公著子。

七月一日，改知應天府（今河南商丘），兼南京留守司事（據《胡譜》）。

二十四日，至應天府。有《南京謝上表》（卷九〇）。

上任伊始，以留守印封「五郎廟」，破其「靈祟」。

方勺《泊宅編》卷六：「歐陽公知應天府三日謁廟，吏白有五郎廟甚靈，請致禮，不然且爲祟，公頷之。一日，食，夾子輒失之，明日夾子在土偶手中。遂命扃其廟，以留守印封之，戒曰：『予去此，則可開。』然亦無他異。」

時杜衍致仕居南京。歐常登門拜謁，多有唱和詩。

《紀德陳情上致政太傅杜相公二首》其一（卷一二）題下原注：「一云《與丞相太傅杜公唱和一十二首》，自此而下。」《跋杜祁公書》（卷七三）：「余以尚書禮部郎中、龍圖閣直學士留守南都，公已罷相致仕于家者數年矣。余歲時率僚屬候問起居。」按：葉夢得《石林詩話》卷下、葛立方《韻語陽秋》卷一八載歐、杜唱和詩寫作情狀：「歐公和公（杜衍）詩有云：『貌先年老因憂國，事與心違始乞身。』公得之大喜，常自諷誦。當時以爲不惟曲盡公志，其形貌亦摹寫也。」

歐爲杜衍等作慶老公宴。

蘇頌《蘇魏公集》卷一二有詩題云：「某頃爲南都從事，値故相杜公與王賓客煥、畢大卿世長、朱兵部貫、馮郎中平同時退居府中，作五老會。一日，大尹廬陵歐陽公作慶老公宴，而王、畢二公以病不赴，中座亦只四人，某時與諸僚同與席末。」

十月五日，因明堂大禮，轉吏部郎中，加輕車都尉（據《胡譜》）。有《謝明堂覃恩轉官加勳表》（卷九〇）。

十二月，悉田況權三司使，有《與田元均論財計書》（卷六八）。按：《長編》卷一六九皇祐二年閏十一月己未（六日）：「改命田況爲樞密直學士、權三司使。」胡柯繫于今年，書末有「春暄」語，當作于歲暮立春之後。

是冬，韓琦自定州寄贈古碑刻。

《與韓忠獻王稚圭》其十（卷一四四）：「前在潁，承示碑文甚多，愧荷之懇，已嘗附狀。今者人至，又惠《宋公碑》二本，事蹟辭翰，可令人想慕。《張迪碑》幷《八關齋記》，此之所有。聊答厚賜，某惶恐。」按：歐致韓琦書簡其九、其十、其十一，胡柯均繫于今年。其九有云：「冬寒，伏惟臺候萬福。」其十一亦云「冬候凝寒。」可知本簡作于是冬。

本年，目睹官府榷酤取利，民生艱難，賦《食糟民》（卷四）詩，反躬自責。

約梅堯臣買田潁上，來潁共度晚年。

《續思潁詩序》（卷四四）：「皇祐二年，余方留守南都，已約梅聖俞買田于潁上。其詩曰：『優遊琴酒逐漁釣，上下林壑相攀躋，及身彊健始爲樂，莫待衰病須扶攜』。此蓋余之本志也。時年四十有四。」

蘇頌調南京留守推官，歐稱其才，委以政事。

《與蘇丞相子容》（卷一四五）篇末附蘇頌題跋：「余皇祐庚寅歲爲南都從事，會樂安公（歐陽修）來守留司，以余乃昔所舉送進士，待遇特厚。府中之務，皆以見屬。」

皇祐三年辛卯，四十五歲。

二月十七日，楊忱葬父。歐爲作《翰林侍讀學士右諫議大夫楊公（偕）墓誌銘》（卷二九）。

是春，有《送張洞推官赴永興經略司》（卷五）詩。

按：胡柯繫于皇祐二年，誤。據周必

大《跋歐陽文忠公與張洞書》（《益公題跋》卷四）所載：「皇祐三年，（張洞）從晏元獻公（殊）辟于長安，文忠時守南京。」

孫沔過南京，爲作《孫氏碑陰記》（卷六三）。

夏秋之間，歐贈粟賑助梅堯臣。

梅堯臣《杜挺之新得和州將出京遺予薪芻豆》（《宛陵先生集》卷三八）：「前時永叔寄秉粟，一秋已免憂朝昏。」

按：朱東潤繫于本年，贈粟當在夏、秋間。

八月，應許元之請，爲作《眞州東園記》（卷四〇）。

按：《事蹟》稱此文「創意立法，前世未有其體。」

有《奉答子華學士安撫江南見寄之作》（卷五），在詩中表述朝政改革思想。

按：胡柯繫于皇祐二年，誤。據《長編》卷一七一皇祐三年八月丙戌（八日）：「詔遣使體量安撫諸路。……戶部判官、太常博士、直集賢院韓絳江南東、西路。」此詩當作于本年八月以後。

是年冬，以母病，思緒不佳。

《與張職方》（卷一四七）：「某自至此，以親疾厭厭，無暇外事。欲求一僻地以便侍養，而遠處不可迎侍，側近又多爲清要所居，不敢陳乞。區區于此，無復情悰。」按：書中有「即日寒凜」語，知時在寒冬。

于南京任上，居官清正，被譽爲「照天蠟燭」。

《事蹟》：「南京素號要會，賓客往來無

盧曰，一失迎候，則議論蜂起。先公在南京，雖貴臣權要過者，待之如一，由是造爲語言，達于朝廷。時陳丞相升之安撫京東，因令審察是非。陳公陰訪之民間，得俚語，謂公爲『照天蠟燭』，還而奏之。」

本年，于杜衍處得蘇舜欽遺稿，編成文集十卷，并爲作《蘇氏文集序》（卷四一）。

按：皇祐五年，其《與梅聖俞》書簡云：「近爲子美編成文集十五卷。」當在此次集録基礎上有所增益。今傳《蘇學士集》十六卷，當後人又有續入。

朋友劉渙辭官歸隱，作《廬山高贈同年劉中允歸南康》（卷五）。

胡仔《苕溪漁隱叢話·前集》卷二九引《王直方詩話》：「郭功父少時喜誦文忠公詩，一日過梅聖俞，曰：近得永叔書，方作《廬山高》詩送劉同年，自以爲得意，恨未見此詩。功父爲誦之。聖俞擊節嘆賞曰：『使吾更作詩三十年，亦不能道其中一句。』功父再誦，不覺心醉，遂置酒又再誦，酒數行，凡誦數十遍，不交一談而罷。」葉夢得《石林詩話》卷一〇載歐陽修自矜話語：「吾《廬山高》，今人莫能爲，惟李太白能之。」

有《借觀五老詩次韻爲謝》（卷一二）詩。

王闢之《澠水燕談録》卷四：「慶曆末，杜祁公告老，退居南京，與太子賓客致仕王渙、光祿卿致仕畢世長、兵部郎中分司朱貫、尚書郎致仕馮平爲『五老會』，吟醉相歡，士大夫高之。……是時，歐陽文忠公留守睢陽，聞而嘆慕，借其詩觀之，因次韻以謝。」

舉薦屬官張田，得爲通判廣信軍。

《宋史·張田傳》：「張田，字公載，澶淵人，登進士第，知應天府司錄。歐陽修薦其才，通判廣信軍。」

皇祐四年壬辰，四十六歲。

三月十七日，母鄭氏夫人卒于官舍，享年七十二，歐遽歸潁守制。

《瀧岡阡表》（卷二五）：「修爲龍圖閣直學士、尙書吏部郎中，留守南京，太夫人以疾終于官舍，享年七十有二。」

《與十四弟煥》（卷一五三）：「某罪逆深重，不自死滅，禍罰上延太君，以三月十七日有事，攀號冤叫，五内分崩。」

《與韓忠獻王稚圭》其一三（卷一四四）：「昨大禍倉卒，不知所歸，遽來歸潁，苟延殘喘。」

四月，詔起復舊官，固辭。八月，許之（據《胡譜》）。

五月二十日，范仲淹卒于徐州，年六十四。

有《祭資政范公文》（卷五〇）。

七月，受命作范仲淹神道碑銘，稱須穩重行事。

《與孫威敏公元規》其二（卷一四五）：「即日秋暑，伏惟臺候萬福。昨日范公宅得書，以埋銘見托。……某平生孤拙，荷范公知獎最深，適此哀迷，别無展力，將此文字，是其職業，當勉力爲之。更須諸公共力商榷，須要穩當。」

有《與十二侄通理》（卷一五三）書，誠其忠心報國，廉正守官。

題下原注：「通理皇祐四年任象州司理。」書中有「已寒，好將息」等語，可知時在深秋。據光緒二年《吉安府志》卷四五《鄂州武昌縣尉歐陽府君墓誌銘》，歐陽通理爲歐陽修同父異母兄長歐陽曷之子。

丁寶臣以失守端州被貶，有《與丁學士寶臣》（卷一五一）書勉慰之。

十二月，貽書蘇頌，賀其薦試館職。《與蘇丞相子容》其二（卷一四五）：「因書批及見解榜，喜賢弟被薦。歲杪多愛，某再拜。」按：由「歲杪」句可知時在十二月。《宋史·蘇頌傳》載：「皇祐五年，召試館閣校勘，同知太常禮院。」獲薦名當在本年冬。

皇祐五年癸巳，四十七歲。

正月十四日，有《與十三侄奉職》（卷一五三），勉其安分守廉，教養胞弟。按：歐陽奉職，身世不詳，當因歐陽修恩蔭獲官。慶曆五年歐《班班林間鳩寄內》詩有云：「還朝今幾年，官祿霑兒侄。」

此月，致書梅堯臣，尋問小侄來潁助葬。《與梅聖俞》其二十七（卷一四九）：「新正必倍清勝。某孤苦如昨。爲有二小侄，一在象州，久不得信；一在袁州，欲乞渠來潁以辦葬。今札其官位姓名，託與問一消息。」又其二十八有云：「某哀苦中尋得葬地，欲趁八月、十月襄事，但庶事少人辦集。小侄煩爲問。」

二月二十八日，《與吳給事中復》其二（卷一四七），謝吳中復登門慰訪。

是春，賀徐無黨科舉登第，有《與澠池徐宰無黨》（卷一五〇）書。

知悉妻母金城夫人趙氏患病，遣家人歸省。《與梅聖俞》其二十四（卷一四九）：「某爲近得君貺家書，報薛家夫人不安，老妻日夕憂撓。……妻子要去歸省其母，亦欲過中祥遣他去。」

《與知縣寺丞》（卷一四七）：「某以妻母病，家人兒子輩入京相看。」

整理蘇舜欽文集，編成十五卷。

《與梅聖俞》其二十五（卷一四九）：「近爲子美編成文集十五卷。凡述作中人可及者，已削去之，留其警絶者，尙得數百篇。後世視之爲如何人也，朋友之間可以爲慰爾。……春暄保重。」

編定《五代史》初稿，成七十四卷。

《與梅聖俞》其二十三（卷一四九）：「閑中不曾作文字，只整頓了《五代史》，成七十四卷。不敢多令人知，深思吾兄一看。如何可得極有義類，須要好人商量。此書不可使俗人見，不可使好人不見。」

曾在潁州謀求墓地，後棄而不用。

《與知縣寺丞》（卷一四七）：「某哀苦如昨，近擇得葬地，在潁西四十里，土厚水深，略依山水向背，其餘陰陽家說，皆莫能一一如法也。卜用今秋，恐知，恐知。」

周必大《益公題跋》卷八《題六一先生丁憂居潁帖》云：「後一帖與知縣寺丞，不知何人。按文忠公夫人歸祔吉州永豐縣瀧岡阡，其言潁西地，蓋未嘗用也。」

四月七日，貽書十四弟煥，囑托照管廬陵祖墳。

《與十四弟煥》其二（卷一五三）：「某爲于潁州卜葬，所以未及歸得。……諸大小墳域，且望更與挂意照管。……四月七日。」

七月十五日，扶護母喪南下歸葬，遣侄嗣立先行。

《與十四弟煥》其三（卷一五三）：「某

今者扶護太君靈柩歸葬，先遣嗣立歸。凡有可幹事，爲嗣立少心力，吾弟且與同共勾當。……七月十五日。」又，七月十六日《與臨池院主》云：「某今謀奉太君神柩南歸，將遂相見，因小侄先行。」

南下途中，經行臨江軍清江縣（今江西樟樹），知縣李觀撰文祭奠。

吳曾《能改齋漫録》卷一一：「（李觀）以著作佐郎知臨江軍清江縣。時歐陽文忠公扶護太夫人喪歸廬陵，船過清江，太守請公爲文以祭之。太守以簡率爲訝，觀曰：「無深訝也。」既而文忠擊節稱之。其文曰：『昔孟軻亞聖，母之教也。今有子如軻，雖死何憾！尚饗。』」

八月，合葬母鄭氏于吉州吉水縣沙溪鎮瀧岡。胥、楊二夫人同時祔葬（據《胡譜》）。

《胥氏夫人墓誌銘》（卷六二）：「從其姑葬于吉州吉水縣沙溪之山。」題下原注：「公在憂制，舉附葬之禮，故命門人（徐無黨）秉筆。」

《楊氏夫人墓誌銘》（卷六二）：「後十有九年，從其姑葬于吉州吉水縣沙溪之山。」按：焦千之代作。

指瀧岡爲自己身後葬地。

曾敏行《獨醒雜志》卷三：「歐公葬太夫人時，嘗指其山之中曰：『此處他日當葬老夫。』後葬于新鄭，非公意也。」

晚年請瀧岡道觀爲墳院。

曾敏行《獨醒雜志》卷二：「兩府例得墳院。歐陽公既參大政，以素惡釋氏，久而不請。韓公爲言之，乃請瀧岡之道觀。又以崇公（歐陽觀）之諱，因奏改爲西陽宫。」

明都穆《聽雨記談》：「（歐）公葬母夫人于瀧岡，蓋終公之身，未嘗再至也。……瀧岡有西陽宫，宫之道士，歲時省展，如其子孫。」

在吉州沙溪葬母期間，得悉岳母金城夫人趙氏卒，作《祭金城夫人文》（卷七〇），遣表弟致祭。

十一月，張谷卒，年五十九。後二年，歐爲作《尙書屯田員外郎張君墓表》（卷二四）。

是冬，回潁州守制（據《胡譜》）。

《與蘇丞相子容》續添其二（卷一四五）：「某自去秋扶護南歸……其如水往陸還，奔馳勞苦。」按：由此可知，歐北歸行陸路。

貽書焦千之（卷一五〇），慰其科場失利，相約來潁講訓經術。

按：書中有「當正初南歸」、「已寒」等語，知在本年冬天返潁之後。

本年，作《先君墓表》（卷六二），爲家傳舊物「七賢畫」作《七賢畫序》（卷六五）。

撰《歐陽氏譜圖》。

（石本）《歐陽氏譜圖序》（卷七一）：「當皇祐、至和之間，……爲《譜圖》一篇。」

蘇洵《譜例》（《嘉祐集》卷一三）：「昔者洵嘗自先子之日而咨考焉，……以爲《蘇氏族譜》。它日，歐陽公見而嘆曰：『吾嘗爲之矣。』出而觀之，有異法焉。」

按：蘇洵《族譜後錄》下篇題識「至和二年九月日。」歐陽修《譜圖》當先于此年月。

至和元年甲午，四十八歲。

正月，知河南府、兼西京留守晏殊遣使慰唁，歐有《與晏元獻公同叔》（卷一四五），謝其軫念之意。

三月十七日，《與澠池徐宰無黨》（卷一五〇）書，言《五代史》修改、作注事宜。

四月，預潁州知州張瓌去思堂酒宴，有《去思堂會飲得春字》（卷五六）詩。題下原注：「甲午四月，潁州張唐公座上。」《長編》卷一七〇皇祐三年五月庚午（二十一日）：張瓌差知潁州。張瓌，字唐公。胡柯繫于皇祐元年，誤。

潁州居喪期間，作《集古錄目》八、九十篇。晚年續寫、改定編爲《集古錄跋尾》十卷。

《與劉侍讀原父》其二（卷一四八）：「愚家所藏《集古錄》，嘗得故許子春（元）爲余言，集聚多且久，無不散亡，此物理也。不若舉取其要，著爲一書，謂可傳久。余深以其言爲然。昨在汝陰居閑，遂爲《集古錄目》，方得八、九十篇。不徒如許之說，又因得與史傳相參驗，證見史家闕失甚多。」

按：此書作于嘉祐四年，所云與許元相見，當指皇祐三年八月在南京留守任上事。「汝陰居閑」，指潁州居喪守制。《集古錄目》爲《集古錄跋尾》初名。今存跋尾三百八十餘篇，自署寫作時間不見皇祐年間者。此云「八、九十篇」，當爲初稿。嘉祐六年後有續寫，治平、熙寧年間改定，定名爲《集古錄跋尾》。

五月，喪服期滿，復舊官，赴京師（據《胡譜》）。

赴京途中，經陳州（今河南淮陽），鎮安軍節度使程琳留宴款待。有《與程文簡公天球》（卷一四五）書簡。

六月一日，京師朝見，求外任。仁宗不許（據《胡譜》）。

《與蘇丞相子容》其二（卷一四五）：「某六月當勉從人事，未知所向何方。」

覲見時，仁宗惻然，賞賜對衣，有《謝賜對衣狀》（卷九一）。

七月十三日，權判流內銓（據《胡譜》）。上《論權貴子弟衝移選人劄子》（卷一〇八），疏請限制其入仕特權，從之。

題下原注：「至和元年六月，判流內銓。」「六月」當爲「七月」之誤。文末附注：「依奏，幷下三班審官幷依此。」

十八日，宦官楊永德因胡宗堯事劾奏歐陽修。

按：參見本月二十七日記事。

二十四日，龍圖閣直學士呂公弼自請位居歐陽修下，從之。

《會要》輿服六：「至和元年七月二十四日，龍圖閣直學士呂公弼言：『龍圖閣直學士歐陽修丁憂服闋，緣修除學士在臣之前，望令立位在上。』從之。」

二十七日，罷流內銓，出知同州（今陝西大荔）。

《長編》卷一七六至和元年七月：「戊子（二十七日），龍圖閣直學士、吏部郎中歐陽修知同州。先是……命判吏部流內銓。小人恐修復用，乃僞爲修奏，乞汰內侍挾恩令爲姦利者，宦官人人忿怨。楊永德者，陰求所以中修。會選人張俅、胡宗堯例改京官，批旨以二人嘗犯法，幷循資。宗堯前任常州推官，知州以官舟借人，宗堯連坐。及引對，修奏宗堯所坐薄，且更赦去官，于法當遷。讒者因是言宗堯翰林學士宿子，故修特庇之，奪人主權，修坐是出守。修在銓曹，未浹旬也。」

八月二日，吳充上疏替歐辯說，不報（《長編》卷一七六）。

十六日，范鎮、劉沆等乞留歐陽修。

《長編》卷一七六至和元年八月丁未（十六日）：「知諫院范鎮言：『銓曹承禁中批旨，疑則奏稟，此有司之常也。今讒人以爲撓權，竊恐上下更相畏，誰敢復論是非。請出言者主名，正其罪，復修等職任。』凡再言之，帝意解，而宰臣劉沆亦請留修。帝謂沆曰：『卿召修諭之。』沆曰：『修明日陛辭，若面留之，則恩出陛下矣。』」

十七日，詔歐陽修預修《唐書》。

王應麟《玉海》卷四六：「至和元年八月戊申（十七日），乃命歐陽修撰《唐書》紀、表、志。」

九月一日，遷翰林學士。二日，兼史館修撰，又差勾當三班院（據《胡譜》）。

初入翰林院，仁宗賜對衣、金帶、鞍轡馬。歐上《謝對衣金帶鞍轡馬狀》（卷九一）。

周必大《表奏書啓四六集後跋》：「此卷《謝賜衣帶鞍馬狀》，乃初入翰苑時。」

此月，邀王安石相見。日後互有贈詩。

葉夢得《避暑錄話》卷上：「王荆公初未識歐文忠公，曾子固力薦之。公願得遊其門，而荆公終不肯自通。至和初，爲群牧判官，文忠還朝，始見知，遂有『翰林風月三千首，吏部文章二百年』之句。然荆公猶以爲非知己也，故酬之曰：『他日儻能窺孟子，終身何敢望韓公。』自期以孟子，處公以爲韓愈，公亦不以爲嫌。」

按：胡柯繫歐陽修《贈王介甫》詩于嘉祐元年。歐、王初次會晤，應以此說「至和初」爲當。歐、王贈答詩當爲追懷作。

薦舉王安石、呂公著任諫官。

《薦王安石呂公著劄子》（卷一一〇），胡柯繫于「至和中」，文中稱「殿中丞王安石」，可知王安石時猶未就任群牧判官。

開導王安石就任群牧判官。

《長編》卷一七七至和元年九月辛酉（一日）：「安石力辭召試，有詔與在京差遣。及除群牧判官，安石猶力辭，歐陽修諭之，乃就職。」

是秋，獨對仁宗，建言翰林學士「不許私謁執政」。

《跋學士院御詩》（卷七三）：「至和元年秋，余初蒙恩召爲學士，嘗因事獨對便殿，……因問唐朝故事。余奏曰：『唐制：學士不與外人交通。……若聖君有意崇獎，則當漸修故事。』予遂退而建言，不許私謁執政。」

梅摯知滑州，有《酬滑州公儀龍圖見寄》（卷五六）詩。

按：由其詩首聯可知時在秋季。胡柯繫于至和二年。據清畢沅《中州金石記》卷四：「梅、歐唱和詩，至和元年十月立，隸書，在滑縣。此詩當是梅摯知滑州事時所作也，并書歐陽修和詩。」今從之。

作《州名急就章》（卷五八）。

十月，朝饗景靈宮天興殿，作《景靈朝謁

從駕還宮》（卷一二）。

十二月二十四日，趙抃、孫抃劾奏宰臣陳執中，歐亦言其事（《長編》卷一七七）。次年六月，陳執中罷相，爲鎮海節度使《長編》卷一八〇）。

二十九日，有《春帖子詞》二十首（卷八二），仁宗愛賞。

《事蹟》：「先公在翰林，嘗草《春帖子詞》。一日，仁宗因閑行，舉首見御閣帖子，讀而愛之，問何人作。左右以公對。即悉取皇后、夫人諸閣中者閱之，見其篇篇有意，嘆曰：『舉筆不忘規諫，眞侍從之臣也。』自是，每學士院進入文書，必問何人當直。若公所作，必索文書自覽。」附注：「先公每述仁宗恩遇，多言此事，云內官梁寔爲先公說。」

是冬，有《與向觀察》其二（卷一四七）、《與子華原父小飲坐中寄同州江十學士休復》（卷五）、《述懷》（卷五）諸詩文。

撰《資政殿學士戶部侍郎文正范公神道碑銘幷序》（卷二〇），經由韓琦審定，卻遭富弼、范純仁不滿。

《與韓忠獻王稚圭》其十五（卷一四四）：「某亦爲其子迫令作神道碑，不獲辭。……近自服除，雖勉牽課，百不述一二。今遠馳以干視聽，惟公于文正契至深厚，出入同于盡瘁。竊慮有紀述未詳，及所差誤，敢乞指諭教之。」又其十六云：「范公碑如所敎，悉已改正。」《與澠池徐宰無黨》其四（卷一五〇）：「論及富公言范文正公神道碑事，當時在潁，已共詳定，如此爲允。述呂公事，于范公見德量包宇宙、忠義先國家，于呂公事各紀實，則萬世取信。非如兩仇相訟，各過其實，使後世不信，以爲偏詞也。大抵某之詞，無情之語平；富之志，嫉惡之心勝。後世得此二文，雖不同，以此推之，亦不足怪也。……富公如必要換，則請他命别人作爾。」《與杜訢論祁公墓誌銘》（卷六九）：「范公家神刻，爲其子擅自增損，不免更作文字發明，欲後世以家集爲信。」葉夢得《避暑録話》卷上：「歐陽文忠作范文正神道碑，累年未成，范丞相（范純仁）兄弟數趣之。文忠以書報之曰：『此文極難作，敵兵尚强，須字字與之對壘。』蓋是時吕許公客尚衆也。余嘗于范氏家見此帖。其後，碑載初爲西帥時與許公（吕夷簡）釋憾事曰：『二公歡然相約平賊。』丞相得之曰：『無是。吾翁未嘗與吕公平也。』請文忠易之。文忠怫然曰：『此吾所目擊，公等少年，何從知之？』丞相即自刊去二十餘字，乃入石。既以碑獻文忠，文忠卻之曰：『非吾文也。』」

本年，徐無黨歸婺州，爲作《送徐無黨南歸序》（卷四三）；及赴官澠池，又有《送徐生之澠池》（卷五）詩。

至和二年乙未，四十九歲。

正月十二日，仁宗朝謁宣祖神御殿。歐上《請駕不幸溫成廟劄子》（卷一〇八），從之（《長編》卷一七八）。

二十八日，晏殊卒于京師，年六十五。歐有《晏元獻公挽詞三首》（卷五六），并爲作《觀文殿大學士行兵部尚書西京留守贈司空兼侍中晏公神道碑銘》（卷二二）。

二月四日，有《與十四弟煥》（卷一五三）

書。

三月二十九日，《論修河第一狀》（卷一〇八），反對河北安撫使賈昌朝議「塞商胡，開横壠，回大河于故道」，興修河之役（《長編》卷一七九）。

此月，同孫抃考試諸司寺監人吏（據《胡譜》）。

五月二十七日，上《論雕印文字劄子》（卷一〇八），乞銷毁議論時政得失的《宋賢文集》，從之（《長編》卷一七九）。

六月二日，上《論臺諫官言事未蒙聽允書》（卷一〇八），乞罷陳執中政事，不報。自請出知蔡州（今河南汝南）。

《長編》卷一八〇至和二年六月己丑（二日）追載歐疏，并云：「已而，修及賈黯皆得補外。」

三日，侍御史趙抃、知制誥劉敞亦上書乞留歐陽修（《長編》卷一八〇）。

文彦博、富弼並爲宰相，歐稱賀于朝（《長編》卷一八〇）。按：羅從彦《遵堯録》（《豫章文集》卷五）詳載此事。

十六日，張昪任御史中丞。富弼、張昪、歐陽修并在朝，士大夫譽爲「三得人」。

《長編》卷一八〇至和二年六月：「癸卯（十六日），龍圖閣直學士、兼侍讀、左司郎中張昪爲右諫議大夫、權御史中丞。上嘗諭執政，以昪清直可任風憲，故使代孫抃。時富弼初入相，歐陽修復爲翰林學士，士大夫咸謂三得人也。」

二十八日，李端懿知鄆州，有《送鄆州李留後》（卷一二）（《長編》卷一八〇）詩。

此月，上《論使臣差遣劄子》（卷一〇九），請塞濫官之源。

是夏，梅堯臣寄贈宣城筆，歐有《聖俞惠宣州筆戲書》（卷五四）詩。

遇名醫潘景溫，相見恨晚。

《贈潘景溫叟》（卷五四）：「相逢京洛下，使我驚且嗟。七年慈母病，庸工口伊啞，恨不早見君，以乞壺中砂。」

七月二日，詔新知蔡州、翰林侍讀學士歐陽修復爲翰林學士（《長編》卷一八〇）。

七日，奏請兩制、兩省以上官員，非公事不得與執政及臺諫官往來（《長編》卷一八〇）。

此月，重修開先殿、永隆殿峻工，聖旨下三司，欲重修奉先寺等。歐上《論罷修奉先寺等狀》（卷一〇九）。

《長編》卷一八〇至和二年七月乙酉（二十九日）追載歐此疏，附注曰：「修奏疏不得其時，據本集，在至和二年正月《請聖駕不幸溫成廟》前。今因奉安開先、永隆神御附見，更須考詳。」

八月十六日，韓維爲史館檢討，從歐陽修等所薦。

《宋史·韓維傳》：「史館修撰歐陽修薦爲檢討、知太常禮院。」按：《長編》卷一八〇至和二年八月辛丑（十六日）載：「大理評事韓維爲史館檢討，從翰林學士承旨孫抃等所請也。」二說稍不同，當爲歐首議。

命爲契丹國母生辰使，將持送仁宗畫像（《長編》卷一八〇）。

二十八日，因雄州奏告契丹主宗眞喪事，改命爲賀契丹登寶位使（《長編》卷一八〇）。

九月，移居高橋，托薜仲孺、焦千之照管家小。

《與王懿恪公君貺》其一（卷一四六）：「秋冷。……家中少人照管，且移高橋，去薛家稍近，然公期管勾。往來須及百餘日，但得回來耳靜，便是幸也。」《與焦殿丞千之》其二（卷一五〇）：「某恐不久出疆，欲且奉托，與照管三數小子。」

此月，出使契丹前，有《答宋咸書》（卷四七），闡述經學思想。

上疏《論刪去九經正義中讖緯劄子》（卷一一二）。未從。

此疏原無繫年，據趙汝愚《諸臣奏議》和明楊士奇《歷代名臣奏議》，繫于今年。當在出使契丹之前。

呂希哲《呂氏雜記》卷下：「歐陽公在翰林日，建言讖緯之書淺俗誣怪，悖經妨道，凡諸書及傳疏所引，請一切削去之，以無誤後學。仁宗命國子學官取諸經及正義所引讖緯之說，逐條寫錄奏上。時執政者不甚主張之，事竟不行。」

歐出使契丹，在恩州（今河北清河）與冀州（今河北冀縣）之間會晤沈遵。

《醉翁吟》雜文（卷一五）：「去年秋，余奉使契丹，沈君會余恩、冀之間。」

按：本文寫于次年，同時有《贈沈遵》詩，一作《贈博士歌幷序》。其序云：「去年冬，予奉使契丹，沈君會予于恩、冀之間。」關于歐、沈相會時間，兩序所述不一。歐八、九月間從汴京啓程，途經恩、冀，當在秋末。

至雄州（今河北雄縣），有《奉使契丹初至雄州》（卷一二）、《過塞》（卷五六）、《邊戶》（卷五）等詩。

十月二十六日，請遣《唐書》編修官呂夏

卿赴西京查檢唐以來奏書檔案，從之。

《長編》卷一八一至和二年十月：「庚戌（二十六日），翰林學士、刊修《唐書》歐陽修言：『自漢而下，惟唐享國最久，其間典章制度，本朝多所參用。所修《唐書》，新制最宜詳備。然自武宗以下，并無《實錄》，以傳記、別説考正虛實，尚慮闕略。聞西京内中省寺、留司御史臺及鑾和諸庫，有唐朝至五代以來奏牘、案簿尚存，欲差編修官呂夏卿詣彼檢討。』從之。」

十二月二十七日，抵契丹境內松山（今內蒙古赤峰市西）（據《胡譜》）。

北行途中，冰封雪飄，飽嘗艱辛，有《馬嚙雪》、《風吹沙》、《奉使契丹道中答劉原父桑乾河見寄之作》（卷六）詩。

以歐陽修名高望重，受契丹破例接待。

韓琦《歐陽公墓誌銘》（《安陽集》卷五〇）：「嘗奉使契丹，其主必遣貴臣押宴，出于常例，且謂公曰：『以公名重故爾。』其爲外夷欽服如此！」

嘉祐元年丙申，五十歲。

正月，離契丹上京（今內蒙古巴林左旗），有《奉使契丹回出上京馬上作》（卷一二）詩。

途經北京（今河北大名），賈昌朝歌宴款待，所歌皆歐詞也。見《後山談叢》卷二。

二月二十二日，還京。進《北使語錄》（據《胡譜》）。按：《北使語錄》，不見後人著錄，已佚。

此月，上《論修河第三狀》（卷一〇九），不從。

按：《長編》卷一八一至和二年十二

月二十八日載歐此疏，并云：「時宰相富弼尤主仲昌議，疏奏，亦不省。」疏中有云：「及奉使往來河北，詢于知水者，其説皆然。」可知作于使北還朝之後，當以胡柯繫年爲是。

閏三月五日，判太常寺，兼禮儀事（據《胡譜》）。

江休復《嘉祐雜志》：「歐陽永叔修《唐書》，求罷三班院，乞一閑慢差遣。俄除太常禮院，因巡廳言朝廷將太常禮院作閑慢差遣耶。」

七日，程琳卒于知陳州任，年六十九。歐有《祭程相公文》（卷五〇）。次年十月葬，爲作《程公墓誌銘》（卷三〇）。後又奉詔爲作《鎮安軍節度使同中書門下平章事贈太師中書令程公神道碑銘并序》（卷二一）。

九日，劉敞避親嫌出知揚州，歐有贈詞《朝中措》（卷一三一，《長編》卷一八二）。

是春，知滑州梅摯寄歐陽修《歸雁亭長句》。歐有《予作歸雁亭于滑州後十有五年梅公儀來守是邦因取余詩刻于石又以長韻見寄因以答之》（卷九）詩。

歐詩題下原注「一作《和滑州公儀龍圖歸雁亭長句》」。同年，歐有《寄題梅龍圖滑州溪園》（卷一二），當作于同時。

四月十五日，有《與十四弟煥》（卷一五三）書，言乞知洪州（今江西南昌），以修葺祖墳。按：乞知洪州奏疏呈于今冬。

十六日，作《廖氏文集序》（卷四三），欣慰經學研究獲同調。

按：文末署「嘉祐六年四月十六日」，與所繫官職「翰林學士、尚書吏部郎中、知制誥、充史館修撰」不合。據《胡譜》，此爲歐至和元年九月至嘉祐二年正月官職，故胡柯繫于至和二年。梅堯臣《宛陵先生集》卷五〇有《送廖倚歸衡山》詩，題下自注：「倚來爲其兄求集序于歐陽永叔。」朱東潤繫于嘉祐元年，今從之。「六」字當與「元」字形似而訛。

五月二日，知通進銀臺司，兼門下封駁事；十四日，免勾當三班院（據《胡譜》）。

六月十日，撰《除授陳執中行尚書左僕射充觀文殿大學士依舊判亳州加食邑食實封餘如故仍放朝謝制》（卷八四）。

張邦基《墨莊漫錄》卷八：「陳恭公（執中）素不喜（歐）公，知陳州時，公自潁移南京過陳，拒而不見。後公還朝作學士，陳爲首相，公遂不造其門。已而陳出知亳州，尋罷使相。公當制，自謂必不得好詞，及制出，詞甚美，至云：『杜門却掃，苦避權貴以遠嫌；處事執心，不爲毁譽而更變』。陳大驚曰：『使與我相知深者，不能道此，此得我之實也。』手錄一本寄李師中，曰：『吾恨不早識此人。』」按：《長編》卷一八二嘉祐元年六月己未（九日）載陳執中改官，云：「執中以疾自請之。」

十四日，奉敕祈晴醴泉觀（據《胡譜》）。作《鳴蟬賦》（卷一五），撰賦草稿，子棐守之不去，歐稱賞之。文末附注：「一本賦後有跋云：『予因學書，起作賦草。他兒一視而過，獨小子棐守之不去。此兒他日必能爲吾此賦也。因以予之。』」

此月，蘇洵率二子軾、轍抵汴京。歐先期由吳幾復處獲知蘇洵。

蘇軾《跋先君書送吳職方引》（《蘇軾文集》卷六九）：「始，先君家居，人罕知之者。公（吳幾復）攜其文至京師。歐陽文忠公始見而知之。」按：歐、吳早年結識，景祐三年歐于夷陵有《送前巫山宰吳殿丞》（卷一一）詩，吳殿丞即吳幾復。

蘇洵上書歐陽修，攜張方平、雷簡夫推薦書來謁，并呈著述七篇。讀其文，歐稱賞之。

蘇洵《上歐陽內翰第一書》（《嘉祐集》卷一二）：「近所爲《洪範論》、《史論》凡七篇，執事觀其如何？」

蘇轍《潁濱遺老傳》（《欒城後集》卷一二）：「眉山先生隱居不出，老而以文名天下，天下所謂老蘇者也。歐陽文忠公以文章獨步當世，見先生而嘆曰：『予閱文士多矣，獨喜尹師魯、石守道，然意常有所未足，今見足下之文，予意足矣。』」

葉夢得《避暑錄話》卷下：「張安道與歐陽文忠素不相能。……嘉祐初，安道守成都，文忠爲翰林。蘇明允父子自眉州走成都，將求知安道。安道曰：『吾何足以爲重，其歐陽永叔乎？』不以其隙爲嫌也。乃爲作書辦裝，使人送之京師謁文忠。文忠得明允父子所著書，亦不以安道薦之非其類，大喜曰：『後來文章當在此。』即極力推譽，天下于是高此兩人。」

獻蘇洵書于朝廷，上《薦布衣蘇洵狀》（卷一一〇）。

《故霸州文安縣主簿蘇君（洵）墓誌銘》（卷三四）：「當至和、嘉祐之間，與其二子軾、轍偕至京師，翰林學士歐陽修得其所著書二十二篇，獻諸朝。書既出，而公卿士大夫爭傳之。」

致書富弼，引薦蘇洵（卷一四四《與富文忠公彦國》其二）。

夏末，梅堯臣除母喪返抵汴京。歐臨岸喜迎，作《答聖俞》（卷六）詩。

數次探視梅堯臣，贈絹二十匹接濟之。梅堯臣《永叔贈絹二十匹》（《宛陵先生集》卷四九）：「昔公處貧我同困，我無金玉可助公。今公既貴我尚窶，公有縑帛周我窮。」

七月六日，上《論水災疏》（卷一一〇），請立皇子，出狄青，未從（《長編》卷一八三）。

二十三日，韓琦任三司使，有賀書（卷一四四《與韓忠獻王稚圭》十八）。《長編》卷一八三嘉祐元年七月癸卯（二十三日）：「武康節度使、知相州韓琦爲工部尚書、三司使。」

此月，因上《再論水災狀》（卷一一〇），舉薦包拯、張瓌、呂公著、王安石四賢。

上《論狄青劄子》（卷一〇九）疏請罷狄青樞密使。疏末附注：「月餘，青罷樞密，知陳州。」

八月十五日，詔歐陽修權發遣三司公事以俟張方平至，而命李淑代知銀臺司（據《胡譜》）。

九月十二日，大赦，改元。仁宗於大慶殿行恭謝禮，歐爲贊引太常卿。禮成，加上輕車都尉，進封樂安郡開國侯，加食邑五百戶（據《胡譜》）。

是秋，蘇舜元歸葬潤州丹徒。歐有《蘇才翁挽詩二首》（卷五七）。

歐上《舉梅堯臣充直講狀》（卷一一〇），從之。

按：梅堯臣補授國子監直講，當在冬初。《宛陵先生集》卷五〇詩《直宿廣文舍下》，有云：「前夜宿廣文，葉響竹打雪。」

十月二十日，韓絳出知瀛州。歐等請留朝廷，從之（《長編》卷一八四）。

此月，奏《乞添上殿班劄子》（卷一一〇），從之。

十一月三日，賈昌朝任樞密使。歐上《論賈昌朝除樞密使劄子》（卷一一〇）乞罷去之，未從。

按：據王珪《賈文元公昌朝墓誌銘》（《華陽集》卷三七）：「嘉祐元年，進封許國公，未幾加兼侍中，再任大名，尋拜樞密使。」可知歐議未從。

十二月八日，上《舉留胡瑗管勾太學狀》（卷一一〇）。胡瑗以天章閣侍講管勾太學，從歐奏請。

二十六日，被差押伴契丹賀正旦人使御筵于都亭驛（據《胡譜》）。

《長編》卷一八四嘉祐元年十二月：「癸酉（二十六日），契丹國母遣奉國節度使、驍衛上將軍蕭扈，起居郎、知制誥、史館修撰韓孚，契丹遣懷德節度使耶律煜、廣州防禦使韓惟良來賀正旦。」

此月，齋于醴泉觀，作《感興》詩五首（卷六）。

是冬，得悉焦千之鄉試落選，作《與焦殿丞千之》（卷一五〇）書慰勉。

上疏乞知洪州（今江西南昌）。

《乞洪州劄子》（卷九一）：「臣去冬曾有奏陳，乞差知洪州一次，尋以差入貢院，無由再述懇私。」

按：胡柯繫此疏于次年，是。「尋以差入貢院」句，可資佐證。此疏爲今存歐第一道乞知洪州劄子，所云「去冬奏陳」者，已佚失。

本年，有下述行事不詳月日，分載于次。

與梅堯臣、王洙、范鎭在唐書局會餐，作《吳學士石屛歌》（卷六）。

梅堯臣《和吳冲卿學士石屛》（《宛陵先生集》卷四九）附注：「時在唐書局與歐陽永叔、王原叔、范景仁會食，得所示詩。」

與王安石、楊褒、梅堯臣、王安國、蘇洵、姚闢、焦千之餞裴煜知吳江（今屬江蘇），有《送裴如晦之吳江》（卷六）詩。

龔頤正《芥隱筆記》：「荆公在歐公座，分韻送裴如晦知吳江，以『黯然銷魂，惟別而已』分韻。時客與公八人：荆公、子美（疑為之美，楊褒字）、聖俞、平甫、老蘇、姚子張、焦伯強也。」梅堯臣《宛陵先生集》卷五〇有《永叔席上分韻送裴如晦得黯字》詩。

歐介紹蘇洵交往王安石，蘇洵斷然拒絕。

張方平《文安先生（蘇洵）墓表》（《樂全集》卷三九）：「嘉祐初，王安石名始盛，黨友傾一時。……歐陽修亦善之，勸先生與之遊，而安石亦愿交于先生。先生曰：『吾知其人也，是不近人情者，鮮不爲天下患。』」

上《議學狀》（卷一一二），論當今建學取士之六弊，主張立三舍，恢復五經，特創新學。

作《漁家傲·十二月鼓子詞》（卷一三二）。

《歐集》卷一三二末附佚名者跋：「荆公嘗對客誦永叔小闋云：『五彩新絲纏角粽，金盤送，生綃畫扇盤雙鳳。』曰：『三十年前見其全篇，今才記三句。乃永叔在李太尉端愿席上所作十二月鼓子詞。數問人求之，不可得。』」署□□年中秋日金陵。按：王安石晚年居金陵，以其卒年上溯三十年，爲本年。王安石次年五月出京赴常州。據歐陽修《浮槎山水記》，李端愿亦于次年離京知廬州。此詞當作于本年前後，姑繫于此。

受胡瑗之託，救護其門人孫覺。

《事蹟》：「今湖州孫正言覺爲合肥主簿，未與公（歐陽修）相識，郡守怒之，欲捃拾以罪。時胡侍講（瑗）在太學以屬公，公爲作手書與其僚佐，令保全之，遂獲免。」

嘉祐二年丁酉，五十一歲。

正月六日，權知禮部貢舉，仁宗賜御書「文儒」二字（據《胡譜》）。

《會要》選舉一：「嘉祐二年正月六日，以翰林學士歐陽修知貢舉，翰林學士王珪、龍圖閣直學士梅摯、知制誥韓絳、集賢殿修撰范鎮并權同知貢舉。」

此月，上《條約舉人懷挾文字劄子》（卷一一一），竣立科條，以革弊源。

痛懲「太學體」怪僻文風。

《事蹟》：「嘉祐二年，先公知貢舉。時學者爲文，以新奇相尚，文體大壞。公深革其弊，一時以怪僻知名在高等者，黜落幾盡。」

二十八日，轉官右諫議大夫（據《胡譜》）。

二月五日，杜衍卒于南京，年八十。時歐

在試院中。三月作《祭杜祁公文》(卷五〇)，十月爲作《太子太師致仕杜祁公墓誌銘》(卷三一)，又類編杜衍詩文。

《跋杜祁公書》(卷七三)：「公以疾薨于家，予既泣而論次公之功德而銘之，又集在南都時唱和詩爲一卷，以傳二家之子孫，又發篋得公手書簡尺歌詩，類爲十卷而藏之。」

此月，作《南省試進士策問三首》(卷四八)，以疑經惑傳爲題。

有《禮部貢院閲進士就試》二十首(卷一二)。

推賞蘇軾應試文，拔在高第。經歐延譽，蘇氏父子名動京師，文章擅天下。

蘇軾《東坡志林》卷一：「昔吾舉進士，試名于禮部，歐陽文忠公見吾文曰：『此我輩人也，吾當避之。』」

楊萬里《誠齋詩話》：「歐公知舉，得東坡之文驚喜，欲取爲第一人。又疑爲門人曾子固之文，恐招物議，抑爲第二。坡來謝，……歐退而大驚曰：『此人可謂善讀書，善用書，他日文章必獨步天下。』」

《故霸州文安縣主簿蘇君(洵)墓誌銘》(卷三四)：「其二子舉進士皆在高等，亦以文學稱于時。眉山在西南數千里外，一日父子隱然名動京師，而蘇氏文章遂擅天下。」

試榜出，凡文涉雕刻者皆黜，士論頗洶洶，然文風自是遂變。

《長編》卷一八五嘉祐二年正月癸未(六日)：「及試榜出，時所推譽，皆不在選。囂薄之士，候修晨朝，群聚詆斥之，至街司邏吏不能止。或爲《祭歐陽修文》

投其家，卒不能求其主名置于法。然文體自是亦少變。」

三月一日，賜進士及第、同出身三百八十八人。得人之盛，著稱一時。

周必大《葛敏修聖功文集後序》（《廬陵周益國文忠公集·省齋文稿》卷二〇）：「歐陽文忠公知嘉祐貢舉，所放進士，二三十年間多爲名卿才大夫。」

鎖院五十日，試官六人唱和詩一百七十三首，編次成集。

《歸田錄》（卷一二七）：「凡鎖院五十日。六人者相與唱和，爲古律歌詩一百七十餘篇，集爲三卷。」

《禮部唱和詩序》（卷四三）：「次而錄之，得一百七十三篇，以傳于六家。」

按：《禮部唱和詩集》三卷，《宋史·藝文志》著錄。原書久佚，今《歐集》存鎖院唱和詩二十二首，梅堯臣《宛陵先生集》存三十七首，王珪《華陽集》存十餘首，韓絳、范鎮、梅摯唱和詩皆不傳。

時在清明前後。

出試院，作《出省有日書事》（卷一二），

十九日，契丹使者來求眞宗、仁宗畫像，有《論契丹求御容劄子》（卷一一一），奏請如約付與，從之（《長編》卷一八五）。

二十八日，仁宗爲狄青發哀苑中，歐攝太常卿（據《胡譜》）。

是春，與趙槩、王珪、王洙、韓絳于李端愿來燕堂聯句，有《來燕堂與趙叔平王禹玉王原叔韓子華聯句》（卷五四）詩。

按：趙槩詩中有句「是時春正中，來燕音下上。」可知時爲春季。胡柯繫于明年，誤。王洙卒于今年九月一日，不可能預明年聯句。

四月，許元卒于泰州，年六十九。歐爲作《尚書工部郎中充天章閣待制許公墓誌銘》（卷三三）。

六月，有《舉宋敏求同知太常禮院劄子》（卷一一四）。文末周必大等附跋云：「右公在翰苑時薦宋敏求奏札，得之汪逵。既云『臣等』，則非獨薦，或公自草，或止預名，不可知也。」

讀蘇軾《謝歐陽内翰書》，驚喜異常，聲稱放蘇出一頭地。《與梅聖俞》其三十一（卷一四九）：「讀軾書，不覺汗出。快哉！快哉！老夫當避路，放他出一頭地也。可喜！可喜！」

遣門生晁端彦登門向蘇軾問學。蘇軾《送晁美叔》（《東坡後集》卷二）詩中夾注：「嘉祐初，軾與子由寓興國浴室，美叔忽見訪，云：『吾從歐陽公遊久矣。公令我來與子定交，謂子必名世，老夫亦須放他出一頭地。』」按：晁端彦，字美叔。文章書法，享譽一時。

七月八日，攝禮部侍郎，以印授冊禮使（據《胡譜》）。

九日，京師大雨。歐宅上漏下浸，家人通宵戽水。《與梅聖俞》其三十八（卷一四九）：「自入夏，閭巷相傳，以謂今秋水當不減去年。初以爲訛言，今乃信然。兩夜家人皆戽水，并乃翁達旦不寐。街衢浩渺，出入不得。更三數日不止，遂復謀逃避之處。」

二十一日，兼判尚書禮部（據《胡譜》）。

二十四日，孫復卒于官，年六十六。同年十月爲作《孫明復先生墓誌銘》（卷二七）。

八月，借兗國公主出降之機，上《選皇子疏》（卷一一一）。

九月一日，王洙卒于官，年六十一。次月葬，爲作《翰林侍讀侍講學士王公墓誌銘》（卷三一）。

五日，梅摯出知杭州。離京時，有《送梅龍圖公儀知杭州》（卷一三）詩。

《北宋經撫年表》卷四引《乾道臨安志》：「嘉祐二年九月戊寅（五日），龍圖閣直學士、吏部郎中梅摯知杭州，仁宗賜詩寵行。」

六日，兼判秘閣秘書省（據《胡譜》）。

是秋，王安石于常州有《上歐陽永叔書》（《臨川先生文集》卷七四），感懷知遇之恩。

致書王安石，薦呂惠卿（卷一四五《與王文公介甫》二）。

按：胡柯繫于嘉祐三年，恐誤。據文意，此書作于王安石初知常州日。王自云「七月四日視郡事」，故繫于是秋。

十一月九日，詔權判史館。二十四日，詔權知審刑院，候胡宿回仍依舊官。二十九日，免兼胡宿職官（據《胡譜》）。

十二月九日，權判三班院。

二十五日，被差押伴契丹賀正旦人使御筵于都亭驛（據《胡譜》）。

是冬，眼病加劇，身體益衰。

《與李留侯公謹》其二（卷一四七）：「某昏花日甚，書字如隔雲霧，亦冀一閑處將養爾。深寒，惟望爲時自重」。獨居京師，故舊多在外，深感寂寞（卷一四六《與王懿敏公仲儀》一）。有《乞洪州劄子》（卷九一），《與劉侍讀原父》其一（卷一四八）亦言其事。

本年，韓宗彥寄新作，歐有《和韓學士襄州聞喜亭置酒》（卷一二）詩。《答韓欽聖宗彥》（卷一五一）：「辱寵惠佳篇，欽誦不已，且夕和得，遞中附上。」書中所言和詩，當指上詩。梅堯臣《宛陵先生集》卷五四有《送韓欽聖學士京西提刑》，卷五五有《和韓欽聖學士襄陽聞喜亭》，朱東潤均繫于本年，可佐證。

上《再乞召陳烈劄子》（卷一一〇），舉薦其爲太學博士。歐去年有《舉布衣陳烈充學官劄子》，朝廷徵召，陳辭讓不起，故此再薦。《長編》卷一八七嘉祐三年正月己卯（八日）：「以福州進士陳烈爲安州司戶參軍。……翰林學士歐陽修又薦之，故有是命。烈皆辭不受。」陳烈，《宋史》入《隱逸傳》。

石昌言還蜀祭掃，爲作《送石揚休還蜀》（卷五七）詩。

按：《宋史·石揚休傳》：「使契丹，道感寒毒，得風痹，謁告歸鄉，別墳墓。」據《長編》卷一八三，石氏去年使契丹，當于今年初還朝，回蜀亦當在今年。胡柯繫于去年，誤。梅堯臣《宛陵先生集》卷五四《送石昌言舍人還蜀拜掃》，朱東潤繫于今年，可資證。

嘉祐三年戊戌，五十二歲。

二月二日，契丹遣使告其國母喪，歐爲館

伴使（據《胡譜》）。

有《戲寄梅聖俞絕句》，今不存。

《居士集》卷七附周必大等跋：「嘉祐三年二月，公館伴北使在都亭驛，有《戲寄梅聖俞絕句》。聖俞集中次韻云：『去年鎖宿得聯華，二月牆頭始見花。今日都亭公感物，明朝太學我辭家。』公詩無之。」按：梅詩《依韻和永叔都亭館伴戲寄》，見《宛陵先生集》卷五六。

三十日，王德用卒，年七十九。歐撰《忠武軍節度使同中書門下平章事武恭王公神道碑銘》（卷二三）。

三月一日，兼侍讀學士。以員多，上《辭侍讀學士劄子》、《再辭侍讀學士狀》（卷九一）。

《長編》卷一八七嘉祐三年三月辛未載有歐陽修劄子，云：「詔不許，修固辭不拜。」

十三日，充宗正寺同修玉牒官。二十四日，同陳旭考試在京百司等人（據《胡譜》）。

蔡襄自福建寄來新茶，歐有《嘗新茶呈聖俞》（卷七）詩。

是春，內弟薛仲孺得假歸省故里，有《送公期得假歸絳》（卷七）詩。

宋敏求知太平州，有《送宋次道學士赴太平州》（卷七）詩。梅堯臣也有《送次道學士知太平州因寄曾子固》詩（《宛陵先生集》卷五六）。

始患風眩症，春夏間多有發作。

《辭開封府劄子》（卷一一一）：「自今年春末，忽得風眩。……自後往往發動。」按：此病于本年夏季書簡多處提及，次年多道乞知洪州劄子，屢言病患，卻未敘及此疾，似已治愈。

四月十五日，吳育卒于河南府任，年五十五。次月，爲作《祭吴尚書文》（卷五〇）。明年，又爲作《資政殿大學士尚書左丞贈吏部尚書正肅吴公墓誌銘》（卷三二）。

二十五日，罷修睦親宅神御殿，從歐所請。《長編》卷一八七嘉祐三年四月：「乙丑（二十五日），罷修睦親宅祖宗神御殿。初，翰林學士歐陽修言：『神御非人臣私家所宜有，若援廣親宅例，當得興置，則是沿襲非禮之禮。』」

六月十一日，加龍圖閣學士，權知開封府。治京師寬簡循理，事無不治。《長編》卷一八七嘉祐三年六月：「庚戌，翰林學士歐陽修兼龍圖閣學士、權知開封府。修承包拯威嚴之後，一切循理，不事風采。或以爲言，修曰：『人才性各有短長，實不能舍所長强所短也。』」

本月十五日，奏上仁宗《論編學士院制詔劄子》（卷一一二），詔學士院編錄國朝以來所撰制誥文字。《會要》職官六：「嘉祐三年六月十五日，詔學士院從下兩員常專一管勾編録國朝以來所撰制誥文字，從學士歐陽修之請也。」

是夏，作詩《歸田樂》二首（卷八），另二首約梅堯臣續成。《與梅聖俞》其四十四（卷一四九）：「閑作《歸田樂》四首，只作得二篇，後遂無意思。欲告聖俞續成之，亦一時盛事。」又四十五：「承寵惠二篇，欽誦感愧。」

富弼、歐陽修、胡瑗、包拯同在朝，時人

譽爲「四眞」。《事蹟》：「仁宗嘉祐中，先公在翰林，富鄭公在中書，胡侍講在太學，包孝肅公爲中丞。士大夫相語曰：富公眞宰相，歐陽永叔眞翰林學士，胡先生眞先生，包公眞中丞。時人謂四眞。」

按：此薦未見結果，歐于是引梅入唐書局。梅堯臣《次韻和裴寺丞喜予修書》（《宛陵先生集》卷一九）云：「既除太史來爲尹，遂用非才往補訛。」時在夏秋之間。

有《與韓忠獻王稚圭》其十九（卷一四四）書，薦梅堯臣入館閣，未果。

七月二十五日，以權貴犯禁令，多求內降免罪，上《請今後乞內降人加本罪二等劄子》（卷一一一）。

《長編》卷一八七嘉祐三年七月癸巳（二十五日）載此疏，并附注：「修自稱權知開封未及兩月，按修以六月庚戌權知開封，今附見七月末。」《事蹟》：「開封府既多近戚寵貴，干令犯禁，而復求以內降苟免。先公既受命，屢有其事，即上奏論列，乞今復求內降以免罪者，更加本罪二等。內臣梁舉直私役官兵，付開封府取勘，既而內降放罪，凡三次內降，公終執而不行。」

按：《歐集》卷一一一有《論梁舉直事封回內降劄子》。胡柯繫于嘉祐二年，誤。

八月二十一日，王堯臣卒于參知政事任，年五十六。次年，作《尚書戶部侍郎參知政事贈右僕射文安王公墓誌銘》（卷三二）。

此月，詔建郭皇后影殿于景靈宮。歐上

《論郭皇后影殿劄子》（卷一一一）諫阻，從之。

按：《長編》卷一八八嘉祐三年十月載歐此疏，并云：「詔送禮院詳定。禮院言：『臣等看詳，諸寺觀建立神御殿，已非古禮。……今議立郭皇后影殿，于禮無據，難以奉行。』其事遂寢。」

本年，梅堯臣晚暮得子，歐送酒並作《洗兒歌》（卷七）賀之。

梅堯臣《依韻和答永叔洗兒歌》（《宛陵先生集》卷五九）有云：「我慚暮年又舉息，不可不令朋友知。開封大尹憐最厚，持酒作歌來賀之。」

爲劉敞鄆州東園賦《樂郊》（卷七）詩。

按：《長編》卷一八七載，劉敞時知鄆州。

薛宗孺通判幷州，有《送薛水部通判幷州》（卷五七）詩。

按：梅堯臣《宛陵先生集》卷五七有《送薛十水部通判幷州》詩，朱東潤繫于今年。范鎮《東齋記事》卷三：「水部郎中薛宗孺。」據《歐集》卷六一《薛塾（薛奎弟）墓誌銘》，二子仲孺、宗孺。仲孺，字公期，過繼薛奎爲嗣，歐《與薛少卿公期》其三稱爲「九哥」，宗孺當排行十。此薛十水部，即治平年間誣陷歐陽修之薛宗孺。

舉孫洙應制科。

李清臣《孫學士洙墓誌銘》（《琬琰集删存》卷二）：「（孫洙）調杭州於潛縣令。詔以六科舉士，包孝肅公拯、歐陽文忠公修、吳文肅公奎皆薦公可備親策。……及試秘閣，偶期喪不赴。會置局崇文院校定四庫書，召公編校。」

《長編》卷一八九嘉祐四年六月己巳（七日）：於潛縣令孫洙「爲館閣編校書籍官」。此爲孫洙服喪年後所任職，薦試秘閣當在今年六月前。

有《琴高魚》（卷五四）詩，反神仙怪異之說。

嘉祐四年己亥，五十三歲。

正月一日，有《奉答聖俞歲日書事》（卷一三）詩。

二日，上《乞罷上元放燈劄子》（卷一一一），從之。

此月，遞呈表疏，乞罷府事，知洪州。有《乞洪州第四劄子》（卷九一）。

二月三日，病中準免開封，轉給事中，同提舉在京諸司庫務（據《胡譜》）。上《辭轉給事中劄子》、《再辭轉給事中劄子》（卷九一）。

《與吳正肅公長文》其五（卷一四五）：「某病中聞得解府事，如釋籠縛，交朋聞之，應亦爲愚喜也。」

移居城南。

《與趙康靖公叔平》其三（卷一四六）：「某昨衰病屢陳，蒙恩許解府事，雖江西之請未獲素心，而疲憊得以少休，豈勝感幸！卜居城南，粗亦自便。」

有《舉呂公著自代狀》（卷九一）。

四日，朝廷罷榷茶。歐撰《通商茶法詔》（卷八六）。

此月，充御試進士詳定官。仁宗賜御書「善經」二字（據《胡譜》）。

三月，賜進士、諸科及第出身三百三十九人。劉煇改變文風，中是榜狀元。歐成就其名。

楊傑《故劉之道狀元墓誌銘》（《無為集》

卷一三）：「之道諱輝，信州鉛山人也。……嘉祐四年春，仁宗皇帝試禮部貢士于崇正殿，入擢之道爲第一。先是皇祐、至和間，場屋文章以搜奇抉怪雕鏤相尙，廬陵歐陽公深所疾之。及嘉祐二年知貢舉，則力革其弊，時之道亦嘗被黜。至是歐陽公預殿廷考校官，得程文一篇，更相激賞，以奏天子，天子稱賞。乃啓其封，即之道之所爲也。由是場屋傳誦，辭格一變。議者既推歐陽公有力于斯文，而又服之道能精敏于變也。」沈括《夢溪筆談》卷九亦有詳載。

春闈中作詩《代鳩婦言》、《看花呈子華內翰》、《啼鳥》（卷七）、《詳定幕次呈同舍》、《禁中見鞓紅牡丹》、《和江鄰幾學士桃花》（卷一三），邀梅堯臣和之。

梅堯臣《和永叔六篇·序》（《宛陵先生集》卷二〇）：「嘉祐四年春，御試進士，翰林學士歐陽永叔、韓子華、集賢校理江鄰幾同爲詳定官，有詩六篇，出而使予和焉。」

三月二十五日，包拯出任三司使。鑒于其先後彈劾三司使張方平、宋祁，取而代之，歐有《論包拯除三司使上書》（卷一一一），持異議。終不從。

《長編》卷一八九嘉祐四年三月己未（二十五日）載歐此疏，并云：「疏奏，拯即家避命，不許，久之，乃就職。」

致書王素，委托搜集蜀中古碑。

《與王懿敏公仲儀》其五（卷一四六）：「蜀中碑文，雖古碑斷缺，僅有字者，皆打取來。如今只見此等物，粗有心情，餘皆不入眼也。」

四月六日，致齋唐書局，與吳奎、劉敞等

飲弈終日。

《集古錄跋尾·賽陽山人》（卷一四三）：「時余在翰林，以孟饗致齋唐書局中。六人者相與飲弈，歡然終日而去，蓋一時之盛集也。」卷末編者跋語云：六人即吳奎、劉敞、江休復、祖無擇、梅堯臣、范鎮，時間爲「嘉祐四年四月六日」。

九日，薦饗太廟，攝太尉行事（據《胡譜》）。有《夏享太廟攝事齋宮聞鶯寄原甫》（卷一三）詩。

十二日，兼充群牧使（據《胡譜》）。

五月四日，撰《賜中書門下戒僭奢詔》（卷八七）。

六月六日，胡瑗卒于杭州，年六十七。後二年，歐爲作《胡先生墓表》（卷二五）。

二十二日，刪定《景祐廣樂記》（據《胡譜》）。

是夏，因病告假，僦居城南數十日。

《與趙康靖公叔平》其四（卷一四六）：「自盛暑中忽得喘疾，在告數十日。近方入趨，而疾又作，動輒伏枕，情緒無悰。」

劉敞饋贈端溪綠石枕與蘄州竹簟，歐不勝欣喜，賦《有贈余以端溪綠石枕與蘄州竹簟皆佳物也余既喜睡而得此二者不勝其樂奉呈原父舍人聖俞直講》（卷八）詩。

與劉敞唱和，作《病暑賦》（卷一五）。

祖無擇赴陝府，餞宴上歐有贈詩《小飲坐中贈別祖擇之赴陝府》（卷八）。

按：祖無擇《龍學文集》卷五載歐此詩及祖無擇和詩，并載吳奎、劉敞、范鎮、江休復、梅堯臣和詩，可知諸人皆在座。《與祖龍學無擇》（卷一四八）：「當擇之西行，猶在齋禁，不當瞻違，實深爲恨。暑熱道路，……惟冀以時自愛。」

《與趙康靖公叔平》其三（卷一四六），向趙槩舉焦千之主鄆州州學。

按：趙槩薦用焦千之，然焦氏因故未赴。同年，歐《與趙康靖公》云：「焦秀才事，荷挂念。方走淮南欲挈家，而其婦翁省判，遂被留連，勢不能去，然渠感愧非一也。」

七月，上疏《論史館日曆狀》（卷一〇八），請革修史弊端，保存當代史料。

狀中有云：「近日孫沔所坐之類，事有文據而迹狀明白者。」據《長編》卷一八九、卷一九〇孫沔于嘉祐四年五月十三日徙知壽州，七月十二日貶爲寧國軍節度副使。由此可知奏狀作于此月前後。

八月二十一日，朝廷賞賜龍昌期。歐等劾奏龍昌期異端害道，不宜推獎，從之。

《會要》崇儒五：「（嘉祐四年）八月，殿中丞致仕龍昌期上所注《周易》、《論語》、《孝經》、《道德（經）》、《陰符經》，詔賜五品服、絹百疋。既而翰林學士歐陽修等以爲異端害道，不可以推獎，乃奪所賜服而罷遣之。」《長編》卷一九〇記載同。

二十五日，應江陵知府梅摯之請，爲其知杭州時所建有美堂作記（卷四〇）。

《與梅聖俞》其四十二（卷一四九）：「梅公儀來，要杭州一亭記，述遊覽景物，非要務，閑辭長説，已是難工，兼以目所不見，勉強而成。幸未寄去，試爲看過，有甚俗惡，幸不形迹也。」

朱熹《考歐陽文忠公事蹟》（《朱子大全》

卷七一）：「梅龍圖摯知杭州，作有美堂，取得登臨佳處，公爲之作記。人謂公未嘗至杭，而所記如目覽，坐堂上者，使之爲記，未必能如是之詳也。」

歐等請仁宗從禮官議，改革宗廟舊制。不從。

按：此前，禮官張洞、韓維請求改革舊禮制。舊制：「國朝每逢禘祫，奉別四后之主合食太廟。」仁宗詔令群臣討論。歐陽修、吳奎、陳旭、包拯、韓絳、范鎭等認爲「向者有司攝事，失于講求，而今行親饗之禮，禮官舉職而改正，乃理之當然也。臣等請從禮官議。」（《長編》卷一九〇）。

九月五日，奉敕祈晴相國寺（據《胡譜》）。

二十一日，呂溱落職分司南京。歐等論救，請從輕發落（《長編》卷一九〇）。按：葉夢得《石林燕語》卷七記載此事，曰：「文忠之言雖不行，然士論終以爲近厚也。」

二十二日，乞抄寫禁中本朝正史，供編修院檢閱故事，從之（《長編》卷一九〇）。

是秋，作《秋聲賦》（卷一五）。

十月十一日，仁宗朝饗景靈宮，歐攝侍中行事（據《胡譜》）。有《景靈宮致齋》（卷一三）詩。

十六日，加護軍，食實封二百戶（據《胡譜》）。

十二月二十六日，劾奏武將許懷德輕侮朝廷，違慢君命。

《長編》卷一九〇嘉祐四年十二月丁亥（二十六日）：「故事，節度使移鎭及加恩，皆別上表再辭，每降批答，遣內侍賫賜，必有所遺。是歲，殿前都指揮使許懷德以給享加恩，又自保寧移鎮建雄，乃共爲一表以辭。翰林學士歐陽修劾其慢朝命，詔以修章示之，且令依故事各以表再辭。懷德謝罪而已，亦不復別進表，其鄙吝如此。」按：《歐集》卷一一二有《論許懷德狀》、《再論許懷德狀》，胡柯同繫于次年，看來此二疏上于本年底或下年初。

此月，《唐書》編成，擬進本後請知南昌，以求閒居。

《與王懿敏公仲儀》其七（卷一四六）：「《唐書》已了，只候寫了進本，遂決南昌之請，自此可圖一作薾處矣。……歲暮索然，殊鮮歡意。」

本年，請劉敞審讀《集古錄跋尾》稿本。

《與劉侍讀原父》其二（卷一四八）：「昨在汝陰居閑，遂爲《集古錄目》，方得八、九十篇。……適因尋撿少書籍，得其故本，謹以奉呈。庶知所謂黑鬼者，雖老鈍之人媢着，然亦不爲無益也。家無他本，幸看畢見付。」按：《集古錄目》即《集古錄跋尾》初名，參見至和元年四月記事。

上《乞與尹構一官狀》（卷一一二），請賜尹洙遺孤官職，從之（《事蹟》）。

保舉丁寶臣恢復原官資，有《舉丁寶臣狀》（卷一一二），從之。

王安石《司封員外郎秘閣校理丁君墓誌銘》（《臨川先生文集》卷九一）：「君爲峽州軍事判官，與廬陵歐陽公遊相好也。……移知端州……坐免一官……以大臣有解舉者，遷博士，就差知越州諸暨縣。」按：保舉「大臣」，當指歐陽修。

王安石作《明妃曲》二首，歐有《明妃曲

和王介甫作》、《再和明妃曲》（卷八），頗自負。

葉夢得《石林詩話》卷中：「毘陵正素處士張子厚善書，余嘗于其家見歐陽文忠子歐陽棐以烏絲欄絹一軸，求子厚書文忠《明妃曲》兩篇、《廬山高》一篇。略云：『先公平日未嘗矜大所爲文，一日被酒，語歐陽棐曰：「吾《廬山高》，今人莫能爲，惟李太白能之。《明妃曲》後篇，太白不能爲，惟杜子美能之；至于前篇，則子美亦不能爲，惟我能之也。」因欲別錄此三篇也。』」

嘉祐五年庚子，五十四歲。

二月三日，致書馮京，言進御《唐書》，遂當南下就職。

《與馮章靖公當世》其三（卷一四六）：「春寒，不審尊候何似。某以衰病無堪，自解秩天府，于今一期，正以《唐史》殘篇爲累。今幸成書，不久進御，遂當南去。」按：去年二月三日，朝廷準免知開封府，本書云「于今一期」，知作于此月日。

三月四日，劉沆卒于知陳州任，年六十六。歐有《劉丞相挽詞二首》（卷五七）。

此月，上《論茶法奏狀》（卷一一二），乞另立法。未從。

《長編》卷一九一嘉祐五年三月末：「己巳，詔書既弛茶禁，論者猶謂朝廷志于便人，欲省刑罰，其意良善，然茶戶困于輸錢，而商賈利薄，販鬻者少，州縣徵稅日蹙，經費不充。知制誥劉敞、翰林學士歐陽修頗論其事。……是時，朝廷方排衆論而行之，敞等雖言，不聽也。」

龔鼎臣《東原錄》：「歐陽永叔與劉原甫言新定茶法不便，乞別立法。富鄭公上前言：『近罷榷茶，改二百年之弊法，不能無些小未適便處，須略齊整可矣。譬猶人大病方愈，須用粥食、湯藥補理，即漸平復矣。』上頷之。」

是春，舉蘇軾應試制科。

《舉蘇軾應制科狀》（卷一一二）：「臣今保舉堪應材識兼茂、明于體用科，欲望聖慈召付有司，試其所對。」按：蘇軾于三月授河南府福昌縣主簿，因歐薦舉制策，未赴任。

呂希哲《呂氏雜記》卷下：「初，歐陽文忠公舉蘇子瞻、沈文通舉蘇子由應制科，兄弟皆中選。」按：蘇軾、蘇轍應制科入選在下年八月乙亥（二十五日）。

四月十七日，江休復卒于京師，年五十六。次年，歐爲作《江鄰幾墓誌銘》（卷三三）。

二十五日，梅堯臣卒于京師，年五十九。歐有《哭聖俞》（卷八）詩，七月九日有《祭梅聖俞文》（卷五〇），次年爲作《梅聖俞墓誌銘》（卷三三）。

葛立方《韻語陽秋》卷一〇：「歐公一世文宗，其集中美梅聖俞詩者，十幾四五。」

六月二十四日，籌款賻贈梅堯臣喪事。

《與裴如晦》（卷一五一）：「酷暑阻奉見，……聖俞賻助，遂獲幾何？……二十四日。」按：由「酷暑」知時在此月。同年，歐有《答杜植》書云：「聖俞家賴諸故人力，得不失所。」

《事蹟》：「先公篤于交友，恤人之孤。梅聖俞家素貧，既卒，公醵于諸公，得錢數百千，置義田，以恤其家。且乞錄其子（梅）增。」

是夏，校對《唐書》，頗勞苦不堪。

《與王郎中道損》其三（卷一四七）：「以《唐書》甫了，初謂遂得休息，而卻送本局寫印本，一字之誤，遂傳四方，以此須自校對。其勞苦牽迫，甚于書未成時，由是未遑及他。」

馮京自江寧府寄贈碑刻甚多，有書致謝。

《與馮章靖公當世》其六（卷一四六）：「前承惠碑，多佳者，甚濟編錄。感幸，感幸！……病暑，草率。」其七亦云：「承惠寄碑刻，既博而精，多所未見。寡陋蒙益，而私藏頓富矣。」據《北宋經撫年表》卷四：馮京本年四月改知江寧府。

七月十二日，進奏《唐書》二百二十五卷。歐陽修主修紀、志六十卷，宋祁修列傳。

《進新修唐書表》（卷九一），題下原注：「嘉祐五年七月戊戌（十二日）爲提舉編修曾公亮作。」慶曆五年五月，立唐書局，由王堯臣、宋祁、張方平等重修《唐書》。歐陽修至和元年八月入局，距立局修書已有十年，其間出入唐書局者雖有十數人之衆，僅宋祁「獨下筆」，故久而未就。歐入局，復召呂夏卿、劉羲叟、梅堯臣等同修，歷時六年有餘，終底于成。《唐書》修撰，成于衆手，列傳一百五十卷出自宋祁，本紀十卷成于歐陽，素無疑義。至于志、表，歐陽發等《事蹟》稱歐曾與刊撰，吳充《歐陽公行狀》亦云：「嘗被詔撰《唐書》紀十卷、志五十卷、表十五卷。」然歐于書成轉官辭表中，卻未言及撰表十五卷。據趙彥衛《雲麓漫鈔》卷四：「志、表乃范鎮、

王疇、宋敏求、呂夏卿、劉羲叟分撰。」又宋敏求《春明退朝錄》卷下云：「梅聖俞入局，修方鎮、百官表」。由此看來，志表當成于衆手，經歐筆削定稿。

十四日，推恩賞，轉禮部侍郎（據《胡譜》）。

《長編》卷一九二嘉祐五年七月：「戊戌（十二日），翰林學士歐陽修等上所修《唐書》二百五十卷，刊修及編修官皆進秩或加職，仍賜器幣有差。」

不掩宋祁撰著之功。

《事蹟》：「初，奉敕撰《唐書》，專成紀、志、表，而列傳則宋公祁所撰。朝廷恐其體不一，詔公看詳，令删爲一體。公雖受命，退而曰：『宋公于我爲前輩，且人所見不同，豈可悉如己意。』于是一無所易。書成奏御，舊制：惟列官最高者一人，公官高，當書。公曰：『宋公于傳，功深而日久，豈可掩其名奪其功！』于是紀、志、表書公名，而列傳書宋公。宋丞相庠聞之，嘆曰：『自古文人好相凌掩，此事前所未有也。』」

上《乞洪州第五劄子》、《第六狀》、《第七狀》（卷九一）。未從。

《與馮章靖公當世》其六（卷一四六）：「自成書請外，所陳哀切，冀以危誠，有以感動，而二三公過爲顧慮，曲以見留，在意實厚，于計則非便也。奈何，奈何！」

《與王懿敏公仲儀》其八（卷一四六）：「某自罷府，又一歲有餘，方得《唐書》了當，遽申前請，懇乞江西。前後累劄，辭極危苦，而二三公若不聞。」

八月八日，蘇洵爲試校書郎。以歐一再薦

舉，方有此命。

《長編》卷一九二嘉祐五年八月：「甲子（八日），眉州進士蘇洵爲試校書郎。……嘉祐初，（洵）與其二子軾、轍至京師，翰林學士歐陽修上其所著《權書》、《衡論》、《機策》二十二篇，宰相韓琦善之。召試舍人院，再以疾辭。本路轉運使趙抃等皆薦其行義推于鄉里，而修又言洵既不肯就試，乞就除一官，故有是命。」

二十八日，上《論監牧劄子》（卷一一二），論馬政改革。

《長編》卷一九二嘉祐五年八月甲申（二十八日）載此疏，并云：「下其奏相度，牧馬所（吴）奎等請如修奏。」

是月，李端懿卒于知澶州任，年四十八。同年，爲作《鎮潼軍節度觀察留後李公墓誌銘》（卷三二）。

九月一日，兼翰林侍讀學士（據《胡譜》）。

二十五日，從仁宗後苑觀稻，有詩唱和。《和劉原父從幸後苑觀稻呈講筵諸公》（卷五七）：「拜賜秋風裏，分行黼座前。」按：詩原無繫年。《公是集》卷二六劉敞《九月二十五日召赴後苑觀稻》詩，注：「時惟兩府及講筵諸學士得預，時方講《春秋》。」此月朔，歐兼翰林侍讀學士。劉以翰林侍讀學士知永興軍，十二月初始到任。兩詩當同作于此時。

此月，吴充出知陝州，有《西齋小飲贈別陝州冲卿學士分得黃字爲韻》贈別（卷九）。

范鎮等奏請取歐《五代史》繕寫上進，有免進狀。

《免進五代史狀》（卷一一二）：「知制誥

范鎮等奏乞取臣五代文草，付唐書局繕寫上進。……全然未成次第。欲候得外任差遣，庶因公事之暇，漸次整輯成書，仍復精加考定，方敢投進。」

按：《五代史》于皇祐五年撰成初稿，此後不斷補正修訂，至熙寧五年歐去世後才奉旨上進。

奏乞罷方田均稅。

《論均稅劄子》（卷一一三）。《長編》卷一九二嘉祐五年十二月載歐此疏，附注：「歐陽修言不得其時，今附劉敞後，當是未除樞副十一月以前。或因敞面對論此，修亦具奏，時爲翰林學士，九月、十月之間也。」

十一月三日，英州團練使曹佾進馬，而不賜詔褒答，從歐所奏。

《長編》卷一九二嘉祐五年十一月戊子（三日）：「詔客省東上閤門使、英州團練使曹佾進馬，更不賜詔書。初，翰林學士歐陽修言：『故事，進奉乾元節皆賜詔褒答，朝廷非貴其物也，且以嘉臣子之勤爾。今佾五年進空表而馬不至，雖未加罪，不可更賜以詔書。』故罷之。」

十六日，拜樞密副使，加食邑五百戶，食實封二百戶（據《胡譜》）。

《長編》卷一九二嘉祐五年十一月辛丑（十六日）：「翰林學士兼侍讀學士、禮部侍郎、知制誥、史館修撰歐陽修，……幷爲樞密副使。」

拜樞密副使後，薛夫人入謝，曹皇后見而識之，從此常被顧問。

蘇轍《歐陽文忠公夫人薛氏墓誌銘》（《欒城集》卷二五）：「（薛）夫人幼隨金城朝于禁中，面賜冠帔。及文忠爲樞密副使，夫人入謝，慈聖光獻太后一見識之，曰：『夫人薛家女邪？』夫人進對明辯，自是每入輒被顧問，遇事陰有所補。」

二十九日，同修《樞密院時政記》（據《胡譜》）。

晁公武《郡齋讀書志》卷二上著錄爲《嘉祐時政記》，僅一卷，已佚，參見次年九月十一日記事。

此月，劉敞出知永興軍，有《奉送原甫侍讀出守永興》（卷八）詩。據《長編》卷一九二嘉祐五年十二月記事附注：「敞以九月丁亥朔除侍讀、知永興，十二月初始到任。」離京赴任當在十一月。

十二月二十五日，被差押伴契丹賀正旦人使御筵于都亭驛（據《胡譜》）。

《長編》卷一九二嘉祐五年十二月庚辰（二十五日），契丹使者「來賀正旦」。

本年，吳孝宗來訪，有詩送行。

《送吳生南歸》（卷七）題下原注：「一作《送吳孝宗》，字子京。」

魏泰《東軒筆錄》卷一二：「吳孝宗，字子經，撫州人，少落魄，不護細行，然文辭俊拔，有大過人者。嘉祐初，始作書謁歐陽文忠公，且贄其所著《法語》十餘篇，文忠讀而駭嘆，問之曰：『子之文如此，而我不素知之，且王介甫、曾子固皆子之鄉人，亦未嘗稱子，何也？』孝宗具言少無鄉曲之譽，故不見禮于二公。文忠尤憐之，于其行贈之詩。」

有《舉章望之曾鞏王回等充館職狀》（卷一一二）。

嘉祐六年辛丑，五十五歲。

三月十一日，寄書賀劉敞子中進士第。

《與劉侍讀原父》其十九（卷一四八）：「前日崇政賜進士第，見賢郎在高等，伏惟喜慰。……三月十一日。」

二十五日，侍仁宗遊後苑，賞花華景亭，釣魚涵曦亭，飲宴太清樓（據《胡譜》）。有《應制賞花釣魚》（卷一三）詩。

邵博《邵氏聞見後錄》卷一七：「嘉祐六年三月，仁皇帝幸後苑，召宰執、侍從、臺諫、館閣以下賞花釣魚，中觴，上賦詩：……宰相韓琦、樞密曾公亮、參政張昇、孫抃，副樞歐陽修、陳旭以下皆和。」

是春，兒女多病，憂心忡忡。

《與王懿恪公君貺》其五（卷一四六）：「某自過年兒女多病，小女子患目，殆今未較，日頗憂煎。」

王拱辰自洛陽寄牡丹，有《答西京王尚書寄牡丹》（卷一三）詩。

春夏之間，烏程張先來謁，歐熱情迎候。

范公偁《過庭錄》：「張先子野郎中《一叢花》詞云：『沉恨細思，不如桃杏，猶解嫁東風。』一時盛傳。歐陽永叔尤愛之，恨未識其人。子野家南地，以故至都，謁永叔，閽者以通，永叔倒屣迎之曰：『此乃紅杏嫁東風郎中』。」

按：夏承燾《張子野年譜》，以張先入京見宋祁、歐陽修繫于今年。據《長編》卷一九三記事，宋祁卒于本年五月丁酉（十五日），故繫此事于春夏之間。

五月四日，試遺逸，歐爲考官。顏復、焦千之等賜進士出身。

《宋史·顏復傳》：「嘉祐中，詔郡國敦訪

遺逸，京東以（顔）復言。凡試中書者二十有二人，考官歐陽修奏復第一，賜進士。」

《長編》卷一九三嘉祐六年：「五月丙戌（四日），賜徐州顔復、潤州焦千之……等七人進士出身。」

唐介等以言事得罪仁宗，被放逐遠方小郡。歐請予復官，有《論臺諫官唐介等宜早牽復劄子》（卷一一三）。後從之。

《長編》卷一九三嘉祐六年夏載歐此疏，附注：「唐介等逐在四月二十七日。修云在樞府已逾半歲，按：修以去年十一月十六日拜樞副，則奏此疏當在五月、六月間，今附夏末。七年三月九日，乃召還王陶及范師道。」

《事蹟》：「臺諫官唐公介、王公陶、范公師道、呂公景初，皆以言事被逐，先公言四人剛正敢言，蹤迹有本末，宜早賜牽復。其後四人遂復進用。」

七月二十五日，薛長孺卒，年六十一。日後爲作《尚書駕部員外郎致仕薛君墓誌銘》（卷三四）。

八月二日，自序《内制集》（卷四三）。

在樞密院，振紀綱，革宿弊，初見成效。

《事蹟》：「先公在密院，與今侍中曾魯公（公亮）悉力振舉紀綱，革去宿弊。大考天下兵數，及三路屯戍多少、地里遠近，更爲圖籍之法。邊防久闕屯守者，大加搜補。數月之間，機務浸理。」

閏八月二十一日，轉戶部侍郎、參知政事，進封開國公，加食邑五百戶，食實封二百戶（據《胡譜》）。

二十四日，辭轉官戶部侍郎，從之。

《長編》卷一九五嘉祐六年閏八月：「辛

丑（二十一日），參知政事孫抃，樞密副使歐陽修、趙槩、包拯幷進官一等，仍改修參知政事。……甲辰（二十四日），參知政事孫抃、歐陽修，樞密副使趙槩、包拯幷上表辭所除官，從之。」

九月十一日，同修《中書時政記》（據《胡譜》）。

晁公武《郡齋讀書志》卷二上著錄《嘉祐時政記》一卷，云：「右吳奎、趙槩、歐陽修記立英宗事，幷賈易論韓琦定策疏。」此書今已佚。

是年夏、秋，疾病纏身，心境孤寂。

《與焦殿丞千之》其十三（卷一五〇）：「某爲今夏病暑，不可勝任。又得喘疾，遂且在告。」

《與王懿敏公仲儀》其十二（卷一四六）：「昨日以疾病發動，請告家居。」

又其十三：「近以口齒淹延，遂作孽，兩頰俱腫，飲食言語皆不能，呼四醫工幷來，未有纖效。」

十月，與韓琦、曾公亮共請立皇子。

《奏事錄·又三事》（卷一一九）：「嘉祐六年秋，余自樞庭過東府，忽見內降一封，乃諫官司馬光言立皇子事，既而知江州呂誨亦有疏論述。……明日奏事垂拱殿，二章讀畢，未及有所啓，仁宗遽曰：『朕有意多時矣，但未得其人。』……既而又左右顧曰：『宗室中孰爲可？』韓公惶恐對曰：『不惟宗室不接外人，臣等不知，此事豈臣下敢議，當出自聖擇。』仁宗曰：『宮中嘗養二子，小者甚純，然近不惠，大者可也。』遂啓曰：『其名謂何？』仁宗即道今上舊名，曰名某，今三十歲矣。余等遂力贊之，議乃定。……時六年十月也。」

十二月，重校《漢書》，命歐陽修看詳。

王應麟《玉海》卷四九：「嘉祐六年十二月，命秘書丞陳繹重校《前漢書》，又詔參政歐陽修看詳。」

陳舜俞上書歐陽修，致門生之禮。

陳舜俞《上歐陽參政侍郎書》（《都官集》卷九）：「十二月日，門人具官陳某謹頓首百拜有聞于參政先生坐下。」

是時韓琦、曾公亮、歐陽修同心輔政，朝廷稱治。

蘇轍《歐陽文忠公神道碑》（《欒城後集》卷二三）：「時富公以母憂去位，公與韓公同心輔政。每議事，心所未可，必力爭，韓公亦開懷不疑，故嘉祐之政，世多以爲得。」

在中書，言事不顧仇怨。

《事蹟》：「先公天性勁正，不顧仇怨。雖以此屢被讒謗，至于貶逐，及居大位，毅然不少顧惜，尤務直道而行，橫身當事，不恤浮議。」

薦劉攽、呂惠卿任館職。有《舉劉攽呂惠卿充館職劄子》（卷一一三）。

明葉盛《水東日記》：「呂惠卿未達時，歐陽修以學者罕能及，告于朋友，以端雅之士薦之于朝廷，且曰：『後有不如，甘與同罪。』」

沈括上書歐陽修，幷獻《樂說》一通。

沈括《上歐陽參政書》（《長興集》卷一九）：「某嘗得古之《樂說》，習而通之，其聲音之所出，法度之所施，與夫先聖人作樂之意，粗皆領略，成書一通，亦百工群有司之一技，不敢默而不獻。」

按：胡道靜《沈括事略》（新校正《夢溪

筆談》附録）繫此書于嘉祐六年，今從之。

嘉祐七年壬寅，五十六歲

正月一日，大慶殿朝賀，歐陽修攝侍中，承旨宣制（據《胡譜》）。

《長編》卷一九六嘉祐七年：「春正月己酉朔，大慶殿受朝。」

三月四日，以病在告，作《三琴記》。

《三琴記》（卷六三）署：「嘉祐七年上巳後一日，以疾在告，學書，信筆作歐陽氏《三琴記》。」

八日，諷參知政事孫抃自請改官。

《長編》卷一九六嘉祐七年三月乙卯（八日）：「（孫）抃居兩府，年益耄，頹惰無所可否，又善忘，語言舉止多可笑，好事者至傳以爲口實。……修曰：『韓御史言君，君不知耶？』抃乃頓足擿耳曰：『殊不知也！』遂移疾求免，上許之。」按：孫抃改官同群牧制置使。

十四日，提舉三館秘閣寫校書籍，同譯經潤文（據《胡譜》）。

是春，致書富弼，慰其節哀順變。

《與富文忠公彦國》其三（卷一四四）：「春候暄冷不常，不審孝履何似。伏惟以時順變，徇禮節哀，上副人主之眷懷，下爲士民自重。」按：《長編》卷一九三嘉祐六年三月：「己亥（十六日），宰臣富弼以母喪去位。」

四月五日，上《嘉祐編敕》（據《胡譜》）。

《長編》卷一九六嘉祐七年四月記事：「宰相韓琦等上所修《嘉祐編敕》，起慶曆四年，盡嘉祐三年，凡十二卷。」《宋史·藝文志》著錄此書，作《慶曆編敕》，僅云賈昌朝撰。歐陽修預修時間當不長。

此書今已佚。

五月二十二日，致書劉敞，謝惠寄古器銘文。

《與劉侍讀原父》其二十六（卷一四八）：「蒙惠以《韓城鼎銘》及漢《博山盤記》，二者實爲奇物。其集錄前古遺文，往往得人之難得，自三代以來莫不皆有，然獨無前漢字，每以爲恨。今遽獲斯銘，遂大償其素愿，其爲感幸，自宜如何。」按：明朱存理《珊瑚木難》卷三載錄此文，下署「五月廿二日」，與書中所云「大熱慎護」相合。

六月十二日，秘閣上補寫御覽書籍，從歐所請也。

《長編》卷一九六嘉祐七年六月：「丁亥（十二日），秘閣上補寫御覽書籍。先是，歐陽修言，……遂詔龍圖、天章、寶文閣、太清樓管勾內臣檢所闕書錄上，于門下省補寫，至是上之。」

七月五日，差充明堂鹵簿使（據《胡譜》）。

八月五日，詔立濮王子宗實爲皇子，從歐等所請。

《長編》卷一九七嘉祐七年八月：「己卯（五日），詔曰：『……右衛大將軍、岳州團練使宗實，皇兄濮安懿王之子，猶朕之子也。少鞠于宮中，而聰知仁賢，見于夙成。……其以爲皇子。』」

《奏事錄·又三事》（卷一一九）：「（嘉祐七年）七月，……仁宗問如何，韓公未對，余即前奏曰：『宗室自來不領職事，今外人忽見不次擢此子，又判宗正，則天下皆知陛下將立爲皇太子也，今不若遂正其名，命立爲皇子。緣防禦使判宗正，降誥敕，宗實得以堅卧不受。若立爲皇子，只煩陛下命學士作一詔書，告報天下，事即定矣，不由宗實受不受也。』仁宗沉思久之，顧韓公曰：『如此，莫亦好否？』韓公力贊之。仁宗曰：『如此，則須于明堂前速了當。』遂降詔書，立爲皇子。」

九月七日，大饗明堂（據《胡譜》）。有《明堂慶成》（卷一三）詩。

十五日，進階正奉大夫，加柱國，仍賜推忠佐理功臣（據《胡譜》）。

此月，又獲劉敞寄古器銘文，驚喜異常。

《與劉侍讀原父》其二十七（卷一四八）：「昨日進奏院送九月十五日所寄書，……兼復惠以古器銘文。發書驚喜失聲。群兒曹走問乃翁夜獲何物，其喜若斯。」

十一月一日，致書知潁州蘇頌，表引退江湖之志。

《與蘇丞相子容》其三（卷一四五）：「潁城佳郡，足以優賢，然當舒發遠大，則難久留也。未問，湖園亦少資清興。某衰病碌碌，厚顔已多，有名即得引去矣。」署十一月二日。

十二月二十三日，仁宗召群臣往龍圖、天章閣觀祖宗書，又往寶文閣作飛白書分賜群臣，作《觀書詩》令群臣屬和。宴群玉殿（據《胡譜》）。歐有《觀龍圖閣三聖御書應制》（卷五七）詩。

《長編》卷一九七嘉祐七年十二月：「丙申（二十三日），幸龍圖、天章閣，召輔臣、近侍、三司副使、臺諫官、皇子、宗室、駙馬都尉、主兵官觀祖宗御書。又幸寶文閣，爲飛白書，分賜從臣，下逮館閣。作《觀書詩》，韓琦等屬和。遂宴群玉殿，傳詔學士王珪撰詩序，刊石于閣。」

二十七日，仁宗再召群臣往天章閣，觀三朝瑞物，又赴寶文閣，賜歐陽修金花箋字。復宴群玉殿（據《胡譜》）。歐有《群玉殿賜宴》（卷一三）詩、《謝賜飛白幷賜宴詩狀》（卷九一）。

《長編》卷一九七嘉祐七年十二月：「庚子（二十七日），再會于天章閣觀瑞物，復宴群玉殿。帝曰：『天下久無事，今日之樂，與卿等共之，宜盡醉勿辭。』賜禁中花、金盤、香藥，又召韓琦至御榻前，別賜酒一巵。從臣霑醉，至暮而罷。」

此月，差押伴契丹賀正旦人使御筵于都亭驛（據《胡譜》）。

高僧契嵩獻書朝廷，謁見歐陽修，受歐稱賞。

《會要》道釋一：「嘉祐七年十二月，杭州靈隱沙門契嵩上《傳法正宗記》，詔入藏教，仍賜號明教大師。」按：文瑩《湘山野錄》卷下亦載契嵩獻書事，繫于「治平中」。今從《會要》。

契嵩《上歐陽侍郎書》（《鐔津文集》卷一〇）：「今以其書奏之天子，因而得幸下風，閣下不即斥去，引之與語溫然，乃以其讀書爲文而見問，此特大君子與人爲善，誘之欲其至之耳。」

是冬，作《曾祖曾祖母焚黃祭文》等三道（卷五〇），遣侄歐陽嗣立赴故鄉，祭祖宗三代亡靈。

本年，編《集古錄》成一千卷，自撰序言，請蔡襄書寫。

《集古錄目序》（卷一三四）：「上自周穆

王以來，下更秦、漢、隋、唐、五代，外至四海九州，名山大澤，窮崖絕谷，荒林破冢，神仙鬼物，詭怪所傳，莫不皆有，以爲《集古錄》。」

《與蔡君謨求書集古錄序書》（卷六九）：「向在河朔，不能自閑，嘗集錄前世金石之遺文，自三代以來古文奇字，莫不皆有。……蓋自慶曆乙酉逮嘉祐壬寅，十有八年而得千卷。」按：此書嘉祐七年編成之後，治平、熙寧年間有所增采、補充。

張淏《雲谷雜紀》卷三：「奏漢以前，字畫多見于鐘鼎彝間，至東漢時，石刻方盛。本朝歐陽公始酷嗜之，所藏至千卷，既自爲跋尾，又命其子棐撮其大要而爲之說，曰《集古錄目》。晚年自號『六一居士』，集錄蓋其一也。」

請以劉敞還朝爲翰林學士，未果。

劉攽《劉公行狀》（《彭城集》卷三四）：「（劉）公與歐陽公永叔相厚，及歐陽參知政事，嘗爲丞相韓公言公所爲不如謗者之言也。久之，將還公爲翰林學士，會上不豫，事且寢。」按：歐爲參政，事在去年閏八月，仁宗卒于次年三月，此事當在本年。

嘉祐八年癸卯，五十七歲。

正月十五日，賜宴相國寺，與趙槩、胡宿、吳奎同座。

《歸田錄》（卷一〇七）：「嘉祐八年上元夜，賜中書樞密院御筵于相國寺羅漢院。……是歲昭文韓相（琦），集賢曾公（公亮）、樞密張太尉（昪）皆在假不赴，惟余與西廳趙侍郎（槩）、副樞胡諫議（宿）、吳諫議（奎）四人在席。酒半相顧，四人者皆同時翰林學士，相繼登二府，前此未有也。」

二月三日，奉敕充沈貴妃冊禮使。

《胡譜》嘉祐八年二月乙亥（三日）記事附注：「不及行禮。」仁宗次月二十九日病卒，故未及行禮。

三月二十二日，許將舉進士第一，歐稱賞其賦。

《宋史·許將傳》：「（許將）字沖元，福州閩人。舉進士第一。歐陽修讀其賦，謂曰：『君辭氣似沂公（王曾），未可量也。』」

二十九日，仁宗卒，享年五十四，在位四十二年。

四月一日，英宗即位。

三日，奉旨書寫仁宗皇帝哀冊謚寶（據《胡譜》）。

《會要》禮二九：四月五日，命「參知政事歐陽修書哀冊謚寶。」所記時日稍有差異，姑存待考。

四日晚，英宗忽患病，不識人，語言失序。

八日，歐爲撰《請皇太后權同聽政詔》（卷一九）。

《長編》卷一九八嘉祐八年四月：「己卯（八日），大斂，上疾增劇，號呼狂走，不能成禮。韓琦亟投杖褰簾，抱持上，呼内人屬令加意擁護，又與同列入白太后。下詔，候聽政日，請太后權同處分。」

十三日，覃恩轉戶部侍郎，進階金紫光祿大夫，加食邑五百戶，食實封二百戶，仍賜推忠協謀佐理功臣（據《胡譜》）。

十四日，奉敕篆寫英宗受命寶。

《長編》卷一九八嘉祐八年四月：「乙酉

（十四日），作受命寶，命歐陽修篆，其文曰皇帝恭膺天命之寶。」

是月，不從補拜樞密使之議。

《事蹟》：「初，樞密使缺人，先公以次當拜，時英宗未親政事，二府密議，不以告公。一日，待漏院中，公見二相耳語，知其所爲，問曰：『得非密院缺人，而某當次補乎？』二公曰：『然。』公曰：『此大不可。今天子不親政，而母后垂簾，事之得失，人皆謂吾輩爲之耳。今如此，則是大臣二三人相補置耳，何以鎮服天下！』二公大然公言，遂止。」按：事在英宗未親政時，此議當在富弼五月十七日除樞密之前。

皇太后垂簾聽事，歐陽修等直道輔政。

《長編》卷二〇九治平四年三月壬申（二十四日）追記：「初，英宗以疾未親政，太皇太后垂簾，修與二三大臣主國論，每簾前奏事，或執政聚議，事有未同，修未嘗不力爭。臺諫官至政事堂論事，事雖非己出，同列未及啓口，而修已直前折其短。士大夫建明利害及所請，前此執政多媕阿，不明白是非，至修必一二數之曰：某事可行，某事不可行。」

六月，門人焦千之以殿中丞出任樂清令，歐邀宴爲賀。

《與焦殿丞千之》其十五（卷一五〇）：「遽爾大熱，病軀殊不可當。……知已授樂清，果如何？來日見過家餐，幸早枉步，乘午前稍涼，庶幾可坐也。」按：胡柯繫于「嘉祐末」，信中稱「大熱」，可知時在暑月。

是夏，兒女患病，情緒蕭索。

《與吳正獻公冲卿》其二（卷一四五）：

「某自春涉夏，以小兒女多病，不無憂撓。加以待罪碌碌，不知所爲，情緒蕭索，無復前日。」

七月九日，押伴契丹祭吊人使御筵于都亭驛（據《胡譜》）。

此月，契丹皇太叔耶律重元與其子涅魯古合謀殺道宗耶律洪基而自立，使人求宋廷出兵爲應。兩府合議，有主出兵者，歐力爭不可，遂止。既而，耶律重元父子兵敗身亡。

《事蹟》：「契丹降人韓皋謨者，自言太叔使來，言太叔謀取其國，乞中國出兵爲應。二府會議其事，時有意主之者，將議從之。先公爭曰：『中國待夷狄，宜以信義爲本，奈何欲助其叛亂，使事不成，得以爲辭？』主議者大笑曰：『迂儒！迂儒！』公力爭之不已，遂止。既而虜中太叔舉事不成而死。」按：《長編》卷一九九嘉祐八年七月末載其事，并云：「先遣來使者數人，悉宗元（即重元）之黨也。」

八月二日，受命爲貴妃冊禮。

《會要》后妃三：「（嘉祐）八年八月二日，以參知政事歐陽修爲貴妃冊禮。」按：同日王珪《冊封貴妃文》亦云：「今遣使禮部侍郎參知政事歐陽修，……持節冊命爾爲貴妃。」

二十四日，奉敕篆仁宗皇帝謚寶。其文曰「神文聖武明孝皇帝之寶」（據《胡譜》）。

九月十九日，皇太后告知歐陽修「韓蟲兒案」本末。

《奏事錄·又三事》（卷一一九）：「今上即位于柩前，中外帖然，無一言之異，唯韓蟲兒事籍籍不已，云大行嘗有遺腹子，誕彌當在八、九月也。九月十七日，余以服藥請一日假家居，晚傳內出宮女三人送內侍省勘，幷召醫官產科十餘人、坐婆三人入矣。十九日，入對內東門小殿，簾前奏事將退，太后呼黃門索韓蟲兒案示中書。余等于簾前讀之，見蟲兒具招虛僞事甚詳。……余等遂前奏曰：『蟲兒事，外已暴聞。今其僞迹盡露，可以釋中外之疑，然蟲兒當勿留，庶外人必信也。』太后曰：『固當如是。』」

十月二十七日，葬仁宗于永昭陵。歐有《永昭陵挽詞三首》、《續作永昭陵挽詞五首》（卷一三）。

此月，歐與韓琦勸諫兩宮和睦，鎮安內外。

《長編》卷一九九嘉祐八年十一月記事：「方帝疾甚時，云爲多乖錯，往往觸忤太后，曹太后不能堪。……修又言曰：『仁宗在位歲久，德澤在人，人所信服。故一日晏駕，天下稟承遺命，奉戴嗣君，無一人敢異同者。今太后深居房帷，臣等五六措大爾，舉動若非仁宗遺意，天下誰肯聽從！』太后默然。他日琦等見帝，……帝大悟，自是亦不復言太后短矣。」

有《夜宿中書東閣》（卷一三）詩。

周必大《題六一先生夜宿中書東閣詩》（《益公題跋》卷八）：「右歐陽公嘉祐八年冬末詩。按昭陵（仁宗）以是年春晏駕，十月復土，時厚陵（英宗）再屬疾，兩宮情意未通，故有『攀髯路斷』、『憂國心危』之句云。」

十二月三日，押伴契丹賀正旦人使御筵于都亭驛（據《胡譜》）。

本年，于闐國王遣使進貢，朝廷賜歐陽修

于闐所獻花蕊布。

《感事》（卷一四）：「病骨瘦便花蕊暖」句下，歐陽修自注：「嘉祐八年，于闐國王遣使來朝貢，恩賜宰臣已下于闐所獻花蕊布，柔紉潔白如凝脂，而御風甚溫，不減駞褐也。」

跋舊本韓文。

《記舊本韓文後》（卷七三）：「舉進士及第，官于洛陽，而尹師魯之徒皆在，遂相與作爲古文。因出所藏《昌黎集》而補綴之，求人家所有舊本而校定之。其後天下學者亦趨于古，而韓文遂行于世。至于今蓋三十餘年矣，學者非韓不學也，可謂盛矣。」

按：胡柯繫于嘉祐□年。自歐氏舉進士及第，下數三十餘年，當在嘉祐末，姑繫于本年。

宋英宗治平元年甲辰，五十八歲。

三月十六日，跋隋碑，感嘆文章不可驟革。

《集古錄跋尾·隋太平寺碑》（卷一三五）：「南北文章，至于陳隋，其弊極矣。以唐太宗之致治，幾乎三王之盛，獨于文章不能少變其體，豈其積習之勢其來也遠，非久而衆勝之，則不可以驟革也。」署治平元年三月十六日。

五月十三日，英宗病愈，皇太后還政。歐撰《皇太后還政議合行典禮詔》（卷一九）。

《長編》卷二〇一治平元年五月：「戊申，皇太后出手書還政，是日遂不復處分軍國事。」

二十八日，韓琦等奏請追崇濮王及三妃。

《長編》卷二〇一治平元年五月癸亥（二十八日）：「宰臣韓琦等奏：『……臣伏

請下有司議濮安懿王及譙國太夫人王氏、襄國太夫人韓氏、仙游縣君任氏合行典禮，詳處其當，以時施行。』詔須大祥后議之。」按：去年四月二十七日，司馬光《上皇帝疏》奏請英宗勿追尊生父濮王。

閏五月三日，特轉吏部侍郎（據《胡譜》），辭，不允。

《長編》卷二〇一治平元年閏五月戊辰（三日）：「參知政事歐陽修、趙槩爲吏部侍郎。」

按：《歐集》卷九二有《辭特轉吏部侍郎表》、《再辭轉官第一劄子》、《第二劄子》、《第三劄子》及《謝特轉吏部侍郎表》。

九日，奏事垂拱殿，召赴延和殿，閱謝契丹禮物。

《集古錄跋尾·後漢張公廟碑》（卷一三五）題署：「治平元年閏五月九日書。是日奏事垂拱，退，召赴延和，閱謝契丹禮物，遂歸休。」

此月，修稱賈黯「爲人剛直」，時或慮事不周。

《長編》卷二〇一治平元年閏五月末記事：「先是，……（上）又問：『賈黯何如人？』歐陽修曰：『黯爲人剛直，但思慮或有不至爾。』」

六月二十九日，余靖卒于還京途中，年六十五。三年後，爲作神道碑銘。

《贈刑部尚書余襄公神道碑銘》（卷二三）：「治平元年，（公）自廣朝京師。六月癸亥（二十九日），以疾薨于金陵。」

是夏，京師水災，家人患病，老小驚恐。

《與吳正肅公長文》其十二（卷一四五）：「某自春末家中疫病，深夏甫定，遽此水災，驚奔不暇，僅有餘生。」

八月八日，奉敕祈晴太社。

《集古錄跋尾·唐石洪鐘山林下集序》（卷一四一）題識云：「治平元年八月八日書。是日，上以霖雨不止，分命群臣祈禱。余祈于太社，既歸而雨遂止。」

二十三日，貶逐內侍任守忠。領頭塡簽空頭敕，輔佐韓琦成其事。

《長編》卷二〇二治平元年八月丙辰（二十三日）：「宣政使、入內都知、安靜軍留後任守忠爲保信節度副使，蘄州安置。」按：邵伯溫《邵氏聞見錄》卷九詳載其事本末。

此月，喪一女。

乞外任《第一劄子》（卷九二）：「臣自去年八月喪一女子，凡庶常情，不免悲痛。」按：此疏作于治平二年正月。

十二月十五日，王疇爲樞密副使，修曾向英宗贊其「勁直」，遂有此命。

《長編》卷二〇三治平元年十二月丙午（十五日）：「翰林學士、禮部侍郎王疇爲樞密副使。上嘗謂輔臣曰：『疇善文章。』歐陽修曰：『其人亦勁直，但不爲赫赫之名爾。』……遂有是命。」

二十一日，差押伴契丹賀正旦人使御筵于都亭驛（據《胡譜》）。

本年，司馬光上《貢院乞逐路取人狀》，歐有駁議《論逐路取人劄子》（卷一一三）。

《會要》選舉三載馬端臨《文獻通考》：「分路取人之說，司馬、歐陽二公之論不同。司馬公之意，主于均額，以息奔競之風；歐陽公之意，主于核實，以免謬濫之弊。要之朝廷既以文藝取士，則歐陽之說爲是。」

受韓琦請命，爲作《有宋右諫議大夫贈開府儀同三司太師中書令兼尚書令魏國韓公國華眞贊》（卷五八）。《與韓忠獻王稚圭》其二十三（卷一四四）：「辱簡，誨俾撰先令公眞贊，……但恐衰病，久廢筆硯，不能稱道萬一，當試勉強以應嘉命。」

治平二年乙巳，五十九歲。

正月十三日，上疏乞獎用致仕邊將孫沔（卷一一三），從之。《長編》卷二〇四治平二年正月：「癸酉（十三日），參知政事歐陽修言：『諒祚猖狂，漸違誓約。朝廷禦備之計，先在擇人。而自慶曆罷兵以來，當時經用舊人，唯戶部侍郎致仕孫沔尚在。……欲乞朝廷察訪，特加獎用，庶于人才難得之時，可備一方之寄。』詔以沔爲資政殿學士、知河中府。」

二十三日，上表乞外任。不允。《乞外任第一表》（卷九二）題下原注：「治平二年正月二十三日上，二十五日批答不允。」

二十六日，上請外任《第二表》（卷九二）。不允。

二十九日，上《第三表》（卷九二）。不允。

此月，奏論西部邊防事宜，有《言西邊事宜第一狀》、《言西邊事宜第二劄子》（卷一一四）。

按：《言西邊事宜第一狀》載《長編》卷二〇四治平二年正月。

二月十一日，三司使蔡襄出知杭州。修爲之辨「疑似之謗」，未從。《長編》卷二〇四治平二年二月辛丑（十一日）：「三司使、給事中蔡襄爲端明殿學士、禮部侍郎知杭州。初，上自濮邸立爲皇子，中外無間言，……已而外人亦稍稍言襄嘗有異議，然莫知虛實。」按：《歐集》卷一一九《奏事錄》「辨蔡襄異議」、「又三事」及王明淸《玉照新志》卷四詳記此事本末。

三月二十九日，奏邊城守備擴軍，致使軍費倍增。

《長編》卷二〇四治平二年三月己丑（二十九日）：「上嘗問輔臣：『天下金穀幾何？』韓琦等具以對，因問：『冗兵之費倍于曩時，何也？』歐陽修曰：『自西事以來，邊城廣爲守備，旣增置軍額，則歲費益多。』」

是春，患淋渴症，復發眼病。

《與王龍圖益柔》其七（卷一四八）：「自春首以來，得淋渴疾，癯瘠昏耗，幾不自支。」

乞外任《第一劄子》（卷九二）：「自去年八月喪一女子，凡庶常性，不免悲苦，因此發動十年來久患眼疾，又爲老年，全服涼葯不得。自深冬已來，氣暈昏澀，視物艱難，接此春旱，陽氣上攻，遂至大段妨事。」

四月九日，詔禮官及待制以上，詳議崇奉濮王典禮。「濮議之爭」由此始。

《長編》卷二〇四治平二年四月戊戌（九日）：「詔禮官及待制以上，議崇奉濮安懿王典禮以聞。宰臣韓琦等以元年五月奏進呈故也。」

《會要》禮四〇：「英宗治平元年五月二十八日，宰臣韓琦等上言：……（參看去年五月記事），二年四月九日，乃詔禮官與兩制以上詳議。」

十七日，景靈宮奉安仁宗畫像，英宗行酌獻之禮，修攝侍中。有《四月十七日景靈宮奉迎仁宗皇帝御容有感》（卷一三）詩。

《長編》卷二〇四治平二年四月：「丙午（十七日），奉安仁宗御容于景靈宮孝嚴殿。」

按：《胡譜》載其事于此月辛丑（十二日），恐誤。

五月二十七日，修以中書所當知者，集爲《總目》。英宗遣內侍就中書閣取而閱之。

《事蹟》：「京師百司所行兵民、官吏、財用之類，皆無總數，中書一有行移，則下有司纂集。先公因暇日，盡以中書所當知者，集爲《總目》。一日，上有所問，宰相以《總目》爲對。公以祀假家居，上遣中貴人就中書閣子取而閱之。」

按：《長編》載此事于卷二〇五治平二年五月丙戌（二七）。

六月十一日，論孫長卿爲臺諫官所劾事。

《奏事錄·論孫長卿爲臺諫所劾事》（卷一一九）：「孫侍郎長卿罷環慶路總管，拜集賢院學士，爲河東都轉運使，臺諫交章論列長卿守邊無狀，宜加降黜。……最後賈中丞（黯）二章六月十一日進呈，上厲聲曰：「已行之事，何可改易？」臣修奏曰：『臣等不爲已行難改，若朝廷果是除授不當，能用臺諫之言改正，足以上彰陛下從諫之聖。至于臣等能不遂非而服義，改過不吝，聖賢所難，亦是臣等好事。但以長卿除授不爲過當，若曲從臺官之言，使彼銜冤受黜，于理豈安？故難行也。』」

二十一日，王珪、司馬光、呂誨等臺諫官

請稱濮王爲皇伯，改封大國，韓琦、歐陽修等執政以爲不可，奏請再議，從之。

《長編》卷二〇五治平二年六月：「是月己酉（二十一日），中書又奏：『按《儀禮》爲人後者爲其父母報，……今王珪等議稱皇伯，于典禮未見明據，請下尚書省，集三省、御史臺官議奏。』詔從之。」

二十三日，曹太后出手書，切責執政派，濮議奏詔暫罷。

《長編》卷二〇五治平二年六月：「太后聞之，辛亥（二十三日），內出手書切責韓琦等以不當議稱皇考，而琦等奏太后以珪等議稱皇伯爲無稽，且欲緩其事，須太后意解。」

《長編》卷二〇五治平二年六月：「甲寅（二十七日），降詔曰：『如聞集議議論不一，宜權罷議，當令有司博求典故，務合《禮》經以聞。』」原文附注：「三年四月（應作元月）二十七日壬午始罷議，此須權罷耳。」

七月五日，富弼與韓琦、歐陽修不睦，自請出判河陽。

《長編》卷二〇五治平二年七月：「樞密使、戶部尚書、同平章事富弼累上章以疾求罷，至二十餘。上固欲留之，不可。癸亥（五日），罷爲鎮海節度使、同平章事、判河陽。」

按：富弼求罷自出，主要原因在與韓琦不睦。《長編》卷二〇一治平元年五月戊申（十三日）記事云：「自弼使樞密，非得旨令兩府合議者，琦未嘗詢于弼也，弼頗不懌。及太后還政，遽撤東殿簾帷，弼大驚，謂人曰：

『弼備位輔佐，他事固不敢預聞，此事韓公獨不能與弼共之耶？』」或以咎琦，琦曰：『此事當時出太后意，安可顯言于衆！』」弼自是怨琦益深。」在立英宗、催太后還政、主「濮議」等問題上，歐陽修密切配合韓琦，與富弼也漸次不睦。

《與富文忠公彦國》其六（卷一四四）：「某啓，餘暑未祛，……今者大旆當西，不一造門下，竊意不近人情，兼料諸公意必同此，所以雖承誨勒，未敢聞命也。」按：此書作于治平二年初秋，由文意可見雙方心存芥蒂。此爲《歐集》致富弼最後一簡，此後不見雙方書簡往來。邵伯溫《邵氏聞見錄》卷三亦云：「富公……遂出判河陽，從此與魏公、歐陽公絶。」

二十二日，文彦博爲樞密使。此前，英宗欲用歐爲樞密使，力辭不拜。

《長編》卷二〇五治平二年七月庚辰（二十二日）：「淮南節度使、兼侍中文彦博爲樞密使。……及張昪去位，上遂欲用修，修又力辭不拜。」

二十四日，崔公度爲國子監直講。修薦于韓琦，故有此命。

《長編》卷二〇五治平二年七月壬午（二十四日）：「三班差使、殿侍崔公度爲和州防禦推官、充國子監直講。……歐陽修得公度所爲《感山賦》以示韓琦，琦言公度守道甚篤，文章雄奇贍逸，故有是命。」

二十八日，王回卒于穎州，年四十三。修爲撰《祭王深父文》（卷七〇）。

按：王安石《王深甫墓誌銘》（《臨川

先生文集》卷九三）載：「深甫……其卒以治平二年七月二十八日。」

八月三日，京師大雨，地涌水，淹死人畜無數。家人驚奔避水，寓居定力院。

《長編》卷二〇六治平二年八月：「庚寅（三日），大雨。辛卯（四日），地涌水，壞官私廬舍，漂殺人民畜産，不可勝數。」

《與薛少卿公期》其十二（卷一五二）：「近以雨水爲患，舉家驚奔，所幸人物苦無傷損。寓居定力，公私擾擾，久不附問。」

十四日，獨對崇政殿，勸英宗擇人試館職，以開賢路。

《奏事錄·獨對語》（卷一一九）：「臣修曰：『朝廷用人之法，自兩制選居兩府，自三館選居兩制，是則三館者，輔相養材之地也。往時入三館有三路，今塞其二矣。此臣所云太狹也。』……後數日，上因中書奏事，遂處分令擇人試館職。」

按：原題下注：八月十四日。據「水災以來」句下注「是月三日」，當繫本年。然據下文「令擇人試館職」，似在明年。參看次年八月記事。今姑依胡柯繫年。

英宗論歐「性直不避衆怨」。

《事蹟》：「一日獨對，英宗面諭公曰：『參政性直不避衆怨，每見奏事，與二相公有所異同，便相折難，其語更無回避。亦聞臺諫論事，往往面折其短，若似奏事時語，可知人皆不喜也，宜少戒此。』」

按：此事載歐《奏事錄·獨對語》，原繫八月十四日。

九月四日，提舉編纂太常禮書百卷成書，詔名《太常因革禮》。

《長編》卷二〇六治平二年九月辛酉（四日）：「提舉編纂禮書、參知政事歐陽修奏已編纂禮書成百卷，詔以《太常因革禮》爲名。」按：《太常因革禮》由歐領銜，實際修撰者爲姚闢、蘇洵。此書今存，缺十七卷。

十七日，李清臣授著作佐郎。李試秘閣，歐料其必爲首選。

《長編》卷二〇六治平二年九月甲戌（十七日）：「前和川縣令李清臣爲著作佐郎。……歐陽修奇其文，以爲似蘇軾。及試秘閣，試文至中書，未發也，修迎語曰：『考官不置清臣第一，則謬矣。』發視，果第一。」

十八日，受命撰郊祀禮冊文并書。

《會要》禮五〇：「治平二年九月十八日，命參知政事歐陽修撰冊文并書，十一月十六日郊祀禮畢。」按：參看十一月十六日記事。

十九日，奏論內降補僧官事，乞止內臣干擾朝政，從之。

《事蹟》：「嘗因僧官闕人，內臣陳承禮以寶相院僧慶輔爲請內降，從之。舊有著令，僧官必試而補，諸公相與執奏其事。先公進言曰：『補一僧官，至爲小事，但內降衝改著令，內臣干擾朝政，不可啓其端。……』英宗即欣然嘉納。」按：歐《奏事錄·內降補僧官》（卷一一九）詳載此事，署九月十九日。

是秋，作《相州晝錦堂記》（卷四〇）。

《與韓忠獻王稚圭》三二（卷一四四）：「《晝錦》書刻精好，但以衰退之文不稱爲慚，而又以得託名于後爲幸也。」按：書中有語「早暮遂涼」，知時爲秋季。

《相州晝錦堂記》當時已由陸經書寫，待刻石。

有書啓勸吴奎居喪節哀，勉強食少葷味。《與吴正肅公長文》其十一（卷一四五）：「秋暑，……公奉侍慈顔，尤當勉強閒食少葷味，以養助眞氣。」按：《宋史·吴奎傳》云：「治平中，丁父憂，居喪毁瘠，廬于墓側。」

十月二十八日，吕公著編《仁宗御集》一百卷以進，歐受英宗密旨，代作《仁宗御集序》（卷一四）。

十一月十六日，英宗祀南郊，攝司空行事，進階光祿大夫，加上柱國，食邑五百戶（據《胡譜》）。撰《尊皇太后册文》（卷一九），又有《南郊慶成》（卷一四）詩。

十二月十九日，侍御史吕誨重興「濮議」之爭，矛頭直指韓琦。

《長編》卷二〇六治平二年十二月甲辰（十九日）記事：「郊祀既畢，侍御史知雜事吕誨復申前議，乞早正濮安懿王崇奉之禮。……誨前後凡七奏，不從。因乞免臺職補外，又四奏，亦不從。遂劾韓琦曰：『……致兩宫之嫌猜，賈天下之怨怒，謗歸于上，人所不忍。言者辨論，半年不決，琦猶遂非，不爲改正，得謂之忠乎？』」

本年，張舜民來京晉謁，歐多談吏事。

吴曾《能改齋漫錄》卷一三「歐陽公多談吏事」：「張芸叟言：初遊京師，見歐陽文忠公，多談吏事。張疑之，且曰：『學者之見先生，莫不以道德爲欲聞者。今先生多教人吏事，所未諭也。』公曰：『不然。吾子皆時才，異日臨事，當自知之。大抵文學止于潤身，政事可以及物。』」

按：張舜民，字芸叟。其初遊京師晉謁歐陽修之時間，據王明清《揮麈後錄》卷六：「張芸叟治平初以英宗諒陰榜赴春試，時馮當世主文柄。」又據《會要》選舉一：「治平二年正月九日，以翰林學士馮京權知貢舉。」因此可定于本年。

不記前嫌，用錢明逸爲翰林學士。

《事蹟》：「先公初貶滁州，蓋錢明逸輩爲之，自外還朝，遇明逸于京師，屢同飲宴，不以爲嫌。其後公在中書，明逸罷秦州歸，復用爲翰林學士。」據吳廷燮《北宋經撫年表》，錢明逸于治平二年罷秦州，還爲翰林學士。

治平三年丙午，六十歲。

正月七日，臺諫派改變策略，彈劾矛頭轉指歐陽修。

《長編》卷二〇七治平三年正月：「是月壬戌（七日），（呂誨）即與侍御史范純仁、太常博士監察御史裏行呂大防合奏曰：『……伏見參知政事歐陽修首開邪議，妄引經據，以枉道悅人主，以近利負先帝，欲累濮王以不正之號，將陷陛下于過舉之議。』」

十三日，臺諫派再劾歐陽修。

《長編》卷二〇七治平三年正月戊辰（十三日）：「（呂誨、范純仁、呂大防）又奏：『……修博識古今，精習文史，明知師丹之議爲正，董宏之說爲邪，利誘其衷，神奪其鑒，廢三年不改之義，忘有死無貳之節。仁宗虞主始祔，陵土未乾，而遽開越禮之言，欲遵衰世之迹，致陛下外失四海臣庶之心，內違左右卿士之議。原修之罪，安得而赦！』」

十七日，翰林學士范鎮以草制失誤，自請出知陳州，有傳爲歐排斥異己所致。

《長編》卷二〇七治平三年正月壬申（十七日）：「翰林學士、給事中、知制誥范鎮爲翰林侍讀學士、集賢殿修撰、知陳州。……或曰鎮與歐陽修雅相善，及議濮王追崇事，首忤修意，修乘間爲上言：『鎮以周公待琦，則是以孺子待陛下也。』鎮坐此出。」

十八日，呂誨等諫官三劾歐陽修。

《長編》卷二〇七治平三年正月：「癸酉（十八日），（呂誨等）又奏：『修備位政府，不能以古先哲王致治之術開廣上意，發號施令，動合人心，使億兆之民，鼓舞神化。希意邀寵，倡爲邪說，違禮亂法，不顧大義，將陷陛下于有過之地，而修方揚揚得志，自以爲忠。……爲臣如此，豈可以參國論哉？』」

面對臺諫派凌厲攻勢，歐代表中書上疏還擊。

《長編》卷二〇七治平三年正月癸酉記事：「（呂）誨等論列不已，而中書亦以劄子自辨于上曰：『臣伏見朝廷議濮安懿王典禮，兩制、禮官請稱皇伯。中書之議，以爲事體至大，理宜審慎，必合典故，方可施行。……衆論紛然，至今不已。臣以爲衆論雖多，其說不過有三。……臣請爲陛下條列而辨之。』」所奏內容，詳見《歐集》卷一二三《劄子一首》。

中書派爭取曹太后轉變態度。二十二日，曹太后降手書支持中書派，「濮議」形勢急轉直下。

《長編》卷二〇七治平三年正月丁丑（二十二日）記事：「降敕稱：準皇太后手書：『吾聞群臣議請皇帝封崇濮安懿王，至今未見施行。吾再閲前史，乃知自有故事。濮安懿王、譙國太夫人王氏、襄國太夫人韓氏、仙游縣君任氏，可令皇帝稱親，仍尊濮安懿王爲濮安懿皇，譙國、襄國、仙游并稱后。』又降敕稱上手詔：『朕面奉皇太后慈旨，已降手書如前。朕以方承大統，懼德不勝。稱親之禮，謹遵慈訓，追崇之典，豈易克當？且欲以塋爲園，即園立廟，俾王子孫主奉祠事。皇太后諒兹誠懇，即賜允從。』」

二十六日，張方平任翰林學士承旨，歐曾諫阻，未果。

《長編》卷二〇七治平三年正月辛巳（二十六日）：「端明殿學士、龍圖閣學士、知徐州張方平爲翰林學士承旨。初，上謂執政，學士獨王珪能爲詔，餘多不稱職，因問方平文學如何，歐陽修對曰：『方平亦有文學，但挾邪不直。』曾公亮以爲不聞其挾邪，趙槩又以爲無迹，故卒命之。」

呂誨等臺諫派繼續劾奏不已。英宗詔其赴臺供職。呂誨等九狀申奏，堅辭臺職（《長編》卷二〇九）。

二月十四日，呂誨、范純仁、呂大防等貶官出京，「濮議」止息。

《會要》禮四〇：「（治平三年）二月十四日，帝閲誨等奏，問執政當如何，韓琦對曰：『臣等忠邪，唯陛下所知。』歐陽修曰：『御史以爲理難并立。臣等有罪，即留御史；若以臣等爲無罪，則取聖旨。』帝猶豫久之，乃令出御史，而曰：『不宜責之太重也。』于是誨落御史知雜事，以尚書兵部員外郎知蘄州，純仁以侍御史通判安州，大防落監察御史裏行，以太常博士知歙州休寧縣。」

按：《長編》載呂誨等貶黜于上月壬午，今從《會要》。三月七日，傅堯俞、趙鼎、趙瞻出使契丹歸朝，以與呂誨等同論濮王事，自請貶職出任外郡。

三月三日，賜上巳宴（據《胡譜》）。有《三日赴宴口占》、《和昭文相公上巳宴》（卷一四）詩。

十日，蔣之奇任監察御史裏行，爲歐所薦。

《長編》卷二〇七治平三年三月甲子（十日）：「太常博士蔣之奇爲監察御史裏行。……歐陽修素厚之奇，之奇前舉制策不入等，嘗詣修盛言追崇濮王爲是，深非范百祿所對，修因力薦之。」

二十四日，以衰病及「濮議」受辱，屢乞外任。

《再乞外任第一表》（卷九二）題下原注：「治平三年三月二十四日上，二十七日批答不允。」

《乞出第一劄子》（卷九二）：「濮園之議既興，言事之臣荒唐不學，妄執違經非禮無稽之説，耻于不用，不勝其忿，遂厚誣朝廷，借以爲名，因乃肆言訕上，指臣爲奸邪首議之人。……伏望陛下特賜除臣近京一郡，俾養衰殘。」

二十八日，有乞出《第二表》、《第二劄子》（卷九二）。不允。

是春，聞蘇洵染疾，數致書問候。

《與蘇編禮洵》其三（卷一五〇）：「初聞風氣不和，謂小小爾。昨日賢郎學士見過，始知尚未康平。且夕來，體中何似？更冀調愼葯食。」

其四：「自以拙疾數日，闕于致問，不審體中何如，必遂平愈。孫兆葯多涼，古方難用于今，更且參以他醫爲善也。」

四月四日，有乞外《第三表》、《第三劄子》（卷九二），不允。

患渴淋病，在假多日。

《與薛少卿》其十四（卷一五二）：「自春來，病渴淋不止，在告多日，乞一近郡養疾，已三削。」

有乞外《第四劄子》、《第五劄子》（卷九二），不允。

十八日，宋庠卒于京，年七十一。撰挽詞，并有《祭宋侍中文》（卷五〇）。

《宋司空挽辭》（卷一四）：「文章天下無雙譽，伯仲人間第一流。出入兩朝推舊德，周旋三事著嘉謀。」據《長編》卷二〇八治平三年四月辛丑（十八日）：「司空致仕鄭國公宋庠卒。」

二十五日，蘇洵卒于京師，年五十八。撰《蘇主簿挽歌》（卷一四），次年爲之誌墓。

《故霸州文安縣主簿蘇君墓誌銘》（卷三四）：「爲《太常因革禮》一百卷，書成，方奏未報，而君以疾卒，實治平三年四月戊申（二十五日）也。」

賻贈銀二百兩，蘇軾辭不受。

《長編》卷二一六熙寧三年十月己卯（二十二日）引范鎭奏疏：「（蘇）軾治平中父死京師，先帝賜之絹百匹、銀百兩，辭不受而請贈父官，……是時，韓琦亦與之銀三百兩，歐陽修與二百兩，皆辭不受。軾之風節，亦可概見矣。」

六月，致書王拱辰，言屢乞外任，出于衰病及「濮議」受辱。

《與王懿恪公君貺》其十二（卷一四六）：「某瘠病薾然，昨屢乞懇，以經此詆辱，于國體非便，第顧勢未得遽去，以此强顔，成何情况？」

八月，奏論館閣取士路狹，乞擇人試館職。

《乞補館職劄子》（卷一一四）：「治天下者，用人非止一端，故取士不以一路。……今臣有館閣取士愚見，具陳如别奏。」按：稍後時日，繼有《又論館閣取士劄子》（卷一一四）。

十月十三日，與執政共薦舉才德之士，可試館職者各五人。

《長編》卷二〇八治平三年十月甲午（十三日）：「詔宰臣、參知政事舉才行士可試館職者各五人。……于是韓琦、曾公亮、歐陽修、趙槩等所舉蔡延慶、……凡二十人，上皆令召試。琦等以爲人多難之，上曰：『既委公等舉，苟賢，豈患多也？』乃令先召權提點陝西刑獄、度支員外郎蔡延慶等十人，餘須後試。」

十二月三日，奉敕篆皇帝尊號寶，其文曰「體乾膺曆文武廣孝皇帝之寶」（據《胡譜》）。

二十五日，押伴遼國賀正旦人使御筵于都亭驛（據《胡譜》）。

本年，撰《憎蒼蠅賦》（卷一五）。

葉夢得《避暑録話》卷下：「歐陽文忠滁州之貶，作《憎蠅賦》，晚以濮廟事，亦厭言者屢困不已，又作《憎蚊賦》。」按：今存《歐集》無《憎蚊賦》，只有《憎蚊》詩。胡柯繫《憎蚊》詩于慶曆六年，繫《憎蒼蠅賦》于本年。葉氏將二作年代互易。《居士集》爲歐自定，五篇賦依寫作年代排列，當以胡柯繫年爲是。

治平四年丁未，六十一歲。

正月八日，英宗卒，年三十六，在位五年。歐代撰《英宗遺制》（卷一九）。

太子趙頊即位，是爲神宗。

十一日，書哀冊謚寶。

《會要》禮二九：「治平四年正月八日，英宗崩于福寧殿。……十一日，命宰臣韓琦撰陵名及哀冊文，曾公亮撰謚冊文，參知政事歐陽修書冊寶。」

十九日，覃恩轉尚書左丞，進階特進，加食邑五百戶、食實封二百戶，仍賜推忠協謀同德佐理功臣（據《胡譜》）。

諫阻連襟王拱辰轉僕射。

《宋史·王拱辰傳》：「神宗登極，恩當轉僕射，歐陽修以爲此宰相官，不應序進，但遷太子少保。」

邵伯溫《邵氏聞見錄》卷八：「文忠與懿恪雖友婿，文忠心少之。文忠爲參政時，吏擬進懿恪僕射，文忠曰：『僕射，宰相官也。王拱辰非曾任宰相者，不可。』改東宮官。」

二月，第三子歐陽棐登進士第（據《胡譜》）。

監察御史劉庠以「紫袍」事劾奏歐陽修。

朱熹《三朝名臣言行錄》卷二引《溫公日錄》：「英宗之喪，歐陽公于衰絰之下服紫地皂花緊絲袍以入臨，劉庠奏乞貶責。上遣使語歐陽公使易之。歐陽公拜伏面謝。」

呂希哲《呂氏雜記》卷下：「劉庠彈歐陽修于英宗衰服下著緊絲花襖子，曰：『細文麗密，閃色鮮明。衣于純吉之日，已累素風，服于大喪之中，尤傷禮教。』」

此月，御史蔣之奇以「帷簿」事誣告歐陽修，事連長媳吳氏。

葉濤《重修實錄》本傳（《歐集》附録卷三）：「先是，修妻之從弟薛宗孺坐舉官被劾，内冀會赦免，而修言：『不可以臣故僥幸。』乞特不原。以故宗孺坐免官，而怨修切齒，因構爲無根之言，苟欲以污辱修。會劉瑾亦素仇家，仍騰其謗以語中丞彭思永，思永問以語之奇。之奇始以私議濮王事與修合，而修特薦爲御史，時方患衆論指目爲姦邪，及得此，因亟持以自解。」

范鎮《東齋記事》卷三：「水部郎中薛宗孺嘗舉崔庠充京官。後庠犯贓。宗孺知淄州，京東轉司差官取勘。久之，會赦當釋。是時，歐陽永叔參知政事，特奏不與原免。……故宗孺銜之特深。」

《宋史·蔣之奇傳》：「初，之奇爲歐陽修所厚，制科既黜，乃詣修盛言濮議之善，以得御史。復懼不爲衆所容，因修妻弟薛良孺得罪怨修，誣修及婦吳氏事，遂劾修。」

御史中丞彭思永亦劾奏歐，神宗以蔣、彭所奏付樞密院。

《長編》卷二〇九治平四年三月追載：「（蔣）之奇初不與同列謀之，後數日，乃以奏稿示思永，思永助之奇，言修罪當貶竄，且曰：『以陰訟治大臣誠難，然修首議濮園事犯衆怒。』上乃以之奇、思永所奏付樞密院。」

歐連上二劄子，乞根究蔣之奇彈疏。

《乞根究蔣之奇彈疏劄子》（卷九三）題下原注：「治平四年二月。」又有《再乞根究蔣之奇彈疏劄子》（卷九三）。

孫思恭爲歐辨釋，神宗令追究言事來由，彭思永託辭彈劾語來自風聞。

《長編》卷二〇九治平四年三月追載：「（神宗）以手詔密問天章閣待制孫思恭，思恭極力救解。上悟，復取之奇、思永所奏以入，并修章批付中書，令思永、之奇分析所聞，具傳達人姓名以聞。」葉濤《重修實錄》本傳（《歐集》附録卷三）：「詔詰語所從來，（蔣）之奇言得之（彭）思永，思永以與（劉）謹同鄉里，且相習熟，故力抵以爲風聞。」

歐陽修乞罷政事，以便盡公根究案情。

《又乞罷任根究蔣之奇言事劄子》（卷九三）：「望聖慈先罷臣參知政事，除一外任差遣。臣既解去事權，庶使所差之官，無所畏避，得以盡公根究。」

二十四日，神宗賜手詔，撫問慰安。有《謝賜手詔劄子》（卷九三）。

《神宗御札》（《歐集》卷九三附）：「春寒安否？前事，朕已累次親批出詰問因依從來，要卿知。付歐陽修。」題下原注：「治平四年二月二十四日，差中使朱可道賜。」

三月，吳充上疏替歐辨誣，神宗再次批付中書。

《長編》卷二〇九治平四年三月：「修復言，……章凡三上，而充亦上章乞朝廷力與辨正虛實，明示天下，使門戶不致枉受汚辱。于是上復批付中書曰：『凡朝廷小有闕失，故許博議聞奏。豈有致人大惡，便以風聞爲託？宜令思永等不得妄引浮說，具傳達人姓名并所聞因依，明據以聞。』」

高晦叟《珍席放談》卷下：「歐公在政府，言官誣其私子婦吳氏，惟沖卿以己女嘗辯于文疏，餘無一言爲明其誣蔑。」

歐杜門俟命，以利朝廷直行詰問，有《封進批出蔣之奇文字劄子》、《再乞辨明蔣之奇言事劄子》（卷九三）。

《再乞辨明蔣之奇言事劄子》：「杜門俟命，今已多日。……之奇乃以虛爲實，欺天罔上，及至朝廷詰問，則辭窮理屈，并無實狀指陳。至于彭思永亦自言曖昧無實，各自乞罷去。……臣必不能枉受大惡之名，……必不能含糊而自止。」

四日，神宗再賜手詔，諭歐陽修出門視事。

《神宗御札》（《歐集》卷九三附）題下注：「三月四日差中使朱可道賜。」

彭思永、蔣之奇因誣奏歐陽修同遭貶黜。

《會要》職官六五：（治平四年）三月四日，御史中丞、工部侍郎彭思永降給事中、知黃州，主客員外郎、殿中侍御史裏行蔣之奇降太常博士、監道州酒稅，坐言參知政事歐陽修閨門事故也。」

按：二十四年後，蔣之奇遷官尚受此案影響。《會要》職官六七：「（元祐）六年九月二十二日，河北都轉運使蔣之奇罷新除刑部侍郎，以中書舍人孫升言之奇昔爲御史以陰私事中傷所舉之人歐陽修，故有是命。」

五日，敕榜朝堂，告誡群臣，明其虛妄。

司馬光《涑水紀聞》卷一六：「士大夫以濮議不正，咸疾歐陽修，有謗其私從子婦者。御史中丞彭思永、殿中侍御史蔣之奇，承流言劾奏之。之奇仍伏于上前，不肯起。詔二人具析語所從來，皆無以對。治平四年三月五日，俱坐謫官，仍敕榜朝堂。」

誣罔辨明後，屢上表、疏，乞罷政差知外郡。

《又乞罷政第三表》（卷九三）：「臣近再上表，乞解政事，除一外郡差遣。」

《乞罷外郡第一劄子》（卷九七）：「伏望聖慈憫臣之志，誠可哀矣，察臣之迹，實難安矣，特許臣解罷，除一外郡。」

《第三劄子》（卷九七）：「臣自上三表後，已兩具劄子披陳，必已蒙省覽。臣之血誠，竭于是矣。今更不敢煩言上黷睿聽，惟乞聖慈哀憫，早賜施行。」

二十四日，罷參知政事，除觀文殿學士、轉刑部尚書、知亳州，改賜推誠保德崇仁翊戴功臣（據《胡譜》）。

《長編》卷二〇九治平四年三月：「壬申（二十四日），尚書左丞、參知政事歐陽修爲觀文殿學士、刑部郎中（應為尚書）、知亳州。彭思永等既以論修貶，而知雜御史蘇寀，御史吳申言猶不已，修亦三表乞罷，故命出守。」

神宗差中使傳宣撫問。歐有《謝傳宣撫問劄子》（卷九三）。

歐出政府，孫思恭盡力解救。

《宋史·孫思恭傳》：「孫思恭，字彥先，登州人。……歐陽修初不知思恭。修出政府，思恭盡力解救。」

上《薦司馬光劄子》（卷一一四）。

閏三月三日，樞密院頒發歐陽修統轄亳州戍兵軍令。

辭別神宗，乞便道過潁少留，許之（據《胡譜》）。

《與曾舍人鞏》其二（卷一五〇）：「某昨假道于潁者，本以歸休之計，初未有涯，故須躬往。……所以少留者，蓋避五月上官，未能免俗爾。」

二十二日，章惇任著作佐郎，爲歐所薦。

《長編》卷二〇九治平四年閏三月庚子（二十二日）：「學士院言……雄武節度推官章惇，詩賦中等。詔以……惇爲著作佐郎。……惇，浦城人，歐陽修所薦也。」

此月，歐上《進永厚陵挽歌辭三首引狀》（卷九三），并隨狀上進《大行皇帝靈駕發引挽歌辭》三首（卷一四）。

致書知陳州范鎮，言赴亳途中將維舟府下，登門拜訪。

《與范忠文公景仁》（卷一四八）：「某蒙恩許解重任，得亳便私，其爲優幸，不可勝述。……惟繫舟府下，一見主人而過，粗釋瞻思之懇爲足矣。」

是年春，歐陽棐道經洛陽，受命謁邵雍，致欽慕之意。

朱弁《曲洧舊聞》卷二：「歐陽公在政府，聞康節之名，而未之識也。子歐陽棐叔弼之官，道經洛下，公曰：『汝至洛，可往謁邵先生，致吾欽慕而無由相見之意。』」

邵伯溫《邵氏聞見錄》卷二〇亦載其事，稱「熙寧初，歐陽文忠公爲參知政事，遣其子歐陽棐叔弼來洛省王宣徽夫人之疾。」又稱「後十年，康節先公捐館。」邵雍卒于熙寧十年。據此，事在今年春。

四月十七日，丁寶臣卒于常州，年五十八。撰《祭丁學士文》（卷五〇），次年又爲作《集賢校理丁君墓表》（卷二五）。

五月三日，作《思潁詩後序》（卷四四）。

洪邁《容齋續筆》卷一六《思潁詩》：

「歐陽公，吉州廬陵人，其父崇公葬于其里之瀧岡。公自爲阡表，紀其平生，而公中年乃欲居潁。」

此月，再至潁州，在潁擴建房宅，謀營歸休之計。有《再至汝陰三絕句》（卷一四）詩。

《與曾舍人鞏》其二（卷一五〇）：「某昨假道于潁，……及至，則弊廬地勢喧靜得中，仍不至狹隘，但易故而新，稍增廣之，可以自足矣。以是功可速就，期年挂冠之約，必不愆期也。」

爲陸經所藏仁宗飛白書作記。

《仁宗御飛白記》（卷四〇）：「治平四年夏五月，余將赴亳，假道于汝陰，因得閱書于子履之室。而雲章爛然，輝映日月，……蓋仁宗皇帝之御飛白也。」按：陸經即歐早年結交之陳經，時知潁州。

在潁，撰《濮議序》。《濮議》成書，上獻朝廷。

樓鑰《跋趙清臣所藏濮議》（《攻媿集》卷七三）：「歐陽公以此議獻之神宗，而出鎮道遇蘇魏公（頌），語及此事，徑以奏稿授之，遂爲蘇氏家寶。」

按：晁公武《郡齋讀書志》據《濮議序》前所署官職，以爲「熙寧初永叔知亳州日書成，上之。」據樓氏記事，《濮議》當成于赴亳途中居潁之際，進獻朝廷亦當同時。

朱熹《考歐陽文忠公事蹟》（《朱子大全》卷七一）：「濮議初不出于公，及臺諫有言，公獨力辨于朝，故議者指公爲主議之人。公未嘗自辨，公又撰《濮議》四卷，悉記當時訟議本末甚詳。」

二十五日，離潁赴亳州任。二十八日，抵

達亳州。

《與大寺丞發》其二（一五三）：「吾二十五日離潁，二十八日一行平安至亳。」六月二日，上任視事（據《胡譜》）。有《亳州謝上表》（卷九三）、《亳州到任謝兩府書》（卷九六）。

三日，付子發書，問仁宗山陵致祭事。《與大寺丞發》其二（卷一五三）書末題識：「五月二十九日至亳後第一書，押付發。」此爲書後附文，發書則在六月三日。《與大寺丞發》其三有云：「初三日，遣急腳子發到亳後第一書，爲問山陵致祭事。」

十一日，胡宿卒于杭州，年七十三。有《祭胡太傅文》（卷五〇）。同年又爲撰墓誌銘。《贈太子太傅胡公墓誌》（卷三四）：「公以六月十一日薨于正寢，享年七十有三。」

八月八日，遙祭英宗，有《英宗皇帝靈駕發引祭文》（卷五〇）。

此月，蔡襄卒于福建，年五十六。次年，修遣使致祭，并爲撰《端明殿學士蔡公墓誌銘》（卷三五）。《祭蔡端明文》（卷五〇），胡柯繫于治平四年，誤。據祭文「閩負南海，齊臨東海」句意，可知作于次年九月後青州任上。

九月二十日，作《歸田錄序》（卷四四）。朱弁《曲洧舊聞》卷八：「歐陽公《歸田錄》初成未出，而序先傳，神宗見之，遽命中使宣取。時公已致仕在潁川，以其間紀有未欲廣者，因盡刪去之，又惡其太少，則雜記戲笑不急之事，以充滿其卷帙。既繕寫進入，而舊本亦不敢存。今世之所有皆進本，而原書蓋未嘗出之于世，至今其子孫猶謹守之。」按：《歸田錄》紀事止于治平三年，書中稱英宗爲「上」、「今上」，其成書當在年初神宗即位之前。關于該書「傳本」、「原本」之事，廣見于宋人筆記。然歐本人從未言及，周必大、晁公武、陳振孫等人亦無所聞，眞假尙値懷疑。

十月，韓琦罷相出判相州。有《賀韓相公琦罷相轉司徒兩鎭節度使判相州書》（卷九六）。按：胡柯繫于「治平四年冬」。據《續資治通鑑》，韓琦罷相出判相州在九月辛丑（二十六日），同年十一月丙戌（十二日）改命判永興軍兼陝西路經略安撫使，可知此書作于十月。

《與韓忠獻王稚圭》其三十三（卷一四四）：「冬序始寒，不審臺候動止何似。……公保榮名，被殊寵，進退之際，從容有餘，德業兩全，讒謗自止，過于周公遠矣。然而朝廷慮則元老遽去，私自計則孤危失恃，此不能不惘然爾。」

是冬，致書蘇頌，告亳州歲豐境安。《與蘇丞相子容》其八（卷一四五）：「某至此已數月，幸歲豐盜息，民事亦稀，蝗蝻不多，隨時撲滅。」按：蘇頌時任淮南轉運使，亳州屬其轄境。

本年，神宗賜《仁宗御集》一部。有《謝賜仁宗御集表》（卷九三）。

宋神宗熙寧元年戊申，六十二歲。

正月二十一日，朝廷徵召常秩，爲修等所薦，常秩辭命。

《會要》選舉三四：「熙寧元年正月二十一日，詔潁州敦遣試將作監主簿常秩赴闕，毋得受秩辭避章表。初，歐陽修等言：『秩好學不倦，尤精《春秋》。退處窮年，事親盡禮，不肯碌碌苟合衆人。經明行修，可助教化。宜召至闕下，試觀其能。苟有可采，特除一官。』而秩累召不至，故有是命。」

二月十八日，率僚屬出城，往遊太清宫。有《遊太清宫出城馬上口占》、《太清宫燒香》（卷一四）、《升天檜》（卷九）諸詩。

《集古錄跋尾·太清東闕題名》（卷一四三）：「熙寧元年二月十八日，余率僚屬謁太清諸殿，徘徊兩闕之下，周視八檜之異，窺九井禹步之奇，酌其水以烹茶而歸。」

是春，連上三表、三疏乞致仕。不允。

《亳州乞致仕第一表》（卷九三）題下原注：「熙寧元年春。」同卷有所上《第一劄子》、《第二表》、《第二劄子》、《第三表》、《第三劄子》等。

四月八日，劉敞卒于南京，年五十。有《祭劉給事文》（卷五〇）。次年十月，又爲作墓銘。

《集賢院學士劉公墓誌銘》（卷三五）：「熙寧元年四月八日，卒于官舍，享年五十。嗚呼，以先帝之知公，使其不病，其所以用之者，豈一翰林學士而止哉！」

五月二十日，太社致齋謝雨。

《集古錄跋尾·後漢碑陰題名》（卷一三五）題識：「治平五年五月廿日謝雨，致齋于太社書。」

是夏，有乞致仕《第四表》、《第四劄子》

（卷九三）。《第四劄子》：「臣所患眼疾，自今年春夏以來，日更增加，其勢未止，惟恐年歲之間，遂成廢疾。……伏望聖慈，特賜開許。」

七月二十七日，吳奎卒于位，年五十八。撰《祭吳大資文》（卷五〇）。

按：胡柯繫于嘉祐四年，誤。據《宋史·神宗本紀》：治平四年四月丙寅，「（參知政事）吳奎罷知青州。……壬申，奎復位。……（九月）吳奎、陳升之罷。」據劉攽《吳公墓誌銘》（《彭城集》卷三七）：「九月，以公疾復行前命，公至青十日疾病，……七月二十七日薨於位，年五十八。」

七月，有乞致仕《第五表》和《第五乞守舊任劄子》（卷九三）。

八月四日，轉兵部尚書，改知青州（今山東益都），充京東東路安撫使（據《胡譜》）。

九日，上《辭免青州第一劄子》。二十八日，復上《第二劄子》（卷九四）。

九月，有辭免青州《第三劄子》、《辭轉兵部尚書劄子》（卷九四）。

洪邁《容齋四筆》卷九《歐陽公辭官》：「歐陽公自亳州除兵部尚書知青州，辭免再四。」

十月，赴青州任，途經齊州（今山東濟南），遊舜泉，有《留題齊州舜泉》（卷九）詩。

二十七日，至青州任，有謝表。《青州謝上表》（卷九四）：「臣已于今月二十七日赴上訖。」

按：胡柯繫于「熙寧元年十月」，是。

《胡譜》：「九月丙申（二十七日）至青。」恐誤。九月奏呈《辭轉兵部尚書劄子》云：「臣近蒙恩除臣兵部尚書，移知青州，臣已三具劄子辭免。伏奉今月二十五日詔書，所辭宜不允者。」尚待不允詔之後方上任，歐不可能九月丙申抵達青州。

十一月十八日，郊祀天地于圜丘，覃恩加食邑五百戶、食實封二百戶（據《胡譜》）。

十二月，受詔撫養河北流民。于青州寬厚待人，行寬簡之治。

《會要》食貨六九：「（熙寧元年）十二月，詔知青州歐陽修設法撫養河北流民。」

《事蹟》：「近日小人蔣之奇妄興大謗，及公移青州，其兄（蔣）之儀知臨淄縣，爲三司所不喜，力欲壞之，亦以託公。公察其實無它，力保全之。」

朱熹《考歐陽文忠公事蹟》（《朱子大全》卷七一）：「公嘗語人曰：『……凡治人者，不問吏材能否，施設何如，但民稱便即是良吏。』故公爲數郡，不求聲譽，以寬簡不擾爲意。故所至民便，既去民思，如揚州、南京、青州，皆大郡，公至三五日間，事已十減五六；一兩月後，官府闃然如僧舍。」

本年，築第于潁（據《胡譜》）。有《聞沂州盧侍郎致仕有感》（卷一四）詩。

熙寧二年己酉，六十三歲。

二月九日，跋《琴阮記》，感慨繫之。

此月，子棐遵父囑編《集古錄目》十卷。

《集古錄跋尾》（卷一三四）卷首附棐《錄目記》：「《集古錄》既成之八年，家君命棐曰，……于是各取其書撰之人，事蹟之始終、所立之時世而著之，爲一十卷，以附于跋尾之後。」自署「熙寧二年二月。」

按：此書久佚，今有輯本十卷。

三月，內侍王延慶便道傳宣撫問，仍賜香藥一銀盒，又遞賜新校定《前漢書》，以歐嘗預刊定（據《胡譜》）。有《謝傳宣撫問賜香藥銀盒表》、《謝賜漢書表》（卷九四）。

王應麟《玉海》卷四九：「嘉祐六年十二月，命秘書丞陳繹重校《前漢書》，又詔參政歐陽修看詳。熙寧二年八月六日，參政趙抃進新校《漢書》印本五十冊及陳繹所著是正文字七卷。」

六月，賀趙槩致仕。

《與趙康靖公叔平》其七（卷一四六）：「自承榮遂挂冠之請，日欲馳賀，而病悴無堪，事多稽廢，其如不勝欣慕瞻仰之誠也。即日隆暑，伏惟臺候動止康福。」

十月，有詩留題南樓。

《留題南樓二絕》其一（卷一四）：「偸得青州一歲閑，四時終日面孱顔。」按：由「偸得」句可知作于抵青一周年。

是冬，兩次上疏請移壽州（今安徽鳳臺），未允。

《乞壽州第一劄子》（卷九四）：「臣到任已及一年有餘，欲乞就移淮潁間一差遣以便私計。伏望聖慈特賜憐憫，許差臣知壽州一次，冀就閑僻，苟養衰殘。」題下原注：「熙寧二年冬。」

《與韓忠獻王稚圭》其三十七（卷一四四）：「某幸東州歲豐事簡，居已逾年，已再削乞壽陽，蓋陳、蔡勢難乞，惟壽近潁，亦便于歸計爾。」

本年，撰定《歐陽氏譜圖》（卷七一）。

（石本）《歐陽氏譜圖序》（卷七一）：「當皇祐、至和之間，以其家之舊譜，問于族人，各得其所藏諸本，以考正其同異，列其世次，爲《譜圖》一篇。」

按：胡柯繫于熙寧二年。據歐陽修自序，《譜圖》初創于皇祐、至和之間，即母喪守制時，定稿并撰寫序言當在本年。

王得臣《麈史》卷下《姓氏》：「譜牒不修也久矣，晉東渡，五胡亂中原，衣冠流離，而致然也。……歐陽文忠公、蘇洵明允，各爲世譜。文忠依漢《年表》，明允仿《禮》，以大宗、小宗爲次，雖列不同，皆足以考究其世次也。」

自編《東閣後集》（一名《營丘集》），有跋詩。

《題東閣後集》（卷五七）：「東閣三朝多大事，營丘二載足閑辭。近詩留作《歸榮集》，何日歸田自集詩。」

按：題下原注「一作《題營丘集後》」。歐自編仁、英、神宗三朝參政任上詩文，命名《東閣集》，又集編兩年青州任上詩文成《東閣後集》，或稱《營丘集》。此兩書連同後來編次的《歸榮集》皆不存。其詩文作品，或經本人重加遴選，編入《居士集》，或由後人匯入《居士外集》，或已散佚。

上疏請寬沙門島刑罰，賴以獲全者甚衆。

《事蹟》：「公天性仁恕，斷獄常務從寬，……及晚年在京東奏寬沙門島刑名，設法減其人數，賴以獲全者甚衆。」

按：《宋史·刑法志三》云：「罪人貸

死者，舊多配沙門島，至者多死。」

《歐集》附錄《事蹟》注：「沙門島罪人，寨主舊敢專殺，故數不多而易制。馬默知登州，務全人命，舉察甚嚴，稍優卹罪人。罪人既多，而又不畏本寨，漸恣橫難制。京東議者大患之。有司之意，多欲許令依舊一面處置。（歐）公以爲朝廷既貸其命，豈可非理殺之，奏請將《編敕》州名合配沙門島，而情稍輕者，只配遠惡州軍，見在島多年情輕者放還，遂以無事，而人亦獲全。」奏疏今已佚失。

熙寧三年庚戌，六十四歲。

二月二十六日，二子奕科場失利，歐致書慰撫。

《與二寺丞奕》（卷一五三）：「得失常事，命有遲速，汝必會得。……若此書到，尚在潁，則且先歸，爲娘切要見汝，蓋憂汝煩惱也。……二月二十六日，押付二哥奕。」

三月下旬，因病在假。

《與執政》（卷一四六）：「某衰病累年，中外具察，不待煩言。……自三月下旬在假，亦兩曾奏知。」

是春，因眼疾，擬將《詩本義》定稿成書。

《與顏直講長道》其六（卷一五二）：「承春寒爲道外，……《詩義》未能精究，第據所得，聊且成書。正恐眼目有妨，不能卒業，蓋前人如此者多也。今果目視昏花，若不草草了之，幾成後悔。」按：《詩本義》初撰于景祐、寶元間，熙寧四年秋季方成書。

上疏言青苗法不便。不報。

《言青苗錢第一劄子》（卷一一四）：「青

苗之議，久已喧然，中外群臣乞行寢罷者，不可勝數，其所陳久遠利害，必已詳盡而無遺矣。一旦陛下赫然開悟，悉采群議，追還新制，一切罷之，以便公私，天下之幸也。」

韓琦《歐陽公墓誌銘》（《安陽集》卷五〇）：「青苗錢法初行，衆議皆言不便。朝廷既申告誡，公猶請除去二分之息，令民止納本錢，明不取利；又請先罷提舉管勾官，然後可以責州縣不得抑配。不報。」

四月十二日，除檢校太保、宣徽南院使、判太原府、河東路經略安撫使，兼并、代、澤、潞、麟、府、嵐、石路兵馬都總管（據《胡譜》）。堅辭不受。

《長編》卷二一〇熙寧三年四月：「壬申（十二日），知青州、觀文殿學士、兵部尚書歐陽修爲宣徽南院使、判太原府。……上初疑修以病不肯往，王安石曰：『試敦諭并稍加恩禮，必肯往也。』因授宣徽使，修卒辭之。」

風傳朝廷欲用歐陽修爲宰相。

《事蹟》：「先公初有太原之命，令赴闕朝見。中外之望，皆謂朝廷方虛相位以待公。公六上章，堅辭不拜，而請知蔡州。天下莫不嘆公之高節。」

《長編》卷二一一熙寧三年五月庚戌（二十一日）記事：「先是，上復欲用修執政，問王安石以修何如邵亢，安石曰：「修非亢比也。」又問何如趙抃，安石以爲勝抃。他日又問何如呂公弼，其意欲以代公弼也，安石謂勝公弼。又問何如司馬光，安石亦謂勝光。上遂欲用之。安石曰：『陛下宜且召對，與論時事，更審察其在政府有補與否。』乃遣內侍馮宗道，賜以太原告敕，諭令赴闕朝見訖之任。」

魏泰《東軒筆錄》卷九：「歐陽文忠公自歷官至爲兩府，凡有建明于上前，其詞意堅確，持守不變，且勇于敢爲，王荊公嘗嘆其可任大事。及荊公輔政，多所更張，而同列少與合者。是時歐陽公罷參知政事，以觀文殿學士知蔡州。荊公乃進之爲宣徽使，判太原府，許朝覲，意在引之執政，以同新天下之政。而歐陽公懲濮邸之事，深畏多言，遂力辭恩命，繼以請老而去。荊公深嘆惜之。」

十五日，將《先君墓表》精心改寫爲《瀧岡阡表》（卷二五），連同世譜，刻于碑阡，立于永豐沙溪西陽宮。

曾敏行《獨醒雜志》卷二：「後公罷政，出守青社，自爲阡表，刻碑以歸。江行過采石，舟裂碑沉。舟人曰：『神如有知，石將出。』有頃，石果見，遂得以歸立于其宮。紹興乙卯宮焚，不餘一瓦，碑亭獨無恙，信有神物護持云。」

此月，上《辭宣徽使判太原府劄子》（卷九四）。

五月一日，三上《辭宣徽使判太原府劄子》（卷九四）。

九日，校畢《逍遙子》。

《書逍遙子後》（北京圖書館藏宋刻本《歐集》卷七三）：「熙寧三年五月九日，病告中校畢。時移太原，未受命。」

十五日，居青州山齋，有《題青州山齋》（卷七三）。

十九日，上《言青苗第二劄子》（卷一一四）。未待朝廷指揮，于京東東路各州軍停放秋料青苗錢。

《會要》食貨五：「（熙寧三年五月）十九日，知青州歐陽修言：『自散青苗以來，議者皆以取利爲非，……臣已指揮未得給散』。」按：所載歐言，節引自《言青苗第二劄子》。

二十一日，降詔詰責擅停秋料青苗錢。

《長編》卷二一一熙寧三年五月庚戌（二十一日）：「詔歐陽修不合不奏聽朝廷指揮，擅止散青苗錢，特放罪。……中書言修擅止給青苗錢，欲特不問罪。王安石論修殊不識藩鎮體，乃降是詔。」

二十二日，上《辭宣徽使判太原府劄子》第五道（卷九四）。

二十九日，上《謝擅止散青苗錢放罪表》（卷九四）。

此月，致書執政，乞免朝命。

《與執政》（卷一四六）：「仲夏炎毒，……不期于病告中忽蒙此恩選，事出意外，莫不驚憂。……并、晉一路，外鄰二敵，使某不病，亦不敢當，況尪悴不能策勵，已具劄子細陳，乞免此誤恩。」

六月十五日，再辭命，乞知蔡州（今河南汝南）。

《辭宣徽使判太原府劄子》其六（卷九四）：「臣今月十五日，準樞密院遞到詔書一道，伏蒙聖恩以臣辭免宣徽南院使判太原府事充河東四路經略安撫使恩命，乞差知蔡州一次，所乞宜不允者。……伏望聖慈哀臣誠至之言，察非矯僞之飾，特賜允臣屢請，追還新命，換一小州。」

此月，奏請賀恂以朝官致仕，從之。

《會要》職官七七：「熙寧三年六月，知青州歐陽修言：『前知嘉州峨眉縣賀恂，青土之逸民也。少舉進士，慶曆中及第，注峨眉令。未行間以祖母老疾，遂侍養，因之不復仕宦。迨今二十餘年，守道安貧，行著鄉里。伏見推恩致仕官，優以俸給，恂乞一朝官致仕。』詔除大理寺丞致仕。」

七月三日，改知蔡州（據《胡譜》）。

《長編》卷二一三熙寧三年，「秋七月辛卯，詔新判太原府歐陽修罷宣徽南院使，復爲觀文殿學士，知蔡州。先是，修病，辭宣徽使至五六，因論青苗法，又移書責王安石，安石不答，而奏從其請。」

八月，赴蔡州任，道出潁州。有《回潁州呂侍讀遠迎狀》（卷九六）。

以腳病，滯留潁州一月有餘。

《與韓忠獻王稚圭》其三十八（卷一四四）：「秋寒，……修過潁少留，以足疾爲苦。」

《與曾學士》（卷一五二）：「秋寒，……某去蔡咫尺，以病足爲梗，少留于此，忽復逾月。」

九月七日，作《六一居士傳》（卷一四四），又序《續思潁詩》。

《續思潁詩序》（卷四四）：「初，陸子履以余自南都至在中書所作十有三篇爲《思潁詩》，以刻于石，今又得在亳及青十有七篇以附之。蓋自南都至在中書十有八年而得十三篇，在亳及青三年而得十有七篇，以見余之年益加老，病益加衰，其日漸短，其心漸迫，故其言愈多也。……熙寧三年九月七日六一居士序。」

二十七日，至蔡州（據《胡譜》）。有《蔡州謝上表》（卷九四）。

十月二十二日，知襄陽府史中輝擴建峴山亭，歐爲作記，微諷中有勸勉之意。

《峴山亭記》（卷四〇）署「熙寧三年十月二十有二日」。

按：清人何焯《義門讀書記》評述此文，云：「言外有規史君好名意。蓋叔子是賓，光祿堂卻是主也。史君非其人而尤汲汲于名，公蓋心非之，妙在微諷中有引而進之之意。」

十二月，致書韓琦、王陶，自言守蔡州旨在藏拙、養病、求歸隱。

《與韓忠獻王稚圭》其三十九（卷一四四）：「若郡縣平日常事，則絕爲稀少，足以養拙偷安，俟日而去爾。」

《與王文恪公樂道》其七（卷一四七）：「某此幸藏拙，極遂優安。其如衰病侵凌，加以私門煩惱，無復情悰。……歲暮隆寒，伏冀爲時自重。」同年致王陶書簡其八又云：「免并得蔡，恩出萬幸，兼去潁數程，便于歸計，再尋前請，不遠朝夕。」

本年，多有詩歌咏嘆歸隱素志。撰寫《詩譜補亡後序》。

《詩譜補亡後序》（卷四一）：「初，予未見《鄭譜》，嘗略考《春秋》、《史記》本紀、世家、年表，而合以毛、鄭之說，爲《詩圖》十四篇，今因取以補《鄭譜》之亡者，足以見二家所說世次先後甚備，因據而求其得失，較然矣。」

龔鼎臣《東原錄》：「景初家藏舊鄭氏《詩譜》，注人不見名氏，而歐陽永叔慶曆四年奉使河東，嘗得《鄭譜》，自周公致太平以上不完，遂用孔穎達正義所載《詩譜》補全之，而復爲之序。」

熙寧四年辛亥，六十五歲。

正月，有《賀王相公安石拜相啓》（卷九六）。

二月二十三日，寄書與子發論潁州置購田莊事。

《與大寺丞發》其五（卷一五三）：「得汝書，知到潁安樂。……謝大伯花園與漕口莊帳曾問當未？花園目見，如果可買，亦緩爲之；莊難看，勿憑說者，切在仔細也。……二月二十三日押。」

此月，疾病纏身，告假居家。

《答連職方庶》其四（卷一五二）：「守蔡忽已半歲，老年百病交攻。……然猶經春在告，人事曠廢。」題下注：「熙寧四年二月」。

三月十一日，病告中撰寫求致仕表疏，以邊事警急，未上奏。

《與大寺丞發》其七（卷一五三）：「吾在假已十七八日，表幷劄子，寫下數日，遷延未發。今日待發，凌晨忽聞邊事警急，又卻未敢發。……三月十一日押。」

十五日，病告中書跋《集古錄》，感傷故友零落。

《集古錄跋尾·賽陽山文》（卷一四三）：「右跋尾者六人皆知名士也。……自嘉祐己亥至今熙寧辛亥，一紀之間，亡者四，存者三，而擇之遭酷吏以罪廢，景仁亦以言事得罪，獨余頑然，……然筋骸憊矣，尙此勉強，而交遊零落，無復情悰。……熙寧四年三月十五日病告中書。」

二十日，銷假視事，決意上書告退。

《與大寺丞發》其八（卷一五三）：「吾已出廳五六日。本爲西賊驚傳，今得諸處關報，皆云招捉，潰散無多也。吾之進退，自此以後，自決于心，如事從容事恩禮，悠悠之談，相誤至此也。」署「三月二十五日」。

此月，序《江鄰幾文集》，感慨交遊零落及身世盛衰。

《江鄰幾文集序》（卷四四）：「不獨善人君子難得易失，而交遊零落如此，反顧身世死生盛衰之際，又可悲夫！……陳留江君鄰幾，常與聖俞、子美遊，而又與聖俞同時以卒，余既誌而銘之。後十有五年，來守淮西，又于其家得文集而序之。」署熙寧四年三月日。

四月十九日，上書請致仕。

《蔡州再乞致仕第一表》（卷九四）題下原注「熙寧四年四月」。

《與大寺丞發》其十一（卷一五三）：「吾十九日已入劄致仕文字，若近例一劄便允，則且暮間便有命。」按：十九日上呈「致仕文字」，除《蔡州再乞致仕第一表》外，尚有再乞致仕《第一劄子》。

常秩受詔，出爲右正言、直集賢院、管勾國子監。

《長編》卷二二二熙寧四年四月甲戌（十九日）：「試將作監主簿常秩爲右正言、直集賢院、管勾國子監。」

魏泰《東軒筆錄》卷一一：「常秩居潁州，仁宗時近臣薦其文行，召不赴。歐陽文忠公爲翰林學士，尤禮重之，嘗因早朝作詩寄秩曰：『笑殺汝陰常處士，十年騎馬聽朝鷄。』熙寧中，文忠致仕居潁州，秩被召而起，或改文忠詩曰：『笑殺汝陰歐少保，新來處士聽朝鷄。』」

此月，邀連庶來蔡相聚（卷一五一《答連職方庶》其五）。

五月初，上《第二表》、《第二劄子》再乞致仕（卷九四）。

下旬，上再乞致仕《第三表》。

《第三表》（卷九四）：「今月二十一日，準樞密院遞到詔書一道，伏蒙聖慈以臣再乞致仕未賜允俞者。……伏望皇帝陛下……哀下愚之不移，俾卒成于素志，徇其所欲，乞以殘骸。」題下原注「熙寧四年五月」。

《類苑》引張師正《倦遊雜錄》：「歐陽文忠在蔡州，屢乞致仕。門下生蔡承禧因間言曰：『公德望爲朝廷所重，且未及引年，豈容遽去也？』答曰：『某平生名節爲後生描畫盡，惟有速退以全節，豈可更俟驅逐乎？』」

此月，序薛奎文集，再論文窮易工。

《薛簡肅公文集序》（卷四四）：「君子之學，或施之事業，或見于文章，而常患于難兼也。蓋遭時之士，功烈顯于朝廷，名譽光于竹帛，故其常視文章爲末事，而又有不暇與不能者焉。至于失志之人，窮居隱約，苦心危慮，而極于精思，與其有所感激發憤，惟無所施于世者，皆一寓于文辭。故曰：窮者之言易工也。」

六月，整裝俟命，志在必歸。

《與顏直講長道》其七（卷一五二）：「某以經春老病在告，近已復尋在亳之請，方治裝以俟命。區區未遑悉布，惟毒熱加愛。」

十一日，以觀文殿學士、太子少師致仕（據《胡譜》）。

《會要》職官七七：「（熙寧）四年六月十一日，以觀文殿學士、兵部尚書、知蔡州歐陽修爲太子少師、觀文殿學士致仕，帶職致仕自修起。」

按：李心傳《舊聞證誤》卷二云：「國朝臣僚帶職致仕，自熙寧四年二月王仲儀始。是年六月，歐陽公乃還政，非事始也。」《長編》卷二二〇熙寧四年二月辛酉記事亦云：「以本職致仕，自王素始。」

《長編》卷二二四熙寧四年六月甲子：「觀文殿學士、兵部尚書、知蔡州歐陽修爲太子少師、觀文殿學士致仕。修以老病數上章乞骸骨，馮京固請留之，上不許。王安石曰：『修附麗韓琦，以琦爲社稷臣，尤惡綱紀立、風俗變。』上曰：『修爲言事官，獨能言事。』安石曰：『以其後日所爲，考其前日用心，則恐與近日言事官用心未有異。』王珪曰：『修若去位，衆必藉以爲說。』上曰：『罔違道以干百姓之譽，衆說何足卹？修頃知青州殊不佳。』安石曰：『如此人，與一州則壞一州，留在朝廷則附流俗，壞朝廷，必令留之何所用？』上以爲然。」

按：此說恐不實。歐、王後期政治上雖有分歧，但終生保持友好交誼。王安石《祭歐陽文忠公文》高度評價歐的道德氣節和學術文章，不致在此詆毀過甚。

十七日受命，有《謝致仕表》（卷九四）、《致仕謝兩府書》（卷九六）。

韓琦、曾鞏、蘇軾、蘇轍等人有賀詩或賀啓。士友或仰望驚嘆。

韓琦《寄致仕歐陽少師》（《安陽集》卷一六）：「獨步文章世孰先，直聲孤節亦無前。」

曾鞏《寄致仕歐陽少師》（《曾鞏集》卷

六）：「四海文章伯，三朝社稷臣。功名垂竹帛，風義動簪紳。」

蘇軾《賀歐陽少師致仕啓》（《東坡集》卷二七）：「伏惟致政觀文少師，全德難名，臣才不器，事業三朝之望，文章百世之師。功存社稷，而人不知；躬履艱難，而節乃見。」

蘇轍《賀歐陽少師致仕啓》（《欒城集》卷五〇）：「伏惟致政觀文少師，道德在人，術學蓋世。早遊侍從，蔚爲議論之宗；晚入廟堂，隱然衆庶之望。」

《事蹟》：「先公在亳，年才六十一，已六上章乞致仕，而上方眷留，未聽。及在蔡，勤請益堅，遂如素志。公既氣貌康強，而年未及禮制，一旦勇退，近古數百年所未嘗有，天下士大夫仰望驚嘆。」

吳充《歐陽公行狀》（《歐集》附録卷一）：「公在亳，年甫六十，表致仕者六，不從。至蔡而請益堅，卒不能奪公志，其勇退如此！」

離蔡州，饋贈壺公觀道士劉道淵道服一領。

蘇轍《蔡州壺公觀劉道士》詩序（《欒城後集》卷一）：「元祐八年七月，彭城曹煥子交至安陸，爲予言：過淮西，入壺公觀，……聞有老道士劉道淵。年八十七，非凡人也。謁之，神氣甚清，能言語，服細布單衣，縫補殆遍。壁間題者，多以不易衣爲美。煥問其意，道淵悵然曰：『此故淮西守歐陽永叔所贈也。……公與我有夙契，且齊年也。昔將去吾州，留此以別。吾服之三十年，嘗破而補之矣，未嘗垢而浣也。』」

下旬，離蔡歸潁。

《與吳正獻公冲卿》其五（卷一四五）：「某十七日受命，行裝素具，適值久雨，積水爲阻，三五日始遂東歸。」

七月初，抵潁（據《胡譜》）。

初歸，一度苦于衰病，勞于家計。

《與薛少卿公期》其十七（卷一五二）：「潁蔡至近，雖冒大熱，信宿便至，遂爲閑人。庶事皆如素計，惟當營舍，久而僅了，族大費廣，生事未成倫理，頗亦勞心。然措置稍定，不復更令入耳，則是人間無事人爾。」

《與顔直講長道》其八（卷一五二）：「某兹者得請歸老，恩出萬幸。惟所苦渴淋，自春發作，經此暑毒，尤甚。蓋以累年之疾，勢不易平。然自此安閑，冀漸調養爾。」

有詩寄贈韓絳。

《寄韓子華》詩序（卷五七）：「余與韓子華、長文（吴奎）、禹玉（王珪）同直玉堂，嘗約五十八歲致仕，子華書于柱上。其後荐蒙恩寵，世故多艱，歷仕三朝，備位二府，已過限七年，方能乞身歸老。」

按：《長編》卷二二一熙寧四年三月丁未：時韓絳因邊事失敗，「罷相，以本官知鄧州。」

追憶往事，緬懷杜衍，有詩悼之（卷五七）。又有詩答贈韓琦。

《解官後答韓魏公見寄》（卷五七）：「老爲南畝一夫去，猶是東宮二品臣。」按：尾聯附注：「新制：推恩致仕，許依舊兼職，自王仲儀始，今某仍出特恩。」

八月二日，將祀明堂，詔赴闕陪位。上章乞免，從之（據《胡譜》）。有《乞免明堂陪位劄子》、《謝免明堂陪位表》（卷九四）。

九月十日，大饗明堂，十七日，朝廷差賜衣帶器幣牲餼。有謝表。

《謝明堂禮畢宣賜表》（卷九四）：「臣今月十七日，伏蒙聖恩，特差右班殿直王昌賜臣衣一襲、金腰帶一條、銀器一百五十兩、絹一百五十四、米面羊酒等者。」題下原注「熙寧四年九月」。

此月，蘇軾赴杭州通判任，與弟蘇轍同來潁州拜謁歐陽修。

蘇軾《跋文忠公送惠勤詩後》（《東坡題跋》卷三）：「熙寧辛亥，余出倅錢塘，過汝陰見公。」按：《東坡集》卷二有《陪歐陽公燕西湖》詩。《東坡志林》卷三《記與歐公語》即潁州相聚笑談之語。蘇轍《癸丑二月重到汝陰寄子瞻》（《欒城集》卷五）：「憶赴錢塘九月秋，同來潁尾一扁舟。」按：此詩作于歐陽修逝世次年，由首句可知潁州之行在深秋九月。《欒城集》卷三又有《陪歐陽少師永叔燕潁州西湖》詩。

是秋，致書王益柔，乞指正《詩本義》。

《與王龍圖益柔》其九（卷一四八）：「某承見諭《詩》義，晚年迫以多病，不能精意。苟欲成其素志，僅且了卻，頗多疏謬，若得一經商榷，何幸如之。……。某目足爲苦，秋深尤劇，尚賴休閑足以安養，餘生之幸。」按：由末句知時在深秋。

十一月，致書薛仲孺，告清閑與衰病。

《與薛少卿公期》其十八（卷一五二）：「自還田舍，已百餘日，庶事稍成倫理，粗免勞心，始覺漸有閑中趣味。」按：由

「還田舍」句，可知時在此月。

十二月，薛仲孺行舟淮潁，與修面晤。

《與薛少卿公期》其十八（卷一五二）：「冬末行舟淮潁，當得一會面。」

是冬，曾鞏來書，寄贈碑刻，并寄示《爲人後議》。

《答曾舍人鞏》其一（卷一五〇）：「某秋冬來，目足粗可勉強，第渴淋不稍減。老年衰病常理，不足怪也。……惠碑文皆佳，多荷，多荷！」

又其二：「辱示《爲人後議》，筆力雄贍，固不待稱贊，而引經據古，明白詳盡，雖使聾盲者得之，可以釋然矣。……方群口喧嘩之際，雖有正論，人不暇聽。非著之文章以要于久遠，謂難以口舌一日爭也。斯文所期者遠，而所補者大，固不當以示常人，皆如來諭也。」

林希《曾南豐墓誌》（《曾鞏集》附録）：「治平中，大臣嘗議典禮，而言事者多異論，歐陽公方執政，患之。公著議一篇，據經以斷衆惑，雖親戚莫知也。後十餘年，歐陽公退老于家，始出而示之。歐陽公謝曰：『此吾昔者愿見而不可得者也。』」

退居潁州時，房舍未完，怡然處之。

蘇轍《歐陽文忠公神道碑》（《欒城後集》卷二三）：「公昔守潁上，樂其風土，因卜居焉。及歸而居室未完，處之怡然，不以爲意。」

平日家居，羽衣道服。

魏泰《東軒筆錄》卷四：「歐陽公在潁，惟衣道服，稱六一居士。」

蘇軾《歐陽晦夫遺接羅琴枕戲作詩謝之》（《東坡後集》卷七）：「我懷汝陰六一

老，眉宇秀髮如春巒。羽衣鶴氅古仙伯，岌岌兩柱扶霜紈。至今畫像作此服，凜如退之加渥丹。」

有答贈邵必詩二首。

《答資政邵諫議見寄二首》（卷一四）：「豪橫當年氣吐虹，蕭條晚節鬢如蓬。欲知潁水新居士，即是滁山舊醉翁。」「相如舊苦中痟渴，陶令猶能一醉眠。材薄力殫難勉強，豈同高士愛林泉。」

匯編《詩話》一卷。

《詩話》序（卷一二八）：「居士退居汝陰而集以資閑談也。」

按：《詩話》匯編于退潁閑居之日，有些條目恐是早年所作。此書後改稱《六一詩話》。

翻舊闋，寫新聲，成《采桑子》詞十三首（卷一三一）。

《西湖念語》（卷一三一）：「昔者，王子猷之愛竹，造門不問于主人；陶淵明之臥輿，遇酒便留于道士。況西湖之勝概，擅東潁之佳名。雖美景良辰，固多于高會；而清風明月，幸屬于閑人。并遊或結于良朋，乘興有時而獨往。……因翻舊闋之辭，寫以新聲之調，敢陳薄技，聊佐清歡。」

熙寧五年壬子，六十六歲。

正月，跋石延年詩墨，謂之「三絕帖」。

《跋三絕帖》（卷七三）：「余家藏此，蓋三十餘年。熙寧壬子正月雨中記，六一居士。」

《詩話》（卷一二八）：「石曼卿自少以詩酒豪放自得，其氣貌偉然，詩格奇峭，又工于書，筆畫遒勁，體兼顏柳，爲世所珍。余家嘗得南唐後主澄心堂紙，曼卿爲余以此紙書其《籌筆驛》詩，詩曼卿平生所自愛者。至今藏之，號爲『三絕』，眞余家寶也。」

患牙病，妨于飲酒，情緒索然。《與薛少卿公期》其二十（卷一五二）：「某自相別後，令醫工脱去病齒，遂免痛苦，然至今尚未敢放口吃酒，情悰索然，但覺一歲衰如一歲爾。」按：書中有語「惟向暖保愛」，可知時在早春。

是春，趙槩自南京來訪，留潁一月有餘，縱遊劇飲而後返。歐有《會老堂》（卷五七）詩、《會老堂致語》（卷一三一），又有《漁家傲》詞（卷一三二）。吳處厚《青箱雜記》卷八：「少師趙公槩……素與歐陽文忠公友善，時文忠退居東潁，公即自睢陽乘興挐舟訪之。文忠喜公之來，特爲展宴，而潁守翰林呂公亦預會。文忠乃自爲口號一聯云：『金馬玉堂三學士，清風明月兩閑人』。兩閑人，謂公與文忠也。」王闢之《澠水燕談錄》卷四亦記其事，云：「時翰林呂學士公著方牧潁，職兼侍讀及龍圖，特置酒于堂宴二公。」胡仔《苕溪漁隱叢話》後集卷二三亦引蔡啓《蔡寬夫詩話》詳載其事。

房舍落成，曾邀呂公著光臨慶典。《與呂正獻公晦叔》其四（卷一四五）：「晴陰不常，……前日四望，一賞群芳之盛，已而遂雨。古人謂四樂難幷，信矣。十三日欲枉軒騎顧訪，蓋以草堂僅成，幸一光飾之爾。」按：據「前日」句可知時在春天。

四月，跋《前漢雁足燈銘》。此爲《集古錄跋尾》絕筆。

《集古録跋尾·前漢雁足燈銘》（卷一三四）：「後三年，余出守亳社，而裴如晦以疾卒于京師。明年，原甫卒于南都，二人皆年壯氣盛，相次以沒，而余獨巋然而存也。熙寧壬子四月。」

周必大《集古録跋尾》後序：「四月，題《前漢雁足燈銘》，後數月而公薨，殆《集録》之絶筆也。」

此月，有《初夏西湖》、《寄河陽王宣徽》（卷五七）詩。

六月二十一日，吴充贈其生日禮物。

《與吴正獻公冲卿》其七（卷一四五）：「某田野之人，自宜屏縮，而况機政方繁，猶蒙曲記其生日，貺之厚禮，仰佩眷意之篤，感懼交并。」

是夏，致書吴充，并寄贈《會老堂》三篇。

《與吴正獻公冲卿》其八（卷一四五）：「近叔平自南都惠然見訪，此事古人所重，近世絶稀，始知風月屬閑人也。有《會老堂》三篇，方刻石，續納。」

七月，與子發等編定《居士集》五十卷。

胡柯《廬陵歐陽文忠公年譜》後跋：「《居士集》五十卷，公所定也。」按：陳振孫《直齋書録解題》卷一〇亦云：「歐公手所定。」集中所收文字，以卷四四《薛簡肅公文集序》爲最晚，自署「熙寧四年五月日」，無致仕歸潁的作品，各卷末皆有「熙寧五年秋七月男發等編定」字樣，可知與諸子共同編定于本月。馬端臨《文獻通考·經籍考》卷六一引石林葉氏（葉夢得）語：「歐陽文忠公晚年，取平生所爲文自編次。今所謂《居士集》者，往往一篇至數十過，有累日去取不能決者。」

閏七月，病篤，遺囑韓琦爲作墓誌銘。

馬永卿《嬾眞子》卷二：「六一先生作事，皆寓深意。……六一長魏公一歲，魏公諸事頗從之，至議推尊濮安懿王，同朝俱攻六一。故六一遺令托魏公作墓誌。墓誌中盛言初議推尊時，乃政府熟議共入文字，欲令魏公承當此事，以破後世之惑耳。」

韓琦《歐陽公墓誌銘》（《安陽集》卷五〇）：「歐陽公薨于汝陰之私第，……其孤寺丞君乃以樞密副使吳公所次功緒，并致治命，以墓銘爲請。竊惟當世能文之士，比比出公門下，不屬于彼，而獨以見屬，豈公素諒其愚，謂能直筆足信後世邪？」

致書蘇轍，告以衰病。

蘇轍《祭歐陽少師文》（《欒城集》卷二六）：「轍官在陳，于潁則鄰。……書來告衰，情懷酸辛。報不及至，凶訃遄臻。」

有絕筆詩。

《絕句》（卷五四）：「冷雨漲焦陂，人去陂寂寞。惟有霜前花，鮮鮮對高閣。」題下原注：「臨薨作。」

二十三日，病卒于潁州私第，享年六十六（據《胡譜》）。

吳充《歐陽公行狀》（《歐集》附録卷一）：「閏七月二十三日，薨于汝陰之私第。天子聞之震悼，爲之一日不視垂拱朝。」

韓琦《歐陽公墓誌銘》（《安陽集》卷五〇）：「熙寧五年閏七月二十三日，觀文殿學士太子少師致仕歐陽公，薨于汝陰之私第，年六十六。上聞震怛，不視朝。

……天下正人節士知公之亡，罔不駭然相吊，痛失依仰。」

《事蹟》：「先公平生著述：《易童子問》三卷、《詩本義》十四卷、《五代史》七十四卷、《居士集》五十卷、《歸榮集》一卷、《外制集》三卷、《内制集》八卷、《奏議集》十八卷、《四六集》七卷、《集古錄跋尾》十卷、雜著述十九卷。諸子集以爲家書總目八卷，其遺逸不錄者，尚數百篇，别爲編集而未及成。又奉敕撰《唐書》紀十卷、志五十卷、表十五卷。在館職日，與同時諸公共撰《崇文總目》、《祖宗故事》。」

子棐代作遺表。

畢仲游《歐陽叔弼傳》（《西臺集》卷六）：「文忠公薨，叔弼甫代爲遺表。神宗皇帝見而愛之，意文忠公自作其表。傳于天下，天下之人亦以爲文忠公自作也。」

韓琦、王安石、曾鞏、范鎮、蘇軾、蘇轍等有祭奠文、挽辭。

韓琦《祭少師歐陽永叔文》（《安陽集》卷四四）：「公之諫諍，務傾大忠。在慶曆初，職司帝聰，顔有必犯，闕無不縫。正路斯辟，奸萌輒攻，氣勁忘忤，行孤少同。……人畏清議，知時不容，各礪名節，恬乎處躬。二十年間，由公變風。」

王安石《祭歐陽文忠公文》（《臨川先生文集》卷八六）：「嗚呼！自公仕宦四十年，上下往返，感世路之嶇崎，雖屯邅困躓，竄斥流離，而終不可掩者，以其公議之是非。既壓復起，遂顯于世。果敢之氣，剛正之節，至晚而不衰。」

曾鞏《祭歐陽少師文》（《曾鞏集》卷三八）：「公在廟堂，總持紀律。一用公直，兩忘猜昵。不挾朋比，不虞訕嫉，獨立不回，其剛仡仡。愛養人材，獎成誘掖。甄拔寒素，振興滯屈。以爲己任，無有廢咈。」

范鎮《祭歐陽文忠公文》（《歐集》附録卷一）：「惟公平生，諒直骨鯁。文章在世，煒煒炳炳。老釋之辟，賁育之猛。拒塞邪說，尊崇元聖。天下四方，學子甫定，邇來此風，勃焉而盛。」

蘇軾《祭歐陽文忠公文》（《東坡集》卷三五）：「嗚呼哀哉！公之生于世六十有六年，民有父母，國有蓍龜。斯文有傳，學者有師，君子有所恃而不恐，小人有所畏而不爲。譬如大川喬岳，雖不見其運動，而功利之及于物者，蓋不可以數計而周知。」

蘇轍《祭歐陽少師文》（《欒城集》卷二六）：「先君來東，實始識公。傾蓋之歡，故舊莫隆。遍出所爲，嘆息改容。歷告在位，莫此蔽蒙。報國以士，古人之忠。公不妄言，其重鼎鐘。厥聲四馳，靡然向風。」

蘇頌《歐陽文忠公挽辭》（《蘇魏公集》卷一四）：「道濟三千子，文高二百年。朝廷得王佐，經術有師傳。筆削書才就，彌綸志未宣。平生思潁事，倏忽啓新阡。」

畢仲游《挽歐陽文忠公三首》（《西臺集》卷二〇）：「醉翁亭遠名空在，會老堂深壁未乾。」「累朝舊籍刊成史，集古新篇載滿車。」「生前事業成三主，天下文章無兩人。」

八月十一日，贈太子太師（據《胡譜》）。

《長編》卷二三七熙寧五年八月甲申（八日）：「潁州言觀文殿學士、太子少師致仕歐陽修卒。贈太子太師。」

詔潁州令歐陽修家上歐所撰《五代史》。

《會要》崇儒五：「（熙寧）五年八月十一日，詔潁州令歐陽修家上修所撰《五代史》。」

《事蹟》：「（先公）自撰《五代史》七十四卷。……其于《五代史》尤所留心，褒貶善惡，爲法精密，發論必以『嗚呼』，曰『此亂世之書也』。其論曰：『昔孔子作《春秋》，因亂世而立治法。余述本紀，以治法而正亂君。』此其志也。書成，減舊史之半，而事蹟添數倍，文省而事備，其所辨正前史之失甚多。」

熙寧六年癸丑

七月，吳充上《歐陽公行狀》，請謚。

吳充《歐陽公行狀》（《歐集》附録卷一）：「……將以熙寧八年九月二十六日，葬公于開封府新鄭縣旌賢鄉之原。謹狀。熙寧六年七月。」

熙寧七年甲寅

八月，謚文忠（據《胡譜》）。

李清臣《謚誥》（《歐集》附録卷一）：「太子太師歐陽公歸老于其家，以疾不起。將葬，《行狀》上尚書省，移太常請謚。……按謚法：道德博聞曰文，廉方公正曰忠。今加忠以麗文，宜爲當。衆以狀授清臣爲謚議。清臣曰：不改于文而傅之以忠，議者之盡也。清臣其敢不從，遂謚文忠。」

《長編》卷二三七熙寧五年八月甲申（八日）記事：「潁州言觀文殿學士、太子少師致仕歐陽修卒，贈太子太師。太常初謚曰『文』，常秩曰：『修有定策之功，請加以忠。』乃謚文忠。」

陸游《老學庵筆記》卷五：「歐陽文忠公初但謚『文』，蓋以配韓文公。常夷甫方兼太常，晚與文忠相失，乃獨謂公有定策功，當加『忠』字，實抑之也。李邦直作議，不能固執。公論非之。當時士大夫相謂曰：『永叔不得謚文公，此謚必留于介甫耳。』其後信然。」

熙寧八年乙卯

九月二十六日，葬于開封府新鄭縣旌賢鄉劉村（今河南新鄭縣辛店鄉歐陽寺村）（據《胡譜》）。

《新鄭縣志》（乾隆四十一年刻本）卷一一《祀祠志·陵墓》：「宋觀文殿學士贈太師歐陽兗國文忠公修墓，在縣西二十八里自然山北。其西有寺，曰歐陽寺，即宋敕建以守墓者也。」

韓琦爲撰《墓誌銘》。時歐陽修有子四人，孫男、孫女十人。

韓琦《歐陽公墓誌銘》（《安陽集》卷五〇）：「今夫人薛氏，資政殿學士戶部侍郎簡肅公奎之女，累封仁壽郡夫人。男八人：長發，次奕，光祿寺丞；次棐，大理評事；次辯，光祿寺丞；餘早卒。女三人，皆早卒。孫男四人，曰愻、曰憲、曰恕、曰愬，皆以公恩試秘書省校書郎。孫女六人，皆幼。熙寧八年九月庚申朔二十六日乙酉，諸孤奉公之喪，葬于開封府新鄭縣旌賢鄉之原。」

蘇轍爲撰《神道碑》，時距歐下葬已三十二年。

蘇轍《歐陽文忠公神道碑》（《欒城後集》

卷二三）：「熙寧五年秋七月，觀文殿學士、太子少師致仕歐陽文忠公薨于汝陰，八年秋九月，諸子奉公之喪，葬于新鄭旌賢鄉。自葬至崇寧五年，凡三十有二年矣，公子棐以墓隧之碑來請，轍方以罪廢于家，且病不能執筆，辭不獲命，乃曰：「『病苟不死，當如君志。』……元祐初，（軾與轍）會于京師，公家以公碑諉子瞻，子瞻許焉，既又至于大故。轍之不敏，以父兄故，不敢復辭。」按：蘇轍爲作《神道碑》時，歐陽修四子唯存歐陽棐，孫男六人中歐陽愻、歐陽愬亦已故，孫女七人皆已嫁人。

元豐元年戊午

次子奕卒，年三十四。

周必大《跋歐陽文忠公誨學帖》（《益公題跋》卷二）：「奕，字仲純，胡文公（宿）婿。性倜儻，文章豪放，尤長于詩。……惜乎！得年才三十四，位不及美顯，然熙寧末鄭俠得罪，凡通問者皆獲譴，仲純獨傾資送之。其大節如此，可謂不墜先訓。」

元豐三年庚申

十二月，以子發升朝遇大禮，贈太尉（據《胡譜》）。

元豐八年乙丑

十一月，贈太師，封康國公（據《胡譜》）。

長子發卒于本年，年四十六。

《宋史·歐陽修傳》附傳：「子發，字伯和。少好學，師事安定胡瑗，得古樂鐘律之說，不治科舉文詞，獨探古始立論議。自書契以來，君臣世系、制度文物，旁及天文、地理，靡不悉究。以父恩，補將作監主簿，賜進士出身，累遷殿中丞。卒年四十六。」

宋哲宗元祐四年己巳

八月二十一日，薛氏夫人卒，年七十三。

蘇轍《歐陽文忠公夫人薛氏墓誌銘》（《欒城集》卷二五）：「享年七十有三。元祐四年八月戊午（二十一日）終于京師，十一月甲申（十八日）祔于文忠之塋。」按：時歐陽棐以朝散郎、尚書職方員外郎充集賢校理，歐陽辯以宣德郎監澶州河北酒稅。有孫男六人、孫女七人，幷有曾孫二人：延世、奉世。

紹聖三年丙子

五月，以子棐、辯遇恩典，追封兗國公（據《胡譜》）。

元符三年庚辰

四子辯卒，年五十二。

新鄭歐陽修墓地出土《宋承議郎歐陽君墓誌銘》，稱辯「享年五十二」。《胡譜》徽宗崇寧三年後，修獨以子棐而追封，可證辯卒于紹聖三年至崇寧三年之間。清趙宏恩《江南通志》：「（歐陽）辯，字季默，修之少子。子瞻（蘇軾）《在潁詩》云：『風流猶有三歐存』，蓋指伯和、叔弼、季默也，兄弟俱家于潁。」

宋徽宗崇寧三年甲申

以子棐遇恩典，追封秦國公（據《胡譜》）。

政和三年癸巳

以子棐遇恩典，追封楚國公（據《胡譜》）。

三子棐卒于本年，年六十七。

畢仲游《歐陽叔弼傳》（《西臺集》卷六）：「政和三年卒于潁州，年六十七。」《宋史·歐陽修傳》附傳：「中子棐，字叔弼，廣覽強記，能文詞。……用蔭，爲秘書省正字，登進士乙科，調陳州判官，以親老不仕。修卒，代草遺表，神宗讀而愛之，意修自作也。服除，始爲審官主簿，累遷職方員外郎、知襄州。……元符末，還朝。曆吏部、右司二郎中，以直秘閣知蔡州。……未幾，坐黨籍廢，十餘年卒。」

韓忠獻公年譜

（清）楊希閔　編
吴洪澤校點

據十五家年譜叢書本

韓琦（一〇〇八—一〇七五），字稚圭，號贛叟，相州安陽（今屬河南）人。天聖五年進士，授淄州通判。景祐中累遷右司諫，劾罷宰相王隨、陳執中，以論事切直稱。慶曆間爲陝西經略安撫使，與范仲淹共禦西夏，時稱「韓范」，同召爲樞密副使，推行慶曆新政。新政失敗，出知揚州、鄆州、成德軍、定州。嘉祐元年除樞密使，三年拜相。英宗即位，力促曹太后歸政，進右僕射，封魏國公。神宗立，守司空兼侍中，出判相州。王安石用事，屢言新法不便。八年卒，年六十八，謚忠獻。琦歷相三朝，與富弼齊名。著有《安陽集》五十卷。

韓琦年譜，據周必大《李文簡公神道碑銘》，稱李燾曾編爲三卷，不傳。此譜爲清人楊希閔編。自序稱據本集、《家傳》、《別録》、《遺事》，參以史傳，纂述而成，又因說部書「多不可信」，因而如《涑水紀聞》、《邵氏聞見録》等「壹不取」，可見其取材之慎。譜中叙事多採自史傳，以政績爲主，間有考訂，或引前人所辨，或爲編者案語，考證發明，可資研究者參考。而於文集所載、筆記所録，諸如交遊、唱酬等事蹟，則不免疏略。

楊希閔還編有歐陽修、曾鞏、王安石、程顥、黄庭堅、李綱、陸九淵等宋人年譜，收入《豫章先賢九家年譜》、《五朝先賢十九家年譜》、《十五家年譜》内。

宋韓忠獻公年譜序

韓忠獻公《安陽集》五十卷外，有《家傳》，有《別録》，有《遺事》，獨無年譜。今據本集及三種，參以史傳故書，撰爲年譜一卷。忠獻在宋代爲有數人物，三朝定策，處危疑衆謗之間，屹然不動。有勳不伐，有度能容，有轉斡鴻鈞之力，有誓蔡燭事之明。西北兩邊，尤所繫慮，至謂漢代賈生上書，不過痛哭，兹則陳辭直當泣血，以冀君之一悟。無如上下偷安，甘於積弱，粉飾太平，以爲無事，言之雖切，痌瘝不關。真宗失寇公於前，仁宗失韓公於後，輸幣不已，必至削疆，北狩南轅，自然之理，智者洞若然犀，昧者嬉同幕燕。韓公生平勳業志事，似乎發攄，不知其鬱遏憂歎者正多也。覽兹年譜，其亦有超然於繫表者乎！所采書籍極慎，宋人説部書多不可信，如《涑水紀聞》、《温公日録》、《邵氏聞見録》、《元城語録》之類，真僞雜糅，誣謗相承，前人駁斥甚多，今壹不取。就如《名臣言行録》載公在延安，夏人遣刺客害公，取金帶置城上一事。王白田詆其爲妄，殊不足記。他如把燭碎琖諸事，均小説家言，不記亦可。又《家傳》卷末謂公殁爲真人，亦屬誕謾，並置不道焉。光緒丁丑十月二十日，江右新城楊希閔鐵傭書。

宋韓忠獻公年譜引用書目

《安陽集》　《家傳》

王巖叟《别録》

强至《遺事》　《祠部集》

王氏《東都事略》

《歐陽文忠集》

《范文正公集》

《司馬文正集》

《蘇文忠集》

朱子《名臣言行録》

《通鑑長編》

《宋史》

《續資治通鑑》薛本　畢本

《通鑑輯覽》

黄氏《漳浦集》

王氏《金石萃編》

宋韓忠獻公年譜

江右新城楊希閔鐵傭編

宋真宗大中祥符元年戊申

七月二日，公生。

公姓韓名琦，字稚圭，相州安陽人。祖構，官至太子中允、知康州。父國華，官諫議大夫、知泉州，召還，擢諫議大夫，道卒於建陽驛。母羅氏，生母胡氏。公生於泉州官舍，兄弟六人：曰球，德清尉；曰瑄，將作監主簿；曰琚，司封員外郎、兩浙轉運使；曰琥，孟州司法參軍；以上異母兄。曰璩，同登進士，終著作郎。此同母兄。公最幼，自幼而孤，鞠於諸兄。既長，能自立有大志，端重寡言，不好嬉弄，性純一，無一邪曲。參《家傳》及本集各墓誌及《金石萃編》。

二年己酉，二歲。

三年庚戌，三歲。

四年辛亥，四歲。

五年壬子，五歲。

六年癸丑，六歲。

七年甲寅，七歲。

八年乙卯，八歲。

九年丙辰，九歲。

天（祐）〔禧〕元年丁巳，十歲。

二年戊午，十一歲。

三年己未，十二歲。

四年庚申，十三歲。

五年辛酉，十四歲。

乾興元年壬戌，十五歲。

仁宗天聖元年癸亥，十六歲。

二年甲子，十七歲。

三年乙丑，十八歲。

四年丙寅，十九歲。

五年丁卯，二十歲。

仁宗初臨軒試進士，公名在第二，時唱名第一甲方終，太史奏日下五色雲見，左右從官皆賀於殿上。《家傳》。

公同母兄璩是年同登進士，後官至著作郎。

是年，公授將作監丞，通判淄州。同上。

六年戊辰，二十一歲。

是年，當奉母胡太夫人赴淄州通判任。

七年己巳，二十二歲。

在淄州通判任。

八年庚午，二十三歲。

五月，丁母胡太夫人憂。夏方受代，而夫人宿疾作，日夜討方書，治湯劑，躬自杵藥，未嘗委人。禱神訪醫，卒不獲驗，終於五月九日，年六十三。公撰《母夫人墓誌》。

九年辛未，二十四歲。

居憂。

明道元年壬申，二十五歲。

居憂。

冬，服闋，遷太子中允，改太常丞，直集賢院。《家傳》。

二年癸丑，二十六歲。

六月，監左藏庫。時方貴高科，多徑去爲顯職，公獨滯於筦庫，多以爲非宜。公處之自若，不以爲卑冗，職事亦未嘗苟且。《家傳》。

禁中需金帛，皆內臣直批旨取之，無印可驗。公請復舊制，置傳宣合同司以相防察。又每綱運至，必俟內臣監涖始得受，往往數日不至，暴露廡下，衙校以爲病，公奏罷之。史傳。

景祐元年甲辰，二十七歲。

九月，徙開封推官，賜五品服。凡刑名輕

重不當，疑慮未明者，皆辨析條奏。府事雖紛冗，省覽亦不滅裂，無巨細必詰正而後已。時文牘得公書，郡吏必喜相謂曰：「過韓家關矣！」《家傳》。

徙開封推官，理事不倦，暑月汗流浹背。府尹王博文大器重之，曰：「此人要路在前而治民如此，眞宰相器也。」《胡氏傳家録》。

閔案：公爲下僚，即職事不苟。偉人鉅材，斷無不慎重小節者也。此即夫子委吏乘田一路血脈。

二年乙亥，二十八歲。

十二月，遷度支判官，授太常博士。《家傳》。

三年丙子，二十九歲。

除右司諫。勸上明得失，正朝廷紀綱，親近忠直，放遠邪佞。時災異數見，朝廷但齋醮禳謝，公上疏極論無益。又聞大慶殿建設道場，及分遣中使詣名山福地祈禱，公奏：「前世祈禳之法，必徹樂減膳，修德理刑，下詔求言，側身避殿，始可轉禍爲福，願法而行之。或宮中有宴飲之事，亦望稍加節減。不獨仰奉天戒，實可上安聖躬。且大慶殿者，國之路寢，朝之法宮，陛下非行大禮，被法服，未嘗臨御。臣下非大慶會，則不能一至於庭。豈僧道凡庸之人，繼日累月，喧雜於上，非所以正法度而尊威神也。望今後凡有道場設醮之類，並於別所安置。」上嘉納之。《家傳》。

閔案：齋醮祈禱，即不能廢，亦可安置別所，勿處法宮，最爲正大酌中之道。

時宰相王隨、陳堯佐、參知政事韓億、石

中立在中書，罕所建明。公連疏其過，四人同日罷。又請停內降，抑僥倖，前後七十餘疏。史傳。

王沂公見公論事切直，有本末，謂公曰：「比臺諫官多畏避爲自安計，否則激發近名。如君固不負所職，諫官宜若此。」沂公天下正人，公得此，益自信。《行狀》。

四年丁丑，三十歲。

知諫院。民作銷金服玩，公請以先朝舊制禁絕之，乃下詔申諭。未幾有犯者，開封以刑名未明，申請審刑院議，止徒三年。公奏大中祥符八年敕犯銷金者斬，請復用之。

詔同詳定阮逸、胡瑗所定鍾律，公曰：「祖宗舊法，遵用斯久。屬者徇一士之偏議，變數朝之定律，臣竊計之，不若窮作樂爲致治之本，使政令平簡，民物熙洽，海內擊壤鼓腹以歌太平，斯乃上世之樂，可得以氣象求乎！既達其源，又當究方今之所急。國家方夏甯一，久弛邊備，犬戎之性，豈能常保？願緩茲求樂之誠，移訪安邊之議，急其所急，在理爲長。」遂詔將來南郊，用和峴舊樂。

寶元元年戊寅，三十一歲。

知諫院。公言：「自古興儉以勸天下，必以身先之。今欲減省浮費，莫如自宮掖始。請令三司取入內內侍省並御藥院、內東門司先朝及今來支費之目，比附酌中，皆從減省，無名者一切罷之。」《家傳》。

公爲諫官三年，所存諫稿，欲斂而焚之，以效古人愼密之義。然恐無以見人主從諫之美，乃集七十餘章，爲三卷，曰《諫垣存稿》，自序於首，大略曰諫主於理勝，而以至誠將之。《家傳》。

八月，假太常卿、昭文館直學士，充北朝正旦國信使。

閔案：公作《諫垣存稿序》在慶曆二年三月，今以居官之次繫此。

二年己卯，三十二歲。

以利、益路饑，出爲體量安撫使。公至則蠲減稅以募人入粟，招募壯者，等第刺以爲廂禁軍。一人充軍，數口之家得全活。檄劍門關民流移而東者勿禁。簡州艱食爲甚，明道中以災傷嘗勸納粟，後糴錢十六餘萬，歸於常平。公曰：「是錢乃賑濟之餘，非官緡也。」發庫盡以給四等以下戶。逐貪殘不職吏，罷冗役七百六十人，爲饘粥活饑人一百九十餘萬。蜀人曰：「使者之來，更生我也。」《家傳》。

康定元年庚辰，三十三歲。

趙元昊反，公適自蜀歸，論西師形勢甚悉，即命爲陝西安撫使，趣上道。公勇欲自効，馳至延安，則羌已解圍去。然士氣沮傷，將吏往往移病，求罷職。公即選練材武，治戰守器，慰安居人，收召豪傑，與之計議。范雍守延州，朝廷以爲不能，欲以趙振代。公奏曰：「願留雍以觀後效，無已則范仲淹爲可。以爲國家計，非私仲淹也。若涉朋比，誤陛下事，當族。」上從之，召仲淹知永興軍。慶人陳叔慶等陳邊防策，補官東南，公奏曰：「忠義憤懣，爲國獻計，雖稍收用，乃置於僻左，實羈縻之，非所以開示誠信，招徠人才也。」

五月，進樞密直學士，副夏竦爲經略安撫招討使，詔遣使督出兵。公亦欲先發以制賊，而合府固爭，元昊遂寇鎮戎。公畫攻守二策馳入奏，仁宗欲用攻策，執政者難之。公言：「元昊雖傾國入寇，衆不過四五萬人。吾逐路重兵自爲守，勢分力弱，遇敵輒不支。若併出一道，鼓行而前，乘賊驕惰，破之必矣。」又曰：「興師以來，科斂萬計，恐一二年間，經費益蹙，人情大騷，師老思歸，及期無代，每慮至此，臣難盡言。」知兵者以公言爲然。參《家傳》、史傳。

慶曆元年辛巳，三十四歲。

正月，公奏：「兩路協力，尚懼未能大挫黠虜。若鄜延以牽制爲名，則是委涇原孤軍，嘗於賊手，非計之得。乞督令鄜延進兵同入。」又令尹洙至延州，與范公議，范執不可，尹嘆曰：「公於此，不及韓公也。韓公言，大凡用兵，當置勝敗於度外。」

公又上奏屯二十萬兵典守界濠。「中夏之弱，自古未有，臣恐士氣日喪，經費日蹙，師老思歸。如可進討，斷在不疑。」乃詔鄜延、涇原同出征。既還營，元昊來求盟，公曰：「無約而請和者，謀也。」命諸將戒嚴，賊果犯山外。公指圖授諸將曰：「山間狹隘可守，過此必有伏。或致師以怒我，或爲餌以誘我，皆無得輒出。待其歸且惰也，邀擊之。」又移檄申約，苟違節度，雖有功亦斬。而裨將任福、王仲寶狃小勝，數違節度，遇伏，遂戰死於好水川。夏竦使人收散兵，得公檄於福衣帶間，言罪不在公。是時賊兵雖勝，殺傷亦相當，故即時拔寨出境，山外居民堡聚得以安全，亦諸將死爭之力也。公上章自劾，朝廷知罪在諸將，止左遷右司諫、知秦州。參《家傳》、史傳、《續通鑑》。

公在秦，增廣州城，以保東西市，招集屬戶，益市諸羌馬，討殺生羌之鈔邊者，厲兵以待賊，訖公去秦，不敢窺塞。《家傳》。

閔案：魏泰《東軒筆錄》載好水川之事云：「尹與范公議不合，遽還。魏公遂舉兵入界。」似魏公輕動，而賊犯山外，公止戒嚴，則沒而不書。又云「全師陷沒，魏公還至半途，亡者父兄妻子數千人號於馬首招魂，而哭聲震天地，魏公不勝悲憤掩泣，駐馬不能前者數刻。范公聞而歎曰：『當是時，難置勝敗於度外也』」云云。自來軍敗者不少矣，何嘗有父兄妻子半途招魂，哭震天地？明是張皇其詞，以顯范公持重不輕動之善。至范公謂此時難置勝敗之語，尤似反唇相譏，幸己言之中，此小人情狀，非大君子之用心，尤非韓、范至交不相恤而相誚之所有也。魏泰小人，言不可信，而《名臣言行錄》載之，《續通鑑》亦載之，故略辨於此。

伏讀《通鑑輯覽》批曰：「西夏之役，韓琦主攻戰，而范仲淹主和守。議者徒見好水川之敗，遂多咎琦而韙仲淹者。不知任福不遵琦節制，其致敗非琦所能逆料，而仲淹之和，終亦奚能成哉，徒以致書獲罪，貽笑外敵，而無補於中國。蓋庸儒之流，畏事惡勞，一聞戰則咋舌蹙額，若恐矢石之及己；而一聞和則以爲保全生靈，爲國遠謀。彼其於國家之安危榮辱，固未嘗計及也。如是之人，而可與之策攻戰和守之議哉？〔一〕」

二年壬午，三十五歲。

二月，四路帥皆改觀察使，公爲秦州觀察使，范仲淹三帥皆力辭不拜，公獨不辭，謂吾君憂邊，臣子何可以擇官，其謝表云：「誠以疆鄙未安，忠憤攸激，力冒艱險，志平僭狂。顧軀命之可捐，豈資品之爲較？奪鳳池而不賀，前哲堪嗤；刺貂庭之無功，人言是恤。」

閏九月，西賊寇鎮戎軍，公即遣部將紀質率兵數千赴援，遇賊於瓦亭寨，擊之。聞涇原將葛懷敏戰沒於定（州）〔川〕寨，又遣總管許懷德將軍十二營駐鳳翔以策應。懷敏既敗，賊抵渭州。涇原路移文諸州，備賊長驅入關。公曰：「賊雖至渭州，當是抄劫游兵。」乃慰諭屬部，無令驚擾，果如公言。

十月，授右諫議大夫、樞密直學士。

十一月，公與范仲淹同充陝西四路沿邊都總管經略招討安撫等使，並駐涇州。《家傳》。

公與范公在兵間久，名重一時，人心歸之，朝廷倚以爲重，故天下稱爲「韓范」。東兵從宿衛來，不習勞苦，公奏增土兵以代戍，建德順軍以蔽蕭關鳴沙之道。方謀取横山，規河南，而元昊黠賊知不可犯，亦斂兵不近塞。未幾，元昊稱臣，召爲樞密副使。參《家傳》、《行狀》。

公又上疏，略曰：「臣等議於一二年間，訓兵三四萬，使號令齊一，陣伍精熟。又使熟戶蕃兵與正軍參用，則横山一帶族障可以圖之。降我者使之納質而厚其官賞，各令安居，籍爲熟戶；拒我者以精兵加之，不從則戮。我軍鼓行山界，不爲朝去暮還之計。元昊聞之，若舉國而來，我則退守邊寨，足以困彼之衆。若遣偏師而來，我則據險以待之。蕃兵無糧，不能久聚，退散之後，我兵復進，使彼復集。每歲三五出，元昊諸廂之兵多在河外，頻來應敵，疲於奔命。則山界蕃部勢窮援弱，且近於我，自來內附，因選酋豪以鎮之，足以斷元昊之手足矣。然乞朝廷以平定大計爲意，當軍行之時，不以小勝小衄黜陟將帥，則三五年間，可集大功。仍詔中外臣僚，不得輒言邊事，以沮永圖。」《家傳》

閔案：公籌元昊之策，略具此疏。無如朝廷怯懦，因其以和款我，亟欲罷兵，此宋所以終積弱也。

公與范公同召拜樞密使副。公自請捍邊，至五表不聽。既至，又與范公伸前議，同決策上前，期以兵覆元昊。會夏國送款，公謀不果用。范公每恨齟齬功不就，故作《閱古堂》詩叙其事，傳於世。《名臣言行録》。

閔案：古人志事不就，亦自有故。魏叔子最病局外論人、事後論人，職是之由。記王漁洋有詩云：「空言韓范威名大，五路何曾制曩霄。」殆亦未深攷當日情事也。

公入對，既就職，又上疏，略曰：「今陛下紹三聖之休烈，仁德遠被，天下大定，民樂其生者八十餘載。而臣竊睹時事，謂可晝夜泣血，非直痛哭太息者，何哉？蓋以西北二虜禍釁已成，而上下泰然，不知朝廷之危，（宋）〔宗〕社之未安也。」又曰：「契丹宅大漠，跨遼東，據全燕數十郡之雄，東服高麗，西臣元昊，自五代訖今，垂百十年，與中原抗衡，日益猖熾。近者復幸朝廷西方用兵，違約遣使，求割關南之地，以啓爭端。朝廷愛念生民，爲之隱忍，歲益金幣之數，且固前盟。而尚邀獻納之名，以自尊大。其輕視中國，情可見矣。又元昊種落強盛，僭號背恩，北連契丹，欲成鼎峙之勢。今乘定川全勝之氣，而遣人納和，則知其計愈深，而其事可虞也。議者謂昨假傳導之力，必事無不合，豈不思契丹能使元昊罷兵，不能使元昊舉兵乎？况比來殊未屈下。北虜之言無驗，亦恐有合從之策，夾困中原。儻契丹隳其誓約，驅犬羊之衆直趨大河，復使元昊深寇關輔。當是時，未審朝廷何術以禦之？若委西鄙於藩臣，專事北寇，陛下親御六師，臨澶淵以待之，即未知今之將卒事力與環衛統帥，比眞宗北征時何如？如欲駐蹕北京，以張軍勢，臣恐虜衆由德博渡河，直趨京師，則朝廷根本之地，宗廟宮寢，府庫倉廩，百官六軍室家，而一無城守之備。陛下可以擁北京之衆，卻行而救之乎？臣所以謂可晝夜泣血者，誠憂及於此，冀陛下一悟，而急爲拯救也。朝廷若謂今之盟約尚可固結，則前三十年之信誓，朝廷何負二虜，而一旦違之哉？彼豺狼之性，見利而動，又可推誠而待之乎？」又曰：「臣等思和與不和，俱爲大患，然則爲今之謀者，莫若擇帥練兵，日計用武之策，以和好爲權宜，以戰守爲實務。」

閔案：宋之積弱，一失於眞宗澶淵不用寇萊公之策，再失於仁宗西事不從韓、范之謀。至於神宗，勢益可慮。王荆公志在富強，亦何嘗非韓、范謀國之意？南狩北轅之患，不獨荆公早見之，即韓、范二公，方國盛時，亦早見及之。獨諸公偷安苟且，借愛民息兵、不啓邊釁爲好題目，以遂其庸庸素餐之計，孰爲國家深謀遠算哉？和不可恃，備不可弛，後之謀國者，其尚以此爲前車之鑒哉！

三年癸未，三十六歲。

初，夏人方議和，公以邊備不可弛，請與范公俱出按行，遂命公宣撫陝西，范宣撫河東。范請益兵屯河陽、蒲中及以兵從，公以爲不必請兵。上前議未合，退於殿廬中猶爭。公曰：「若爾，則臣乞自行，不用朝廷一人一騎。」范色忿，欲再請對，道公語，公笑止之。富公贊公說，卒不發兵，范亦不以爲忤。《家傳》。

公既至關陝，屬歲大饑，羣盜嘯聚，渠魁張海、郭貌三等，悉討平之。禁卒羸老不任用者，悉汰之。盡修鄜延城障，悉歸所侵地，乃許和。參《家傳》、史傳。

使還，奏陝西解鹽改法不便，惟太常博士范祥所論最精密，請令與三司講經久之利。又曰：「前改法范宗傑所定。官自鬻，而吏苦輦載之役，於邊儲無補。祥之新法，使商旅入緡於沿邊而得鹽，沿邊芻糧以見錢而糴，而不勞民，而其利溥，願必行之。」後卒用祥法。《家傳》。

又薦國子監直講石介、青州千乘縣主簿孫復宜置之文館，復請改京官，從之。同上。

時朝廷自西鄙用兵，二府多合班奏事，公抗言辨論，未嘗顧避。事雖屬中書，有不當者，亦對上指陳以實。同列多不悅，獨仁宗識之曰：「韓琦性直。」《家傳》。

監進奏院蘇舜欽因本院賽神聚飲，與會者皆當世聞人。舜欽，宰相杜衍之壻，御史以故極論之。事下開封府劾治，上夜遣宦官散捕同飲者送獄。翌日，公對曰：「夜來聞遣內臣繞京師捕館職，甚駭物聽。此事但付有司，自有行遣，何至如此？」上悔見於色。《家傳》。

諸人欲以進奏院事傾正黨，宰相章得象、晏殊不可否，賈昌朝參政陰主之，張方平、宋祁、王拱辰皆同力以排，至列狀言王益柔作《傲歌》，罪當誅。公時之右府，因兩府同對，言：「益柔狂語，何足深計較。方平等皆陛下近臣，今西邊用兵，有何限大事，不爲論列，而同狀攻一王益柔，其情亦可見。」上遂釋然。《別錄》。

四年甲申，三十七歲。

公前在秦州，嘗言興永洛城不便。會公歸朝，鄭戩又飭劉滬城之。知渭州尹洙召滬者再不至，乃命瓦亭寨主張忠代滬，滬復不受代。總管狄青於是親至德順軍攝滬，械送於獄。鄭戩力救於朝，徙洙知慶州，而仍城永洛，滬但降官而已。是時，公與范公、富公、杜公欲盡革天下弊事，而小人權倖皆不便，毀言日至。諸公既相從罷去，公亦自謂迹不安，請補外。參《家傳》、史傳。

五年乙酉，三十八歲。

公上疏言：「陛下用杜衍爲相，方一百二十日而罷。范仲淹以夏人初附，自乞保邊，固亦有名。至於富弼之出，則所損甚大。富弼大節難奪，天與忠義，忘身立事，古人所難。近日臣僚多務攻擊忠良，取快私忿，非是國家之福，惟陛下察之。」不報。

三月，以資政殿學士知揚州。四月五日到官。公謝表云：「爰從親葬之還，前時還葬求郡，不允，詔許假葬親，有謝表。獲視篋書之謗。陛下察無他過，尚錄舊勤，俾兼美職，出守使藩。舟楫安流，浹旬受署。」

六年丙戌，三十九歲。

知揚州。是年轉給事中。公謝表云：「僅涉再期，率無治狀。申舉舊章，進升寵秩。」

七年丁亥，四十歲。

五月，徙知鄆州。公謝表云：「治揚二年，乃免過咎。尚承恩寵，移此便藩。」京東素多盜，捕盜之法，以百日爲三限，限中不獲者皆抵罪，盜未得而被刑者甚衆。公請獲他盜者聽比折除過，捕者有免刑之路，故盜多獲，朝廷著爲天下法。《家傳》。

十一月，貝州妖賊王則據城反，河北用兵。

十二月，除公知眞定府。公謝表云：「東藩五月，矗舉政條；北道一麾，亟更守任。以忠則忘奔走之苦，以才則誤寄責之深。撫己一思，悸汗交集。」

八年戊子，四十一歲。

四月，河北置四路安撫使，除公定州路安撫使、都總管、知定州。初，定州兵狃平貝州功，需賞賚，出怨語，至欲譟城下。公聞之，以爲不治且亂，用軍制勒習，誅其尤無良者。士死攻戰，則賞賻其家，籍其孤嫠。既廩之威恩並行，又仿古三陣法，日月訓齊之，由是中山兵精勁冠河朔。京師發龍猛卒戍保州，在道爲人害。公悉留不遣，易素教者使之北。又振活饑民數百萬，璽書褒激，鄰道視以爲準。史傳。

公定州謝表云：「一辭樞柄，三易郡符。伏望究易調之原，察理繩之漸。少寬銜策，俾盡驅馳。事或建明，特加裁察。」

皇祐元年己丑，四十二歲。

七月，除資政殿大學士，仍在定州。公謝表云：「圖富貴豈臣之本心，竊祿位是臣之深恥。惟茲守塞，僅甫踰年。徒能革兵之惰驕，無以救民之刓敝。傴僂承命，慙羞在顔。」

二年庚寅，四十三歲。

授禮部侍郎，仍在定州。公謝表云：「不謂均禧之始，亦膺進秩之榮。當有位之交歡，理難獨讓；揣無功而自訟，內實多慙。」此覃恩進秩也。

三年辛卯，四十四歲。

八月，除觀文殿學士，再任河北。公謝表云：「二垂所效，一紀於茲。挺然思報於國家，倏爾已成於衰病。」又云：「生入玉關，可諧前人之隳志；心居魏闕，不忘疏迹之愛君。」

四年壬辰，四十五歲。

在河北。辭免武康軍節度使表云：「念一臨於朔郡，適五及於歲期。載惟幷晉之區，並控姜胡之會。俾專節度，仍委撫綏。臣素忝學儒，矗能審分。塞防之責，既念重而難辭；旄鉞之來，豈無功而可受。」

五年癸巳，四十六歲。

三月，拜武康軍節度使、河東路經略安撫

使、知幷州。公謝表云：「服西北二疆之事，幾光陰一紀之間。義之所在，知熊掌之難兼；命或可捐，若鴻毛之甚易。」

宦官廖浩然爲走馬承受，怙勢貪恣，既誣逐前帥李昭亮，又誣逐一同職官馮靖，朝廷略不辨證，皆從其請。公奏按浩然不法狀甚多，願召還使保全，不爾臣將行法矣。上命鞭諸本省。參《家傳》、史傳。

契丹侵我天池廟地，公召其酋豪，示以曩日彼所求修廟檄，無以對，遂歸我斥地。既又侵耕陽武砦地，公鑿塹立石以限之。

始潘美鎭河東，患寇鈔，令民悉內徙而空塞不耕，於是忻、代、甯、化大山之北多廢壞。公以爲此皆腴田，今棄不耕，適足以資敵，遂請距北界十里爲禁地，其南則募弓箭手居之，墾田至九千六百頃。史傳。

至和元年甲午，四十七歲。

知幷州。有《幷州新修廟學記》，略曰：「夫廟學之新，其於爲治之道，竊有志達其本，而諸生其達學之本乎？今飾公齋，萃公書，潔公食，日授經，月課文，味其教者，苟曰此欲吾藝之精，取進士科，富且貴而已。噫！如是則吾學乃教人竊祿之地，非有望於諸生也。夫精藝而求仕，末也。得仕而行道，本也。然不由其末，則不得施其本。故由末而仕，其末不可用，而本或不存焉，非竊祿何哉？且晉之俗，陶唐氏之俗也。吾夫子之道，二帝三王之道也。豈習俗之易，而習道之難哉？蓋習俗易者其法傳，習道難者其學廢。今學興矣，處吾學者，其務外勤於藝而內志於道，一旦由茲而仕也，則思以其道爲陶唐氏之臣，心陶唐乎其君，心陶唐乎其民，能如是，吾始謂之達其本。至和元年月日記。」

又作《五賢贊》並序。序曰：「余既新夫子之宮，乃繪諸弟子及左氏而下釋經諸儒於東西序，又圖孟、荀、揚、王、韓五賢於書樓之北壁。遣人自國庠得前人所撰孔子弟子暨釋經諸儒之贊，署於其側。獨五賢者無贊焉。諸生欲其速備也，亟請鄙文以補之。余惜其缺，諾焉而不敢讓。既而嘆曰：夫五賢者，聖人之亞，學者之師，諸生姑欲速一時之備，使余不暇求當世能文者爲之辭，而輒易言之。世且譏我，諸生豈愛我哉！雖然，孔孟之道，堯舜之德，而塗巷之人亦能稱誦之，同推其善而已矣，知我者其恕焉。」

孟子　昔周之衰，仲尼已矣。戰國相圖，唯利之喜。諸子紛紛，乘弊而起。聖道之塞，實生荆枳。其誰闢之，獨我孟氏。堯舜吾吮，仁義吾齒。芟楊翦墨，路平如砥。驅彼後覺，一趨聖軌。惟先文公，盛道其美。存而醇者，孟氏而止。欲觀聖人，必自孟始。較其大功，蓋禹之比。嗚呼賢哉，道孰可擬。孔子之後，一人而已。

荀子　諸子之興，實自周季。各持其言，求售於世。六國好權，遂甘其說。或嵬而師，或瑣而位。吾道日昏，斯文將墜。時則荀卿，力攘衆僞。述數萬言，以見其志。區判儒墨，統維仁義。時或用焉，至王則易。文公之篇，論亦云至。始考其辭，若不醇粹。及其要歸，鮮與孔異。雖小疵焉，道則奚累。軻、雄之間，在我無愧。

揚子　書猥於秦，鬱而未光。在漢之武，始焉表章。去聖云邈，微言孰詳？人各名家，尚迷大方。及其季也，篆刻相攘。賢乎子雲，翼然高翔。學通天地，道該帝皇。筆之於書，德音洋洋。周孔之法，弛而再張。鄙哉史堅，而不自量。非聖作經，引爲謗傷。經者伊何？乃道之常。荀能明道，胡用不臧。豈比吳楚，僭號稱王。一時之訾，萬世之長。故嗣孔孟，曰荀曰揚。

文中子　炎劉既終，天下幅裂。擾焉及隋，人命將絕。時亦有文，甚乎剽竊。人不知非，萬塗一轍。大道之鬱，幾乎息滅。伊我仲淹，獨參聖哲。遭世末夷，敎其可闕。乃舉大法，備於《中說》。續彼六經，紹孔之烈。斯昔師荀，實相秦孽。叛師之言，儒坑書爇。胡爲房、魏，佐唐稱傑。達不稱師，惟德之劣。彼誠可罪，在我奚缺？荀之非孟，恣其毀媟。終孟之道，與孔並列。文公不言，是非孰別？學者之疑，玆焉可決。皮子之碑，司空之碣。惡可誣哉，萬古昭晰。

文公　有唐之隆，天下一宇。滯焉以興，弊焉以補。獨時之文，蕩無所主。不淪沈、謝，則入徐、庾。其徒實繁，罔不自許。獨吾文公，惟聖是矩。挺然一變，而至千古。道古之道，語古之語。學者靡然，始師而附。朱、翟塞途，緊孟之禦。去聖匪遠，力則易舉。熾然佛老，亂我中土。驅彼世人，日陷邪蠱。作蠹於代，其孰敢侮。獨吾文公，既攻且拒。以身扞之，帝亦云忤。流離炎荒，道行躬苦。否則諸夏，化爲夷虜。惟荀與揚，功實未伍。肩孟其誰，不曰吾祖？

閔案：此忠獻之論學也，其於荀不計小疵，其於揚並斥史以作經爲僭之非，許爲德音洋洋，文中子亦以續經爲紹烈，議論皆與范文正、司馬文正大同。後來刻論荀、揚、王者極多，其胸襟學問，視忠獻公如何？

二年乙未，四十八歲。

公議并州素號大府，國初因其叛，遂降州名。宜因赦恩，俾復號，改爲節鎮。翰林學士胡宿上言：「昔高辛氏之二子不相能也，堯遷閼伯於商邱主火，而商爲宋星，遷實沈於臺駘主水，而參爲晉星。國家受命，始於商邱，王以火德。又京師當宋之分野，而并爲晉地，今欲崇晉，非國之利也。宜如故便。」公議遂格。《續通鑑》。

閔案：眞宗時，公爲相，卒因祫享赦恩，復并州爲太原府。

七月，召爲工部尚書、三司使，尋除檢校太傅，充樞密使。公有辭免三司使表云：「違去闕廷，歲且一紀。」又云：「到任方及一年，冀諧滿任。臣見交割職分公事，未敢起發，且在本州，聽候朝命。」又三次辭免樞密使表，皆未允。

嘉祐元年丙申，四十九歲。

知樞密。

二年丁酉，五十歲。

知樞密。是年，孫復卒。公言於上，選書吏，給紙筆，命其門人祖無擇就復家得書十五萬言，錄藏秘閣，特官其一子。《長編》。

三年戊戌，五十一歲。

六月，拜同中書門下平章事、集賢殿大學士。

中書習舊弊，每事必用例。諸房吏惟意所去取，公令刪取五房例及刑房斷例，除去冗謬者，爲綱目類次，每用例皆不可隱，非所載者，吏亦不得用。自是諸吏不能擅高下。

崇文院白本書，歲久多蠹，又散失不全，乃於館閣擇儒臣一員充編校官，據《崇文總目》收聚遺逸，刊訛謬而補寫之。又以黄紙爲別本，以絶蠹敗。

命姚闢、蘇洵編纂禮書百卷，號曰《太常因革禮》。

選官分詣諸路，寬恤民力，均定田稅。又命諸路敦遣學行尤異者續食詣京，館於太學，試舍人院，差次授官。並《家傳》。

閔案：是年公進《嘉祐編敕》三十卷，有表，見集中。

四年己亥，五十二歲。

公爲相，曾公亮爲亞相，趙康靖、歐陽公爲參政。凡事該政令則曰問集賢，該典故則曰問東廳，該文學則曰問西廳，至大事則自決，人以爲得相體。《麈史》。

五年庚子，五十三歲。

在相位。

六年辛丑，五十四歲。

閏八月，授刑部尚書、同中書門下平章事、昭文館大學士、監修國史，封儀國公。

仁宗在位四十一年，皇嗣未立，天下以爲憂。公前後十餘請，未納。乃以司馬光知諫院，諭意光，光遂上劄子，乞早建皇嗣。公見之，喜曰：「可申前說矣。」明日進呈光疏，力請之。又懷《孔光傳》，於上前開陳：「漢成帝在位二十五年，無子，立弟之子定陶王爲子。成帝中材主，猶能爲之。陛下之聖，何難於此？」又曰：「願陛下以太祖之心爲心，則無不可者。」帝感悟，乃曰：「宗室中誰可？」公曰：「臣與宗室素不相接，此事豈臣下敢議？當出自聖擇。」上曰：「有宗室二人，養於宮中，小者俊。」因道英宗舊名，公即贊成之曰：「陛下既已知之，乃定矣。」時六年十月也。《家傳》。

閔案：歐陽公《奏事錄》云：「大者可也。」此《家傳》則曰「小者俊」，必有一字誤，今各存原文[三]。

明日，再啓，且除判宗正寺，自右衛大將軍、岳州團練使起復爲泰州防禦使，上喜曰：「甚好。」命既下，英宗力辭。時內則宮人宦官之不悅，外則大臣小臣之橫議，帝意不得不惑。公每進呈英宗辭免章奏，察見仁宗顏色不樂，不知身之所容也。時已及半歲，英宗又繳還所授敕告，仁宗曰：「他既如此，不如且放下休。」公曰：「天下人已知之而中輟，非朝廷舉動。彼能退避如此，乃是有識慮也。若陛下更賜以手詔，知今來出自聖意，彼必不敢不當。」命公草手札以進，其手札曰：「朕親書劄子賜汝，爲昨來差遣出自朕意，令汝受告敕，豈得更有辭遜。今再遣人去傳宣，便須受告敕，將謝表與去人附奏，(侯)〔候〕痊安入謝。」參《家傳》、史傳。

七年壬寅，五十五歲。

是年八月，英宗尚復辭，上曰奈何，公曰：「若名分正則自辭不得。」帝釋然曰：「如此則更休作別名目。便立爲皇嗣，與就明堂前了當。」中書遂乞宣諭樞密院。及樞密使張昇至，乃驚而厲聲曰：「此事體大，切須子細，官家莫錯！」帝笑曰：「事已定矣。」公乞親書手札，付外施行。仁宗頷之。是日中使降手札。翌日，二府同進呈幕次中，歐公曰：「皇嗣莫大分明，不若只爲皇子。」公以爲然。二府既同奉旨立皇子，於是再拜而退，遂召學士王珪，面諭帝意及示手札，令草詔頒天下。珪不敢草，乃退而乞對面稟。是時若爲珪語所惑，大事變矣。仁宗宣諭出自朕意，詔書遂下。英宗既立爲皇子，尚堅卧懇辭，仁宗以問公。公對曰：「今既爲陛下子矣，願以家人禮待之。若遣宮人慰諭，更令本宮族屬敦勸入內，彼必不敢違命。」帝皆如請。《家傳》

八年癸卯，五十六歲。

時皇子雖立，尚有姦諛之臣言未當立皇子者，故英宗即位之初，光獻因讒間不喜，一日謂輔臣曰：「當初既立他爲皇子，卻甚有臣僚章疏言不當建立。近宮中亦有文字，恐他見後，心裏不好。昨因齋七，並與焚於錢爐矣。」公贊白如此甚好，然英宗猶以蔡襄爲疑，故君謨不安而請去也。英宗爲子方十月，而仁宗上仙。

四月一日壬申，天祺節假，是夜五鼓，公以簡約二府：「夜來上疾發，早同入問聖體。」至漏舍出內降文字三紙示諸公云：「一更三點，聞咳唾聲，呼醫急胗脈下藥，未幾再進藥，猶未醒。及灼艾二百壯，醫云脈絕未復。洎門開，同樞密院詣內東閤候問，至福甯東閤簾下，皇后語公：「夜來一更三點，皇帝有事，軍國事委相公裁處。」遂哭。公奏且止哭，請遣中使扶侍皇子，候到，請柩前即皇帝位，尊皇后爲皇太后，宣學士王珪至，草遺詔。須臾皇子到，傳遺旨訖，簾下及內外並慟哭，取御衣衣之。皇子懇辭，迫於公等請，即位於東偏，羣臣草賀。日午，召百官既集，公宣遺制。時內外肅然，巳午間，市肆猶未有知者。加公門下侍郎，兼兵部尚書、平章事，進封衛國公。《家傳》。

英宗治平元年甲辰，五十七歲。

英宗即位之數日，方掛服於福甯東廂。時百官在庭，公爲攝太尉，范鎮內翰攝太常卿，各具衰服立簾前，俟時行禮。忽聞簾內連聲大呼云待殺我，左右莫不駭栗。公乃投杖於地，揭簾而入，直趨至前，曰：「誰激惱官家？且入內中服藥。」遂擁帝以授宮人內侍，扶帝而歸。出則語景仁曰：「此事惟內翰見，謹勿漏露。」俄令百官拜慰而退，外庭無一人知者。歐陽修退謂所親曰：「始見韓公遇事，眞不可及也。」

英宗既感疾，倦於進藥，雖親近勸之莫聽。公常親執丹劑，上必爲飲之。一日議當進一醉膏，此藥蓋世所傳用辰砂、乳香、酸棗仁酒服者是也，服之當熟寢一晝夜，藥劑多而難飲。公親執藥杯以進，帝飲幾盡而卻之，淋污公衣。太后亟出御服，令公易之，公辭而出。

英宗既驟自外來，又即被疾，久不預事，禁中人情多傾附慈壽宮，讒言間諜，兩宮遂成隙矣。光獻簾下屢有不平之語，公即深以危言感動曰：「臣等只外面見得官家，裏面保護，全在太后。若官家失照管，太后亦未得安穩。」太后驚曰：

「相公是何言語！自家更是用心。」公即曰：「太后照管，則衆人自照管。」同列爲之縮頸。既出，吳奎曰：「語不太過否？」公曰：「不如此不得。」

公奉使昭陵，一日太后以語曾公亮，公亮但云：「乞候韓琦來。」公在陵下，忽中使至，持英宗手寫歌辭數紙云：「太后令相公觀此。」然語言無序，皆病中所書也。公即焚之，謂使者曰：「豈不知官家心神未甯？心神未甯之人，言語失節，何可怪也？」後簾下忽問：「漢有昌邑王事如何？」公即對曰：「漢有兩昌邑王，不知所問何王耶？」語既塞，公即奏曰：「此語必有從來，不知甚人於太后前道此事？」后亟曰：「無它，舊曾聞耳。」公又從容曰：「太后無親生兒女，今皇帝自少鞠於宮中，皇帝又是外生，乃天安排此兒婦以遺太后，不易際會如此，豈不愛惜。」

英宗遇貂璫少恩禮，左右不悅，多道禁中隱密事者，雖大臣亦心惑其說，獨公屹然不動，昌言於衆曰：「豈有前殿不曾差了一語，而一入宮門，得許多錯來？琦深疑此事。」簾前亦屢以此爲對。請自禱雨，英宗曰：「當與太后議之。」及至簾前，后曰：「恐未勝其出。」公曰：「適帝意，似可出矣。」后曰：「人主出豈不要儀衛，今方居喪，素仗皆未具，更且俟之。」公曰：「此小事，朝廷頤指可辦。」後數日素仗備，英宗遂幸寺觀。上既出，又已日視朝，臺諫官繼有章疏乞早還政。后責輔臣曰：「且欲與照管，何須便使臺諫，若煎迫也。」公曰：「自來執政，豈敢與言事官相通，況此事何必假他人言，但恐衆議如此。」后邑邑不樂，泣而語曰：「今日放下，更豈見眼道邪？」公曰：「雖不預政，要尊崇太后如天，亦不爲難。」太后曰：「且以仁宗爲念。」公察其意回，即贊之曰：「當國家憂虞之際，聽決政事。及帝躬康復，便能復辟。太后能自閱書史，試觀歷古以來，豈有如今日之美？」（太）后曰：「自家豈敢比古之賢人。」止數日，遂降手詔罷聽政，徹簾帷。後中書進呈太后儀範稱聖旨，出入如明肅故事。有所取索，使臣錄聖旨付所司。英宗動色曰：「相公若崇母后，豈是好事？」公曰：「如不以此，豈肯放下？所放下者大，此何足惜耶！」《家傳》。

二月，提舉修仁宗實錄。英宗既聽斷，閏五月，特授尚書右僕射兼門下侍郎，餘如故。《家傳》。

秋八月，内侍都知任守忠竄蘄州。初，章獻太后臨朝，守忠與都知江德明等交通，請謁權寵過盛，累遷宣政使、入内都知。仁宗以未有儲嗣，屬意於帝。守忠建議，欲援立昏弱，以邀大利。及帝即位，又乘帝疾，交搆兩宮。知諫院司馬光論守忠離間之罪，國之大賊，乞斬於都市。呂誨亦上疏論之，帝納其言。明日，韓琦出空頭敕一道，歐陽修已僉，趙槩難之，修曰：「第書之，韓公必自有說。」既而琦坐政事堂，召守忠立庭下，曰：「汝罪當死。」遂責蘄州安置，取空頭敕填與之，即日押行。琦意以爲少緩則中變也。其黨史昭錫等悉竄南方，中外快之。

十一月乙亥，刺陝西民爲義勇軍。時韓琦

言：「三代漢唐以來，皆籍民爲兵，故其數雖多，而贍養至薄，所以維制萬宇而威服四夷，非近所畜冗兵可及也。唐制府兵最爲近古，天寶以後，廢不能復，因循至於五代，廣募長征之兵，故困天下而不能給。今之義勇，河北幾十五萬，河東幾八萬，勇悍純（賓）〔實〕，生於天性，而有物力資產、父母妻子之所係，若稍加簡練，亦唐之府兵也。陝西當西事之初，亦嘗三丁選一丁爲弓手，其後刺爲保捷正軍。及夏國納款，朝廷揀放，於今所存者無幾。河東、河北、陝西三路，當西北控禦之地，事當一體。今若於陝西諸州亦點義勇，止刺手背，則人知不復刺面，可無驚駭。或令永興、河中、鳳翔三府先刺，觀聽既安，然後次及諸郡。一時不無少擾，而終成長利矣。」詔從之。乃命徐億等往籍陝西主戶三丁之一刺之，凡十五萬六千餘人，人賜錢二千。民情驚擾，而紀律疏略不可用。知諫院司馬光上疏曰：「臣傳聞朝廷差陝西提點刑獄陳安石，於本路人戶三丁之內刺一丁充義勇，不知虛實。若果如此，大爲非便。臣切意議者必以爲河北、河東皆有義勇，而陝西獨無。近因趙諒祚寇邊，故欲廣籍兵民，以備緩急使之捍禦也。臣伏見康定、慶曆之際，趙元昊叛亂，王師屢敗，死者動以萬數。國家乏少正軍，遂籍陝西之民，三丁之內選一丁，以爲鄉弓手。尋又刺充保捷指揮，差於沿邊戍守。當是之時，閭里之間，惶擾愁怨，不可勝言。耕桑之民，不習戰鬭，官中既費衣糧，私家又須供送，骨肉流離，田園蕩盡。陝西之民，比屋凋殘，今二十餘年，不復舊者，皆以此也。其謀策之失，亦足以爲戒矣。是時河北、河東邊事稍緩，故朝廷但籍其民以充義勇，更不刺爲軍，雖比之陝西保捷爲害差小，然國家何嘗使之捍禦戎狄，得其分毫之益乎？今議者但怪陝西獨無義勇，不知陝西之民，三丁之一已有一丁充保捷矣。自西事以來，陝西困於科調，比於景祐以前，民減耗三分之二。加之近歲屢遭凶歉，今秋方獲小稔，且望息肩，又值邊鄙有警，衆心已搖。若更聞此詔下，必致驚擾，人人愁苦，一如康定、慶曆之時。是賊寇未來，而先自困敝也。況即日陝西正軍甚多，不至闕乏，何爲遽作此有害無益之事，以循覆車之轍也。伏望朝廷審察利害，特罷此事，誠一方之大幸。」連上六疏，力言不聽，乃至中書，與韓琦（辨）〔辯〕。琦曰：「兵貴先聲，諒祚方桀驁，使驟聞益兵二十萬，豈不震慴？」光曰：「兵貴先聲，爲其無實也，獨可欺於一日之間耳。今吾雖益兵，實不可用，不過十日，彼將知其詳，尚何懼？」琦曰：「君但見慶曆間鄉兵刺爲保捷，憂今復然。已降敕與民約，永不充軍遣戍邊矣。」光曰：「朝廷嘗失信於民，未敢以爲然。」琦曰：「吾在此，君無憂。」光曰：「公長在此地可也。異日他人當位，用以運糧戍邊，反掌間耳。」琦不從。並《續通鑑》。

閔案：刺義勇非善，司馬公六疏諫止不從，此自韓公之過。然韓公非愎諫者，必先時在陝西行之有效，故執定要如此。猶王荆公在鄞縣時放青苗錢無害，亦執定要如此。此皆是以已試之方治病，君子當諒其用心，而不知病有萬變，方貴因時，醫案不可全靠也。若司馬公當國，必改役法，是本無病而務改。方范忠宣、蘇文忠累諫不聽，其用心又不同，殆憤激而爲之矣。

又案：是年冬有三次乞罷相表。

二年乙巳，五十八歲。

差兼樞密院公事。公以英宗康復，累上章乞罷相位。上手詔不允。

秋七月，富公以疾求解政。初，太后之還政也，富公不知，大驚曰：「備位輔佐，此事韓公獨不能共之耶？」或以告公，公曰：「此事當時出太后意，安可顯言於衆？」富公不懌。至是，以足疾力求解政，遂以使相、鄭國判揚州，未幾徙汝州。《言行録》。

閔案：此事富公方執之過，韓公豈不契富公者，幾事之密，實有間不容髮者，須諒當局辦事者之難也。

十一月，充南郊大禮使。禮成，恩封魏國公。

懇求去位，不許。辭兼權樞密院，從之。並《家傳》。

三年丙午，五十九歲。

初，英宗即位，覃大慶於天下，群臣並進爵秩，恩澤徧及存亡，而宗室故諸王亦已加封贈，惟濮安懿王上所生父，中書以爲不可與諸王一例，乃奏請下有司議合行典禮。有旨宜候服除。治平二年四月，上既釋服，下兩制雜學士禮官詳議。翰林學士王珪等議，宜如本朝封贈尊屬故事，高官大國，極其尊榮而已。中書以爲贈官及改封大國，當降制行册命，而制册有式，制則當曰某親具官某可贈某官追封某國王，册則曰皇帝若曰咨爾某親某官某，今册命爾爲某官某王。而濮王於上父也，未審制册稱爲何親及名與不名。乃再下令議，而羣臣等請稱伯而不名，中書據《儀禮·喪服記》「爲人後爲其父母服」，又據《開寶禮》皆云「爲人後者爲其所生父齊斬不杖期，爲其後父斬衰三年」，是所後所生皆稱父母，而古今典禮皆無改稱皇伯之文，既非典禮，出於無稽，故未敢施行，乃再令詳議。未及集議，而皇太后以手書責中書不當議稱皇考。中書具對所以然，而上見皇太后手書，驚駭，遽降手詔罷議，而追崇之禮亦寢。後數日，禮官范鎮等堅請必行皇伯之議，其奏留中。已而臺官亦各有論列，上既以皇太后之故決意罷議，凡有言者，一切留中。言事者但乞早行皇伯之議，而中書以爲前世議禮，連年不決者甚多，此事體大，况人主謙抑，已罷不議，有何過舉，可以論列，於是置而不問。臺官羣至中書，揚言曰：「相公宜早了此事。」所言惟務激怒朝廷，無所忌憚，而肆爲誣罔，多引董宏、朱博等事，借指歐陽修爲首議之人，以肆醜詆。久之，中書商量，欲共定一酌中禮數行之，以息羣言。乃略草一事目進呈，乞依此降詔云：「濮安王乃朕本生親也。羣臣咸請封崇，而子無爵父之義，宜令中書門下以塋爲園，即園立廟，令王子孫歲時奉祠。」其禮止於如此而已，上覽之，略無難色，曰：「只如此極好，然須白過太后乃可行，且少待之。」一時漸近南郊，朝廷事多，遂未暇及。明年正月，臺議復作，中書再申前請，上謂白過太后便施行。是夕，忽遣內侍高居簡就曾公亮宅，降出太后手書云：「濮王許皇帝稱親。」又云：「濮王宜稱皇王，夫人宜稱后。」與中書所進詔草中事絕異，而稱皇稱后二事，上亦不曾先有宣諭，相顧愕然，遂同上殿。公前奏曰：「臣有一愚見，未知可否？」上曰：「如何？」公曰：「今太后手書三事，其稱親一事，可以奉行。而稱皇稱后，乞陛下辭免，別降手詔，止稱親。卻以臣等前所進呈詔草等事，便載於手詔行出。」上欣然曰：「甚好！」遂降手詔曰：「朕面奉皇太后慈旨，爲濮安懿王典禮久未施行，已降手書付中書。濮安懿王、譙國太夫人王氏、襄國太夫人韓氏、仙遊縣君任氏，令朕稱親，仍尊濮安懿王爲濮安懿皇，王氏、韓氏、任氏並稱后。朕以方承大統，懼德不勝稱親之禮，謹遵慈訓，追崇之典，豈易克當。且欲以塋爲園，增置吏卒守衛，即園爲廟，俾王子孫主奉祠事。皇太后諒茲誠懇，即賜允從。宜令中書門下依此施行。」時議論紛然，臺諫官皆已罷去。上慮中外不知詳悉，乃詔牓於朝堂曰：「朕近奉皇太后慈旨，濮安懿王令朕稱親，仍有追崇之命。朕惟漢史，宣帝本生父稱親，又曰親謚曰悼，裁置奉邑，皆應經義。既有典故，遂遵慈訓，而不敢當追崇之典。朕又以上承仁考宗廟社稷之重，義不得兼奉其私親，故但即園立廟，俾王子孫世襲濮國，自主祭祀。遠嫌有別，蓋欲爲萬世法，豈皆權宜之舉哉。而臺官呂誨等始者專執合稱皇伯、進封大國之議，朕以本生之親改稱皇伯，歷考前世，並無典據；進封大國，則又禮無加爵之道。向自罷議之後，誨等奏促不已，忿其未行，乃引漢哀帝去恭皇定陶之號，立廟京師，干亂正統之事，皆朝廷未嘗議及者，歷加誣詆，自比師丹，意欲動搖人情，衒惑衆聽。以至封還告敕，擅不赴臺，明繳留中之奏於中書，錄傳訕上之文於都下。暨手詔之出，誨等則以稱親立廟皆爲不當。朕覽誨等前疏，亦云生育之恩，禮宜追厚，俟祥禫既畢，然後講求典禮，褒崇本親。今反以稱親爲非，前後之言，自相牴牾。繼以堯俞等不顧義理，更相唱和，既撓權以示衆，復歸過以取名。朕姑務含容，屈於明憲，止命各以本官補外。尚慮搢紳之間，士民之衆，不詳本末，但惑傳聞，欲釋羣疑，理當申諭。宜令中書門下俾御史臺出牓朝堂，及進奏院徧牒告示，庶知朕意。」二詔皆公所自草也。《家傳》。

黃忠端公道周曰：魏公以濮安之典，與景仁諸賢執見同異，兩草詔書，榜示朝廷，意亦苦矣。宣光之議，誠不必稱，而宏博所條，亦乖事類。人倫規矩，各協其宜，曰情安理得而已。所後所生，非有二本之嫌；爲斬爲期，明有等殺之別。以所生而稱親，以所期而別祀，即益封隆爵，未爲不可。況因園立廟，何遽差池乎！天子議禮，不與衆爲隆汚，嗣統先明，非因時爲勝負。至使荃宰有難調之情，臺諫操必勝之勢，禮意寖微，難以義起矣。

閔案：是年夏，有三次乞罷相表。又災異待罪三表。冬又三次乞罷相表。又案：濮禮議定，呂誨等納還告敕，家居待罪，且言與輔臣理難兩立，乃出誨等。俄而諫官傅堯俞、御史趙鼎、趙瞻等上疏同貶。後知制誥韓維、司馬光上疏乞留誨等，不報，遂請與俱貶，亦不許。侍讀呂公著又爲言，上亦不聽，乞補外，乃出知蔡州。當時臺臣近於恣横，把持朝政，朋黨之咎，其能免乎？嗣是韓、歐亦遂不安於其位矣。

夏人寇大順，公議停歲賜，絶和市，遣使問罪。樞密使文彦博難之，或舉寶元、康定事，公曰：「諒祚，狂童也，非有元昊智計，而邊備過當時遠甚。亟詰之，必服。」既而諒祚上表謝，上顧公曰：「一如所料。」史傳。

初，英宗臥疾久。一日，公問起居退，神宗出寢門，憂形於色，顧公曰：「奈何？」公曰：「願大王早暮在上左右。」神宗曰：「此乃人子之職。」公曰：「非爲此也。」神宗感悟而去。英宗自感疾後不能語，凡處分事，皆書於紙。治平三年十二月，上疾漸革。二府問疾罷，公奏曰：「陛下久不視朝，中外憂惶，宜早建立太子，以安衆心。」上頷之。公請上親筆指揮，上乃批曰：「立大王爲皇太子。」公曰：「大王乃潁王也，煩聖躬更親書之。」英宗又批於後云：「大王，潁王也。」公曰：「欲乞只今晚宣學士降麻。」上頷之。公召御藥高居簡於前，授以御札曰：「適已得聖旨，令今晚宣學士依御〔札〕降制。」是晚鎖院，時神宗侍側，聞是命，辭於榻前者久之。制下，又設置東宮官屬，於是國本定矣。初，英宗既許建儲，處分畢，情色悽慘，欷歔涕下。文潞公退而語曰：「相公適見上面色否？人生至此，雖父子之間，亦不能不動。」公曰：「國事至此，無可奈何。」《家傳》。

四年丁未，六十歲。

正月，英宗升遐，神宗即位，充英宗山陵使。是月，拜守司空兼侍中。

一日，中書進呈罷，上獨留公，訪對久之，因語及英宗初即位服藥次第。上曰：「是時不易處，當日如何？」公對曰：「是時人情誠憂懼，然內則惟於太后前告以必不妨，外則急於皇子位差置官屬相繼，陛下自觀察使除使相，封郡王，奉朝請，立於允初之上，人心有所屬，內外遂安，英宗亦得安然服藥。」上斂容拱手曰：「此恩何敢忘！」公惶恐謝。它日，上謂公近有欲以二大國封濮王者如何，公曰：「不可。且先帝遵守典禮，不敢爵父，而陛下豈可爵祖？又當以何親稱之邪？此必黨濮議者欲求必勝，殊不顧上累陛下孝德，而措先帝於重不幸也。願深察之。」上欣然納焉。《家傳》。

御史中丞王陶，公待之素厚，自小官擢至侍從。陶自以東宮之舊，當亟踐二府，既而除爲中丞，不如所望，怨忿形於言，遂劾宰相不赴文德殿押班爲跋扈，公與次相曾公亮奏陳：「循例不赴押班，歲月已久，非始自臣等。」公請去，上爲黜陶。參《家傳》、史傳。

九月，英宗山陵復土。公還至鞏縣，即上章乞罷相。尋詔諸處無得受公章奏。公入對，面陳不已。時公意已決去，自此不復入中書視事，堅辭位，除鎮安、武勝軍節度使、司徒兼侍中，判相州，賜興道坊宅一區。鎮安、武勝兩軍節度使，公以兩鎮之命，本朝以來未嘗有此除授，力辭不敢。上初不允，而公章累上，制改淮南節度使。公未行，會种諤啓邊釁，朝廷以爲憂。

十一月，改差判永興軍兼陝府西路經略安撫使。公未辭，前請對曰：「陛下屢次宣諭以延州事宜，欲令臣西去，忠義感激，豈敢拒違聖意。然再思之，昨王陶斥臣強臣跋扈，又謂六卿分晉、三家弱魯之事，人臣豈可當此。今乃以陝西五路兵柄付臣，臣雖自顧無他，復有效陶語以相傾者，臣誅族奚憚，恐於國事有害。願更熟慮，未行，尚可改議。」上曰：「侍中猶未知朕，豈有是理耶？」《家傳》。

閔案：公所以再理陶語者，蓋以神宗處陶太寬，不加以誣罔大臣之罪，反改翰林學士。迨吳奎再痛劾，始黜知陳州。朝廷大臣肆詆如此，神宗不能察知小人心事，可概見矣。公此行逆慮神宗主持不力，與政府抗論處必多，故再理陶語，以毖後來，非沾沾與小人計較也。

公入境，檄諸路非主帥命舉兵者，軍法從事，自此各知紀律。

公至，則詔旨屢趣棄綏州，遷降人於內地。公言綏州未可棄，令折繼世統降人共保綏爲便。樞密院又降旨曰：「虜自來有邊上庸淺使臣及關中輕躁士人，扶挾种諤、薛向之謀，謂因此可遂前非。況朝廷豈與犬羊螻蟻計較尺寸之地，已令廢棄綏州，不計楊定之事，先後速如前詔施行。」公奏曰：「西賊誘害朝廷沿邊知軍、巡檢、朝臣，不接詔匣，其賀登極與賀正使人，亦更不來過界，則是不復顧藉和好。朝廷因而止住歲賜，令邊上常作用兵之計。既兩相隔絕，即彼此各擇地而求勝。朝廷今已納其降人嵬名山以下及諸首領幾及萬人，若盡撥在近裏城寨居止，不惟無地可處，兼逐首領亦未必肯與本族下人戶分作兩處，慮人情不安，或生他變。況見已有修就綏州城池，及綏州川內甚有膏腴空閑地土，若令降人等因而據之，各人知其生業久可存活，自然併力以捍諒祚，似合機會。今已納其降人，得城與地，而反自棄之，乃是先形自弱之勢也。況朝廷前降指揮，許以綏州城與降人住坐，亦是全朝廷信約，委是於國家邊計爲便，可以施行，非是聽用輕躁庸近、生事邀功之人淺妄之說，以救全向、諤之失也。願早賜可。」樞密院文彥博、呂公弼恥於中變，協謀決議廢棄，督促如初，公亦條陳不已。上乃遣入內押班王昭明賫手詔訪公存廢利害，公奏曰：「西人與朝廷隔絕後，欲降衆有地可居，而因以抗賊。既西人來告諒祚之哀，則邊事又有變易。朝廷必須許令復好，故乞留此綏城，只備數月之糧，差人防守。與商議時，易爲束縛，存得朝廷久遠事勢。今若以臣前議爲是，即乞責郭逵依此照管。如不繫議和利害，亦乞直行毀棄。」詔如公議不棄。《家傳》

閔案：綏州不可棄，利害易明也。文彥博、呂公弼非庸下者，乃意見之偏，而不虛心以聽公處分，外臣辦事之難如此。

又案：公處置邊事，奏議尙多。西夏願獻納綏州寨門及械送害楊定之人，皆公堅定不撓之力。文字繁多，不能悉錄。

神宗熙寧元年戊申，六十一歲。

七月，公以凡處置多爲執政沮難，不得如志，又邊事向安，乃以疾求罷。再四懇訴，詔復知相州。赴闕朝覲，上見公形容黧瘁，驚歎久之。上從容訪問政事，公言：「用人當辨邪正，爲治之本，莫先於此。」至相州數月，除判大名府，充河北四路安撫使，仍聽便宜從事。公再辭不許，遂之任。《家傳》。

二年己酉，六十二歲。

判大名。

三年庚戌，六十三歲。

乞罷河北四路安撫使，只充大名安撫使。累奏，詔從之。《家傳》。

時朝廷行青苗法，衆議非便。公慨然上疏，乞罷其法。文長不録。上始得公疏，意已大悟，且謂執政曰：「琦眞忠臣，雖在外，不忘王室。朕始謂可以利民，不意乃害民如此。」亟欲寢罷。王安石引疾在告，惟參政趙抃等對，上諭欲罷之意，抃乃曰：「此主於安石，乞更俟安石出議之。」安石既出，執之益堅，聞者惜之。《家傳》。

初法下，公曰：「琦，舊臣也，義不敢默。」及不聽，曉官屬亟奉行曰：「琦一郡守，其敢不如令。」參《行狀》、《續通鑑》。

四年辛亥，六十四歲。

上疏乞邢、相一郡。二月，改永興軍節度

使，判大名府。

五年壬子，六十五歲。

判大名府，再任滿，有三次乞郡表，中云：「今兹再任，實滿四年。多病不能，願效汲生之治；故鄉歸老，敢希疏傅之行。」

六年癸丑，六十六歲。

二月，移判相州。時議廟禮，公還判相州，聞元絳之議，歎曰：「此議足傳不朽矣。」元絳等言：「自古受命之主，既以功德享有天下，皆推其本統，以尊事其祖。商周以契稷爲始祖者，以其承契稷之本統也。使契稷自有本統承其後，而湯與文王又爲別子之後，則自當祖其別子，不當復以契稷爲祖矣。所以祖契稷者，非以有功與封國爲重輕也。諸儒適見契稷有功於唐虞之際，故以謂祖有功。若祖必有功，則夏后氏何以郊鯀乎？今太祖受命之初，立親廟自僖祖始。僖祖之上，世數既不可復得而知，然則以僖祖之爲始祖無疑矣。儻以謂僖祖不當比契稷爲始祖，是使天下之人不復知尊祖，而子孫得以有功加其祖考也。況欲毀其廟，遷其主而不祔於子孫之室，此豈所以稱祖宗尊祖之意哉。謂宜以僖祖爲始祖之廟。」而翰林學士韓維又言：「昔先王既有天下，迹基業之所由起，奉以爲太祖，所以推功美重本始也。太祖皇帝孝養仁聖，睿智神武，兵不血刃，坐清大亂，子孫遵業，萬世蒙澤，功德卓然，爲宋太祖無可議者。僖祖於太祖，高祖也。然仰迹功業，未見其所自；上尋世家，又不知其所以始。若以所事稷契奉之，竊恐於古無考，而於今亦有所未安也。」天章閣待制孫固言：「漢高帝之得天下，與商周異。故太上皇不得爲始封，而光武中興，不敢尊舂陵，而祖高帝。今國家據南面之尊，享四海九州之奉者，皆以太祖之功也。不當以僖祖替其祀。請以太祖爲始祖，而爲僖祖別立廟，如周人別祀姜嫄之禮。禘祫之日，奉祧主東面，以伸其尊。此韓愈所謂祖以孫尊、孫以祖屈之意也。乞特爲僖祖立室，置祧主其中，由太祖而下親盡迭毀之主，皆藏之僖祖之室。」（《續通鑑》）

閔案：治平四年九月，祧僖祖及文懿皇后，祔英宗神主於太廟，是未用元絳之議也。韓公故言外寄慨，迨熙寧六年正月，王荆公當國，始用元絳議而祧順祖，故王偁《東都事略》又慨不用韓維之議也。至南宋趙忠定當國，始改祧僖祖，朱子極非之。權衡衆議，當以近人錢氏大昕發明韓維之議爲至當，已錄於《朱子年譜》眉批，學者可取以參覈。

七年甲寅，六十七歲。

契丹使人來言，代北對境有侵地，請遣使分畫。上手詔問公計策，公奏略曰：「臣愚今爲陛下計，謂宜遣使報聘，優致禮幣，開示大信，達以至誠，具言朝廷向來興作，乃修備之常。與北朝通好之久，自古所無，豈有它意？恐爲諜者之誤耳。且疆土素定，當如舊界。請命邊吏退近者侵占之地，不可持此造端，欲隳祖宗累世之好，永敦信誓，兩絕嫌疑。望陛下將契丹前所疑之事，如將官之類，因而罷去，以釋虜疑。萬一聽服，則可以遷延歲月，陛下益養民愛力，選賢任能，疏遠姦諛，進用忠鯁，使天下悅服，邊備日嚴，塞下有餘粟，帑中有羨財，俟虜果有衰亂之形，然後一振威武，恢復舊疆，快忠義不平之心，雪祖宗累朝之憤。陛下功德赫然，如日照耀無窮矣。如其不服，決欲背約，則今河北諸州皆深溝高壘，足以自守。虜人果來入寇，所在之兵可以伺便驅逐，大帥持重，以全取勝。然自此彼來我往，一勝一負，兵家之常，不可前料，即未知何時復遂休息也。至於清野之法，則難盡行，蓋事宜之際，不可率一境之民，比戶將牛馬餱糧盡入城郭。至時或有往保山寨者，或有挈家渡河者，或有留人看守莊舍者，或有就近入居城郭者，當使人得自便，方保安全，固不可按圖先定，必令盡入城郭而居也。雖有嚴令，必不從也。在祖宗朝，屢經北虜之擾，鄉民避寇，率亦如此。願朝廷不須一一處置。」《家傳》。

判相州。是年秋，有三次乞致仕表，中云：「知足所以不辱，道家之至言；謝病何必待年，先儒之高論。」又云：「漏盡而行，免貽譏於識者；日入而息，庶同樂於耕民。」又云：「竄漳之疾，久已深根；游岱之魂，日將去幹。」此第三次表，極哀切。

八年乙卯，六十八歲。

夏，公有三次乞致仕表，未允。復改永興軍節度使，方力辭，而疾革矣。六月二十四日，薨於相州之正寢。前一夕，有大星隕於晝錦堂側，櫪馬皆驚，享年六十有八。

訃至京，上震悼，發哀苑中，哭之慟，輟朝三日，遣中使慰撫本家，凡典禮悉令按趙普故事施行，贈尙書令，配享英宗。廟廷謚曰忠獻。上又親製神道碑以賜之，碑額曰「兩朝顧命定策元勳之碑」，葬於相州安陽縣豐安村祖塋之西北原。令子若孫一人官於相，以護邱墓。

娶尙書工部侍郎崔公立之女，追封魏國夫人。子六：忠彥，官至左僕射、門下侍郎，封儀國公；端彥，右贊善大夫；良彥、純彥，徽猷閣直學士；粹彥，吏部侍郎，終龍圖閣學士；嘉彥，尙神宗女，拜駙馬都尉，終瀛海軍承宣使。

著有《二府（忠）〔奏〕議》五卷、《諫垣存稿》三卷、《陝西奏議》五十卷、《河北奏議》三十卷、《雜奏議》三十卷，又有《安陽集（類）》五十卷、《祭儀》一卷。徽宗追論公定策勳，贈魏郡王。參《家傳》、史傳。

閔案：《家傳》載公子六，其第三良彥早亡，故史傳止云子五。

公早有盛名，識量英偉，臨事喜慍不形於色。論者以厚重比周勃，政事比姚崇。其爲學士臨邊，年甫三十，天下已稱爲韓公。嘉祐、治平間，再決大策，以安社稷。當是時朝廷多故，公處危疑之際，知無不爲，或諫曰：「公所爲誠善，萬一蹉跌，豈惟身不自保，恐家無處所。」公曰：「是何言也！臣盡力事君，死生以之，至於成敗，天也，豈可預憂其不濟，遂輟不爲哉。」聞者愧服。

公天資樸忠，折節下士，無賤貴禮之如一。尤以獎拔人材爲急，儻公論所與，雖意所不悅，亦收用之，故得人爲多。選飭羣司，皆使奉循理法。其所建請，第顧義所在，無適莫心。在相位時，王安石有盛名，或以爲可用，公獨不然之。及守相陛辭，神宗曰：「卿去，誰可屬國者？王安石何如？」公曰：「安石爲翰林學士則有餘，處輔弼之地則不可。」上不答。在魏都久，遼使每過，移牒必書名，曰：「以韓公在此故也。」忠彥使遼，遼主問知其貌類父，即命工圖之，其見重於外國也如此。其鎭大名也，魏人爲立生祠，相人愛之如父母。有鬬訟者，相勸止曰勿撓吾侍中也。史傳。

公初罷相，上問孰可以爲執政者，公力薦韓絳忠直，有公輔之器，上遂用爲樞密副使。

蘇頌除修起居注，亦前日公爲上言之。

孫沔爲御史，以西事詆公甚力。後公爲宰相，沔以罪廢。會陝西用兵起，沔帥慶州，上諭之曰：「韓琦稱卿有邊帥才，故復用卿。」沔退而袖長書，俯伏謝罪，惶愧幾無所容。

李師中父緯昔爲陝西裨將，公方領經略之任。時緯與賊戰而兵敗，密詔公斬於退兵之地。公特申理，緯得不死，而猶重貶，人莫之知也。師中乃謂父貶因公；言西兵之敗，當先誅元帥。後緯知公嘗有言救己，每見公未嘗不泣下叙感。師中終以前日之訟自疑，後師中方坐事廢，公薦爲高陽關安撫使，以爲有才，委以方面，師中方大愧服。《家傳》。

閔案：《遺事》載師中事，有曰：「執政有請勿害師中者，公笑曰：『彼是時以子救父，豈可加罪。』人聞之咸服其公恕。」此條當互備。

公輕財好施，不計家中有無，賙人之急，惟恐不豐。或求之愈數，而意愈不倦。

俸祿之入，月未終而已竭，是以天下之士皆歸之。

天性清簡，圖畫、博奕、聲伎之娛，一無所好，獨觀書史，晝夜不倦。家藏圖籍萬卷，卷末皆題曰傳賢子孫。餘暇則喜書札，愛顏魯公書，加以遒逸，自成一家。觀公書，皆曰端重而剛勁，類乎為人。並《家傳》。

公惟務容，小人善惡黑白不大分，故小人忌之亦少。如范、富、歐、尹嘗欲分君子小人，故小人忌怨日至，朋黨亦起。方諸公斥逐，獨公安焉。後扶持諸公復起，皆公力也。《遺事》。

閔案：公嘗告神宗：「用人當辨邪正。」善惡黑白不大分，要活看，不形於外則可，中心卻須如鏡照物，處置羣材，乃不舛忤。後有一條云：「其實胸中不啻黑白得之矣。」

公為相，作《久旱喜雨》詩云：「須臾慰滿三農望，斂卻神功寂似無。」人謂此眞做出宰相事業也。在北門，重陽有詩云：「不羞老圃秋容淡，且看寒花晚節香。」公居常謂保初節易，保晚節難，故晚節事事尤著力。又作《喜雪》詩云：「危石蓋深鹽虎重，老枝擎重玉龍寒。」人謂公身雖在外，自任以天下之重如此。

公論近世宰相，獨許裴晉公，本朝惟師服王沂公。又云：「若晉公，點檢著亦有未是處。君子成人之美，不可言也。」不知公摘晉公何事？

公嘗謂：「大臣以李固、杜喬為本，其弊猶恐為胡廣、趙戒；以胡、趙自處，弊可知也。」此可見公出處大節。

公嘗謂：「處事不可有心，有心則不自然，

不自然則擾。太原風土喜習射，故民間有弓箭社。某在太原時，不禁亦不騷，故人情自得，亦可寓武備於其間。宋相繼政，頗著心處之，下令籍爲部，仍須用角弓，太原人貧，只用木弓矢。自此有賣牛置弓者，人始騷然矣。」

公嘗言：「眞廟配享，清議皆與沂公，不與申公，誠意不可欺如此。」又曰：「頃時丁、寇入朝，天下聞一善事，皆歸之萊公，未必盡出萊公也；聞一不善，皆歸之晉公，未必盡出晉公也。蓋天下之善惡爭歸焉，人之修身，蓋誠意不可不謹。」

公謂：「沂公爲相，論其事則無可數者，論其人則天下信之爲賢宰相，其品何如？」

石守道編《三朝聖政錄》，將上，一日求質於公，公指數事爲非。其一指太祖時嘗惑宮鬟視朝晏，羣臣有言，太祖悟，潛伺其酣寢刺殺之。公曰：「此不可爲萬世法，已溺之，乃惡其溺而殺之，彼何罪？使復有變，將不勝其殺矣。」遂去此等數事，守道服其清識。

或問：「君實、晦叔天下所屬望，他時入用何如？」公曰：「才偏規模小。」人有疑公待君子小人均以誠，往往爲小人所欺，奈何？公曰：「不然，亦觀其人如何，隨分數放之耳。豈可以爲小人，不待以誠耶？」皆嘆爲不可及。平日獎進人物極博，至心許者不過一二人，多見其與人長，忘人短，而用之太濫，其實胸中不啻黑白。

公云：「臨事若慮得是，當劄定脚做，更不移，成敗則任他，如此方可成務。」

公曰：「處去就之難者，不可猛而有迹。」

公嘗戒不可任性，當臨事有所裁處，方不失中道。

公謂：「小人不可求遠也。三家村亦有一家，當求其處之之理，知其爲小人，處之更不可校，校之則自小矣。」

公言：「始學行己，當如金玉，不受微塵之污。及其成德，有所受，亦有所不害者，不然無容矣。」並《遺事》。

公嘗曰：「内剛不可屈，而外能處之以和者，所濟多矣。」又曰：「君子當先處己於義，足而後委之命，可以無悔。」

公曰：「寡欲自事簡。」

孫和甫奉使虜中，過魏請教，公曰：「但勿以其爲夷狄而鄙之。」甚善。凡人語及其所不平者，則氣必動，色必變，辭必厲。惟公不然，便説到小人忘恩背義，欲傾己處，辭和氣平，如説尋常事也。

公曰：「某平生仗孤忠以進，每遇大事，即以死自處。幸而不死，事皆偶成，實天扶持之，非某所能也。」

公言：「希文、師魯皆畏沂公。師魯初入館編校，四年後欲得一差遣，自至中書，援錢延年例。沂公徐曰：『學士自待，何爲在錢延年等例耶？』師魯終身以爲愧。」

錢明逸久在禁林，不滿意，出爲秦州，常快快不事事。公聞之，語人曰：「己雖不足，獨不思所部十萬生靈耶？」

公起堂於北第池上，以效樂天，因名曰醉白堂。五月堂成，六月薨。公薨，士大夫恨勳德之難名也，皆嘆曰：「天何不留歐公，爲魏公作誌文而後死也。」並《（列）〔別〕錄》。

蘇文忠公軾祭公文曰：天生元聖，必作之配。有神司之，不約而會。既生堯舜，禹稷自至。仁宗龍飛，公舉進士。妙齡秀發，秉筆入侍。公於是時，仲舒、賈誼。方將登庸，盜起西夏。四方騷然，帝用不赦。授公鈇鉞，往督西旅。公於是時，方叔召虎。入贊兵政，出殿大邦。恩威並行，春雨秋霜。兵練民安，四夷屈降。公於是時，臨淮汾陽。帝在明堂，欲行王政。羣后奏功，罔底於成。召自北方，付之樞衡。公於是時，蕭、曹、魏、邴。二帝山陵，天下悸恟。呼吸之間，有雷有風。有存有亡，有兵有戎。公於是時，伊尹、周公。功成而退，三鎮偃息。天下嗷然，曷日而復。畢公在外，心在王室。房公且死，征遼是卹。嗚呼哀哉，六月甲寅，人之無祿，喪我宗臣。我有黎民，誰與教之！我有子孫，誰與保之！巍巍堂堂，甯復有之。公之天亡，我無日矣。慟哭涕流，何嗟及矣。昔我先子，沒於東京。公爲二詩，以祖其行。文追典誥，論極皇王。公言一出，孰敢改評。施及不肖，待以國士。非我自知，公實見謂。父子昆弟，並出公門。公不責報，我豈懷恩。惟此涕泣，實哀斯人。有肉在俎，有酒在樽。公歸在天，甯聞我言。嗚呼哀哉！

歐陽文忠公修《晝錦堂記》曰：仕宦而至將相，富貴而歸故鄉，此人情之所榮，而今昔之所同也。蓋士方窮時，困阨閭里，庸人孺子皆得易而侮之。若季子不禮於其嫂，買臣見棄於其妻，一旦高車駟馬，旗旄導前而騎卒擁後，夾道之人相與駢肩絫迹，瞻望咨嗟，而所謂庸夫愚婦者奔走駭汗，羞媿俯伏，以自悔罪於車塵馬足之間，而莫敢仰視。此一介之士得志於當時，而意氣之盛，昔人比之衣錦之榮者也。惟大丞相衛國公則不然。公相人也，世有令德，爲時名卿。自公少時，已擢高科，登顯仕，海內之士聞下風而望餘光者蓋亦有年矣。所謂將相而富貴，皆公所宜素有，非如窮阨之人僥幸得志於一時，出於庸夫愚婦之不意，以驚駭而夸耀之也。然則高牙大纛不足爲公榮，桓圭衮冕不足爲公貴，惟德被生民而功施社稷，勒之金石，播之聲詩，以耀後世而垂無窮，此公之志，而士亦以此望於公也，豈止夸一時而榮一鄉哉！公在至和中，嘗以武康之節，來治於相，乃作晝錦之堂於後圃。既又刻詩於石，以遺相人。其言以快恩讎、矜名譽爲可薄，蓋不以昔人之所夸者爲榮，而以爲戒。於此見公之視富貴爲如何，而其志豈易量哉！故能出入將相，勤勞王家，而夷險一節。至於臨大事，決大議，垂紳正笏，不動聲氣，而措天下於泰山之安，可謂社稷之臣矣。其豐功盛烈，所以銘彝鼎而被絃歌者，乃邦家之光，非閭里之榮也。余雖不獲登公之堂，幸嘗竊誦公之詩，樂公之志有成，而喜爲天下道也，於是乎書。尙書吏部侍郎、參知政事歐陽修記。

右《晝錦堂記》文，稱大丞相、衛國公。按：韓忠獻於皇祐中封南陽郡開國公，嘉祐中入相，進封儀國公。英宗嗣位，改衛國公，後又改魏國公。碑立於治平二年三月，猶稱衛國，則魏國之封，當在其後。《宰相表》於治

平元年閏五月已書魏國公者，誤也。此記俗本亦誤作魏，蓋後人不知忠獻嘗封衛公，而以意改之耳。（《潛研堂金石文跋尾》）

案：《晝錦堂記》，歐陽修撰。《文忠公集》與《宋文鑑》皆載此記，今取以互校，有不同者。「而莫敢仰視」，《歐集》無此五字，原注云「一有此五字」。「得志於當時」，《集》無「於」字，原注云「家本有於字」。「然則高牙大纛」，《集》亦作「大纛」，原注云「一作旆」。「不動聲氣」，《集》作「不作聲色」，原注云「一作氣」。此碑與《集》之不同也。「昔人比之衣錦之榮者也」，《文鑑》無「者」字。「僥幸得志於一時」，《文鑑》無「一」字。「蓋不以昔人之所夸者爲榮」，《文鑑》無「之」字。此碑與《文鑑》之不同也。

魏公以觀文殿學士拜武康軍節度使知幷州，久之求知相州。嘉祐元年，召爲三司使，未至，迎拜樞密使。記所謂公在至和中，嘗以武康之節來治於相，乃作晝錦之堂於後圃。計其時，當即在至和元年至嘉祐元年，即內召矣。其後以嘉祐六年閏八月遷昭文館大學士，監修國史，封儀國公，至嘉祐八年四月進封衛國公。歐公亦以嘉祐六年閏八月除參知政事，蓋同知政府兩年，始作此記。記後又兩年，相人始刻於石也。（《金石萃編》）

司馬文正公光《韓魏公祠堂記》曰：沒而祠之，禮也。由漢以來，牧守有惠政於民者，或爲之生祠。雖非先王之制，皆發於人之去思，亦不可廢也。然年時寖遠，人寖忘之。惟唐狄梁公爲魏州刺史，屬契丹寇河北，梁公省徹戰守之備，撫綏彫敝之民，民安而虜自退，魏人祠之，至今血食。熙寧初，河北水溢，地大震，官寺民居蕩覆者大半。詔以淮南節度使、司徒兼侍中韓魏公爲河北安撫使，判大名府兼北京留守。公既愛民如愛子，治民如治家，去其疾忘己之疾，閔其勞忘己之勞。未幾，居者以安，流者以還，饑者以充，乏者以足。群心既和，歲則屢豐。在魏五年，徙判相州。魏人思公而不得見也，相與立祠於熙寧禪院，塑公像而事之。後二年，公薨於相州。魏人聞之，爭奔走哭祠下，雲合而雷動，連日乃稍息。自是，每歲公生及違世之日，皆來致祠作佛事，未嘗少懈。噫！

公之德及一方，功施一時者，魏人固知之矣。至於德及海內，功施後世者，亦嘗知之乎？公爲宰相十年，當仁宗之末、英宗之初，朝廷多故，公臨大節，處危疑，苟利國家，知無不爲，若湍水之赴深壑，無所疑憚。或諫曰：「公所爲如是，誠善，萬一蹉跌，豈惟身不自保，恐家無處所，殆非明哲之所尚也。」公嘆曰：「此何言也！凡爲人臣者盡力以事君，死生以之，顧事之是非何如耳。至於成敗，天也。豈可豫憂其不成，遂輟不爲哉？」聞者愧服。其忠勇如此，故能光輔三后，大濟艱難，使中外之人餔啜嬉遊自若，曾無驚視傾聽竊語之警，坐置天下於太寧，公之力也。嗚呼！公與狄梁公皆有惠政於魏，故魏人祠之。然其爲遠近所尊慕，年時雖遠而不毀，非有大功於社稷，爲神祇所相佑，能如是乎？况梁公之功顯，天下皆知之。魏公之功隱，天下或未能盡知也。然則，魏公不又賢乎，宜其與梁公之祠并立於魏，享祀無窮。公薨後九年，魏人以狀抵西京，俾光爲記，將刻於石。竊惟梁公二記乃李邕、馮宿之文，光實何人，敢不自量！顧魏人之美意不可抑，又欲以其所未知者諗之，故不敢辭。

强祠部至《韓公考德集序》曰：熙寧八年六月甲寅，魏國忠獻韓公薨。訃聞，皇帝震悼，追榮送終，皆軼舊典。既葬，親爲製文，刻石以褒大之，所以哀寵之意甚厚。自朝廷三事大夫以及四方閭巷之士、婦人孺子，知公名，莫不歎息，相與感動顔色。而公所素厚者，則皆匍匐會哭於其堂。或不得往，則瞻望歔欷，寓使人以祭。將葬，又皆爲詩，以抒其哀。於是其孤戴上之施，且榮卿士大夫之能盡於公也，既類次上賜，録而爲集，又哀卿士大夫所爲文、詩，以屬公之故吏强某而序之。謹名其集曰《考德》，而言曰：宋興四世，仁宗以恭儉慈仁繼承於上，而公以碩德偉望感會於下，君臣一心，遂被顧託。建萬世之利，定二帝之策，而社稷以尊，人神有主。此其功業，與日月並明，與天地並久，雖前世顧命大臣載在册書、磊落駿偉者，不能過也。若夫結髮從事以暨白首，出入將相垂四十年，深謀達識，動中機會，忠厚樂易，人化其德，寬而有制，剛而無虐，小心大度，夷險一節，卒能佐佑三后，格於皇天，有勳於王，有功於國，有庸在民，此則前世顧命大臣有不能及也。至於功大而志愈虚，位高而身愈降，多財而愈貧，既老而愈壯，則又合於伊尹之不以寵利居成功，周公之不驕吝，孔子之年彌高而德彌劭，可謂有始有卒者也。公之德業，誄於太常，著在史官，金石有銘，旂常有紀，宜其暴耀震顯，傳於無窮。而某又以爲考德於斯集者，蓋公所最著者，固已溢於人之耳目。至於微言片善，雖一介之寡，有學士大夫終身弗能及者，而公則具有焉，然不可以一言盡也。是集作者非一人，述者非一辭，合而觀之，巨細悉備。後世窺公之全者，緜斯文以求之，不爲無補，則名曰「考德」，其有不可者乎？公之門人，多一時豪傑之士，而其孤乃獨以此屬於某，豈以某從公爲最久，識公行事爲最詳？而某亦貪於頌述功德，以稱公始終待遇之意，故輒忘其材之淺陋，言之樸鄙，以爲之序。

〔一〕此則原爲眉批，今移置於此。

〔二〕此則原爲眉批。

蘇舜欽年譜簡編

傅平驤
胡問濤 編

《南充師院學報》一九八六年一期

蘇舜欽（一〇〇八—一〇四八），字子美，開封（今屬河南）人，蘇易簡之孫。以父蔭入仕，調滎陽尉。景祐二年進士，歷知蒙城、長垣二縣，遷大理評事，授集賢校理、監進奏院。慶曆四年十一月，以賣廢紙錢爲祀神酒會，被誣爲「監主自盜」，罷官爲民。五年，南下蘇州，築滄浪亭以居。八年，復官爲湖州長史，未赴任，卒，年四十一。

舜欽慷慨有大志，以創作古文與革新詩風知名，極爲歐陽修推賞。其詩與梅堯臣齊名，號稱「蘇梅」。其文學創作活動大致以進奏院事件爲界，分爲前後兩期：前期與政壇風雲密切相關，文筆犀利，風格雄放；後期則寄情山水，思致深沉，風格沉鬱，也不乏恬適清新之作。所著《蘇學士集》十六卷，有康熙刊本、《四庫全書》本。事蹟見歐陽修《湖州長史蘇君墓志銘》（《歐陽文忠公集》卷三一）、《宋史》卷四四二本傳。

今人沈文倬編有《蘇舜欽年譜》，附於《蘇舜欽集》（中華書局一九六一年版）後，於譜主世系、事跡及所載文獻異同，多有辨正。本譜爲傅平驤、胡問濤編，係二人合作校注《蘇學士文集》的先期成果，《學報》發表時，已將時事、交游、詩文繫年部分删去，故爲蘇舜欽年譜之簡編。考述譜主籍貫、郡望、世系、仕歷、事跡等，於文獻記載錯漏及沈譜之誤，考訂辨析，相對簡明。本書所收，按全書體例作了個别改動。巴蜀書社一九九一年出版二人所著《蘇舜欽集編年校注》，較爲詳盡，可參考。

蘇舜欽，字子美。

〔宋〕歐陽修《湖州長史蘇君墓志銘》、〔宋〕曾鞏《隆平集·蘇舜欽小傳》、〔宋〕王稱《東都事略·蘇舜欽小傳》、〔元〕脱脱等《宋史·蘇舜欽傳》均言蘇舜欽字子美。蘇集《先公墓志銘》內自稱舜欽，與其兄蘇舜元幾首聯句詩下原注：「才翁、子美。」按舜欽之所以起名子美，係由於他對杜甫（子美）的崇敬。

宋開封（河南開封）人。

舜欽《先公墓志銘》：「蘇，鄴之附城，昆吾受封而姓出焉。其後周司寇忿生徙食河內，漢將軍建起杜陵，武葬武功，世遂名其籍。隋唐之際多偉人，六葉之內，四至大丞相，襲封邳、許。文憲公之曾孫傳素，廣明亂，以其孥遜蜀，生三子：撿、拯、振。孟還相唐；仲以策擢，官至容管經略使……季留爲銅山令，即我先公之高祖也。先公諱耆，字國老。曾祖寓，劍州司馬，夫人龔氏。大父協，中進士甲科，任陵州判官，孟氏朝京師，謫懷州司寇參軍，雍熙中召對，授光祿寺丞，知開封府兵曹事，累贈刑部侍郎。大王母薛氏，封河東郡太夫人。皇考易簡，太平興國中，首登進士第，才十年，遂參大政，贈太師尚書令，母崔氏，封廣平郡太夫人。」知舜欽之曾祖蘇協，已到開封做官，其祖易簡長期在京任職，其父蘇耆在大中祥符四年（一〇一一）出知烏程（浙江吴興）前，亦在京任大理評事，故歐陽修《蘇君墓志銘》云：「其上世居蜀，後徙開封，爲開封人。」舜欽《先公墓志銘》云：「扶衛我公之靈輿歸上都……葬於開封縣宰輔鄉中書村之先域。」《江寧府溧陽令蘇府君墓志銘》又云：「以寶元二年十月二十七日，歸葬開封縣宰輔鄉鳳池原先祖兆下。」《亡妻鄭氏墓志銘》亦云：「火其櫬於萬年棲鳳原，緘骨歸京師，以年月日從於先域。」言「歸」「歸葬」，稱開封縣宰輔鄉爲「先域」「先祖兆下」，均證其籍貫爲開封人。

祖籍綿州鹽泉（四川梓潼西）。

《宋史·蘇易簡傳》：「蘇易簡，字太簡，梓州銅山人。」易簡爲舜欽祖，故有舜欽祖籍梓州銅山（四川中江）之說。據《永樂大典》卷二四〇一模韻蘇易簡條下引《潼川志》云：「蘇易簡字太簡，本綿之鹽泉人。《國史》云銅山人。舊記云：『鹽泉舊隸潼川，後易以涪城，今隸綿州。』考《地理志》，唐武德三年析綿之魏城置鹽泉，大曆十二年以綿之涪城隸潼川，則鹽泉未嘗隸潼川也。國初貢士土著之令未嚴，就他郡貢者謂之寄應，蓋蘇中令之試禮部由梓州貢爾。今訪其遺迹，於銅山皆無之，而其上世墳墓宗族皆在鹽泉之蘇溪，得中令之父侍郎協所作祖《司馬墓碑》及中令孫湖州長史舜欽所述《父祖家傳》，乃知舊記之誤也。《司馬墓碑》略云：『上世宦于蜀，樂左綿山水奇秀，挈宗族居焉。』《家傳》略云：『司馬諱寓字適之，頲八代孫……父爲銅山令，終於官，貧不能歸葬長安，負骨族殯成都，筮仕於蜀……授劍州司馬，公杖策之官。劍州刺史貪黷，公數諫，刺史怒。公置手版於城而去，遍游名山，遇勝輒留，至左綿，尤喜其地物爽潤，遂葬親青溪，占籍鹽泉居焉。後公寢疾將終，謂協曰：蜀歷將謝，必歸火運主，汝亦不大耀於此。吾樂兹土，尤好青溪山林，况先塋在焉。我死當葬巨柏蔭下……遂以祔先兆。』」《永樂大典》同卷蘇協條下引《綿州志》又云：「協父寓，唐蘇頲孫，至左綿，喜其地物爽潤，遂迎父喪葬鹽泉之清溪，因家籍焉。子易簡、易直。」可見蘇寓之父蘇振雖令銅山，但未定居銅山，而蘇寓則葬親並定居於鹽泉。宋代鹽泉爲綿州（四川綿陽）之屬縣。綿州，涪水居其右，綿水居其左，故又有「左綿」之稱。杜甫之綿州詩《海棕行》云：「左綿公館清江濆，海棕一株高入雲。」左綿即指綿州。

郡望武功（陜西武功）。

舜欽《先公墓志銘》明言：「武葬武功，世遂名其籍」。其《祭滕子京文》又自稱「武功蘇某」。又（宋）王得臣《麈史》蘇泌條云：「武功蘇泌進之，子美子也。」所言「武功蘇某」云云，係指郡望而言。《永樂大典》卷二四〇一模韻蘇舜元條下引（宋）蔡襄《蘇才翁墓志銘》云：「才翁諱舜元，其先自漢典屬國武葬武功，其後周邳公、隋房公、唐許公、文憲四相，世居不遷。」周邳公、即蘇綽。隋房公，即蘇威。唐許公，即蘇瓌。文憲公，即蘇頲。史書均言「武功人」，或「京兆武功人」。舜元爲舜欽兄，故其郡望同爲武功。

周度支尚書蘇綽、隋尚書左仆射蘇威、唐許國公蘇瓌、唐文憲公蘇頲之後，蘇易簡之孫，蘇耆之子。

舜欽《先公墓志銘》所言「隋唐之際多

偉人，六葉之内，四至大丞相，襲封邳、許」，即指邳國公蘇威、許國公蘇環、蘇頲而言。《周書·蘇綽傳》：「蘇綽，字令綽，武功人，魏侍中則之九世孫也。……累官大行臺度支尚書，領著作，兼司農卿。隋開皇初，追封邳國公，邑二千戶。」《舊唐書·蘇瓌傳》「蘇瓌，字昌容，京兆武功人，隋尚書右僕射威曾孫也。祖夔，隋鴻臚卿。父亶，貞觀中台州刺史……景龍三年，轉尚書右僕射，同中書門下三品，進封許國公……瓌子頲，少有俊才……襲父爵許國公……開元四年，遷紫微侍郎，同紫微黄門平章事……謚曰文憲。」

今據舜欽《先公墓志銘》、《父祖家傳》等，列蘇氏世系表於下：

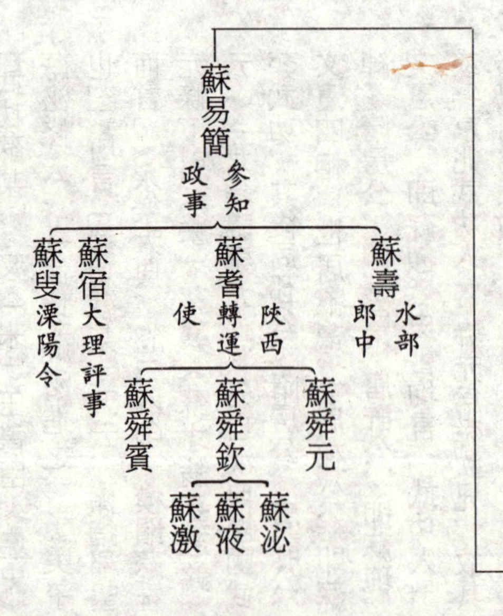

大中祥符元年戊申，一歲。

生於開封。

歐陽修《蘇君墓志銘》：「慶曆八年十二月某日，以疾卒於蘇州，享年四十有一。」以此推算，則其生年應爲大中祥符元年（一〇〇八）。曾鞏《蘇舜欽小傳》云：「用故紙錢祠神，召妓樂會賓客，除名。後二年，得湖州長史。卒，年四十。」曾文將其卒年提前一年，享年少算一歲。（宋）龔明之《中吳紀聞》卷一云：「卒年四十一。」（宋）魏泰《東軒筆錄》卷四云：「年四十餘，卒。」俱與歐陽修所言合。舜欽天聖七年（一〇二九）上《投匭疏》及《火疏》。《投匭疏》下夾注云：「時年二十二。」沈文倬撰《蘇舜欽年譜》定此疏爲天聖八年（一〇三〇）作，失考，天聖七年（一〇二九）舜欽恰二十二歲，夾注不誤。《火疏》下夾注云：「時年二十一。」一字當爲二字之誤。是年，其父蘇耆在京任大理評事。耆生於宋太宗雍熙四年（九八七），時年二十二歲（蘇舜欽《先公墓志銘》）。其兄蘇舜元生於宋眞宗景德三年（一〇〇六），比舜欽大兩歲（《蔡忠惠集》附傳）。

大中祥符四年辛亥，四歲。

其父由大理評事出知湖州烏程（浙江吳興）縣，隨父赴任。

舜欽《先公墓志銘》：「東封，轉大理評事，從祀汾陰，遷丞，賜緋衣銀魚。出知湖之烏程。」蘇耆出知湖之烏程當在是年。舜欽《亡妻鄭氏墓志銘》言當時官場習俗是「凡仕無留孥，所以典閫中」，故知舜欽隨母同父赴任。

大中祥符九年丙辰，九歲。

隨父返京。

舜欽《先公墓志銘》：「（蘇耆）出知湖之烏程，以文正公（王旦）當國，凡五載，未嘗求代遷……群牧制置使陳公堯叟薦充判官，改殿中丞。任終，知開封縣，……遷太常博士，三司戶部判官。……終（太夫人）喪，復除三司判官。」

自此蘇耆宦京十年，舜欽亦居京師十年。出入其舅王雍之家。

舜欽《兩浙路轉運使司封郎中王公墓表》：「予自幼出入公之家，接待公之起居，迄今逾三十年。」此文作於慶曆五年（一〇四五）九、十月間，「逾三十年」當爲是年。

天聖三年乙丑，十八歲。

蘇耆出知明州（浙江寧波），隨父赴任。

舜欽《先公墓志銘》：「終喪，復除三司判官。明年，轉尚書祠部員外郎，知明州。」又《重過句章郡》云：「曾隨使旆此東歸，日日登臨到落暉。疇昔侍行猶總角，如今重過合沾衣。」句章郡，即明州。總角，言尚未成年。《師黯以彭甘五子爲寄，因懷四明園中此果甚多，偶成長句以爲謝》又云：「憶向江東太守園，猗猗甘樹蔽前軒。」江東太守，指蘇耆。四明園，在明州。蘇耆出知明州時間不詳，姑臆定爲是年。

天聖六年戊辰，二十一歲。

蘇耆歸朝換度支（三司度支使），又隨父返居京師。

舜欽《先公墓志銘》：「郊慶，叙階升朝奉大夫，歸朝換度支，充長寧接伴使。既又判戶部案，召入考進士第。」按《宋史·仁宗紀》載：「天聖五年十一月辛亥，朝饗景靈宫。壬子，饗太廟。癸丑，祀天地於圜丘，大赦。賀皇太后於會慶殿。丁巳，恭謝玉淸昭應宫。十二月辛未，加恩百官。」知蘇耆歸朝應在是年春。

以父蔭，補太廟齋郎。

歐陽修《蘇君墓志銘》：「君少以父蔭，補太廟齋郎。」《宋史·蘇舜欽傳》：「初以父任補太廟齋郎。」以蘇耆歸朝，姑定爲是年。

與穆修等交游，在汴京文壇上嶄露頭角。

《宋史·蘇舜欽傳》：「當天聖中，學者爲文多病偶對，獨舜欽與河南穆修好爲古文、歌詩，一時豪俊多從之游。」《宋史·穆修傳》：「國初，柳開始爲古文，其後楊億、劉筠尙聲偶之辭，天下學者靡然從之。修於是時獨以古文稱，蘇舜欽兄弟多從之游。」

天聖七年己巳，二十二歲。

上《投匭疏》（夾注云「時年二十二」），論四制十一科「綱條未至」，提出補正之議。

詣登聞院獻《火疏》（夾注云：「時年二十一」，「一」字係「二」字之誤），諫不應修復玉淸昭應宫，杜重建之端。

調滎陽（河南滎陽）尉。

《宋史·蘇舜欽傳》：「初以父任補太廟齋郎，調滎陽尉。」又見於歐陽修《蘇君墓志銘》。

天聖八年庚午，二十三歲。

娶鄭氏。

舜欽《屯田郎滎陽鄭公墓志》：「公諱希甫，字源明……天聖五年夏五月十日，終於西伯里之私第……一女歸於舜欽。」又《亡妻鄭氏墓志銘》云：「蘇舜欽之妻滎陽鄭氏，其父屯田郎中諱希甫，母天水縣君趙氏。生十四年而天水夫人歿，又三年父喪，又三年歸於我。」據其父卒年推算，舜欽娶鄭氏在是年。

辭滎陽尉。

歐陽修《蘇君墓志銘》：「君少以父蔭，補太廟齋郎，調滎陽尉，非所好也，已而鎖其廳去。」

明道元年壬申，二十五歲。

蘇耆爲河東轉運使，隨父至治所上黨（山西長治）。

舜欽《先公墓志銘》：「出爲京西轉運使，賜三品服，就改兵部，又加直集賢院。逾年，移使河東。」舜欽過太行至上黨，有《太行道》、《對酒》詩爲證。《對酒》云：「丈夫少也不富貴，胡顏奔走乎塵世。予所已壯志未行，案上敦敦考文字。有時愁思不可掇，峥嵘腹中失和氣。侍官得來太行顛，太行美酒清如天。長歌忽發淚迸落，一飲一斗心浩然。」又有《哀穆先生文並序》爲證：「穆伯長以明道元年夏客死於淮西道中……初，先生死，梁堅自解以書走上黨遺予，欲訪其文，俾予集序之。」又《并州新修永濟橋記》篇末記有年月，爲明道元年十一月十六日。

景祐元年甲戌，二十七歲。

赴京應進士舉，三月登第（有《及第後與同年宴李丞相宅》記其事），授光祿寺主簿，知亳州蒙城（安徽蒙城）縣。

舜欽《亡妻鄭氏墓志銘》：「甲戌歲，予登第，授光祿主簿，知亳州蒙城，歸寧長安，是年冬十月，堂帖促之官。」時蘇耆已改任陝西轉運使，故有長安（陝西西安）省親之行。歐陽修《蘇君墓志銘》亦云：「舉進士第，改光祿寺主簿，知蒙城縣。」舜欽《上三司副使段公書》又云：「及終喪還都下，伯父至東管，首言道遇閣下，盛譚蒙邑之治……嘗能竄一巨豪，杖殺一黠吏，此外特庸庸所爲耳。」

景祐二年乙亥，二十八歲。

在蒙城僅兩月，去官奔父喪，三月至長安。

舜欽《先公墓志銘》：「遷工部郎中，籍田叙勛，至上柱國。移使陝西……景祐二年正月十有二日得疾，藥禱遍及而不逮，翌日夜漏下二刻終于位，春秋四十九。」又《上三司副使段公書》云：「偶奏賦上前，得及第，命宰以蒙，才兩月，以家難離官下，邑民遮道助嗥泣，又嘆息有若惜其去者。」《亡妻鄭氏墓志銘》亦云：「堂帖促之官，……纔兩月，皇天降禍，得先君之凶訃，即日衰絰與之西走。……三月十三日至于家。」

剛至長安，鄭氏病死。

舜欽《亡妻鄭氏墓志銘》：「得先君之凶訃，即日衰絰與之西走，晝夜奔號，登頓失食寢節。方妊，以馬駭墜地者三，傷左股焉。……三月十三日至于家，是暮產一子，疾起所傷，七日而逝，時景祐二年三月十六日也，哀哉！」

自後居喪長安，貸苑東田數頃，耕種自給。

舜欽《上三司副使段公書》：「及幽居長安，百口飢餓，遂假貸苑東之田數頃，躬耕其間，故播斂之早晚，塍畔之出入，質契之昏明，豪弱之交侵，訴訟之構，官司之辯，皆親嘗之。」

景祐三年丙子，二十九歲。

仍在長安守制，躬耕田畝。

舜欽《題杜子美別集後》中云：「景祐僑居長安」，末署「景祐三年十二月五日長安題」。

上《乞納諫書》，爲孔道輔、范仲淹傷呼屈，並要求宋仁宗追寢戒百官越職言事詔，指出是詔「不惟虧損朝廷大政，實亦自取覆亡之道」。

篇首署「五日二十八日」，乃景祐三年（一〇三六）五月二十八日。畢沅《續資治通鑑考異》云：「按，景祐元年舜欽登第，授光祿寺主簿，知蒙城縣。二年正月丁父憂，三年五月上此疏，居喪才一年後耳。冒喪論事，前賢固不以爲譏，何哉?」（見《續資治通鑒·宋紀》卷四〇）此疑舜欽居喪上書。考〔宋〕俞文豹《吹劍錄外集》云：「范文正公居母喪，上書言時政，南軒居父喪，奏疏邊事。」可見宋代士大夫居喪言事已屬常見，無庸懷疑。除《乞納諫書》外，舜欽還有《聞京尹范希文謫鄱陽，尹十二師魯以黨人貶郢中，歐陽九永叔移書責諫官不論救而謫夷陵令，因成此詩以寄且慰其遠邁也》。

整理杜詩，編成《老杜別集》。

舜欽《題杜子美別集後》：「景祐僑居長安，于王緯主簿處又獲一集。三本相從，復擇得八十餘首……今以所得，雜錄成一策，題曰《老杜別集》。」末署「景祐三年十二月五日長安題」。

景祐四年丁丑，三十歲。

終喪，回京候選。

舜欽《論五事》題下原注：「景祐四年五月七日閤門下。」景祐五年（一〇三八）正月十八日所作《詣匭疏》又云：「臣昨初到京師，聞河東地大震裂，涌水壞屋廬城堞，殺民畜幾十萬，歷旬不止。」可知四年舜欽已還汴京。

再娶杜氏。

歐陽修《蘇君墓志銘》：「君先娶鄭氏，後娶杜氏。」曾鞏《蘇舜欽小傳》：「杜衍愛其才，以女妻之。」按再娶之年，無明文可考。據《北宋經撫表》，杜衍于景祐四年十月知并州（山西太原），舜欽所寫《送杜密學赴并州》尚看不出連姻關係，而次年初所寫《上京兆杜公書》，已稱杜衍為「丈人」，則舜欽再娶杜氏當在是年底。

寶元元年戊寅，三十一歲。

正月，上《詣匭疏》，因河東地震而指斥弊政，謂宰臣王隨、石中立非輔相器。

《詣匭疏》題下自注「景祐五年」。是年十一月改元寶元，故史書稱是年為寶元元年。

四月，以光祿寺主簿知長垣（河南長垣）縣。

歐陽修《蘇君墓志銘》：「丁父憂，服除，知長垣縣。」舜欽《上三司副使段公書》：「及終喪還都下……去年夏初，又得京兆司錄孫甫所言如伯父。時始至此邑，鄙懷聳然……迄今逾年，吏民雖信，而當塗之稱道蔑聞焉。」終喪還都，謂景祐四年（一〇三七）。去年夏初始至此邑，謂寶元元年（一〇三八）四月知長垣縣。迄今逾年，謂寶元二年（一〇三九）尚在長垣任上。又《內園使連州刺史知代州劉公墓志》云：「以景祐五年八月某日，葬于雍丘縣百家村之先域，舉李夫人之櫬合祔焉。枉道出長垣，求志于舜欽。」此志亦舜欽是年夏秋之際寫于長垣任上。

寶元二年己卯，三十二歲。

十月，與兄弟葬其父。

舜欽《先公墓志銘》：「孤舜元等慟踴泣血，扶衛我公之靈輿歸上都，考龜筮得寶元二年十月二十七日之吉，葬于開封縣宰輔鄉中書村之先域。……子舜元，大理寺丞，知開封府咸平縣。舜欽，光祿主簿，知長垣縣。舜賓，光祿主簿，知太康縣。」

康定元年庚辰，三十三歲。

遷大理評事，監在京樓店務。

《宋史·蘇舜欽傳》：「知長垣縣，遷大理評事，監在京樓店務。」又見歐陽修《蘇君墓志銘》。舜欽《論宣借宅事》題下注云：「康定元年十一月二十一日。」知監樓店務在是年。據歐陽修《石曼卿墓表》載：「康定二年（即慶曆元年，十一月改元）二月四日以太子中允秘閣校理卒于京師。」舜欽《哭曼卿》云：「去年春雨開百花，與君相會歡無涯。高歌長吟插花飲，醉倒不去眠君家。今年慟哭來致奠，忍欲出送攀魂車。春暉照眼亦如昨，花已破蕾蘭生芽。」足證康定元年（一〇四〇）及慶曆元年（一〇四一）舜欽在京師。

慶曆元年辛巳，三十四歲。

夏奔母喪，東下會稽（浙江紹興）。

韓維《太原縣君墓志銘並序》：「季子舜賓出知會稽縣，迎夫人之官，未兩月，舜賓以疫卒，夫人感傷過性，亦不起。慶曆元年五月十六日也。」舜欽《歙州黟縣朱君墓志銘》：「沛國朱處仁（表臣）……宦于楚，予適越，遇表臣。」所謂適越，即指奔喪會稽。

秋，運棺北上。

舜欽《吳越大旱》詩：「吳越龍蛇年，大旱千里赤。」龍年即辰年，蛇年即巳年。詩中又云：「是時西羌賊，凶焰日熾劇。」西羌入侵始于景祐元年（一〇三四），故此龍蛇年只能是康定元年（一〇四〇）、慶曆元年（一〇四一），知舜欽「適越」正值吳越大旱。舜欽、舜元《淮上喜雨聯句》又云：「江淮經歲旱，春暮忽然雨。」可定此詩作于慶曆二年（一〇四二）春末。當是二人乘舟扶柩北上，因爲大旱水枯，船行甚慢，春末才到淮水。

慶曆二年壬午，三十五歲。

扶柩還京，殯而待葬，聚族寓居山陽（江蘇淮安）守制。

慶曆三年（一〇四三）舜欽所作《送韓三子華還家》：「前年奔大凶，況復墮手足。零丁旅山陽，逐熟聚衰族。」前年，謂慶曆元年（一〇四一）。奔大凶，指母喪。墮手足，言弟亡。逐熟，指趁豐年。疑因京師生活昂貴，舜元、舜欽乃因朱表臣宦于楚州山陽郡，遂「聚族」于山陽守孝。又慶曆四年（一〇四四）春，舜欽有「得告之山陽挈家」之行（《舟中感懷寄館中諸君》），將家眷自山陽接回京城，可知舜欽奔母喪後曾挈家寓居山陽。

慶曆三年癸未，三十六歲。

終喪，冬由山陽還京選官。

舜欽《上范公參政書》：「去年天子又采天下之議，召閤下入政府。……未及半年，時某自山陽還臺。……已而某又當閤下之薦。」范仲淹參知政事在慶曆三年（一〇四三）八月（見《續資治通鑑·宋紀》卷四五），書中言「未及半年，時某自山陽還臺」，知舜欽還京在本年冬。

以范仲淹之薦召試，授集賢校理，監進奏院。

《宋史·蘇舜欽傳》：「范仲淹薦其才，召試，爲集賢校理，監進奏院。」舜欽《上執政啓》云：「伏念某幼而向學，長則多憂，場屋十年，間關四舉，才叨科級，連被凶艱，血屬論亡，生理凋盡，僅存殘息，勉就小官。還臺之初，辱上公之薦，給筆以試，預道山之游。」道山，借喻人文薈萃之地，此指集賢院。范仲淹《乞召試前所舉館職王益柔章岷蘇舜欽等》云：「今所舉人內：殿中丞王益柔已有杜衍先曾舉奏。太常丞章岷，又有王堯臣、蔣堂舉奏。大理評事蘇舜欽，亦有王拱辰保奏。此三人並有清官舉薦，又見已到京，及待闕未赴任，欲乞降聖旨，便與一試。」試題爲《寶奎殿頌》。王應麟《困學紀聞》卷二十翁元圻注引周必大《跋蘇子美寶奎殿頌》曰：「舜欽此頌，是召試館職所作。」

慶曆四年甲申，三十七歲。

年初，賜告，還山陽挈家返京城。

舜欽《舟中感懷寄館中諸君》：「扁舟迎春色，東下淮楚鄉。側身風波地，回首英俊場。」題下夾注：「時得告之山陽挈家。」又《遷居》云：「前歲旅淮楚，去年還上都。……歲暮被重謫，狼狽來中吳。」此詩作于慶曆五年（一〇四五），「去年還上都」，即指此行。

五月，有《上范公參政書》，上《咨目七事》，極力主張改革弊政。

舜欽《上范公參政書》：「五月日，某頓首獻書于參政諫議閣下。」所提改革主張對慶曆新政有不可忽視的影響。歐陽修《蘇君墓志銘》：「官于京師，位雖卑，數上疏論朝廷大事，敢道人之所難言。」此亦指他在朝廷上一貫直言敢諫。

九月，奉母柩與其父合葬。

韓維《太原縣君墓志銘並序》：「以四年九月二日祔葬于集賢公之塋。」

十一月，以進奏院祀神宴會事，遭保守派誣陷，獲罪除名。

歐陽修《蘇君墓志銘》：「自元昊反，兵出無功，而天下殆于久安，尤困兵事。天子奮然用三四大臣，欲盡革衆弊以紓民。于是時范文正公與今富丞相多所設施，而小人不便。顧人主方信用，思有以撼動，未得其根。以君文正公之所薦，而宰相杜公婿也，乃以事中君，坐監進奏院祠神，奏用市故紙錢會客，爲自盜除名。君名重天下，所會客皆一時賢俊，悉坐貶逐，然後中君者喜曰：『吾一舉網盡之矣！』其後三四大臣繼罷去，天下事卒不復施爲。」舜欽《上集賢文相書》自云：「始者，御史府與杜少師、范南陽有語言之隙，其勢相軋，內不自平，遂煽造詭說，上惑天聽，全臺牆進，取必于君，逆施罔羅，預立機械，既起大獄，不關執政，使狡吏窮鞫，榜掠以求濫，事亦既無狀，遂用深文。此會常年醲萃，吏人燕集非類，某思之以爲非便，遂與同監院劉巽，出俸錢十緡，又于尋常公用賣故紙錢四五十索，相兼使用。此錢本由斥賣棄物，兩曾奏聞本院，自來支使，不繫諸處帳籍，如外郡貨賣雜物以充公用之類也。既以其祀神之餘，與館閣同舍，本局群吏，飲食共費之。推按甚明，具獄備在，無一物入己，而以監主自盜減死一等定刑。法司前後斷獄體例，及自有正條，並不引用。」此事《宋史·蘇舜欽傳》、《續資治通鑑·宋紀》卷四七及《東軒筆錄》卷四亦有記載。《梁谿漫志》卷八云：「蘇子美奏邸之獄，當時小人借此以傾杜祁公、范文正，同時貶逐者皆名士，姦人至有『一網打盡』之語。獨韓魏公、趙康靖論救之，而不能回也。其得罪在慶曆四年之十一月，時歐陽公按察河北，子美貽書自辨於公，詞極憤激，而集中不載，今錄於此，以補史所遺者云（文略）。」

慶曆五年乙酉，三十八歲。

曾去崔橋（河南太康）。

舜欽《答范資政書》：「某昨得罪後，都下沸騰未已，其謗皆出人情之外，而往往信而傳之，自念非遠引深潛，則不能快仇者之意。」因有崔橋之行。又《舟至崔橋，士人張生抱琴攜酒見訪》云：「余少在仕宦，接納多交游。失足落坑阱，所向逢戈矛。不圖田野間，佳士來傾投。」

又有潁川（河南許昌）之行。

舜欽《潁川留別王公輔》：「得罪身去國，犯寒挽孤舟。親友舍我去，乃獨與子游。」

春日乘舟東下，四月而至蘇州（江蘇蘇州）。

舜欽《離京後作》：「春風奈別何，一棹逐驚波。去國丹心折，流年白髮多。脱身離網罟，含笑入烟蘿。窮達皆常事，難忘對酒歌。」係去開封南下時作。又《答范資政書》云：「又以世居京師，墳墓親戚所在，四方茫然無所歸，始者意亦重去，不得已遂沿南河，且來吴中。……郡既至則有江山之勝，稻蟹之美，中假回車院以居之，親友分俸，伏臘似可給，豈敢更求贏餘，以足所欲。」《蘇州洞庭山水月禪院記》又云：「予乙酉歲夏四月，來居吴門。」吴門即指蘇州。

三次遷徙，築滄浪亭定居。

舜欽《遷居》：「前歲旅淮楚，去年還上都。上都一歲内，前後七徙居。歲暮被重謫，狼狽來中吴。中吴未半歲，三次遷里閭。」又《滄浪亭記》云：「予以罪廢無所歸，扁舟南游，旅于吴中，始僦舍以處，時盛夏蒸燠，土居皆褊狹……一日過郡學，東顧草樹郁然，崇阜廣水，不類乎城中，並水得微徑于雜花修竹之間，東趨數百步，有棄地，縱廣合五六十尋，三向皆水也，杠之南，其地益闊，旁無民居，左右皆林木相虧蔽，訪諸舊老，云錢氏有國，近戚孫承之池館也。坳隆勝勢，遺意尚存，予愛而徘徊，遂以錢四萬得之，構亭北碕，號滄浪焉。前竹後水，水之陽又竹，無窮極，澄川翠幹，光影會合于軒戶之間，尤與風月爲相宜。」

《吴郡圖經續記》卷下「滄浪亭」：「蘇子美滄浪亭在郡學東。子美既以事廢，乃南游吳中。……買地作亭，號曰滄浪，前竹後水，水之陽又竹無窮。諸公多爲之賦詩。子美嘗謂吳中『渚茶野醞，足以銷憂；蓴鱸稻蟹，足以適口；又多高僧隱君子，佛廟勝絕；家有園林，珍花奇石，曲池高臺，魚鳥留連，不覺日暮』，遂終此不去焉。」

秋，應知潤州（江蘇鎮江）李絢之邀，曾游潤州等地。

舜欽《奉酬公素學士見招之作》：「君方謫官鎮京口，我以重罪廢本朝。……秋風八月天地肅，千里明迥草木焦。……君方酒酣亦思我，奔墨紙上爲長謠。上言風物麗復壯，下述宴集樂且邀。意我羈愁正無賴，欲以此事相夸招。此篇筆絕墨未滲，我舟適到范老橋。」范老橋在潤州南。此行又有《晚出潤州東門》等作。

綴輯著述，治《易》，頗有所得。

舜欽《答范資政書》：「日甚閑曠，得以縱觀書策，及往時著述有未備者，皆得綴輯之。治《易》，頗有所得。」

慶曆六年丙戌，三十九歲。

日益讀書，詩書爲人爭傳。

歐陽修《蘇君墓志銘》：「君攜妻子居蘇州，買水石作滄浪亭，日益讀書，大涵肆于六經，而時發其憤悶于歌詩。至其所激，往往驚絕。又善行草書，皆可愛，故其雖短章醉墨，落筆爭爲人所傳。天下之士，聞其名而慕，見其所傳而喜，往揖其貌而竦聽其論而驚以服，久與其居而不能舍以去也。」

游覽山水，因有浙東之行。

舜欽作有《秀州城外九里有竹樹小橋，

予十八年前與友人解晦叔飲別于此，今過之，景物依然而解生已亡，悲嘆不足，復成小詩》。天聖六年（一〇二八），蘇舜欽經秀州（浙江嘉興）時曾與解晦叔飲別，十八年後正爲慶曆六年，故知是年又有浙東之行。

慶曆七年丁亥，四十歲。

曾應唐詢之約，往訪湖州（浙江吳興）。

〔宋〕張耒《明道雜志》：「唐詢彥猷守湖州，蘇舜欽往訪之。」所記之時間爲慶曆七年（一〇四七）。舜欽此行作有《和彥猷晚宴明月樓二首》。《古今圖書集成》卷九七二《湖州古蹟考》云：「明月樓在子城西南隅，唐貞元十三年建。」又有《游霅上何山》、《霅上》等作。霅上亦在湖州。

慶曆八年戊子，四十一歲。

向新相文彥博上書，希湔滌冤滯。

舜欽《上集賢文相書》：「閤下以英偉之量，押領魁柄，必以康濟民物，湔滌冤滯爲己任，故某不避冒瀆，以鋪此言。況某者，潛心策書，積有歲月，前古治亂之根本，當今文武之方略，粗通一二，亦能設施。」

復官爲湖州長史，未赴任。

歐陽修《蘇君墓志銘》：「居數年，復爲湖州長史。」《明道雜志》：「唐詢（彥猷）守湖州，蘇舜欽往訪之。湖有報本長老居簡，善相人，唐使相蘇，簡曰：『試使來院。』蘇他日過之，設食具榻，留之。至夜間，簡登蘇榻，若聽聲息者，蘇覺，乃診其臂，若切脈然。良久曰：『來得也曷。』（原注：吳人謂曷如速）更無他語。他日唐問之，亦以四言對。蘇將行，又過簡，問曰：『來得也曷，是何語也？』簡從容曰：『若得一州縣官肯起否？』蘇大不悅，因不復言。明年，蒙恩牽復爲湖州別駕，遂不赴官，無幾物故。」舜欽《上執政啓》云：「近者，被中宸之書，叨上佐之命，起于放廢，仍獲便安，是爲異恩，曷勝感惕！」係爲感激復官之命而作。

十二月，以疾卒于蘇州。

歐陽修《蘇君墓志銘》：「慶曆八年十二月某日，以疾卒于蘇州。享年四十有一。」《澠水燕談錄》卷七云：「蘇子美慶曆末謫居姑蘇，以詩自放。一日，觀魚滄浪亭，有詩云：『我嗟不及游魚樂，虛作人間半世人。』識者以爲不祥，未幾果卒，年四十一，士大夫嗟惜之。」

著有《蘇學士文集》。

歐陽修《蘇學士文集序》云：「予友蘇子美之亡後四年，始得其平生文章遺稿於太子太傅杜公（衍）之家，而集錄之以爲十卷。」又《與梅聖俞書》云：「近爲子美編成文集十五卷，凡述作中人可及者，已削去之，留其警絕者，尚得數百篇。」《郡齋讀書志》卷一九、《直齋書錄解題》卷一七並著錄蘇舜欽《滄浪集》十五卷，《宋史·藝文志》作《蘇舜欽集》十六卷。《四庫全書總目》卷一五二云：「《蘇學士集》十六卷，……修序稱十五卷，晁、陳二家目并同，而此本乃十六卷，則後人又有所續入。」

趙清獻公年譜

（清）羅以智 編

李文澤 校點

民國二十二年刊《趙清獻公集》卷首

趙抃（一〇〇八—一〇八四），字閲道，自號知非子，衢州西安（今浙江衢縣）人。景祐元年進士，歷武安軍節度推官，累任言職，彈劾不避權幸，有「鐵面御史」之稱。歷知睦州、虔州，四任蜀中，政尚簡易，尊禮師儒，有能聲。神宗時拜參知政事，與王安石政見不協，出知青、越、杭州。元豐七年卒，年七十七，謚清獻。

趙抃爲人和易温厚，現存文章以奏議爲多，往往關切時事，詩歌「諧婉多姿」（《四庫全書總目》卷一五二）。著有《南臺諫垣集》二卷、《清獻盡言集》二卷、《充御試官日記》一卷等，今存《趙清獻公文集》十卷，有明成化七年刊本、嘉靖四十一年刊本、《四庫全書》本等。事蹟見蘇軾《趙清獻公神道碑》（《蘇軾文集》卷三八）。

本譜爲清羅以智編，成於道光年間。前有自序，稱「取本傳及神道碑，參以他書所紀述，綴次公之事實」，譜其年月，又對譜主少好神仙術、晚學浮屠法之説，加以質疑。朱緒曾序也稱趙抃「一生學力在闢異端以扶聖教」，而疑集中《舍利塔銘》爲僞託。實則趙抃學佛，諸書多有記載，且亦一時習氣所致，不必爲諱。是譜又據《趙氏家譜》、文集，考述世系、親屬、詩文著述，且不盲從，對家譜、筆記所載取審慎態度，良爲可貴。至緊事而多不言出處，是其不足。今有南京圖書館藏丁氏八千卷樓抄校本。此次校點，依據民國年間刊《趙清獻公集》卷首所載年譜，題下原署「衡山九修譜增編」，則是舊譜之上，又有所增補。

趙清獻公年譜

衡山九修譜增編

序一

余丁酉攝篆太末，披其志乘，慨然慕徐忠壯、趙清獻之遺徽餘烈，賦詩以見志。忠壯著作無聞，清獻則有其祖叔靈《南陽集》及《清獻集》存。舊嘗一再讀之，然未及考核也。余旋以憂去官，思尋所謂高齋獨清堂者，不果往至，嚮往之意，無日忘之。庚子復出，武林羅君鏡泉以《清獻年譜》示余，余矍然曰：「是先得我心也。」羅君之譜詳矣。余無可以言，獨是清獻一生學力在闢異端以扶聖教，集中奏乞禁斷李清等夜聚誦佛，斥逐燒煉兵士董吉，勘斷道士王守和惑衆，停罷修造寺院，改妙因院爲表忠觀。周紫芝《太倉稊米集》載青城山道士張龕者，出懷中祕書以授清獻趙公曰：「讀此書，則黄金可成。」公笑而不答，命取火焚之。皆爲不惑於釋老之明證。偶與海印浄思唱和，蓋浮屠中稍聰明者開以逃墨之機。而《傳燈録》誣公爲蔣山僧泉弟子。吁，是何言歟！韓昌黎諫迎佛骨，緇徒文致其大顛之拜；李贊皇沙汰僧寺，髡衆僞撰其潤州文。今《清獻集》中雜文如《舍利塔銘》，斷爲依託，編葺者誤收之。孟子曰：「能言距楊墨者，聖人之徒也。」清心寡欲乃吾道求仁之方，何有於釋老哉！清獻當以爲知言，羅君亦必與余合也。因書以弁簡端。道光庚子秋九月，金陵朱緒曾述之甫序。

序二

趙清獻公爲有宋一代名臣，其名德在人耳目，則孝友之性、鯁直之風、清介之節，莫不知而敬慕之，奚俟瑣述夫出處歲月爲美談耶？然唐宋名賢詩文集各有年譜，其體昉於宋人，俾敬慕者因以知其人而論其世，而《清獻集》闕如焉。頃讀公集，取本傳及神道碑，參以他書所紀述，綴次公之事實，譜其年月。論者或疑公少好神仙術，晚歲又學浮屠法。觀公在臺省時，既奏停罷修造寺院宫觀，復奏斥逐燒煉兵士董吉，公之學道清心，於公亦安有間然者？矧如公之忠君愛民、持己接物，秉於誠臻於純，可謂以古大人之道自任者矣。叙年譜既成，詎敢編入公集，披覽間起敬起慕，人人有同心也。道光十有九年歲次己亥嘉平之月望前一日，錢唐羅以智識於三衢客館。

宋真宗大中祥符元年戊申，公生。

公諱抃，字閱道。衢州西安人。祖貫越州，五代時，其先自京兆徙越中，公之祖始家於衢。祖諱湘字叔靈，淳化三年進士，廬州廬江尉，贈司徒。父諱亞才，廣州南海主簿，贈開府儀同三司，封榮國公。母徐氏，贈彭城郡太君，進魏國太夫人；繼徐氏，贈天水郡太君，進越國太夫人，并陝西提點刑獄尚書屯田郎中泌之女。公魏國所生也。

按：公集《徐夫人墓表》（為）〔謂〕天水郡太君於夫人爲妹。夫人治平三年卒，年六十八。時公年已五十九矣。

公兄弟六人，行第四。

《趙氏譜》：兄弟七人，公本行三。有偈云：「時人要識高齋老，只是柯村趙四郎。」長兄振早故無後，公少育於長兄，官臺諫後奏乞贈振大理評事。三兄拯本行二。官松溪尉。五弟抖本行四。官神泉監。六弟抗本行五。道號竹林翁，官司戶。六弟援、十二弟揚本行七。官湖北轉運使。

是年冬，公始生。月日不可考。

公生日詩有「夜來〔飛〕雪滿羣山」之句。公後裔以春三月某日祀公，爲公誕辰。按詩語，應生在冬月，非三月也。

二年己酉，二歲。

三年庚戌，三歲。

四年辛亥，四歲。

五年壬子，五歲。

六年癸丑，六歲。

七年甲寅，七歲。

八年乙卯，八歲。

九年丙辰，九歲。

天禧元年丁巳，十歲。

二年戊午，十一歲。

三年己未，十二歲。

四年庚申，十三歲。

五年辛酉，十四歲。

乾興元年壬戌，十五歲。

仁宗天聖元年癸亥，十六歲。

公少孤，丁榮國公艱。未詳何時，當在是年前後。

案：公《喜十二弟揚登第》詩云：「景祐初余唱第歸，入門逢爾正兒嬉。」揚爲繼弟，逆計至是年十二歲。是年越國之齒亦僅二十餘，公喪魏國，其年歲不可考矣。

二年甲子，十七歲。

三年乙丑，十八歲。

四年丙寅，十九歲。

五年丁卯，二十歲。

讀書沙灣。未詳何時，姑繫之是年。

六年戊辰，二十一歲。

教授生徒於開化余仁合家，又嘗讀書開化縣東開原鄉招福院之萃清閣。未詳何時，姑繫之是年。

七年己巳，二十二歲。

八年庚午，二十三歲。

九年辛未，二十四歲。

明道元年壬申，二十五歲。

館於鄉之户家陳氏。未詳何時，姑繫之是年。

二年癸酉，二十六歲。

舉鄉薦寓城北餘慶院，結課，芝草生書牖，公題句云：「靈芝如可採，仙桂不難攀。」明年春果登第。

景祐元年甲戌，二十七歲。

登張唐卿榜進士第，翰林學士章得象等五

人權知貢舉，殿試《房心爲明堂賦》。

公之初入京赴試也，每經場務，同行者皆欲隱稅過，公獨不可。

二年乙亥，二十八歲。

爲武安軍節度推官。武安軍治潭州。公知青州時《送十二弟揚倅潭州》詩云：「我憶初筵湖外日，于今三十八年間。無緣再得遊潭府，有夢還應到嶽山。」

民有僞造印者，赦前不用，赦後不造，公以疑讞之免死，一府皆服。

長子屼生。

三年丙子，二十九歲。

春，舉監潭州糧料院。潭州隸荆湖南路。

四年丁丑，三十歲。

在潭州任。

寶元元年戊寅，三十一歲。

以著作郎知崇安縣。崇安隸福建路建州，後升建寧府。

二年己卯，三十二歲。

在崇安任。

康定元年庚辰，三十三歲。

在崇安任。邑舊多水，公作石隄障之，又於城中穿爲溝渠，民賴其利。結吏隱亭於武夷三曲金雞洞下，公時嘯詠其間，沿溪種梅，復種梅於縣堂之後。後人思之，稱爲清獻梅。

慶曆元年辛巳，三十四歲。

以祕書丞通判宜州。宜州隸廣南西路，後升慶遠府。集諸生講學香山梵宇。

二年壬午，三十五歲。

在宜州任。

三年癸未，三十六歲。

丁越國艱，扶柩歸葬於盈州鄉。

四年甲申，三十七歲。

居越國喪，與弟拊等廬於墓。明年秋，縣令過勗，榜其居曰「孝弟里」。後處士孫侔爲作《趙孝子傳》。侔初名處。事母至孝，母病革後不求仕進。

五年乙酉，三十八歲。

以承奉郎守祕書丞，起知海陵縣。前任爲同年董儀。海陵隸淮南東路泰州。

六年丙戌，三十九歲。

在海陵任。

七年丁亥，四十歲。

在海陵任。

三兄拯任松溪尉。未詳何時，當在是年前後。松溪隸福建路建州。公憶之有詩云：「憶別揚州六月中，倏今三已換春冬[一]。」

八年戊子，四十一歲。

公年四十餘，屏去聲色，居常蔬食，容心宗教。公之自甘淡泊本於性，成其學。博涉釋老，不足爲公累，亦不必爲公諱。公固非惑溺於二氏者也。《傳燈録》因以公爲蔣山泉禪師法嗣，殆不可信。知如皋縣。本傳、《神道碑》俱不載，見《如皋縣志》。如皋隸淮南東路泰州。

皇祐元年己丑，四十二歲。

以太常博士移知江原縣。江原隸成都府路蜀州，後升崇慶府。

冬赴蜀，過鸚鵡州，有《憶信安五弟拊》詩云：「兄在松溪我荆楚，別懷三處一欷歔。」時抗、揚兩弟同行，故不言及。公集中多寄懷兄弟及唱和之作，讀公詩，孝弟之心油然生矣。

臘月二十四日，舟中逢立春。有詩云：「海上去年賓燕樂，江頭今歲客心淸。」

除夜泊臨江縣。臨（州）〔江〕隸夔州路忠州，後升咸淳府。有《言懷》詩云：「未報君恩踰四十，青春還是一番增。」

二年庚寅，四十三歲。

在江原任。有《示江源諸生勸學》詩。

夏，讞獄唐安。唐安，唐縣名，宋爲蜀州新津縣[二]。九日，登龍山。

十一月，有《與六弟抗十二弟揚引流聯句》詩。

三年辛卯，四十四歲。

知青城縣。本傳、《神道碑》具不載，見《孔氏談苑》。朱子、洪邁並謂是書於清獻而下多有詆毀，恐是僞託，未可信，姑於是年繫之。青城隸成都府路永康軍。

四年壬辰，四十五歲。

以屯田員外郎通判泗州。未詳何時，當在是年前後。泗州隸淮南東路。泗州守昏不視事，監司欲罷遣之。公左右其政，守得以善去。

濠州守以廩賜不如法，士卒謀爲變。轉運使徙公治濠，濠以無事。濠州隸淮南西路。

五年癸巳，四十六歲。

在泗州任。

至和元年甲午，四十七歲。

九月，擢守殿中侍御史，舉屯田員外郎方任自代。

按：《通鑑綱目》於至和二年夏四月書「以趙某爲殿中侍御史」，《長編》在元年九月。公之初授臺諫，爲翰林學士曾公亮所薦。元年九月，公亮出知鄭州。公《和范御史見贈》詩云：「至和改元秋九月，詔書曉落長淮濱。孤貧自省預長省[三]，無意顧藉家與身。」參考公奏論楊察、劉沆並元年事，故從《長編》。

公四任臺諫，劾奏不避權貴，人目爲「鐵面御史」。有《南臺諫垣稿》二卷。首進疏論邪正君子小人。奏辨楊察罷三司使。

察爲公同年。劉沆監護溫成皇后葬事，既拜相，領職如故，奏罷之。

十月，奏乞勘斷道士守和授徒惑衆。奏乞减省益州路民間科買。

十二月，奏乞牽復陸經舊職。奏乞復邵必、吳充、鞠眞卿、吳中復、馬遵、呂景初、刁約、馮京諸人職，從之。

二年乙未，四十八歲。

正月，疏論災異，乞擇相。

二月，奏乞禁斷李清等經社。

四月，奏論久旱乞行雩祀。

六月，與孫抃等論罷宰相陳執中。公自上年十二月劾奏執中，至是章十二上。

奏留歐陽修、賈黯，從之。

上年九月，王拱辰報使契丹還，爲宣徽使。公奏王拱辰平日所爲及奉使不法事，章累上，至是年七月命遂寢。與范師道等奏罷內臣閻士良帶御器械。

八月，奏罷內臣修築汴隄。

九月，奏乞議定職守，除宣徽節度二使。

十月，奏論言事御史俞希孟憸邪，別差遣，從之。

十一月，奏論樞密使王德用不稱職，章累上。明年十一月遂罷之。

十二月，奏乞停罷修造寺院宮觀。

嘉祐元年丙申，四十九歲。

閏三月，奏論減省奏薦子孫親戚恩澤，從之。

與張昪等奏論李淑再除翰林學士(四)，章累上。四月命遂寢。奏論商胡復決，貶黜條河司李仲昌、張懷恩等。

六月，與文彦博、富弼、韓琦、司馬光、歐陽修、包拯、范鎮、呂誨等先後上疏請建儲，不聽。全臺自五月同奏，屢乞臺諫官依例上殿，七月始詔從之。奏留國子監直講胡瑗。

八月，范鎮充知雜御史，公連上章乞避之。公之劾陳執中也，鎮知諫院，獨救之，并論公以陰事妄加人以死罪，請下詔斬之。後熙甯初，鎮與時論不合，求致仕，王安石數毀之。上以問公，公以忠臣對，且謂安石曰：「不敢以私害公。」或曰：「彼嘗不欲斬公者耶？」公曰：「吾方論國事，何暇恤私怨！」聞者尤歎服云。

九月，出知睦州。睦洲隸兩浙路，改嚴州，又升建德府。與范御史師道同舟唱和。時師道出知常州。常州隸兩浙路。

初，劉沆請行御史遷次之格，滿二歲者與知州，會公與師道歲滿求外郡，沆引格出之。中丞張昇上疏極言，沆遂免請，留公及師道，不報。

過濠州，有詩云：「濠州舊風物，愚昔此承乏。」

過家上冢。

二年丁酉，五十歲。

正月二十四日，到睦州任。有《勉郡學諸生》詩。建賞春亭於郡治。奏蠲無籍民地茶稅，從之。移文於杭，罷爲市羊。

奏舉壽昌令鄭諤、分水令江震、建德令周演、巡茶鹽董詔、監酒務白昭明、兵馬都監魏寅、團練推官姚甫、司理參軍連希元、司法參軍朱伯玉諸人。

十二弟揚登章衡榜進士第，翰林學士歐陽修權知貢舉。調魚臺（殿）〔尉〕。魚臺隸京東西路單州。

三年戊戌，五十一歲。

移充梓州路轉運使。寄家甬上，單行入蜀。

七月十七日到梓州任。梓州隸潼川府路，後

升潼川府。

四年己亥，五十二歲。

在益州任。

十月，長子屼以祫享恩授太廟齋郎。

五年庚子，五十三歲。

公在蜀，窮鄉小邑行部無不至。身帥以儉，不從者請以違制罪之，蜀風爲之變。

八月，召爲右司諫，舉尚書度支員外郎蘇寀自代。

十月，奏舉邱與權充國子監直講。與唐介、王陶奏乞斥逐燒煉兵士董吉。與呂誨等奏論樞密使宋庠，章累上，十一月遂免之。奏乞追奪鄭勘所授京官。

六年辛丑，五十四歲。

奏乞減舉人年限俾廷試。充試官，著有《日記》。奏乞罷天下均稅。奏乞留王陶在院供職。

上年十一月，陳升之〔除〕副樞密。公與唐介、呂誨、范師道、王陶交章論升之姦邪，交結宦官。公章二十餘上，不省，居家待罪。詔強起之，乃乞補外。

四月，升之去位，公亦出知虔州。虔州隸江南西路〔五〕，後贛州。仍與范龍圖師道同行，有詩云：「昔如李郭去登仙，今復東行並客船。」時師道出知福州。福州隸福建路。

八月，過家上冢，有《言懷》詩云：「東吳鄉便君恩重，理棹重來始四年。」

十一月十三日，到虔州任。入學聽講，與錢著作顗唱和。時顗任贛縣。贛縣隸虔州。

七年壬寅，五十五歲。

公治虔，御民簡易，嚴而不苛，修改鹽法，疏鑿贛石，民賴其利。召戒諸縣，使人自爲治。令喜，爭爲盡力，獄以屢空。嶺外仕宦有歿而不能歸者，造舟百艘以濟之。

六月二十三日，郡治西北野景亭舊址改建章貢臺成，爲之記。時與朋僚遊讌鬱孤臺。

時與州倅同年何都官若谷唱和。時與通判周國博敦頤唱和。任滿赴闕，餞別香林寺。國博初爲合州判官，時公爲部使者，人或讒國博，公臨之甚威，而國博處之超然，公疑終不釋。至是熟視國博所爲，執其手歎曰：「幾失君矣！今日乃知周茂叔也。」薦之於朝，論之於士大夫終其身。合州隸潼川府路〔六〕。

七月，被詔還臺，以禮部員外郎兼侍御史知雜事。時王安石當制。

將至太和，有《寄蔡太傅仲（俺）〔偃〕》詩云：「邇來被旨還神京，乘秋擊棹煙波行。」太和隸江南東路吉州。

是年，十二弟揚任臨眞縣。臨真隸陝西路延州，後升延安府。

八年癸卯，五十六歲。

春，改度支副使。

英宗即位。四月，韓贄等奉使告即位于契丹，公與焉。還未至，進天章閣待制，爲河北都轉運使。强至《祠部集》有《代都運趙待制謝上表》，又《代趙閱道待制謝中書樞密三相公啓》，即公轉運河北時。

長子屼登許將榜進士第，又翰林學士范鎮知貢舉。調憲州司理參軍，留侍，不之官。憲州隸河東路。

長孫霖生。

英宗治平元年甲辰，五十七歲。

在河北任。按視府庫，使相賈昌朝判大名，不悅公往視之。

四月，奏寬官吏坐募義勇不足者得免罪，

募亦隨足。

二年乙巳，五十八歲。

春，加龍圖閣直學士，以吏部員外郎知成都。前任爲韓端明絳，倅爲同年盧郎中

夏，公舉文同自代，時同以漢州倅攝邛州守。成都本益州，嘉祐五年復爲府。漢州、邛州並隸成都府路。度關，有「十年三出劍門關」之句。劍門隸利州路劍州，後升隆慶府。

四月到成都任。公前使蜀時，言蜀人有聚爲妖祀者，宜峻法以繩之。及是復此獄，衆懼不免，公察其無他，曰：「特酒食過耳。」刑其爲首者，餘釋去，蜀人歎服。英宗知公爲蜀政大治，諭轉運使榮諲曰：「中和之盛也。」

五月十三日，長子屼卒於洛陽之官舍，新授將仕郎知於潛縣，假監西京糧料〔言〕〔院〕。於潛隸兩浙路杭州。

秋，按獄眉山。眉山隸眉州縣。

三年丙午，五十九歲。

在成都任。有《勸成都府學諸生》詩。公所至崇學校，禮師儒，治虔與成都，世尤稱道之。

公於是年聞雷得道，自號知非子，有《聞雷可喜》詩。公之學得力在慎獨，每夜靜焚香庭，具言自晨興至夕，凡與人言及於奏事與其所爲事，諄諄以告諸天。又嘗掛父母畫像於臥床中，以自監。《北（所）窗炙輠録》謂公無欺暗室事者，信然，則聞雷得道，要豈二氏之道歟！

四年丁未，六十歲。

神宗即位，以龍圖閣學士召知諫院，曰：「賴其言耳。」公還京師，道過壽昌，聞進士周大雅喪親廬墓，有羣鳥馴其旁，爲請于朝，旌以束帛。

六月，公入謝，奏陳十事：任道德，揀輔

弼，别邪正，去侈心，信號令，平賞罰，謹幾密，備不虞，勿數赦，容諫諍。又論五費：宫室，官濫，兵冗，土妖，木災。上嘉納之。

奏乞復呂誨、傅堯俞、范純仁、呂大防、趙瞻、趙鼎、馬默諸人職，從之。奏論同簽書樞密院事郭逵，罷之。

七月，任尚書戶部右司郎中，同刑部郎中陳薦詳定中外政事。

九月，遷右諫議大夫，與張方平十月即丁憂。並除參知政事。時鄭獬直舍人院，一夕召對內東門，命草吴奎知青州及張方平與公參知政事三制，賜雙燭送歸院。

趙少師槩同在政府，嘉祐元年三月參知政事，熙甯元年正月罷。槩年長於公，人目槩爲大趙參政，公爲小趙參政。

與曾公亮、嘉祐六年閏八月同平章事，熙寧三年九月罷。富弼、熙寧二年二月尚書左僕射兼門下侍郎、同平章事，十月罷。唐介熙甯元年正月參知政事，二年四月卒。同心輔政。同日，呂公弼樞密使，三年七月罷侍。韓絳、三年四月參知政事。邵亢元年十二月罷。樞密副使。面議有不盡者，公輒密啓聞，上手詔嘉之曰：「卿政事之餘，能時以經義啓沃。苟非博達治理、誠節內固，何以臻此？指意汎遠，罔究所謂，藥非瞑眩，厥疾弗瘳。宜不憚煩，悉陳覼縷。」

神宗熙寧元年戊申，六十一歲。

在政府。

二年己酉，六十二歲。

在政府。二月，王安石參知政事，王安石亦爲曾公亮所薦。獨用事，視廟堂如無人。因爭新法，怒目同列曰：「公輩坐不讀書耳。」公折之曰：「君失言矣。如臯陶、稷、契之時，有何書可讀耶？」安石默然。每與議論多不協。安石更張政事，公屢言其不便。

三年庚戌，六十三歲。

三月，奏乞罷制置條例司及諸路提舉官。時安石自上年閏十一月行青苗法，臺諫侍從多以言事求去，公既疏劾安石，不省。四上章請郡，亦不允。

四月，公復五上章。己卯，遂以資政殿學士罷知杭州。

八月，到杭州任。無賴子弟逆公素寬厚，聚爲惡，公重懲之，勿敢犯。杭州隸兩浙路，後升臨安府。

十二月庚申，徙知青州。青州隸京東路。

四年辛亥，六十四歲。

有《别杭州》詩。三月，與越守孔度支延之餞别于金山。

夏，到青州任。山東旱，青獨多麥，有蝗不及境。夏末有《喜雨》詩云：「預期多稼如雲去，且免飛蝗入境來。」

有《勸學》詩。有《寄餘慶講僧思辨》詩云[七]：「年光已占六十四，七十歸來尚六年。」則公鎮青州時，歸志已定矣。

五年壬子，六十五歲。

十二弟揚以太常寺博士倅潭州，公有詩送之。

七月，以資政殿大學士復知成都，前任爲吳龍圖中復。朝中韓魏公琦而下有送行詩，公有《寄張山人》詩云：「不同參政初時入，也學尚書兩度來。」山人名鼇，一作遨。爲青城山道士。公既至蜀，鼇從公遊數日别去，出懷中祕書一卷授公曰：「讀此，則黄金可成。」公命取火焚之，鼇喜曰：「公自是可延壽一紀。」

已而果然。

公四入蜀，先令蜀州江原，後歷梓、益兩路漕使，又兩知成都，故有「舉朝五往東西蜀，還有區區似我無」及「彈琴舊治俄三政，持斧重來未十年」之句。是年入覲，神宗亦曰：「近歲無自政府復往者，卿能爲我行乎？」公乞以便宜行事。

公在嘉祐間獲龜于新定，繼得梓漕，攜之赴官，嘗賦詩紀之。相傳行部內惟一琴一龜，坐則鼓琴看龜。至是年過泗州，投龜於淮中，有詩云：「馬尋舊路如歸去，送龜長淮不再來。」至節夕宿兩當驛。兩當縣隸利州路鳳州。過青泥嶺有詩云：「青泥嶺上青雲路，二十年來七往還。」

十二月，到成都任。公再治蜀也，政益寬大而兵民肅然。劍州民集衆二百餘，私造僧度牒，人以謀逆告，公不畀法吏，以意決之，餘人皆得不死。或謗脱逆黨，朝廷取其獄閲之，悉與法合。討茂州蕃部之剽掠者，未戮一人，乞降，願殺婢以盟，諭使易用三牲，讙呼聽命。茂州隸成都府路。

訪隱士王潛於雅州。雅州隸成都府路。

六年癸丑，六十六歲。

在成都任。仲子屼登余中榜進士第。

七年甲寅，六十七歲。

正月三日，鈐兵李左藏廳賞梅，有詩紀之。又與轉運使榮諲仲思、同僚左藏武永孚及之、運判霍交敦誠賞梅於鈐兵王閤使道恭醇之之東衙園素芳亭下，有唱和詩。

撰《成都古今記》三十卷告成。

乞歸。七月，移知越州。越州隸兩浙路。

十月出蜀。十一月二十二日，道經京兆，題名於慈恩塔。京兆府隸陝西永興軍路。是年夫人東平郡夫人卒，前封安定郡君徐氏，東頭供奉官度之女也。

八年乙卯，六十八歲。

四月到越州任。薦舉司法參軍孫謦。

夏，越中大旱，公召州之富民勸賑，自解金帶置庭下，施者雲集。

十月，公錄二萬一千九百餘人，給粟四萬八千餘石，於城市郊野爲給粟之所凡五十有七，人受粟日一升，幼小半之，男女異日，盡五月而止。又出官粟五萬二千餘石，平價糶之，使糴者自便。又榜衢路，令有米者增價糶之，諸州米商至，價遂賤。曾鞏有《趙公救菑記》。

九年丙辰，六十九歲。

在越州任。

春，越中大疫，公出私錢爲病坊，處疾病之無歸者，俾之無失所，死者隨收瘞之。

十年丁巳，七十歲。

春，十二弟揚以尚書屯田員外郎任荆湖南路轉運判官。

五月癸亥，復知杭州。

六月，到杭州任。時餘杭久旱，公入境之夕，四郊雨足。朝廷命築城，公以久旱奏罷之。

九月，有《武林即事》詩。

十月，奏請以龍山廢刹妙因院改建表忠觀，使錢氏之孫爲道士曰自然者居之。明年八月，蘇軾爲碑銘。軾與公弟揚爲同年。

冬，有《次韻程給事樓頭聞角》詩云：「新年合我七十一，柯嶺不如歸去來。」又《次韻程給事歲暮有感》詩云：「春元便欲休官去，誰顧杭州十萬家。」

元豐元年戊午，七十一歲。

在杭州任。有《元日偶成》詩云：「自是乞骸時節好，不應推託爲思蒓。」又《清風閣即事》詩云：「休官不久輕舟去，喜過嚴陵舊釣臺。」又《武林言懷》詩云：「得旨便歸田隴去，鄉人從笑老農如。」又《次韻許遵少卿見寄》詩云：「君恩早賜俞音下，即擁菟裘故里還。」公歸志之決，屢形于篇章。

上元觀燈，賦詩二首紀之。

作郡齋成，有詩寄程給事。有《杭州八詠》詩。

屢乞致政，詔答未允，有《述懷》詩。又有《送二十三姪屼還衢赴舉》詩云：「鄉人若問吾歸計，已叩天閽第九章。」

六月，與趙少師同遊西湖。吳中散、吳著作皆和詩，時號四老。故公有「四老共成三百年」之句。

九日湖上登高，有詩云：「五逢吳越重陽節，白首柯山未許歸。」公自熙寧八年至是年及熙寧三年，凡九年中，三在杭，兩在越，故是詩云亦然。

是年，仲子屼承事郎以校書郎通判江州，改溫州，覲公於錢塘。江州隸江南西路，溫州隸兩浙路。

二年己未，七十二歲。

二月，加太子少保致仕。曾鞏寄詩云：「銅扉得謝從今日，玉鉉辭榮已十年。」

十二日，謁韜光庵主佑光，題名。二十三日，公致政之十日，同東堂、法雲、景德三禪師、上天竺講主淨師遊業公菴，題名。又謁南山法雨禪老，題名法堂。

三月，有《引年自喜》詩。退居于衢，賦十詠。衢之浮石灘，舊有別館名高齋。

按：公於嘉祐六年出知虔州，因還家已有《登高齋》詩，及亦有「高齋待挂冠」之句。《避暑錄話》、《冷齋夜話》諸書謂公退老後始作《高齋》，仍錢塘州宅之名者，非也。公至和中《奏乞浙郡狀》云：「兄弟孤遺倘寄于他族。」《到梓州謝表》云：「遽托家于甬上，即馳傳于潼中。」則公治第於衢即在知虔州時，轉運河北，攜家之任，改知成都，家依洛中。自後其家何時歸衢第，不可考矣。公歸治圃，又築竹軒、柳軒、水月閣、濯纓、逸老、水月、歸歟諸亭。按《天下金石志》：濯纓、逸老、水月三亭有朱子所書匾，無歸歟亭。公集中有水月閣，無水月亭，故並存之。東南高士多從公遊，餘慶功德院佛慧師法泉三五日一過之。十月七日，重登唐臺山，有「三十六年前舊遊」之句。作壽塋，自爲之頌。歲除言懷，有《示諸弟姪子孫》詩二首。

三年庚申，七十三歲。

五弟拊任神泉監。未詳何時，當在是年前後。神泉監隸兩浙路睦州。初於熙甯七年置，尋罷。秋，仲子屼迎公就養，築堂曰「戲綵」，公題詩焉。自婺過台，屼侍遊天台、雁蕩，公有「父子同遊有幾人」之句，從女夫鄭庭晦亦從遊。抵溫，與郡守石郎中牧之唱和。冬，屼侍公還衢，仍回溫。

四年辛酉，七十四歲。

有《歲旦偶成》詩，又有《立春日偶成》詩。生日高齋曉起，有《示諸弟妹子孫》詩。時弟妹五人在里，長孫霖生子億。

五年壬戌，七十五歲。

送六弟抗隨子之官毗陵，有詩云：「船泛西州遠，山尋北蕩奇。明春復歸會，還是隔年期。」

十二弟揚以祕閣校理任湖北轉運使。未詳何時，當在是年前後。

六年癸亥，七十六歲。

八月，仲子屼溫倅代還，自太僕寺丞爲監察御史，公年高，乞免，從之，提舉兩浙常平，以便其養。觀潮，有《寄五弟拊生日》詩。

七年甲子，七十七歲，公薨。

夏，仲子屼侍公遊杭。初，公致仕歸杭，人留公不得行，公曰：「六年當復來。」至是適六年矣。

六月朔，訪淨師於南山，寓方圓菴，稱二閑人，因以名曰「閑堂」。登龍泓亭，有「半紀重來兩鬢華」之句。

八月，遊洞霄宮，謂道士沈日益曰：「近夢入眞境，宮闕巍峨，有數道士相迓，詢之曰：『此洞霄宮。』既覺思之，兩典是郡未常至此，故冒暑來。今觀泉石樓觀，與夢中所見無異，豈仙聖有緣耶。」留詩紀之。

以疾還衢。癸巳，按：八月朔戊辰，則癸巳爲是月之二十六日。晨起如平時，徧辭親友，少頃（跌）〔趺〕坐而化，薨之前有大星隕焉。

贈太子少師，謚清獻。

十二月乙酉，葬郡城東北四十五里蓮花山，祔榮國公塋側，賜名墓碑曰「愛直之碑」。

〔一〕冬：原作「令」。按：「冬」爲詩韻，據

《清獻集》卷三原詩改。

〔二〕蜀州新津縣：原作新津縣蜀州，據《宋史》卷八九《地理志》五所載「崇州府」條改。

〔三〕長省：《清獻集》卷一原詩作「臺選」。

〔四〕李淑：原作「李叔」，據《宋史》卷三一六《趙抃傳》改。

〔五〕西路：原誤作「東路」，據《宋史》卷八八《地理志》改。

〔六〕潼川府路：原誤作「潼川府東路」，據《宋史》卷八九《地理志》删「東」字。

〔七〕餘慶：原作「除慶」，據《清獻集》卷四原詩改。

〔跋一〕

余嘗客三衢，謁趙清獻公祠，過孝悌里，輒低徊於其間。訪高齋遺址，已不可考，其後人甚式微，心竊慨歎之。讀公集，因編年譜一卷，世系又莫得而詳。棲水勞君巽卿權、季言格昆仲，學識精博而勤於考古，藏書頗多，助余訂正數事，爲偏繙宋人集。公之祖與父及仲子別無傳誌可以參證，余棄其稿於篋笥已十載矣。禾中開之沈君對薇亦余益友也，館於婺之蘭谿，咸豐初元辛亥春枉顧余，道及蘭谿趙氏詩書世族，爲清獻公裔。遂携余年譜稿以去，旋録《趙氏家譜》世系寄余，並以二十三世孫月查明經槐之子若婦孝烈事略，乞余爲之傳。又明年癸丑冬之月，寓書於余，見示排印年譜本，屬復加校定。月查偕其從子虹橋州倅之燡，將刊播於世，沈君書云：「月查言：『吾族老人袖稿歸，時方甚雨，遺諸市塗，求之弗得。越日，有人持以還，亟檢視之，面葉微污而字無一損，趙族咸愕然。』」余聞其言驚且喜，小子之名亦何幸得附公以不朽歟。年譜中公兄弟七人，六弟名援，及公生日之注，虹橋據《家譜》爲校補。按《家譜》以五代時虞部郎中策始徙〔越〕中者爲始祖，於公爲高祖。生四子，伯與季居越中，仲居温州瑞安，叔居鄧州南陽。伯名曇深，州司户參軍，爲公曾祖，系出唐吏部尚書淑之後。尚書公五世孫齊國公光逢自其父以上與《唐書·宰相世系表》名位相符，高祖以上名位不合，表書「新安趙氏，後徙京兆奉天」，無尚書公名。尚書公於公爲十四世祖。公之下七世孫名景文，字子彬者，南宋進士，任蘭谿主簿，實遷蘭〔谿〕之始祖也。志乘譜牒往往多傅會，不足依據。即如公之繼母越國太夫人，志載其墓在西安縣北五里，考王象之《輿地記》，葬於盈川鄉，公之父榮國公蓮花村之墓正當其地，必爲合葬無疑。又如公長子之名，或作岏或作屼，惟《宋文鑑》作齚，爲不誤。諸志於選舉表中嘉祐八年進士又作屺。《家譜》屺爲公五弟拊之子，行二十三，嘉祐辛卯進士。考嘉祐八年爲癸卯，非辛卯。且公集中稱「二十三姪岯」，並不作屺。岯之名，《家譜》轉不載。諸志列公長子於循吏，傳言爲於潛令，在任九年，卒於官，卜葬縣渚山之麓。考《丹淵集》中有公長子墓誌銘，其字景山，嘉祐中爲八年癸卯。試嘉慶院，以策論奏名第六，中第。改元之二年，爲治平二年。朝廷以爲縣令，假局河南府，且使視其家。未治事，卒於洛陽之官舍，載其柩歸衢州。娶時氏，生女子四人，男子一人，始三歲，名河北郎，蓋其子霖之小字也。《家譜》：二子霖、霈。霖子謹，謹子昆、昦、昇。《浮溪集》中有《趙億墓誌銘》，載清獻公二子，長子生霖。霖生億，字延之，累官右文殿修撰。子二人：蕃、莊。霖亦蚤世，與譜大異。劉次莊撰公十二弟揚之夫人蘇氏墓誌銘：子三人，岣、㠓、岍。《家譜》：岣爲公兄振之子，文與可與公同官於蜀。汪彥章於趙氏爲姻黨，岍爲項城尉，蘇氏卒，次莊亦在陳，其文皆不得有誤，則《家譜》亦未可遽信耳。又如公仲子，據弘治《溫州府志》，元豐二年八月，以大理評事通判溫州事。考《欒城集》，有《送趙屼祕書歸錢唐》詩，《東坡集》有《次韻子由送趙屼歸錢唐遂赴永嘉》詩，其時同在南都，《東坡年譜》可考。故詩集俱編在元年八月之前，既稱錢唐，自在二年三月公未退歸于衢之前。《志》所書二年八月，蓋爲到任之時，而非命下之時。東坡詩云：「風流刺史清絶。」校書郎爲祕書省之官，故《欒城集》中稱祕書，則其時試秩尚是校書郎，而非大理評事，其明徵也。附識於年譜後，質之沈君暨二趙君，當更有以匡所不逮焉。羅以智載跋。咸豐九年季秋重校刊。

〔跋二〕

始祖清獻公文集，自宋迄今，行於世而爲天下法。既殁世越七百七十載矣，而年譜不傳，數典而忘，誰之誚歟！庚戌冬，燡自秦關旋里，月查叔槐以此編見示，曰：「此卷得之武林羅君。羅固博雅君子也，好古而論篤，欽慕吾祖之爲人，不憚博采考證之勞，輯以成編，爲吾子孫補先人之缺，不大增吾家乘之光也哉！」燡謹捧讀再三，叩首距踴，如獲異珍，而於其間與志乘未相符處，亟校定之。適族中增葺行譜，請之族長，付梓刊訂，弁諸文集之首，用公之世之仰止者。咸豐三年癸丑冬孟，裔孫統之燡謹誌。

宋趙清獻公年譜

（近）肖魯編

曹清華校點

民國間刊《趙清獻公集》卷首

譜主趙抃（一〇〇八—一〇八四）事跡，見前羅以智編《趙清獻公年譜》簡介。

本譜載於民國間刊《趙清獻公集》卷首，前有識語稱「據《宋史》本傳、蘇軾《神道碑》、《西安縣志》、《孝弟里記》及本集，參互考證，略爲編次，使後之讀此集者粗悉公一生概略云」。是譜雖成於羅以智譜之後，但未參見前譜，故雖簡略，所取資料仍有補前譜遺漏之處，可與羅譜相互參稽。以其傳本不多，故爲校點，一并收入，於行文體例略有改動。

三公爲吾衢一代偉人，其遺集留傳至今已八百五十載，而編次凌亂，莫爲釐訂，此則衢之後生末學之羞也。不揣盲老，竊據《宋史》本傳、蘇軾《神道碑》、《西安縣志》、《孝弟里記》及本集，參互考證，略爲編次，使後之讀此集者粗悉公一生概略云爾。

真宗祥符元年戊申三月二十六日，公生。

二年己酉，二歲。

三年庚戌，三歲。

四年辛亥，四歲。

五年壬子，五歲。

六年癸丑，六歲。

《神道碑》：公少孤且貧，刻意力學。查公父諱亞才，原任廣州南海尉，後以公貴，贈開府儀同三司，封榮國公。公居榮國喪，當在此數年內。

七年甲寅，七歲。

八年乙卯，八歲。

九年丙辰，九歲。

天禧元年丁巳，十歲。

二年戊午，十一歲。

三年己未，十二歲。

四年庚申，十三歲。

五年辛酉，十四歲。

乾興元年壬戌，十五歲。

仁宗天聖元年癸亥，十六歲。

二年甲子，十七歲。

三年乙丑，十八歲。

四年丙寅，十九歲。

五年丁卯，二十歲。

六年戊辰，二一歲。

七年己巳，二二歲。

八年庚午，二三歲。

九年辛未，二四歲。

明道元年壬申，二五歲。

二年癸酉，二六歲。

景祐元年甲戌，二七歲。

中進士乙科。

二年乙亥，二八歲。

《神道碑》：中景祐元年乙榜，爲武安軍

節度推官。閱歲，舉監潭洲糧料。歲滿，改（制）〔著〕作郎，知（監）〔建〕州崇安。徙通判宜州。

按：以上（官）〔宦〕履年月均不可考，以意推之，當自景祐二年乙亥起，慶曆三年癸未止，首尾共九載。此九載中，凡以上遷調各任均在其內，今據《神道碑》以意編次如下。

三年丙子，二九歲。

四年丁丑，三十歲。以下皆參考《神道碑》暨他書，及集中謝表暨詩句。

任武安軍節度推官。

寶元元年戊寅，三一歲。

仍任武安軍節度推官。

二年己卯，三二歲。

閱歲，舉監潭州糧料。

有《麓山十詠》，又有《送十二弟太博揚倅潭州》詩：「我憶初筵湖外日，於今三十八年間。無緣再得遊潭府，有夢還應到嶽山。」以第二詩逆溯之，公之監潭當不出此數年內。

康定元年庚辰，三三歲。

監潭州糧料。

慶曆元年辛巳，三四歲。

監潭州糧料。

二年壬午，三五歲。

歲滿，改（制）〔著〕作郎。

三年癸未，三六歲。

知（監）〔建〕州崇安，旋改秘書丞。

四年甲申，三七歲。

以秘書丞通判宜州。四月，遭繼母喪，與弟拊扶柩回衢。

《藝文類聚》過曷《孝弟里記》：趙抃字閱道。慶曆四年以秘書丞倅宜州，遭繼母喪，扶柩歸葬，與弟祔廬墓，盡哀盡禮，迄於終喪。最於四年冬移治此邑。五年秋，鄉老來稱孝行者百餘輩，遂錄其實達州長，并爲築闕立表，榜曰「孝弟里」。

五年乙酉，三八歲。

廬墓。

六年丙戌，三九歲。

廬墓。

七年丁亥，四十歲。

服滿。

八年戊子，四一歲。

知泰州海陵。

皇祐元年己丑，四二歲。

由海陵改知江原。

二年庚寅，四三歲。

仍知江原。有《皇祐二年冬十一月與弟抗揚引流聯句》詩。

三年辛卯，四四歲。

由江原改通判泗州。

《神道碑》：知蜀州江原，還，通判泗州。泗守昏不視事，監司欲罷遣之。公獨左右其政，而晦其所以然，使若權不己出者，守得以善去。濠守以廩賜不如法，士卒謀欲爲變。或以告，守恐怖，日未夕，輒閉門不敢出。轉運使乃徙公治濠。

四年壬辰，四五歲。

由泗州徙知濠州。

五年癸巳，四六歲。

仍知濠州。

至和元年甲午，四七歲。

仍知濠州。時曾公亮爲大學士，未識公面，薦公爲臺官。

秋九月，以薦召爲殿中侍御史。有《至和改元秋九月詔書》、《夜落長淮濱》詩。

二年乙未，四八歲。

任殿中侍御史，彈劾不避權貴，時稱「鐵面御史」。

嘉祐元年丙申，四九歲。

仍任殿中侍御史。

二年丁酉，五十歲。

仍任殿中侍御史。冬，求郡，得睦州。

三年戊戌，五一歲。

正月二十四日，抵睦州。祗六月，移梓州路轉運使。七月十七日，抵梓州任。踰月，又移益州路轉運使兼權涪州。均見集中謝表。當任睦州時，有《新定獲龜繼得梓漕擕之赴官》七律一首。唐名睦州爲新定，即今浙江嚴州府。

四年己亥，五二歲。

仍任益州轉運使兼涪州如故。

五年庚子，五三歲。

召爲右司諫，論事不折如前，復求外，得虔州，請便道過衢上塚，許之。

六年辛丑，五四歲。

還衢，勾留半載。有《守虔過家登高齋即事》詩，又有《得守虔州（遇）〔過〕鄉邦贈別衢州太守高賦同年》詩各一首。

十一月十三日，抵虔州任。

七年壬寅，五五歲。

任虔州。

八年癸卯，五六歲。

仍任虔州。

《神道碑》：朝廷聞公治虔有餘力，召知御史雜事。不踰月，爲度支副使。

英宗治平元年甲辰，五七歲。

《神道碑》：奉使契丹還。未至，除天章

閣待制、河北都轉運使。時賈昌（期）（朝）以使相判大名府，公欲按視府庫，賈（遺）（遣）其屬來告曰：「前此監司未有按視吾事者。」公曰：「舍是，則他郡不服。」卒如法按視，賈不悅。未幾，以詔募義勇事，公處置得宜，賈乃愧服。旋除龍圖閣學士，知成都。

二年乙巳，五八歲。

赴蜀，有「愧我於時無所補，十年三出劍門關」句。

三年丙午，五九歲。

初守成都，以一琴一鶴自隨。後二年，神宗即位，召知諫院。入謝，帝曰：「聞卿疋馬入蜀，以一琴一鶴自隨，爲政簡易，亦如是乎？」

四年丁未，六十歲。

仍守成都。

神宗熙寧元年戊申，六一歲。

《神道碑》：神宗即位，召知諫院。上疏論呂晦等七人不當去，郭逵不當除簽書樞密，上皆納用。踰月，除右（司）諫議大夫、參知政事。

二年己酉，六二歲。

《神道碑》：自參知政事後，感激思奮，面議政事有不盡者，輒密啓聞，上手詔嘉答。王安石用事，議論不洽，抗章論安石強僻自用、違衆妄民、順非文過，懼非宗廟社稷之福。奏入，懇乞去位，四上章，不許。

三年庚戌，六三歲。

又五上章求去。四月，乃罷參知政事，除資政殿學士知杭州。僅五月，冬，改知青州。有「無緣久東浙」句，註云：「自政府得請錢唐僅半稔，徙青社。」

四年辛亥，六四歲。

守青州。

五年壬子，六五歲。

仍守青州。

《神道碑》：時成都以戍卒爲憂，朝廷擇遣大臣爲蜀人所愛信者莫如公，遂以大學士知成都。乞便宜行事，許之。

冬，赴蜀，有《冬至節宿兩當驛》詩：「舉朝五往東西蜀，還有區區似我無？」

《石林詩話》：再守蜀，公將老矣。過泗度淮前已放鶴，至是復以龜投淮中，故其詩有「馬尋舊路知歸去，龜放長淮不再來」。今集中不載此詩，可知遺失不少。

六年癸丑，六六歲。

春至成都，有「峰聳雲裝銀世界，江深春動錦波瀾。遨頭老矣民知否，莫作風流太守看」。

七年甲寅，六七歲。

仍守成都。

《神道碑》：居二載，乞守東南，爲歸老計。遂得越州。

冬十月離蜀，有「解印歸吳十月行，出門無計別青城」。青城，成都山名。

八年乙卯，六八歲。

秋九月，抵越州。

《西安縣志》曾鞏《越州趙公救災記》：熙寧八年夏，吳越大旱。秋九月，資政殿大學士、右諫議大夫趙公前民之未飢，爲書問屬縣菑所被者幾鄉云云。

《神道碑》：吳越大飢，死者過半，公竭力救濟，發廩勸分，而以家貲先之，樂從者衆。

九年丙辰，六九歲。

徙知杭州。是時，公再守杭矣。

《神道碑》：時公未七十，告老於朝，不許。

十年丁巳，七十歲。

仍守杭州。循例乞休，又不許。

元豐元年戊午，七一歲。

仍守杭州。又屢次乞休，又不許。有《詔答未允述懷》詩，末句云：「宵征自有高人笑，漏盡鐘鳴曉未知。」

二年己未，七二歲。

致仕。

《神道碑》：二月，加太子太保致仕。退居於衢，有溪石松竹之勝，東南名士多從之遊。朝廷有事郊廟，再起公侍祠，不至。屼代還得見，上顧問甚厚，以屼提舉浙東西常平，以便其養。屼仍侍公遊。

是年，於蓮華山旁自製壽塋，而爲之銘曰：「吾已致仕，壽七十二。百歲之後，歸於此地。」

三年庚申，七三歲。

《避暑錄話》：自錢唐告老歸，惟居高齋，不復與家人相接，但子弟晨昏時至。以二淨人一老兵供掃除之役，事已即去。惟一淨人執事其旁，暮以一風罏置一大鐵瓶貯水斗餘，及列盥漱之具訖亦去。公燕坐，至初夜就寢。鷄鳴，淨人治佛室香火，三擊磬，公乃起。自以瓶水盥面，趨佛室。暮冬尚能日禮百拜，誦經至辰時。余年二十一，嘗登高齋，尚彷佛其處。後見公客周竦道其詳，欣然慕之。

四年辛酉，七四歲。

公頻年遊天台、括蒼、雁蕩諸名勝，徧留

題詠。《與公子屼遊天台》詩：「景入天台日日新，安車千里去尋眞。路逢白髮老翁問，父子同遊有幾人。」時屼倅溫州，迎以就養。作堂名「戲綵」，公題詩堂中：「我憩堂中樂可知，優游踰月竟忘歸。老萊不及吾兒少，且著朱衣勝彩衣。」

五年壬戌，七五歲。

六年癸亥，七六歲。

七年甲子，七七歲。

八月二十六日，公薨。

《神道碑》：始公在杭致仕，杭人留之，不得行，公曰：「六年後當來。」至是復來杭，適六載。杭人德之，逆者如見父母。以疾還衢，有大星隕焉。二日而薨，實七年八月癸巳日。以曆法推之，當爲二十六日。將薨，晨起如平時，屼侍側，公與之訣，詞色不變，安坐而終。不知者以爲無意於世云。訃聞，天子輟視朝一日，贈太子少師。十二月乙酉，葬於西安蓮華山，謚曰清獻。

《洞霄圖志》：宋元豐己未，趙清獻公抃再帥錢唐，抗章告老。歲甲子八月，忽來杭州遊山，謂道士沈日益曰：「近夢入眞境，宮闕巍峨，有數道士相迓，詢之，曰：『此洞霄宮。』既覺思之，兩典是郡，未嘗至此，故冒暑來。今觀泉石樓觀，與夢中所見無異，豈仙聖有緣耶！」留詩曰：「龍穴藏身穩，泉源撫掌清。紅塵人絕離，白日世長生。我分諳沖淡，誰能顧利名。夢中休指笑，又作洞霄行。」至是果驗，人又以爲仙去。今此詩集中亦不載。

中華民國九年，夏曆三月十五日，同里後學肖魯詹熙編次，時年六十有九。

直講李先生年譜

（宋）魏峙 編

吴洪澤 校點

明正德刊本《直講李先生文集》卷首

李覯（一〇〇九—一〇五九），字泰伯，南城（今屬江西）人。自幼熟讀經籍，俊辯能文。慶曆二年，舉茂才異等科試不第。倡建盱江書院，教授生徒，從學者常數百人，學者稱盱江先生。皇祐初，范仲淹薦授將仕郎、試太學助教，爲直講。嘉祐中，除通州海門主簿、太學説書。四年，權同管勾太學，以葬祖母乞假歸，是年八月病卒於家，年五十一。

李覯精研儒學，排斥佛、道，潛心著書，爲北宋著名思想家。又以文章知名，自稱「所務唯學，所好爲經」（《上富舍人書》），對當時學者不通經術、專務文辭深爲不滿，以爲「摹勒孟子，劫掠昌黎」（《答黄著作書》）。所著文章旨在匡時救弊，所以朱熹稱他「皆自大處起議論」（《朱子語類》卷一三九）。著有《退居類稿》十二卷、《皇祐續稿》八卷等，現存明成化刊本、正德刊本《直講李先生文集》三十七卷、《外集》三卷，一九八一年中華書局出版有王國軒校點本。

《直講李先生文集》（或稱《盱江集》）後附年譜，不題撰人，或謂明左讚編，謝巍先生考定爲陳次公編。而是譜每有按語，稱「陳次公述先生墓誌」，而慶曆三年下則有「余按」二字，知此譜非次公所編。據宋張淵微《直講李先生集跋》稱「景定初元，太守雪軒魏俣峙祠墓，……又取遺書讀，嘆其言足經世興太平，獨恨年譜有闕遺，字畫有訛脱，更與盱之士參以它書讎正，二年鋟之梓」，則文集所附年譜或經魏峙增訂，今姑題曰魏氏編。此譜詳於詩文著述繫年，有助於理解譜主學術思想的進益。清乾隆間，馮行以其記事有誤，重編爲一卷，附於乾隆三十三年赤溪書屋刊《宋儒李盱江先生全集》卷首。

直講李先生年譜

真宗皇帝大中祥符二年己酉

先生始生。

祥符三年庚戌，二歲。

祥符四年辛亥，三歲。

祥符五年壬子，四歲。

祥符六年癸丑，五歲。

祥符七年甲寅，六歲。

祥符八年乙卯，七歲。

按：先生《見蘇祠部書》云：「六七歲時，調聲韻，習字書，勉勉不忘。」則知先生一二年間知向學矣。蘇祠部舜欽。

祥符九年丙辰，八歲。

天禧元年丁巳，九歲。

天禧二年戊午，十歲。

按：先生《見余監丞書》云：「十歲知聲律。」則知先生於是年知習學業矣。余監丞時爲南城宰。

天禧三年己未，十一歲。

按：先生作《疑仙賦》序云：「吾母無子，徧禱無不至。祥符元年，夢二道士弈棋於戶外，往觀之。其一取一子授焉，遂娠。」又云：「生十餘歲，從先父適田間，宿東郊，夢人以書褾與之，曰《王狀元文集》，夢中以爲沂公之文也，既而就學，果不甚魯。或時開卷，惝然憶念，謂曾讀此書，再思之，未嘗見也。」詳此二夢，則知天生賢哲以壽斯文之氣脈，豈偶然哉？

天禧四年庚申，十二歲。

按：先生《見余監丞書》云：「年十二，近文章。」則知先生於是年能文矣。

天禧五年辛酉，十三歲。

乾興元年壬戌，十四歲。

是年丁府君憂。

按：《鄭夫人墓誌》云：「年十四而先君沒。」又云：「先君嘗學，不應舉，教其子作詩賦。亦樂施惠，尤直信。」則知先生家學有派委矣。

仁宗皇帝天聖元年癸亥，十五歲。

天聖二年甲子，十六歲。

天聖三年乙丑，十七歲。

是年府君服除。

按：《鄭夫人墓誌》云：「稍出游，求師友。」則知先生出游必在府君服除之後。

天聖四年丙寅，十八歲。

天聖五年丁卯，十九歲。

天聖六年戊辰，二十歲。

天聖七年己巳，二十一歲。

天聖八年庚午，二十二歲。

是年娶夫人陳氏。

按：慶曆七年，先生作《夫人墓誌》云：「陳氏今爲南城人。生五年，養于伯父。又十一年而嫁，嫁十七年而卒[二]。」又云：「復還舊居娶婦。」蓋先生前此出游，至是年始還家歟。又有《見余監丞書》云：「十歲知聲律，十二近文章，思慮猖狂，耳目病困者既十年矣。」此書當作於是年。

天聖九年辛未，二十三歲。

是年著《潛書》十五篇。又有《見孫寺丞書》云：「年二十三，雞鳴而起，誦孔、孟羣聖人之書，纂成文章，以康國濟民爲意。」文章蓋指《潛書》也。孫寺丞時爲南城宰。

明道元年壬申，二十四歲。

是年著《禮論》七篇。其後余襄公有書與先生曰：「所示《禮論》七篇，推進禮經，準的世教，派仁義，贅刑政，豈止獨步江表，校聲名於後俊哉？」先生之有功於禮經也如此。

又作《陳仲溫進士墓誌》。

按：陳仲溫諱璆，先生之伯丈也。故《墓誌》序之末曰：「初君之弟與其婦偕死，息女始絕乳，君愛養之如己子，長以嫁李氏。」

明道二年癸酉，二十五歲。

景祐元年甲戌，二十六歲。

是年有《邵氏神祠記》。其略曰：「建昌城北有民邵氏，世奉五通，禱祀之人日累什百。景祐元年，里中大疫，而吾家與焉。唯五通諗以無害，疾之解去皆約日，時有功於予，其可廢而不載？」作記恐是此年。

景祐二年乙亥，二十七歲。

按：先生《見蘇祠部書》云：「由六七歲時，調聲律，習字書，勉勉不忘，逮于今茲，年二十七矣。」此書當作於是年。

景祐三年丙子，二十八歲。

是年修《明堂定制圖幷序》、《平土書》、《上聶記注書》、《上李修撰書》、《上宋修撰書》、《太平院住持記》、《冬至夜酒醒詩、《甘露亭》詩。

按：《見聶記注書》云「行年二十八矣」，當在是年。《見李修撰書》云：「生平爲文，謹採二十四篇，寫成一冊，及《明堂定制圖》一道幷序，草具其副，辱諸侍者。」《見宋修撰書》云：「嘗著《明堂定制圖幷序》，其意在贊明經義以裨益一王之盛禮。謹繕其副，陳諸座隅。」則《明堂圖》之作亦在是年也。獨《平土書》不著所作歲月。然先生明年見范公，而范公他日薦先生必以《禮論》、《易論》、《明堂定制圖》、《平土書》共獻，必同作於此一二年之間。

張宗古送先生南歸序。其略曰：「自周室距今，曠千餘載，此禮廢絶，所以學者各是己見，競牽師習，故復出泰伯以明其本。」蓋指《明堂圖》也。是年入京，贄見宋修撰、李修撰、聶記注、葉集賢諸公，皆許可。宋公庠、李公淑、聶公冠卿、葉公淸臣也。會貢學罷，遂歸。

景祐四年丁丑，二十九歲。

是年往鄱陽見范文正公。

其書云：「年二十九，嘗遊京邑，彷徨而歸，又黜鄉舉。」其後范公與先生書云：「在鄱陽勞惠訪，尋以改郡，不敢奉邀。」則知先生是年鄉舉不利而往鄱陽訪范公也。

寶元元年戊寅，三十歲。

是年作《廣潛書》十五篇、《野記》、《鄧公儀傷辭》、《緣槩師》詩、《惜雞》詩。

按：《廣潛書自序》云：「歲辛未，泰伯以潛名書。後七年羈栖山巖，即而廣之，復爲十五篇。」則此書當作於是年。《命箴》云：「三十曰壯，聖人以立。」則此箴亦當作於是年。《廣潛書》云「羈栖山巖」，則《野記》亦作於是年。

寶元二年己卯，三十一歲。

是年先生夢大雨震所居室，有一人紫衣而冠，謂之雷神，呼先生使前，授之題曰《春社詞》，援筆得八句與之。及覺，記其首三句，頗怪麗。後七年，以五句足之。

按：此夢與《疑仙》序二夢而三，一爲誕彌厥月之祥，二爲神授斯文之印，天生賢哲，豈虛其證，是三夢皆可書。

《富國》、《强兵》、《安民》三十策。

按：先生以康定二年試制科，則此策必作於是年。

康定元年庚辰，三十二歲。

是年得男參魯。有《上江職方書》。又往越州赴范高平公招，故有《登越山》詩。

按：丁亥年先生作《亡室墓誌》云：「一男參魯僅毀齒。」蓋自庚辰至丁亥凡八年，故曰僅毀齒也。

按：先生《上江職方書》云：「行年三十餘，近訪吳越而歸。」曰三十餘，則當在是年。曰訪吳越而歸，則訪范公也。

江公鎬寶元元年以職方守盱。

康定二年十一月，改慶曆元年。辛巳，三十三歲。

是年作《建昌軍集賢亭記》、《修麻姑殿記》、《麻姑山仙都觀修三清殿記》、《梓山院修佛殿記》，上吳舍人、王內翰、富舍人、劉集賢、慎殿丞書，《日出》詩、《感事》詩、《和慎史君出城見梅》詩。

按：《集賢亭記》序曰：「康定二年夏六月，太守慎公作新亭于軍門之南，孟秋告成，郡人李覯爲記。」三清殿及麻姑殿記皆是康定年號，《梓山佛殿記》亦云康定二年秋九月，則是數記皆作於康定未改元之前也。《上慎殿丞書》，蓋慎公鉽其時以殿中丞守盱江，此書當作於未入京之先。

上吳舍人、王內翰、富舍人、劉集賢書，蓋吳公肅、王公堯臣、富公弼、劉公敞，其時皆居朝，此書當作於入京之日。然是年郡舉先生應茂材異等科，有旨召試，故入京上諸公書。又《寄祖秘丞無擇》詩，歷序應科本末，則云憂愁經歲，是先生留京一年也。

慶曆二年壬午，三十四歲。

是年先生試制科得召第一。

長沙蕭注與先生書云：「昨偕弟英求舉於京師間，足下應賢良預第一召試，未有不心思目顧，欲識其面者。」

秋七月，試制科不第，歸。過南康見郡守祖祕丞。

按：《皇祐類稿·與祖祕丞》詩云：「及過盧山南，聞君初布治。」又曰：「高會雖暫歡，故園當速至。」是先生留康廬日淺而歸興濃矣。

是年又有《寄小兒》詩、《送余疇若序》、《與章望之祕校書》、《與楊屯田書》、楊文公億之子。《麻姑山賦》、《寄周寺丞》詩、《惜才》詩、《送侯殿直知吉州》詩。

按：《寄小兒》詩注云：「此兒纔三歲。」蓋庚辰得男，至壬午恰三歲。《送余疇若序》、《寄周寺丞》詩，蓋周燮以是年宰南豐，請余疇若南豐主學，故先生以序送其行。楊屯田其時守筠州，故有書與之。《麻姑山賦》乃述高臺層瑤，繚垣築粉之美，必是修麻姑殿後所作，當在是年。《送侯殿直》詩：「曾得滁州在故鄉。」按國史：歐公以慶曆二年知滁州。此詩之作，亦當在是年也。《惜才》詩恐亦是作於下第之後。

慶曆三年癸未，三十五歲。

是年集《退居類稿》十二卷，《慶曆民言》三十篇，作《周禮致太平論》三十篇，

《撫州菜園院記》、《雪中贈柳枝》及《柳枝答》詩、《寄周寺丞》詩、《送錢寺丞知白州》詩、《三賢詠》、《上蔡學士》詩〔三〕、《寄祖祕丞》詩。

按：先生集所爲文名《退居類稿》云：「自弱冠迨今十五歲，得草稿二百三十五首，類爲十二卷。」是年冬至日南康守祖無擇爲先生作序，則知先生是年下第退居，既集《退居類稿》，又有《周禮致太平論》焉。其後陳次公述先生墓誌云：「及退居，爲《周禮致太平論并序》。」則實作於是年也。

《上蔡學士書》言鄒子房事。蓋蔡公以慶曆三年爲諫官，此書亦作於是年。

周寺丞夔時爲南豐宰，錢寺丞得臣時以南城宰知白州，故先生有詩送之。又《寄祖祕丞》詩云：「郡守方仁賢，學宮盛修理。踵門致勤恪，命我談經藝。」余襄公薦章云：「下第退居，四方生徒從之講習。」鄧溫伯云：「慶曆三年，南城始詔立學，先生爲之師，四方來學嘗數百人。」則知先生以是年退居于家，故郡守請主學事。

《柳枝》詩蓋因是年二月入京遇雪而作也。

是年，中女生。

按：丁亥年先生作《陳夫人墓誌》云：「中女五歲，其少未免懷。」蓋中女之生在是年也。

先生作《周禮致太平論》三十篇，而《內治》七篇居其首。其略曰：「內宰以陰禮教六宮，六宮，后也。又以陰禮教九嬪，九嬪掌婦學之法以教九御。后，尊也，不得不受教。女御，卑也，而教亦及之，是在王宮者，不可不知禮也。」

余按：此篇三歎成王、周公致太平之書，其精神心術盡在於是。使先生之志獲行，如有用我，執此以往，豈特王河汾能言之。惜夫其不果也。

先生作《慶曆民言》三十篇，《開諱》而下，言言藥石，字字規戒。先生斯時無官守言責，少露梗槩，一二年間，杜、富、韓、范、歐、余、王、蔡，君明臣忠，三陽道泰。公既不能爲三諫之詩以效君謨，又不能爲濃墨之頌以效石介，雖在畎畝，惓惓忠赤不能自已，作爲此篇。天子聖明，蒭蕘博採，持此上聞，言者無罪。四十二年之治，實嘉賴之。故祖無擇曰：「眞醫國之書爾。」

慶曆四年甲申，三十六歲。

是年上富公、范公書，作《痲姑山眞君殿記》、《李子高墓表》、《陳伯英墓表》、《寄祖祕丞書》、《除夜感懷》詩、《南塘觀魚》詩。二詩并次陳殿丞肅韻。

按：上富、范書蓋獻《慶曆民言》及言國事故也。

《李子高墓表》云：「卒於慶曆四年。」則《墓表》想亦作於是年。《陳伯英墓表》云：「吾嘗銘陳仲溫之葬，其子漢公，字伯英，後十二年而死。又從而表之。」仲溫乃先生之伯丈，伯英乃郎舅也。仲溫之葬在壬申年，伯英以甲申年死，故曰後十二年，則《墓表》亦當作於是〔年〕也。

《寄祖祕丞書》云〔三〕：「教道亦難行，徒以釣積毀。篋書歸敝廬，庠門任蕪穢。」先生此言，蓋因《上蔡學士書》言鄒子房事。鄒因誣織先生同入郡圄。其事既白，先生乃棄學事而復家居也。

慶曆五年乙酉，三十七歲。

是年有《與胡安定書》、《寄祖祕丞》詩、《南城縣廳記》、《處士陳君墓誌銘》及祭文，《白石暹師塔銘》。

按：《與安定書》云：「康定初，錢塘別後二年，自京師歸。中途曾寫書，今又四年。」則此書當作於是年。是年余襄公薦先生于朝，其章略曰：「李覯博學通識，包括古今，潛心著書，研極治亂，江南儒士，共所師法。」閩中名士黃通以書與范文正公曰：「李覯生聖時三十七年也，其德行文學，其智識材術，疑三代英靈復生于今，大江而南，皆呼曰先生。暨應詔來都下，今副樞富公、諫省歐陽公、紫微余正言、三班田紫微、淮南祖提刑，皆當世之名儒，莫不競造其門而優禮之。若吾公者，知泰伯爲最深。惟其知之也深，故嘗有論薦泰伯之心。」

慶曆六年丙戌，三十八歲。

是年作《長江賦》，集《皇祐續稿》作序，足成夢中《春社》詩、《上王刑部書》、《次王刑部遊麻姑》詩及《唱和詩序》、《傳代言墓表》。

按：先生乙未年《再上富公書》云：「慶曆四年，以書言南方事。後二年，作《長江賦》。」則此賦當作於是年。王刑部乃漕使逵也。

是年游信州，作《弋陽縣學銘》、《聞女子謔寄》詩、《弋陽縣堂北見夾竹桃海棠》二詩、《題靈陽宮》、《龜峰精舍》、《葛陂懷古》詩、《逢何道士》詩。

按：先生皇祐三年作《新成院記》云：

「前此予歸自信。」又云：「既去五六年。」自此年至皇祐三年，約五六年，則游信必在是年。若銘若詩，皆作於在信之時也。

慶曆七年丁亥，三十九歲。

是年作《禮論後語》、《删定劉牧易圖序》、《宋屯田延平集序》、《亡室陳氏墓誌》、《處士饒君墓表》、《建昌知軍廳記》、《景德寺重修大殿及造彌陀閣記》、《邵武軍學莊田記》、《小女》詩、《海南編集》、《題韓偓詩後》、《答黃漢傑書》。

按：《禮論》作於明道元年，而《後語》云：「吾爲《禮論》後十五年，有持《章望之論》一篇以吾爲好怪。」則《禮論後語》當作於是年。《删定劉牧易圖序論》見於《答宋屯田書》，亦當作於是年。《宋屯田延平集〔序〕》，蓋因入閩訪福帥蔡學士，路經昭武而作也。宋屯田咸，字貫之，時爲延平倅，假守昭武。《海南編》詩因宋屯田見示《海南編》而作。《題韓偓詩後》因游閩而作。

《答黃漢傑書》，以漢傑貽書言《景德寺記》及《邵武軍學記》言浮屠事，故先生答漢傑書云：「覯排浮屠固久，於《潛書》，於《富國策》，人皆見之矣，豈年近四十而輒渝哉？惟漢傑觀厥二記不甚熟爾。吾於此言乃責儒者之深，非尊浮屠也。」先生言年近四十，則此書當作於是年。

是年夫人陳氏卒。

按：陳次公述先生《墓誌》云：「再娶饒氏。」不知娶於何年。

慶曆八年戊子，四十歲。

是年中女子死，有《哭女》詩云：「妻死

女已病，踰年成二喪。」曰「踰年」者，蓋去年陳夫人卒。今年中女死也。

冬十一月，作《建昌軍儀門記》、《太平寺浴室記》、《寄祖祕丞》詩。

皇祐元年己丑，四十一歲。

是年作《宋中舍及江夫人墓碣銘》、《送李山甫》詩。

是年，范文正公薦于朝，其章略曰：「李覯著書立言，有孟軻、揚雄之風義。臣今取到本人所業《禮論》七篇、《明堂定制圖序》一篇、《平土書》三篇、《易論》十三篇，共二十四篇，編爲十卷，繕寫上進，乞賜御覽，則知斯人之才之學非常儒也。其人以母老不願仕，乞就除一官，許令便養。」

皇祐二年庚寅，四十二歲

是年作《周醫博墓表》、《迴向院記》、《謝官表》、《謝范咨政啓》、《怡山長慶寺》詩。

是年赴范文正公招于杭州，范公再薦于朝。其章曰：「臣去年錄進李覯所業十卷，其《明堂圖序》一卷，今朝廷行此大禮，千載一時。斯人學古之心上契聖作，再錄上進，乞加天獎，以勸儒林。」旨授將仕郎、太學助教。誥詞云：「學業優，議論正，有立言之體。且履行修正，誠如薦章。特以一命及爾，其益進于道，勿患朝廷之不知也。」

皇祐三年辛卯，四十三歲。

是年作《廣文陳生墓銘》、《承天院記》、《麻姑山仙都觀御書閣記》、《新成院記》、《送知軍曹比部移之虔州》詩。

按：《盱志》，曹公觀以皇祐三年守盱，此詩當作於是年。

是年丁母鄭夫人憂，十二月葬于先府君墓東南隅，實建昌鳳凰山之麓。

按：《墓誌》云：「方謀扶親西遊，夫人許之，未及行而遭大故。」

皇祐四年壬辰，四十四歲。

是年，集《皇祐續稿》八卷，作序。刊行《周禮致太平論》十卷，《上孫觀文書》、《酬陳屯田》詩。

按：《續稿序》云：「行年四十四，疾疹時發作，其於文字間尚克有進也歟。」又云：「慶曆癸未，錄《退居稿》，後三年復出百餘篇。」當在是年。《上孫觀文書》蓋是年儂智高寇廣西，孫觀文沔持節討之，先生寄書陳利害十事。孫公答書云：「示敎民病，非留心博愛，何以及此？」《酬陳屯田》詩云：「封豖長蛇戰嶺南。」蓋指儂寇也。此詩亦當作於是年。

皇祐五年癸巳，四十五歲。

是年著《常語》上中下三卷，《承天院羅漢閣記》、《柏林溫氏書樓記》、《傅進士墓銘》。

皇祐六年甲午，四月，改至和元年。**四十六歲。**

是年除鄭夫人服。作《常語後序》、《袁州學記》、《清話堂》詩、《送嚴介序》，聶夫人、徐夫人、張都官《墓誌》，《袁州雜詩》三首。

先生作《袁州學記》，河東柳淇書，京兆章友直篆，天下號爲「三絕」。

其《學記》略曰：「惟四代之學，攷諸經可見。天下治則擇禮樂以陶吾民，一有不幸，猶當仗大節，爲臣死忠，爲子死孝。詳味斯言，此豈特爲袁州學校重，且將爲天下國家重。故曰君子化民成俗，其必由學乎！」《袁州雜詩》，郡守祖無擇皆賡其韻。《清話堂》詩，蓋與周伯達宿景德寺而作，其詩云：「無限中心不平事，一宵清話又成空。」遂目其處爲清話堂，且題八句云。

至和二年乙未，四十七歲。

是年寄富公書幷《長江賦》一首，皆論東南利害。《寄祖祕丞》詩、《送春二絕》、《送陳司理序》、《江屯田墓誌》、《陳都官墓碣銘》、《鄒夫人墓誌銘》、《鄭助教母陳氏墓銘》、《陳府君夫人聶氏墓銘》。

至和三年丙申，九月，改嘉祐元年。**四十八歲。**

是年有《鉛山縣尉陳君墓銘》。

嘉祐二年丁酉，四十九歲。

是年國子監奏，乞差太學助教李覯充太學說書，旨令赴太學供職。

按：奏劄云：「雖因名儒論薦，命試一官，未沾政祿而養道丘壑，欲望朝廷差充太學說書，冀有裨庠序風化。」

嘉祐三年戊戌，五十歲。

是年除通州海門主簿、太學說書。作《太學議》一篇、《景德寺修院記》。

按：誥詞云：「爾醇明茂美，通于經術，東南士人，推以爲冠。自佐學政，逾年于玆，孜孜渠渠，務恪厥守。祭酒司業以爲博士之職莫宜於爾」，「可特授通州海門縣主簿，太學說書如故。」旨令詳究太學制度。故有《學議》。

嘉祐四年己亥，五十一歲。

是年權同管勾太學，蓋因胡瑗以病告假，故有斯命。尋以祖母未祔先塋，請假歸遷，旨給假一月，先生遂歸。

八月，卒于家。十二月，祔葬于鳳凰山府

君之塋。

按：陳次公作先生《墓誌》云：「臨終無他言，惟執次公手以《明堂定制圖》爲託，《三禮》未成爲恨。」是先生又作《三禮論》，未成而絕筆也。

〔一〕七年：原作「一年」，文集卷三一《亡室墓誌》作「七年」，文稱陳氏卒於慶曆七年，是證「一」當爲「七」之誤，據改。

〔二〕蔡學士：原作「蔡之士」，據下文改。

〔三〕《寄祖祕丞書》：據《文集》，似當作《寄祖祕丞》詩。

眉陽三蘇先生年譜

（宋）何掄編
王水照整理

日本名古屋蓬左文庫藏舊抄本

蘇洵與其子蘇軾、蘇轍世稱「三蘇」。宋人所編三蘇年譜，有羅良弼《歐陽三蘇年譜》、何掄《眉陽三蘇先生年譜》、孫汝聽《三蘇年表》。羅《譜》已佚，孫《譜》僅《永樂大典》殘存《蘇潁濱年表》一卷，何《譜》則由王水照先生從日本搜集到殘本，並加以整理，與影印件一同收入《宋人所撰三蘇年譜彙刊》（上海古籍出版社一九八九年）。《叢刊》所收即王先生輯録本，據蓬左文庫藏施宿《東坡先生年譜》附《眉陽三蘇先生年譜》（簡稱「蓬左本」）爲基礎，用《四河入海》（日本僧人笑雲清三所編，一九七〇年東京勉誠堂影印古活字本）及《經進東坡文集事略》（南宋郎曄編，一九五七年文學古籍刊行社本）中引録何《譜》文字加以訂補，個别字句奪訛處，用（）號標出。

何掄，字掄仲，永康軍（今四川都江堰市）人。宣和三年進士（《南宋館閣録》卷七），六年以迪功郎試詞學兼茂科，入上等（《宋會要輯稿》選舉一二之一〇）。歷仕川陜十年，官爲正郎。紹興間，重訂熙寧舊史，丞相張浚自蜀中擢之爲史官，除著作佐郎，權起居舍人。紹興七年遷著作郎兼起居舍人，次年八月除秘書少監，以蕭振、李誼等論其刊改《神宗實録》（《建炎以來繫年要録》卷一二一、《宋史》卷四四五），當月即出知邛州。本譜前署「左朝請大夫、權發遣成都府路提點刑獄公事」，考鄭剛中《北山文集》卷二〇《答何憲掄仲》一書，有「蚉辱故人華示」、「岷峨多士之鄉」等語，此書當作於蜀中。檢《宣撫資政鄭公年譜》，鄭剛中於紹興十一年除川陜宣諭使，次年改宣撫副使，紹興十七年以忤秦檜落職。則何掄任提刑亦當爲十一年至十七年間事，此譜或作於此六年之間。

眉陽三蘇先生年譜

左朝請大夫權發遣成都府路提點刑獄公事何掄編

真宗皇帝大中祥符二年己酉

老蘇先生生於是年。按，歐陽文忠公作公《墓誌》云：「以病卒，實治平三年，享年五十有八。」今以年數考之，則知公爲己酉生也。公諱洵，字明允。

大中祥符都九年

天禧元年丁巳都五年

乾興元年壬戌

仁宗皇帝天聖元年癸亥都九年

七年己巳

老蘇年二十一，始娶眉山程氏，大理寺丞文應之女，後封武陽縣君。按，司馬溫公作《蘇主簿夫人墓誌》云：「生年十八，歸蘇氏，以嘉祐二年終於鄉里，享年四十有八。」以程氏年數考之，則知公以是年娶。

明道元年壬申都二年

元年壬申

老蘇丁母蓬來縣君史氏憂。按，公作《極樂院六菩薩記》云：「丁母夫人之憂，蓋年廿有四矣。」

景祐元年甲戌

二年乙亥

老蘇年廿七，始志于學。按，司馬溫公作《蘇主簿夫人墓誌》云：「府君年二十七，猶不學。一旦慨然謂夫人曰：『我自視今猶可學。』」又歐陽文忠作公《墓〔誌〕》云：「年廿七，始大發憤，謝其素所往來少年，閉戶讀書爲文辭。歲餘舉進士，再不中；又舉茂材異等，不中。退而益閉戶讀書五六年，乃究六經百家之說，下筆頃刻數千言。」是歲生幼女，長而適其母兄程濬之子，見公《自尤》篇。

三年丙子

老蘇年二十八，生仲子軾（《四河入海》卷十八之四《生日王郎以詩見慶次其韻并寄茶二十一片》詩注）。冬十二月十九日先生（蘇軾）生，卯時也（同書卷二十五之四《眉山先生紀年之歌》注）。

四年丁丑

老蘇年廿八，喪兄希白。

寶元元年戊寅

老蘇娶程氏生三子，長曰景先，早喪戊寅之年。

二年己卯

潁濱先生生於是年二月二十日亥時，諱轍，字子由，又字同叔（《四河入海》卷二十二之四《子由生日以檀香觀音像及新合印香銀篆盤為壽》詩注）。

《極樂院六菩薩記》云：「丁母夫人之憂，蓋廿有四矣。其後五年而喪兄希白，又一年而長子死，又四年而幼姊亡，又五年而次女卒。至于丁亥之歲，先君去世，又六年而失其幼女，服未既而有長姊之喪云云，年四十有九而喪妻焉。」

老蘇年三十一。

康定元年庚辰

慶曆元年辛巳

二年壬午

老蘇年三十四，有幼姊之戚。

先生（蘇軾）上韓魏公及梅直講書云：「某七八歲知讀書。」又祭歐公曰：「某自齠齔，以學爲嬉，童子何知，惟公我師。晝誦其文，夜夢見之。」（《四河入海》卷二十五之四《眉山先生紀年之歌》

注）

三年癸未

先生（蘇軾）作《范文正公文集序》云：「慶曆三年，某始入鄉校。」又《志林》云：「吾八歲入小學。」（《四河入海》卷二十五之四《眉山先生紀年之歌》注）

四年甲申

先生（蘇軾）母眉山程文應女，後封武陽縣君，又爲成國太夫人。夫人曾讀《漢書·范滂傳》，有與先生問答，見於《言行錄》（《四河入海》卷二十五之四《眉山先生紀年之歌》注）。

五年乙酉

老蘇年三十七，學四方。

先生（蘇軾）十歲，能語古今成敗（《四河入海》卷二十五之四《眉山先生紀年之歌》注）。

六年丙戌

七年丁亥

老蘇年三十九，歸自江南，道過江州，游廬山圓通禪院。是歲丁父憂。按，東坡作《鍾子翼哀詞》云：「軾年十二，先君宮師歸自江南。」《題天竺樂天石刻》云：「余年幼時，先君自虔州歸，言天竺有樂天詩。」子由《贈景福順長老詩序》云：「轍幼侍先君，〔嘗聞〕游廬山，過圓通〔寺〕，見訥禪師。」子由九歲（據蓬左本。又據《四河入海》卷二十五之四《天竺寺》詩注校改）。

先生（蘇軾）之祖父蘇序卒，字仲先（《四河入海》卷二十五之四《眉山先生紀年之歌》注）。

八年戊子

皇祐元年己丑

二年庚寅

三年辛卯

四年壬辰

老蘇四十四，有幼女之戚。

先生（蘇軾）十七，與劉仲達往來於眉山，見《滿庭芳詞序》（蓬左本。又見《四河入海》卷二十五之四《眉山先生紀年之歌》注）。

五年癸巳

至和元年甲午

（蘇軾）十九，始娶眉之鄉貢進士王方之女，諱弗，後封通義郡君（《四河入海》卷二十五之四《眉山先生紀年之歌》注）。

二年乙未

潁濱年十七，娶史氏，後封德陽郡夫人。

先生（蘇軾）廿歲，游成都，謁張安道，見公作《樂全先生文集序》（蓬左本。又見《四河入海》卷二十五之四《眉山先生紀年之歌》注）。

嘉祐元年丙申

老蘇歲四十八，與二子至京師。始至京師，見知於歐陽公。坡年二十一，子由年十八。

二年丁酉

潁濱年十九，章衡榜中第，五甲及第。老蘇與二子聞訃歸蜀。館於興國寺浴室院，見先生作《興國六祖畫贊》。（此條《四河入海》卷二十五之四《眉山先生紀年之歌》注作：「（蘇軾）二十二，春，禮部試，歐陽修、王珪、范鎮、韓絳、梅摯知舉。歐公奏先生名居第二。夏四月，奔母喪歸蜀。」）

三年戊戌

老蘇年五十，天子召試紫微閣，辭以疾不就，因上皇帝萬言書。

四年己亥

老蘇舟行適楚，二子皆侍行。按，東坡《南行前集序》云：「己亥之歲，侍行適楚，舟中無事，雜然有觸於中，發於詠嘆，蓋家君之作，與弟轍之文皆在焉，謂之《南行集》。」（蓬左本。又見《四河入海》卷七之一《九月二十日微雪懷子由弟二首》注，參見《經進東坡文集事略》卷五十六《江行唱和集叙》注）

五年庚子

老蘇年五十二，除試秘書省校書郎。東坡年廿五，授河南府福昌縣主簿。是歲正月過唐州，有《新渠詩》一首。子由始以選人授澠池縣主簿。

六年辛丑

（老蘇）爲霸州文安縣主簿，使食其祿。辛丑，老蘇被命修禮書，兼編定謚法，與姚闢同修禮書。潁濱二十三，應中制科，除商州軍事推官。是時老蘇修禮，而兄子瞻出簽書鳳翔，傍無侍子，乃奏乞養親。按，《感舊詩序》有曰：「嘉祐六年，予與子由同舉制策，寓懷遠驛。」冬十二月，先生（蘇軾）赴鳳翔任（《四河入海》卷十之一《和子由記園中草木十一首》詩注）。

七年壬寅

子由侍老蘇在京師。

子瞻二十七。

八年癸卯

子由侍老蘇於京。

治平元年甲辰

老蘇年五十六，修禮書，又《進所編定六

家謚法表》云：「謹編成謚法（二）〔三〕卷，才力短陋，無以發揚聖人口遺而稱先帝之明命。」

子由侍老蘇在京。

〔蘇軾〕年廿九。

二年乙巳

子由年二十七，授大名府路安撫總管司機宜文字。

東坡年三十，在鳳翔任，罷還（《四河入海》卷十六之一《華陰寄子由》詩注）。

三年丙午

老蘇年五十八，禮書成，奏未報，四月二十五日戊申以病卒於京，後贈光祿丞。英宗皇帝聞而傷之，命有司具舟載其喪歸葬于蜀（蓬左本。又見《四河入海》卷五之三《圓通禪院先君舊遊也……》詩注）。

四年丁未

以十月壬申葬老蘇于（鼓）〔彭〕山之安鎮鄉可龍里。

熙寧元年戊申

二年己酉

按，公（蘇轍）作《潁濱遺老傳》云：「神宗嗣位，既（二）〔三〕年，某以書言事，即日（即）〔召〕對（政）〔延〕和殿，時介甫新得幸，以執政領三司條例，上以某爲之屬，不敢辭云。以書抵介甫，介甫怒，將加以罪，陽叔止之，奏除河南推官。」

三年庚戌

〔蘇轍〕又以張文定辟爲陳州教授。

四年辛亥

子由年三十三，熙寧四年在陳州。十月至潁州，與子瞻相別（《四河入海》卷廿之三《潁州初別子由二首》詩注)。

先生（蘇軾）三十六，赴杭州通判。十月始渡淮，經行濠、楚、揚、潤諸郡，此時游金山、甘露等，十一月始到杭州也（《四河入海》卷五之二《遊金山寺》詩注)。

五年壬子

潁濱年三十四，在陳州任。是年科舉，差公考試，公八月於洛陽妙覺寺考舉人，及還，道出嵩少，至許昌，共得詩廿六首。集中有《洛陽試院樓上新晴》詩（《四河入海》卷七之一《追和子由去歲試舉人洛下所寄詩五首》詩注。又見蓬左本)。

六年癸丑

子由在陳，三十五。按，東坡《烏臺詩話》曰：「熙寧六年，有《戲子由》詩云：『勸農冠蓋鬧如雲，送老齏鹽甘似蜜。』以譏諷朝廷新差提舉官所至苛細生事，發謫官（史）〔吏〕，惟學官無吏責也。弟轍爲學官，故有是句。」

七年甲寅

子由年三十六，授齊州書記。

八年乙卯

（蘇軾）四十。子由在齊州任。

東坡年四十，在密州任。按，公《後杞菊賦叙》云：「余仕宦十有九年，家日益貧，移守膠西。」公以丁酉年登第，至乙卯恰十九年矣（《經進東坡文集事略》卷一《後杞菊賦》注)。

九年丙辰

子由解齊州任。

潁濱熙寧七年授齊州掌書記。九年在齊州任，是歲解去（《四河入海》卷一之二

《將至筠先寄遲适遠三猶子》詩注）。

十年丁巳

〔蘇軾〕就差知河中府。

熙寧九年，先生（蘇軾）在密州任。十年在密州任，就差知河中府，未到，改知徐州。四月赴徐州任（《四河入海》卷八之二《留別雩泉》詩注）。

子由年三十九。改著作佐郎，復從張文定〔辟〕簽書南京判官，秋末到任。按，公《逍遙堂會宿序》云：「熙寧十年二月，與子瞻會於澶濮之間，相從來徐，留百餘日。」以初秋自徐赴南京，至秋末始到任（蓬左本。又見《四河入海》卷一之二《將至筠先寄遲适遠三猶子》、卷十六之四《子由將赴南都與余會宿……》、卷十八之一《次韻答邦直子由四首》詩注）。

元豐元年戊午

子由在南京任。

二年己未

〔蘇軾是年四月〕二十一到湖州（《四河入海》卷十六之二《罷徐州往南京馬上走筆寄子由五首》詩注，又見同書卷二十三之二《遊惠山》詩注）。

七月二十八日，皇甫遵到湖州，追攝〔蘇軾〕過南京。

子由在南京任，聞子瞻下獄，上書乞以見任官職贖子瞻罪，責筠州酒官。

十二月二十九日，責授檢校尚書水部員外郎（《四河入海》卷二十五之四《十二月二十八日蒙恩責授檢校水部員外郎黃州團副使復用前韻》詩注，又見同書卷二十二之三《子由自南都來陳三日而別》詩注）。

三年庚申

子由謫高安。高安，筠州（懸）〔縣〕名也。

四年辛酉

子由在筠。

五年壬戌

公（蘇軾）贈孔毅父詩云：「去年東坡拾瓦礫，今年刈草蓋雪堂。」乃知公之以壬戌歲築雪堂。元豐五年壬戌，先生四十七，及雪堂成，乃遷居之。按，長短句擬斜川云：「元豐壬戌之春，余躬耕東坡，築雪堂以居之。」（《四河入海》卷四之一《東坡八首》詩注）

元豐六年癸亥

〔蘇軾〕四十八。子由在筠，四十五。

七年甲子

先生（蘇軾）年四十九。三月量移汝州，舟自富川陸走高安別子由。五月九日過新吳。七月舟行至當塗（《四河入海》卷一之二《別黃州》詩注，又見同書卷二十一之一《送沈逵赴廣南》、卷十九之一《和王斿二首》詩注）。

十二月朔日，過臨淮，謁普昭王塔（同上書卷十九之一《和王斿二首》詩注）。

子由在筠，有命移績溪令。按，公有《題壁詩序》云：「留高安四年有餘，忽得信，聞當除官眞、揚間，偶成小詩。」又有詩云：「坐看酒壚今五年，恩移巖邑稍西還。」（蓬左本。又《四河入海》卷一之二《自興國往筠宿石田驛南二十五里野人舍》詩注云：「是時子由四十六，在筠州酒稅官。是年十一月自筠州移績溪令。詳見〔何掄〕《三蘇年譜》。」）

八年乙丑

三月，哲宗皇帝即位（《四河入海》卷二十五之四《眉山先生紀年之歌》注）。

（十一月，蘇軾）到任（登州）五日，召爲禮部員外郎。到省半月，除起居舍人，遷中書舍人（《四河入海》卷二十五之四《眉山先生紀年之歌》注）。

元祐元年丙寅

先生（蘇軾）年五十一，以七品服入侍延和，即改賜銀緋。尋遷中書舍人，復除翰林學（士）知制誥（蓬左本。又見《四河入海》卷二十五之四《眉山先生紀年之歌》注）。

子由自績溪召至京師。是歲秋，除起居郎。冬，遷中書舍人。

按：子由（元祐二年）丁卯歲有追記當時所見詩四絕序云：「去年冬，某以起居郎入侍邇英講，不逾時，遷中書舍人。」（《四河入海》卷二之一《軾以去歲春夏侍立邇英……》詩注）。

二年丁卯

三年戊辰

（蘇軾）任翰林學士。禮部試進士，差公知貢舉。七月，又差館伴北使。公以翰林學士兼侍讀，文定以戶部侍郎同對。先是公發策試廖正一館職，問王莽、曹操事，侍御史王（巖）叟、（王）覿奏論以爲非是，韓川、趙挺之亦攻之，公數疏離去，宣仁面喻曰：「豈以臺諫有言故耶？兄弟孤立，不因他人，今但安心，不用更入文字。」

子由任戶部侍郎。

四年己巳

先生（蘇軾）五十四，任翰林學士，言事忤時宰意，奏補乞外（蓬左本。又參見

《經進東坡文集事略》卷二十六《杭州謝表》注引：「《年譜》云：『元祐四年，東坡年五十四，任翰林學士，言事忤時宰意，奏乞外補，遂有杭州之命。』」同書卷三十四《乞開西湖狀》注引：「以《年譜》考之，熙寧四年，東坡年三十六，判官誥院、兼判尚書祠部，以議論與時宰不合，命攝開封府推官，尋乞除外任，差通判杭州，以十一月到任，見公《墓誌》。至哲宗元祐四年，年五十四，任翰林學士，以臺諫屢見攻，加以臂疾，力請補外，遂除龍學、知杭州。是年七月二日到任，見《謝表》。」

潁濱年五十一，代子瞻爲翰林學士，尋兼權吏部尚書，未幾出使契丹，作《王子立文集序》云：「元祐四年秋，予奉使契丹，明年奉還。」又有《將使契丹九日懷子瞻》詩。由此推之，又知公以秋末出使也。元祐五年春自契丹還（《四河入海》卷十九之二《次韻子由使契丹至涿州見寄四首》詩注，又參見蓬左本）。

五年庚午

子由奉使還朝。（蓬左本。又參見《四河入海》卷二十一之四《送子由使契丹》詩注：「子由元祐四年八月奉使契丹，明年春自契丹還朝，除御史中丞。詳見《三蘇年譜》。」）

六年辛未

子由詔除尚書右丞。先生（蘇軾）之去杭也，林子中復來替先生。

三月（蘇軾）被召除翰林承旨，復侍邇英。公《別天竺觀音詩叙》云：「以三月九日被旨赴闕」云云（《四河入海》卷二十五之四《眉山先生紀年之歌》注）。

先生（蘇軾）年五十六，在杭州任。三月，被召除翰林承旨，復侍邇英。供職數月，以弟嫌請郡，復以舊職知潁州云云（《四河入海》卷十七之一《感舊》詩注）。

子由五十三，春，詔除尚書右丞。子由《欒城後集序》云：「元祐六年，年五十有三，始以空疏備位政府」云云（《四河入海》卷十九之三《次韻答黃安中兼簡林子中》詩注）。

七年壬申

先生（蘇軾）年五十七。

潁濱年五十四，除門下侍郎，復蒙郊恩特加護軍、進封開國伯、食邑五百戶、實封二百戶（此條蓬左本兩見）。

正月，東坡在汝陰（潁州）作《減字木蘭花》（歌詞）。又公《和趙德麟詩引》云：「僕在潁州，與德麟同治西湖，未成，改揚州。三月十六日湖成，德麟有詩見懷，次韻。」以此推之，乃知公於三月間已在揚州矣。（《四河入海》卷六之四《趙德麟餞飲湖上舟中對月》詩注。又參見《經進東坡文集事略》卷二十六《揚州謝表》注：「公在哲宗朝，先知登州，後入朝為翰林學士，奏乞補外，遂知杭州。被召除翰林承旨，供職數月，以弟嫌請郡，知潁州。在任就差知揚州，時元祐七年也。事見《年譜》。」）

八年癸酉

是年，（蘇軾）繼室同安郡君王氏諱潤之卒於京。子由門下侍郎。

是年，（蘇軾）授定州路安撫使。

按：公《九月十四日雨中示子由》詩云：「去年秋雨時，我自廬山歸；今年中山去，白首歸無期。」以此推之，則公之出守定州，必是九月。

是月王氏卒（《四河入海》卷二十五之四《眉山先生紀年之歌》注，又見同書卷六之一《次韻秦少游王仲至元日立春》詩注）。

紹聖元年甲戌

子由年五十六，爲門下侍郎，因言事得罪，以本官出知汝州。居數月，元豐諸人皆會於朝，再謫知袁州。未至，降授朝議大夫，分〔同〕〔司〕南京，筠州居住。公以一年，凡經三謫（又見《四河入海》卷十六之三《寄餾合刷缾與子由》詩注）。

〔蘇軾〕十月三日至惠州（《四河入海》卷一之三《十月二日初到惠州》詩注，又見同書卷十四之四《十一月二十六日松風亭下梅花盛開》、卷九之二《寓居合江樓》、卷五之四《遊博羅香積寺》詩注）。

（蘇軾）就嘉祐寺所居立思無邪齋，有《贊》，乃紹聖元年十月二十日所作也。

二年乙亥

子由在筠。

三年丙子

四年丁丑

東坡年六十二，在惠州。五月，再責瓊州別駕，昌化軍安置。是歲子由亦貶雷州。五月相遇於藤，同行至雷。六月，相別渡海。七月十三日至貶所，見公《和淵明止酒詩序》、《夜夢詩序》及子由作公《墓誌》（《四河入海》卷六之三《夜夢》詩注，又見同書卷十四之四《次韻子由月季花再生》、卷二十五之四《眉山先生紀年之歌》注）。

子由年五十九，責授化州別駕、雷州安置

（《四河入海》卷一之三《吾謫海南子由雷州……》詩注，又見蓬左本）。

元符元年戊寅

子由復移循州。

二年己卯

子由《書白樂天集後》云：「元符二年夏六月，余自海康再謫龍川，秋八月而至」云云（《四河入海》卷十六之三《十二月十七日夜坐達曉寄子由》詩注。蓬左本云：「子由至循，再謫龍（州）〔川〕」可參酌）。

三年庚辰

先生（蘇軾）在儋州。五月，會徽宗登極（《四河入海》卷二十五之四《眉山先生紀年之歌》注）。

潁濱年六十二，在循州。會徽宗即位，大臣猶不悅，徙居永州。皇子生，復徙岳州。已乃復舊官，提舉鳳翔府上淸太平宮，有田在潁，乃即居焉。

建中靖國元年辛巳

先生（蘇軾）年六十六。子由年六十三，提舉鳳翔府上淸宮，居潁川。

六月（蘇軾）請老，以本官致仕。七月丁亥卒於常（《四河入海》卷五之一《答徑山長老》詩注）。

崇寧元年壬午

潁濱年六十四，居潁川，是年十一月十三日《雪詩》云云。

二年癸未

潁濱寄家潁川，與長子遷居汝南。是歲會朝廷易相，降授朝請大夫、罷祠宮。

三年甲申

復還潁川，有《正月五日還潁川》詩云。

四年乙酉

居潁川，編近所爲文得二十四卷，目《欒城後集》。

五年丙戌

始營新居，公有《築室示三子》詩。是歲有旨奪公墳上刹。

大觀元年丁亥

是歲將築南屋，有《初築南齋》詩。遺老齋、待月軒、藏書室初成。

二年戊子

年七十，復中奉大夫及蒙還畀墳刹。

政和元年辛卯

五年乙未

按公《欒城第三集序》云：「當政和五年，復收拾遺藁，以類相從，謂之《欒城第三集》。」

八年戊戌

年八十，以病卒於潁川（蓬左本。又見《四河入海》卷二十一之一《和子由送將官梁左藏仲通》、同書卷六之四《中秋見月寄子瞻》詩注）。

嗚呼！公以弱冠之年，登進士第，仕至太中大夫、門下侍郎，勳到護軍，爵至欒城縣開國伯，食邑至五百户，食實封至二百户，亦可謂得君矣。惜其自紹聖以來，以言事得罪，一遭屏棄，遂不復用。徽宗即位，雖蒙恩復舊官，亦不過提宫而已。居二年，會朝廷易相，又降朝請大夫。公自廢棄以來，不得參與國政者，凡二十有五年，此有識之士猶以用公未盡爲嘆。

文有年譜，猶史之有年表，蓋不可以闕。蘇氏父子俱以文章顯，其集雖盛行，而年譜不傳，使士大夫無以考信其事業之出處，良可歎惜。余頃官成都，行部至眉，訪諸故老，得其家傳，三復玩味，喜其所載事跡，皆有歲月可知，迺類而編之，爲《三蘇年譜》。凡所記事，必廣援引以爲之證，非惟有益於其文，至於忠義慷慨之節，終始出處之致，歷歷可見，如以燈取影，以鏡求形，有不容遁匿者。昔唐杜工部、韓吏部與本朝王荆公，皆有年譜之編，流傳人間，至今不泯，蓋取其記事之詳耳，非以矜誇其所長也。今吾於蘇氏亦然。萬一公之英靈不泯，當有以德於我，必有以報於我，否則，姑任之而已，吾又何求焉。永康〔軍〕何掄書。